하루에 따라잡는

세계사

하루에 따라잡는

세계사

미래타임즈

우리는 역사를 통해 통찰력을 키울 수 있다!

세계의 역사는 글로벌 역사이다. 지구촌의 모든 민족, 국가, 사회, 문화, 전쟁 등 온갖 것을 한데 모은 인류 전체의 복음이며, 지구상 모든 인류의 경험과 활동을 기록한 역사의 종합이기 때문이다.

역사는 지난 시대에 남긴 종합 기록물을 일컫는 말이다. 인류가 거쳐 온 모습이나 인간의 행위로 일어난 사건을 뭉뚱그리는 개념으로도 쓰인다. 그러나 실제로 지구촌의 모든 역사를 한데 모아 종합 역사를 기록하는 일은 사실상 불가능하다. 그 대신에 각국의 역사나 서양사, 동양사 같은 지역 역사를 모아 세계사 또는 만국사라고 일컫는 것이 보통이다.

세계를 쭉 둘러볼라치면 여러 나라에서 수많은 민족들이 제각각 살고 있는 것이다. 따라서 다국적 다민족의 유구한 역사와 전통이 다르고, 언어와 생활양식도 서로 다른 사람들의 문화와 역사를 한 곳에 모아 세계사라는 개념으로 정리함으로써, 서로를 비교의 대상으로 삼는 노력을 경주하고 있을 뿐이다.

역사는 영어로 히스토리(history)라고 일컫는다. 이는 고대 그리스어의 히스토리아(historia)에서 유래된 것으로, '알다' '보다'의 뜻을 지닌 단어이다. 14세기 말의 영어에서는 이 낱말이 '사건들의 연관, 이야기'를 뜻했으며, 중세 영어에서는 일반적으로 '이야기'를 의미했다. 그러다가 15세기 말부터 역사(history)와 이야기(story)를 한데 묶는 의미로 쓰이면서, '과거 사건의 기록'을 가리키게 되었다. 한자어 역사(歷史)는 근대 이후의 히스토리(history) 개념을 번역한 말인데, 사마천의 《사기(史記)》에서 유래한 것이다.

역사를 배열하는 방법에는 연대기, 문화, 지역, 주제 등 다양한 기준이 있다. 인류 문명사는 고대로부터 시작된 인류 4대 문명의 발상지를 시작으로 마치 산을 넘을 듯한 거친 파도의 움직임처럼 역동적으로 현대까지 이어졌고, 또 미래로 흘러갈 것이다.

크게 보아 이 책은 총 3편으로 구성했다. 제1편 선사 시대~고전 시대, 제2편 중세 시대~근세 시대, 제3편 19세기~현대 시대로 나눈 후 방대하고 장구한 세계사를 부담없이 가볍게 읽을 수 있는 스토리 형식으로 엮었다.

지은이 유한준

차례

하루에 따라잡는
세계사

유럽
세계의
형성

이슬람
세계

중국의
통일과
분열

인류의 출현

사람 또는 호모 사피엔스(Homo sapiens)는 두 발로 서서 걸어 다니는, 사람과의 영장류 동물이다. 지구상의 사람을 통틀어 인류(人類)라고도 한다. 사람은 추상적인 사유, 언어 사용, 자기반성, 문제 해결을 할 수 있으며 감정을 느낄 수 있는, 고도로 발달한 두뇌를 지니고 있다. 이로써 각 개인은 스스로를 통합적으로 인식하는 주체가 된다. 그러나 환경의 영향에 따라 자신을 통합화 하는 데 많은 영향을 받는다. 이러한 지적·심리적 능력과 함께, 직립 보행 덕분에 자유롭게 쓸 수 있는 팔을 이용해 다른 종보다 훨씬 정교한 도구를 만들 수 있다.

■ 인류의 조상

인류의 조상은 과연 누구일까? 인류도 크게 보면 침팬지와 비슷한 유인원에서 부터 차츰차츰 진화해 나와, 현생 인류에까지 다다른 것이다.

지구에 인류가 처음으로 등장한 시기는 약 700만 년 전에서 500만 년 전으로 보고 있다. 또 문자가 발명되어 인류의 활동이 최초로 기록된 시기는 약 5,500년 전쯤이므로, 그 이전까지는 선사 시대(prehistory)라 일컬어진다.

현생 인류의 기원에 대해서는 동아 프리카 기원설이 주류를 이룬다. 약 20만 년 전에 현생 인류가 동아프리카 지역에 출현하여, 나중에 전 세계로 퍼지게 되었다는 것이다. 이는 현생 인류의 미토콘드리아 DNA와 Y 염색체를 추적하는 공통선조 연구를 통해 현재 널리 지지받는 이론이다.

● 인류의 발상지인 동아프리카 지역

■ 화석의 비밀

문명의 유적도 없는 아득한 그 옛날, 수백만 년 전의 상황을 지금 정확히 알거나 이해할 수는 없다. 다만 그 시대를 짐작할 수 있는 방법은 없을까? 그런 자료는 없을까? 이를 밝혀줄 유일한 자료는 화석이 있을 뿐이다.

이 화석을 놓고 고고학자들과 인류학자, 과학자들이 힘들고 ● 오스트랄로피테쿠스 어렵고 까다로운 숙제를 풀기 위해 수없는 노력을 쏟아놓았다. 이들이 분석한 결과는 인간과 침팬지가 700만~500만 년 전 사이에 살았던 공통 조상에서 진화되어 나왔다는 것이다.

최초의 호미니드(hominid), 곧 인간을 닮은 조상을 포함하는 인류의 조상, 인간의 조상이라고 여겨지는 실체를 찾아내려는 노력은 오늘날까지도 계속되고 있다. 과연 최초의 인간은 어떤 유인원이었을까? 최초의 인간이 다른 유인원과 다른 점은 직립, 곧 두 발로 서서 걸어 다닌다는 것이었다.

인류의 조상을 알아내는 열쇠는 화석이 쥐고 있다. 인류가 탄생한 곳은 아프리카의 비교적 따뜻한 곳으로 여겨진다. 이와 같은 지역에는 지금도 침팬지나 보노보, 고릴라와 같은 유인원이 살고 있는데, 이들의 유전자 구성은 현생 인류와 98% 이상 겹친다.

700만~500만 년에 걸친 인류의 진화 과정은 그야말로 복잡하기에, 거대한 수수께끼로 보이기도 한다. 과학자들의 일반적인 추정에 따르면, 인류 진화 과정의 전반기는 직립 보행을 완성시켜 가는 단계로서 뇌 용량은 아직 침팬지와 크게 다르지 않았는데, 약 250만 년 전쯤에 도구를 사용하기 시작하면서부터 뇌 용량이 점차 커지게 되었다고 한다.

■ 선사 시대와 역사 시대

선사 시대라는 용어는 원래 폴 투르날(Paul Tournal)이 프랑스 남부의 동굴을 설명하기 위해 'Pré-historique' 용어를 사용한 데서 비롯되었는데, 1830년대 와서 프랑스에서 널리 사용되었으며, 영어권에는 1851년 대니얼 월슨이 소개 하였다.

선사 시대라는 이 용어는 지구에 인류가 등장한 이후부터 적용된다. 선사 시 대를 연구하는 학자들은 보통 인류의 선사 시대를 나누기 위해 3가지 시대 체 계, 곧 석기-청동기-철기를 이용한다. 3가지 시대 체계는 인류의 선사 시대를 연속된 3가지 시대로 분류하는 것이다. 반면 인류 출현 이전의 시대는 지층 분 석을 통한 지질학적 분석 방법, 지질 시대 내에서 국제적으로 정의된 지층 기반 을 이용한다.

문자의 출현은 각 문화권에 따라 다르지만, 약 5,500년 전의 청동기 시대 초반 부터 등장하기 시작한다. 역사 시대와 선사 시대의 구분은 문자를 사용하여 어 떤 기록을 남겼는가 하는 것이 열쇠이다.

인류의 선사 시대에 남겨진 문헌적 기록은 없다. 그래서 유물의 연대를 알아 보는 것은 특히 중요하다. 연대 측정의 확실한 방법은 19세기까지는 별로 발달 하지 못했다.

초기에 선사 시대를 연구한 사람들은 선사 고고학자들과 물리 인류학자들로, 문맹기의 사람들의 특성과 행동양식을 밝히거나 해석하기 위해 다른 과학적 분석이나 발굴, 지질·지리 조사를 통한 방법을 사용하였다. 인구 유전학자들과 역사언어학자들은 이러한 의문에 귀중한 통찰을 제공했다. 문화인류학자들도 문자의 기록을 근거로 선사 시대를 밝혀내는 데 주력하고 있다.

선사 시대의 인류는 오스트랄로피테쿠스(남방의 유인원)→호모 하빌리스(손을 쓴 사람)→호모 에렉투스(일어선 사람: 대표적으로 베이징 원인)→호모 사피엔스(슬기로운 사람: 대표적으로 크로마뇽인) 등으로 진화되었다. 이런 과정을 거쳐 현생 인류가 출현한 것이다. 하지만 주의해야 할 점은 인류가 어느 순간에 갑자기 진화하여 지금에 이른 것이 아니라, 한 종에서 다양한 종으로 나뉘고, 치열한 생존경쟁 끝에 호모 사피엔스 종만이 살아남아 지금에 이르게 된 것이라는 점이다. 이것은 비교적 최근에 밝혀진 것이며, 기존의 배턴 넘기기 식으로 진화해 왔다는 설이 뒤집히는 결과를 낳았다.

● 루시

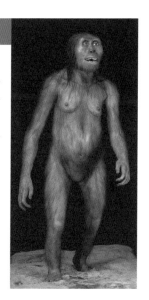

루시(Lucy)는 인간의 조상 화석 가운데 가장 정밀하고 완벽한 형태를 그대로 간직한 화석의 이름이다. 1974년 미국의 인류학자 도널드 요한슨이 에티오피아에서 발견한 것으로, 오스트랄로피테쿠스 화석 가운데 하나이다. 요한슨은 아파르의 습지에서 발굴 작업을 하던 중에 전체 골격의 40% 정도가 남아 있는 화석을 우연히 발굴했다.
요한슨은 이 화석을 정밀 조사한 결과, 320만 년 전에 살았던 여성으로 밝혀낸 것이다. 그는 이 화석의 주인공 이름을 비틀즈의 노래 제목에서 따와 루시라고 명명하였다.
새로운 이름을 가진 이 화석은 키 1.1m, 몸무게 29kg, 생김새는 침팬지를 닮았다고 추정했다. 더구나 골반과 다리 뼈는 기능적인 면에서 현재의 인간들과 비슷하다고 밝혔다.

최초의 인류

최초의 인류는 나무에서 내려와 드넓은 대초원을 헤매면서 먹을거리를 찾아다녔다. 그들은 사나운 맹수들의 위협을 무릅쓰고 점점 더 먼 곳까지 이동하였다. 지구촌에서 나타난 가장 오래된 인류의 화석은 600만 년 전에서 700만 년 전 사이의 화석으로 알려졌다. 이 화석은 2001년 사하라 사막 이남의 차드에서 발견되었다. 그 이후 오스트랄로피테쿠스, 호모 하빌리스, 호모 에렉투스, 호모 헤이델베르겐시스, 네안데르탈인, 현생 인류 등 여러 갈래로 진화되어 나온 것으로 여겨지고 있다.

● 오스트랄로피테쿠스
다른 유인원 무리와 달리 안전한 나무 위를 벗어나 천적이 많은 땅으로 내려온, 오스트랄로피테쿠스의 용맹한 결단은 지구의 주인공이 될 인류를 태동시켰다.

■ 오스트랄로피테쿠스

오스트랄로피테쿠스(Australopithecus)는 유인원과 인류의 중간 형태를 가진 멸종된 화석인류로, 500만 년 전에서 50만 년 전에 아프리카 대륙에서 서식하였다. 320만 년 전쯤의 루시(Lucy)가 대표적인 화석이다.

발원지는 동부 아프리카로 추정되며 남아프리카, 사하라 사막, 동부 아프리카 일대에서 생존하였다. 오스트랄로피테쿠스라는 학명은 '남방의 유인원'이라는 뜻이다.

오스트랄로피테쿠스는 두개골의 크기는 침팬지와 비슷해 보이지만 두 발로 걸을 수 있고, 송곳니가 침팬지와는 다르게 작고 덜 날카롭기 때문에, 침팬지에 가까운 인간으로 알려졌다. 1924년에 남아프리카에서 처음 발견됐고, 그 후 많은 화석이 발견되었다. 골반·대퇴골은 인간을 닮고 있어 직립 보행한 것 같다.

오스트랄로피테쿠스류는 현재 6종류가 발견되어 있는데, 나무에서 나무로 뛰어다니는 숲속 생활을 그만두고 수목이 드문 초원 지대에서 생활한 것 같다. 그 결과 앞발은 손이 되어 식물성의 먹이를 채취하고, 작은 동물을 포획하며, 원숭이나 유제류까지 잡아서 식량으로 했다.

1959년 동아프리카의 올드바이 계곡에서 리키(Leakey) 부부에 의해서 발견된 진잔트로푸스 보이세이(Zinjanthropus boisei)도 오스트랄로피테쿠스류에 속하는데, 카프 문화기의 냇돌석기를 제작하여 원숭이의 두개골을 깨서 그 뇌수를 식량으로 한 것 같으며, 확실히 인류라는 것이 증명되었다. 진잔트로푸스는 홍적세의 전기(약 100만~60만 년 전)에 출현했다.

■ 호모 하빌리스

호모 하빌리스(Homo habilis)는 210만~150만 년 전쯤에 아프리카 동부와 남부에서 살던 화석인류다. 초기 호모속의 한 종으로 추정된다. 탄자니아의 올두바이 조지 계곡, 케냐의 마공, 루돌프 호수, 미들 아와시, 에티오피아의 오모 계곡, 남아프리카의 슈와르트크란스 등에서 그 화석이 발견되었다.

● 호모 하빌리스(Homo Habilis)

호모 하빌리스는 최초로 석기를 사용한 인류인 오스트랄로피테쿠스 가르히나 오스트랄로피테쿠스 아프리카누스보다 더욱 발달한 뗀석기(chipped stone implement)를 만들었는데, 아무래도 원시적인 찍개와 비슷한 도구를 사용하였을 것이다. 호모 하빌리스는 돌이나 동물의 뼈를 이용해서 다양한 도구를 만들어 썼다. 이들은 이런 도구를 이용하여 직접 사냥을 하고 가죽과 뼈를 발라내고 뼈를 깨트러 먹기 시작하였을 것이다. 호모 하빌리스는 침팬지와 오스트랄로피테쿠스 등의 다른 유인원들보다 더욱 복잡한 사회 체제와 생각을 가지고 있었다고 한다. 그리고 대체로 육식을 많이 했다고 한다.

■ 호모 에렉투스

1940년대 이후에 자바 원인, 베이징 원인, 아프리칸트로푸스, 메간트로푸스 등의 골격을 비교 분석한 결과 동일종으로 밝혀지면서, 하나의 종명으로 통합하자는 여론이 제기되었다.

이후 첫 발견 화석인 피테칸트로푸스 에렉투스에서 종명을 취하여 호모 에렉투스라 이름 부르게 되었다.

아프리카 바깥에서 발견된 고생 인류의 화석 가운데 가장 오래된 것은 조지아(그루지아)의 드마니시 지역에서 발굴되었는데, 연구 결과 180만 년 전에 살았던 것으로 추정된다.

이 드마니시인의 화석은 머리 크기가 현 인류의 3분의 1에 불과했다. 인류학자들은 이들의 발견에 충격을 받았다. 도구 사용이나 사냥 등을 하기 위해서는 더욱 큰 뇌가 필요하다고 봤는데, 작은 두뇌로도 이주와 사냥이 가능했던 것으로 밝혀져 충격을 주었던 것이다.

● 호모 에렉투스(Homo erectus)

호모 에렉투스는 신생대 제4기 홍적세(플라이스토세)에 살던 멸종된 화석인류이다. "슬프고 우울한 표정에 납작한 코"를 가진 호모 에렉투스는 아프리카를 떠난 최초의 인간이었다. 190만 년 전에서 10만 년 전에 아프리카, 아시아, 시베리아, 인도네시아 등에 걸쳐서 생존하였다. 호모 에렉투스의 유골은 아프리카, 아시아, 유럽 등 여러 지역에서 폭넓게 발견되었다. 호모 에렉투스는 뗀석기로 매머드와 같은 큰 짐승을 사냥하거나, 가죽을 벗기고 살점을 잘라냈던 것으로 보인다. 언어를 사용하기 시작했을 것이고, 고기를 불로 익혀 먹음으로써 단백질을 풍부하게 섭취할 수 있었을 것이다.

고생 인류의 진화

호모 에렉투스(Homo erectus)는 고생 인류를 대표하는 종인데, 직립 보행을 넘어 오래 달리기를 했고, 다양한 석기 도구를 이용하여 사냥·채집 활동을 했으며, 불을 다룰 줄 알았고, 초보적인 언어도 사용했을 것으로 추정된다. 아시아와 유럽 등지에서 발견된 고인류 화석들, 이를테면 자바 원인, 베이징 원인, 하이델베르크 원인 등은 호모 에렉투스의 일종으로 여겨진다.

현생 인류인 호모 사피엔스(Homo sapiens)는 20만 년 전쯤에 동아프리카에서 출현하여, 7만~5만 년 전쯤부터 전 세계로 뻗어나갔다. 이들은 네안데르탈인 등과의 생존경쟁에서 우위를 점하여 유일한 인간 종으로 살아남았다.

■ 자바 원인

자바 원인은 학명이 피테칸트로푸스 에렉투스(Pithecanthropus erectus), 1891년~1894년에 걸쳐서 뒤부아에 의해 자바의 트리닐에서 발견된 화석인골이다. 이때 두개골의 파편, 어금니 2개, 소구치 1개, 좌대퇴골이 발견되었다.

● 자바 원인(Java man)
자바 원인은 호모 에렉투스의 일종이다. 뇌의 용적은 900~1,000cc로서 호모 사피엔스에 한결 가깝고, 대퇴골도 발달하여 현대인과 유사하다. 자바 원인이 사용했던 석기는 발견되지 않았으나, 두 발로 직립 보행했고 홍적세에 살았다.

다시 1937년과 1938년 케니히스왈드가 두 개의 화석인골을 발굴했다. 유인원과 현대인의 중간 형태를 하고 있으며, 안와의 자리에서 전두골이 좁아지고, 굵고 넓은 안와상융기가 있는 두개골, 두정부의 세로 능의 흔적, 두개골이 낮은 점 등은 유인원의 특징을 지니고 있다.

한편 뇌의 용적은 900~1,000㎤로서 현대인에 한결 가깝고, 대퇴골도 발달하여 현대인과 유사하다.

■ 베이징 원인

베이징 원인(北京原人)은 중국 베이징의 북동 팡산 구 저우커우뎬 용골산의 삼림에서 발견된 화석 인류이다. 학명은 호모 에렉투스 페키넨시스(Homo erectus pekinensis)이며, 현재는 호모 에렉투스의 아종으로 다뤄진다. 베이징 원인은 호모 에렉투스에 대한 기존의 학계 이론을 갱신했다. 저우커우뎬의 베이징 원인 유적은 유네스코의 세계문화유산으로 등록되어 있다.

● 베이징 원인의 흉상

■ 호모 헤이델베르겐시스

호모 헤이델베르겐시스(Homo heidelbergensis)는 1907년 하이델베르크 근교에서 한 고등학교 교사에 의해 처음으로 이 인류의 단단한 턱뼈가 발견되었다. 이 인류는 플라이스토세 전기(55만 년 전)에 살았으며, 호모 사피엔스와 호모 네안데르탈렌시스의 공동 조상으로 추정되고 있다.

처음에는 호모 에렉투스의 아종으로 분류되었다가, 지금은 호모 헤이델베르겐시스로 독립시켜서 부른다. 하악골 전체가 크고, 아래턱의 돌출은 없으며, 원시적인 특징을 가졌다. 치아는 호모 네안데르탈렌시스와 비슷하다.

■ 솔로인

솔로인(Homo erectus soloensis)은 홍적세 후기의 고생 인류로, 자바 중부의 솔로 강 유역 트리닐 근처와 간동이란 곳에서 1931년부터 1932년 사이에 발굴되었다. 두개골은 크고 약간 높다. 안와상융기가 두드러지고, 대퇴골은 약간 원시적이다. 뇌의 구조로 본다면 네안데르탈인과 닮았으나, 오히려 직립 원인에 가깝다. 솔로인이 출토된 층은 간동층이라고 하며, 하마 · 물소 · 인도코끼리 · 멧돼지의 화석과 골기를 포함하고 있다. 석기는 옥수(玉髓)의 박편이나 몸돌이 발견되었다.

■ 네안데르탈인

네안데르탈인, 또는 호모 네안데르탈렌시스(Homo neanderthalensis)는 플라이스토세 중기인 약 20만 년 전에 출현해 약 3만 년 전에 사라진, 사람속의 한 종이다. 현재의 인류인 호모 사피엔스와 가까운 종이다.

유럽을 중심으로 서아시아에서 중앙아시아, 아프리카에 이르기까지 분포하였다. 석기의 제작 기술을 가지고 있었고, 불을 이용하였으며, 매장의 풍습을 가지고 있어 나름대로 높은 수준의 문화를 형성한 것으로 생각된다.

1856년 독일 프로이센의 뒤셀도르프 근교 네안데르 계곡에서 인골이 발견되었기 때문에, 네안데르탈인이라는 이름이 붙여졌다.

■ 로디지아인

로디지아인(Homo rhodesiensis)은 로디지아(현 잠비아)의 브로큰 힐에서 1921년, 1925년에 발견된 고생 인류이다. 뇌의 용적은 약 1,250㎤, 턱은 튀어나왔고 안와 돌기는 현저하게 원시적 양상을 띠나 치아와 사지는 발달되어 있다.

로디지아인에 관해서는 현생 인류에 속한다고 생각하는 설, 네안데르탈인에서 출발했으나 현생 인류의 무리로 변화하였다는 설 등이 있다.

● 네안데르탈인

네안데르탈인은 15만 년 전~3만 5천 년 전의 빙하기 때에 유럽에서 살았던 것으로 알려졌다. 평균 키 160cm, 코가 큰 편이었다. 몸집이 단단하고 추위에 비교적 잘 견뎠다. 그들은 당시 최고의 도구 제작자들로서 동물의 뼈, 사슴 뿔, 나무로 만든 망치를 이용하여 여러 가지 도구를 만들었다. 창을 만들어 사냥을 했고, 동굴에서 살았다. 짐승의 가죽으로 옷을 만들었으며, 사람이 죽으면 땅에 매장한 최초의 인간이었다.

■ 호모 사피엔스

현생 인류의 분류학상 학명은 호모 사피엔스(Homo sapiens)다. 라틴어로 '지혜가 있는 사람'이라는 뜻이다. 한국어로는 '슬기사람'으로도 번역된다.

가장 오래된 현생 인류의 화석은 19만 5천 년 전에 동아프리카에 살았던 사람의 화석이다. 그런데 2017년에는 북아프리카의 모로코에서 30만 년 전의 호모 사피엔스 화석들이 발견되어, 호모 사피엔스의 출현 시기가 훨씬 더 이전으로까지 거슬러 올라갈 가능성이 열렸다. 이들은 7만~5만 년 전부터 지구상에 퍼져나가 후기 구석기 문화를 발생시켰다.

그들은 주변 세계를 이해하고 거기에 영향을 미치려는 욕망 때문에 과학, 철학, 신화, 종교를 통해 자연적인 현상을 설명하고 다루려고 하였다. 이 자연스러운 호기심은 도구와 기술의 발전을 가져왔고, 폭넓은 문화 네트워크를 형성하여 마침내 온 지구를 정복하게 하였다.

● 빌렌도르프의 비너스

빌렌도르프의 비너스(Venus of Willendorf)는 1908년 오스트리아 빌렌도르프 근교의 구석기 시대 지층에서 발견된, 11.1 cm 키의 여자 조각상이다. 빌렌도르프의 비너스는 사실적이라기보다는 이상적으로 표현한 여성상이다. 커다란 유방을 늘어뜨리고, 허리는 매우 굵으며, 배는 불룩 나와 있고, 지방이 풍부한 엉덩이는 매우 잘 발달해 있고 성기가 강조되어 있어서, 생식과 출산, 다산의 상징으로 주술적 숭배의 대상이 되었던 것으로 판단된다. 작은 팔은 가슴 위에 올려져 있다. 얼굴은 보이지 않으며, 땋아 올린 머리 아래에 있어야 할 눈은 아예 조각되지 않았거나 머리에 가려 보이지 않는다.

처음에 '비너스'라는 별명이 붙은 것처럼, 이 석상이 태고의 이상적인 여성을 나타내는 것이라고 보는 학자가 있다. 한편 선사 시대 유럽의 풍요의 여신을 나타내는 것이라는 반박도 있다. 뚱뚱함은 수렵생활을 하는 사회의 높은 계층에 있는 사람을 뜻하며, 이 석상이 성공과 안녕의 상징이었다는 주장도 있다.

구석기 시대

인류가 살았던 시기를 100으로 본다면, 구석기 시대는 98.8 정도를 차지하는 매우 긴 시기이다. 지질학적인 기준으로는 플라이스토세에 해당한다. 말 그대로 옛 석기 시대. 인류 최초의 시대 구분으로, 선사 시대 중 처음을 장식하는 시대이다. 시대적으로는 12,000년 전 플라이스토세 말기까지에 해당하는데, 그 이후에 신석기 혁명과 농경이 시작된다. 호모 하빌리스(Homo habilis)와 같은 유사 인류가 석기를 사용한 것까지 구석기 시대로 분류한다면, 250만~260만 년 전까지로 거슬러 올라간다.

■ 구석기 시대란?

구석기 시대에 사용된 석기는 뗀석기[타제석기(打製石器)]이다.

구석기 시대의 돌도끼를 상상할라치면 흔히 나무에 묶은 돌을 떠올리는데, 사실 나무 손잡이가 달린 도구는 후기 구석기 시대에 가서야 등장한다. 전기 구석기 시대에는 돌 하나가 전천후 기능을 가진 것이 많았으나, 중기와 후기로 갈수록 점점 석기 하나당 1~2가지의 기능을 더하게 된다.

석기 시대이기 때문에 석기(돌)를 주로 이용하였지만, 뼈와 같이 단단한 물질도 많이 사용되었다. 특히나 부수면 날카롭게 갈라지는 흑요석은 주요한 무기자원으로 거래되기도 하였다고 한다.

● 뗀석기

뗀석기 또는 타제석기(打製石器)는 돌을 깨서 만든 석기로, 구석기 시대를 대표하는 유물이다. 구석기 시대(약 200만 ~ 1만 년 전)에 살았던 사람들이 만들었으며, 보통 나무를 자르거나 동물을 사냥할 때 쓰인 것으로 추정된다.

● 털 매머드, 털 코뿔소, 동굴사자와 같은 많은 거대 종들이 플라이스토세에 시베리아와 같은 곳에 살고 있었다.

■ 구석기 시대의 생활상

구석기 시대는 주로 수렵과 채집을 통해 식량을 얻었다. 과거에는 '사냥하는 남자(Man the hunter)'라는 개념이 강해서 사냥을 하던 남성에 의해 주도된 시대라고 여겼으나, 인류학자들의 최근 연구에서는 사냥이 식량 수집에서 차지하던 비율에 대한 다른 연구결과들이 나오면서 그런 가설에 의문을 제기하고 있다.

큰 동물을 사냥하는 것은 대체로 남성들의 일이었지만, 수렵과 함께 주요한 단백질 공급원이던 물고기나 해산물, 작은 동물을 잡는 것 등은 그리 성별을 가리지 않았던 것으로 보인다.

후기 구석기 시대에 들어서는 막집(움막집)을 지어서 살았다. 인구 수가 별로 많지 않았고 자원을 이용하기 쉬웠기 때문에, 오히려 이 바로 다음의 시대보다 전체적인 삶의 질은 높았다. 자원(주로 식량)의 분배 문제에 관해서 말하자면, 서로 다른 부족이나 군락 간에 분쟁과 충돌은 있었을지언정 일정한 생활 공간을 공유하는 하나의 사회집단 내에서는 아직까지 계급적으로 고착된 분배 불평등이 나타나지 않은 시기였다.

■ 구석기 시대의 환경

구석기 시대의 기후는 플리오세, 플라이스토세의 두 지질학적 시기로 구분된다. 이 두 시기 모두 인류 사회에 중요한 지질·기후 변화를 겪게 했다. 플리오세 기에는 현재 위치에서 70km에서 250km에 이르는 대륙 이동이 있었다. 남아메리카는 파나마 지협을 통해 북아메리카와 연결되어 있었다. 플라이스토세 기의 기후는 차고 건조했으며, 현대의 기후와 같이 계절을 가지고 있었다. 빙상이 남극까지 뻗어 있었다.

빙기의 영향은 전 지구적이었다. 남극 대륙은 플라이스토세와 앞선 플리오세에 걸쳐 얼음으로 덮여 있었다. 안데스는 파타고니아 빙상에 의해 남쪽이 덮여 있었다. 뉴질랜드와 타스마니아도 빙하가 많이 있었다. 지금은 녹고 있는 케냐와 킬리만자로와 동쪽 르웬조리 산맥 그리고 중앙아프리카의 빙하는 더 커졌다. 에티오피아의 산맥 그리고 서쪽으로 아틀라스 산맥에도 빙하가 있었다.

북반구에는 많은 빙하가 하나로 뭉쳐 있었다. 코딜레란 빙상은 북아메리카를 북서쪽으로 덮고 있었고, 로렌타이드 빙상은 동쪽을 덮고 있었다. 페노스칸디아 빙상은 영국을 포함한 북유럽을 덮고 있었고, 알프스 빙상은 알프스를 덮고 있었다. 흩어진 반구가 시베리아와 북반구를 관통하여 뻗어 있었고, 북극해는 얼어 있었다.

18,000년 전의 후기 구석기 시대(플라이스토세 후기) 동안 아시아와 북아메리카를 잇는 베링 섬 다리는 초기의 아메리카 인디언들이 베링 섬 다리를 건너 아메리카로 바로 넘어가지 못하도록 얼음으로 막혀 있었다.

● 털 매머드를 사냥하는 구석기인

　이러한 빙하 시대는 플라이스토세 말기에 구석기 시대와 함께 끝났고, 지구의
날씨는 따뜻해졌다.

　플라이스토세 말기에는 거대 포유류가 멸종하게 되는데, 그 원인으로는 질병
이나 인류의 과도한 사냥과 함께 기후 변화가 지적된다.

　털이 많은 매머드의 멸종은 기후의 변화, 인류에 의한 사냥 때문이었음을 새
로운 연구 조사가 암시하고 있다. 과학자들은 플라이스토세 말기의 기후 변화
가 매머드의 거주지를 줄였고, 개체수의 급락이 일어났다고 주장한다. 적은 개
체수가 되자 구석기 시대의 인류들에 의해 사냥을 당하게 되었다. 플라이스토
세 말기에 일어난 전반적인 온난화와 홀로세의 시작은
이전에는 얼어붙어 접근을 하지 못했던 매머드의 주거
지에 인류가 쉽사리 접근할 수 있게 하였다.

● 매머드: 약 480만 년 전부터 4천 년 전까지 존재했던
　포유류이며, 긴 코와 4m 길이의 어금니를 가졌다.

신석기 시대

신석기 시대와 구석기 시대를 나누는 기준은 토기의 등장과 간석기(마제석기)의 사용, 농경과 정착생활에서 기인한다. 이러한 요소들이 동시에 나타나는 경우는 드물고, 한 가지만 등장해도 신석기 시대로 구분한다. 이 시대에는 여전히 수렵과 채집을 기본으로 생활하였으며 기초적인 농경이 시작되어 조, 피, 수수 등의 잡곡으로 약간의 농경생활을 하기도 했다. 예외도 있어서, 수렵 및 채집 생활이 충분한 자원을 제공할 수 있는 지역에서는 아예 농경이 나타나지 않는 경우도 보인다.

■ 중동의 신석기 시대

인류 사회는 구석기 시대의 수렵 · 채집 경제로부터 신석기 시대의 생산 경제로 발전하는데, 이러한 생산 경제로의 전환은 인류 문화사상 하나의 전기를 가져온 사건이다. 때문에 이러한 전환을 '신석기 혁명'이라고도 한다.

이러한 비약을 가져온 이유의 하나로서 기후의 변화를 들 수가 있는데, 그것은 플라이스토세 빙하기(氷河期)가 끝나고 홀로세에 들어오면서 오늘날과 같은 기후로 변해 농업 생산에 적합한 시기로 돌입했기 때문이다.

지금까지 알려진 가장 이른 신석기 문화는 팔레스타인의 예리코(Jericho)와 이라크의 자르모(Jarmo) 등이다. 이들 중동의 문화는 신석기 시대 초인 기원전 9600~9500년경에 시작되었으며, 홀로세의 아구석기 시대가 끝난 후에 뒤따른 시대이다.

● 팔레스타인의 예리코에서 발굴된, 신석기 시대의 유적.

■ 신석기 시대의 사회 구조

신석기 시대에 대부분의 사람들은 부족과 씨족으로 구성된, 150명에서 2천 명 정도 되는 작은 공동체를 이루며 살았다. 대부분의 신석기 사회에서는 계층화가 진행된 과학적인 근거를 거의 찾아볼 수 없다. 사회 계층화는 청동기 시대와 더 밀접하게 연관되어 있다.

후기 신석기의 어떤 사회에서는 고대 하와이인들과 같이 폴리네시아 사회와 유사한 복합적으로 계층화된 지도계층을 형성하지만, 대부분의 신석기 사회는 상대적으로 단순하면서 평등하였다. 그러나 농경이 널리 보급된 이후에는 그 산물의 분배를 둘러싸고 계층 분화가 점차 진행되게 된다.

기원전 8000년경의 동물의 가축화는 급격한 사회적 불평등을 초래하였다. 가축을 소유한다는 것은 경쟁력을 의미하였고, 부의 불평등을 전승하는 결과를 낳았다. 대규모의 가축을 소유하게 된 목자(牧者)들은 점차 보다 많은 가축을 소유하게 되었고, 이것이 경제적인 불평등을 더욱더 심화시켰다.

● 신석기 시대의 부락

지역별 신석기 시대

중동과 같은 서남아시아에서는 신석기 시대가 기원전 10000년경에 시작되었고, 아프리카에서는 기원전 15000년경에 시작된 것으로 밝혀졌다. 그 후 레반트에서 초기 발전이 일어나, 그곳에서 동쪽과 서쪽으로 확산되었다. 신석기 문화는 또한 기원전 8000년경에 남동 아나톨리아(소아시아)와 북메소포타미아에서도 증명되었다.

중국 황하 하류의 '베이푸디(北福地) 선사유적지'는 약 7천 년 전에서 8천 년 전쯤의 신석기 문화 유적지인데, '츠산(磁山) 문화'와 '씽롱와(興隆窪) 문화'와 동시대의 문화유적이 발견되었다.

■ 비옥한 초승달 지대

토기 없는 신석기 시대에 속하는, 완전히 발달된 신석기 문화가 기원전 9500년경에 '비옥한 초승달 지대(Fertile Crescent)'에 등장하였다. 기원전 9000년경에는 세계 최초의 도시 중의 하나인 예리코가 레반트에 등장하였다. 예리코는 석벽과 대리석벽으로 둘러싸여 있었고, 2천~3천 명을 수용했으며, 거대한 석탑이 우뚝 서 있었다.

기원전 6000년경에는 '할라프 문화(Halafian culture)'가 레바논과 이스라엘, 팔레스타인, 시리아, 아나톨리아(소아시아) 그리고 북메소포타미아 지역에 등장하였고, 건조한 대지에서 농경생활을 영위하였다.

● 할라프의 글래머
할라프 문화에 나타나는 글래머 여인상의 과장된 젖가슴과 엉덩이는 생명의 근원인 모성을 상징하는 모습으로 빚어졌으며, 강한 생식력을 기원하는 뜻으로 해석되고 있다.

31

■ 남메소포타미아

수메르, 엘람(이란 고원)과 같은 충적세의 평원은 적은 강수량으로 인해 관개수로 체계가 필요하였다. 그리하여 기원전 5500년경 '우바이드 문화(Ubaid culture)'가 등장하였다.

■ 유럽

남동유럽에서는 농경 사회가 기원전 7천 년경에 최초로 등장하였다. 그리고 중앙유럽에서는 기원전 5500년쯤에 등장하였다. 이 지역에서 가장 초기의 문화 유적지 중에는 테살리아(그리스 중북부)의 세스클로 문화(Sesklo culture)가 있고, 이후 발칸 반도로 나아가 스타르체보-쾨뢰시-크리스 문화, 선형 도기 문화, 빈차 문화(Vinča culture)로 확장된다.

문화의 융합과 사람들의 이주를 통해 신석기 전통은 서쪽과 북쪽으로 확대되어, 기원전 4500년경 북서유럽에 도달하였다. 빈차 문화는 가장 초기 단계의 문자 체계인 빈차 부호를 만들어 냈다. 고고학자들은 통상적으로 수메르인의 쐐기문자가 최초의 진짜 문자형태라고 받아들이고 있으며, 빈차 부호는 문자라기보다는 픽토그램이나 표의기호에 가깝다고 생각한다. 지중해에서는 고조 섬(Gozo: 몰타 군도 위의 섬)의 거석 시대의 사원 유물단지, 몰타의 므나이드라(Mnajdra) 사원 등이 거대한 신석기 구조물로 주목할 만하다. 이것들 중 가장 오래된 것은 기원전 3600년경까지 거슬러 올라간다.

● 몰타의 므나이드라 사원
세계에서 가장 오래된 인공적 구조물 중 하나이다. 거석의 사원단지는 새겨놓은 동물들과 우상들, 희생제물을 바치는 제단, 신탁실로 꾸며져 있다.

■ 아프리카

아프리카에서 경작을 하거나 소와 같은 가축을 기른 것은 약 1만 5천 년 전이다. 아프리카 사람들은 밀과 보리, 콩을 기르는 방법을 발견하였으며, 다른 야채나 곡물은 기원전 1000년경에 발견하였다.

아프리카에서 수수와 사탕수수는 적어도 5천 년 전에 경작되었다. 먹을 것을 생산해 내는 경제는 적도의 북쪽에 사는 아프리카 사람들에 의해 기원전 6000년에서 기원전 1000년 사이에 확립되었다.

■ 아메리카

기원전 1만 년 무렵까지 인디언의 조상은 남아메리카 남부에까지 분포하게 되었던 것으로 추정되나, 최고(最古)의 유적은 북아메리카 서부에서 발견되었다. 구대륙의 구석기 문화에 대응되는 시대가 석기 시대이고, 그 뒤 중·신석기 문화에 거의 근접하는 시대가 계속되었으나, 이러한 문화의 진화가 아메리카 대륙 전체에서 동일하게 진행되었던 것은 아니다.

■ 남아시아

남아시아에서 가장 오래된 신석기 유적은 기원전 7000년경의 메르가르(Mehr-garh)이다. 이 유적은 파키스탄 발루치스탄의 카치 평원에 있으며, 농경(밀과 보리)과 축산(소, 양, 염소)의 증거를 찾아볼 수 있다.

● 메르가르 유적
메르가르는 기원전 7000년~기원전 3200년의 신석기 유적지이며, 남아시아에서 농경과 축산의 증거를 지닌 가장 오래된 곳이다.

■ 동아시아

동아시아에서는 신석기 시대가 꽤 일찍 개시된 편인데, 이는 동아시아가 토기를 사용하기 시작한 최초의 지역 중 하나이기 때문이다. 한반도의 경우 절대연대가 확정적이지는 않지만, 양양 오산리와 제주도 고산리에서 신석기 시대의 토기가 출토되고 있다.

동아시아에서 토기 제작 기술이 발명되고 토기 사용이 확산된 것은 어느 한 지역에서 처음 만들어져서 전 동아시아 지역으로 퍼진 것이 아니라, 별개의 여러 지역에서 독립적으로 일어난 것으로 보인다. 이는 지역별 토기의 장식 형태나 토기 모양이 다양하게 나타나고, 토기가 출현한 지역이 서로 매우 멀리 떨어져 있어 주변 지역에서 모방했다고 보기 어렵기 때문이다.

초기 토기는 아직 기술이 부족했기 때문에 용도별 토기가 등장하지 못했고, 토기를 굽는 온도도 낮아 토기질이 물렀다. 이를 극복하기 위해 풀이나 동물 털을 섞은 공통점을 확인할 수 있다. 아직 농경이 시작되기 전에 토기가 등장하고 있으며, 초기 토기의 용도는 저장용이 아니라 조리용으로 추정된다.

● 빗살무늬토기

● 번개무늬토기

● 한반도에서 출토된 토기
한반도의 신석기 시대는 토기문화의 절정을 이루었다. 다양한 형태의 토기들이 해변과 강변을 낀 터전에서 발굴되었으며, 토기의 발달은 조리 문화에도 큰 기여를 하였다.

● 빗살무늬토기의 쓰임
빗살무늬토기는 아래가 뾰족하므로, 불을 지피는 장작더미 속에 꽂아 넣어 안정된 자세를 유지시킬 수 있었다.

청동기 시대

청동기 시대는 돌을 이용한 석기 대신에 청동기가 주요한 도구로 사용되는 시대로서, 이후에 철기를 사용한 철기 시대로 연결된다. 청동을 만들기 위해서는 구리와 주석이 필요하며, 이런 광물 자원의 확보와 불을 이용한 야금법이 주요한 제작 수단이 된다.
청동기의 획득으로 인류는 석기 시대에 비해 농업 생산의 효율을 향상시켰고, 군사적 우위를 확보하였으며, 사회의 비약적인 발전과 더불어 직업의 분화, 문화 수준의 향상을 이루었다.

■ 왜 청동을 사용했는가?

청동의 재료인 구리와 주석은 철에 비해 매장량이 적고 강도도 떨어지는 편이지만, 용융점이 낮아 제련 및 주조가 철에 비해 수월하였다. 구리와 주석의 용융점은 약 1,030도, 철의 용융점은 약 1,560도로 500도 이상 차이가 난다. 당시에 이 온도를 얼마나 올리기 힘들었냐면, 최초의 철기는 중국과 이집트에서 만들어진 것인데, 인공적으로 녹여서 만든 것이 아니라 철로 이뤄진 운석을 깎아서 만든 것이었다.

참고로 잘 마른 장작을 태웠을 때의 온도가 1,200도를 넘지 못하는데, 바꿔 말하면 청동이 아닌 철을 가공하기 위해서는 무엇보다 우선해서 불꽃의 온도를 300도 이상 상승시킬 수 있는 여건이 필요하다는 것이다. 사정이 이렇다 보니, 고대 메소포타미아 문명 내내 철의 값이 금보다도 비쌌다고 한다.

● 청동을 주조하는 청동기 사람들
청동기 사람들은 불을 이용하여 청동을 녹이는 기술을 연마함으로써 생활 도구를 발전시켰다.

철광석은 반응성이 높아 산화철 같은 화합물의 형태로 땅 깊숙이 매장되어 있는 반면, 구리와 주석은 순수한 결정의 형태로 원석이 채굴되는 경우가 있어서 찾아내기가 좀 더 쉬웠다. 하지만 당시의 청동을 돌과 서로 충돌시키면 청동이 부러지거나 휘어진다. 그만큼 청동은 단단하지 않았으며, 이로 인해 청동기는 무기를 제외하고서는 대부분 권력자의 장식용, 제식(祭式)용으로 사용되었다.

청동기가 전쟁 무기로 사용될 수 있었던 이유는, 일단 한 번 만들어 놓으면 사용하기가 돌보다 편하다는 것 때문이었다. 부서지거나 구부러진 청동기구는 대장장이가 다시 녹여 가공하면 재사용할 수 있었다. 또한 한 번 얻은 청동 갑주·무기 등은 자자손손 전해서 사용했고, 전쟁의 주요 전리품이기도 했다. 그리고 현재와는 달리 대부분의 기원전 문명에서 사용했던 청동기와 철기는 비슷비슷한 강도를 가졌다.

철은 반응성이 높으므로 채굴 당시에 섞여 있는 불순물의 양도 많고 정련과정을 통해 그걸 제거하기도 굉장히 어려운 까닭에, 당시의 미개한 야금 기술로 만들어낸 철기구는 그렇게 튼튼하지 못하였다. 그에 비해 청동기는 무기로 활용하기 위해 기술 연구가 꾸준히 지속되어, 상당한 야금 기술이 개발되었다. 중국 전국시대의 잘 보존된 청동검은 지금도 살상에 쓸 수 있을 정도로 날카롭다고 하는데, 월왕구천검이 대표적인 사례이다.

● 월왕구천검(越王勾踐劍)
1967년 중국 호북성의 초나라 고분에서 발견된, 춘추시대의 편수(片手) 양날 도검 유물이다. 지극히 오래된 청동검인데도 날이 서 있으며, 녹청이 형성되지 않았다.

지역별 청동기 시대

청동기의 기원에 대해서는 세 가지 설이 있다. 한 곳에서 발생한 후 여러 곳으로 전파되었다는 유일기원설, 지역별로 서로 다른 곳에서 다발적으로 출현하였다는 다원설, 앞의 두 설을 절충하여 한 중심지에서 발생한 후 각지에 2차 중심지를 형성하여 발달하다가 다시 파급되어 제3의 중심지를 만들어 왔다는 설이다. 유일기원설의 대상지는 황금과 구리 등 광물이 풍부한 시베리아 예니세이 강 상류의 알타이 산 일대, 소아시아나 메소포타미아 일원 즉 오리엔트 일대라는 두 설이 있다. 오리엔트설에서는 청동기가 한 길은 도나우 강을 따라 유럽으로 북상하였고, 한 길은 남러시아를 거쳐 시베리아와 중국으로 전해졌다고 설명한다.

■ 중앙아시아

남부 러시아와 중앙 몽골을 관통하는 알타이 산맥 주변의 청동기 시대 유적들에서는 같은 양식의 매장풍습과 묘제, 금속 도구들이 발견된다. 기원전 2000년경 이 지역에 기후가 급변하고 생태적 · 경제적 · 정치적 변화도 뒤따라서 대규모 인구 이동이 발생했는데, 이들이 이동하면서 청동기 제작 기술과 기마 문화를 전파시킨 것 같다.

■ 중동과 유럽

청동기의 흔적은 일찍이 메소포타미아의 수메르 (현 이라크), 나일 강의 이집트, 그리고 인더스 문명에서 발견된다. 메소포타미아와 이집트에서는 기원전 3500년경부터 히타이트가 나타나는 기원전 1500년 전후까지 청동기 시대라고 생각할 수 있다. 유럽에서는 기원전 1800년 ~ 기원전 1600년경에 시작된 우네티체 문화가 청동기 시대에 해당한다.

● 네브라 하늘원반
우네티체(아우네티츠) 문화와 관련이 있는 청동제 원반. 독일의 네브라 인근에서 3,600년 전쯤에 제작된 천문 유물로, 유네스코 세계기록유산이다.

■ 동남아시아

동손 청동북이라고 불리는 최초의 청동북은 기원전 600년~기원전 300년 무렵의 유물인데, 베트남 홍강 삼각주와 중국 남부 지역에서 발굴되었다. 이것은 베트남 동손 문화와 밀접한 유물들이다. 태국의 반 치앙에서도 기원전 2100년경의 동기 유물이 발견되었다. 미얀마의 냥간에서도 석기 유물과 함께 동기가 발굴되었다. 이것은 기원전 1500년에서 기원전 1000년까지 거슬러 올라가는 유물들이다.

● 동손 청동북
북베트남 홍강 삼각주 유역에서 발달한 동손 문화에서 주조된 청동북. 악기와 제례 의식에 사용한 것으로 추측되며, 기하학적인 문양과 일상생활의 장면, 전쟁, 동물과 새, 배 등으로 장식되어 있다.

■ 중국

중국에서 '청동기 시대'에 대한 연도 설정에는 역사학자들 간에도 많은 이견이 있다. 유럽이나 지중해에 적합한 개념을 억지로 중국에 적용시켰기 때문에 나타나는 현상이다. 일반적으로 청동기 시대는 청동기가 석기를 대체했을 때, 그리고 나중에 철기 시대로 바뀌었을 때로 정의한다. 그러나 중국에서는 두 가지 요인에 의해 청동기 시대가 정의된다. 야금 기술을 갖춘 철기 시대의 도래, 지속적인 청동기 무기 · 제례도구의 사용에 대한 기준이다.

그런 의미에서 최초의 청동기는 기원전 3100년경에서 기원전 2700년경에 이르는 마자야오 문화 유적에서 발견되며, 그때부터 점차 청동기 시대에 접어들었다고 할 수 있다. 중국의 청동기 시대는 은나라에서 춘추 시대까지가 해당한다.

● 마자야오(馬家窯) 문화의 청동 향로
중국 간쑤 성 지역을 중심으로 기원전 3300년에서 기원전 2000년 무렵까지 존재했던 문화로, 수준 높은 청동 제련술이 나타났다.

오리엔트 문명

오리엔트는 해가 뜨는 곳이라는 뜻의 라틴어 '오리엔스(Oriens)'에서 유래되었다. 유럽에서 볼 때 근동을, 서양사에서는 특히 고대의 이집트·메소포타미아를 가리킨다. 이들 지역은 토지가 기름져서 일찍부터 농업이 발달하였고, 여러 가지 문화가 발전하였다. 비가 많이 내려 홍수가 잦으므로, 둑을 쌓아 물을 거두었다가 농업에 이용하기도 하였다. 여러 사람이 이런 일을 하는 동안 힘을 모으는 부족국가나 도시국가가 생기고 이들 작은 국가가 통합되면서, 물을 다스리고 외적의 침략을 막는 데 절대적인 통솔자, 강력한 지도자가 필요하다는 것을 깨달았다. 이 지도자가 바로 왕이 되었다.

■ 법률 제정

청동기 시대에 이르자 지역에 따라 독특한 문명을 이룬 인류는 문자를 발명하고, 스스로의 역사를 기록하기 시작하였다. 다른 지역과의 교역으로 세계에 대한 인식이 넓어져, 지도 제작 및 지리에 대한 기록으로 이어졌다.

세계를 바라보는 넓은 시야, 인간에 대한 성찰은 철학, 종교, 윤리와 같은 문화를 낳았다. 고대 시기의 국가들은 문명에 따라 도시국가의 모습을 띠기도 하고, 제국을 이루기도 하였다. 국가의 지배를 위해 법률이 제정되었고, 이웃 지역과의 충돌로 국가 간의 전쟁이 일어났다. 고대 시기의 시작과 끝은 각 문화권마다 그 시기가 각각 다르다.

가장 오래된 문명은 메소포타미아 지역에서 일어난 수메르 문명이다. 이들은 기원전 3200년경부터 도시국가를 이루었으며, 설형문자(楔形文字)를 이용하여 문서를 만들고 이를 보관할 도서관을 세웠다. 전쟁을 통해 영향력이 강해진 키슈, 우루크, 라가시 등은 이웃 도시들을 지배하는 우두머리 도시가 되었다.

■ 세계 4대 문명의 발생

청동기의 비약적인 발전은 4대 문명을 일으켰다. 기원전 4000년~기원전 3000년경 큰 강 유역에서 발달한 최초의 인류 문명 발생지로 이들 지역은 교통이 편리하고, 관개 농업에 유리한 물이 풍부하며, 공통적으로 도시국가라는 특징을 지니고 있다.

청동기 시대는 인류의 초기 문명이 나타난 시기이다. 지금까지 인류 문화의 중요한 부분을 차지하고 있는 국가, 도시, 정치, 법률, 문자, 철학과 같은 것들이 이때에 출현한 것이다.

현재 지구촌에서 문명이 가장 발달한 곳은 유럽 지역과 북아메리카, 곧 서양 지역이지만, 지구촌에서 맨 먼저 문명이 일어난 곳은 아프리카와 아시아 지역이었다.

당시의 주요 문명으로는 아시아 서남쪽의 티그리스 강, 유프라테스 강 유역의 메소포타미아 문명, 아프리카 나일 강 유역의 고대 이집트 문명, 인도의 서북쪽 인더스 강 유역의 인더스 문명, 중국 황허 강 유역의 황허 문명 등이다. 이들 4지역의 문명을 세계 4대 문명이라고 하며, 이들 지역을 세계 4대 문명의 발상지라고 부른다. 놀랍게도 이들 4대 문명 지역은 큰 강 유역이라는 공통점이 있다.

● 이집트 문명을 낳은 나일 강
대략 기원전 3200년경 이른바 '햄족'이 이집트 남부의 나일 강 유역에 정착하면서 이집트 문명이 탄생했다.

메소포타미아 문명

메소포타미아(Mesopotamia)는 고대 그리스어에서 온 지명으로서 '메소'는 중간이라는 뜻을, '포타미아'는 강이라는 뜻을 가지고 있다. 기원전 4세기 후반의 알렉산드로스 대왕 시대 이래로 역사, 지리학 및 고고학의 명칭으로 사용되어 왔다. 메소포타미아는 지리학상 중동의 유프라테스 강과 티그리스 강의 주변 지역(현재의 이라크)을 일컫는다. 이 지역은 두 강이 자연적으로 가져다주는 비옥한 토지로 인하여, 기원전 약 6000년 신석기 시대에 인간이 정착하기 시작한 이래 점차 고대 문명의 발상지 중 하나로 발전하였다.

■ 비옥한 초승달 지대

'비옥한 초승달 지대(Fertile Crescent)'는 미국의 고고학자 제임스 헨리 브레스테드(Brestead : 1865~1935)에 의해 발굴된, 서아시아의 고대 문명 발생지에 대한 아칭(雅稱)이다. 이 지대의 동쪽 끝은 페르시아 만(灣)의 충적(沖積) 평야인데, 이란 고원, 자그로스 산맥의 서쪽을 티그리스 · 유프라테스 강을 따라 북상하고, 아르메니아로부터 타우루스 산맥의 동쪽을 타고 남하하여 시리아, 팔레스타인으로 연결된다. 브레스테드가 명명할 때에는 이 지역을 지칭하였으나, 나중에는 그 서쪽 끝을 나일 강 유역의 충적 평야까지 포함하여 말하게 되었다.

세계 최고(最古)의 농경 문화가 이 지대에서 일어난 것은 명백한데, 아마도 시리아 · 팔레스타인이 그 발상지일 것이다. 이 문화의 영향하에 티그리스 · 유프라테스 강 유역(메소포타미아) 및 나일 강 유역(이집트)에 고도의 문명이 발생하게 되었다. 이 지대에 정착한 농경 민족과 주변의 유목 민족 간의 평화적 · 전투적 교섭 속에서 고대 오리엔트사(史)가 활발하게 전개되었다.

수메르 문명

수메르(Sumer)는 메소포타미아의 가장 남쪽 지방으로, 오늘날 이라크의 남부 지역이다. 수메르 문명은 세계에서 가장 오래된 문명인데, 수메르인이 어디서 왔는지는 정확히 모르지만 대략 기원전 7000년부터 수메르 지방에서 살기 시작했다. 수메르 문명이 가장 융성했던 때는 기원전 제3천년기(BC 3000년~BC 2000년)로, 역사학자들은 통상 이 천년의 기간을 크게 초기 왕조 시대, 아카드 왕조 시대, 우르 제3왕조 시대의 세 시기로 구분한다.

■ 수메르의 역사

수메르 문명은 메소포타미아에서 발생한 최초의 문명으로, 우루크와 우르라는 최초의 도시를 건설했다. 이 지역에 많은 도시국가들이 등장하는데, 그 유명한 아브라함의 고향 우르는 수메르 문명의 도시였다.

수메르의 도시국가들은 선사 시대의 '우바이드'기와 '우루크'기에 성장하기 시작하였다. 기원전 29세기경 초기 왕조 시대부터 역사적 기록들이 드물게 발견되기 시작하여, 기원전 26세기경 '라가시'기부터는 많은 자료들이 발견되고 있다. 고대 수메르는 기원전 24세기에 아카드 제국이 들어서면서 막을 내린다. 이후 구티인 지배 시기를 지나, 기원전 22세기에 "수메르 부흥기"를 맞았다가, 기원전 20세기경에 아모리인이 침입한다. 아모리인의 이신 왕조는 기원전 1730년, 메소포타미아가 바빌로니아의 지배 아래로 들어갈 때까지 유지된다.

● 우르의 왕기(군기)
기원전 2750년경, 20×48cm,
대영박물관 소장

■ 수메르 최초의 도시, 우루크

우루크(Uruk)는 수메르와 바빌로니아 시대의 고대 도시로, 유프라테스 강 동쪽으로 고대의 "닐" 수로를 따라 이어지는 습지대에 위치했다. 현대 이라크라는 이름이 "우루크"에서 파생되었다는 이론이 있으나, 검증되지는 않았다. 전성기 우루크의 인구는 5~8만 명 정도로, 당시로서는 가장 큰 도시였다. 현재까지 우루크는 밀집된 인구를 가진, 세계 최초의 도시로 알려져 있다. 우루크는 또한 전문 관리, 군인 등으로 계층화된 사회를 이루며 메소포타미아 도시국가 시대를 열었다.

《수메르 왕 목록》에 따르면, 우루크는 엔메르카르(Enmerkar)가 세웠다. 《엔메르카르와 아라타의 왕》에는 그가 이난나 여신(혹은 이슈타르 여신)을 위하여 에-안나라는 유명한 사원을 지었다고 기록되어 있다.

우루크는 《길가메시 서사시》의 영웅인 길가메시의 수도였다. 우루크의 역사적인 왕으로는 움마의 루갈자게시(움마의 왕으로서 우루크를 정복하였음)와 우투-헤갈이 있다. 우루크는 아카드의 사르곤 왕 이전 시대에 강력한 패권을 장악하였고, 후반기(기원전 2004년)에는 엘람인과의 치열한 경쟁을 하였다. 이러한 역사적 사실은 《길가메시 서사시》에 문학적으로 표현되어 있다.

● 이난나 여신

이난나는 고대 메소포타미아에서 가장 잘 알려진 여성 수호신이다. 우루크 시대 초기인 BC 4000년~3100년경, 이난나는 우루크 도시와 연관이 있다. 고대 수메르 시대에 가장 널리 숭앙된 신격으로서 사랑, 아름다움, 풍요, 지혜, 전쟁 등의 여신이었다. 아카드-바빌로니아 시대에는 '이슈타르'라는 이름으로 불렸으며, 흔히 "천상의 여신"으로 표현되기도 한다.

길가메시

길가메시(Gilgamesh)는 고대 수메르 왕조 초기 시대인 우르 제1왕조의 전설적인 왕(재위 기원전 2600년경?)으로, 수많은 신화나 서사시에 등장하는 영웅이다. 이 왕은 실제로 존재했던 인물이었을 가능성이 있다. 그의 무훈담을 기록한 길가메시 서사시는 기원전 2000년대의 점토판에 적혀 있다. 오늘날에도 고대 메소포타미아의 영웅 가운데 가장 잘 알려진 이름으로, 수많은 픽션 작품에서 그의 이름을 차용하고 있다.

■ 길가메시 신화

길가메시는 3분의 2가 신이고 3분의 1이 인간인데, 지나치게 혈기왕성했고 여성을 탐했으며 거만했다. 이에 보다 못한 우루크 주민들은 신들에게 도움을 청했다. 신들은 엔키두라는 이름의 남자를 창조했다. 그러나 엔키두는 난폭하고 거칠어서 길가메시보다 더욱 골치 아픈 존재가 되었다. 결국 길가메시가 우루크 주민들을 돕기 위해, 사랑과 전쟁의 여신 이난나(이슈타르)의 여사제 샤마트를 보냈다.

샤마트는 인간 여성과 관계를 맺어본 적이 없는 엔키두에게 쾌락을 가르치고 야생에서 끌어냈다. 샤마트와 함께 마을의 결혼잔치에 도착한 엔키두는, 초야권(初夜權)을 행사하기 위해 온 길가메시와 격렬한 몸싸움을 벌였다. 이후 엔키두는 길가메시의 변함없는 친구이자 동료, 그리고 연인이 되어 호사스럽게 지냈다.

● 길가메시와 엔키두
엔키두(Enkidu)는 길가메시의 힘을 낮추기 위해 모신(母神) 아루루가 천신 아누의 모습을 모방하여 점토를 빚어 만든, 힘센 야만인이다.

그러나 얼마 지나지 않아 길가메시는 신들에게서 '고향을 떠나 훔바바와 싸우라'는 지시를 받았다. 훔바바는 우루크에서 2만 시간을 가야 겨우 도착하는 삼나무 숲에 사는, 무시무시한 괴물이자 삼림의 수호자였다. 모험을 떠난 엔키두와 길가메시는 삼나무 숲에 들어섰

● 괴수 훔바바와 싸우는 길가메시와 엔키두

고, 마침내 훔바바의 둥지를 발견했다. 길가메시와 엔키두는 훔바바에게 달려들었고, 격렬한 싸움 끝에 두 남자는 신 샤마슈의 도움을 받아 괴물을 물리쳤다. 치명상을 입힌 것은 엔키두의 창이었다. 훔바바는 길가메시와 엔키두에게 목숨을 구걸했으며, 샤마슈 신도 길가메시에게 훔바바를 살려줄 것을 권하였다. 그러나 엔키두는 길가메시에게 '훔바바를 죽여야 명예를 얻을 수 있다'고 부추겼다. 길가메시는 결국 훔바바를 죽였다.

곧이어 길가메시는 여신 이난나의 유혹을 받았다. 길가메시가 이난나의 옛 애인들의 비참한 운명을 거론하며 그녀를 거절하자, 분노한 이난나는 아버지 신 아누에게 호소했다. 결국 아누를 설득한 이난나는 길가메시와 맞설 '하늘의 황소'를 손에 넣었다. 하지만 엔키두가 황소를 붙잡았고, 길가메시가 칼로 찔러 죽였다. 황소가 살해당한 것에 분노한 신들은 엔키두를 병에 걸리게 하여 보복했다. 며칠 후 엔키두는 죽어버리고 말았다. 길가메시는 친구의 죽음에 상심했으며, 죽음에 대한 공포를 느꼈다.

● 루브르 박물관에 소장 중인 길가메시 부조

45

이에 그는 영생의 비밀을 발견하기로 결심하고, 영웅 우트나피슈팀을 찾아 나섰다. 우트나피슈팀은 대홍수 속에서도 살아남았고, 신들에 의해 불사의 존재가 된 사람이었다. 마슈 산 입구에 다다른 길가메시는 문을 지키는 전갈 남자들로부터 제지를 받았다. 하지만 그들은 길가메시가 절반은 신이라는 것을 알아보고 길을 열어주었다. 길가메시는 산 속으로 들어갔다.

마침내 길가메시는 바닷가 옆 아름다운 정원에 도착했다. 정원에는 탐스러운 과일이 주렁주렁 달린 '신들의 나무'가 있었고, 땅은 보석으로 덮여 있었다. 이곳에서 술의 여신 시두리는 길가메시의 여정을 늦추려고 했다. 하지만 길가메시의 완강함에 손을 든 시두리는 우트나피슈팀의 뱃사공인 우르샤나비에게 도움을 청하라고 조언을 해주었다. 우르샤나비는 길가메시를 배에 태우고, 죽음의 바다를 건너 명계(冥界)에 데려다주었다. 드디어 길가메시는 우트나피슈팀을 만나, 죽지 않고 영원히 살 수 있는 비결을 가르쳐 달라고 부탁했다. 이에 우트나피슈팀은 인간에게 죽음이란 잠처럼 필요한 것이라고 말했다. 그리고 6일 낮 7일 밤 동안 잠을 자지 않고 깨어 있을 수 있는지 해보라고 했다. 길가메시는 할 수 있다며 동의했지만, 앉자마자 곧바로 잠이 들고 말았다.

길가메시가 고향으로 돌아가기 전, 우트나피슈팀은 바다의 밑바닥에서 자라는 불로초에 대해 일러주었다. 하지만 길가메시가 몸을 구부려 불로초를 뽑자마자 뱀 한 마리가 훔쳐 가버리고 말았다. 뱀은 약초를 먹자마자 허물을 벗고, 젊음을 되찾았다. 결국 종반에 엔키두의 망령이 나타나, 길가메시에게 명계의 비참한 생활에 대해 이야기하는 것으로 이 서사시는 끝을 맺는다.

● 길가메시 서사시가 새겨진 점토판

아카드 제국

아카드 제국(Akkadian Empire)은 수메르 북부의 고대 도시인 아카드를 중심으로 성장한 고대 제국으로, 사르곤(Sargon) 왕 치세에서 최고로 성장하였다. 정확한 시기는 기원전 2350년 무렵부터 2150년 무렵까지 2백여 년으로 추측된다.

■ 세계 최초의 제국

아카드 왕국 자체에 대해서는 사르곤 대왕이 수메르를 정복했다는 사실 이외에는 알려져 있는 것이 많지 않지만, 사르곤 대왕의 신분에 대해서는 본디 키슈(Kish)의 왕이었던 우르자바바의 아래서 고위 관료를 했을 것으로 추정된다. 정확히는 그의 아래서 '정원사'를 했다고 남아 있지만, 당시에는 액면 그대로가 아닌 더욱 큰 의미를 가진 관직이었으리라 추정된다. 사르곤은 자신의 딸인 엔헤두안나를 우르(Ur)의 달의 신 난나를 모시는 대사제로 임명하여, 교권과 속권의 동시 장악을 꾀했다.

그 뒤 5대 왕인 나람-신 때 최전성기를 이루었다. 이때의 국경은 유프라테스 강 서안으로 넘어가 지중해에 닿기까지 했다. 먼 국토에는 총독을 파견하여 다스리고, 중앙집권을 꾀하는 등 명실공히 제국으로 발전하였다.

● 아카드 제국의 상상도

이때 융성했던 국력 덕분에 아카드어는 이후 오랫동안 오리엔트에서 외교 표준어로 사용되었다. 즉 두 나라가 조약을 맺을 때, 양국에서 공통으로 널리 쓰이는 언어가 없는 경우에는 아카드어로 문서를 작성했다. 아마르나 문서(기원전 14세기)를 보면, 이집트 왕조의 전성기 중 한 시대였던 이집트 18왕조마저 국제관계에서 아카드어를 사용했다는 것을 알 수 있다.

참고로 아카드 왕국이 멸망한 후 수메르인들은 수메르 왕조인 우르 제3왕조를 세웠지만 엘람인들에게 정복당했고, 그 이후로 다시는 수메르인들의 국가를 세우지 못했다.

■ 아카드의 문화

아카드인의 언어는 셈어의 동방군(東方群)에 속한다. 그들은 수메르인에게서 배운 설형문자(楔形文字)로 아카드어를 점토판에 써서 남겼으며, 수메르 문명을 셈화하여 후대에 전달하는 역할을 하였다.

예술 면에서는 양식화된 수메르 예술에 사르곤기(期)라 불리는 새로운 면을 열어 많은 걸작을 남겼다. 특히 수사(Susa)에서 발견된 나람-신 왕의 전승비(戰勝碑), 니네베의 출토품으로서 사르곤 왕을 나타낸 듯한 청동제 두부상(頭部像)은 유명하다.

● 사르곤

사르곤은 '사르곤 대왕'으로 알려져 있다. 기원전 23~24세기 수메르 도시국가들을 정복하여 유명하다. 아카드 왕국의 창시자로서 사르곤은 56년간 재위하였다. 그는 키슈의 왕정의 유명한 구성원이 되어, 결국 메소포타미아의 정복을 시작하며 왕이 되었다. 사르곤의 거대한 왕국은 메소포타미아와 현재의 이란, 시리아, 아나톨리아와 아라비아 반도 일부를 포함하여 엘람(이란 고원)에서 지중해까지 이르렀다고 알려져 있다. 사르곤은 다민족 중앙집권의 제국을 생성한 역사상 첫 인물로 여겨진다. 그리고 그의 왕국은 약 150년간 메소포타미아를 지배하였다.

고대 바빌로니아 제국

수메르와 아카드의 뒤를 이어 유프라테스 강, 티그리스 강 유역을 지배한 고대 국가. '바빌로니아'라는 국가명은 수도였던 바빌론에서 유래된 것으로, 바빌론이 언급된 최초의 기록을 기원전 23세기 아카드의 점토판에서 찾을 수 있을 만큼 그 유래가 오래된 국가 중 하나다. 이후 신 바빌로니아 왕국이 페르시아에게 멸망한 기원전 6세기경까지 이어진다.

■ 바빌론 제국의 발전

기원전 2000년대 수메르족과 아카드족의 여러 도시들이 한참 이전투구를 벌이던 시절, 이들과 다른 셈족의 일파인 아모리족은 바빌론을 세우고 조용히 발전시켜 나갔다. 바빌론은 이내 메소포타미아의 정치·상업의 최중심지가 되었고, 남부 지역을 시작으로 점차 전 메소포타미아 지역의 패권을 장악해 갔다.

이후 바빌론 시의 도시국가가 확장된 영토국가 바빌로니아는 활발한 정복 활동으로 함무라비 시대(기원전 18세기 전반)에 이신, 엘람, 우루크 등의 수메르 도시국가와 마리 왕국과 라르사까지 무너뜨리고 마침내 전 메소포타미아를 석권하여, 서쪽으로는 지중해까지 영역이 닿는 대국이 되었다.

그 후 위대한 왕들에 의해 왕국의 치세가 계속되면서, 바빌론은 거의 역사상 최초로 세계의 수도로서의 명성을 얻게 되었으며, 이후 약 300년간을 고대 바빌로니아로 분류한다.

● 바벨탑의 전설로 유명한 바빌론
구약성서에는 바벨탑에 관한 짧고도 매우 극적인 설화가 실려 있다. 높고 거대한 탑을 쌓아 하늘에 닿으려 했던 인간들의 오만한 행동에 분노한 신은 본디 하나였던 언어를 여럿으로 분리시키게 되었다.

바빌로니아인들은 왕을 신 마르둑(Marduk)의 대행자로 믿었고, 바빌론이야말로 '신성한 도시'로서 모든 왕이 그곳에서 왕권을 인정받아야 한다고 믿었다. 왕권을 강화하기 위해 관료 제도, 세금 제도, 중앙 정부 체제가 갖추어졌다.

바빌로니아가 일어난 뒤로 대대적인 문예 부흥이 일어났다. 이 첫 번째 바빌론 왕조의 가장 큰 업적은 법전의 편찬이다. 엘람인을 추방하고 왕국이 정착한 뒤 함무라비의 지시로 만들어진 이 법전은 '함무라비 법전(Code of Hammurabi)' 으로 불린다. 함무라비 법전을 새겨놓은 돌기둥은 수사에서 1901년에 발견되었으며, 현재 루브르에 소장되어 있다.

● 함무라비 법전

함무라비 법전(Code of Hammurabi)은 기원전 1792년에서 1750년까지 바빌론을 통치한 함무라비 왕이 반포한, 고대 바빌로니아의 법전이다. 아카드어가 사용되어, 설형문자로 기록되어 있다. 우르남무 법전 등 300여 년 이상 앞선 수메르 법전이 발견되기 전까지는 세계에서 가장 오래된 성문법으로 알려져 있었다. 함무라비 법전에 기록되어 있는 몇 가지 법을 살펴보면 다음과 같다.

● 어떤 사람이 다른 사람의 땅에 있는 나무를 베었다면, 그에 대해 변상해 주어야 한다.
● 어떤 사람이 자신의 논에 물을 대려고 하다가 부주의한 사고로 다른 사람의 논에 물이 차게 만들었다면, 그는 자신이 망가뜨린 곡식에 대해 변상해 주어야 한다.
● 도둑이 소나 양, 당나귀, 돼지, 염소 중 하나라도 훔쳤더라도 그 값의 열 배로 보상해 주어야 한다. 도둑이 보상해 줄 돈이 없다면 사형당할 것이다.
● 눈에는 눈, 이에는 이. 어떤 사람이 다른 사람의 눈을 멀게 했다면 그 자신의 눈알을 뺄 것이다. 그가 다른 사람의 이빨을 부러뜨렸다면 그의 이도 부러뜨릴 것이다. 그가 다른 사람의 뼈를 부러뜨렸다면 그의 뼈도 부러뜨릴 것이다.

신 바빌로니아 제국

고대 바빌로니아는 기원전 1531년에 히타이트 왕 무르실리 1세(Mursili I)에 의해 약탈당한 이후, 카시트 왕조로 넘어가게 된다. 카시트 왕조는 바빌론의 이름을 "카르-두니아슈(Kar-Duniash)"로 바꾸고, 5백년간 지배했다. 외세의 지배는 비슷한 시기 힉소스인이 이집트를 지배한 것과 아주 유사한데, 이러한 지배 하에서 바빌로니아는 서부 아시아 지역에 대한 패권을 빼앗기게 되었다. 이때 아수르의 고위 성직자들은 스스로를 아시리아의 왕으로 옹립하였다. 신성한 왕권을 부여받았던 대부분의 셈족 왕들은 이 시기에 바빌로니아에서 사라졌고, 카시트 군주들에게는 신의 지위가 주어지지 않았다. 그러나 바빌론은 여전히 제국의 수도이자 서아시아의 신성한 도시로서 기능을 잃지 않았고, 성직자들은 강력한 권력을 유지하였다.

■ 아시리아

　초기에 아시리아라는 말은 티그리스 강 상류 지역을 가리켰으며, 고대 도시이자 수도였던 아수르(Assur)에서 유래한 명칭이다.

　아시리아인들은 상당히 오랜 기간 동안 상인으로서 메소포타미아와 소아시아 지역에서 활발하게 활동한 것으로 보인다. 바빌로니아 및 히타이트와 동맹을 맺고 후르리인의 미탄니를 무너뜨린 후, 오리엔트의 패권을 놓고 히타이트 및 이집트와 경쟁하기도 했다.

● 아시리아 기마병 부조
아시리아는 역사에 기록된 군대 중 병참부대 개념을 실천한 가장 오래된 군대로, 전투부대만이 아닌 지원부대의 개념을 먼저 깨치고 실행에 옮긴 것 또한 아시리아를 군사 강국으로 만든 한 요인이 되었다.

이때까지는 오리엔트의 일반적인 국가들과 큰 차이가 없었다. 그 후 청동기 시대 말기의 갑작스러운 민족 대이동으로 히타이트가 멸망하고 이집트가 위협받을 때, 아시리아도 극도로 위축된 시기를 보냈다. 그러다가 이 시기 이후 완전히 면모를 일신한 군사 강국으로 군림하기 시작하며, 메소포타미아와 이집트를 일시적으로 통일하기도 했다. 정복지에 총독을 파견하는 중앙집권 통치를 실시했는데, 이는 아케메네스 페르시아로 계승된다.

■ 다시 되찾은 영광

아시리아가 지배권을 유지하고 있는 동안에도 바빌로니아는 특권적인 지위를 누렸고, 영향력을 계속 확대하여 나갔다. 아시리아는 때로는 더 많은 특권을 부여하고, 때로는 군사적으로 제압하면서 지배력을 유지하였다. 결국 기원전 627년, 아시리아의 마지막 통치자인 아슈르바니팔(Ashurbanipal)이 죽고, 다음해에 바빌로니아의 칼데아인 나보폴라사르(Nabopolassar)가 반란을 일으켰다.

나보폴라사르는 메디아(Medes)인과 함께 기원전 612년에 니네베(아시리아의 수도)를 파괴하여, 제국의 패권은 바빌로니아로 돌아왔다. 그의 뒤를 이은 네부카드네자르 2세는 기원전 585년에 페니키아를 정복하는 등, 다시 한 번 바빌론을 문명의 중심으로 만들었다.

● 네부카드네자르 2세가 건설한 왕궁

■ 네부카드네자르 2세

구약성서에 기록된 실존 인물인 바빌론의 왕 네부카드네자르로, 열왕기하 24
장~25장에는 네부카드네자르와 이집트의 파라오가 유다 왕국을 정복하기 위해
싸우는 이야기가 나온다. 승자는 네부카드네자르였는데, 기원전 586년 예루살
렘을 정복한 네부카드네자르의 군대는 솔로몬이 세운 유명한 성전을 파괴한 뒤
사람들을 잡아갔다. 네부카드네자르는 유다의 왕 치드키야의 눈을 멀게 하고 그
의 아들들을 죽였다. 성전 안의 물건들도 바빌론으로 가져갔다. 유배자들이 바
빌론에 머물던 시절을 가리켜 '바빌론 유수(幽囚)'라고 불렀다.

역사가들은 네부카드네자르가 기원전 605~562년에 재위했고, 대규모 건축
사업을 일으켰다고 말한다. 가장 유명한 건축물은 세계 7대 불가사의의 하나로
꼽히는 '바빌론의 공중정원'이다. 하지만 네부카드네자르는 다른 민족을 정복
하고 억압했으며, 성전을 약탈하고 불태웠다. 유대인들은 그 일을 결코 잊지 않
았다. 유대인들에게 왕은 이교도 폭군의 완벽한 전형이었다. 네부카드네자르가
다스린 제국은 곧 무너져 페르시아에게 정복되었다.

● 바빌론의 공중정원

AD 1세기의 유대인 역사가 요세푸스는
'네부카드네자르 2세가 사랑하는 아내
아미티스를 위해 정원을 건설했다'고 기
록하였다. 정략결혼을 하긴 했지만 그는
아내를 굉장히 아끼고 사랑했는데, 아내
는 산과 푸른 초원으로 둘러싸인 자신의
고향과는 다른 사막 한가운데 위치한 바
빌론의 삶에 지쳐 향수병을 앓았다. 네
부카드네자르 2세는 아내를 위해 아내
의 고향을 닮은 정원을 건설하기로 결
심했고, 그 결과가 바빌론의 공중정원이
라는 것이다.

이집트 문명

세계에서 메소포타미아와 함께 가장 오래된 역사를 지닌 이집트 문명은 나일 강 하류에서 번성한 문명이었으며, 최전성기인 기원전 15세기에는 나일 강 삼각주에서부터 게벨바르칼(수단 북부)까지 세력을 뻗쳤다. 헤로도토스가 '나일 강의 선물'이라고까지 찬양한, 나일 강의 범람이 가져다주는 풍성한 수확 덕에 4대 문명 중 최초로 형성되었으며, 수메르 문명과 함께 비로소 역사 시대를 개시하게 되었다.

■ 선왕조와 원왕조 시대

이집트 선왕조(先王朝) 시대는 신석기 시대에서부터 고대 이집트에 왕정이 시작되기 이전까지의 시기를 이른다. 상하 이집트를 막론하고 다양한 문화가 꽃피었으며, 기원전 31세기경에는 초기 문명이 발전하기 시작하여 원왕조 시대로 진입하였다.

원왕조(原王朝) 시대는 상하 이집트가 통합되어 초기의 통일 왕조가 되어가는 과정으로 이야기할 수 있다. 또한 이 시대에 처음으로 이집트 신성문자(hieroglyph)가 기록되기 시작했다. 또한 상업 등의 목적을 가진 이집트인들이 팔레스타인 남부로 이주하기도 했다.

이 시기에는 나일 강을 따라 생성되던 수많은 소규모 도시국가들이 몇 개의 핵심적인 세력으로 통합되어 갔다. 이들 중 상이집트의 티니스(Thinis), 나카다(Naqada), 네켄(Nekhen)의 3개 도시가 중요하게 등장하였다. 이들은 각자 섬기는 신에 따라 나누어졌는데, 티니스와 네켄은 호루스를 섬겼으며, 나카다와 하이집트 지역은 세트를 섬겼다.

시간이 흐르자 호루스 숭배 지역이 점차 우세해졌으며, 나카다는 티니스와 네켄의 사이에 위치하여 결국 굴복하고 말았다. 강력해진 티니스 세력은 정치적 발달이 늦은 하이집트를 점령했으며, 네켄의 왕족들이 티니스 왕족에 흡수되어 이집트의 통일이 달성되었다. 티니스 출신 왕들은 아비도스에 묻혀 있다.

유명한 나르메르 팔레트를 남긴 나르메르는 이 시기의 마지막 왕, 혹은 이집트 초기왕조를 연 왕으로 알려져 있다. 그 이전에는 전갈왕이라는 이름이 나오는데, 누구인지는 밝혀지지 않았다.

● 나르메르 팔레트(Narmer Palette)

나르메르와 관련된 중요한 유적은 바로 나르메르 팔레트이다. 이 짙은 녹색 팔레트 조각은 고대 이집트의 기념물 중 역사적 기록이 담긴 최초의 기념물이다.

첫 번째 팔레트에서 나르메르는 상이집트의 상징인 백관(헤제트)을 쓴 채 상대방의 앞머리를 잡고 몽둥이로 내려치려는 듯한 모습으로 등장한다. (여기에서 상대방은 하이집트 내 어느 도시국가의 추장으로 짐작된다.) 이 장면은 서양 역사에서 왕의 정복장면으로 거듭거듭 나타난다. 두 번째 팔레트에서는 하이집트의 상징인 적관(데슈레트)을 쓴 채로 병사들의 사열을 지켜보는 모습으로 등장한다. 이러한 모습은 그가 양쪽의 왕권을 모두 가지고 있었음을 나타낸다.

이집트 고왕국 시대

이집트 초기왕조는 대략 기원전 3150년부터 기원전 2686년까지에 해당되는 시기로, 전 갈왕과 나르메르 등의 초기 상이집트 군주들과 이집트 제1왕조, 이집트 제2왕조를 포함한 시기를 말한다. 이 시기에 처음으로 고대 이집트에 통일국가가 출현했으며, 이후의 고왕국 시대의 밑거름이 된다. 이집트 고왕국 시기는 이집트 제3왕조부터 이집트 제6왕조까지의 기간(기원전 2686년 ~ 기원전 2181년)에 해당된다.

■ 이집트 제3왕조

이집트 제3왕조는 이집트 고왕국 시기를 연 왕조로, 기원전 2686년부터 기원전 2613년까지 존속하였다. 제3왕조의 첫 파라오인 사나크테는 제2왕조의 마지막 파라오인 카세켐위의 사위로, 시나이 반도의 광산을 개척하였다. 그 뒤를 이은 조세르는 화려한 계단형 피라미드를 지었는데, 이것은 세계 최초의 완전한 석조 건축물이다.

조세르의 뒤를 이은 두 파라오도 계단형 피라미드를 추구하였으나, 짧은 치세 때문에 완성하지 못하였다. 마지막 파라오인 후니의 피라미드는 최초의 제4왕조 스타일의 정방형 피라미드이다. 제3왕조의 파라오들에 대한 역사적 기록은 빈약한 편이지만, 조세르 대에 크게 융성하여 높은 수준의 문화를 구축한 것으로 알려져 있다. 이러한 역량은 제4왕조의 황금기의 바탕이 되었다.

● 사카라의 계단 피라미드
사카라에 있는 조세르의 계단식 피라미드는 그의 재상 임호테프(Imhotep)가 설계한 것으로, 세계 최초의 완전한 석조 건물로 인정되고 있다. 처음에는 조그마한 무덤으로 시작하였으나, 몇 번의 증축을 거쳐 62미터에 이르는 현재의 계단식 피라미드가 되었다.

■ 이집트 제4왕조

이집트 제4왕조는 이집트 고왕국의 황금 시기로, 기원전 2613년부터 기원전 2500년경까지 존속하였다.

제3왕조의 사나크테가 카세켐위의 사위 자격으로 제3왕조를 열었던 것처럼, 스네프루 역시 후니의 사위가 되어 새로운 왕조를 개척하였다.

제4왕조의 파라오들은 엄청난 규모의 피라미드 건축으로 잘 알려져 있다. 그 규모가 엄청나기 때문인지, 헤로도토스조차 자신의 책《역사》에서 제4왕조 시기가 최근에 있었던 것처럼 잘못 묘사하고 있다. 쿠푸, 카프레, 멘카우레로 이어지는 3대는 세계문화유산으로 지정된, 기자의 거대한 피라미드 단지를 남겼다. 특히 쿠푸의 대피라미드는 서기 1800년까지 세계에서 가장 높은 건물이었다.

쿠푸와 카프레의 거대한 피라미드 공사 때문인지, 그 뒤를 이은 멘카우레와 셉세스카프의 치세에는 별다른 대공사도, 해외 원정도 없었다. 셉세스카프의 사후 멘카우레의 사위인 우세르카프가 파라오 자리를 계승하여, 이집트 제5왕조를 열게 된다.

● 기자의 대피라미드
기원전 2560년 무렵 세워진 쿠푸의 피라미드로, 완공에는 약 20년이 걸렸다. 피라미드 중 가장 큰 피라미드이기에 대피라미드라고도 불린다. 가장 유명한 스핑크스가 기자의 피라미드 군 앞에 있다. 대피라미드는 세계 7대 불가사의 중 하나이다.

■ 이집트 제5왕조

이집트 제5왕조는 이집트 고왕국의 한 시기로, 기원전 2498년부터 기원전 2345년까지 존속하였다.

제4왕조의 스네프루가 후니의 사위 자격으로 제4왕조를 열었던 것처럼, 우세르카프도 제4왕조의 파라오 멘카우레의 사위이자 제데프레의 손자 자격으로 새로운 왕조를 개척하였다.

■ 이집트 제6왕조

이집트 제6왕조는 이집트 고왕국의 한 시기로, 기원전 2345년부터 기원전 2181년까지 존속하였다. 제6왕조부터 파라오의 권력은 약화되고, 귀족들과 승려들이 이들 지배자보다 더 강한 힘을 갖게 된다.

제5왕조의 마지막 파라오인 우나스의 사위 테티가 우나스의 뒤를 이어 새로운 왕조를 개척하였다. 하지만 첫 왕인 테티부터 경호원에게 살해당하는 등, 제6왕조의 시작은 순탄하지 않았다. 페피 1세·2세 때에는 파라오가 긴 기간 동안 통치했으나 안정적 통치가 아니었으며, 지방 귀족들이 점점 파라오의 권위에 도전하기 시작하였다. 페피 2세 이후의 파라오들은 문헌에만 등장하며, 고고학적인 증거가 발견되지 않았다. 페피 2세가 죽은 지 얼마 되지 않아 제6왕조도 종말을 고하고, 동시에 고왕국 시대도 끝이 난다.

● 페피 2세
페피 2세는 이집트 제6왕조의 파라오로, 네페르카레라는 즉위명으로도 알려져 있다. 이 즉위명의 뜻은 '레의 영혼은 아름답다'이다. 페피 2세는 불과 6세의 나이로 왕위에 올랐다. 브루클린 박물관에 보관되어 있는 '페피 2세의 설화석고 상'(오른쪽 그림: 안케셀메리레 2세와 그녀의 아들 페피 2세)에는 어려서 파라오가 된 페피 2세의 모습이 잘 묘사되어 있다.

이집트 신왕국 시대

고대 이집트 왕국은 고왕국 시대를 거쳐 제1중간기에 접어들자 권력이 분산된 나머지, 70일간 재위한 파라오가 70명 있었다고 할 정도로 혼란기를 맞았다. 중왕국 시대에 제 11왕조의 멘투호테프 2세가 상하 이집트를 재통일하여 혼란을 잠식시켰지만, 제2중간기에 접어들자 힉소스인이 침략하여 그들이 하이집트와 중이집트를 108년간 통치했다 (제15·16왕조, 기원전 1663년~기원전 1555년). 또한 그들은 이집트에 새로운 활, 말이 끄는 전차 등 신무기를 들여왔다.

■ 힉소스의 침입

신왕국 이전 제2중간기에 힉소스(Hyksos)인의 침략으로 이집트 왕국은 이민족으로부터 지배를 받아야 했다. 힉소스 또는 히스코스는 이집트의 북동쪽으로부터 나일 강 델타 지역의 동부를 침략하여 고대 이집트의 제2중간기를 개창한, 아시아 계통의 호전적인 민족이다. 이집트인들은 말을 타고 싸우는 적군을 처음 접했기에 쉽게 정복되고 말았다.

비록 나일 강 하류의 삼각주(델타)가 정복당했다고 하더라도 각 지역의 실력자들은 건재했으며, 이들은 힉소스 지배층에게 때로는 협조하고 때로는 반항하면서 공존했던 것으로 보인다. 또한 이들 힉소스인은 파라오를 자칭하였다. 그래서 힉소스도 100여 년 정도 존속한 15왕조로 인정된다. 15왕조는 테베에 있던 16왕조에 이어 17왕조와 혼인을 맺기도 하였는데, 때문에 15·16왕조의 둘, 혹은 넓게 잡아 17왕조까지의 셋을 힉소스 계열로 구분하는 시각도 있다.

● 아흐모세 1세가 전투에서 힉소스인들을 치는 장면

■ 신왕국의 융성과 위기

결국 상이집트의 맹주 테베의 아흐모세 1세가 힉소스인의 정권을 1세기 정도 만에 이집트에서 몰아내고(기원전 1539년) 신왕국을 건설하였다. 이후 17왕조의 대를 이은 제18왕조의 하트셉수트는 소말리아와의 무역로를 열었으며, 투트모세 3세는 메깃도 전투에서 아시아 각국의 연합군을 격파하고 아시아(중동)의 시리아, 레바논 지역 등을 점령하여 신왕국의 전성기를 열었다.

제18왕조는 270년간 존속했으며, 특히 말기의 아멘호테프 4세(=아케나톤)는 아톤 신이라는 유일신을 믿는 종교개혁을 시도했으나 그의 죽음과 함께 이는 실패로 돌아갔다. 투탕카멘이 바로 아케나톤의 후계자. 그 이후 110년간 이어진 제19왕조의 람세스 2세 때 최전성기를 맞아 오리엔트의 양대 강자로 히타이트와 투닥거리기도 했지만, 기원전 1180년경 정체 불명의 바다 민족들이 대규모로 등장하여 오리엔트 지역은 초토화되었고, 이집트 또한 쇠퇴하였다.

● 투탕카멘의 저주?

투탕카멘은 BC 1361년 9세의 나이로 파라오에 등극하여, 18세에 사망할 때까지 9년간 재위했다. 투탕카멘의 무덤은 1922년 영국 고고학자 하워드 카터에 의해 룩소르 부근의 '왕들의 계곡'에서 발견됐다. 투탕카멘 무덤은 도굴되지 않은 유일한 이집트 왕릉이다. 발굴 당시 투탕카멘의 무덤에선 110kg짜리 황금 관(棺)과 황금 마스크 (11kg) 등 호화찬란한 금은보화, 합금되지 않은 철, 3천여 년 동안 마르지 않은 향료 등 2천여 점의 귀중한 유물이 나왔다. 그러나 이후에 무슨 일인지, 발굴에 관여했던 사람들이 이유없이 사망하는 불행이 잇따랐다. 1923년 하워드 카터와 함께 이 무덤을 발굴했던 카나번이 모기에 물려 죽은 걸 시작으로 무덤에 발을 들여놓은 사람 13명이 원인불명의 병이나 자살 등으로 세상을 뜨자, 급기야 "파라오의 저주"라는 말이 생겼다.

바다 민족은 리비아인들을 중심으로 북아프리카의 메슈웨슈족, 베르베르족, 이탈리아 반도, 발칸 반도, 소아시아에서 온 5개 해양민족이 연맹한 집단이었으며, 가히 이런 민족 이동은 로마 제국과 켈트족·게르만족의 대이동에 비견할 수준이었다.

이집트는 람세스 3세 시기에 리비아인들을 여러 차례 격파했으나 리비아인들의 인구 이동, 특히 서아시아의 영유문제는 막지 못했으며, 누비아와 수단도 독립하면서 이집트 분열의 원인이 된다. 비록 기원전 10세기에 바다 민족의 리비아인들이 파라오가 되었지만 이 시기는 비교적 안정적이었기 때문에, 람세스 3세가 아니었다면 이집트도 히타이트처럼 사실상 멸망했을지도 모른다.

● 성경과 람세스 2세

성경 출애굽기에서는 파라오의 이름을 명시하지 않지만, 일부 성서학자들은 출애굽기의 파라오를 람세스 2세로 추정하기도 한다. 이 추정에 의하면, 람세스 2세는 모세와 함께 세티 1세의 밑에서 영재교육을 받았으며 모세와는 시종일관 파라오의 자리를 놓고 경쟁하는 사이였다. 람세스 2세가 20대 초반이던 시기에 모세는 40살이었는데, 이 무렵 모세는 동족인 이스라엘 민족이 노역을 당하는 모습을 보고는 감독을 쳐 죽여 혁명을 획책하였다. 하지만 모세는 지지세력이 없었기 때

● 람세스 2세의 신전

문에, 파라오 계승권을 박탈당한 채 광야로 도주했다.

그 이후 람세스 2세가 파라오로 즉위하였으며, 모세가 감독관을 쳐 죽이고 도주하던 시기로부터 40년 후 모세는 야훼의 명령에 따라 다시 람세스 2세 앞에 모습을 드러냈다. 람세스 2세가 노동력 손실을 우려하여 해방요구를 거부하자, 야훼는 초자연적인 10가지 재앙으로 람세스 2세를 굴복시켰다. 그래도 람세스 2세가 모세의 요구를 거절하자 모세는 자기 민족들을 이끌고 도주하였으며, 람세스 2세는 이를 추격하지만 야훼가 모세를 통해 홍해를 바람으로 가르고 이스라엘 민족을 건너게 하였다. 이를 뒤쫓던 람세스 2세는 갈라졌던 홍해가 다시 합쳐지자 더 이상 추격하지 못했다. 다만 구약의 파라오가 람세스 2세인지는 논란이 있으며, 이 정도의 시기를 출애굽 시기로 보는 후기설에 따른다고 해도, 오히려 람세스 2세의 아들 쪽일 가능성이 더 높다고 한다.

고대 이집트의 멸망

이집트 말기왕조는 고대 이집트 제3중간기가 끝난 이후부터 알렉산드로스 대왕에게 점령되기 전까지의 기간을 가리키는 표현이다. 아시리아의 도움으로 독립에 성공한 26왕조는 사이스를 중심으로 100여 년간 안정적인 통치를 하였다. 그러나 아케메네스(페르시아) 제국의 캄비세스 2세의 침략으로 100여 년간 점령당하게 되었다. 그 후 기원전 5세기 말 이집트인들은 독립에 성공하였으며, 28왕조가 성립하였다. 그러나 28왕조의 설립자 아미르타이오스는 내전 끝에 살해당해 왕좌를 찬탈당했다. 이렇게 성립한 29왕조 역시 20년을 넘기지 못하고 30왕조에게 자리를 내주었다. 30왕조는 40년 가까이 통치하였으나, 아케메네스 제국의 재침공으로 멸망당하고 만다.

■ 이집트의 분열과 쇠퇴

바다 민족 사태가 종결된 직후 이집트는 제21~22왕조의 하이집트와 제23왕조의 상이집트로 분열되었다. 이 혼란기에는 결국 바다 민족의 리비아 및 누비아(수단 북동부)의 이민족 왕조가 들어섰다. 리비아 출신의 소셴크 1세(제22왕조, 기원전 945~기원전 924 재위)와 누비아 출신의 피예(제23왕조, 기원전 747~기원전 716 재위), 사바코(기원전 716~기원전 702 재위)가 대표적 인물로, 각각 하이집트와 상이집트 중심의 패권체제(주변 도시국가들의 조공체제)를 일시적으로나마 유지시켰다.

● 쿠시 왕국

아프리카에서 이집트 이외에 고대 문명의 존재가 확인된 곳은 나일 강 중류 지역인데, 이곳은 오늘날의 수단에 해당하는 지역이다. 이집트 문명의 영향을 받던 쿠시 왕국은 기원전 750년경에 이집트를 정복하였는데, 이것이 '에티오피아 왕조(제25왕조)'이다. '에티오피아'는 고대 이집트어로 '흑인'이라는 뜻인데, 이 에티오피아 왕조는 아시리아의 공격을 받고 상이집트에서 물러나, 본래의 쿠시 왕국의 영토로 돌아갔다.

● 흑인 이집트 병사들

● 이집트 문명의 젖줄인 나일 강

　누비아 흑인 출신의 쿠시 왕조는 유대 지역의 패권을 놓고 아시리아와 다툼에 나섰으나, 에사르핫돈 왕의 침공으로 수도 멤피스와 하이집트 전역이 지배당했다. 그러나 아시리아가 원한 건 직할이 아닌 이집트 도시 소국들의 조공이었으므로, 얼마 안 가 영향력에서 벗어났다. 쿠시 왕조는 멤피스의 회복을 꾀했으나 다시 빼앗긴 후 누비아의 나파타로 천도했고, 이후 점차 영향력을 상실했다.

　그 후 기원전 7세기(664년)부터 말기왕조인 제26왕조(사이스 조. 상인왕조)까지 약 140년간은 안정을 되찾았다. 하지만 아시리아의 입김은 사라지지 않았고, 아시리아가 사라진 직후 기원전 525년부터 아케메네스 왕조 페르시아에 완전히 복속(직할 통치)되었다. 이때 그리스의 지원을 받은 반란도 실패로 돌아갔다.

　페르시아에는 캄비세스 2세 같은 폭군도 있었지만, 다리우스 대제와 크세르크세스 1세 치하에서는 대체로 이집트는 영토와 종교가 존중받았다. 이집트는 그리스의 성장과 페르시아의 쇠퇴에 따라 기원전 404년~344년 제28~30왕조가 짧은 독립기를 누리긴 했지만, 넥타네보 2세를 마지막으로 페르시아에 재병합당했다. 그나마도 26년 뒤 다리우스 3세(31왕조)가 알렉산드로스 대왕한테 정복되어 헬레니즘 제국의 일부가 되었다가, 마케도니아계인 프톨레마이오스 왕가로 넘어갔다. 이집트의 프톨레마이오스 왕조는 기존 이집트와의 연속성이 있기 때문에, 32왕조라고도 불린다.

오리엔트 주변의 새로운 강자들

오리엔트 문명은 메소포타미아 문명과 이집트 문명이 대표하고 있으나, 그 밖에도 여러 민족이 명멸했다. 그들은 이민족으로부터 끊임없는 침략을 당하지만 물러서지 않고 대항하여 그들의 문명을 지켜내려 했으며, 더 강력한 힘을 가진 이민족에게 왕조를 내주는 사태를 맞이하기도 했다. 그런 가운데 오리엔트에서는 새로운 문화가 자연스럽게 부흥하였고, 대제국이 태동하는 계기가 되었다.

■ 히타이트

히타이트(기원전 18세기경 ~ 기원전 1180년) 또는 히타이트 제국은 고대 근동의 청동기 시대(3300~1200 BC) 중 기원전 18세기경에 아나톨리아(소아시아) 북중부의 하투샤를 중심으로 형성된 왕국이며, 히타이트어는 인도-유럽어족에 속한다.

히타이트 제국은 기원전 14세기경에 최절정기로 들어섰는데, 당시에 아나톨리아의 대부분, 시리아 북서부(레반트의 북부), 남쪽으로는 리타니 강의 하구(지금의 레바논)까지, 동쪽으로는 메소포타미아 북부까지 장악하였다. 히타이트의 군대는 전쟁 시에 전차를 잘 사용했던 것으로 유명하다.

기원전 1180년 이후에 히타이트 제국은 분열되어 여러 독립된 도시국가로 나뉘었으며, 기원전 8세기까지 존속하였다. 이 도시국가들을 신 히타이트(Neo-Hittite) 도시국가라고 한다.

● 히타이트의 말과 전차
후르리인(Hurrians)에게 말 기르는 법을 습득한 히타이트인은 말이 끌고 6개의 바퀴살을 가진 전차를 이용하여, 미탄니군이나 이집트군과 싸웠다. 전차에는 마부와 활쏘는 병사가 탔다. 전쟁의 주된 목적은 포로를 획득하는 것이었다.

기원전 18세기경, 쿠샤라 왕 아니타가 카파도키아 고원을 정복하였다. 히타이트 고왕국(古王國)의 창설자는 라바르나 1세인데, 그 아들 하투실리는 하투샤를 수도로 정했다. 무르실리 1세(Mursili 1, 기원전 1624 ~ 기원전 1594?)는 북시리아를 정복하고 바빌론을 공략했다. 신왕국의 시조는 투드할리야 1세이며, 히타이트의 판도는 수필룰리우마 1세(Suppiluliuma 1, 기원전 1380 ~ 기원전 1340?) 시대에 가장 커졌다.

히타이트인은 소아시아의 지배를 강화하여 미탄니를 속국으로 삼고, 북시리아를 세력 아래에 흡수함으로써, 이집트 다음가는 대국이 되었다. 무와탈리 2세는 이집트의 왕 람세스 2세의 군대와 카데시에서 싸워서 격퇴했다(기원전 1286년). 하투실리 3세는 이집트와 화약(和約)을 맺어(기원전 1269년, 역사상 최초의 평화조약임) 오리엔트에는 평화가 찾아왔다. 그러나 동편에서는 아시리아의 압박을 받고, 소아시아 서부에서는 프리기아가 대두하여, 그리스계 해상 민족의 침입으로 기원전 1180년 히타이트는 멸망했다.

● 인류 최초로 철기를 사용한 히타이트

아나톨리아의 히타이트 왕국이 기원전 1500년경에 발달된 단조(鍛造) 기술을 토대로 제련(製鍊) 공정을 거쳐 본격적으로 단철을 만들기 시작하였고, 이렇게 만들어진 철기가 오리엔트로 수출되었다.

지중해 연안의 우가리트에서 출토된 기원전 15세기의 쇠도끼나, 이집트 투탕카멘의 무덤에서 출토된 철제 단검은 히타이트에서 만들어진 것으로 추정된다. 기원전 1180년경 히타이트 왕국이 붕괴하면서, 제철 기술이 사방으로 확산되었다. 메소포타미아와 이집트, 키프로스를 거쳐 그리스에 전해짐으로써 그리스는 기원전 1100년경에 철기시대로 진입하게 되었다.

한편, 중국에서는 기원전 1000년경에 아시리아에 전해진 제철법이 기원전 700년경 중국에 들어왔고, 기원전 5세기 춘추시대 말엽에 철기 생산이 활발해졌다.

● 히타이트 철기 사슴상

● 하투샤의 사자 문(터키의 보아즈칼레)

■ 페니키아

페니키아(Phœnicia)는 고대 가나안의 북서쪽에 근거지를 둔 고대 문명이다. 중심 지역은 오늘날의 레바논과 시리아, 이스라엘 북부로 이어지는 해안에 있었다. 페니키아 문명은 기원전 1200년경에서 900년경까지 지중해를 가로질러 퍼져나간, 진취적인 해상 무역 문화를 가졌다.

페니키아 본토의 도시 가운데 시돈과 티레 사이에 있는 사렙타는 가장 완벽하게 발굴된 도시이다. 페니키아는 최초로 갤리선을 사용하였으며, 갤리선을 이용한 무역으로 번성하였다.

페니키아는 최초로 알파벳을 사용한 문명으로 널리 알려져 있다. 그들이 원시 가나안 문자를 발전시킨 페니키아 알파벳으로부터 후대의 여러 알파벳이 나왔다. 페니키아인들은 셈어족의 북서셈어파에 속하는 페니키아어를 사용하였다. 페니키아는 해양 무역을 통해 자신들의 알파벳을 북아프리카와 유럽에 전파하였고, 이로부터 그리스어의 알파벳이 만들어졌다. 이는 후일 다시 에트루리아 문자와 로마자의 형성에 기여하였다.

● 페니키아의 알파벳

페니키아인들은 최초로 알파벳을 사용하였다. 페니키아의 알파벳은 지중해 여러 지역에 전파되었으며, 후일 고대 그리스와 로마의 알파벳에 영향을 주었다. 기원전 1000년경, 페니키아인들은 레바논, 키프로스, 시리아, 이스라엘 및 북아프리카의 지중해 연안에 많은 묘비를 남겼다. 페니키아어는 카르타고어의 모태가 되었으며, 카르타고-페니키아어는 기원후 5세기까지 사용되었다.

● 고대 페니키아 묘비에 새겨진 알파벳

■ 헤브라이인

페니키아가 지중해 무역을 주도할 즈음, 헤브라이도 페니키아와 경쟁하며 세력을 떨치기 시작하였다. '모세 5경'이라고 부르는《토라(Torah)》에 따르면 기원전 2000년경 아브라함이 젖과 꿀이 흐르는 약속의 땅 '가나안'에 정착하면서, 헤브라이인들이 팔레스타인 지역에 살기 시작하였다. 아브라함의 손자 야곱에게는 12명의 아들이 있었는데, 이 아들들의 후손이 지금의 유대인이라고 한다.

이후 가뭄을 피해 이집트에 정착했던 헤브라이인들은 이집트의 파라오 람세스 2세가 핍박하자 모세의 도움으로 이집트에서 탈출하여, 다시 가나안에 정착했다. 그런데 헤브라이인들이 다시 가나안으로 돌아왔을 때에는 이미 그곳에 다른 민족인 블레셋(필리스타인) 사람들이 살고 있었다.

기원전 11세기경 헤브라이인들은 블레셋과의 싸움을 효율적으로 이끌어 갈 지도자로 사울을 왕으로 추대하고, 헤브라이 왕국을 건설하였다. 그런데 얼마 후 블레셋은 백전노장인 골리앗을 앞세워 헤브라이 왕국을 공격해 왔다. 이때 다윗이 골리앗과의 싸움에서 맨손으로 승리를 하였다.

다윗이 거인 골리앗의 이마에 돌을 던져 그를 쓰러뜨린 다음 목을 베자, 블레셋의 사람들은 도망치기 바빴다. 이로써 헤브리아인들이 가나안의 땅을 온전히 차지할 수 있었다.

● 다윗과 골리앗
갑옷을 입은 블레셋의 거인 골리앗과 발 빠른 헤브라이 소년 다윗의 대결에서 다윗이 승리하는 장면을 묘사한 그림이다.

67

헤브라이 왕국의 왕이 된 다윗은 예루살렘을 수도로 삼아 국가 번영의 초석을 구축하는 데 힘썼고, 그의 아들 솔로몬 왕 대에는 큰 번영을 구가하였다.

솔로몬 왕 이후 왕국은 북쪽의 '이스라엘 왕국'과 남쪽의 '유다 왕국'으로 분열되었다. 북이스라엘과 남유다는 각자 자신의 정통성을 옹호하기 위해 서로를 비방하다가 결국 북이스라엘은 기원전 722년경 아시리아에 의해, 남유다는 기원전 586년 신 바빌로니아에 의해 멸망하고 말았다.

특히 남유다 왕국의 사람들은 신 바빌로니아의 네부카드네자르 2세에 의해 바빌론으로 끌려가 포로 생활을 하는, 민족적 고난을 겪게 된다. 이를 '바빌론의 유수(幽囚)'라고 한다. 유대인들은 바빌론의 유수를 시작으로 1948년 팔레스타인 땅에 이스라엘을 건국하기 전까지 전 세계에 흩어져 살게 되었는데, 이를 '디아스포라(Diaspora)'라고 한다.

● 전성기를 구가한 솔로몬 왕이 건설한 솔로몬 성전(디오라마)

■ 프리기아

고대의 프리기아(Phrygia)는 아나톨리아의 중서부에 있었던 왕국이다. 프리기아인들은 초기 역사에 브루게스[브리게스]라는 이름으로 마케도니아 지방에 살았다. 그들은 그리스어를 민족어로 채용하기 전에 프루게스로 진화하였다. 여러 민족들이 그곳에서 비 그리스어계 또는 그리스어 이전의 인도-유럽어에서 나온 발칸어를 사용하거나, 초기의 그리스어를 사용하였다.

트로이아 번영 시대에 브루게스의 일부가 트로이아의 보호 아래 트로이아 연맹 아나톨리아로 이동하였다. 트로이아어는 사멸하여, 결과적으로 프리기아어와의 정확한 관계 및 프리기아 사회와의 친화도는 아직 알려져 있지 않다. 또한 이동의 연대, 프리기아와 히타이트의 관계도 알려져 있지 않다. 기원전 1200년 무렵에 히타이트 제국이 끝났다. 프리기아는 현재의 앙카라 주변, 할리스 강이 있는 곳에 위치하였고, 히타이트 소속이었다는 것은 분명하나 히타이트 권력의 중심은 아니었다. 결과적으로 프리기아 국가는 기원전 8세기에 고르디움을 수도로 부상하였다. 이 시기 동안 프리기아인은 동쪽으로 팽창하여, 후르리인의 후손이며 이전 히타이트의 경쟁 상대였던 우라르투와 부딪혔다.

기원전 690년 한때 프리기아 왕국은 이란의 킴메리아 침입자로 넘쳐났고, 그 후 이웃 리디아에 의해 잠시 점령되었다. 그러다가 기원전 540년대에 페르시아의 키루스 대제가 리디아를 정복했을 때, 프리기아는 멸망하고 말았다. 발칸 반도에서 브루게스는 그리스 마케도니아에 흡수되기 전까지 오래 버티었다. 프리기아어는 서기 6세기까지 남아 있었다.

● 프리기아 모자를 쓰고 있는 노예

■ 리디아

리디아는 서부 아나톨리아 역사상의 한 지방으로 현대의 터키 이즈미르 주, 마니사 주에 해당한다. 그 전통적인 수도는 사르디스였지만, 리디아 왕국은 한때 서 아나톨리아 전체를 확보하기도 하였다.

기원전 15세기~14세기 동안의 히타이트 시대에는 이 지역은 아르자와 왕국의 일부였다. 기원전 12세기, 히타이트 제국의 붕괴 후 리디아는 신 히타이트 세력의 핵심으로 부상하였다.

그리스 문헌에 따르면, 리디아 제국의 원래 이름은 '마이오니아'였다. 헤로도토스에 의하면, '메이오네스'는 그들의 왕 리두스의 이름을 따라 리디아로 개명되었다. 리두스는 아티스 신의 아들로, 헤라클레스 왕조가 일어나기 이전의 신화의 분수령이다.

리디아의 어원은 그리스어 '리도이(Lydoi)', 히브리어 '루딤'으로서 셈의 아들 루드라는 뜻이다(창세기 10:22, 예레미야 46:9 참조). 성경 시대에 리디아 전사들은 유명한 궁사들이었다.

● 역사상 최초로 주화를 만든 리디아

헤로도토스에 따르면, 리디아인은 금화와 은화를 사용하고 상설 소매점을 세운 첫 민족이었다. 이들 첫 주화는 기원전 650~600년경에 주조되었다고 한다.

첫 주화는 일렉트럼(호박금)으로 만들어졌는데, 그것은 천연의 금과 은의 합금이다. 무게는 1/3 스타테르로, 4.76 그램이었다. 겉면에 사자 머리가 찍혀 있었는데, 이는 왕의 상징이었다. 14.1 그램의 일렉트럼이 1스타테르(표준)이다. 1스타테르는 병사의 한 달 봉급 정도였다.

페르시아 제국

페르시아 제국은 오늘날의 이란 영토에 근거한 여러 개의 제국을 서양에서 일반적으로 일컫는 말이다. 보통은 아케메네스 왕조의 페르시아(기원전 550년~기원전 330년)를 페르시아 제국이라고 부르지만, 넓은 의미로는 1979년까지 이 지역에서 일어났던 여러 개의 제국들을 모두 페르시아 제국이라 부르기도 한다. 페르시아라는 이름은 본래 남부 이란의 한 주(州)인 파르스에서 유래했는데, 그곳에 아케메네스 왕조의 수도가 있었다. 이 때문에 고대 그리스인들은 이 왕조를 그 지역 이름으로 불렀으며, 오늘날의 유럽 언어도 그것을 따랐다. 그래서 영어를 비롯한 유럽어에서는 이 나라를 페르시아라 통칭했다.

■ 메디아

메디아는 현재의 이란 북서부에 있었던 고대 국가와 고대 이란인을 부르는 이름이다. 대체로 오늘날의 케르만샤 일부와 아제르바이잔, 하메단, 테헤란, 쿠르디스탄 지방에 해당한다. 메디아라는 이름은 이 지역이 고대 그리스인들에게 메디아 또는 메데아로 알려졌기 때문에 붙여졌다. 구약성서의 다니엘서에는 메대로 불린다.

철기 시대 초기에 이란 서부 지역에서는 문화적·역사적으로 현격한 변화가 보인다. 철기 시대는 제1기(기원전 1300년 ~ 1000년), 제2기(기원전 1000년 ~ 750년), 제3기(기원전 750년 ~ 550년)로 나뉘며, 제3기는 메디아 왕국 시대에 해당된다. 인도-유럽어족의 이란인들이 이란 고원에서 중심 세력으로 자리잡은 시기는 철기 시대였다. BC 9세기 중엽이 되면, 대표적인 두 이란인인 메디아인과 페르시아인이 설형문자 기록에 나타난다.

● 고대 메디아인의 흑회색 토기
체처럼 무엇인가를 걸러낼 때 쓰던 토기이다.

메디아인들은 자그로스 산맥의 동부 전체를 장악했고, 점차 자그로스 산맥의 서부로 진출했다. 페르시아인들의 정확한 위치에 대해서는 의견이 분분하지만, 북서부의 우르미아 호 근처나 때로는 중서부 자그로스 산맥에 정착했던 것으로 보인다. 그러다가 후에 자그로스 산맥의 남서부로 갔다가, 마침내 파르스 지역까지 진출했다. 이것으로 보아, 이 두 이란인이 동쪽에서 서쪽으로 이동했음이 분명해진다.

회색 또는 흑회색 토기가 이란의 동북쪽에서 서부 이란으로 들어갔다는 사실도 이러한 이동을 입증해 주고 있다. 이란인들이 최초로 자그로스 산맥에 정착한 때는 BC 1300년경인 제1 철기시대로 추정할 수 있다.

제1·2 철기시대 문화의 분포는 기록에 나타난 두 이란인의 분포와 대략 일치한다. 제1·2 철기시대 문화가 출현하지 않은 지역들은 우라르투·아시리아·엘람 등 비이란계 토착 세력들의 영향력 아래 놓여 있었던 것으로 보인다. 반면에 제3 철기시대 문화는 자그로스 전체에 분포되어 있고, 기원전 7세기 말부터 기원전 6세기 초에 메디아 왕조를 탄생시켰다.

● 데이오케스(Deiokes)

고대 그리스의 역사가 헤로도토스의 기록에 따르면 데이오케스는 고향에서 재판관이 되었으며, 그의 공정한 재판으로 넓은 지역에서 좋은 평판을 얻게 되었다고 한다. 자신의 영향력을 깨달은 데이오케스는 재판관을 그만두겠다고 선언했다. 그러자 도둑질과 불법행위가 전보다 더 판을 쳤고, 사람들은 데이오케스에게 재판관으로 돌아와 달라고 애원했다. 사람들은 또한 데이오케스에게 왕이 되어 나라를 통치해 줄 것을 희망했다. 데이오케스는 왕위를 받아들였고, 궁전 및 새 수도를 건설하라고 명령했다. 이것이 엑바타나(메디아 왕국의 수도)가 건설된 이유로 알려졌다. 데이오케스는 독재자로 통치했고, 백성들을 직접 만나려고 하지 않았다. 최고 판사로 행동하면서, 동시에 전국에 밀정과 도청꾼을 풀어놓아 법이 이뤄지는지를 감시시켰다고 한다. 데이오케스는 많은 부족을 통일하고 메디아 왕국을 건설했다.

헤로도토스에 따르면 기원전 8세기경 데이오케스가 메디아 왕국을 엑바타나에 세웠고, 그 후 아들 프라오르테스가 왕위를 계승했다.

일찍이 기원전 9세기 초에 서부 이란으로 들어온 스키타이족(중앙아시아 초원 지대의 기마 유목민들로, 중국 명칭인 '흉노'의 일파임)은 7세기 무렵에는 아시리아에 상당한 위협세력이 될 정도로 성장하여, 이 지역의 세력균형을 무너뜨렸다. 메디아 왕국은 한때 스키타이인들 때문에 정치의 공백기까지 생겼으나, 키악사레스 왕(기원전 625년~585년) 때 이들의 세력을 무너뜨렸다. 키악사레스는 바빌로니아와 제휴했고, 이 연합군은 아시리아를 재침공하여 기원전 609년에 멸망시켰다. 키악사레스가 죽을 무렵 그는 할리스 강(키질 강)에 이르는 아나톨리아 전 지역, 지금의 테헤란에 이르는 서부 이란 전체, 파르스를 포함하는 남서부 이란 전체를 지배했다.

● 헤로도토스
고대 그리스의 역사가인 헤로도토스는 서양 문화에서 "역사학의 아버지"로 여겨진다. 그는 사료를 체계적으로 수집하고 사료의 정확성을 어느 정도 검증하였으며, 잘 짜여지면서도 생생한 줄거리에 따라 사료를 배치한 최초의 역사가로 알려져 있다. 그의 저작 《역사》는 서양 역사학의 고전이다.

메디아는 연맹체 형태로 통치했을 것으로 보인다. 메디아 왕조는 그 후 페르시아의 키루스 대제에게 멸망당했고, 이때부터 최초의 페르시아 제국인 아케메네스 왕조가 시작되었다.

● 금제 마구
메디아의 수도 엑바타나에서 발굴된 금제 마구. 이란 국립박물관에 전시 중.

■ 아케메네스 제국

아케메네스 제국(Achaemenid Empire)은 아케메네스를 시조로 하는 페르시아 제국이다. 엘람 왕국이 아시리아에 패해 멸망한 뒤인 기원전 691년, 아케메네스 왕조의 시조인 테이스페스(Teispes) 왕자는 안샨 시(엘람 왕국의 초기 수도)를 점령하고, 부친 아케메네스(Achaemenes)의 이름을 딴 왕조를 세웠다.

테이스페스는 왕국을 확장시켰으나, 그의 사후 왕국은 둘로 나뉘어 북부는 차남 아리아라메스(Ariarames)가, 남부는 장남 키루스(Cyrus)가 통치했다.

키루스 1세(Cyrus Ⅰ)는 페르시아인들을 통합했으며, 그의 아들 캄비세스 1세(Cambyses Ⅰ)는 메디아 왕국의 공주 만다나와 혼인함으로써 페르시아와 메디아를 통합했다.

캄비세스 1세의 장남 키루스 2세(Cyrus Ⅱ)가 주변국들을 점령하며 아케메네스 왕조의 초석을 마련하였으므로, 그가 즉위한 기원전 559년을 아케네메스 왕조의 시작으로 본다.

● 키루스 2세

키루스 2세 또는 키루스 대제(Cyrus the Great)는 아케메네스 왕조의 시조로, 이란인들에게 건국의 아버지로 알려져 있다. 그는 기원전 576년 또는 기원전 590년경에 아케메네스 페르시아의 지방 군주 캄비세스 1세와 메디아의 마지막 왕인 아스티아게스의 딸, 만다나 사이의 외아들로 태어났다. 29년 동안 통치하면서 메디아, 신 바빌로니아, 리디아 등 당대의 제국들을 차례차례 굴복시켰다. 그가 다스리는 동안 페르시아는 서남아시아 · 중앙아시아의 대부분을 정복하였고, 인도에 이르는 대제국으로 성장하였다.

● 파사르가다에에 남아 있는 키루스 대제의 무덤으로, 유네스코 세계문화유산에 등록되었다.

왕위에 오른 키루스 2세는 기원전 555년 메디아 왕국을 점령했으며, 기원전 545년에 소아시아를 점령한 데 이어 기원전 539년에는 메소포타미아 지역의 강대국인 신 바빌로니아 제국을 멸망시켰다. 이어서 기원전 529년 시르다리야 강 (중앙아시아의 2대 강 중 하나로, 아랄 해로 흘러 들어감) 유역의 스키타이를 정벌하기 위해 원정길에 나선 키루스 2세는 전쟁 중 사망했으며, 이후 그의 아들 캄비세스 2세(Cambyses II)가 왕위에 올라 이집트를 정복하였다.

그러나 그가 원정으로 자리를 비운 동안, 멸망한 메디아의 종교지도자 가우마타(Gaumata)가 캄비세스 2세의 동생으로 자처하며 왕권을 차지하려 했다. 이 소식을 듣고 이집트에서 돌아오던 캄비세스 2세는 재위 8년 만인 기원전 522년에 이집트의 시와에서 사망했다.

캄비세스 2세를 도와 페르시아의 군인으로 이집트 원정에 참가했던 아케메네스의 왕족 다리우스 1세(Darius I)가 기원전 522년 가우마타를 죽이고 반란을 진압했다.

● 다리우스 1세

다리우스 1세 또는 다리우스 대제는 아케메네스조 페르시아 제국의 세 번째 왕이다. 다리우스는 페르시아의 다른 여섯 귀족 가문의 도움을 얻어, 찬탈자로 알려진 가우마타를 제거함으로써 왕위에 올랐다. 그는 제국 곳곳에서 반란들에 직면하였으며, 그때마다 이를 진압하였다. 다리우스의 주요한 사건은 아테네와 에레트리아를 징벌하고 그리스를 병합하기 위해 나선 원정이었다. 그렇지만 그리스를 병합하기 위한 시도는 실패로 끝났다. 다리우스는 메디아 왕국을 침략하여 이란계의 유목민족인 사카를 공격하고, 트라키아(발칸 반도의 동부)와 마케도니아를 정복하여 제국의 판도를 넓혔다.

● 다리우스를 알현하는 스키타이인들. 18세기 화가 프란치셰크 스무글레비치의 작품이다.

이후 다리우스는 제국 전역에서 일어났던 반란을 모두 진압하고, 기원전 521년 12월에 아케메네스 왕조의 왕위에 올랐다. 다리우스 1세와 그를 계승한 크세르크세스 1세(Xerxses Ⅰ)의 통치 기간 중 아케메네스 왕조는 전성기를 맞았다.

다리우스 1세와 크세르크세스 1세의 통치기에 아케메네스 왕조는 동서로는 베아스 강에서 리비아까지, 남북으로는 아라비아 반도에서 캅카스 산맥과 아랄 해까지 영토를 확장하였다. 또한 정복민에 대해서도 관대했으며, 각 지방마다 '사트라프(Satrap)'로 불리는 총독을 파견하는 한편, 왕의 직속 관리들이 총독을 감찰해 왕에게 보고하도록 했다. 왕의 비문은 대개 3개 언어(고대 페르시아어, 엘람어, 아카드어)로 씌어졌으나, 제국의 행정문서와 외교문서에는 아람어(고대 시리아어)가 사용되었다.

제국의 절정기에는 건축 활동이 활발히 이루어졌으며, 제국의 수도였던 파사르가다에(Pasargadae), 페르세폴리스(Persepolis) 등이 대표적 유적이다. 또한 다리우스 1세의 정복 활동을 묘사한 비수툰(Bisotun) 부조를 비롯하여 수많은 예술 작품과 세공품들은 아케메네스 왕조의 뛰어난 예술 양식을 보여준다. 그러나 다리우스 1세 이후 왕족 내부에 파벌이 생기고, 역사상 최초로 지중해 세력과의 세계대전을 맞이하게 된다.

● 페르세폴리스

고대 페르시아 아케메네스 왕조의 수도이다. 현재 이란 시라즈에서 북동쪽으로 70km 가량 떨어진 곳에 있는 고고 유적지이다. 최초로 이 도시를 정한 것은 키루스 대제이지만, 다리우스 1세 때부터 궁전과 테라스 등을 본격적으로 건설하기 시작하여, 그의 아들 크세르크세스 1세가 완성하였다. 기원전 333년경 마케도니아의 알렉산드로스 대왕이 페르시아를 침입했을 때, 페르세폴리스는 최후를 맞았다.

고대 그리스 세계

'고대 그리스(Ancient Greece)'란 그리스의 역사 가운데 기원전 1100년경부터 기원전 146년까지의 시대를 일컫는다. 기원전 1100년경은 미노아 문명(3650~1170 BC), 키클라데스 문명(3300~2000 BC), 그리고 미케네 문명(1600~1100 BC)으로 특징지어지는 '에게 문명(3650~1100 BC)' 즉 그리스 청동기 시대가 끝나고 그리스 암흑기(1100~750 BC)가 시작되던 때로, 도리스인의 침입이 있었다고 보는 때이다. 기원전 146년은 코린토스 전투로 고대 로마가 그리스를 정복한 때이다. 일반적으로 '그리스 고전기(Classical Greece, 510~323 BC)'를 고대 그리스의 대표적인 시대로 본다.

■ 미노아 문명 및 미케네 문명

고대 그리스 세계에서 가장 오래된 문명은 미노아 문명이다. 미노아 문명은 크레타 섬에서 기원전 2700년경부터 기원전 1450년경까지 존속하였다. 그리스 본토에서는 초기 헬라스 문화가 기원전 2800년경부터 기원전 2100년경까지 존재하였다.

미노아 문명에 대해서는 오늘날 알려진 바가 거의 없다. 미노아 문명이라는 이름마저 크레타 섬의 전설적인 군주 '미노스'에서 딴 것이다. 이들은 고대 인도-유럽어족에 속하는 사람들이었으리라 추정된다. 이들은 선형문자 A를 남겼다. 미노아 문명은 풍부한 자원을 바탕으로 해양을 넘나들며 활발한 무역을 벌였다. 특히 크레타 섬의 목재는 이집트, 키프로스, 에게 해의 여러 섬으로 수출되었다.

● 크노소스 궁전
크레타 섬의 크노소스에 있는, 청동기 시대 최대의 유적이다. 미노아 문명의 중심지로 알려져 있다.

미노아 문명은 기원전 1400년경 있었던 미케네의 침략과 테라 섬의 화산 폭발로 멸망하였다.

　미케네 문명은 청동기를 사용하였기에 후기 헬라스 문화, 또는 고대 그리스의 청동기 시대라고 한다.

　기원전 1600년경부터 기원전 1100년경까지 존속하였으며, 미케네인들은 그리스 본토와 에게 해의 여러 섬에 거주하였다. 호메로스의 서사시(일리아스)와 그리스 신화들은 당시의 그리스에 대해 묘사하고 있다.

　미케네 문명에서는 금과 은으로 된 반지나 인장과 같은 장신구들을 많이 만들었다. 이 때문에 호메로스는 "금이 풍부한 미케네"라고 표현하였다. 미케네 문명 시기의 그리스는 펠로폰네소스 반도에 도시를 건설하기 시작하였다. 미케네 외에도 아테네, 필로스, 테바이, 티린스 등이 당시의 주요 도시국가였다.

● 트로이아 전쟁

트로이아 전쟁은 스파르타의 왕비 헬레나를 트로이아의 왕자 파리스가 납치하면서 시작된 전쟁이다. 호메로스의 《일리아스》와 《오디세이아》에 나오는, 그리스 신화 속의 전쟁이다. 트로이아의 성벽은 강해서 그리스 병사들이 뚫기가 힘들었다. 그렇게 10년 동안 트로이아는 성공적으로 방어를 했으나, 지진에 의해 성 내부가 혼란 속에 빠지게 되었고, 그리스 연합군은 그 틈을 타서 공격해 트로이아 왕을 죽이고 도시를 불태워 버렸다. 그리고 헬레나는 다시 그리스로 돌아오게 되었다. 이 이야기는 발굴 이전까지 신화로만 여겨졌으나, 1871년 독일의 고고학자 하인리히 슐리만이 트로이아 발굴에 성공하면서 실제 있었던 전쟁임이 밝혀졌다.

● 미케네의 장례 가면. 하인리히 슐리만은 이것이 "아가멤논의 마스크"라고 주장했다.

■ 암흑기

기원전 1100년경부터 기원전 800년경까지 그리스에서는 도리스인의 침입이 있었다. 이로 인해 미케네 문명이 붕괴되어, 이 시기를 그리스 암흑기라 부른다. 기원전 9세기 무렵 그리스의 도시국가가 출현하였다.

미케네 문명이 붕괴할 무렵 고대 이집트, 히타이트와 같은 이웃한 다른 문명 역시 위기를 맞고 있었다. 이는 당시 철기로 무장한 해양인들이 이 지역에서 맹위를 떨쳤기 때문이다. 도리아인들 역시 발달한 철제 무기로 무장하고 있었으며, 이미 쇠퇴하고 있던 미케네 문명을 유린하였다.

이 시기 전쟁에서는 기병이 중요한 전투력으로 취급되기 시작하였다. 철기 생산 능력이 향상되면서 보병들의 철제 무기 사용이 일반화되었고, 철기가 도구와 무기의 일반적 재료로서 점차 청동기를 대체하였다. 일부 지역에서는 귀족정이 왕정을 대신하기 시작하였는데, 지역적 차이가 있으나 점차 군주를 폐위시키는 지역이 늘었다.

그리스 암흑기의 말기가 되자 정체의 시기가 끝나고 부흥기를 맞이한 그리스 문명은 흑해 연안과 스페인에까지 확산되어, 고대 그리스 세계를 이루게 되었다. 페니키아로부터 알파벳을 받아들인 그리스인은 이를 이탈리아 반도와 갈리아(라인 강 서쪽부터 대서양 연안까지를 일컫는데 독일의 서쪽 변경, 벨기에, 스위스, 프랑스, 북이탈리아 등임) 지역으로 전파하였다.

● 도리스인

도리스인은 기원전 20세기에서 기원전 15세기 무렵에 그리스 반도로 남하하여 스파르타, 코린토스 등의 도시국가를 건설한 종족이다. 인도-유럽어 분파 중에서 원시 그리스어에서 파생된 언어를 사용한 아카이아인이 남부 그리스에 정착해 미케네 문명을 세웠다면, 나머지 분파는 북부에 남아 도리스인이 되었다.

기원전 1200년경 펠로폰네소스 반도(그리스 남부)로 남하하여 미케네 문명을 멸망시킨 것으로 알려져 있지만, 선형문자들의 해석으로, 미케네 문명의 몰락 이전에 이미 도리스인이 남하하여 미케네인과 공존했다는 설이 제기되고 있다. 그리스 암흑시기인 기원전 8~6세기경 급격한 인구증가로 다른 그리스 종족들과 함께 흑해 북부, 터키 남부, 스페인, 이탈리아, 북아프리카 등지에 식민도시를 건설한 세력으로서, 아카이아인들과 함께 가장 큰 세력을 이룬 종족이다.

■ 고대 그리스

고대 그리스의 형성 시기에 대해서는 미노아 문명과 미케네 문명으로 보는 일부 견해도 있으나, 다른 학자들은 이들의 문화가 이후의 그것과 달랐다는 점에서 다른 시기로 파악한다. 많은 학자들이 기원전 776년에 열린 첫 올림픽을 고대 그리스의 형성 시기로 보고 있으나, 일부는 기원전 1000년까지 그 시기를 올려 잡기도 한다.

대부분의 역사학자들은 고대 그리스가 서구 문명의 시발점이라 여긴다. 그리스 문명은 헬레니즘 시대 및 로마 제국을 통하여 유럽 전역에 강력한 영향력을 발휘하였다. 고대 그리스가 로마 제국을 비롯한 유럽 전체에 전파한 문명은 정치, 경제, 문화, 종교, 철학, 예술, 건축 등 다방면에 걸쳐 있었다. 이러한 영향은 근대에까지 이어져, 유럽의 르네상스와 18세기~19세기에 걸쳐 나타난 신고전주의 등에서 그 영향력을 확인할 수 있다.

고대 그리스의 기본적 정치 단위는 폴리스(polis: 고대 그리스의 도시국가)였다. 각각의 폴리스는 독립적이었다. 실제로 서로 우열을 보이는 후대에도 이론적으로는 여전히 각각의 폴리스가 동등하게 독립적인 것으로 여겨졌다. 펠로폰네소스 전쟁 당시 아테네와 스파르타의 경우와 같이, 폴리스들은 강력한 폴리스를 중심으로 동맹을 맺기도 하였다.

● 아크로폴리스(acropolis)
고대 그리스의 도시국가 대부분은 중심지에 약간 높은 언덕을 가지고 있었는데, 이것을 '폴리스'라고 불렀다. 그러나 시대가 지남에 따라 도시국가가 폴리스로 불리게 되어, 본래 폴리스였던 작은 언덕은 'akros(높은)'라는 형용사를 붙여 아크로폴리스라고 부르게 되었다.
● 사진은 아테네의 아크로폴리스이다.

● 아테네 학당

르네상스 시기 화가 라파엘로의 〈아테네 학당〉 프레스코화이다. 라파엘로는 이 벽화를 통해 고대 그리스의 철학자 · 수학자 · 천문학자 54명을 묘사해 놓았는데, 고대 그리스의 현인들은 서양 문화의 정신적 지주가 되었다.

이 시기에 고대 그리스 문명은 크게 번창하였으며, 많은 인물들의 이름이 오늘날까지 알려져 있다.

문인들로는 호메로스, 헤시오도스, 핀다로스, 아이스킬로스, 소포클레스, 에우리피데스, 아리스토파네스, 사포 등의 작품이 오늘날까지 전해 내려온다.

당시의 정치인으로는 테미스토클레스, 페리클레스, 리산드로스, 에파미논다스, 알키비아데스, 마케도니아의 필리포스 2세와 그의 아들 알렉산드로스 대왕 등이 유명하다.

유명한 철학가로는 헤라클레이토스, 파르메니데스, 제논, 데모크리토스, 피타고라스, 소크라테스, 플라톤, 아리스토텔레스 등이 있다. 헬레니즘 시기에 에우클레이데스가 정리한 수학적 성과들 역시 대부분 이 시기에 발전된 것이다.

그리스-페르시아 전쟁

BC 490년부터 BC 449년까지 페르시아와, 아테네 및 스파르타를 중심으로 뭉친 고대 그리스 도시국가들이 벌인 전쟁. 아테네의 급성장을 일궈낸 전쟁이자, 고대 그리스의 황금시대를 열었다고 평가받는 전쟁이다. 대략 BC 490년부터 BC 479년까지는 페르시아의 공격과 그리스 연합의 방어가 이루어졌고, BC 479년부터 BC 449년까지 그리스의 공격과 페르시아의 수비가 이루어졌는데, '침략자 페르시아와 이를 방어하는 그리스'라는 개념 덕에 후반기 때 그리스의 침략은 무시되는 경향이 있다. 어쨌든 이 전쟁 이후에도 페르시아는 건재했으나, 그리스인들은 페르시아의 '왕 중 왕(샤한샤)'에 맞서 자신들의 자유와 독립을 지켜냈다는 자부심을 가지게 되었다.

■ 전쟁의 발단

페르시아 전쟁이 벌어지게 된 계기는, 이오니아(소아시아 서부 일대의 그리스 식민지 도시국가들) 반란에 아테네가 개입한 것이 직접적인 원인이었다. 이오니아 지역은 키루스 대제 치세 때 페르시아의 영역에 속하게 되었는데, 이에 불만을 가지고 있던 이오니아 도시국가들 중 밀레토스 등이 중심이 되어 몇 가지 요인에 의해 반란을 일으키게 되었다(기원전 499년~기원전 493년).

이때 이들은 그리스 본토의 국가들에게도 '만약 자신들의 반란이 실패한다면 페르시아가 이번엔 그리스 본토를 공격할 것'이라며 지원을 요청하였다. 다른 도시들은 페르시아의 막강한 군사력이 두려워 나서지 않았지만, 아테네와 에레트리아가 지원을 하면서 전쟁의 빌미를 제공하였다.

● 수사(Susa)의 궁전 벽화에 묘사된 페르시아 보병의 모습

하지만 아테네의 지원은 전함 20척 정도의 작은 것이었다. 이들은 사르디스를 공격해 키벨레 사원을 불태우기도 하지만, 페르시아 기병대에 패하여 곧바로 도주하였다. 이후 이오니아 반란군은 키프로스와 헬레스폰토스 일대에도 손을 뻗어보지만 모두 실패로 돌아갔고, 라테 섬 해전에서 이미 주요 섬 국가들을 매수한 페르시아에게 간단히 패하며 진압되었다.

이후 페르시아는 이오니아 일대의 지배권을 안정시켰다. BC 492년에는 다리우스 대제의 사위 중 하나인 마르도니우스의 지휘하에 아테네에 대한 응징군을 보냈지만, 아토스 곶에서 폭풍우를 만나 함대의 3분의 1 이상을 잃어버렸다. 또한 마르도니우스 자신도 마케도니아 왕국을 굴복시키는 과정에서 이민족들에게 부상을 입어, 아테네로 응징군을 보내는 건 나중으로 미뤄지게 되었다.

■ 페르시아의 1차 그리스 원정

BC 491년 페르시아는 그리스 본토의 도시국가들에게 사절을 보내 '복종에 대한 상징적 의미로 흙과 물을 보내라'고 요구했는데, 여기에 아테네와 스파르타는 사신들을 처형해 버리는 것으로 응수하였다. 이에 다리우스 대제는 이전의 이오니아 반란 때 반란군에 지원군을 보내기도 했던 에레트리아와 아테네를 1차적으로 제압하기 위해 원정군을 보냈다. 지상군 2만 5천과 600척의 함대로 구성된 이 원정군은 에레트리아를 공격하여 제압했고, 아테네 공략을 위해 마라톤 평원에 상륙하였다.

● 다리우스 1세

아케메네스 왕조의 왕인 다리우스 1세(BC 522년~BC 486년)는 선왕 시대의 영토를 되찾은 뒤에도 각지로 원정하였으며, 인더스 강으로부터 리비아 · 마케도니아에 이르는 대제국을 완성시켰다. 이어 그리스 본토의 정복도 도모하였고, BC 492년과 BC 490년 원정(마라톤의 싸움)을 시도하였지만 실패하였다.

● 다리우스 1세의 부조

이에 아테네는 스파르타를 포함한 여러 도시국가들에 지원군을 요청함과 동시에, 9천의 중장보병으로 구성된 군대를 밀티아데스에게 위임해 마라톤으로 파견하여 페르시아군과 대치했다. 이후 펼쳐진 마라톤 전투에서 페르시아군을 격파하고, 기병을 포함한 주력을 함대에 탑승시켜 페르시아 함대가 도착하기 이전에 신속히 아테네로 돌려보내어 상륙을 저지시켰다. 결국 아테네 공략에 실패한 페르시아군은 철수했다.

이 마라톤 전투의 승전보를 가지고 아테네로 달려온 한 병사에 대한 전설이 있는데, 이것이 현대 마라톤 경주의 유래가 된다.

마라톤 전투의 승리로, 페르시아군이 더 이상 무적이 아니고 그리스 국가들도 연합하여 싸우면 승리한다는 것을 알게 되었다. 페르시아에 굴복했던 많은 그리스 도시국가들이 아테네와 스파르타의 편으로 돌아섰다. 키루스 대제 이래로 정규군의 육전에서 한번도 패한 적이 없었던 페르시아 육군은 마라톤 전투에서 유일하게 패배함으로써 자존심에 상처를 입었고, 이오니아의 그리스계 국가들에 대한 영향력의 약화를 우려할 처지가 되었다.

● 마라톤의 유래
기원전 490년 아테네와 페르시아 사이에 벌어진 마라톤 전투 당시, 그리스의 전령 페이디피데스가 마라톤에서 아테네까지 약 40km를 달린 뒤 그리스의 대승을 알렸다는 기록이 전해지며, 이는 마라톤 경주의 유래가 된다.

● 그림은 뤽 올리비에 메르송의 <마라톤의 병사>로, 페이디피데스가 승전보를 알리는 장면이다.

■ 페르시아의 2차 그리스 원정

다리우스 대제는 아테네 정벌의 실패 소식을 듣고 복수를 맹세하며 2차 원정 군을 보낼 준비를 하나 이집트에서 반란이 일어나 이를 제압하다가 병사했고, 관대한 크세르크세스 1세가 그 뒤를 이었다. 크세르크세스는 이집트 반란을 진 압하고 바빌로니아에서 일어난 반란도 진압한 다음, BC 480년 대규모 원정군 을 직접 이끌고 그리스 원정길에 나섰다.

이에 그리스 도시국가들은 아테네와 스파르타를 중심으로 '헬라스 동맹'을 결 성해 대항하기로 정하고, 동맹에 참여하지 않은 다른 국가들에게도 지원을 요청 하였다. 그러나 시칠리아의 시라쿠사나 아드리아 해의 케르키라(오늘날의 코르푸) 와 같은 힘있는 다른 도시국가들은 눈치만 보면서 합류하지 않았다.

그리스 연합은 1차 방어선을 테르모필레와 아르테미시온 일대에 구축하고, 테 르모필레에는 스파르타의 레오니다스 왕이 이끄는 중장보병 6천여 명(스파르타 는 이때 또 다른 종교축전 중이어서 근위대 300명만을 보냈고, 펠로폰네소스 반도의 다른 도시국가 들과 보이오티아의 테바이, 포키스 등이 추가적인 병력을 보냈다)과 여기에 딸린 시종 및 노 예들을 포함해 1만여 명 정도 되는 병력으로 방어선을 쳤다.

● 테르모필레 전투
기원전 480년 테르모필레 지 역에서 페르시아군과 그리스 연합군 사이에 벌어졌던 전투 이다. 레오니다스 왕을 비롯 한 그리스 연합군 대부분은 크세르크세스 1세가 이끈 페 르시아군에게 전멸당했지만, 페르시아 대군의 진격을 지연 시키는 데 성공했다.

● 이 그림은 자크 루이 다비드의 <테르모필레 전투의 레오니다스> 로, 스파르타의 왕 레오니다스의 결사항전을 묘사하였다.

또한 아르테미시온에는 아테네의 테미스토클레스가 갤리선 271척과 기타 함선 50여 척(나중에 갤리선 53척 추가)을 이끌고 방어선을 쳤다.

● 살라미스 해전/ 빌헬름 폰 카울바흐의 작품이다.

여기에 페르시아군이 접근해 3일 동안 테르모필레 전투와 아르테미시온 해전이 펼쳐졌는데, 3일 만에 테르모필레가 뚫리면서 아르테미시온의 그리스 해군도 방어를 포기하고 철수했다.

이후 페르시아군은 아테네를 점령하고 펠로폰네소스 반도 일대까지 공격하려 했으나 테미스토클레스에게 속아 넘어가 지형적으로 대단히 불리한 살라미스 해협으로 들어갔으며(함대가 너무 대규모이다 보니 좁은 해협에서는 그리스 함대보다 불리하다), 살라미스 해전에서 대패하고 테살리아로 돌아갔다. 겨울이 다가오자 마르도니우스에게 상당수 병력을 떼어주고, 크세르크세스 자신은 철수했다.

● 살라미스 해전

테르모필레 전투에서 그리스의 후위대가 궤멸되자, 아르테미시온 해전에서도 그리스는 큰 손실을 입고 퇴각하였다. 수적으로 훨씬 열세였던 그리스 연합군은 아테네의 테미스토클레스 장군에게 설복되어, 페르시아가 펠로폰네소스 반도에서 해상 작전을 수행하지 못하게끔 다시 페르시아 함대와 싸우기로 하였다. 페르시아의 크세르크세스 1세 역시 결정적인 전투를 원하고 있었다. 테미스토클레스의 속임수로 페르시아 함대는 살라미스 해협에 진입하여 두 입구를 막으려 하였다. 그러나 해협이 너무 비좁은 탓에 페르시아의 군함들이 이동하려 하면서 흩어져 버려, 오히려 이들의 수적 우세는 장애가 되어버렸다. 기회를 놓치지 않고 그리스 함대는 전열을 이루어 페르시아에 결정적인 승리를 거두었으며, 최소한 200여 척이 넘는 페르시아 함선을 침몰시키거나 나포했다.

● 테미스토클레스
고대 아테네의 정치가, 군인이다. 아테네의 해군을 그리스 제일로 성장시켜, 살라미스 해전의 승리를 이끌었다.

■ 페르시아의 3차 그리스 원정

크세르크세스 1세에게서 그리스 원정에 대한 권한을 이어받은 마르도니우스는 겨울이 지난 다음에 그리스 원정을 기도하였다. 1차로 아테네를 헬라스 동맹에서 떼어내고자 시도하지만 실패하자, 재차 남하해 아테네를 또 불태웠다. 이에 살라미스로 피신한 아테네는 스파르타에게 지원을 계속 요청했고, 스파르타는 펠로폰네소스 동맹국들의 힘을 합쳐 중장보병만 3만여에 달하는 원정군을 파견하였다. 여기에 아테네 중장보병 8천 명과 합류한 뒤 페르시아군과 플라타이아이 전투를 벌여 페르시아군을 격파하였고, 동시에 그리스 해군은 이오니아 지역의 미칼레 전투에서 요새를 쌓고 버티는 페르시아 해군을 격파해, 페르시아군을 그리스 본토에서 밀어내게 되었다.

페르시아의 침공이 끝난 뒤에도 전쟁은 끝나지 않았다. 그리스 연합군은 페르시아를 몰아낸 여세를 타고 세력 확장을 꾀했으며, 이오니아 일대를 포함한 에게 해 전체를 넘어서 헬레스폰토스와 흑해, 키프로스와 이집트에까지 세력을 뻗치려 하였다.

또한 이러한 활동에 스파르타가 소극적으로 움직인 반면 아테네는 적극적으로 나서서 BC 478년~BC 477년 사이에 '델로스 동맹'을 결성하고, 페르시아에 대한 적극적인 공격을 주도하게 되었다. 에게 해 북부의 마지막 페르시아 기지였던 에이온을 BC 476년에 함락시켰고, BC 466년에는 대규모 델로스 동맹군을 소아시아 지역으로 파견해 이오니아 지역을 모두 점령하였다. 이집트는 BC 459년과 BC 454년에 아테네의 지원으로 반란을 일으키나 페르시아에 진압당했고, 키프로스에서도 그리스와 페르시아의 치열한 쟁탈전이 펼쳐졌다. 결국 지친 양국은 BC 449년에 '칼리아스 평화조약'을 맺어 전쟁을 끝냈다.

■ 그리스 도시국가들의 분쟁과 몰락

페르시아 제국과의 전쟁에서 승리한 이후, 델로스 동맹을 주도하며 델로스 섬에 위탁된 자금을 관리하던 아테네가 펠로폰네소스 반도의 주도권을 장악하자, 이에 스파르타가 내심 불만을 가지면서 위기가 고조되었다.

아테네와 스파르타는 모든 면에서 대조적이었고, 따라서 대립의 소지가 컸다. 아테네가 델로스 동맹을 발판으로 강대한 제국으로 발돋움하자 스파르타와의 충돌은 피할 수 없는 상황이었다. BC 459년 아테네가 메가라와 동맹을 체결하고 코린토스를 위협하며 코린토스 지협에 주요 발판을 마련함과 동시에 서부 지중해로 진출하려 하자, 스파르타와 부딪히게 되었다. 그러나 스파르타와 '30년간 평화조약'(BC 446/445년)을 체결함으로써 끝을 맺었다.

욕심을 버리지 못하던 아테네는 코린토스와 상업상 이해관계의 충돌에 있는 코르키라와 동맹을 맺었는데, 이는 펠로폰네소스 동맹에 커다란 위협이 되었다. 그러나 페리클레스가 건재한 동안에 스파르타는 아테네에 대해 별다른 대응을 하지 않았으며, 페리클레스 사후 스파르타는 아테네를 상대로 전쟁에 돌입했다. 이에 28년간이나 계속된 '펠로폰네소스 전쟁'(BC 431년~BC 404년)이 시작된다.

● 펠로폰네소스 전쟁 첫해(BC 431년), 전사자 추도연설에서 "우리 아테네는 헬라스의 모범이다"라고 주장하는 페리클레스.

■ 펠로폰네소스 전쟁

이 전쟁은 세 단계로 구분하는데, 첫 번째는 '아르키다모스 전쟁'(BC 431년~BC 421년)이다. 스파르타는 아테네 일대를 거듭거듭 침략하였고, 아테네는 자기 세력권의 불안을 억누르기 위하여 자국의 해군력을 이용하여 펠로폰네소스 반도 해안을 습격하였다. 전쟁의 첫 단계는 기원전 421년에 '니키아스 평화조약'이 체결되어 막을 내렸다. 그러나 펠로폰네소스 반도에서 다시 교전이 일어나 이내 조약의 효력은 약해졌다.

기원전 415년 아테네는 시칠리아의 시라쿠사를 공격하기 위해 거대한 시칠리아 원정대를 파견하였으나, 기원전 413년 공격군은 대패하여 군대 전체가 궤멸되었다. 이 패배로 전쟁은 마지막 단계에 돌입하였는데, 보통 '데켈레이아 전쟁' 혹은 '이오니아 전쟁'으로 불린다. 이때 스파르타는 페르시아의 도움을 받아, 아테네에 종속된 에게 해와 이오니아의 나라에서 일어난 반란을 지원하여 아테네의 패권을 잠식하였으며, 결국 아테네의 제해권을 빼앗았다. 아이고스포타모이 해전(BC 405년)에서 아테네 함대가 궤멸되면서 사실상 전쟁은 끝났으며, 아테네는 이듬해에 항복하였다.

스파르타 주도의 펠로폰네소스 동맹이 펠로폰네소스 전쟁에서 승리하면서 그리스의 주도권은 아테네에서 스파르타로 넘어갔다. 이후 아테네의 민주정치는 중우정치(mobocracy)로 변질되었고, 오랜 전쟁으로 그리스는 쇠퇴의 길을 걷게 되었다.

● 스파르타

흔히 혹독하고 자비심 없는 비인간적인 단련 과정을 이야기할 때 '스파르타식'이란 말을 꺼내곤 한다. 스파르타의 시민은 태어났을 때 심사를 거쳐 불구나 허약한 경우에는, 남자뿐만 아니라 여자들도 버림을 받았다. 이러한 스파르타 시민에게는 개인적인 사생활이 없었고, 오직 훌륭한 전사가 되는 게 인생의 목적이었다.

알렉산드로스 대왕

고대 그리스의 폴리스 가운데 테바이는 그리스-페르시아 전쟁 당시에는 한때 페르시아 제국을 편들어 아테네를 적대하기도 하였다. 고전 시대에 테바이는 대체로 아테네 · 스파르타에는 미치지 못했지만, 양강의 대립 구도를 견제하는 제3세력을 유지할 정도의 능력은 갖추고 있었다. 펠로폰네소스 전쟁으로 인해 강국 아테네와 스파르타의 국력이 쇠퇴하기 시작한 후에는, 사선대형으로 유명한 명장 에파미논다스가 레우크트라 전투(BC 371년)에서 전통의 군사강국 스파르타를 무찌르면서 한때 그리스의 패권을 장악했다. 그러나 필리포스 2세의 마케도니아 왕국이 대두하면서, 테바이가 자랑하던 무적의 신성 부대가 카이로네이아 전투(BC 338년)에서 궤멸되는 참패를 맛보며 테바이는 패권을 상실하게 되었다.

■ 필리포스 2세

필리포스는 마케도니아의 아민타스 3세의 막내아들로 태어나, 어린 시절 테바이에 볼모로 잡혀 있었다. 테바이에서 그는 당시 그리스 최고의 전략가이자 장군이었던 에파미논다스에게서 군사와 외교 기술을 배웠고, 기원전 364년 마케도니아로 돌아왔다.

기원전 359년, 형 페르디카스 3세가 일리리아의 침입에 맞서 싸우다 전사하자 뒤를 이어 마케도니아의 왕위를 물려받았다. 왕위에 오른 후에는 군제개혁을 통해 병사의 정예화를 이루었다. 마케도니아의 저 유명한 팔랑크스(Phalanx)가 바로 필리포스의 작품인데, '사리사'라는 매우 긴 창을 고안하여 정면에서의 방어력을 극대화시켰다. 이런 긴 창을 쓰게 되면 자연스레 기동력과 측면 공격에 취약함을 보이는데, 이를 보완하기 위해 기병의 양과 질을 늘렸다.

● 팔랑크스는 방패와 긴 창을 든 다수의 병사를 고슴도치처럼 밀집대형으로 배치한 채 근접전을 벌이며 적을 압박하는 전술이다.

또한 특이한 점은, 장비를 국가에서 마련해 준 데다가 전투병이 직접 식량 등의 군장을 메고 이동하여 기동성을 늘렸다는 점이다. 노예 등을 이용하여 식량과 장비를 수송시켰던 아테네 문화권의 병사들 입장에서는 정말 이해하지 못할 기행이었을 것이다.

또한 그리스의 국가들과는 달리 1년에 12번 월급을 받고 일하는 직업 군인을 마련하였으며, 이 때문에 농한기 때만 전쟁을 할 수 있었던 그리스 국가들과는 달리 어느 때나 전쟁을 할 수 있는 상비군을 갖추었다. 이러한 여러 군제 개혁 덕에 그리스 변방의 국가였던 마케도니아는 그의 지휘 하에 기존의 스파르타, 아테네, 테바이를 모조리 꺾고 그리스 전체의 지배국이 된다.

필리포스 2세의 마케도니아 군대가 연전연승하자 마침내 그리스의 대장격이 였던 아테네·테바이가 동맹을 맺고 기원전 338년에 카이로네이아 평원에서 전투를 벌였으나, 필리포스는 깨끗이 격파했다. 그리고 헬라스 동맹(코린토스 동맹)의 의장이 되어, 그리스(스파르타 제외)의 지배를 완전히 굳혔다.

● 필리포스 2세

알렉산드로스 대왕의 아버지이자 고대 마케도니아의 기초를 다진 인물. 본인이 젊은 시절 볼모가 되어 테바이로 갈 정도로 약소국이었던 마케도니아를 군사 개혁과 정복 전쟁을 통해 급성장시켰다. 크고 작은 전투마다 직접 현장에 나타나 지휘를 했고, 그 때문인지 그리스의 여러 폴리스들과 전쟁을 하던 중에 부상을 입어 애꾸눈이 되기도 하였다.

● 베르기나의 고분에서 발굴된 두개골 유골을 토대로 복원한, 필리포스 2세의 얼굴.

■ 알렉산드로스의 등장

그 뒤 페르시아 원정을 계획하고, 그 준비를 거의 다 마쳤다. 그러나 필리포스의 딸 클레오파트라와 에페이로스의 알렉산드로스 1세 간의 혼인잔치 중 극장에 들어설 때, 일곱 명의 친위대 중 한 명인 파우사니아스에게 암살을 당하였다.

필리포스가 죽었을 당시 그는 누구도 자신의 후계자로 지명하지 않은 상태였다. 따라서 내분이 일어날 수도 있는 상황이었으나, 다행히 군대가 알렉산드로스 왕자를 후계자로 지지하여 그는 BC 336년에 마케도니아 왕으로 등극하였다. 그가 군대의 신임을 얻은 이유는, 그나마 다른 왕자에 비해 필리포스의 군에 종군한 경험과 공적이 많았기 때문이었다. 필리포스가 테바이와 아테네의 연합군을 꺾은 카이로네이아 전투에서는 알렉산드로스가 좌익을 지휘하기도 했었다.

이 무렵 그리스의 폴리스들은 필리포스 2세의 강요에 따라 코린토스 동맹으로 묶여 있었다. 그들은 20세의 애송이가 왕위에 올랐으니 반란을 일으킬 절호의 기회라고 생각하여 들고일어났다. 이때 알렉산드로스의 측근들은 모두 외교로 해결하라고 조언하였으나, 알렉산드로스는 자신의 기병 3천 명만 이끌고 신속히 남하하였다. 이러한 전격전으로 인해 마케도니아 남쪽의 테살리아가 맨 먼저 제압당했고, 테살리아의 병력을 인수한 알렉산드로스가 남하하자 그리스의 모든 도시들이 사절을 보내 용서를 구하였다. 알렉산드로스는 이들에게 모두 죄를 묻지 않는 선처를 베풀었다.

● 알렉산드로스 대왕과 그의 애마 부케팔로스

● 전격전을 펼치는 알렉산드로스 대왕

일년 뒤, 알렉산드로스는 페르시아를 공격하기 전에 우선 북쪽 국경을 안전하게 해두고 싶었다. 그래서 지금의 이스탄불 북서쪽에 위치한 트라키아인들을 공격하여 제압한 뒤, 도나우 강까지 올라가 그곳에 위치하고 있던 게타이 부족을 격파하였다. 그때 일리리아(그리스의 서쪽, 아드리아 해를 사이에 두고 이탈리아와 마주보고 있는 지역, 현재의 크로아티아 · 알바니아)에서 대규모 반란이 일어났다는 소식을 듣는다. 알렉산드로스는 즉각 그 지역으로 이동하여 반란 세력을 모두 진압하였다.

이 무렵 알렉산드로스가 전사했다는 소문이 그리스에 퍼졌으며, 따라서 테바이가 반란을 선동하고 아테네도 여기에 편승해 반란에 참여하였다. 알렉산드로스는 즉각 남하하여 우선 테바이를 포위했는데, 테바이인들은 결사적으로 항전하였다. 그러나 결국 테바이는 점령당했으며, 알렉산드로스는 테바이를 완전히 파괴하고 주민들을 모두 노예로 팔아버렸다. 이리하여 아테네와 쌍벽을 이루었던 강력한 도시인 테바이는 비참한 종말을 맞이하였다. 다만 시인 핀타로스의 집만은 부하들에게 절대로 파괴하지 못하게 했다고 한다.

아테네의 경우는 테바이가 처참하게 박살난 사실을 확인하고는 겁을 먹고 무조건 항복했기에, 알렉산드로스 대왕은 아테네에 대해서는 대단히 관대하게 대해 줬다고 한다. 실제로 알렉산드로스 대왕이 아테네를 파괴했다거나 하는 기록은 없다.

■ 페르시아 원정

알렉산드로스는 BC 334년 6,100명의 기병과 120척의 함대를 포함한 약 48,100명의 병력과 함께 헬레스폰토스 해협을 건넜다. 이 원정군은 마케도니아와 다양한 그리스 도시국가의 용병과 봉건적으로 징집된 병사들로 구성되어 있었다. 알렉산드로스는 창을 아시아 땅에 꽂으며 "신으로부터 아시아를 선물로 받았노라!"라고 외쳐, 페르시아 제국 전체를 정복할 야망을 선포하였다.

초기의 그라니코스 전투에서 페르시아군에 승리한 후 BC 334년 4월 8일 알렉산드로스는 페르시아의 지방수도인 사르디스의 항복을 받아들였다. 그는 이오니아 해안선을 따라 계속 진격했고, 도시들마다 자치권과 민주주의를 승인하였다. 페르시아군이 지키는 밀레토스는 근처에 페르시아 해군이 정박해 있으므로 정교한 공성전을 필요로 했다. 더 남쪽 카리아의 할리카르나소스에선 알렉산드로스가 그의 첫 대규모 공성전을 승리로 이끌었고, 결과적으로 그의 적인 용병 수장 멤논과 카리아의 총독 오론토바테스를 바다로 철수시켰다.

할리카르나소스로부터 알렉산드로스는 리키아의 산악지대까지 진격했고, 페르시아 해군기지를 저지하기 위해 팜필리아 평야에서 해안도시들을 공격했다. 팜필리아부터는 해안가에 주요한 항구가 없기에, 알렉산드로스는 내륙으로 향했다.

알렉산드로스는 테르메소스를 위협하긴 했지만 난장판으로 만들진 않았다. 고대 프리기아의 수도 고르디온에서 알렉산드로스는 아무도 풀지 못한 '고르디우스의 매듭'을 풀었는데, 그는 매듭을 어찌 푸는지는 중요하지 않다며 칼로 매듭을 베었다.

알렉산드로스는 시리아와 레반트의 해안가를 정복하는 작업을 계속했다.

● 고르디우스의 매듭

프리기아의 수도 고르디온에는 고르디우스의 전차가 있었고, 그 전차에는 매우 복잡하게 얽히고 설킨 매듭이 달려 있었다. 아시아를 정복하는 사람만이 그 매듭을 풀 수 있다고 전해지고 있었는데, 알렉산드로스가 그 지역을 지나가던 중 그 얘기를 듣고 칼로 매듭을 끊어버렸다고 한다. '대담한 방법을 써야만 풀 수 있는 문제'라는 뜻의 속담으로 쓰이고 있다. 도나토 크레티의 작품.

BC 332년 그는 티레를 공격하여 긴 공성전 끝에 점령한 후, 성인 남성은 학살하고 여자와 아이는 노예로 팔아버렸다. 알렉산드로스가 티레를 파괴했을 때, 이집트로 가는 길목의 대부분의 도시는 빠르게 항복했다. 그는 예루살렘에 해를 입히지 않고 남쪽의 이집트로 향했다. 그러나 가자의 저항에 직면한 알렉산드로스는 언덕 위에 세워져 공성전을 요하는 성채를 마주했다.

알렉산드로스의 기술자들은 높은 위치의 성채를 점령하는 것이 불가능하다고 지적했으나, 이것은 알렉산드로스의 의욕을 높일 뿐이었다. 3번의 공성전 이후에 성채는 함락되었다. 하지만 이 과정에서 알렉산드로스는 심각한 어깨 부상을 입었으며, 티레의 경우처럼 성인 남성은 처형당하고 여자와 아이는 노예가 되었다.

알렉산드로스는 BC 332년 후반기에도 계속해서 이집트로 진격했고, 그는 해방자로 여겨졌다. 그는 '아몬 신의 아들'로 선포되었다. 이때부터 알렉산드로스는 제우스-아몬 신이야말로 자신의 참된 아버지라고 자주 언급했으며, 그가 죽은 이후 동전에는 그의 신성함의 상징으로 양의 뿔이 묘사되어 있다. 그가 이집트에 머무는 동안 그는 알렉산드리아를 건설했는데, 이 도시는 그의 죽음 이후 프톨레마이오스 왕조의 수도로 사용되었다.

BC 331년 알렉산드로스는 이집트를 떠나 동쪽의 메소포타미아로 행군하여, 가우가멜라 전투에서 다리우스 3세를 다시 물리쳤다. 다리우스 3세는 한번 더 도망쳤지만, 알렉산드로스는 아르벨라까지 쫓아갔다.

가우가멜라 전투는 양쪽의 마지막이자 결정적인 충돌이었고, 다리우스가 산을 넘어간 동안 알렉산드로스는 바빌론을 점령했다. 바빌론으로부터 알렉산드로스는 아케메네스 왕조의 수도 중의 하나인 수사까지 도달했고, 보물창고를 포획했다. 그는 병력의 대부분을 '왕의 길'을 따라 의전용 수도인 페르세폴리스로 보냈다. 알렉산드로스는 스스로 일부 병력을 인솔했으며, 그간 아리오바르자네스 총독 휘하의 페르시아군에게 계속해서 막혀온 '페르시아의 문' 관문을 기습했고, 페르세폴리스를 향해 빠르게 나아갔다.

● 알렉산드로스 모자이크
1831년 폼페이에서 출토된 모자이크 대작. BC 333년 알렉산드로스 대왕이 소아시아 킬리키아 동쪽의 이소스에서 페르시아의 다리우스 3세를 격파한 싸움을 묘사하였다.

● 알렉산드로스 앞의 다리우스 가족
다리우스의 왕후와 그의 가족들이 알
렉산드로스 대왕에게 엎드리나 실은
헤파이스티온에게 엎드리고 있으며,
헤파이스티온은 옆의 인물이 알렉산
드로스 대왕이라고 손짓을 하고 있다.
파울로 베로네제의 작품.

페르세폴리스로 들어가는 중에 알렉산드로스는 부하들이 도시를 며칠간 약탈
할 수 있도록 허락했다. 알렉산드로스는 이곳에 5달간 머물렀다. 그가 머무는
동안 불이 궁궐의 동쪽 입구에서 번져 나와 온 도시로 퍼졌다. 음주 사고였거나,
아니면 두 번째 페르시아 전쟁 기간에 크세르크세스 1세가 아테네의 아크로폴
리스를 불태웠던 것에 대한 고의적인 복수였을 것이다.

몇 년 뒤에 이 도시를 다시 방문했을 때, 알렉산드로스는 불을 질렀던 것을 후
회했다. 플루타르코스는 알렉산드로스가 크세르크세스의 쓰러진 조각상 앞에
멈춰 서서 마치 살아 있는 사람에게 하듯이 말을 걸었던 일화를 기록했다. "그
리스 침략으로 인해 누워 있는 당신을 두고 지나가야 하나? 아니면 당신의 위대
함과 다른 면의 미덕 때문에 다시 한 번 기념비를 세워줘야 하나?"

알렉산드로스는 곧 다리우스를 추격하여 메디아로, 그리고 파르티아(고대 이란)
로 진격했다. 페르시아 왕은 더 이상 자신의 왕조를 지킬 능력이 없었고, 박트리
아(현재의 아프가니스탄 북부) 총독인 베수스에게 잡혔다. 알렉산드로스가 도착하자
베수스는 다리우스를 죽이고 스스로 다리우스의 후계자라고 칭한 후, 중앙아시
아 깊이 후퇴해 게릴라전을 펼쳤다. 알렉산드로스는 다리우스의 시체를 화장해,
아케메네스 왕조의 왕릉에 정중하게 묻어주었다. 알렉산드로스는 다리우스가
죽어가며 자신을 다음 왕위 계승자로 지명했다고 주장했다. 아케메네스 왕조는
다리우스 3세와 함께 멸망한 것으로 흔히 여겨진다.

■ 인도 공략

　대제국 페르시아를 접수한 알렉산드로스는 여기에 멈추지 않고 원정을 계속 희망하였다. 우선 간다라 지방(아프가니스탄의 동부 및 파키스탄의 북부)의 영주들을 소환하여, 자신의 권위에 굴복하라고 요구하였다. 많은 영주들이 이에 응해 알렉산드로스에게 나아갔으나, 몇몇 영주들은 거부하였다. 그러자 알렉산드로스는 그들을 반역자로 간주해 군대로 공격하였다. 알렉산드로스는 이러는 동안 심한 부상을 입기도 하였으나 그들을 모두 공략하는 데 성공하였고, 그에게 부상을 입힌 도시의 시민들은 모두 학살하고 건물 기초까지 부숴 완전히 폐허로 만들었다. 그래서 지방 영주들은 알렉산드로스를 두려워하여 알아서 항복하였다.

　알렉산드로스는 파키스탄 지역을 공략한 뒤, 인더스 강을 건너 인도 지역까지 공격하기로 하였다. 그렇게 한 이유는, 동쪽 대륙의 끝까지 정복한 뒤 그 대륙의 끝자리에 자신의 이름이 새겨진 비석을 남기고 오겠다는 다소 허황된 계획 때문이었다. 그는 인더스 강을 건넌 뒤 남쪽에 위치한 파우라바라는 나라를 공격하였는데, 이에 파우라바의 왕 포루스는 직접 군대를 이끌고 나왔다. 알렉산드로스는 대략 4만여 병력이었고, 포루스는 5만여 병력을 가지고 있었는데, 이들은 히다스페스 강을 사이에 두고 대치하였다.

● 포루스

포루스는 패배 후 알렉산드로스 앞에 붙잡혀 왔는데, 아홉 군데의 상처에서 피가 흘러내림에도 당당히 행동하였다. '어떻게 해주길 원하냐?'는 알렉산드로스의 질문에 '왕으로 예우해라'라고 답했고, '다른 건 더 원하는 것이 없냐?'는 물음에는 '이 요청 하나에 모든 것이 포함되어 있다!'고 답했다. 이 대답과 태도에 알렉산드로스는 경의를 품게 되어, 포루스에게 원래 지역과 더 많은 영토를 주어 왕으로 통치하게 하였다.

알렉산드로스는 병력의 일부를 본 진영에 남겨 대군이 머무르는 것처럼 위장한 뒤, 밤에 몰래 강의 상류로 올라가 강을 건넜다. 포루스는 이에 주력을 이끌고 상류로 올라가 알렉산드로스와 싸웠는데, 알렉산드로스는 우세한 기병(7천대 4천)으로 포루스의 기병을 격파하는 데 성공하고, 배후로 돌아가 포루스의 보병을 무찔렀다.

포루스는 용감하게 싸우다 결국 항복하였고, 포루스의 용맹함을 높이 산 알렉산드로스는 그가 알렉산드로스에게 충성하겠다는 약속을 받은 선에서 그를 풀어주고는 왕위에 그대로 앉혔다.

포루스를 격파하여 인더스 강 남쪽에 교두보를 확보한 알렉산드로스는 이때 자신의 죽은 애마인 부케팔로스의 이름을 딴 부케팔리아라는 도시를 건설한 뒤, 이번엔 갠지스 강을 건너 인도 본토에 침입할 계획을 세웠다.

이때 갠지스 강 남쪽엔 난다 왕조가 존재하고 있었는데, 이 왕조는 포루스의 파우라바와는 달리 인도 북부를 통째로 지배하고 있는 거대 국가였다. 포루스의 부하들은 마케도니아인들에게 "난다 왕조는 갠지스 건너편에 20만 보병, 6만 기병, 8천 전차대, 6천 코끼리 부대를 보유하고 있다"라고 말하였다. 게다가 너비가 6킬로미터에 달하는 거대한 강인 베아스 강을 건너야 한다는 점도 있어 병사들은 알렉산드로스가 난다 왕조를 공격하는 것에 대해 강하게 반대하였다.

● 난다 왕조

BC 343년경~BC 321년 무렵 인도 마가다 왕국을 통치한 왕조. 그리스의 소전(所傳)에 의하면, 알렉산드로스 대왕이 인도에 침입할 때, 마지막 왕 다나난다는 기병 2만, 전차 2천, 코끼리 3천 이상을 이끈 강대한 왕국이었다. 알렉산드로스의 포로가 된 포루스는 '동쪽에는 자신과 비교할 수 없을 정도로 강한 국가들이 널렸다'고 겁을 줬고, 이것에 겁을 먹은 알렉산드로스의 부하들이 회군을 요청했다는 말도 있다.

■ 알렉산드로스의 죽음

이들은 파업을 벌였고, 알렉산드로스는 이들을 설득시키기 위해 온갖 애를 써 보았지만 결국 수포로 돌아가 서쪽으로 철군하라는 명령을 내렸다. 그러나 이 회군 과정 또한 험난하여, 바빌론에 도착했을 때 남은 병력은 인도에서 출발한 병력의 1/10에 지나지 않았다.

이는 보급을 담당한 함대가 인도양의 계절풍에 바다 멀리 밀려가 버린 사고 때문이었다. 그때 알렉산드로스 대왕의 부대는 발루치스탄 사막을 지나고 있었는데, 병사가 알렉산드로스에게 떠다 준 물을 "나만 마실 수 없다"고 쏟아버린 일화는 바로 이 사막 행군 중의 일이다.

인도 원정에서 되돌아온 알렉산드로스는 수많은 관료들이 부정 축재를 한 것을 발견하였다. 이 관료들은 알렉산드로스의 성격상 이토록 빨리 원정을 중단하고 귀국할 줄은 예상치 못했고, 또한 그중에서도 많은 이들은 알렉산드로스가 원정 도중 전사할 것이라고 생각하였다. 그래서 마음껏 부정 축재를 벌인 것인데, 갑자기 돌아온 알렉산드로스에게 발각당하고 말았던 것이다. 이들 대부분은 알렉산드로스에 의해 처형당하였다. 이렇게 한 뒤 알렉산드로스는 일평생을 함께했던 오랜 친구이자 둘도 없는 심복이었던 헤파이스티온의 죽음을 접하게 되었다. 그는 이로 인해 대단한 상실감과 좌절감에 빠졌으며, 그를 기리기 위한 거대한 기념물들을 짓기 시작하였다. 그 뒤 얼마 안 있어 알렉산드로스도 쓰러졌는데, 이때 그의 나이는 고작 32세였다.

● 알렉산드로스와 헤파이스티온
헤파이스티온은 알렉산드로스의 절친한 친구이자 동성연인이었다. 알렉산드로스가 아리스토텔레스에게 가르침을 받을 때부터 함께했는데, 알렉산드로스가 왕자 시절에 아버지인 필리포스 2세와 불화하여 마케도니아를 떠나 있을 때에도 덩달아 추방되었을 정도로 친밀한 관계였다.

알렉산드로스는 건강에 아무런 이상이 없었고 젊었기 때문에 아랍 원정을 준비하고 있었는데, 갑자기 쓰러진 것이었다. 쓰러지기 직전 알렉산드로스는 해군 제독이었던 네아르코스와 파티를 한 뒤 아침이 될 때까지 술을 마셨었다. 그 뒤 알렉산드로스는 몸에 열이 나기 시작하였는데, 그 고열은 계속되었다.

일주일 후 알렉산드로스는 말을 할 수 없게 되었고, 그 다음날 마케도니아 군인들은 알렉산드로스의 건강에 무엇인가 이상이 있다는 소문을 듣고 왕을 만나게 해달라고 요구하였다. 알렉산드로스는 이들 중 지위가 높은 몇 명만 만났는데, 이때 알렉산드로스는 이들을 반기기 위해 간신히 손을 들어올릴 수 있을 뿐이었다. 이틀 뒤 그는 젊은 나이에 세상을 떠났다.

● 알렉산드로스의 죽음

알렉산드로스의 사망 원인에 대해서는 여러 가지 추측이 있다. 일각에서는 암살설을 제기하기도 하고, 너무 젊은 시절에 이룰 걸 다 이뤄서 의욕상실증에 걸려 죽은 거라고 분석하기도 한다. 그리고 다른 학설에서는 죽기 전에 포도주를 6.5리터 가량 들이켜 마셔서 사망했다고도 한다. 신빙성은 거의 없는 야사이긴 하지만, 어느 지역에서 그에게 여자를 진상했는데, 그 여자가 소위 말하는 독인(어릴 때부터 독을 먹여서 접촉하는 것만으로도 독살이 가능하다는 사람)이어서 그 여자를 안고 시름시름 앓다가 죽었다는 설도 있다. 가장 유력한 가설로는, 알렉산드로스 대왕이 모기에 물리는 바람에 일종의 풍토병인 말라리아에 감염되었다는 설이다. 실제로 독살설이 제기되는 고대인들 대부분은 동방의 풍토병이 의심되는 증세를 보이며 사망했다는 점 때문에 말라리아가 의심되곤 한다.

● 알렉산드로스 대왕의 흉상

■ 헬레니즘 문화

알렉산드로스는 대제국을 건설하는 과정에서, 정복한 도시에 그리스인을 이주시켜 그리스 문화를 전파했다. 따라서 헬레니즘 문화는 오리엔트 지역의 지배 계층에서 일부 받아들인 그리스 문화의 인간 중심적인 경향이 반영되어 있으며, 개방적이면서 세계 시민적인 문화를 추구하여 로마 문화에 영향을 끼쳤다. 헬레니즘(Hellenism)이라는 말의 뜻은 '그리스와 같은 문화'라는 뜻이다.

헬레니즘의 영향은 생각보다 강력해서, 훗날 로마 제국이나 파르티아 제국에서도 그리스어가 널리 쓰였다. 또한 간다라 지방에서는 그리스 조각의 영향을 받은 간다라 미술이 등장하기도 했다.

특히 에우클레이데스의 기하학, 아르키메데스의 수학, 물리학 등 자연과학이 발전하였다. 철학에서는 에피쿠로스 학파와 스토아 학파 등 개인주의 사상이 발달하였다. 미술에서는 현실적인 아름다움을 추구하였으며, 대표적인 작품으로는 <밀로의 비너스 상> <승리의 여신 상> <라오콘 상> 등이 있다.

● 밀로의 비너스 상

'밀로의 비너스'는 고대 그리스의 대표적인 조각상 가운데 하나로, 기원전 130년에서 기원전 100년 사이에 제작된 것으로 추정된다. 그리스 신화에서 사랑과 미를 관장하는 여신인 아프로디테(로마 신화의 비너스)를 묘사한 대리석상으로, 길이는 203cm이다. 품위 있는 머리 부분이라든지 가슴에서 허리에 걸친 우아한 몸매의 표현에는 BC 4세기적인 조화를 보이기도 하지만, 두발(頭髮)의 조각과 하반신을 덮는 옷의 표현은 분명히 헬레니즘의 특색을 나타낸다. 그 고전적인 자태는 헬레니즘의 극단적인 사실주의에 대한 반동으로, 고전 양식의 부활이라는 당시의 풍조에서 태어난 걸작이다. 1820년 4월 8일 에게 해에 산재하는 키클라데스 제도의 하나인 밀로스 섬(밀로 섬 또는 멜로스 섬이라고도 한다)에 있는 아프로디테 신전 근방에서, 밭을 갈던 한 농부에 의해 발견되었다.

인더스 문명

인더스 문명은 기원전 약 3300년~1700년에 인더스 강과 가가르-하크라 강(파키스탄과 북서쪽 인도에 걸쳐 있는 강) 사이에 있었으며, 기원전 2600년~1900년경에 흥했던 문명이다. 처음 발굴된 유적지가 하라파에 있었기 때문에, 가장 부흥했던 시기는 하라파 문명이라고도 부른다. 기원전 1500년경부터 인더스 강의 범람, 삼림 파괴 등으로 쇠퇴하게 되었다. 1920년대부터 지금까지 발굴은 계속되고 있다. 메소포타미아 지역과 활발히 교류했으므로, 메소포타미아 지역에서도 인장 등 인더스 문명의 유물이 발견되었다.

■ 인더스 문명의 기원

인도 대륙에서 사람이 살기 시작한 것은 일반적으로 50만 년 전쯤으로 추정되며, 이들은 조잡한 석기들을 이용하여 식물들을 채집하거나 동물들을 사냥하면서 지냈다. 기원전 8000여 년경 농사를 짓기 시작했고, 한곳에 정착하며 지냈다. 이때 돌도끼 등 도구의 개량으로 수확량이 늘어나자, 곳곳에 크고 작은 마을들이 생겼다.

특히나 지금의 파키스탄에 자리한 인더스 강 유역에 마을이 많이 들어서게 되었다. 높디높은 히말라야 산맥의 정상에서 시작된 인더스 강의 물줄기가 북부를 동에서 서로 가로질러 3천 km를 달리면서, 곳곳의 산기슭에 쌓인 흙을 실어날라 기름진 대평원을 만들어 주었기 때문이다. 거기다 이 지역은 히말라야 산맥이 차가운 북풍을 막아주어 1년 내내 따뜻했고, 강수량도 풍부했다.

● 파키스탄 지역의 인더스 강

103

이곳에 살던 사람들은 쌀, 밀, 보리, 조, 콩 등을 재배했는데, 세계에서 가장 먼저 면화를 생산한 것으로 알려져 있다. 11월에 씨를 뿌리면 다음해 4월에 농작물들을 거두어들였다. 먹고 남은 것은 소와 수레에 싣고 이웃 마을로 가지고 가서 물물교환을 하는 등 시장 경제도 형성되기 시작했다.

교통이 편리한 마을은 자연스레 물물교환의 중심지가 되었다. 마을에는 농기구·토기 등을 만드는 장인들과 이를 파는 상인들도 있었는데, 더 많은 사람들이 모이면서 마을의 크기는 점점 커져갔다. 기원전 2500년경에는 인더스 강을 따라 도시들이 생겨났고, 이를 중심으로 청동기 문명이 꽃을 피웠다. 이것이 바로 인더스 문명의 시작이다.

● 모헨조다로

모헨조다로(Mohenjo-Daro)는 기원전 2600년경에 건설되었던 인더스 문명의 고대 도시로, 현재는 파키스탄 신드에 위치해 있으며 유네스코 세계문화유산에 등재되어 있다. 모헨조다로는 고대 이집트 문명, 메소포타미아 문명, 미노아 문명과 함께 번성했던 고대 도시로 잘 알려져 있으며, 때로는 인더스 문명의 수도로 언급되기도 한다. 한편, 도시의 이름인 '모헨조다로'는 '죽음의 언덕'을 의미한다. 모헨조다로 유적지는 1922년 인도인 라칼다스 바너지에 의해 처음 발견되어, 비로소 1930년대에 이르러 영국인 고고학자 존 마셜에 의해 본격적인 발굴이 시작되었다.

■ 인더스 문명의 유물

인더스 문명의 도시 유적에서는 테라코타제의 토우(土偶), 석회암제의 상(像), 동석제(凍石製)의 호부(護符), 도장 그리고 귀금속으로 치장된 장신구 등이 출토되었다.

테라코타제의 토우는 신상, 동물, 완구류로 나뉘며, 그 어느 것이나 점토를 손으로 반죽하여 만든 단순·소박한 조형(造形)이면서도 힘차고 늠름한 미의식을 엿볼 수가 있다. 신상(神像) 토우는 풍요와 다산(多産)의 기원 대상으로서, 유방이나 허리만을 과장한 지모신(地母神)의 부류가 많고, 눈과 코를 극단적으로 생략하며 두발의 상투나 장신구를 되는 대로 만들고 때로는 표정이 파충류와 흡사한 그로테스크한 것도 있다. 동물 토우는 그들이 친근히 여기고 있었던 공작, 원숭이, 양, 거북 같은 동물들을 빚어놓았는데, 그 조형 감각은 거칠고 소박하지만 그런 동물들의 특징을 생생하게 묘사하고 있다.

이렇듯 소박한 솜씨의 테라코타 토우에 비해서, 석회암제나 청동제의 조각상은 제작자와 주문자가 테라코타를 애호한 평민과는 이질적인 사람들로 보이며, 그 조형 감각이나 표현 기법도 놀랄 만큼 뛰어나다. 하라파에서 출토된 석회암제 토르소나 모헨조다로에서 출토된 청동제 무희상(舞姬像) 등을 보면, 양감(量感)의 파악 방식이나 육체의 사실적 관찰에 의한 모델링의 표현 등은 현대의 그것에 뒤지지 않는다.

● 모신상

● 제사장 상

● 소녀 무희 상

105

고대 인도

기원전 3300년 무렵, 인더스 강 중류를 중심으로 청동기 문명인 인더스 문명이 시작되었다. 인더스 문명의 영역은 오늘날의 인도 지역인 구자라트 주, 하리아나 주, 라자스탄 주와 파키스탄 지역인 신드 주, 펀자브 주, 발루치스탄 주까지 산재해 있었다. 이 당시 세워진 모헨조다로, 하라파 같은 인더스 강변의 고대 도시들은 메소포타미아, 고대 이집트와 더불어 세계의 역사상 가장 앞선 시기에 건설된 도시로 평가된다.

■ 드라비다인

세계 4대 문명의 하나인 인더스 문명의 하라파와 모헨조다로와 같은 계획도시가 원주민인 드라비다인에 의해 만들어졌다. 드라비다인의 기원에 대해서는 메소포타미아를 비롯한 중동인들과 마찬가지로 아프리카에서 동쪽으로 이주하다가 동진을 멈추고 정착했다는 설, 인도차이나 반도의 해양 세력이 서쪽으로 이주해 왔다는 설 등이 대립하고 있었으나, 최근에는 이란 남부에 있던 엘람 문명의 언어가 드라비다어족과 같은 계열이라는 쪽으로 연구가 진행되면서 해양 세력설은 사실상 부정되고 있다. 반면 이에 따르면 드라비다인들은 데칸 고원에서 인더스 강으로 북상한 것이 아니라, 인더스 강 주위에 선주(先主)하다가 데칸 고원으로 밀려났다는 얘기가 된다.

아리아인의 남하 이전, 모종의 이유로 쇠퇴하였다. 기후나 인더스 강의 변화가 이유로 지목되고 있지만, 명확한 이유는 아직도 미지의 상태이다.

● 드라비다인

드라비다인은 고유의 드라비다어족에 속하는 언어를 사용하는 종족을 말한다. 이들은 주로 남인도에서 볼 수 있으며, 중부 인도의 일부 지방, 스리랑카, 방글라데시, 파키스탄, 이란에도 거주한다.

● 드라비다 여인들

■ 아리아인

기원전 15세기경에 아리아인이 인도의 펀자브 지방(파키스탄 중북부와 인도 북부에 걸쳐 있음)에 침입하였고, 기원전 10세기경에 정착하였다. 이 아리아인들이 인도에 침입하고 이주한 것은 한 집단에 의해 단시적으로 이루어진 것이 아니라, 몇 세기에 걸친 긴 과정이다. 아리아인은 그들의 인구가 증가함에 따라, 새로운 목초지를 찾아 동쪽으로 이동해 왔다. 아리아인은 인도의 원주민이었던 드라비다인들을 제압하였는데, 이때 이들은 아리아인들의 노예가 되거나 남쪽으로 쫓겨나게 된다. 아리아인들이 인도를 침입한 뒤의 생활에 대해서는 그들의 종교 찬가인 베다(Veda)를 통해 알 수 있기 때문에, 이 시대를 '베다 시대'라고 한다.

아리아인은 현세 지향적이고 낙천적인 기질을 가진 민족이었다고 한다. 이들은 '인생에 최대의 행복을 가져다줄 수 있는 힘을 신들이 가지고 있다'고 믿고 있었으므로, 신들에게 희생제의를 행할 만큼 대단히 종교적인 민족이었다. 그들은 각 가정에서 제사 기물을 만들어 스스로 공물을 바치고, 한편으로는 대규모 제사를 올리고 있었다. 아리아인들은 현실 생활에서 행복을 얻기 위해, 신들에게 종교 찬가를 바치고 찬사를 하여 그들을 기쁘게 하였다. 초기 형태의 희생제의는 매우 간단하고 단순한 것이었다. 특정 사원이나 상이 없이도 부족의 우두머리가 선택한 야외 장소에서 제의를 베풀었고, 찬가인 만트라를 낭송하여 신들을 불러들이고, 희생 제물로 그들을 기쁘게 해서 원하는 바를 얻을 수 있다고 생각했다.

● 아리아인

아리아인(Aryans)은 인도와 이란, 유럽에 거주하며 인도-유럽계의 언어를 쓰고 있는 사람들의 총칭이다. 이것은 언어학적으로 분류된 것으로, 인도-유럽어족이라고 부른다.

● 아리아인

아리아인들은 많은 부족과 정치집단으로 분열되었고, 영토와 세력을 확장하기 위해 자기들끼리 투쟁하였다. 베다 시대의 통치 형태는 대체로 군주제였으며, 왕위는 세습적으로 계승되거나 부족에 의해 선출되었다. 왕은 국가의 우두머리지만 전제적 지배자는 아니었다. 왕은 관례에 따라 부족회의나 원로회의와 협의를 했는데, 이 기구는 왕권을 견제하는 기능을 지녔다. 일부 부족들의 경우에는 이러한 회의들에 의해서만 통치되고 왕이 없기도 했다.

아리아인의 생활은 점차 농경생활로 바뀌어 가고 있었지만, 유목생활의 단계에서 완전히 벗어난 것은 아니어서 가축으로 소, 말, 돼지, 닭, 양 등을 길렀다. 《리그 베다》에서는 농업에 대해 몇 번만 언급하고 있지만, 소의 중요성에 대해서는 여러 차례 강조하고 있다. 아리아인에게 소는 가장 중요한 재산이었으며, 전쟁은 소와 가축을 얻기 위한 것이었다. 소는 우유와 노동력을 제공해 주고 인도 특유의 연료를 제공하는 존재였기 때문에, 사람이 보호해야 할 가장 소중한 동물로 생각되기 시작하였다. 이것이 후대에 '신성한 소'의 관념으로 이어진다.

● 베다

베다 또는 베다서(Vedas)는 고대 인도를 기원으로 하는 대량의 신화적 · 종교적 · 철학적 문헌들을 가리키는 낱말이다. 베다 문헌들은 베다 산스크리트어로 기록된 것으로, 산스크리트 문학에서 가장 오래된 층에 해당하며, 또한 힌두교의 가장 오래된 경전들을 이루고 있다.

● 베다 경전을 가르치는 수도자

■ 카스트 제도

편자브 지방에 정착하였던 아리아인들은 기원전 10세기경에 동쪽으로 이주하여, 야무나 강과 갠지스 강의 중간에 있는 비옥한 평원을 점령하였다. 이때 사제 계급인 브라만을 중심으로 농촌사회를 확립하고 고립적이며 폐쇄적인 경제생활을 함으로써, 브라만교의 문화를 완성하였다. 또한 카스트 제도가 형성되었는데 브라만(사제), 크샤트리아(귀족·왕족), 바이샤(평민), 수드라(노예)다.

이때 형성된 4계급은 후에 약간씩의 변화가 있었지만, 최근까지도 이 카스트 제도는 인도 사회를 지배하고 있다. 한편 브라만은 인간의 신으로 존중되었다. 그리고 후기 베다 시대에는 물질생활에 커다란 발전이 있었다.

이 시기에는 상당히 큰 국가가 출현하였고, 왕권이 커짐에 따라 부족회의나 원로회의는 약화되었다. 전기 베다 시대의 왕은 세습이나 선출에 의해 정통성을 인정받았지만, 후기 베다 시대에는 귀족들 사이에서 권력다툼이 일어났고, 그 뒤에 브라만에 의해 왕으로 즉위하는 성스러운 의식을 벌인 다음에야 왕으로서 정통성을 인정받았다. 이 의식을 통해서 왕은 모든 도전에 대처할 수 있는 힘을 가지고 있고, 또한 누구의 도전도 용납하지 않는 신성한 존재라는 것을 분명히 드러냈다.

● 인도의 카스트 제도

아리아인이라는 백인들이 인도 사회에 들어온 후, 선주민들인 혼혈족을 지배하고 자기들의 기득권을 유지하기 위해 선주민들과 혼인하는 것뿐만 아니라 식사하는 것까지 금하고자 종교의 이름을 빌려서 제도화시킨 것이다. 카스트 제도는 오늘날 인도에서 금지하고 있지만, 소도시에는 아직도 사회문화의 한 축을 형성하고 있다.

(브라만)사제

(크샤트리아)무사

(바이샤)농민, 상인 등의 평민

(수드라)노예, 농노 등의 천민

■ 십육대국

베다 시대 후기에 들어 힌두스탄 평원에는 카시, 코살라, 마가다 등의 국가가 세워졌다. 여러 군소 국가들이 왕정이나 공화정의 형태로 세워진 가운데 16개의 국가가 특히 강력한 영향력을 행사했던 이 시기를 '십육대국 시대'라 한다.

십육대국 시대는 인도에서 인더스 문명 이후 두 번째로 등장한 도시 문명이었다. 기원전 1000년부터 기원전 500년 무렵까지 성쇠를 거듭하던 십육대국은 싯다르타 고타마가 살았던 기원전 500년에서 기원전 400년 무렵에 밧사, 아반티, 코살라, 마가다의 4 나라로 통합되었다.

십육대국 시대의 인도는 철학과 종교에 많은 변화가 있었다. 힌두교에서는 우파니샤드가 집대성되어, 이후 인도 철학에 큰 영향을 주었다. 한편 싯다르타 고타마가 불교를 창시하였으며, 거의 같은 시기에 살았던 마하비라는 자이나교를 열었다.

● 석가모니(고타마 붓다)

석가모니는 불교의 교조이다. 다른 호칭으로는 세존, 석존, 불, 여래 등이 있는데, 서양에서는 흔히 고타마 붓다(Gautama Buddha)라고 칭한다. 또한 붓다(부처)로도 불린다. 본명은 싯다르타 고타마로, 샤카족의 소왕국인 카필라에서 '라자' 슈도다나와 마야 부인 사이에서 왕자로 태어났다. 그는 사방의 성문 밖에서 노인과 병자와 망자 등을 만나 인간의 생애가 태어나고 늙고 병들고 죽는 고통(생로병사)으로 이뤄져 있다는 것을 인식하고, 이를 벗어나는 것을 추구하여 결국 왕위를 버리고 출가했으며, 많은 수도 끝에 보리수 나무 아래에서 깨달음을 얻었다. 이후 인도 북부를 중심으로 가르침을 펼치며 많은 이들을 교화하다가, 80세에 열반하였다.

■ 페르시아와 마케도니아의 침공

기원전 520년경 다리우스 대제의 통치기에 북서 대륙의 대부분(오늘날의 아프가니스탄 동부와 파키스탄)은 페르시아의 통치 하에 들어왔으며, 2세기간 그렇게 지속되었다. 기원전 326년에 알렉산드로스 대왕이 소아시아와 페르시아 제국을 정복하고 인도 북서 변경에 도달하였다. 그곳에서 알렉산드로스 대왕은 히다스페스 전투(오늘날의 파키스탄 젤룸 근방)를 통해 포루스 왕을 패퇴시키고, 펀자브 지방의 대부분을 정복하였다. 알렉산드로스의 동진은 마가다의 난다 제국 및 벵골의 강가리다이 제국과 충돌하게 되었다.

그의 지친 군대는 갠지즈 강에서 인도의 대군과 맞설 거라는 예상에 질려 베아스 강 유역에서 폭동을 일으켰고, 동진을 거부하였다. 알렉산드로스는 그의 부하 코이노스와 모임을 가진 이후, 회군을 결심하였다.

페르시아와 마케도니아의 침공은 인도 문화에 중요한 반향을 가져왔다. 페르시아의 정치제도는 미래의 마우리아 왕조를 포함한 많은 지방에 영향을 주었다. 게다가 간다라 지역이나 오늘날의 아프가니스탄 동부 그리고 파키스탄 북서부는 인도, 페르시아, 중앙아시아, 그리스 문화의 용광로가 되어 복합된 문화인 그레코 불교를 만들어 냈으며, 이것은 5세기까지 지속되어 대승불교의 발전에 영향을 끼쳤다.

● 간다라 양식의 불상

알렉산드로스 대왕의 침략으로 인하여 헬레니즘 문화의 영향을 받은 미술 양식으로, 그리스-불교 미술 혹은 로마-불교 미술이라고도 칭하였다. 이 미술은 대월지족이 세운 쿠샨 왕조에서 카니슈카 왕의 통치 아래 가장 번성하였다. 간다라 미술 양식은 인물의 생김새가 사실적이고 개성적이며, 매우 자연스럽고 감각적이다.

■ 마우리아 왕조

마우리아 왕조는 찬드라굽타 마우리아에 의해 기원전 322년 창시되었다. 그는 난다 왕조를 정복하고 중서 인도를 가로질러 팽창하였는데, 알렉산드로스 대왕의 마케도니아 왕국군과 페르시아 군대가 서쪽으로 후퇴하여 지방 권력이 와해되자 이를 기회로 영토를 확장하였다.

알렉산드로스 대왕이 죽은 직후 마우리아 왕조의 창건자 찬드라굽타는 남부의 타밀 지방을 제외한 인도 대륙의 대부분을 차지했다.

기원전 316년까지 마우리아 왕조는 북서 인도를 완전히 점령하여, 알렉산드로스가 남긴 총독령을 격파하고 정복하였다. 제국이 최대 판도일 때, 북쪽으로 히말라야 산맥의 자연 경계를 따라 뻗어나갔고, 동쪽으로 현재의 아삼 주까지 이르렀다. 서쪽으로는 현재의 파키스탄을 넘어 아프가니스탄의 상당한 부분에까지 도달하였는데, 이는 현재의 헤라트와 칸다하르 지방을 포함한다.

● 아소카

아소카 왕(Ashoka Maurya)는 인도 마가다 국 마우리아 왕조의 세 번째 임금으로, 기원전 3세기에 인도사상 최초의 통일국가를 이룬 왕이다. 찬드라굽타 마우리아의 손자이며, 인도에서 가장 위대한 왕의 하나이자 전륜성왕(轉輪聖王: 인도 신화에서, 통치의 수레바퀴를 굴려 세계를 통일·지배하는 이상적인 제왕)으로 인용된다. 아소카는 수많은 군사 정복 뒤에 오늘날의 인도 대부분을 지배하였다. 그러나 전쟁의 비참함을 깊이 느껴, 불교를 융성시키고 비폭력을 진흥하고 윤리에 의한 통치를 실현하고자 하였다. 곳곳에 절을 세우고 불교를 정리하였으며, 실론·타이·버마에까지 불교를 전파하고자 노력하였다. 총애하는 왕비를 잃고 고독과 번민 속에서 죽었으며, 아라한의 자리에 올랐다.

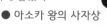

● 아소카 왕의 사자상

■ 쿠샨 왕조

 아소카 왕이 죽은 후 제국은 외침, 남부 제후들의 이반, 왕위 계승을 둘러싼 암투 등으로 위축되었다. 그 뒤 푸샤미트라가 세운 슝가 왕조가 약 1세기 동안 인도 중부를 통치했다.

 쿠샨 왕조(105년경~250년경)는 타지키스탄, 카스피 해, 아프가니스탄, 갠지스 강 상류를 가로지르던 제국이었다. 월지 민족이 세웠으며 중국, 로마 제국, 페르시아의 사산 왕조 등과 교역했다. 그들은 원래 타림 분지의 초원에 살았으나, 기원전 176년~160년 흉노의 압박으로 서쪽으로 이주했다. 월지족은 기원전 135년경에 박트리아를 점령하여 다섯 부족의 나라로 나누었다.

 이후 기원전 1세기에 귀상족이 나머지 네 부족을 정복하였다. '귀상(貴霜)'이라는 이름은 서양에 '쿠샨'으로 전해졌지만, 중국에서는 쿠샨 왕조를 계속 월지라 불렀다. 처음 쿠샨 왕조는 그들이 정복한 박트리아의 그리스 문화를 받아들였다. 그들은 그리스 문자를 썼고, 그리스를 본따 동전을 만들었다. 쿠샨 왕조는 인도양을 통한 무역과 실크 로드를 연결해 주는 통로 역할을 하였다.

 쿠샨 왕조는 동서양의 문화를 포용하여 그리스 문화와 불교 문화가 융합된 그리스식 불교를 발전시켰는데, 이는 사방으로 퍼져 중국에는 대승불교로서 전해졌다. 쿠샨의 카니슈카 1세는 인도의 아소카, 하르샤와 메난드로스 1세와 함께 불교를 부흥시킨 왕 중 하나였다. 그는 카슈미르에서 불교 회의를 소집했는데, 이 회의에서는 대승불교가 아함경에서 분리해 새로운 분파로 시작했다고 공포했다.

● 카니슈카의 금화
카니슈카는 인도 쿠샨 왕조의 제3대 왕이다. 아소카 왕 이래 대국가를 건설하고 페샤와르에 도읍을 정하였다. 당시에는 불교가 융성했으며, 그리스 조각의 영향을 받아 불상 제작이 활발하게 일어났다.

113

■ 굽타 왕조

쿠샨 왕조가 멸망한 후인 4세기 초에 굽타 왕조는 북인도를 지배하던 제국이었다. 이 치세 기간에 십진법이 발명되었다. 쿠샨인과 샤카인, 튀르크인과 같은 이민족들을 몰아내고 북인도를 통일하게 되는데, 굽타 왕조에서는 민족 의식이 싹트기 시작했다.

그 결과 브라만교를 바탕으로 인도의 민간신앙과 불교를 융합한 힌두교가 왕과 백성들의 지지를 받게 되었다. 힌두교도들의 일상 생활에 마누 법전이 영향을 끼치게 된 것도 굽타 왕조 시기 때부터였다. 또한 아리아인의 언어인 산스크리트어로 쓰인 《마하바라타》가 힌두교의 경전이 되었다. 그 이외에도 칼리다사의 희곡 《샤쿤탈라》, 서사시 《라마야나》와 같은 작품이 탄생하며 산스크리트 문학이 발전하였다.

굽타 왕조 시기에는 여러 차례에 걸쳐 백훈족(에프탈)이 침입하여 북인도 지방의 불교 교단이 큰 타격을 입고 민간의 불교신앙도 쇠퇴하였으나, 아잔타 석굴 사원과 같은 굽타 양식의 불교 미술이 발달하였다.

● 화려함의 극치를 보이고 있는 힌두교 사원

● 힌두교

힌두교(Hinduism)는 남아시아에서 발생한 종교로, 인도를 비롯한 남아시아에서 널리 믿어지고 있다. 힌두교는 세계적으로 그리스도교와 이슬람교 다음가는 큰 신앙이다(신자수는 2005년 9억 4천만 명). 힌두교의 발생은 고대 인도의 종교 사상인 베다에서 비롯되며, 베다의 사상은 기원전 1500년 이전으로 거슬러 올라간다. 베다는 종교로서 그리고 글로서 오늘날 남겨진 문학 가운데 가장 오래된 것으로 여겨지고 있다. 힌두교는 여러 신들의 존재를 부정하지 않는 다신교적 일신교(택일신교 또는 일신숭배)로서, 교주(敎主) 즉 종교의 특정한 창시자가 없는 것이 특징이다.

황하 문명

황하 문명(黃河文明)은 중국의 황하 중하류 지역에 성립한 옛 문명의 총칭이다. 문명의 성립에는 일반적으로 국가·청동기·문자의 성립 등의 요소가 필요한데, 이런 의미에서 황하 문명의 성립기는 오리엔트나 인도보다 늦은 기원전 2000년경이라 말하고 있다. 예전에는 세계 4대 문명으로 분류되었지만, 현재는 장강 문명 등 다양한 문명이 중국 각 지역에서 발견되었으므로 4대 문명에 황하 문명만을 채택하지는 않으며, '황하 및 장강 문명'이라 한다.

■ 황하 문명의 발전

신석기 시대의 페이리강(裴李崗) 문화, 라오콴타이(老官臺) 유적, 양사오(仰韶) 문화 등을 거쳐 기원전 1600년경 중국 최초의 왕조로 확인된 상(商)나라를 성립시켰다. 또한 역사적 사실 확인은 불가능하지만, 중국 고대사에 존재했다고 주장하는 하(夏) 왕조 역시 황하 문명을 칭한 것이라고 생각할 수 있다. 양쯔 강 유역의 지방에도 황하 문명과 병행하여 고대 문명이 형성되어 있었다.

이 시기 이전부터 양잠에 대한 기록이 있었으며, 비단이 생산되었던 것으로 보인다. 황하 유역의 유적에서 발견된 가장 오래된 비단 조직은 거의 BC 30세기까지 거슬러 올라간다. 또한 황하에서 시작된 초기 중국 문명은 종이, 화약, 나침반 등과 같은 새로운 발명을 통해 전 세계의 발전에 큰 족적을 남겼다.

● 황하

황하의 중·하류 지역은 중원(中原)으로 불린다. 이 땅은 황하 문명의 발상지이며, 과거에 역대 왕조의 수도가 있었다. 황하는 상류·중류에서 황토 고원을 통해 많은 지류가 유입하기 때문에, 대량의 황토를 포함한다. 황하가 흘러 보내는 토사는 연간 16억 톤에 달하며, 이는 세계 최대의 운반량이다.

■ 하(夏)나라

중국 전설상의 왕조이다. 오제(五帝)의 한 사람인 요(堯)임금의 말년, 홍수가 일어나 우(禹)가 치수 사업에 성공했다. 그 공으로 순(舜)임금이 죽은 후, 우는 제후(諸侯)들에게 받들려 왕위에 오르고 하 왕조를 열어 이후 17대에 이어졌다.

우(禹)임금은 왕위를 민간의 현자에게 양도하려 했으나, 제후들이 우의 아들 계(啓)를 추대하여 이때부터 선양제(禪讓制)가 없어지고 상속제에 의한 왕조가 출현했다. 하의 14대 왕인 공갑은 성격이 음란하고 귀신을 흉내내는 것을 좋아해 인심이 하 왕조로부터 멀어져 갔다고 기록되어 있다.

또 걸(桀)은 인덕이 부족해, 무력으로 제후와 민중을 억압함으로써 인심의 배반을 불렀다. 또 상나라의 탕(湯)을 불러내 투옥시켰다. 탕은 덕으로써 나라를 다스려 제후들이 그의 밑에 모였으며, 마침내 걸을 쫓아냈다. 걸은 명조로 도망쳤지만 객사했다. 이 걸에 관한 전설은 상나라의 주(紂)와 지나치게 비슷해서, 후세에 만들어진 전설이라는 주장도 있다. 상나라의 탕왕은 새 왕조를 열면서, 하나라의 혈통을 받은 사람들을 하정(夏亭)에 봉했다.

● 삼황오제(三皇五帝)

삼황오제 신화의 기본 틀이 되는 상고대 시조 설화의 원형은 상나라 무렵부터 이어져 왔다. 그리고 춘추전국 시대에 제자백가가 각종 사상을 주창하고 제후들에게 유세하면서, 삼황오제 신화가 창조되어 틀을 갖추어 나갔다. 오제 신화의 경우 음양오행설이 유행한 이후에 5명의 제왕이 신화로서 정립되기 시작한 것으로 보인다. 이렇게 후대에 재창조된 신화이기 때문에, 삼황과 오제의 구성원은 제자백가의 주장에 따라 천차만별이다. 춘추전국 시대에서 위진남북조 시대에 이르는 기간 동안 삼황오제 신화는 계속 재창조되었다.

● 염제(炎帝)와 황제(黃帝)의 상
중국인은 전설 속의 삼황오제에 속하는 염제와 황제를 직계 조상으로 간주하고, 자신들을 '염·황의 자손'이라고 여겨왔다.

■ 상(은)나라

상(商, 기원전 1600년경 ~ 기원전 1046년경)나라는 역사적으로 실재했다고 여겨지는 최초의 중국 왕조이다. '상(商)'나라는 여러 차례 수도를 옮겼는데, '반경왕'이 마지막으로 옮긴 수도가 '은(殷)'이었기에, 은나라로도 불린다.

전설상 최초의 왕조인 하나라의 걸왕을 물리친 성탕(成湯)에 의해 건국되었다. 성탕은 갑골문에서도 확인할 수 있는 왕으로서 대을(大乙), 성당(成唐)으로 나타난다. 다만 갑골문에서 탕왕은 은나라를 중흥시킨 왕일 뿐, 창시자가 아니다. 갑골문에서 은나라의 창시자는 삼황오제 중 하나인 제곡(帝嚳)까지 거슬러 올라간다.

기원전 12세기의 무정(武丁) 시기에 전성기를 맞이하였으며, 이 시기에 주변 종족들을 대거 복속시키면서 영향력을 확대하였다. 그러나 왕조 말기의 왕인 제을(帝乙)과 제신(帝辛) 부자의 과도한 동방정책으로 서방지역에 대한 영향력을 상실하였고, 이 틈을 타서 섬서성 지역의 주(周)가 서방 부족을 모아 상나라를 공격하여 기원전 1046년, 목야(牧野)의 대회전에서 대패하여 국가가 멸망하고 만다.

● 상나라의 기술과 문화

이 시기의 청동기명들은 조형 수준도 뛰어나지만, 도철문의 형태나 크기, 위협적인 형태의 장식 등이 이후의 중국 왕조 문화와는 상당히 다른 모습을 보여주고 있다. 이러한 청동기들은 종류까지 자유분방해서, 고고학자들이 하나하나 특징을 잡고 명칭을 붙이는 데 애를 먹게 한다. 이러한 청동기들의 주된 용도는 제사용이다. 주나라 시대에 접어들면 오히려 청동기 주조기술이 떨어지는 측면이 있으나, 이는 주조기술의 단순한 후퇴라기보다는, 청동기의 용도가 제사용에서 확장되어 귀족의 기념물로 쓰였기 때문이다.

● 상나라의 청동기 솥단지

■ 주(周)나라

주나라는 은나라의 서쪽(지금의 산시 성)에서 상당 기간 동안 은나라와 공존했다. 주나라는 은나라에게 조공을 바치면서 우호적으로 지내다가도 때때로 은과 전쟁을 벌였다. 그러던 중 주나라의 왕실에서 은나라를 정복하자는 주장이 나왔다. 전통적으로 두 국가들 사이의 대대적인 전쟁은 BC 1122년에 주나라가 시작하였다고 사가들은 생각하지만, 결정적인 전쟁은 BC 1111년경에 벌어졌던 것으로 추측된다.

은나라의 전 영역에 대한 주의 통치권이 확립되기 전에 반란이 일어나 이를 진압하는 데 3년이나 걸리긴 했지만, 결국 주나라가 중국 전역에 대한 통치권을 확립하게 되었다. 주는 영역 내의 질서를 유지하고 전 지역에 대한 군주의 지배권을 보장하기 위한 방편으로 각지에 봉건 제후국을 설치했다.

주의 수도는 본래 지금의 시안 부근, 웨이허(渭河)가 황허(黃河)와 합류하기 전의 지점에 있었다. 나아가 주나라는 동부지역으로 팽창한 제국과 제후국들을 지원하기 위해, 황허 중류 지역에 있는 뤄양에 동도(東都)를 세웠다. 그러나 약 200년 후 20여 명의 제후들이 지방에서 세력을 점차 키워감에 따라 이러한 체제는 무너지기 시작했다. BC 8세기에 기본적으로 거대한 가족체제였던 주의 정치체제는 크게 약화되기 시작했다. 여러 제후들이 주에 버금가는 힘을 가지게 되면서, 유력한 제후들이 번갈아 패자(覇者)의 지위를 차지하게 되었다.

● 주 무왕

서주 무왕(西周 武王)은 주나라의 제1대 왕이다. 아버지인 문왕의 유업을 이어받아 상나라를 멸망시키고 주 왕조를 개창했는데, 군사적 지략과 정치적 수완이 뛰어난 것으로 평가받고 있다.

● 주 무왕의 동상

■ 춘추 시대

주나라가 견융(犬戎)의 공격으로 수도를 호경(鎬京:오늘날의 시안)에서 동쪽의 뤄양(洛陽)으로 천도한 이후부터 전국 시대의 성립 이전까지의 시대를 말한다. 이시대 명칭은 공자(孔子)가 저술한 역사서《춘추(春秋)》에서 유래했다. 춘추 시대 이전의 서주(西周) 시대에는 수도인 호경을 중심으로 하여, 천자가 직접 관할하는 왕기(王畿)가 형성되어 있었다. 왕기는 관중(關中: 산시 성의 옛 이름)의 험한 지형적 요새, 웬만한 제후국들의 봉토를 앞서는 영토 크기 덕분에 제후들을 원만하게 통제할 수 있었다.

그러나 호경이 견융에게 함락당하고 유왕(幽王)이 살해당하자 당황한 왕실은 평왕(平王)을 세우고, 수도를 뤄양으로 옮겼다. 그래서 자연스레 서쪽 왕기 전체를 상실하였고, 통치 기반도 뤄양과 그 주변의 몇몇 읍으로 축소되었다. 또 천자국이 제후국인 정(鄭)나라와의 전쟁에서 패배함으로써, 제후들 사이에서 왕실의 권위도 상실하게 되었다. 이 왕실의 권위 추락으로 패자(覇者)라는 개념이 생겼다. 왕도 정치, 패도 정치 같은 용어도 다 이 시대의 정치 체제와 관련이 있다. 패자란 제후(諸侯)를 모아 회맹(會盟)의 맹주(盟主)가 되는 것으로, 이를 위해서는 해마다 왕실에 명목상의 조공을 바쳐야 했고, 천자를 대신하여 제후들을 감독 · 통제하는 역할을 충실히 지켜야 했다. 이렇게 서주 시대의 존왕양이(尊王攘夷), 즉 '천자를 떠받들고 오랑캐를 척결한다'는 것은 힘있는 제후가 순전히 패자의 자리에 오르기 위한 명분으로만 작용하게 되었을 뿐이다.

● 공자

공자(孔子: 기원전 551년 ~ 기원전 479년)는 중국 춘추시대의 정치가 · 사상가 · 교육자이고, 노나라의 문신이자 작가 · 시인이기도 하다. 흔히 유교의 시조(始祖)로 알려져 있다. 뜻을 펴려고 천하를 두루 돌아다녔으나 그의 논설에 귀를 기울이는 왕이 없어, 말년에는 고향으로 돌아와 후학 양성에 전념하다가 생을 마쳤다.

춘추 시대를 대표하는 나라로는 제(齊), 진(晉), 초(楚), 오(吳), 월(越) 5국이 있다. 제(齊)나라의 환공, 진(晉)나라의 문공, 초(楚)나라의 장왕, 오(吳)나라의 왕 합려, 월(越)나라의 왕 구천 등을 춘추오패(春秋五覇)라고 한다.

춘추 시대의 말기가 되자 북의 진(晉), 남의 초(楚)가 권세를 잃어간 반면, 양쯔 강 하류의 남쪽에서 오(吳)와 월(越)의 두 나라가 갑작스럽게 발흥하게 되었다. 이 두 나라의 역사에 대해서는 거의 알 수 없으나, 춘추 시대의 후반이 되면 우선 오가 역사에 등장한다. 북의 진(晉)은 초(楚)의 북진을 견제하기 위해 오의 군사 력 배양을 원조했다. 그로 인하여 오는 초의 도읍을 함락시킬 만한 군사력을 갖 추게 되었고, 초는 오의 남쪽에 있는 월과 동맹을 맺어 오를 공략하게 했다. 그 결과, 오와 월 사이에서는 사투가 되풀이되었다. 이것은 '와신상담(臥薪嘗膽)'이 라는 유명한 고사(故事)가 나오게 되는 배경이다. 그 결과 오왕 부차(夫差)는 패하 여 자살하였고, 오는 멸망하였다.

● 쓸개를 매달아 놓은 구천의 모습

● 와신상담 (臥薪嘗膽)

춘추 시대 말기에 오·월이 서로 대립했을 때의 이야기다. 오 왕 합려는 월의 구천(勾踐)을 공격하다가 결국 구천에게 대패하 고 전사했는데, 합려의 아들 부차(夫差)가 이를 원통해했다. 부 차는 가시가 많은 장작 위에 자리를 펴고 자며, 방 앞에 사람을 세워두고 출입할 때마다 "부차야, 아비의 원수를 잊었느냐!"하 고 외치게 하였다. 부차는 매일 밤 눈물을 흘리며 아버지의 원 한을 되새겼다. 결국 부차는 구천을 공격하여 굴복시키는 데에 성공했다. 물론 복수에 성공한 다음 와신(臥薪)은 그만뒀다. 하 지만 이때 굴욕을 맛본 구천 또한 원통하여 오나라에게 겪은 치 욕을 잊지 않기 위하여, 매일 쓰디쓴 쓸개를 핥아먹으며 "회계 산의 치욕을 잊었느냐!" 하며 복수를 다짐하였고, 결국 부차를 자결하게 만들어 복수에 성공한다. 와신상담은 말하자면, 자신 의 몸을 괴롭히면서까지 원한을 잊지 않는 지독한 모습을 나타 낸 것이다. 극기의 정신을 나타내기도 하지만, 너무나 독한 모 습이라 하여 부정적으로 보기도 한다.

■ 전국(戰國) 시대

춘추 시대와 합쳐서 춘추전국 시대라 부르기도 하는 이 시기는 온갖 권모술수가 등장하고, 난세의 혼돈을 보이던 시대였다. 춘추 시대 초에 140여 개국이 었던 도시국가의 거의 모두가 전국 시대에는 7개 강대국 중 어느 한 영토에 편입되어 버렸다.

처음에 강력했던 나라는 위(魏)나라였다. 문후(文侯)·혜왕(惠王)은 널리 인재를 구하여 대규모 관개사업을 벌였고, 한편으로는 지배 지역을 군현화(郡縣化) 하는 데 힘을 기울였다. 다음 제(齊)가 패권을 쥐었지만 얼마 안 있어 변경의 진(秦)·연(燕)이 강대해져 세력을 팽창함으로써 비로소 중원은 진·초·연·제·한·위·조의 7웅이 할거하는 형세로 바뀌었다.

그중 진(秦)은 효공(孝公) 때 상앙(商鞅)의 변법(辨法)에 의하여 부국강병의 성과를 크게 올려, 다른 나라를 누를 수 있는 힘을 갖추게 되었다. 소위 합종연횡(合從連衡)이 제창된 것도, 또 4군(君)의 활약이 있었던 것도 이 시기였다. 이윽고 진나라는 나머지 6국을 제압하여, 중국 최초의 통일국가로 우뚝 서게 되었다.

● 전국 시대의 인재 등용

전국 시대에는 정치·군사가 분리되었고, 저마다의 책임자가 필요에 따라 군주에 의해 임명되었다. 군주권이 강화되는 한편, 능력에 따른 관료군이 형성되기에 이르렀다. 특히 진(秦)에서는 다른 나라의 출신자까지도 적극적으로 관료로 채용했다. 내정개혁을 단행한 상앙, 연횡설(連衡說)을 주장한 장의(張儀), 시황제의 승상이 된 여불위(呂不韋) 등이 모두 다 그러했다. 춘추 시대 말기에 나온 공자(孔子)는 노(魯)의 고관이 되어 개혁에 실패한 후, 여러 나라의 군주에게 그 정치학설을 설(說)하고 다니면서 그 학설이 실현되도록 운동했다. 이것은 당시에 이미 기존의 질서에서 벗어나고 하나의 나라를 초월해 중원 전체의 공감대와 유대감을 조성하는, 공통된 문화·사상이 전반적으로 형성되어 있었기에 가능한 것이었다.

● 상앙의 동상

121

■ 진(통일왕조)

진(秦)은 춘추 시대에 들어서자마자 제후가 되었지만, 풍속적으로는 중원 제후국과 크게 달라 야만스러운 나라로 여겨졌다. 대대로 진나라 제후들은 주로 서융(西戎)과 항쟁하면서 영토를 확장했고, 법률 정비 등을 실시하여 나라의 기틀을 만들어 갔다.

통일 이전에는 가장 서쪽에 위치한 제후국이었으며, 춘추 시대에는 수도가 옹(雍)이었으나 전국 시대에는 함양(咸陽: 지금의 시안 부근)이 수도가 되었다. 본디 서융의 변방국이자 소국이었으나, 견융의 침략으로 주 왕실이 쇠해졌을 때 진(晉)과 함께 가장 먼저 왕을 도운 공로로 백작위를 제수받고 옹주(雍州)를 제패함으로써 실질적인 대제후국으로 발돋움하게 되었다. 그 당시 옹주를 평정하는 과정에서 진나라 제후가 몇 명이나 전쟁터에서 사망하기도 하였다.

목공(穆公) 시절에는 오랜 전란에 시달린 중원에서 많은 인구가 유입된 한편, 그중 백리해와 건숙을 등용하여 국력을 착실히 키워 나갔다. 그래도 서쪽에 치우친 위치 때문에 중원의 제후국들에게 크게 인정받지는 못했으나, 서융에서 신하로 일하던 유여(由余)를 포섭하여 그가 건의한 방법으로 서융의 여러 부족들을 복속시켜 서방의 패자로 군림하였다. 목공은 진(晉)나라의 내전에 두 차례나 개입하였고, 결국 진 문공(晉文公)을 진나라 왕으로 세워 친선관계를 유지하기도 하였다.

그러나 중원 진출을 노리는 진(秦)나라는 그 길목에 위치한 진(晉)과는 자웅을 가릴 수밖에 없는 처지였다. 이미 진 문공의 사후, 진(晉)과 진(秦)은 적대관계로 돌아섰고, 이 대립관계는 진(晉)이 멸망하고 삼진(三晉)으로 불리는 조 · 위 · 한이 일어선 후까지도 계속되었다.

진(晉)의 국력이 유지되는 동안 진(秦)나라는 중원에 별다른 영향력을 행사하지 못했으나, 황하 문명의 근거지라 할 만한 위수(渭水) 인근의 비옥한 황토지대를 영유한 채 국력을 착실히 쌓아가고 있었다. 이렇게 풍부한 진의 잠재력에 불을 붙인 촉매는 상앙의 개혁이었다. 상앙은 위(衛)나라 사람으로 법가의 선두주자였는데, 법치를 이념으로 진나라를 뜯어고쳐 최강대국으로 만들어 놓았다. 이를 바탕으로 후에 범수(范睢)가 원교근공(遠交近攻)을 기치로 패도를 쌓아나갔던 것이다.

전국 시대에 들어오고 나서는 이렇게 강대해진 진(秦)나라의 위력 앞에 감히 대적할 나라가 없어졌다. 범수를 등용한 소양왕 때는 힘의 절정을 이루었으며, 장평 대전(長平大戰, BC 262년~BC 260년)에서 백기가 조(趙)나라의 대장 조괄을 깨부수고 조군 40만을 생매장시키기도 했다. 이러한 시점에 이미 진은 전국 시대의 최대 강국이라고 해도 좋을 정도였고, 다른 국가들은 연합해서 진에게 대항하지 않으면 안 될 정도였다.

효문왕과 장양왕 시절에는 조금 주춤했다고 할 수 있지만, 진왕 정(政)이 등장하여 왕권을 강화하면서 승상 이사(李斯)를 발굴하고 한비자의 의견을 중용하는 등의 혁신을 통해 진(秦)은 다시금 전국 시대의 최강자가 되었다.

진왕 정은 활발한 정복사업을 통해 주변국을 차례차례 무너트렸고, 결국 중국 역사상 최초로 통일을 이루게 되었다. 이후 진왕 정은 왕의 지위보다 높은 황제에 올랐으며, 중국 최초의 황제이므로 시황제(始皇帝), 즉 진시황이 되었다.

● 진 시황제

중국 최초의 황제이다. 수 양제와 더불어 중국 역사상 최대의 폭군이라는 비판을 받았다. 분열된 중국을 통일하고 황제 제도와 군현제를 닦음으로써, 이후 2천년 중국 황제국들의 기본 틀을 만들었다.

123

진나라의 지배기간 동안, 진은 무역을 증가시켰고 농업을 발전시켰으며 치안을 강화했다. 이는 토지 지주제를 폐지했기 때문인데, 이로써 중앙정부가 백성들을 직접 통치할 수 있었다. 이는 만리장성과 같은 대형 공사들을 가능케 한 토대가 되었다. 진제국은 또한 문자·화폐·도량형 통일 등의 많은 개혁을 했다. 군사력 역시 막강하여, 전술이나 무기, 운송체계 등이 발전하게 되었다. 또한 예전 나라들의 흔적을 지우기 위해 분서갱유(焚書坑儒)와 같은 일도 벌였다.

시황제는 흉노(匈奴)의 침략이 일어나자 다시 북쪽으로 공격을 함으로써, 백성들에게 입혀지는 피해를 최소화시켰다. 게다가 남쪽으로도 원정대를 보내서, 현재의 베트남 북부까지 영토를 넓혔다. 이때 남방에는 남해·상·계림의 세 개의 군(郡)이 설치되었다. 이것은 중국 왕조에 의한 남방 지배의 시작이기도 하다.

군사력이 비록 강성했지만, 진나라는 오래가지 못했다. 기원전 210년, 진시황이 사망한 뒤 그의 아들이 황제의 자리에 올랐고, 신하들은 그를 이용해 권력을 휘두르려 했다. 그러나 신하들은 자기들끼리 서로 싸웠고, 결국 신하들과 진 황제가 모두 사망하는 결과에 이르렀다. 국가의 짧은 지속시간에도 불구하고, 진은 중국 전체에 많은 영향을 주었고, 또한 중국의 유럽식 이름인 China 역시 진나라에서 유래된 것으로 보인다.

● 만리장성

만리장성(萬里長城)은 흉노족 등 북방 유목민족의 침입을 막기 위해 진나라 시황제 때 기존의 성곽을 잇고 부족한 부분은 새롭게 축조하여 만든, 거대한 성곽이다. 이후 명나라 시대에 이르기까지 중국의 역대 왕조에서 지속적으로 보수하고 개축 및 신축하여 현재까지 남아 있으며, 중국을 상징하는 유적으로 널리 알려져 있다. 1987년에 유네스코 세계문화유산에 등재되었다.

■ 한나라(전한)

중국의 첫 번째 제국은 진나라(기원전 221년 ~기원전 206년)였다. 진은 전국 시대에 정복을 통해 통일을 이룩했으나, 첫 번째 황제인 진 시황제가 죽은 뒤 불안정한 상태가 되었다. 그 후 4년 동안의 반란에 의해 진 왕조는 무너지게 되었다. 두 명의 반란 주동자였던 초(楚)의 항우(項羽)와 한(漢)의 유방(劉邦)은 18개의 제후국으로 갈라져 있던 중국의 패권을 잡기 위해 전쟁을 했다. 비록 항우가 지휘관으로서 더 뛰어난 면모를 보였으나, 유방은 현재의 안후이 성 근방에서 있었던 해하(垓下) 전투(BC 202년)에서 항우를 물리쳤다. 유방은 신하들의 권유로 황제의 자리에 올랐다. 장안(長安: 현재의 시안)이 통일된 제국의 새로운 수도가 되었다.

전한(前漢) 초기에 서쪽 지방은 수도를 포함하여 정부가 직접 통치하는 13개의 군으로 되어 있었고, 동쪽 지역은 10개의 제후국으로 이루어져 있었다. 초나라와의 전쟁을 도운 신하들을 달래기 위해 전한 고조(高祖)는 그들을 왕으로 임명하고 봉토를 하사했다. 그러나 기원전 157년까지 고조는 모든 제후왕을 유씨 일족으로 바꿔 버렸다.

● 유방과 항우의 동상

● 초한지(楚漢志)

진나라 말기 초나라 항우와 한나라 유방의 기나긴 대립을 묘사하고 있는, 중국의 역사소설이다. 중국 최초의 황제국이었던 진나라가 자행한 악정과 학정과 폭정에 못 견디고 각지에서 유방과 항량 외 많은 자들이 군사를 일으켰다. 항량은 진나라의 명장 장한과의 전투 중에 전사하였고, 그 뒤를 조카인 항우가 잇게 되었다. 항우는 역발산 기개세(力拔山氣蓋世)의 영웅으로 그 용맹함을 누구도 따라갈 수 없으며, 유방은 인덕이 넘치며 장량·진평 등의 모사들의 지혜로 수많은 위기를 모면한다. 항우와 유방의 싸움은, 항우 밑에서 말단 관리로 있던 한신이 유방에 귀의함으로써 유방 쪽으로 기울어지게 되었다. 유방은 천하를 통일했지만, 그 후에는 한신을 비롯한 많은 공신들을 반역의 죄로 숙청하였다.

한나라는 기원전 145년 이후 제후국의 크기와 군사력을 제한하는 새로운 법을 만들었고, 제후국들을 더 작게 나누거나 새로운 군으로 만들었다. 왕들은 더 이상 그들의 신하를 임명할 수 없었고, 오직 황제만이 임명할 수 있었다. 왕들은 그들의 영지의 이름뿐인 지배자였고, 세금의 일부만을 그들의 개인 수익으로 가질 수 있었다. 제후국 제도는 완전히 폐지되지는 않고 후한 때까지 이어졌다.

한나라가 중앙아시아 지역으로 세력을 펼치기 이전부터, 외교관 장건(張騫)의 탐험(기원전 139년~기원전 125년)으로 한나라는 많은 이웃 국가들과 접촉을 했다. 장건은 대완(페르가나), 강거(소그디아나), 대하(박트리아) 등과 접촉했고, 이 국가들은 한나라의 사절단을 받았다. 이것은 로마 제국까지 연결된 실크 로드의 기초가 되었고, 로마에 비단과 같은 한나라의 상품들을 수출하고 유리 제품과 같은 로마의 상품들을 수입해 왔다.

기원전 115년경부터 기원전 60년까지 한나라 군대는 타림 분지의 도시국가의 지배권을 놓고 흉노와 전쟁을 벌였다. 한은 결국 승리했고, 기원전 60년 서역으로부터 실크 로드를 지키기 위해 서역도호부(西域都護府)를 설치했다. 기원전 111년 남월국을 정복함으로써 한나라는 광둥, 광시, 베트남 북쪽 지역에까지 세력을 확장했다. 기원전 109년에는 뎬국을 정복했고, 기원전 108년에는 고조선을 멸망시키고 현도군과 낙랑군을 설치했다. 기원후 2년에 전국적인 인구조사가 행해졌는데 12,366,470 가구에 57,671,400 명의 인구가 살고 있는 것으로 나타났다.

● 장건의 밀랍
장건(張騫, ? ~ 기원전 114년)은 기원전 2세기 중국 한나라 때의 여행가이자 외교관이었으며, 탁월한 탐험으로 실크 로드의 개척에 중대한 공헌을 하였다. 그는 한나라 때 서역으로 가는 남북의 도로를 개척하였으며, 서역의 한혈마(汗血馬), 포도, 석류, 복숭아 등의 물품을 가져오기도 했다.

로마 제국의 등장

보통 국가는 2천2백 년은커녕, 1천년도 넘기는 게 힘들다. 신라, 베네치아 공화국, 덴마크, 산마리노, 교황령 등 1천년 가까이, 혹은 넘게 존속한 나라는 있으나 2천여 년을, 그것도 크나큰 영토와 인구를 가지고 버틴 사례는 로마 제국이 유일하다. 초창기의 약했던 시절과 말기의 시절이 있기는 하지만, 그런 것을 다 제외하더라도 로마의 존속년도는 굉장히 독보적이다. 로마를 수도로 하여 성립한 국가. 로마 제국(Imperium Romanum)이라고 많이 불리지만, 한때 공화정 체제인 적도 있기 때문에 로마 제국은 건국부터 멸망까지 존속한 국가의 정식 명칭이 아니다. 다만 보통 '로마 제국의 흥망성쇠'는 왕정-공화정 로마도 포함한다.

■ 로마 건국의 전승

　로마의 기원에 대한 표준적인 이야기는 트로이아 전쟁에서 트로이아가 멸망할 때 거기서 피해 수년간 방랑하다가 라티움에 정착했다는, 트로이아의 영웅 아이네아스(Aeneas)의 이야기에서 시작된다. 그는 라티움의 왕 라티누스를 만났고, 그의 딸 라비니아에게 구애하던 선주민과 전쟁을 벌인 끝에 그녀와 결혼했으며, 새 아내를 기려 라비니움이라는 도시를 건설하였다.

　이후 아들 아스카니우스(Ascanius. 혹은 Iulus)는 알바롱가를 건설했다. 아스카니우스 이후 열두 번째의 알바롱가 왕인 프로카에겐 두 아들이 있었는데, 이들은 누미토르와 아물리우스였다. 이 둘은 왕위 계승을 놓고 암투를 벌였고, 승리한 아물리우스는 누미토르를 감옥에 가두고 그의 딸인 레아 실비아를 독신으로 살아야 하는 여사제로 만들었다. 하지만 그녀는 마르스 신에 의해 잉태되었고, 두 쌍둥이 아들 로물루스와 레무스를 낳았다.

● 아버지 안키세스를 업고 트로이아를 탈출하는 아이네아스의 조각상
아이네아스는 트로이아 왕족인 안키세스와 여신 아프로디테의 아들이다. 트로이아가 그리스군에 함락되자, 유민들을 인솔하여 이탈리아의 라티움에 상륙하였다.

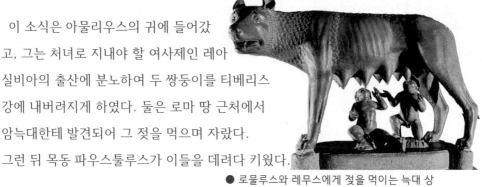

이 소식은 아물리우스의 귀에 들어갔고, 그는 처녀로 지내야 할 여사제인 레아 실비아의 출산에 분노하여 두 쌍둥이를 티베리스 강에 내버려지게 하였다. 둘은 로마 땅 근처에서 암늑대한테 발견되어 그 젖을 먹으며 자랐다. 그런 뒤 목동 파우스툴루스가 이들을 데려다 키웠다.

● 로물루스와 레무스에게 젖을 먹이는 늑대 상

이 둘은 목동의 아들로 성장하며 주변 양치기의 리더가 되었고, 왕위 다툼에서 밀려난 누미토르를 우연히 만나 그의 외손자임을 알게 되었다. 누미토르의 사주로 이들은 아물리우스를 죽이고, 누미토르는 알바롱가의 왕이 되었다. 그 뒤 누미토르의 도움으로 이 두 사람은 그들의 무리와 함께, 7개의 언덕에 있는 로마에 정착하여 도시를 세웠다. 로물루스와 레무스는 각각의 언덕 위에 정착하였으나, 서로 말다툼을 벌이다 로물루스가 레무스를 죽이고 유일한 통치자가 되었다. 로물루스의 통치하에 군대를 조직한 신생 도시 로마는 아냇감이 부족해지자, 사비니인 마을에서 여자들을 약탈하여 자기네 새 도시의 대를 잇게 되었다.

● 로마와 사비니의 충돌

사비니(Sabini)는 고대 로마의 이웃 나라 이름. 로마를 건국한 로물루스는 인구를 증식하기 위하여 사비니의 여인들을 약탈했다. 3년 후 사비니의 왕 티투스 타티우스(Titus Tatius)는 로마에 진군하였다. 헤르실리아는 사비니의 왕인 티투스 타티우스의 딸이자 로물루스와 결혼한 여인으로, 그와의 사이에 두 아이가 있었다. 헤르실리아를 비롯한 사비니 여인들의 필사적인 노력과 중재 덕분에, 양측은 전쟁을 중단하고 협정을 맺게 되었다.

● 사비니 여인들의 중재

신고전주의의 거장 자크 루이 다비드의 작품이다. 중앙에 흰 옷을 입은 채 두 팔을 벌리고 있는 여인이 바로 헤르실리아이다.

■ 역사상의 건국과 발전

로마 제국은 이탈리아 중부의 티베리스 강(현재의 테베레 강)을 따라 팔라티누스 언덕의 마을에서 시작되었다. 로마는 리비우스가 언급한 것처럼 "도시로 성장할 조건을 두루 갖춘 독특한 터"를 갖고 있었다. 팔라티누스 언덕과 주변 언덕들은 방어에 유리하며, 주변에는 비옥한 평원이 펼쳐져 있었다. 이탈리아의 한가운데 입지한 덕분에 로마는 교통의 요충지가 될 수 있었으며, 교통로로 유용했던 티베리스 강은 로마 쪽 강 한복판에 섬이 있어서 강 위에 다리를 수월하게 놓을 수 있었다. 또 응회암, 온천 침전물, 포석, 화산회 등 좋은 건축 자재가 널려 있었다. 이런 자연 환경은 도시의 발달에 중요한 역할을 했다.

기원전 750년경 라티움의 여타 촌락과 마찬가지로 오늘날 로마 시 터의 여러 언덕에 각자 마을을 이루고 살았는데, 이 원시 정착촌 가운데 팔라티누스 언덕의 마을이 최초의 로마였을 것이다.

기원전 8세기경 지중해 세계의 무역이 발달하면서 라티움 땅으로 에트루리아인과 페니키아인, 그리스인들이 진출하여 로마의 지리적 입지가 유리해졌으며, 또 로마는 티베리스 강 하류의 염전(鹽田)과 강 상류 지역을 이어주는 중개지가 되었다. 라티움에 정착한 에트루리아인들은 상업 활동을 통해 이 지역의 문화에 혁명적 변화를 일으켰다. 이들은 이전에 그리스에서 도입한 문자(에트루리아 문자)를 라티움에 보급한 것으로 보이며, 에트루리아 장인들은 금속, 점토, 가죽, 양털 가공 등 여러 기술을 전해 주었으며, 이들의 건축 기술을 받아들인 라틴인들은 기존의 산지 촌락들을 성채 도시로 발전시켰다.

● 로마의 젖줄 테베레 강
테베레 강은 이탈리아 중부에서 로마 시를 관통하여 티레니아 해로 흘러 들어간다. 역사적으로 로마 제국이 있게 했던 뿌리이다.

129

■ 로마 왕정의 정치

　초기 로마의 지배자는 왕(rex)이었는데, 최고 권력자이자 권위의 상징이기도 했다. 그러나 로마 왕정에서 왕권의 성격과 범위는 논란이 되고 있으며, 왕은 종신토록 재임했지만 세습되거나 민회에서 선출되지 않았다. 그보다는 대귀족 가문의 가부장들이 선출을 하여 민회에서 확정된 듯하며, 이 과정에서 점을 통한 길흉 판정이 중요했다.

　에트루리아인들이 로마의 왕이 되면서 왕권은 군 통수권, 사법권, 제사권 등을 망라하게 되어 거의 총체적인 국가 수장의 지위로 격상되었다. 왕은 군 통수권자로서 외교를 관장하며, 선전포고와 휴전을 결정했다. 또 군대 훈련과 시민 징병, 전시 세금 부과, 전리품 및 (전시 공채를 상환하기 위한)토지 분배도 왕의 권한이었다. 왕은 내정과 법 집행의 책임자로서 입법권과 사법권을 동시에 가졌던 것으로 보이며, 자신의 릭토르(lictor: 시종관)들을 통해 법을 집행했다. 왕 부재 시에는 도시 담당관이 대신 국정을 수행했고, 재판관들이 반역이나 공공 범죄를 재판했다.

　그러나 초기 로마의 법은 왕의 칙령이나 의회의 결의가 아닌 공동체의 윤리와 관습, 관행에서 발달한 것이다. 당시에는 법이 종교와 분리되지 않아, 왕은 대사제의 권한으로 왕의 법을 공포했다. 종교는 왕권의 기초였으며, 국가의 운명은 종교와 맞물려 있었다. 왕은 국가 종교의 수장으로서 국가적인 제사를 집례하고, 점괘를 받아 신의 뜻을 판별하며, 사제를 임명하고 감독했다.

● 릭토르
로마 시대 집정관에게 예속된 시종관으로, 도끼가 첨부된 권표를 들고 다녔으며 집정관을 대신해서 사형도 집행하였다.

■ 원로원

원로원(senatus)은 왕에게 조언을 하는 지도급 원로들의 회의체였다. 아마 최초의 원로원은 씨족 지도자들의 회의체였던 듯하며, 훗날 그중 한 명이 왕이 되었다. 왕의 권한이 증대되면서 원로원은 순수한 자문 회의로 격하되었다. 씨족들이 훨씬 더 많은 수의 유력한 가문으로 분산됨에 따라, 왕은 원로원 의원 수를 늘렸다. 이들은 입법권이 없었고, 왕이 자문할 때에나 조언을 할 수 있었다. 또 왕이 원로원의 조언을 언제나 받아들인 것은 아니다. 그러나 왕이 원로원의 조언을 습관적으로 무시하고 거부하는 행위는 유력 가문들의 증오를 살 위험이 있었다. 그리하여 마지막 왕 타르퀴니우스 수페르부스(BC 6세기 후반)처럼 심지어 왕위에서 축출되기도 했던 것이다.

■ 민회

로마의 민회는 여러 가지가 있었는데, 왕정 시대에 최초로 창설된 민회는 쿠리아 회(comitia curiata)였다. 그 기원은 모호하며, 로마 공동체의 통일 역사만큼이나 오래된 듯하다. 쿠리아 회는 무기를 들 수 있는 모든 시민들로 구성되었으며, 왕이 어떤 사업에 대해 재가를 받기 위해 소집할 때에만 모였다. 전하는 바에 따르면 애당초 로마인들은 세 개의 트리부스(tribus. 부족), 즉 람네스(Ramnes), 티티에스(Tities), 루케레스(Luceres)로 구성되었고, 각 부족은 다시 열 개의 쿠리아(curia)로 조직되었다고 한다. 쿠리아 회에서 투표는 단위별로 치러졌고, 각 쿠리아는 하나의 투표권을 가졌으며, 각 투표권은 쿠리아 구성원들의 다수결로 결정했다.

● 원로원
로마 건국자 로물루스가 설치하여, 로마 건국 때부터 존재하였다고 한다. 공화정 때 민회(民會) · 정무관 등과 함께 로마를 지탱하는 3개 기둥이 되었다.

■ 로마 왕정의 몰락

왕정이 몰락하여 공화정으로 이행하는 과정은 로마사 연구의 주요 쟁점이다. 고대 전승에서는 마지막 왕 타르퀴니우스 수페르부스가 전제적인 통치를 일삼고, 그의 아들이 다른 남자의 정숙한 아내 루크레티아를 겁탈하여 그 수치심에 루크레티아가 자결하자 폭력 혁명이 일어나 왕조가 무너지고, 공화정 정부가 수립되었다고 전한다.

그러나 고대 전승에는 개연성 없는 내용이 많아 그대로 믿기 어렵다. 학자들은 몇 차례에 걸친 군사적 패배로 사회적·경제적·정치적으로 쇠퇴하여 왕정이 몰락했으리라 본다. 당시 에트루리아 세력이 위축되었고, 사비니인 등 산지 부족들이 라티움을 침공한 사건도 이와 관련이 있다.

● 루크레티아와 타르퀴니우스

루크레티아는 귀족 출신인 콜라티누스 장군의 아내이다. 군인인 남편이 부대에서 생활했기에, 루크레티아는 혼자 잠을 자고 있었다. 그런데 왕의 아들 타르퀴니우스가 밤에 그녀의 침실로 침입하여, 몸을 허락하지 않으면 죽이겠다고 칼로 위협했다. 또한 말을 듣지 않으면 노예도 한 명 죽여서 두 사람의 옷을 벗겨 나란히 눕혀두어, 두 사람이 불륜관계처럼 공개할 것으로 위협하였다. 루크레티아는 달리 방법이 없었으므로 몸을 허락했다. 다음날 아침 그녀는 사람을 시켜 남편과 부친을 집으로 오게 한 후, 간밤에 일어난 일을 모두 털어놓고 스스로 몸을 찔러 자살하였다. 이 현장에 유니우스 브루투스도 함께 있었는데, 브루투스는 사람들에게 이 사실을 널리 알려서 반란을 일으키고 고대 로마 왕정을 무너뜨렸다. 이로써 로마에 공화정이 시작되는 계기가 되었다.

● 타르퀴니우스와 루크레티아
이탈리아 바로크 미술의 거장 베첼리오 티치아노의 작품이다.

로마 공화정

로마 공화정은 고대 로마 시대에 기원전 510년경 왕정을 폐지하고 이후 450여 년간 로마 정치를 이끌었던 공화정 정체(政體)와 그 정부를 일컫는다. 로마 공화정은 권력의 분리와 견제와 균형 원칙에 중점을 둔 복합적인 정치 체제였다. 오랜 세월 파트리키(patrici: 귀족)와 플레브스(plebs: 평민)가 정치 투쟁을 벌이면서 공화정은 발전했다. 공화정 초기에 로마는 왕정 시대에 기원을 둔 귀족들이 통치했다. 하지만 시간이 지나면서 귀족이 정부를 장악할 수 있게끔 한 법이 철폐되었으며, 그 결과 신귀족이 출현했다.

■ 신분 투쟁

왕정의 몰락으로 소수의 혈통 귀족에게 권력이 넘어갔다. 왕을 대체한 공화정 초기의 권력 형태나 칭호는 확실히 알 수 없지만, 기원전 5세기 중엽쯤에는 집정관(consul)이 고위 정무관직이었다. 집정관은 1년 임기로 두 사람을 선출하였으며, 권력 남용을 막기 위해 서로에 대해 거부권을 지녔다. 또 원로원은 자문 기구였으며, 민회 켄투리아 회는 선거·입법·재판 등의 기능을 수행하였다.

로마의 시민으로는 파트리키와 플레브스의 두 계급이 있었는데, 공화정 출범 당시 기득권층인 귀족 계급은 폐쇄적인 신분을 이루었으며, 평민 계급은 이에 반발하며 사회 정의를 요구하게 되었다. 초기엔 모든 공직이 오직 귀족들에게만 열려 있었고 또한 귀족과 평민의 결혼이 금지되어 있었으므로, 평민들이 귀족으로 신분 상승하는 것은 불가능하였다. 그러나 주변국들과의 전쟁이 끊이지 않았고 중무장 보병을 구성하였던 로마 평민들에 대한 의존도가 높았으므로, 로마 평민들의 정치적 발언권은 점점 높아졌다.

● 파트리키와 플레브스
처음에는 모든 공직이 파트리키에게만 열려 있었고 두 계급 사이의 통혼이 금지되어 있었으나, 신분 투쟁으로 그러한 차별은 없어지게 되었다.

로마가 승리를 거듭하면서 귀족과 평민의 알력은 점점 커져 갔는데, 그 이유는 전리품을 배분할 때 귀족들이 평민들보다 더 유리한 입장에 있었기 때문이었다. 또한 평민들은 자영농들이 대부분이라서 참전이라도 할라치면 그들의 농지가 황폐화되었고, 이를 다시 개간하기 위해서는 귀족들에게 돈을 빌려야 했다. 귀족들은 이를 이용해 고리로 돈을 빌려주었으며, 이러한 고리와 원금을 갚을 능력이 없는 평민들은 귀족들의 노예가 되는 신세를 피할 수 없었다.

역사서에 따르면 로마 포룸에 어느 초라한 행색의 노인이 나타나자 주변의 시민들이 왜 그렇게 되었는지 질문하였고, 그 노인은 대답하길 '참전 중에 황폐화된 경작지를 개간하기 위해 빌린 돈 때문에 노예가 되어 수난을 당했다'고 설명하였다고 한다. 분노한 로마 시민들은 전쟁을 수행하는 것을 거부하였고, 이에 집정관은 조치를 취할 것을 약속한 뒤 군단을 편성하여 적을 무찔렀다. 그러나 다른 동료 집정관은 이 약속을 백지화 하였으며, 이에 대해 로마 시민들은 분개하여 기원전 471년 아벤티누스 언덕으로 철수 투쟁(secessio)을 벌였다. 그들은 평민 자신들만의 민회인 '트리부스 평민회'를 조직하고, 평민 권익의 옹호자 호민관을 선출하였다. 그 밖에 호민관의 보조자로서 평민 출신의 조영관 직책도 생겼다.

● 호민관(tribunus plebis)

호민관은 평민회에서 선출되었으며, 민회를 소집하고 의장으로서 주재하며 평민들의 요구를 대변하고 그들의 권리를 옹호하는 일을 했다. 호민관의 의무와 기능은, 정무관의 전횡을 막아달라고 자신에게 도움을 청하는 모든 평민들의 생명과 재산을 보호하는 것이었다. 평민들이 언제든 찾아와 도움을 청할 수 있도록, 호민관은 밤낮없이 자기 집 문을 열어놓아야 했고 도시 밖으로 나가지 말아야 했다.

● 호민관은 평민의 이익을 대변하는 '민정 호민관'과 군사적인 일을 처리하는 '군사 호민관'으로 나뉜다.

그때까지 법은 구전으로 전해져서 귀족의 전유물이었는데, 평민들이 법의 성문화를 요구하여 기원전 451년에 '10인 입법 위원회'가 구성되었고, 로마법의 모체가 된 12표법을 제정했다. 12표법은 형식적으로나마 법의 평등성을 보장하게 되었다. 이와 비슷한 시기에 모든 시민이 각자 등재된 트리부스(부족)에 따라 투표하는 민회인 '트리부스 인민회'가 창설되었다. 트리부스 인민회에서는 도시 트리부스보다 농촌 트리부스가 더 많아 지주가 유리했으나, 과거처럼 귀족들이 혈연적 유대를 통해 민회를 지배하지 못하게 되었다.

기원전 445년경 로마는 대외적으로 심각한 군사 위기에 직면하여, 군대의 주력을 이루는 평민의 지지가 중요해졌으며, 카눌레이우스 법이 통과되어 귀족과 평민이 통혼할 수 있게 되었다. 이로써 유력한 평민은 혈통 귀족과 융합되어 로마의 지배 계층에 진출할 수 있는 길이 열렸다. 이후 평민들이 최고 정무관직 진출도 요구했는데, 타협의 결과로 기원전 445년에서 367년 사이에 집정관 대신 집정관에 준하는 '칸슐러 트리뷴(consular tribune)' 직책을 두어 평민도 최고 직위에 오를 기회를 주었다. 이 타협안으로써 귀족들의 집정관직 장악을 여전히 보장하는 동시에, 평민들에게 정부의 한 자리를 내주어 군사적 통일을 확보할 수 있었다. 또 그 직후, 집정관 대신 인구조사(census) 등의 업무를 맡는 감찰관직이 설치되었다.

● 12표법

12표법(十二表法)은 로마법의 기초를 이룬, 고대 로마의 성문법이다. 10인 입법 위원회는 기원전 450년에 10개의 조항으로 구성된 법전을 만들었다. 기원전 449년에 두 번째로 선임된 10인 입법 위원들은 성산(聖山) 사건에서 원로원과 평민 계급이 합의한 대로 2개의 조항을 더 추가하였다. 이로써 12표법이 완성되었고, 법은 상아로 된 판에 새겨져(리비우스는 동판에 새겨졌다고 하였다) 광장에 놓였다.

●동판으로 재현된 12표법

또 이 시기에 도시 로마의 팽창하는 행정 업무를 분담하기 위해 귀족 조영관직도 창설되었다. 그리하여 고대 로마의 정무관직 승진 경로(cursus honorum: 명예로운 경력)가 마련되었다.

리키니우스 섹스티우스 법(기원전 367년)을 통해 상당한 권익을 확보한 유력한 평민들은 그 후 수십 년 동안, 귀족들이 독점하던 다른 정무관직에도 진출하게 되었다.

기원전 356년에는 최초의 평민 출신 독재관이 나왔으며, 기원전 351년에는 감찰관직, 기원전 337년에는 법무관직, 기원전 300년에는 신관(神官)직도 평민에게 개방되었다.

고위 정무관직을 역임한 평민들이 원로원에 진출하면서, 원로원은 더 이상 혈통 귀족의 배타적인 아성이 아니었다. 그 후 기원전 326년의 포이텔리우스 법으로 부채노예제가 폐지되어, 빈곤한 평민층이 유력자에 대해 독립을 지킬 수 있게 되었다.

기원전 287년의 호르텐시우스 법은 트리부스 평민회의 결의가 원로원의 재가 없이 전체 시민에 대해 법적 구속력을 가지도록 규정하여, 공화정기 신분 투쟁의 종지부를 찍었다.

● 독재관 루키우스 코르넬리우스 술라

● 독재관(dictator)

독재관은 로마 공화정 시대에 있었던 관직의 하나다. 로마 건국 초기부터 있었던 직책이지만, 상설직이 아닌 임시직이었다. 외적의 침략 등 비상 시에 국론 일치를 위해 한 사람에게 모든 권한을 맡기어 극복토록 하였다. 임기는 6개월이었으며, 두 명의 집정관 중 한 명이 임명했다. 기원전 202년 포에니 전쟁 당시를 마지막으로 아무도 독재관에 취임하지 않았으나, 기원전 82년 내전에서 승리한 술라는 비상사태를 이유로 "공화국을 재건하는 독재관"에 임명되었다. 공화국 복구 개혁을 마친 술라는 독재관을 사임하고 정계에서 은퇴했다. 기원전 44년 율리우스 카이사르는 기존의 독재관과 달리 임기가 무제한인 종신독재관에 취임했다.

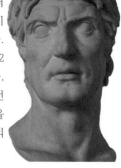

■ 이탈리아 정복

로마는 내부적으로 신분 투쟁을 통해 공화정 체제를 형성하면서, 한편 대외적으로는 계속된 군사 정복을 통해 이탈리아 반도를 지배하게 되었다. 마지막 왕인 타르퀴니우스 수페르부스가 축출된 뒤 일시적으로 라티움 지역에서 로마의 군사적 지위가 약화되었다.

기원전 493년에 로마는 라티움 지역 도시들의 연맹체인 라티움 동맹과 '카시우스 조약'을 체결하였다. 카시우스 조약은 로마와 라티움 동맹 간의 군사 협조를 명문화한 것이었는데, 이를 근거로 로마는 수많은 도시들의 연맹체인 라티움 동맹과 동등한 대우를 받을 정도로 강한 정치적 입지를 지녔음을 알 수 있다. 한편 기원전 5세기 말이면 왕정기 로마와 라티움 지역에 강력한 영향력을 행사하던 에트루리아가 약화되었으며, 로마는 그 힘의 공백을 메우게 되었다.

기원전 5세기 로마와 라티움 동맹은 인접 산지 민족들, 특히 아이퀴(Aequi)와 볼스키(Volsci)의 침입을 막아냈다. 그 후 로마는 티베리스 강 북쪽의 에트루리아의 강력한 도시 베이이를 오랜 공성전 끝에 탈취했다. 그러나 기원전 387년 로마는 북쪽에서 내려온 켈트인의 침략으로 카피톨리누스 언덕을 제외한 로마 시를 7개월간 점령당해 도시가 크게 파괴되었고, 대외 위신도 실추되었다. 그 후 40여 년간 로마는 북부 이탈리아에서 이전의 영향력을 되찾기 위해 노력했으며, 기원전 349년에 다시 쳐들어온 켈트인을 무찔렀다.

● 켈트족
서양 고대에 활약한 인도-유럽어족의 일파이다. 켈트인은 로마 시대에 갈리아인이라고 불렸던 부족으로, 고대에 독일 지역에서 이주한 민족이다.

● 켈트족의 철제 투구

로마는 기원전 343년부터 기원전 290년경까지 삼니움과 세 차례의 전쟁을 치러 모두 승리했다. 삼니움족과의 전쟁이 일어난 계기는 삼니움족이 라티움 남쪽에 위치한 캄파니아 주에 쳐들어왔고, 라티움에서 가장 강력한 세력이었던 로마가 이에 개입하게 되었기 때문이었다.

비교적 손쉽게 끝난 1차 삼니움 전쟁(기원전 343년 ~ 기원전 341년)에 비해 2차 삼니움 전쟁(기원전 326년~304년)은 23년간에 걸쳐 지속되었는데, 그 이유는 삼니움족의 근거지인 아펜니노 산맥이 방어에 유리하였기 때문이었다. 로마인들은 카우디네 협곡에서 두 명의 집정관과 그의 병력들이 모두 생포되는 참패를 당하였고, 이 때문에 5년간의 소강상태를 가졌다.

그 뒤 그 패배에서 회복한 로마인들은 반격을 시도하여, 삼니움족에게 승리를 거듭하였다. 이에 삼니움족은 에트루리아 도시들과 동맹을 맺어 대항하였으나, 로마인들은 이들을 모두 무찌르고 2차 삼니움 전쟁을 승리로 마무리 지었다.

● 삼니움 전투를 묘사한 명화로, 페테르 루벤스의 작품이다.

3차 삼니움 전쟁(기원전 298년~290년)은 삼니움족, 에트루리아인, 그리고 켈트족이 연합하여 로마와 전쟁을 벌인 것이었다. 로마인들은 남부에 위치한 삼니움족을 격파하여, 그들의 힘을 북쪽에 집중할 수 있었다. 그러나 로마인들에 대항한 이들 세 연맹체는 거대한 군대를 조직하여, 기원전 295년 센티눔에서 로마군과 맞서게 되었다. 초기에 로마군은 이들 연합군의 맹공에 고전하였으나, 집정관인 푸블리우스 데키우스 무스가 적진에 돌진하여 사망하자 로마군은 사기를 북돋아서 불리한 전황을 뒤집고 결국 승리하게 되었다.

기원전 295년에 벌어진 센티눔 전투는 양측이 통합 10만의 병력을 동원한 대규모 회전이었고, 로마가 이 회전에서 승리함으로써 로마가 삼니움 전쟁에서 승리하는 것은 기정사실화 되었다. 그럼에도 불구하고 기원전 291년까지 삼니움족은 지속적인 저항을 하였으나 결국 패배하였고, 다음해인 290년 로마에 굴복하는 조약을 체결하였다. 이리하여 로마는 이탈리아 중부를 제패하게 되었다.

그사이에 기원전 340년 로마의 동맹 주도에 불만을 품은 라티움 동맹국이 로마에 대항하여 라티움 전쟁이 일어났으나, 전쟁은 로마의 승리로 끝났으며 라티움 동맹도 해체되었다. 로마는 동맹을 해체하는 대신 라티움 도시들을 자치도시로 삼아 일정 수준의 자치권을 주는 동시에, 로마에 정치적으로 흡수했다.

● 삼니움 전쟁

BC 343년~BC 341년의 제1차 전쟁에서 로마는 라티움 남쪽에 있는 캄파니아로 진출하여 대승함으로써 라티움의 패권을 확립하였는데, 삼니움족은 산중에서 게릴라전을 펼쳐 로마군을 여러 차례 괴롭혔다. BC 326년~BC 304년, BC 298년~BC 290년의 제2·3차 전쟁에서 삼니움족은 갈리아인(켈트인), 에트루리아인과 연합하여 라티움을 포위하고, 특히 BC 295년 로마 북쪽의 센티눔 전투에서는 로마를 전멸 위기로 빠뜨렸으나, 로마인의 분전으로 대세가 기울어 로마와 친화하였다. 이 화의(和議)에서 삼니움족의 독립이 인정되었으나, 카르타고와의 제2차 포에니 전쟁 이후 삼니움족의 세력은 급속히 쇠퇴하였다.

■ 피로스 전쟁

삼니움족과의 싸움 후 로마는 삼니움족의 전투 방식에서 많은 감명을 받게 되었다. 그 유명한 투창(필룸, 복수형 필라)과 사각 방패(스쿠툼)는 삼니움족의 무기를 도입한 것이다. 전투 방식도 크게 바뀌어, 기존의 뻣뻣한 팔랑크스(중장보병의 밀집전투대형) 편제를 전면적으로 폐지하고, 유연하고 전략적인 움직임이 가능한 마니풀루스(중대)-코호르스(대대) 단위로 군대를 조직하는 법을 도입한다. 이렇게

●스쿠툼(scutum)
스쿠툼은 크기 때문에 '방패의 벽'을 쉽게 만들 수 있었으며, 공성전에서는 사방을 덮어버리는 '거북등 대형'을 이루기도 했다.

완성된 로마의 레기온(군단)은 나중에 마케도니아의 팔랑크스를 제압하면서, 그 우월성을 지중해 곳곳의 나라에 알리게 된다.

삼니움 전쟁이 끝나자 로마는 이탈리아 중부를 소유하게 되었다. 그리하여 이탈리아 남부의 그리스계 도시들과 국경을 맞대게 되었고, 곧바로 로마는 이탈리아 남부 도시들과의 분쟁에 휩쓸리게 되었다. 로마는 투리이(Thurii)라는 소도시의 분쟁에 개입하여 그들에게 소규모의 병력을 파견했는데, 이때 이탈리아 남부에서 가장 강력한 도시였던 타렌툼의 영해를 지나게 되었다.

타렌툼과의 조약에는 이들의 영해를 로마 선단이 지나면 안 된다고 규정되어 있었으므로 타렌툼은 이 로마 선단을 공격하였고, 이것에 분노한 로마는 타렌툼에 선전포고를 하였다. 타렌툼은 그리스 서쪽 지방을 차지하고 있었던 에피로스 왕국에 사절을 보내 도움을 요청하였다.

에피로스 왕국의 왕은 피로스로, 당시 지중해에서 명성이 가장 높은 장군이었다. 그는 로마를 격파하고 이탈리아 남부 도시들을 자신의 세력 하에 넣으려는 욕심으로 그 요청을 받아들여, 직접 군대를 이끌고 이탈리아로 들어왔다.

이렇게 벌어진 피로스 전쟁(기원전 280년~기원전 275년)에서 피로스와 로마는 두 차례에 걸쳐 대규모 회전을 벌였고, 피로스는 명성에 걸맞게 연이어 승리를 거두었으나 전사자가 로마군 전사자의 7할에 이르렀으므로 원정을 계속 수행할 수 없었다. 이때 로마는 피로스에 대항하여 카르타고와 동맹을 맺었는데, 카르타고는 시칠리아 섬의 그리스계 도시들과 전쟁을 벌이고 있었다. 그리고 시칠리아 섬의 그리스계 도시들은 이탈리아 남부 도시들과 동맹 관계였다. 로마와의 전쟁이 쉽지 않다고 생각한 피로스는 이를 핑계삼아 이탈리아를 떠나 시칠리아로 무대를 옮겼다.

피로스는 시칠리아에서 카르타고와 전쟁을 벌여 연이은 승리를 했지만, 훗날 포에니 전쟁 때 증명되듯 해군 없이는 완전한 승리가 불가능하였다. 카르타고 도시들을 공략했을 때, 카르타고 해군의 꾸준한 보급 탓에 피로스는 그 도시를 도저히 함락시킬 수 없었다. 따라서 피로스는 해군을 양성하기 위해 시칠리아의 그리스계 도시들에게 군자금을 요구했고, 그리스계 도시들은 이것에 강한 불만을 품게 되었다.

● 피로스

피로스(Pyrros, 기원전 319년 ~ 기원전 272년)는 헬레니즘 시대 그리스의 장군이다. 그는 알렉산드로스 대왕의 사촌으로서 그리스 몰로소이족의 왕이자, 나중에는 에피로스와 마케도니아 왕국의 왕이 되었다. 피로스는 초기 로마의 강력한 적수였다. 피로스 전쟁에서 로마군과 싸워 여러 전투에서 승리했으나, 그만큼 손실도 많이 입어 '피로스의 승리'라는 고사를 남겼다. 플루타르코스의 《비교열전(영웅전)》에도 그의 일대기가 수록되어 있다.

● 피로스의 흉상

● 피로스 전쟁도

이 전쟁으로 "피로스의 승리"라는 표현이 생겼는데. 큰 손해를 치른 승리를 일컫는 말이다. 플루타르코스에 따르면, 피로스는 한 전투승리 보고를 듣고 "이런 전투를 한 번 더 이겼다가는 우리는 망한다."라고 말하였다.

　그리스계 도시들이 피로스에 대한 협조를 거부하자, 카르타고의 해군력을 제압할 방법이 없게 되었다. 어쩔 수 없이 피로스는 시칠리아 공략을 포기하고 다시 이탈리아로 되돌아왔다.

　피로스가 시칠리아에 머문 동안 로마군은 전쟁에 대한 대비를 꾸준히 하여, 피로스의 병력을 훨씬 웃도는 군단을 편성하고 있었다. 이에 피로스는 로마군이 한데 모이기 전에 각개격파 하기로 결정하여, 베네벤툼에 주둔한 로마 군단을 야습하였다. 하지만 이 야습을 로마군이 알아챘으므로, 피로스군은 패배하고 말았다. 결국 피로스는 이탈리아에서 철수하기로 결정하였다. 그리하여 로마는 남부 이탈리아 도시들을 그들의 패권 하에 넣었고, 이탈리아의 명실상부한 지배자로 부상했다.

포에니 전쟁

포에니 전쟁은 기원전 264년에서 기원전 146년 사이에 로마와 카르타고가 벌인 세 차례의 전쟁을 말한다. '포에니(Poeni)'라는 말은 '페니키아인의'라는 뜻으로 라틴어 Poenicus에서 나왔는데, 이는 카르타고가 페니키아에 기원을 두고 있기 때문에 로마인들이 그렇게 부른 것이다. 이 전쟁을 통해 로마는 이베리아 반도와 북아프리카의 영토를 얻어서 더 이상의 경쟁자가 없는, 지중해의 명실상부한 최강대국으로 거듭나게 되었다.

■ 전쟁의 발단

마케도니아 왕국의 알렉산드로스 대왕이 죽은 후, 로마는 착실히 내정을 다지며 세력을 확장하고 있었다. 그때까지만 해도 카르타고와의 충돌은 없었다. 오히려 피로스 전쟁 때에는 공동의 적을 상대로 일시적인 군사적 동맹 관계에 있기까지 했다. 그러나 카르타고의 영토였던 시칠리아 섬에서 시라쿠사의 왕 아가토클레스에게 고용된 이탈리아인 용병들, 즉 마메르티니가 아가토클레스 왕이 죽은 후 그리스의 식민지인 메사나(현재의 메시나) 시를 점령한 것이 발단이 되었다. 그 용병들은 이탈리아 출신의 라틴계 병사들로 구성되어 있었다.

이들은 처음에는 근거지 없이 시칠리아 섬을 떠돌아 다니고 있었는데, 어느 날 피로에 지쳐 메사나 시에 그들이 잠시 머물게 해달라는 요청을 하였다. 메사나 시민들은 이들의 요청을 받아들여, 이들에게 성내에 휴식처를 주고 식량까지 제공해 주었다. 그런데 용병들은 이 도시가 살기 좋은 것을 보고, 야밤에 시민들을 기습 공격하는 배은망덕한 짓을 저질렀다.

● 마메르티니(Mamertini)의 두상이 새겨진 주화
BC 3세기 초 시라쿠사의 왕 아가토클레스에게 용병으로 고용되어 시칠리아에 건너갔다. 이들은 BC 288년경 그리스의 식민시(植民市) 메사나를 함락시키고 시칠리아 북동부 지방을 공략하여 겁탈을 자행함으로써, 포에니 전쟁을 유발시켰다. 마메르티니라는 말은 '군신(軍神) 마르스의 아들들'이라는 뜻이다.

143

이들은 메사나 시의 모든 남자들을 죽여버리고, 여자들은 모두 포로로 잡아 각 병사들에게 균등하게 분배했다. 이러한 만행은 시칠리아 섬에 있던 그리스계 시민들의 분노를 사게 되었는데, 그 이유는 이 학살당한 메사나 시민들이 그리스계였기 때문이었다. 이들 마메르티니 용병들은 메사나를 거점으로 삼은 채, 20년에 걸쳐 주변 도시들을 상대로 해적질과 약탈을 벌였다. 결국 시라쿠사의 왕 히에론 2세가 이들의 만행을 응징하기 위해 군대를 움직였다. 마메르티니 용병들은 시라쿠사 군대에 쉽게 무너져 내렸고, 그들은 같은 라틴인이라는 이유로 로마에 도움을 요청하기로 했다.

마메르티니의 사절을 맞이한 로마 원로원은 이들의 만행을 전해 들은 바가 있었기 때문에, 처음에는 이들의 지원 요청을 거부하였다. 그런데 이들 용병이 카르타고에게도 구원을 요청했다는 말을 듣고선 태도가 바뀌었다. 당시 카르타고는 시칠리아 섬의 절반의 지배권을 가지고 있었는데, 만일 카르타고가 마메르티니 용병들의 요청을 받아들여 시라쿠사를 쳐부수기라도 한다면 시칠리아 섬 전체가 카르타고의 영향력 안으로 들어갈 것이었다. 로마 원로원은 토의를 거듭했지만 결론을 낼 수가 없었고, 결국 이 안건을 민회에 회부하였다. 민회의 로마 시민들은 마메르티니 측의 요청을 받아들여 참전할 것을 결정했다.

● 히에론 2세와 아르키메데스

히에론 2세는 기원전 270년부터 기원전 215년까지 재위한 시라쿠사의 왕이다. 제1차 포에니 전쟁에서 카르타고의 동맹으로서 로마 공화정에 대적하였다. 히에론 2세는 금 세공사에게 순금을 주어, 신에게 바칠 금관을 만들게 하였다. 완성된 금관을 받은 히에론 2세는 은이 섞인 것이 아닌가 의심하였으나 확인할 방도가 없자, 아르키메데스에게 의뢰하였다. 아르키메데스는 사람이 욕조에 들어가면 물이 차오르는 것에 착안하여 물질의 밀도에 따라 비중이 다르다는 것을 발견하였고, 이것을 깨닫자마자 옷을 입는 것도 잊고 뛰쳐나와 "찾았다(유레카)!"를 외쳤다고 한다.

■ 제1차 포에니 전쟁

기원전 264년, 로마군은 집정관이 이끄는 군단병을 이끌고 야밤에 메시나 해협을 건넜다. 시라쿠사는 로마군이 참전했다는 말을 듣고, 카르타고와 연합하여 로마군에게 대항하지만 격파당했다. 그 전쟁을 촉발시킨, 메사나의 마메르티니 용병들은 포에니 전쟁이 일어난 이후 역사적 기록에서 잊혀져 버렸다. 그러나 수백 년 후에도 '마메르티니 와인'의 기록이 남아 있는 것으로 보아, 이들은 와인을 양조하면서 잘 먹고 잘 산 것으로 추측된다.

한편, 로마군은 시라쿠사에 승리한 뒤 시라쿠사의 히에론 2세와 강화조약을 맺었다. 로마가 승자의 입장에서 맺은 강화조약이므로, 사실상 시라쿠사는 로마의 패권 하에 들어간 셈이었다. 카르타고는 이것에 반발하여 대규모 군사를 파병하였고, 여기서 시칠리아 전역을 놓고 로마와 카르타고 두 세력이 충돌하게 되었다.

로마군은 수백 년에 걸쳐 라틴족, 에트루리아인, 삼니움족, 그리스계 이탈리아인들과의 전쟁을 수행하여 이탈리아의 패권을 차지했고 당대 최고의 전술가였던 피로스군마저 격파했으므로, 카르타고군과는 비교도 안 될 정도의 군사적 경험이 있었다. 때문에 육지에서 붙은 전투에선 연전연승을 거듭했다. 그러나 카르타고는 우수한 해군력으로 꾸준한 보급을 하였고, 결국 로마도 해군을 편성하기에 이르렀다.

● 로마 해군을 나타낸 부조
로마는 해군력이 취약하여 선박을 카르타고군으로부터 노획해 재조립하였으나, 해전에서 승리하기 위해 코르부스(corvus, 일명 까마귀 배)라는 배를 만들게 되었다.

이탈리아 남부의 그리스계 도시들과 시칠리아의 시라쿠사는 해군 전함 건조 기술력이 있었는데, 로마는 이들 기술자를 수도에 데려와 전함을 건조하였다. 그리하여 기원전 260년, 밀라초 앞바다에서 첫 번째 해전이 시작되었다.

밀라초 해전 직전에 로마 해군은 리파리 제도 인근 해상에서 카르타고 해군에게 기습을 당해, 17척의 군선을 나포당하고 함대를 이끌던 집정관이 사로잡히는 등 일격을 허용했었다. 하지만 이내 태세를 재정비한 후, 밀라초 앞바다에서 양측의 해군이 맞붙게 되었다. 뱃머리에 금속철을 씌운 충각을 단 카르타고 군선들이 로마 군선들을 향해 질주했지만, 로마의 해전 전술은 독특했다.

쇠갈고리를 던져 적의 함선을 끌어당긴 후, 배 앞에 설치해 놓은 '까마귀'라는 이름의 다리를 내리고 로마군 병사들이 그 다리를 건너 적선에 진입하여 백병전을 벌이는, 새로운 전술을 고안해 낸 것이다. 충각 전술 같은 전문 해전에 약하니, 선상 백병전으로 바꿔 버렸다고 할 수 있다. 로마 해군을 깔보던 카르타고는 그야말로 큰코 다치게 되었다. 이때가 기원전 260년이다. 해전에 익숙하지 않은 로마 해군은 이렇게 까마귀의 덕을 톡톡히 보았으나, 나중에는 그 단점을 인식하고 떼어낸다.

● 코르부스(corvus, 일명 까마귀 배)
이 배는 '까마귀'라 불리는 잔교(棧橋)를 탑재한 것으로, 육군이 강한 로마군의 이점을 살려 해전을 육전으로 만들기 위한 신무기였다. 이 코르부스를 앞세워 로마 해군은 카르타고와의 대규모 해전에서 첫 승리를 거두었다.

로마는 까마귀라는 신무기를 고안하여, 열세였던 해전에서 승리를 하고 그 뒤에도 우세를 유지하게 되었다. 이후 기원전 256년 시칠리아 남부의 리카타 해전에서도 대승을 거두어 자신감을 얻은 로마는 이듬해 봄 집정관 레굴루스가 이끄는 군단을 주축으로 카르타고 본토에 직접 상륙하여 공격을 하기에 이르렀다. 그러나 로마군은 스파르타 출신의 용병대장 크산티포스가 지휘하는 카르타고군에게 무모하게 도전했다가 기병의 열세로 대패하여 전멸당했고, 레굴루스는 포로로 잡히고 말았다.

그리고 이들의 패잔병 일부를 구하러 온 로마의 주력 함대는 헤르마이움 곶에서 카르타고 함대를 무찌르는 데 성공했지만, 귀국길에 폭풍을 만나 10만에 이르는 사상자를 내는 대참사를 겪게 되었다. 여기서 포에니 전쟁은 잠시 소강상태를 맞았다.

● 대참사의 원인

로마 함대 참사의 원인 중 한 가지는 앞서 서술했던 까마귀 때문이었는데, 까마귀가 배의 무게중심을 불안정하게 만들어 측풍이 조금이라도 세게 불라치면 그대로 배가 기울어져 버리기 십상이었다. 거기다가 로마 함대가 이탈리아 반도에 가까워졌을 때, 해전에 무지한 지휘관들이 물에 빠져 죽는 것을 두려워한 나머지 '함대를 모은 채 해안으로 접근하라'고 선원들에게 지시했다고 한다. 경험많은 선원들은 '이럴 때는 흩어진 다음, 해안이 아닌 바다로 나가야 생존률이 높다'며 강력히 반대했으나 지휘관들의 강요에 따를 수밖에 없었고, 이것이 더욱 엄청난 해난 사고로 이어졌다. 한마디로 태풍보다 물을 더 무서워하다가, 살릴 수 있던 사람들까지 억지로 죽인 결과가 되었다.

그 뒤 카르타고에서 시칠리아로 파견나온 유능한 장군인 하밀카르 바르카(한 니발의 아버지)가 육지에서 활약함으로써, 카르타고군은 잠시나마 활기를 되찾았 다. 이에 로마는 하밀카르를 직접 공격하기보다는 해군력으로 고립시키기로 하 여, 해군을 다시 재편성하였다. 이때 전함을 건조하기 위해 부유한 귀족들이 사 재를 털어 정부에게 기부했던 것은 공화정 로마의 '노블리스 오블리제'(가진 자의 의무)의 절정을 보여주는 것이었다.

　　로마는 이렇게 재편성한 해군력으로 카르타고 해군을 아이가테스 제도에서 격파하여, 시칠리아의 제해권을 되찾았다. 결국 카르타고 본국은 더 이상 견디 지 못하고 로마군과 강화를 맺기로 결정하여, 1차 포에니 전쟁은 로마의 승리 로 마무리되었다.

　　카르타고는 이 강화조약에서 시칠리아 섬의 권리를 완전히 포기하였고, 막대 한 배상금을 지불하였다. 그리고 기원전 238년에는 조약에서 언급한 적 없던 사 르데냐 섬과 코르시카 섬을 잇따라 빼앗겼다.

● 하밀카르 바르카(Hamilcar Barca)

한니발의 아버지. 제1차 포에니 전쟁 말기인 BC 247년 이 후 시칠리아에 근거지를 두고 카르타고군을 지휘하여, 이탈 리아 남부·중부의 해안을 공격하는 등 로마를 괴롭혔다. BC 241년 아이가테스 제도에서 카르타고군이 패하자, 그는 전권사절로서 로마와의 화평교섭을 하였으며, 전후에 카르 타고 용병의 반란을 진압함으로써 민의(民意)를 얻었다. BC 237년 카르타고의 국력을 회복시키기 위하여 광산물(鑛産 物)이 풍부한 스페인에 건너가 개발에 전념하였고, 원주민 의 왕들을 자기 세력하에 두어 카르타고의 속령(屬領)으로 삼았을 뿐만 아니라, 자기 일족의 세력 기반으로 삼았다. 그 가 죽은 후, 그의 아들 한니발은 이 기반을 거점으로 하여 로 마에 도전하였다.

■ 제2차 포에니 전쟁

하밀카르 바르카는 스페인에 진출한 지 8년째에 전사했고, 그 뒤를 사위인 하스드루발 기스코가 이어받아 7년간 통치하였다. 이 시기 로마는 카르타고의 스페인 진출을 경계했기에, 하스드루발과 접촉하여 에브로 강을 경계로 더 이상 세력을 뻗지 않도록 조약을 맺었다. 그 후 하스드루발이 암살당하자, 그의 뒤를 하밀카르 바르카의 장남인 26세의 한니발 바르카가 이어받았다(기원전 221년).

이 시기 로마는 사군툼이라는 명목상 동맹국(사실상 속국) 도시를 내세운 채 에브로 강 서쪽으로 진출하여 카르타고를 압박했고, 결국 한니발은 집권 2년째에 사군툼에서 카르타고계 시민 및 친 카르타고계 인사들이 살해당하는 일이 발생하자 사군툼을 포위했다. 이때 로마는 사군툼의 구원 요청을 받아들였으나, 북이탈리아에서 갈리아족을 상대로 전쟁을 벌이고 있던 중이라 따로 군단을 파병할 여력이 되지 않았고, 대신 한니발에게 사절을 보냈다.

그러나 이 사절들은 한니발로부터 철수하겠다는 대답을 받지 못했다. 이에 로마 사절들은 직접 카르타고 본국으로 가서, 한니발을 사군툼에서 철수시키든지 아니면 로마와 전쟁을 하든지 둘 중 하나를 선택하라고 엄포를 놓았다. 카르타고 원로원 의원들은 전쟁을 하든지 말든지 알아서 하라고 대답했고, 이에 로마는 카르타고에 선전포고를 하였다. 한니발은 로마가 선전포고를 한 지 얼마 지나지 않아 사군툼을 점령한 다음, 그곳 주민 모두를 노예로 팔아버렸다.

로마 원로원은 집정관이었던 푸블리우스 스키피오(스키피오 아프리카누스의 아버지)에게 군사를 주어 스페인 원정을 결정했다. 한니발은 스페인에서 이 로마군과 싸우는 대신 오히려 군대를 편성하여 북상했고, 이에 로마군은 한니발 군대에 맞서기 위해 당시 이탈리아로 들어가는 유일한 통로인 마실리아(현재의 마르세유)에 주둔하며 한니발을 기다렸다.

그러나 한니발은 대군을 이끌고 알프스 산맥을 넘어 이탈리아로 진입한다는, 당시 사람들이 상상도 할 수 없었던 진군을 감행하였다.

한니발은 로마군의 허를 찌르는 데 성공했으며, 이에 놀란 로마는 마실리아

● 알프스 산맥을 넘는 한니발의 카르타고군
한니발은 제2차 포에니 전쟁(한니발 전쟁)을 일으켜 육로로 피레네 산맥과 알프스 산맥을 넘어 이탈리아로 침입한 후, 각지에서 로마군을 격파했다.

의 스키피오와 또 다른 집정관이자 시칠리아에 주둔 중이던 셈프로니우스에게 한니발 저지를 지시하였으나, 한니발은 이탈리아 북부의 트레비아 강 부근에서 로마 추격군을 대파해 버렸다(트레비아 전투). 이 덕분에 한니발은 북부 갈리아 부족을 새로운 지원세력으로 만들 수 있었다.

● 트레비아 전투

트레비아 전투는 기원전 218년 12월 18일 벌어진, 카르타고와 로마 공화정 군대의 전투이다. 제2차 포에니 전쟁 중에 한니발군과 로마군 사이에 벌어진 첫 번째 대규모 전투였다. 전투 전날, 한니발은 지형을 정찰한 후 동생 마고에게 기병 1천과 경보병 1천을 주어 강변의 숲속에 매복시켰다. 다음날 새벽 카르타고 기병은 로마군을 급습했고, 셈프로니우스는 휘하 기병에게 즉각 격퇴를 명했는데 카르타고 기병이 밀리는 것을 보자마자 성급하게도 전 보병에게도 추격을 명하였다. 트레비아 강을 건너 카르타고군을 추격하던 로마군은 중앙에 주력인 중무장보병을 배치하고, 적진을 돌파하기 위한 진형을 짰다. 카르타고군은 상대적으로 전투력이 약한 갈리아 경보병을 중앙에 배치하고, 양 날개에는 기병을 배치했다. 로마군은 중앙에서 카르타고군을 거의 무찌르는 듯싶었으나, 강을 건너 몸이 젖은 데다가 추위와 허기로 갈수록 힘이 약해졌고, 기병은 강력한 카르타고 기병에 다시 밀리기 시작했다. 그리고 그때까지 숲속에 매복해 있던 마고의 기병과 보병이 나타나 로마군을 포위했다. 중앙의 로마 중무장보병의 선전으로 한니발군이 완벽한 포위망을 구축할 수 없었지만, 거의 2만 명의 로마군이 포위 속에서 살육당했다. 살아서 포위망을 뚫고 도망친 로마 병사는 1만 5천 명 정도였다. 한니발의 탁월한 전술의 승리였다.

다음해에 로마에서는 플라미니우스와 세르빌리우스를 집정관으로 임명한 후 군단을 내주었고, 이들은 각각의 군단을 이끈 채 한니발이 남하할 서쪽과 동쪽의 가도를 봉쇄했다. 한니발은 이 두 가도 중 하나를 골라 남하하는 대신 그 사이의 가운데 늪지대를 통과하기로 결정했고, 3박 4일간 휴식도 수면도 없는 초강행군을 벌여 이 늪지대를 통과하는 데 성공했다.

이 과정에서 많은(북부 이탈리아에서 합류한) 갈리아군과 대부분의 전투 코끼리들을 잃었고, 한니발 자신도 한쪽 눈이 완전히 실명하였다. 하지만 이러한 강행군의 결과로 카르타고군은 전투 없이 이탈리아 중부 지역에 진입하는 데 성공하였다. 이탈리아 중부 지역은 로마의 세력권이었으므로, 한니발군은 거리낌없이 약탈을 벌이고 농지를 불태우면서 돌아다녔다.

로마 평민층의 지지를 얻던 플라미니우스는 비록 이 도발에 넘어가지는 않았으나, 한니발군을 빠르게 전멸시켜야 할 초조함을 느끼게 되었다. 한니발은 이것을 역이용하여 트라시메누스 호수에 기지를 세워 주둔한 척하고 주변에 매복한 후 추격해 온 플라미니우스의 군단을 궤멸시켰으며, 이 과정에서 플라미니우스도 전사하였다(트라시메누스 호수의 전투).

● 트라시메누스 호 전투

트라시메누스 호 전투는 기원전 217년 4월 이탈리아의 트라시메누스 호수에서 한니발의 카르타고군과 가이우스 플라미니우스가 이끄는 로마군이 벌인 전투를 말한다. 제2차 포에니 전쟁 중 이탈리아에서 벌어진 세 번째 전투로, 로마군은 한니발의 완벽한 매복에 이은 공격으로 괴멸당했다. 이 전투에서 로마군은 카르타고군의 칼에 죽거나 호수에서 익사하고 말았다. 6천 명의 전위부대는 포위를 뚫고 도망하는 데 성공했지만, 카르타고의 기병대에게 모두 붙잡히고 말았다. 약 2만 5천 명의 로마 병력 중 살아서 로마로 돌아간 자는 2천 명에 불과했다.

151

이 승전 덕분에 한니발군은 남부 이탈리아까지 방해물 없이 진격할 수 있었다. 로마 원로원은 지구전의 대가 퀸투스 파비우스를 독재관으로 임명하여 그에게 군단을 맡겼지만, 로마 시민들은 그의 정책에 불만을 품고 집정관 선거에서 적극론자인 바로를 선출하였다. 새로운 집정관인 바로와 파울루스는 무려 8만 6천에 달하는 로마 군단을 조직했다.

한편 한니발은 그동안 아무런 방해도 받지 않은 채 이탈리아 남부로 남하하여, 로마군의 군량 보관소가 있는 칸나이에 진입하였다. 이에 로마의 두 집정관은 대군을 이끌고 칸나이에서 한니발과 대규모 회전을 벌였다(BC 216년 8월). 이 싸움에서 한니발은 전사(戰史)에 남을 만큼 기발한, 기병 · 보병의 유기적인 조합으로 로마군을 포위하여 섬멸해 버렸다(칸나이 전투).

한니발은 5만 명의 병력으로 8만 6천 명의 로마군을 상대하여 싸웠는데, 이 싸움에서 로마군은 4만 5천 명이 그 자리에서 죽어버리고 간신히 탈출한 1만 4천여 명을 제외한 나머지 병력이 모조리 포로로 잡히는 대참패를 당했다. 거기에 마케도니아 왕국과 한니발이 동맹을 맺었고, 남부 이탈리아의 로마 동맹시들도 한니발 편에 붙기 시작했으며, 시칠리아의 시라쿠사도 로마와의 동맹을 끊고 카르타고에 붙었다.

● 칸나이 전투 당시 한니발이 사용한 전술

칸나이 전투 당시 한니발은 로마의 주력 부대를 포위 섬멸하였는데, 이는 포위섬멸전의 교본이라 할 수 있어서 모든 사관학교에서 기본적으로 가르치는 전투이기도 하다. 로마의 집정관 바로는 우세한 병력을 살려, 주력인 중장보병으로 적 주력을 분쇄하는 교과서적 진형을 펼쳤다. 이처럼 수적으로 우세한 로마군 보병을 상대로 한니발은 경보병과 주력인 중장보병으로 정면에서 지연전을 펼치면서 적 주력을 끌어들임과 동시에, 우세한 기병대를 이용하여 로마군의 측면을 보호하는 기병을 빠른 시간 안에 물리치는 전술을 구상하였다.

● 로마 집정관 파울루스의 최후. 존 트럼벌의 작품이다.

칸나이 전투 이후 한니발에게 대규모 회전으로 승리하는 것이 사실상 불가능하다고 뼈저리게 느낀 로마는 더 이상 한니발과 회전을 벌이는 것은 포기하고 파비우스가 주장한 대로 지구전법, 즉 게릴라 전법과 초토화 전법을 쓰기로 결정하였다. 당시 지중해의 강대국이었던 로마가 겨우 3만의 한니발 군대와 맞서려고 청야(清野) 전술을 썼다는 것이다.

그 후 10년간 로마와 한니발은 직접적인 대결 없이 지루한 소모전을 계속했다. 한니발은 전쟁을 지속하기 위해 본국으로부터의 보급이 절실하였다. 그러나 다른 카르타고 지휘관들의 무능함 때문에 한니발 외의 카르타고 군대는 연전연패했고, 여기에 카르타고 본국도 계속해서 터지는 반란과 히스파니아 원조 때문에 한니발에게 제대로 보급을 해줄 수 없었다. 게다가 로마 해군 또한 카르타고의 보급선을 결사적으로 저지했기 때문에, 소수 정예의 한니발 군대는 지속적인 병력 손실을 입었다. 반면 로마군은 본토에서 싸우기 때문에 계속 병력을 보충할 수 있었다.

또한 한니발이 노렸던 로마 동맹체제의 붕괴는 결국 실패했다. 이것은 로마 동맹체제가 그의 예상보다도 훨씬 견고한 데다, 한니발 외에는 사실상 적수가 없었던 강력한 로마군이 동맹을 유지한 도시를 지지하고 이반한 도시는 공격하여 다시 로마 세력권에 편입시켰기 때문이었다.

한니발 군대는 겨우 얻은 이탈리아 내 지지세력도 거의 잃었고, 이탈리아 장화의 발부리 끝으로 몰렸다. 이 과정에서 한니발의 동생인 하스드루발은 지원 병력 3만을 이끌고 스페인에서 북이탈리아로 진입하였고, 갈리아 부족들의 지원군까지 포함하여 5만으로 전력을 강화한 후 한니발을 향해 남하하였다. 하지만 미리 기다리고 있던 리비우스와 네로의 3만 7천 로마군에 맞서 메타우루스 전투에서 싸우다 전멸당하였다(기원전 207년). 이로써 한니발에게 처음이자 마지막으로 찾아온 대규모 보급의 기회는 영영 사라지고 말았다.

이렇게 한니발이 고립되고 전세가 호전되자 스키피오 아프리카누스는 로마 집정관으로 선출된 뒤, 아프리카로 건너가 카르타고 본국과 그 동맹국을 공격했다. 로마군은 연전연승하여, 결국 누미디아 왕국까지 수중에 넣었다. 궁지에 몰린 카르타고 본국은 한니발에게 귀국 요청을 보냈고, 한니발은 이 요청을 받아들여 이탈리아를 떠나 카르타고로 귀국하였다. 한니발은 스키피오를 만나 화친을 제의했으나 거부당했고, 결국은 자마 전투에서 스키피오와 대결하게 되는데 여기서 패배하고 말았다(기원전 202년). 마침내 2차 포에니 전쟁은 카르타고의 패배로 막을 내렸다.

● **스키피오 아프리카누스의 흉상**
제2차 포에니 전쟁에서 싸운 로마 장군이다. 3만 8천의 군대를 거느리고 아프리카로 진군했으며, 자마 전투에서 가장 큰 승리를 거두면서 카르타고의 항복 조약을 이끌어 냈다.

● **자마 전투**

BC 202년 10월 19일, 카르타고의 장군 한니발 바르카와 로마의 장군 스키피오 아프리카누스가 격돌한 결전이자, 2차 포에니 전쟁을 종결짓는 전투이다. 한니발과 스키피오 모두 고대를 통틀어 최고의 명장들인 데다 서지중해의 패권을 두고 벌인 포에니 전쟁의 가장 중요한 전투 중 하나로, 실제 활용된 전술 역시 명장이라는 이름이 아깝지 않을 전투로 알려져 있다.

■ 제3차 포에니 전쟁

제2차 포에니 전쟁 이후 로마는 점차 동쪽으로 마케도니아 왕국, 일리리아, 시리아로 그 영역을 확대해 갔고, 히스파니아에서 일어난 반란을 진압했다. 포에니 전쟁에 패배한 카르타고는 시칠리아·히스파니아의 영토를 빼앗긴 데다, 매년 200 탈란트씩 50년간 물어야 하는 막대한 전쟁 배상금에 고통 받고 있었다.

한편 로마 내부에서는 '2차 포에니 전쟁 때 카르타고를 완전히 파괴했어야 했다'는 의견이 분분했다. 특히 대 카토 같은 정치가는 카르타고 타도를 끊임없이 주장했는데, 카르타고는 아프리카 지중해의 지리적 입지 덕분에 해상무역이 활발해 국력의 회복세가 빠르기 때문이었다. 결국 카르타고는 기원전 156년 이후부터 불과 5년 만에 전쟁의 상처를 치유하고 예전 못지않은 강한 국력으로 재성장하게 된다.

당황한 로마는 카르타고의 국력을 약화시키고 본토에 침입할 명분을 만들기 위해, 이웃 나라인 누미디아에게 '카르타고의 선박과 영토를 주기적으로 약탈하라'는 은밀한 제안을 하였다. 이를 받아들인 누미디아는 로마의 후원에 힘입어, 주기적으로 카르타고 영토에 침입해 약탈을 일삼았다. 2차 포에니 전쟁 이후 '카르타고의 모든 영토 분쟁은 로마 원로원의 중재를 받아야 한다'고 조약을 맺었기에, 이웃 나라인 누미디아와의 영토 분쟁에 로마 원로원이 개입할 수 있었으며, 따라서 언제나 누미디아에 유리한 결정을 내릴 수가 있었기 때문이다.

● 대 카토

마르쿠스 포르키우스 카토(Marcus Porcius Cato)는 기원전 234년에 태어났다. 그는 기원전 203년 스키피오 아프리카누스 휘하에서 재무관을 지냈고, 그 후 기원전 195년 집정관이 되어서 히스파니아에 파견됐다. 대 카토는 기원전 184년에 감찰관으로 선출되어서 스키피오 아프리카누스를 탄핵했다. 그 후 정무관직을 이용해서 기원전 189년부터 기원전 149년까지 40년 동안 부정한 자들을 추방했다. 기원전 149년 제3차 포에니 전쟁을 일으켜 놓고, 얼마 후 85세로 죽었다.

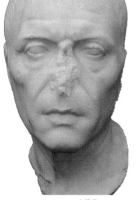

카르타고는 누미디아의 계속된 침입으로 로마에게 제재를 부탁했지만, 로마는 누미디아의 일방적 방문이라는 결정을 내리며 거절을 하곤 했다. 결국 카르타고는 누미디아의 잇따른 침입 탓에 경제적으로 막대한 손해를 입게 되었다.

　참다못한 카르타고는 누미디아와의 국경분쟁에 대항하기 위해 약 6만여 명의 용병을 조직했고, 누미디아가 침공하자 역공하여 누미디아 영토로 진입하였다. 이에 로마는 기다렸다는 듯이 즉각 조약위반으로 간주함과 동시에 강력하게 항의하면서, 조사단을 파견했다. 로마 원로원은 카토를 중심으로 하는 대(對)카르타고 강경파와 온건파로 나뉘었다. 때마침 그리스에서 일어난 반(反)로마 세력의 발호에 로마 원로원의 주류는 강경 노선으로 돌아섰다.

　한편 카르타고에서는 이 사태에 대해 온건파와 강경파 간의 대립이 계속되고 있었다. 그러나 계속된 전쟁으로 국력이 많이 약해졌다고 생각한 카르타고는 온건 정책을 선택하여 누미디아를 공격한 장수를 처형했으며, 로마에 사죄하기 위해 사절단을 보냈다. 그런데 로마는 이를 받아들이지 않고, 아프리카에서 강화 협상을 강행하였다. 이 강화 협상에 파견한 장수는 스키피오 아이밀리아누스로, 제2차 포에니 전쟁에서 한니발에 대항해 로마를 승리로 이끈 장군 스키피오 아프리카누스의 양손자이기도 했다. 그는 협상하러 온 카르타고 대표단에게, 전쟁을 하지 않겠다는 내용의 첫 번째 조건을 걸었다.

　카르타고의 모든 무기를 로마에게 넘길 것.

　전쟁을 원하지 않았던 카르타고는 결국 그 조건을 받아들여 무기를 모두 로마에게 넘겨주었는데, 그 수만 10만 개가 넘었다고 한다. 그런데 두 번째 조건은 카르타고에게 다음과 같은 내용의 최후 통첩을 보냈다.

수도 카르타고를 파괴하고, 주민은 해안에서 15 km 떨어진 곳으로 모두 이주할 것.

스키피오 아이밀리아누스는 애초부터 카르타고를 멸망시킬 작정을 하고 있었던 것이다. 도를 넘어선 내용에 더 이상 참을 수 없게 된 카르타고는 로마와의 결전을 준비했다. 이미 모든 무기를 넘겨버린 카르타고는 로마군에 타격을 줄 수 있는 물건이란 물건을 모두 집결시켰고, 심지어 여자들까지도 머리카락을 잘라 석궁의 밧줄로 사용했다. 또한 화평을 주장하는 사람을 모두 사형에 처하면서, 이 두 나라는 피할 수 없는 전쟁을 치르게 되었다. 성 안의 카르타고군과 시민은 스키피오 아이밀리아누스가 이끄는 4만의 로마 정예병에 오로지 돌, 나뭇가지, 맨손으로 맞섰고, 죽인 로마군의 무기를 빼앗아 대항하는 등 카르타고의 운명을 건 마지막 싸움이라 생각하며 필사적으로 저항하였다.

기원전 149년부터 시작된 제3차 포에니 전쟁은 단기간에 끝이 날 것이라 생각한 스키피오 아이밀리아누스의 예상을 완전히 뒤엎으며, 기원전 146년에 함락되기까지 무려 3년 동안이나 이어졌다.

● 스키피오 아이밀리아누스의 흉상

● 전쟁의 결과

스키피오 아이밀리아누스는 카르타고 함락 이후 도시를 무자비하고 철저하게 파괴한 다음, 가래로 갈고 소금을 뿌려 불모지로 만들었다. 전쟁 전 카르타고 시의 인구는 25만 명이었으나 함락 후에는 5만 명도 채 되지 않았고, 살아남은 자들은 모두 힘 없는 노인이나 어린 부녀자들이었다. 로마군은 이들을 아프리카의 외진 곳으로 강제 이주시켰다. 본래 로마군들은 이주민들을 노예로 팔려고 했으나, 스키피오가 반대했다. 그것은 3년 동안 맨손으로 자신의 조국을 위해 목숨 바쳐 싸운 카르타고인들에 대한 존경의 표시라고 했다.

■ 정복의 영향

　로마가 카르타고에 우위를 점했을 무렵, 그리스 본토의 도시국가들은 마케도니아와의 싸움에 로마군을 끌어들이게 되었다. 로마인들은 이 싸움에 개입하여 마케도니아 왕 필리포스 5세의 세력을 격파하고, 마케도니아의 항복을 받아냈다(기원전 197년). 그 뒤 그리스 도시국가들의 요청으로 시리아군을 그리스에서 격퇴하고, 시리아에까지 건너가 정벌을 함으로써 그리스 지역의 패권을 확립하였다. 그 뒤 필리포스 5세의 뒤를 이은 마케도니아 왕 페르세우스가 로마에게 다시 반기를 들었으나, 로마는 이것을 진압하고 마케도니아를 멸망시키고 말았다(기원전 168년).

　그 뒤 로마는 정복된 국가들이 로마의 패권에 반발하는 일이 빈번해지자, 그리스에서 세 번째로 큰 도시였던 코린토스와 포에니 전쟁의 맞수였던 카르타고를 완전히 파괴하고 그 주민들 모두를 이주시키거나 노예로 팔아버림으로써 주변국에 본보기를 보였다. 그 이후로는 로마의 패권이 공고해져, 바야흐로 로마는 지중해 세계의 전체를 소유하는 국가로 발돋움하게 되었다.

　그러나 너무 급속도로 이루어진 성장은 로마 내부에 많은 모순을 낳았다. 가령 기존의 파트로네스(후견인)-클리엔테스(의뢰인) 관계로 돌아가던 사회 구조가 완전히 붕괴되었다.

　로마는 지중해를 제패하면서 당시 서양과 중동을 아우르는 수도가 되었으며, 따라서 그 세계 전체의 지식인, 부유층, 출세한 해방 노예, 새로 해방되는 무수한 노예들이 로마로 상경하였다. 뿐만 아니라 엄청난 전리품을 얻은 로마 정부는 도시를 세계 수도에 걸맞은 모습으로 바꾸기 위해 막대한 규모의 공사를 벌였고, 일자리를 찾아 유입되는 노동자들도 상당하였다. 이로써 로마 시의 인구는 급격히 팽창하여 무려 1백만에 이르게 되었다.

이러한 인구 급증으로 인해 기존의 파트로네스-클리엔테스의 폐쇄적인 구조
가 파괴되었고, 그로써 전통적인 공화정의 탈을 쓴 귀족 정치가 더 이상 작동될
수 없게 되었다.

또한 엄청난 부의 유입은 로마 중산층과 저소득층의 불만을 고조시켰다. 로마
의 전통적인 공화정은 철저히 원로원 중심으로 이루어졌기 때문에, 로마의 늘
어난 부는 원로원이 독점하였다. 반면 병사로 징병되어 싸워 이김으로써 부를
얻는 데 큰 공헌을 한 로마 시민들은 이 혜택을 누릴 수 없었고, 오히려 로마의
영토가 늘어나면서 장거리 원정을 수행하느라 농장을 경영할 수 없어서 파산하
는 이들이 많았다. 원로원은 이들에게서 농장을 헐값에 사들인 뒤 노예를 대규
모로 고용하여, 대농장(라티푼디움)을 경영하며 부를 축적하였다. 이러한 불평등
으로 인해 원로원에 대한 로마 시민들의 불만은 점점 고조되었다.

이렇듯 로마의 귀족 정치를 지탱한 전통적인 사회 구조의 파괴, 늘어난 부를
독점하는 원로원, 그리고 장거리 원정 및 그에 따른 복무 기간의 증가 등으로 인
하여 평민 계급과 귀족 계급의 대립은 심화되었다. 그리하여 몇몇 정치인들이
이 문제를 로마 공화정의 체제 내에서 해결하려는 시도를 하게 되면서, 그동안
눈에 드러나지 않았던 로마 공화정의 모순점이 노출된다.

● 라티푼디움(Latifundium)

라티푼디움이란 '광대한 토지'라는 뜻의 라틴어로, 고대 로마의
대토지 소유제도를 말한다. 라티푼디움은 로마의 영토 확장, 영
유지에 대한 처분법에 의해 성립·발전했다. 로마는 영토 확장과
함께 점령한 토지를 국유화하였으나, 유력자가 국유지를 사유화
함으로써 대토지를 소유하게 되었다. 또한 장기간의 전쟁으로 토
양이 황폐해졌고, 중소토지 소유농민은 오랜 기간의 종군으로 이
농하게 되어 그들의 사유지가 유력자에게 넘어가 몰락하였다. 또
한 로마는 지중해 세계를 평정하면서, 노예공급원을 확보하였다.

공화정 말기

도시의 경제 활동이 왕성해지고 농장을 빼앗긴 실직자들이 도시로 급속히 유입되었지만 일자리는 충분하지 않았고, 거주 환경은 열악했으며, 범죄율은 높았다. 이에 도시 빈민들의 불만은 쌓여갔고, 공공 질서와 정치 안정에 위협이 되었다. 한편 기사 계급은 정복 덕분에 호경기를 맞아 경제인 집단으로 성장하여 그 권익을 발전시켜 나갔고, 때로는 원로원과 마찰을 일으키게 되었다. 처음 두 포에니 전쟁이 일어나는 국가 위기 상황에서 원로원은 지도력을 발휘하고 국익을 신장하여 절대적인 신망을 얻었다. 그러나 전쟁과 팽창으로 불거진 문제를 앞두고 원로원 귀족들은 국익을 위해 노력하기보다는 거의 배타적인 계급으로 자신들의 권력과 위신을 지키는 데 급급했고, 서로 간에 편협한 정쟁을 일삼는 일이 많았다.

■ 그라쿠스 형제

기원전 133년 젊은 호민관 티베리우스 그라쿠스는 농지법을 제안하여, 유력자들이 과도하게 점유한 공유지를 부분적으로 재분배하고자 했다.

이때 평민회에 법안을 제출하기 전에 그라쿠스는 관례를 무시하고 원로원의 자문을 구하지 않았으며, 대신 가난한 시민(주로 농촌 출신 빈민)에게 호소하여 이들의 지지를 등에 업고 농지법을 강행했다. 또 그는 농지법에 반대하는 동료 호민관 옥타비우스를 면직시켰고, 농지분배 3인 위원회를 구성하였으며, 소아시아의 페르가몬 영토에서 생긴 수익 일부를 농지 분배 자금으로 전용하여 원로원의 대외 정책 및 재정에 대한 권한에 타격을 입혔다.

기원전 123년 티베리우스 그라쿠스의 동생 가이우스 그라쿠스가 호민관에 선출되자, 형의 농지법을 부활시키고 대규모 식민시를 건설하여 이탈리아의 토지 부족 문제를 해결하고자 하였다. 또 도시 빈민을 위한 곡물법을 최초로 제정했다.

나아가 기사 계급을 끌어들이기 위해 아시아 속주(屬州)의 조세 징수 업무를 그들에게 맡겼고, 속주 총독의 학정을 재판하는 상설법정의 배심원에 기사 계급을 참여시켰다. 아울러 로마 시민권과 라틴 시민권을 확대하려는 법안도 제안했다. 그러나 정적들의 사주를 받은 호민관 드루수스가 시민들을 선동하여 그라쿠스에 대항했으며, 기원전 121년 가이우스 그라쿠스는 호민관 선거에서 떨어진 후 추종자와 함께 정적들의 정치 폭력으로 희생되었다.

두 형제 중 동생인 가이우스 그라쿠스는 원로원이 최초로 발의한 '원로원 최종 권고(Senatus Consultum Ultimum)'의 희생자가 되었다. 이 원로원 최종 권고는 일종의 긴급조치와 같은 것으로, 원로원이 원하면 모든 헌법·절차를 무시하고 어떤 처형도 내릴 수 있다는 무법적인 조항이었다. 이는 원로원이 사실상 공화정의 탈을 벗어던지고 사상 최초로 본색을 드러낸 것이었다.

● 그라쿠스 형제(Gracchi)

그라쿠스 형제는 기원전 2세기의 로마 공화정 시대에 활동한 정치가인 티베리우스 그라쿠스와 가이우스 그라쿠스를 말한다. 이들의 아버지는 집정관을 지낸 티베리우스 셈프로니우스 그라쿠스(대 그라쿠스)였고, 어머니는 제2차 포에니 전쟁의 영웅인 스키피오 아프리카누스의 딸, 코르넬리아 아프리카나였다. 이들 형제는 아버지를 일찍 여의고, 홀어머니 밑에서 훌륭한 교육을 받으며 자랐다. 두 형제는 모두 호민관이 되어 로마 공화정 내에서 자작농을 육성하는 토지개혁을 비롯하여 빈민·무산자를 돕는 여러 가지 개혁을 시행하려고 했으나, 로마 원로원과 보수적인 귀족 반대파에 밀려 끝내 죽임을 당하고 개혁은 실패했다.

티베리우스는 약 30세, 가이우스는 33세에 죽었고, 시체는 모두 티베르 강 유역에 버려졌기 때문에 이들에게는 무덤이나 남겨진 동상, 흉상 등이 전혀 없다. 그러나 그들의 개혁안은 훗날 군인 황제들에 의해 강제적으로 받아들여졌다. 그들은 로마의 고결한 양심으로 상징된다.

● 후대에 만들어진, 그라쿠스 형제의 청동상

■ 마리우스와 술라

　기사계급 출신의 장군 가이우스 마리우스는 기원전 107년에 군대 복무를 위한 시민의 재산 자격을 철폐하여, 무산자들도 군대에 지원할 수 있도록 했다.

　따라서 병사들이 제대하면 토지를 배분하여 생계 수단을 마련해 주어야 했다. 마리우스는 원로원의 반대를 무릅쓰고 토지 분배 법안을 통과시켜, 퇴역병을 정착시켰다.

　마리우스의 병제 개혁으로 병사들은 국가보다는 자신의 군사령관에게 의지하고 충성을 바치게 되었다. 그 이유는 마리우스 때 증명되었듯이 퇴역병이 토지를 지급받기 위해선 원로원의 반대를 무릅써야 했고, 이를 위해서라면 그들의 군사령관의 정치력에 의존해야 하였기 때문이었다.

　병사들은 모두 무산자였으므로, 토지 배급 문제는 그들의 생존권과 직결된 상황이었다. 그들의 토지 분배의 여부가 자신들의 군사령관의 정치력에 의해 결정되는 상황이었으므로, 그들은 자신의 군사령관에 절대적인 충성을 바치게 되었다. 이는 로마 군단병이 군사령관에 의해 사병화가 되는 결과를 초래하게 된다.

● 가이우스 마리우스(Gaius Marius)

가이우스 마리우스(기원전 157년~기원전 86년 1월 13일)은 로마 공화정의 장군이자 정치가였다. 이례적으로 7번이나 집정관에 당선되었고, 로마 군단에 대한 마리우스의 개혁으로 유명하다. 무산계급을 신병으로 보충했고, 병력 운용의 중심을 중대(manipulus) 단위에서 대대(cohors) 단위로 바꿨다. 게르만족의 침략을 격퇴하여, 로마의 제3의 건국자로 불렸다. 마리우스의 생애는 로마가 공화국에서 제국으로 변화하는 데 중대한 역할을 하였다.

● 카르타고의 폐허에서 생각에 잠긴 마리우스

한편 누미디아와 게르만족과의 전쟁에서 함께 싸웠던, 이탈리아 동맹국의 일부 시민들이 다시 로마 시민권을 요구하게 되었다.

기원전 92년 호민관 마르쿠스 리비우스 드루수스는 이탈리아 동맹국 시민에게도 로마 시민권을 부여하는 법안을 제안하였다. 그러나 그의 정적들과 기존의 시민들은 기득권을 확대하는 데 반대하였고, 드루수스는 암살당하였다.

그러자 로마 시민권을 기대하던 이탈리아 동맹국은 로마에 대항하여 동맹국 전쟁(기원전 91년~기원전 88년)을 일으켰다. 결국 로마는 모든 동맹국의 자유민에게 로마 시민권을 허용하여, 로마 시민권이 이탈리아 전역으로 확대되었다.

이후 마리우스파와 부하 루키우스 코르넬리우스 술라 사이에 전면적인 내란이 일어났다. 마리우스파와 술라가 엎치락뒤치락 권력 투쟁을 벌이다, 기원전 83년 미트리다테스 전쟁에서 승리한 술라는 군대를 이끌고 로마로 진격하여 독재관이 되었다. 술라는 정적들을 무자비하게 숙청하였고, 자신의 퇴역 병사들을 이탈리아에 정착시켰다. 술라는 원로원 의원의 수를 600명으로 배가했고, 속주 총독의 군사 행동을 통제하기 위해 원로원의 통제권을 강화하여 공화정 헌정 질서를 복구하고자 했다.

● 루키우스 코르넬리우스 술라(Lucius Cornelius Sulla)

기원전 81년 로마는 집정관이 모두 공석이었다. 술라는 10만의 병력을 배경으로 원로원을 압박해 "공화국을 재건하는" 독재관에 취임했다. 원래 로마 공화정에서 독재관은 임기가 6개월이었지만 술라는 비상사태라는 이유로 무기한 임기의 독재관을 요청했고, 이를 받아들인 루키우스 발레리우스 플라쿠스(Lucius Valerius Flaccus)의 제안으로 민회는 이를 승인했다. 독재관에 취임한 후 그는 대대적인 국정 개혁에 나섰는데, 반대파에 대한 무자비한 숙청으로 공포정치를 실시했다.

● 술라의 흉상

그러나 술라가 권좌에서 물러나 기원전 78년에 죽은 뒤 그가 확립한 공화정 체제는 다시 도전을 받았으며, 특히 사회 하층민들도 이에 가담했다.

기원전 81년 세르토리우스가 히스파니아에서 반란을 일으켰다. 기원전 78년에는 집정관 마르쿠스 레피두스가 반란군을 이끌고 로마로 진격하여 원로원에 개혁을 요구하였고, 스파르타쿠스가 노예 반란(기원전 73년~기원전 71년)을 일으켰다. 기원전 63년 카틸리나의 모반에는 가난한 농민과 퇴역병이 가담했다.

이렇듯 체제에 대한 반란을 진압하는 과정에서 공을 세운 폼페이우스 마그누스와 크라수스는 기원전 70년에 집정관이 되었으며, 술라가 약화시킨 호민관의 권한을 다시 부활시켰다.

또 기원전 67년의 가비니우스 법은 로마 대중의 지지를 받아 지중해 해적 소탕을 위해 폼페이우스에게 '비상시 명령권(imperium)'을 부여했으며, 폼페이우스는 다시 비상시 명령권을 얻어 미트라다테스를 무찌르는 등 동방에서 대승을 거두었다.

● 스파르타쿠스(Spartacus)

스파르타쿠스는 처음에는 병사로 있다가, 후에 반란군의 우두머리가 되어 싸우다가 잡혀 노예가 되었다. 그는 건강한 몸과 뛰어난 무예로써 노예 검투사가 되었다. 그 후 노예 제도에 반대하여 칼 잘 쓰는 노예들을 거느리고 이탈리아 남부의 카푸아의 검투사 양성소를 탈출하여 항쟁을 일으켜, 한때는 남부 전역을 장악했다. 그의 이러한 승승장구는 계급투쟁을 대수롭지 않게 받아들인 로마 공화정의 어리석음, 대농장을 소유한 지주들에게 땅을 빼앗긴 몰락농민들의 불만 덕분이었다. 하지만 스파르타쿠스의 계급투쟁은 투쟁노선 대립으로 인한 내분 등이 겹쳐 진압당했다. 진압으로 붙잡힌 6천 명의 포로들이 아피아 가도에서 십자가형으로 공개처형 당했을 정도로 스파르타쿠스의 계급투쟁은 거대한 항전이었다.

■ 제1차 삼두정치

보수적인 원로원은 퇴역병 정착을 위한 폼페이우스의 농지법과, 그가 정비한 동방 속주 체제를 인정하지 않았다. 기원전 60년 로마로 돌아온 카이사르는 자신을 반대하는 원로원에 맞서 결국 폼페이우스와 손을 잡았다. 폼페이우스가 카이사르의 집정관 당선을 도와주면 카이사르는 폼페이우스의 퇴역병을 위한 토지 배분을 추진하기로 비밀리에 합의하고, 크라수스도 협력관계에 끌어들였다.

기원전 59년 카이사르는 원로원파인 비불루스와 함께 무난히 집정관에 당선되었다. 폼페이우스는 카이사르의 외동딸 율리아와 결혼했고, 카이사르는 루키우스 피소의 딸 칼푸르니아와 결혼했다. 집정관이 된 후 카이사르는 삼두정치의 협약에 따라 폼페이우스와 크라수스의 지원을 받아, 농지법을 개혁하고 원로원의 약화를 꾀했다.

카토와 키케로 같은 원로원파는 이에 저항했으나, 퇴역병과 민중을 선동하여 압력을 가한 삼두정치파에 의해 좌절되었다. 공동집정관인 비불루스는 아무런 힘을 발휘할 수 없었고, 카이사르는 남은 임기 동안 사실상 혼자 집정관직을 수행했다. 또한 카이사르는 삼두정치의 위력을 통해 '바티니우스 법'을 민회에서 간단히 가결시켰다. 이로써 카이사르는 갈리아 트란살피나, 갈리아 키살피나, 일리리아 3개 속주의 총독이 되어, 갈리아 전쟁을 치르러 로마를 떠났다.

● 율리우스 카이사르(Julius Caesar)의 동상
카이사르(로마의 군인, 정치가)는 크라수스, 폼페이우스와 더불어 제1차 삼두정치를 수립하였으며, 갈리아와 브리타니아에 원정하여 토벌하였다. 크라수스가 죽은 뒤 폼페이우스마저 몰아내고 종신독재관이 되었으나, 공화정치를 옹호한 카시우스 롱기누스, 브루투스 등에게 암살되었다.

■ 갈리아 정복

갈리아 전쟁은 기원전 58년에 시작해 기원전 51년에 끝난, 로마 공화정과 갈리아 부족 간의 전쟁이다. 기원전 58년 율리우스 카이사르는 갈리아 트란살피나와 키살피나(트란살피나는 '알프스 너머', 키살피나는 '알프스 이쪽'을 뜻함), 일리리아의 총독으로 임명되었다. 로마는 당시 갈리아의 독립 켈트족 부족국가들과 교역 및 외교 관계를 맺고 있었다.

하이두이족은 당시 세콰니족, 헬베티족, 게르만족의 압박을 심하게 받고 있었다. 헬베티족은 대서양에 면한 산토니족의 영토로 이주하기 위해 갈리아 트란살피나 속주를 지날 것을 카이사르에게 요청했으나 거절당해, 하이두이족과 세콰니족의 영토를 지나려 했다. 이에 하이두이족이 카이사르에게 도움을 요청해, 전쟁이 시작되었다.

카이사르는 이후 7년이라는 짧은 기간 동안 갈리아 전역을 장악하고 로마의 속주로 만들었다. 전쟁 자체는 8년째, 기원전 51년까지 계속되었으나 알레시아 공방전(기원전 52년 9월)의 결과로 전쟁은 실질적으로 끝났으며, 기원전 51년은 전후 처리에 가깝다고 보는 것이 일반적이다.

● 카이사르에게 항복하는 베르킨게토릭스

베르킨게토릭스는 기원전 52년 로마 공화정의 율리우스 카이사르에 맞서 갈리아인의 총궐기를 주도했으나, 알레시아 공방전에서 패배한 후 스스로 로마의 포로가 되었다. 카이사르는 기원전 46년 로마에서 개선식을 거행한 직후 그를 처형하였다.

갈리아 전쟁은 서유럽에 로마 문화를 전파하는 데 막대한 영향을 주었다. 갈리아 전쟁 이후, 갈리아는 빠르게 속주화되었고 로마의 문명을 받아들였다. 전쟁이 끝나자 카이사르는 정복한 전 지역을 "갈리아 코마타(Gallia Comata: '장발의 갈리아'라는 뜻)"라는 하나의 속주로 두었다. 결국 갈리아 일대는 카이사르의 세력 기반이 되어, 훗날 그가 내전에서 승리할 수 있게 일조한다.

그 넓은 갈리아 전역을 단 7년 만에 제패해 버린 사건은 로마에게는 충격 그 자체였다. 범(汎)갈리아 연합론을 내세워 봉기한 베르킨게토릭스를 알레시아 공방전에서 물리치고 갈리아 지배를 결정적으로 확립함에 따라, 카이사르는 서서히 원로원의 견제를 받게 되었다. 마침내 원로원의 최종통보를 받고, 루비콘 강 앞에서 모든 군대를 해산한 뒤 로마로 올 것을 요구받았다.

카이사르는 합법의 테두리 안에서 원로원과 대결하기 위해 그들에게 여러 타협안을 제시하였다. 그중 가장 중요한 핵심은, 카이사르 자신이 갈리아 총독을 유지한 상태에서 집정관에 출마할 수 있게 허락해 달라는 것이었다. 카이사르가 군대 지휘권을 반납하는 순간 원로원의 수많은 정적들에게 무방비로 노출될 것이므로, 이것은 목숨을 걸 각오를 해야 하는 것이었다. 원로원은 이 제안을 거부하였다. 카이사르가 갈리아 총독 말기에 원로원과 이토록 심하게 대립하게 된 원인은, 폼페이우스와 크라수스와의 삼두결속이 깨졌기 때문이었다.

● 그나이우스 폼페이우스 마그누스(Gnaeus Pompeius Magnus)
폼페이우스는 로마 공화정 말기의 위대한 장군이자 정치인이었다. 그는 로마 공화정 말기 원로원파(귀족파)의 지도자로, 루키우스 코르넬리우스 술라의 부관이자 그의 손녀사위였다. 술라 사후 마르쿠스 리키니우스 크라수스와 가이우스 율리우스 카이사르와 함께 삼두정치 체제를 이끌었으며, 한때 카이사르와 동맹을 맺었지만 카이사르와의 내전에서 패하고 이집트에서 죽었다.

167

크라수스는 파르티아 원정에서 지휘관으로서의 극도의 무능력함을 보인 끝에 자기 아들(젊은 크라수스) 및 군대와 함께 전사했다. 또 폼페이우스는 카이사르의 딸이자 그의 아내였던 율리아의 죽음, 카이사르에 대한 정치적 견해 차이 탓에 원로원파로 기울어지게 되었다. 그 결과 카이사르는 갈리아 원정의 대성공에도 불구하고 원로원에서 고립되게 되었다. 반대로 원로원파는 정치적으로나 군사적으로나 대단히 강력한 폼페이우스라는 후원자를 등에 업고, 카이사르에 맞서 매우 강경하게 나갈 수 있게 된 것이었다. 그리고 이는 결국 양자 간의 충돌로 나타난다.

원로원이 카이사르와의 타협을 거부하고 그에게 '지휘권을 반납한 뒤 민간인 신분으로 집정관에 입후보하라'는 명령을 함으로써, 카이사르는 내전을 치르기로 결정하였다. 카이사르의 군사행동은 어찌 보면 너무도 당연한 것이었으며, 그것도 8개 군단이 휘하에 있는데도 순순히 자기 목숨을 적대 세력 손에 내주는 것은 기대하기 어려웠다.

결국 기원전 49년 카이사르는 자신의 군대와 함께 루비콘 강을 건넜다. 그 유명한 "주사위는 던져졌다"는 말은 이 강을 건널 때 했다고 전해진다.

● 루비콘 강을 건너는 카이사르
고대 로마 시절에 로마의 장군 및 군사들이 전쟁 등으로 파견나간 뒤 돌아오는 길에 루비콘 강을 건너야 할 경우에는 로마에 충성한다는 서약의 뜻으로 항상 무장을 해제한 다음에야 강을 건널 수 있는, 일종의 전통과 법규를 가지고 있었다. 따라서 무장을 하고 이 루비콘 강을 건넌다는 것은 곧 로마에 대한 반역을 나타내는 행동이었다. 하지만 이 전통을 먼저 깬 사람이 바로 율리우스 카이사르였다.

■ 카이사르의 내전

갈리아 전쟁에서 전격전과 기동전에 익숙해진 카이사르 군단은 원로원의 예상보다 빠르게 강행군해 로마 본토로 들어왔고, 맞설 병력의 소집을 미처 끝내지 못한 원로원과 폼페이우스는 이탈리아에서 싸우는 것이 불리하다고 판단하여 함께 그리스로 넘어가서 그곳에서 군단을 편성하였다. 국가의 최고 지도자들이 수도를 버리고 달아나는 모습은 결국 이들에게 정치적 불리함을 안겨주게 되었다.

카이사르는 로마에 입성한 후, 집정관 선거에 단독으로 입후보하여 집정관이 되었다. 그 뒤 스페인으로 건너가 그곳의 원로원 측을 격파하였고, 폼페이우스와 대결하기 위해 그리스로 건너갔다. 그리스의 디라키움에서는 수적 열세의 상황에서 폼페이우스를 포위하다가 맹렬한 반격을 받아 패배하고 말았다. 폼페이우스는 군량 보급과 병력 그리고 막강한 해군 면에서 우세했으므로 회전보다는 지구전을 펼치는 게 유리했다. 그리하여 폼페이우스는 시종일관 지키는 전법으로 나갔는데, 폼페이우스와 동행하던 원로원 의원들은 장기간의 군대 생활에 싫증을 느껴 폼페이우스에게 조속히 결판을 내달라고 압력을 가했다. 결국 폼페이우스는 파르살루스에서 전투를 벌이기로 결정하였다.

● 파르살루스 전투를 묘사한 명화

테살리아의 한 평원에서 일어난 파르살루스 전투의 결과는 카이사르의 압승이었다. 카이사르 쪽의 전사자는 200명뿐이었으나, 폼페이우스 쪽은 1만 5천 명 또는 6천 명이 전사하고 뒤에 남아 있던 2만 4천 명이 포로가 되었다. 폼페이우스군의 지휘관 전사자는 폼페이우스군 좌익 사령관으로서 카이사르 기병에게 최후를 맞은 아헤노바르부스가 있었고, 마르쿠스 테렌티우스 바로는 카이사르에게 투항했다. 그러나 라비에누스, 메텔루스 스키피오, 아프라니우스, 페트레이우스를 비롯한 폼페이우스의 장군들 대부분은 도망치는 데 성공했고, 키케로와 카토는 디라키움에 남아 있었다. 반면 마르쿠스 브루투스나 카시우스 롱기누스 등은 파르살루스 전투 이후에 카이사르에게 항복했는데, 그들은 훗날 카이사르 암살의 주모자가 된다.

한편 폼페이우스의 근거지였던 동방 일대는 일제히 카이사르에게 돌아섰다. 따라서 폼페이우스는 자신의 세력권인 시리아에서 재기할 수 없었다. 폼페이우스는 카이사르의 추격을 받으며 그리스를 횡단하여 동맹국인 이집트로 도망쳤고, 에게 해를 거쳐 알렉산드리아로 피신하였다. 카이사르는 알렉산드리아로 도주한 폼페이우스를 추격하였으며, 이곳에서 폼페이우스는 당시 프톨레마이오스 13세를 조종하는 궁중 관료들의 명령을 받은 전직 로마군 장교에게 살해당하였다.

● 프톨레마이오스 1세의 흉상

● 프톨레마이오스 왕조

프톨레마이오스 왕조는 기원전 305년부터 기원전 30년까지 이집트를 다스린, 헬레니즘 계열의 왕가를 말한다. 파라오를 칭했고, 이집트의 기존 전통을 이어받았기 때문에 이집트 제32왕조라고도 불린다. 알렉산드로스 대왕의 부하 장군이자 그의 계승자인 프톨레마이오스는 기원전 323년 알렉산드로스가 죽은 후 이집트의 총독으로 임명되었는데, 기원전 305년에 이르러 스스로 "프톨레마이오스 1세 소테르"로 칭하고 이집트의 왕이 되었다. 이집트인들은 즉시 그를 독립 이집트 왕국의 파라오로 인정하였고, 그의 후손들은 기원전 30년 로마 공화정에 의해 멸망할 때까지 약 300년간을 이집트의 통치자로 군림했다. 남자 통치자들은 모두 프톨레마이오스로 칭했고 여자 통치자들은 클레오파트라, 아르시노에, 베레니케로 불렸다.

이 당시 카이사르는 알렉산드리아에서 프톨레마이오스 13세와 (그의 누이이자 부인이며 공동 국왕인) 클레오파트라 7세 사이의 권력 투쟁에 개입하게 되었다. 아마 프톨레마이오스가 폼페이우스를 죽이는 데 관여한 탓에 카이사르는 클레오파트라 편에 선 것 같은데, 프톨레마이오스의 내시 포티누스가 카이사르에게 폼페이우스의 머리를 선물로 바치자 카이사르는 이를 보고 울었다고 한다.

카이사르는 알렉산드리아군과 전투를 벌였고, 그때 그는 그의 배에 불을 붙였는데 그 불이 번져 알렉산드리아 도서관을 불태워 버렸다. 그 와중에 폼페이우스 암살 주모자이자 이집트의 실권자인 포티누스는 카이사르에게 잡혀 처형되었다. 그의 부하이자 군권을 장악한 아킬라스도 공주 아르시노에에게 지휘권을 빼앗기고 처형되었다. 알렉산드리아 시내에서 카이사르와 아르시노에의 부하 가니메데스는 치열한 시가전을 벌였고, 그때 프톨레마이오스 왕은 아르시노에 군과 합류하였다. 전장은 시내를 벗어나 나일 강의 삼각주(델타)로 옮겨졌다. 카이사르는 기원전 47년에 나일 강 전투에서 프톨레마이오스 군대를 무찌르고, 클레오파트라를 이집트의 지배자로 삼았다.

● 카이사르와 클레오파트라 7세

클레오파트라는 지식인인 블레즈 파스칼조차도 '그녀의 코가 조금만 낮았더라도 역사가 바뀌었을 것'이라고 할 정도로 대단한 미모의 소유자였다. 기원전 48년 10월, 클레오파트라 7세는 이집트에 온 율리우스 카이사르와 협상하여 파라오 자리에 복귀하였고, 기원전 47년 3월 27일 승리를 거둔 카이사르는 이후 2주일 동안 클레오파트라와 지낸 뒤 이집트를 떠났다. 클레오파트라의 아들 카이사리온이 실제로 카이사르의 아들이었는지는 지금까지도 밝혀지지 않았다.

● 카이사르 앞의 클레오파트라. 장 레옹 제롬 작.

■ 카이사르의 죽음

카이사르는 기존에 사용해 온 구 로마력의 오차를 간파하여, 1년을 365일로 하고 4년에 한번씩 윤년을 두어 실질적으로 1년을 365.25일로 정한 율리우스력을 만들었다. 율리우스력의 오차는 1년에 겨우 11분 14초였으며, 16세기에 그레고리력이 만들어질 때까지 1,500년이 넘게 사용되었다.

그리고 '카이사르의 포룸'을 건설하였으며, 로마 최초의 국립도서관과 '쿠리아 율리아'(원로원 집회장)를 세웠다. 또 '바실리카 율리아'(법정)와 마르켈루스 극장을 건설하였고, 세르비우스 성벽을 파괴하여 도시를 확장했다. 교사와 의사에게 로마 시민권을 제공했다. 또한 갈리아 키살피나의 속주민에게도 로마 시민권을 주었고, 갈리아 트란살피나와 시칠리아의 속주민에게는 라틴 시민권을 부여했다.

카이사르는 로마에 돌아오고 난 뒤 종신 독재관에 임명되어, 스스로 '프린켑스(princeps: 로마 제1시민)'라는 호칭을 사용하면서 황제나 다름없는 권세와 절대권력을 누렸는데, 이때부터 사실상 로마의 제정이 시작되었다.

내전이 끝난 후 카이사르는 대놓고 왕처럼 행세했다. 종신 독재관에 임명된 것도 그렇지만, 무엇보다도 자신의 조각상을 로마 왕들의 조각상 옆에 만들어 놓고 자기 얼굴을 새긴 주화를 발행한 것은 로마인들에게는 문화 충격이라고 할 만한 것이었다. 그 외에도 사람들 앞에서 왕관을 쓰기까지 했다. 표면상으로는 다른 사람이 왕관을 바쳤을 뿐이고 카이사르가 '로마에는 왕이 필요없다'면서 왕관을 되돌려 주었지만, 사실 이런 종류의 이벤트가 카이사르의 지시 혹은 묵인 없이 지지자들만의 독단으로 일어나기 어렵다는 점은 누구나 알 수 있는 것이었다. 카이사르가 왕정으로 가는 것이 아닌가를 경계하던 사람들에게 이 사건은 불안감에 기름을 붓는 듯한 효과를 가져왔다.

카이사르는 파르티아 원정을 추진하였는데, 그가 원정을 떠나기 불과 사흘 전에 원로원에서 암살당하였다(기원전 44년). 암살자들은 주모자인 마르쿠스 브루투스를 포함한 카이사르 반대파가 주류였지만, 데키무스 브루투스 등 카이사르 휘하에서 목숨을 걸고 싸웠던 젊은 장교들도 가담했다. 암살의 주된 동기는 카이사르가 그간 보인, 제정으로 가는 행보에 대한 반발이었다.

절대 권력을 가지고 있던 카이사르의 암살은 로마의 정국을 크게 요동치게 했다. 만일 이 과정에서 일이 다르게 풀렸다면, 카이사르는 일개 반역자로 역사에 오명을 남겼을지도 모른다. 그러나 카이사르 암살파들은 정작 암살에 성공한 뒤 정국을 제대로 장악하지 못했고, 오랫동안 카이사르와 싸워왔던 원로원의 옵티마테스(벌족파) 그룹은 폼페이우스의 패배 이후로 거의 와해되어 있었기 때문에 별다른 움직임을 보여주지 못했다. 아직 살아 있었던 키케로마저 별다른 일은 하지 못했다. 결국 카이사르의 후계자인 옥타비아누스와 안토니우스, 레피두스가 2차 삼두정치를 결성하고, 카이사르 암살범들과 그와 관련된 이들(키케로 포함)을 모조리 숙청하면서, 로마의 정권은 카이사르의 후계자들이 장악하게 된다.

● "브루투스, 너마저…"
카이사르가 암살자들에게 피습을 당한 후, 그들 중 브루투스가 있는 것을 보고 외쳤다는 마지막 말이다. 이 말은 셰익스피어의 희곡 《줄리어스 시저》의 대사에서 유래되었다.

■ 제2차 삼두정치

제2차 삼두정치는 로마 공화정 말기인 기원전 43년 당시 로마의 유력자인 옥타비아누스, 마르쿠스 안토니우스, 레피두스가 결성한 일종의 정치적·군사적 협약을 말한다. 5년을 단위로 갱신되어, 기원전 33년을 마지막으로 파기되었다. 제1차 삼두정치는 원로원의 눈을 피하기 위해 비밀리에 결성되었으나 제2차 삼두정치는 공인된 형태를 취했고, 로마 공화정이 붕괴되고 제정으로 넘어가는 결정적인 사건 중의 하나가 되었다.

기원전 43년 11월 26일 북이탈리아의 볼로냐에서 모인 카이사르파의 세 사람 옥타비아누스, 레피두스, 안토니우스는 다음과 같이 결의하였다.

"살생부"를 작성하여 반대파를 숙청한다.
옥타비아누스와 안토니우스는 공동으로 브루투스와 카시우스를 격파하고, 그 동안 레피두스는 본국에서 배후를 관리한다.

기원전 42년 필리피 전투에서 브루투스와 카시우스를 격퇴한 뒤 옥타비아누스는 서부를, 안토니우스는 동부를 각각 분담하여 복구한다며 나누어 통치했다. 안토니우스가 이집트에서 클레오파트라 7세와 화려한 궁정 생활을 하는 동안, 이탈리아에서는 루키우스(안토니우스의 동생)와 풀비아(안토니우스의 아내)가 반란을 일으켜 옥타비아누스에게 진압되는 일이 일어났다.

● 옥타비아누스의 두상
본명은 가이우스 옥타비우스 투리누스였으나, 카이사르의 양자로 입적된 후 가이우스 율리우스 카이사르 옥타비아누스로 불렸다. 기원전 44년 옥타비아누스는 자신의 외할머니 율리아 카이사리스의 남동생이자 자신의 외외종조부뻘인 율리우스 카이사르가 암살되자, 유언장에 따라 카이사르의 양자가 되어 그 후계자가 되었다.

● 클레오파트라의 연회

안토니우스는 클레오파트라가 자신의 적을 도와준 데 항의하기 위해 이집트를 방문한다. 클레오파트라는 이를 해명하고 안토니우스의 마음을 돌릴 방법을 생각해 냈는데, 이때 진주를 활용하게 된다. 단순한 진주가 아닌, 세상에서 가장 귀하고 유일한 진주 귀걸이를 이용할 생각을 한 것이다. 그녀는 성대한 연회 중에 시종에게 식초를 담은 술잔을 가져오게 하고, 진주 귀걸이 한쪽을 술잔에 담근다. 안토니우스는 흥미롭게 이를 지켜보게 되고, 술잔에 들어간 진주는 서서히 녹아버리고 만다. 클레오파트라는 진주가 녹은 이 식초를 마셔버리고 귀걸이 한쪽을 다시 술잔에 담그려 하자 안토니우스는 그 진주의 귀함과 클레오파트라의 대범함에 결국 자신의 항의를 철회하고, 클레오파트라에게 마음을 뺏기게 된다. 티에폴로의 작품이다.

안토니우스는 당장 이 반란이 자신과 관계없다고 주장했으며, 삼두정치의 세 사람은 기원전 40년 브린디시에서 다시 만나 서로의 통치영역을 재확인했다. 또한 옥타비아누스는 누나인 옥타비아를 안토니우스와 결혼시켜 동맹을 강화했다. 그 후 옥타비아누스는 섹스투스 폼페이우스(폼페이우스의 아들)와 다시 협정을 맺고, 서로의 적대행위를 종결했다.

레피두스가 일찌감치 삼두정치의 무대에서 내려오자, 이제 옥타비아누스와 안토니우스 두 사람이 제각기 자기의 영역에서 경쟁하게 되었다. 안토니우스는 이집트의 클레오파트라와 결합하고 옥타비아와 이혼했다.

제2차 삼두정치는 기원전 33년 종말을 고했고, 로마는 안토니우스와 옥타비아누스의 내전으로 돌입했다.

■ 안토니우스와 옥타비아누스의 대립

제2차 삼두정으로 알려진, 옥타비아누스와 안토니우스 간의 정치적 야합은 안토니우스가 옥타비아누스의 누나인 옥타비아와 이혼한 뒤 클레오파트라와 결합하기 위해 이집트로 가면서 깨지게 되었다. 안토니우스와 클레오파트라 사이의 로맨스는 정치적인 스캔들로 번졌으며, 안토니우스가 클레오파트라와 연합하여 이집트를 중심으로 한 새로운 동방 국가를 세우려 한다는 의심을 받았다.

옥타비아누스와 안토니우스의 정치적 배경은 모두 율리우스 카이사르에 기반을 두었다는 공통점이 있었다. 옥타비아누스는 카이사르의 종외손자이자 양자인 유일한 혈족이었고, 안토니우스는 카이사르 밑에서 군사적인 명성을 떨친 장군이었기 때문이다.

안토니우스는 초기엔 옥타비아누스와 협력하여, 키케로와 공화정 복위 세력을 제거하는 데 전념하였다. 이 일이 끝나자 그는 로마의 유일한 권력자가 되고자 하는 야심을 드러냈다. 그는 자기 아내이자 옥타비아누스의 누나인 옥타비아를 로마에 남겨두고 알렉산드리아로 향하였다. 그곳에서 클레오파트라와 만나, 그녀와 카이사르 사이에 생겼다고 알려진 당시 13세였던 카이사리온을 카이사르의 후계자로 내세울 움직임을 보였다. 따라서 클레오파트라와 안토니우스는 카이사리온에게 왕중왕이라는 칭호를 주었다.

● 이집트 하토르 신전의 클레오파트라와 카이사리온 부조
카이사리온은 카이사르와 클레오파트라 사이에서 태어난 자식으로, '작은 카이사르'라는 뜻의 별칭이다. 하토르 신전은 클레오파트라가 죽은 후 아이러니하게도 아우구스투스(옥타비아누스) 황제에 의해 건축되었다.

이러한 행위는 표면적으로 공화정을 유지하고 있었던 로마의 정책에 반하는 것이었기 때문에, 옥타비아누스는 안토니우스가 국가의 적임을 선포해야 한다고 주장했다. 또한 안토니우스가 카이사리온을 꼭두각시로 삼은 뒤 로마 공화국을 무너뜨리고 로마의 왕 노릇을 하려고 한다며 비난했다. 덧붙여 옥타비아누스는 안토니우스가 로마 공화국의 수도를 로마가 아닌 알렉산드리아로 삼으려 한다고 말하였다.

제2차 삼두정의 기간이 만료된 기원전 33년, 안토니우스는 원로원에게 그의 직위를 연장하지 않겠다고 대답했다. 이는 옥타비아누스가 그동안 보인, 직위에 대한 집착을 꼬집는 반응이었다. 그동안 둘의 사이는 점점 나빠지고 있었다. 안토니우스는 옥타비아누스가 다른 삼두정의 일원인 레피두스를 무시하고 있다고 말하며, 또한 섹스투스 폼페이우스에게서 빼앗은 땅을 그가 멋대로 소유하고 있다고 하였다. 게다가 새로 징집한 병사의 절반을 그에게 보내지 않고 있다고 불평하였다.

한편 옥타비아누스는 안토니우스가 섹스투스 폼페이우스를 재판 없이 처형한 것을 비판하였고, 안토니우스가 이집트에 제멋대로 머무는 권한이 없으며 또한 동방에서 거둔 전리품의 절반을 그에게 보내지 않았다고 불평하였다. 이러한 상황에서 안토니우스는 카이사르의 친아들로 알려진 카이사리온의 권한을 강화하였고, 이는 옥타비아누스에게 큰 위협이었다.

● 마르쿠스 안토니우스의 흉상
율리우스 카이사르의 충실한 부하로 카이사르 군대 지휘관이자 행정가였고, 카이사르의 사후 옥타비아누스, 레피두스와 함께 제2차 삼두정치를 하였다. 제2차 삼두정치는 기원전 33년 깨졌고, 안토니우스와 옥타비아누스는 불화를 일으켜서 내전에 돌입하였다.

■ 악티움 해전

옥타비아누스와 안토니우스의 첨예한 대립은 기원전 31년 악티움 해전에서 불이 붙었다. 해군으로 승부를 걸겠다는 안토니우스의 전략은 크게 나쁘지 않았다. 그 이유는 안토니우스의 세력이 풍요로운 동방을 기반으로 하고 있는 데다, 클레오파트라의 적극적인 후원을 받아 동원할 수 있는 자금도 넉넉했기 때문이었다. 따라서 자금력에 따라 무장의 질이 좌우되는 해군에 의존하는 것은 안토니우스에게 일리 있는 생각이었다.

그러나 악티움 해전의 결과는 안토니우스의 참패였다. 여러 가지 불운이 겹쳤으나, 가장 결정적인 영향을 끼친 것은 클레오파트라의 이탈과 뒤이은 안토니우스의 이탈이었다. 이수스 전투나 가우가멜라 전투에서 다리우스 3세의 이탈이 승부에 결정적인 영향을 준 것처럼 악티움에서도 같은 결과가 나온 것이다.

이 둘이 이탈하기 전엔 아그리파가 지휘하는 옥타비아누스 군은 우세하지도 않았고, 또한 전술적으로 우수함을 보이지도 못하고 있는 상태였다. 왜냐하면 아그리파의 군사적 재능이 안토니우스를 능가하지 못했기 때문이며, 이는 과거 공화정 파의 브루투스와 카시우스를 상대로 한 회전에서 안토니우스가 승리한 반면 아그리파는 패배한 것을 보면 알 수 있다.

그러나 안토니우스는 이때 결정적인 오판을 하였는데, 이 전투를 대수롭지 않다고 판단한 것이었다. 그는 이 전투를 단지 알렉산드리아로 철수하는 데서 벌어진 시시한 교전이라 생각하였고, 따라서 악티움을 빠져나가면서 옥타비아누스의 해상 봉쇄가 실패했음을 비웃었다. 하지만 안토니우스의 판단과는 달리 로마의 시민들과 속주민들은 이 교전을 사실상 패권을 다투는 결전이라고 생각했으므로, 악티움의 패전은 모든 이들이 등돌리는 결과를 낳게 된다.

● 안토니우스와 클레오파트라
악티움 해전 중 클레오파트라의 배가 철수하자, 전쟁이 벌어지는 상황에서 안토니우스가 클레오파
트라를 따라붙는 장면을 묘사한 명화이다. 로렌스 알마 타데마의 작품이다.

또한 안토니우스는 로마인들의 민심을 크게 잃은 상태였는데, 그 이유는 그가
제국을 삼분하여 클레오파트라의 아들들에게 공동통치 하게 하겠다는 계획을
발표하였기 때문이었다. 이 상황에서 안토니우스에 대한 지지는 그가 단지 막
강한 병력을 갖고 있었기 때문에 가능한 것이었으므로, 악티움의 패전 소식이
전해지자 안토니우스의 세력은 계속 이탈한 것이었다.

결국 안토니우스는 악티움 해전의 의미, 그 패전이 어떤 결과를 초래할 것인
가에 대해 크게 오판한 채 태연하게 철수한 것이었다. 그가 클레오파트라를 전
투에 동행한 것도 미심쩍은데, 클레오파트라의 진언인 '알렉산드리아로 철수한
뒤 싸울 것' 역시 굉장히 소극적인 작전이었기 때문이었다. 클레오파트라는 자
신의 해군 노잡이를 그리스에서 충분히 공급할 수 없음을 보고 그랬을 것이나,
당시 엄청난 경제력을 자랑하던 그리스를 싸움없이 내주고 철수하는 일은 안토
니우스가 유일하게 내세울 수 있었던 군사적인 강력함의 이미지를 그냥 내던지
는 행위로서 현명한 조언이 아니었던 것이다.

안토니우스는 다시 군대를 소집해 옥타비아누스의 주력군과 회전을 치렀으나, 이 싸움에서 철저하게 패배하였다. 안토니우스는 배를 타고 달아나는 도중에 클레오파트라가 생포당했다는 소식을 듣고 자살을 기도하였다. 그는 그의 몸을 칼로 찔렀으나 바로 죽지 않았다. 이 소식을 들은 클레오파트라는 안토니우스를 자신이 머물고 있던 영묘(靈廟)로 데리고 왔는데, 안토니우스는 클레오파트라의 품에서 숨을 거두었다. 그 뒤 클레오파트라는 옥타비아누스에게 탄원하기 위해 영묘에서 나와 궁전으로 갔다.

그러나 옥타비아누스는 클레오파트라와 그의 아들을 살려줄 생각이 없었고, 이에 따라 클레오파트라는 기원전 30년 8월 12일에 자결을 하였다. 옥타비아누스는 그 뒤 곧 카이사리온을 죽였고, 자신이 카이사르의 유일한 아들임을 천명하였다. 옥타비아누스는 악티움에서 승리를 거둠으로써 로마의 유일한 지배자가 되었으며, 마침내 로마 최초의 황제인 아우구스투스가 되었다(기원전 27년). 따라서 악티움 해전은 로마 공화정을 붕괴시키고 로마 제국으로 가는 것을 결정지은 전투가 되었으며, 또한 이 전투의 결과 이집트가 멸망함으로써 최후의 헬레니즘 국가는 종말을 고하였다.

● 클레오파트라의 죽음. 장 밥티스트 르노의 작품이다.

로마 제국

악티움 해전은 안토니우스와 클레오파트라의 패배로 끝났다. 로마의 유일한 최고 권력자가 된 옥타비아누스는 군사, 재정, 정치 전반에 걸친 대규모 개혁에 착수하였다. 기원전 31년 안토니우스를 제거한 옥타비아누스는 원로원에 의해 율리우스 카이사르의 뒤를 이어 종신 독재관직에 올랐다. 옥타비아누스는 내전 당시 제거된 귀족들의 직위를 지방 출신 관리들로 충원하였다. 또한 이들이 원로원으로 진출할 수 있는 길도 열어주었다. 기원전 29년, 옥타비아누스는 감찰관에 선출되었다. 기원전 27년에 옥타비아누스는 내전이 끝났으므로 자신에게 위임된 비정규 특권을 원로원과 로마 시민에게 반납하겠노라 선언하였다. 이로써 로마는 다시 이전의 공화정 시절의 정치 체제로 돌아간 것처럼 보였다. 그러나 로마 원로원은 옥타비아누스에게 "존엄한 자"를 뜻하는 칭호인 '아우구스투스'를 수여하였다.

■ '존엄한 자' 아우구스투스

로마는 아우구스투스(옥타비아누스)의 등장으로 제국의 길목에 들어서게 되었다. 형식상 원로원에게 로마의 권한을 넘긴 것으로 되어 있지만, 실권은 없었다. 아우구스투스는 실질적으로 군사와 재정을 장악하고 있었으며, 특히 원로원 의원직을 자기 마음대로 임명할 수 있었다. 그러나 그는 전통과 여론을 대변하는 기관으로서 원로원을 존중했고, 원로원에 정책 자문을 구했다. 마찬가지로 그는 정무관을 임명하는 데 결정적인 영향력을 행사했지만, 원로원을 존중해 원로원 의원과 기사 계급으로 이루어진 특별 위원회가 법무관과 집정관을 뽑게 했고, 켄투리아 회가 이를 자동적으로 승인케 하였다.

● 아우구스투스 동상
로마의 일인자가 된 옥타비아누스는 원로원으로부터 '존엄한 자' 아우구스투스를 수여받았는데, 이후 역사는 그를 아우구스투스로 지칭하였다.

181

이전 속주들은 원로원이 통제했으나, 편입된 지 얼마 안 되는 그 밖의 속주들은 황제가 통제했다. 황제는 그가 통제하는 속주에 군대를 주둔시켰고, 속주 총독직에는 원로원 의원뿐만 아니라 기사 계급도 임명했다. 속주는 직접세와 간접세를 로마에 바쳤으나 기본적으로는 각각 자체의 민회와 시 의회, 관리를 거느린 나라(Civitas)로서 자치를 하는 방식이었다. 속주에 파견된 관리의 수준이 높아졌고, 감독이 강화되었으며, 평화가 정착되어 더 나아졌고, 로마 시민권을 받으면서 자치 도시로 승격되었다.

이러한 평화에 대해 많은 사람이 아우구스투스와 그의 가문을 숭배함으로써 감사를 표시했다. 그는 많은 지역을 정복했으나 로마화가 비교적 쉬운 지역만을 속주로 병합해 도로를 건설하고 역참(驛站)제도를 시행한 반면, 로마화가 어려운 지역은 위성국가로 만들어서 방어에 따르는 비용을 줄였다. 그러나 영토를 확장하는 더 쉬운 방법으로는 위성국가를 만든 뒤 속주로 병합하는 경우도 있었다.

그러나 로마에서는 제위 계승의 원칙이 없었기 때문에, 아우구스투스는 일찍부터 후계 문제에 관심을 두었다. 군대가 부자상속에 정통성을 두었으므로 그는 왕조를 세우려 했으나, 그에게는 아들이 없었고 가까운 친척들도 그보다 먼저 죽었다. 결국 그는 어쩔 수 없이 티베리우스를 양자로 삼아 후계자로 지명하고, 호민관의 권한을 주었다. 서기 14년 아우구스투스가 죽은 뒤, 티베리우스가 자동적으로 제위에 올랐다.

● 아우구스투스의 신전

티베리우스(재위 14년~37년)는 변방을 보호하였고, 국가의 행정 조직을 강화하였으며, 원로원의 귀족들과 밀착되어 있던 민회를 폐지하여 하층민의 지지를 받았다. 그러나 후계자인 게르마니쿠스가 암살당하자 티베리우스가 이 사건에 연루되었고, 이는 로마 시민들로부터 배척받는 계기가 되었다.

티베리우스가 죽자 친척인 가이우스 카이사르, 즉 칼리굴라(재위 37년 ~ 41년)가 그 뒤를 이어 로마 제국 제3대 황제로 올랐다. 그러나 칼리굴라는 원로원을 모욕하며 낭비를 일삼는 등 과대망상적인 폭군이 되어, 결국은 암살당했다.

칼리굴라의 숙부로 그 다음 황제가 된 클라우디우스(재위 41년 ~ 54년)는 정부의 중앙집권화를 크게 진척시켰고, 대외 팽창에 많은 관심을 보여 브리타니아를 합병했으며, 서부 속주들의 로마화를 촉진시켰다. 그는 전제 정치를 해 인기를 얻지는 못했지만, 재무 관리를 강화하고 재판 제도를 개혁했다.

● 칼리굴라(Caligula)의 기행

칼리굴라는 황제 즉위 직후 티베리우스의 재정낭비 방지 정책을 중지시켜, 로마 시민에게 식량을 나누어주고 검투사 시합을 부활시키는 등 시민들의 요구에 부응하는 정책을 시행하였다. 그러나 즉위한 지 7개월 만에 고열로 쓰러져 병을 심하게 앓은 뒤에는 그 후유증으로 정신에 이상이 생겨, 정상적인 생각과 판단을 하지 못하고 미친 듯이 나라를 다스리기 시작했다. 칼리굴라는 검투사 시합을 과격하고 참혹한 내용으로 바꾸고 화려한 만찬을 즐기며 도박을 일삼았으며, 자신의 마차를 끌어온 인부에게 거액을 주는 등 국고를 탕진해 재정을 파탄시켰고, 이로 인해 민심의 급속한 이탈을 불러왔다. 또 자신과 누이 드루실라를 신격화시키는 등 비(非) 정상적인 통치를 하였다. 특히 누이들과 근친상간을 맺고, 스스로를 신격화하여 신들과 같은 복장을 하는 등의 기행을 일삼았다. 41년 1월, 팔라티누스 경기 도중에 근위대장 카시우스 카이레아 등에 의해 아내, 딸과 함께 죽임을 당했다.

■ 폭군 네로

클라우디우스의 뒤를 이은 황제는 16세밖에 안 된 의붓아들 네로(재위 54년 ~ 68년)였다. 네로는 서기 54년, 양부 클라우디우스의 친아들로서 세 살 차이의 의붓동생 브리타니쿠스를 제치고 황제로 취임하였다.

집권 전반기에 그는 철학자이자 정치가인 세네카, 근위군단 장교 부루스의 보좌를 받아 선정을 베풀었다. 또한 "로마의 신이 황제에게 로마 문화를 발전시키라는 명령을 했다."라는 신념에 따라 로마의 문화와 건축을 발전시켰다.

그러나 55년 의붓동생인 브리타니쿠스를 독살하였고(이는 모친 아그리피나의 소행이라는 주장도 있다), 59년에는 정치적으로 간섭해 온 모친 아그리피나를, 62년에는 아내 옥타비아를 살해하였다.

서기 64년에는 기름 창고 사고에서부터 로마 대화재가 발생하여 민심이 혼란스러워지자, 당시 로마 제국의 신흥 종교였던 기독교에 책임을 덮어씌워 기독교도를 대학살함으로써 로마 제국 황제 중 최초의 기독교 박해자로 기록되었다. 대화재 이후 네로의 로마 재건 정책은 시민들의 혹평을 사게 되었다. 네로는 불에 타 소실된 넓은 지역에 자신을 위한 궁전을 짓기로 하였는데, 로마 시민들의 거처를 빼앗는 짓이라고 생각한 원로원 의원들의 비판을 받았다.

● 로마 대화재

기름 창고에서 우연히 일어난 작은 화재가 시내에 번지면서 대화재로 악화되었다. 대화재 이후 다시 재건된 로마 시내는 도로를 정비했고, 화재에 빠르게 대처할 수 있도록 수로를 늘렸다. 대화재 당시 네로가 불타는 로마 시내를 보면서 노래를 불렀다는 것은 과장이지만, 당시 기독교도들을 사회혼란 해결의 희생양으로 삼아 화형으로 대학살한 것은 이후 네로가 최초의 기독교 박해자이자 폭군 또는 정신이상자로 역사에 낙인찍힌 원인이 되었다.

그 뒤 네로는 유대인의 반란(66년~73년)에 직면하게 되었다. 당시 유대 지방은 파르티아 전쟁의 영웅으로 시리아 총독이었던 코르불로의 관할 하에 있었는데, 네로는 코르불로 휘하의 베스파시아누스에게 반란 진압 명령을 내리고는 코르불로를 자신이 머물던 그리스에 소환하였다. 영문도 모른 채 달려온 코르불로에게 '내란 주모 혐의로' 자살할 것을 명령하였고, 코르불로는 그에 따랐다. 당시 로마 병사들 사이에서 절대적인 인기를 구가하고 있었던 코르불로가 황제에게 처형된 것에 경악하고 분개하는 장병이 많았다.

코르불로 사후 일 년 뒤에 갈리아 총독이었던 가이우스 율리우스 빈덱스가 반란을 일으켰다. 그는 스페인 총독이었던 갈바를 반란에 가담시켰으며, 갈바를 황제로 추대하기로 하였다. 이에 대응하여 네로는 고지 게르마니아 총독이었던 루키우스 베르기니우스 루푸스에게 반란을 진압하라는 명령을 내렸다. 루푸스는 빈덱스와 결전을 벌여 그를 격파했고, 빈덱스는 자결했다. 하지만 네로를 따를 생각이 전혀 없었던 로마 군대는 루푸스에게 황제를 칭할 것을 요청하였고, 루푸스는 이를 거절하였다. 이렇듯 루푸스의 진압군마저 네로를 따를 마음이 없음을 보여주자, 스페인 총독 갈바는 마음껏 황제를 칭하면서 원로원을 압박했다.

이렇게 되자 네로는 완전히 고립되었다. 네로는 배를 타고 파르티아로 달아나려고 하였으나, 선장들의 거절로 인해 뜻을 이루지 못했다. 그 뒤 네로는 직접 로마 포럼으로 나아가 로마 시민들에게 연설함으로써 자신의 처지를 호소하고자 하였으나, 실행에 옮기지 못했다. 마침내 네로는 자기 노예의 집으로 달아나 숨게 되는데, 이때 원로원이 네로를 국가의 적으로 선포하였음을 알게 되었다. 뒤이어 '원로원이 자신을 채찍질로 처형할 것'이라는 소문을 전해 듣고 공포에 질려 있다가, 원로원으로부터 파견된 전령의 말발굽 소리를 듣자 칼로 자기 머리를 찌르는 방식으로 목숨을 끊었다.

유대 왕국

유대인은 기원전 2세기 중엽에 마카바이오스 가(家)의 통치 아래 시리아 왕국에 대해 과감한 해방전쟁을 일으킨 끝에 승리를 거두고 독립왕국을 세웠다. 그러나 독립의 기쁨은 오래가지 못했고, 기원전 63년 로마에 정복되고 말았다. 로마는 이 왕국의 종주권을 유대 남방의 토호 출신인 헤롯 왕가에 넘겨주었다. 헤롯 왕은 흔히 마태오 복음서 제2장에 나오는 '동방 박사와 예수의 탄생 이야기'에서 아기들을 죽이라고 명령한 왕으로 알려져 있다. 그는 유대인들이 가장 신성시하는 예루살렘 성전을 다시 세운 일로도 유명하다.

■ 헤롯 대왕

헤롯의 아버지는 이두메아의 안티파트로스, 어머니는 나바테아 왕국의 페트라의 공주 키프로스이다. 헤롯은 이들 사이에서 태어난 둘째 아들이며, 그의 가문은 이두메아의 부유하고 유력한 가문이었다. 이두메아(에돔)는 유대 남쪽의 지역이며, 마카바이오스 가문(하스모니아 왕조)의 요한 히르카노스에 의해 정복당한 후 유대교로 개종했다. 헤롯은 유대인이 아니라 에돔에서 태어난 이방인이었고, 이는 유대 사람들이 헤롯을 싫어하는 원인이 되었다. 그래서 헤롯은 유대 사람들의 마음을 얻고자, 솔로몬 왕 시대의 영광이 담긴 예루살렘 성전을 다시 세우고 로마 군인들이 함부로 드나들지 못하도록 하는 유대교 우대정책, 수도시설 개선사업을 실시했다.

헤롯의 아버지 안티파트로스는 폼페이우스나 카시우스 같은 로마 유력자들과 좋은 관계를 유지하여 기원전 47년 유대의 지방행정관으로 임명되었고, 25살이던 아들 헤롯을 갈릴래아의 총독으로 임명했다.

● 헤롯 대왕의 동판화 초상

기원전 43년 아버지 안티파트로스가 의문의 독살을 당하자 그는 암살자를 처형하고 돌아와, 당시 명목상 유대의 왕가였던 하스모니아 왕조의 공주 마리암네의 청혼을 받았다. 당시 마리암네는 아직 10대였으나, 헤롯은 첫 번째 부인인 도리스와 3살 난 아들 안티파트로스(헤롯의 아버지의 이름과 같음)를 버리고 마리암네와 결혼하여 전통적인 유대교 대사제 가문과 결합하였다.

기원전 40년 하스모니아 왕조의 안티고노스가 파르티아의 권세를 등에 업고 유대 왕위를 찬탈하자, 그와 대립하던 헤롯은 로마로 도망쳤다. 거기서 로마 원로원으로부터 "유대의 왕"의 칭호를 받았고, 기원전 37년 유대로 돌아와 안티고노스를 몰아내고 집권한 이래 34년간 유대의 왕으로 다스렸다.

● 마태오 복음서에 나타난 헤롯 대왕

예수께서 헤롯 왕 때에 유대 베들레헴에서 나셨는데, 그때에 동방에서 박사들이 예루살렘에 와서 "유대인의 왕으로 나신 분이 어디 계십니까? 우리는 동방에서 그분의 별을 보고 그분에게 경배하러 왔습니다." 하고 말하였다. 이 말을 듣고 헤롯 왕이 당황한 것은 물론, 예루살렘이 온통 술렁거렸다. 왕은 수석 사제들과 율법학자들을 다 모아놓고 그리스도께서 나실 곳이 어디냐고 물었다. 그들은 이렇게 대답하였다. "베들레헴입니다." 헤롯은 동방 박사들을 몰래 불러 그들을 베들레헴으로 보내면서 "가서 그 아기를 잘 찾아보시오. 나도 가서 경배할 터이니 찾거든 알려주시오." 하고 부탁하였다. 왕의 부탁을 듣고 박사들은 길을 떠났다. 그때 별이 그 아기가 있는 곳 위에 이르러 멈추었다. 이를 보고 박사들은 기뻐하면서, 어머니 마리아와 함께 있는 아기를 보고 엎드려 경배하였다. 그리고 황금과 유향과 몰약을 예물로 드렸다. 박사들은 꿈에 헤롯에게로 돌아가지 말라는 계시를 받고 다른 길로 돌아갔다. 주의 천사가 요셉의 꿈에 나타나 "헤롯이 아기를 찾아 죽이려 하니, 어서 일어나 아기와 아기 어머니를 데리고 이집트로 피신하여 내가 알려줄 때까지 거기에 있어라." 하고 일러주었다. 요셉은 일어나 그 밤으로 아기와 아기 어머니를 데리고 이집트로 가서, 헤롯이 죽을 때까지 이집트에서 살았다. 헤롯은 박사들에게 속은 것을 알고 몹시 노하였다. 그래서 사람을 보내어 베들레헴과 그 일대에 사는, 두 살 이하의 사내아이를 모조리 죽여버렸다.

● 헤롯의 영아 살해. 마테오 디 조반니 작.

그러나 헤롯은 대단히 잔혹한 군주이기도 했다. 순수 유대인이 아니라 에돔인 혼혈이라는 혈통, 헤롯 이전까지 유대를 다스리던 유대인 왕가인 하스모니아 왕가(마카바이오스 가문)의 외척(공주 마리암네의 남편, 즉 부마)이었다가 왕위를 **빼앗**은 점 때문에 정통파 유대인들은 그를 왕으로 인정하려 들지 않았다. 또 헤롯도 나름대로 파르티아의 침공으로 안티고노스가 득세했을 때 잠시 로마까지 피신했던 나쁜 기억이 있었다.

가장 큰 문제는 그에게 왕위계승의 정통성을 안겨준 왕비 마리암네였다. 헤롯은 마리암네를 사랑했으나, 마리암네가 하스모니아 왕조의 혈통을 물려받은지라 둘은 부부이긴 했으나 사실상 권력을 놓고 다투는 경쟁자나 다름없었다.

결국 헤롯과 마리암네의 갈등은 폭발하였다. 마리암네는 간통을 저질렀다는 이유로 처형되었으며 마리암네의 어머니 즉 장모와, 마리암네와의 사이에서 태어난 두 아들도 처형되었다. 헤롯이 이들을 처형한 것은 자기 사후에 왕위가 하스모니아 계통으로 넘어갈 우려 때문이었던 걸로 보이지만, 한편으로는 헤롯의 불안정한 정신상태를 여실히 드러내기도 했다.

이후 왕위계승은 첫째 부인과의 사이에서 태어난 장남 안티파트로스 2세가 유력해졌으나, 헤롯은 안티파트로스 2세도 아우구스투스의 동의를 구해 처형시켜 버렸다. 아우구스투스는 이때 "헤롯의 아들이 되느니, 헤롯의 돼지가 되는 게 낫다. 헤롯은 적어도 돼지는 안 잡아먹을 테니까."라고 헤롯을 비웃었다.

● 헤롯 대왕이 증축한 예루살렘 성전

■ 헤롯 안티파스와 세례자 요한

기원전 4년, 헤롯은 결국 세상을 떠났다. 헤롯은 넷째 부인에게서 난 헤롯 아르켈라오스에게는 유대·사마리아·이두메아를 주었고, 헤롯 안티파스에게는 갈릴래아와 페레아를, 그리고 다섯째 부인에게서 난 헤롯 필립포스 2세에게 골란 지역과 베타니아, 트라코니티스를 각각 나누어주었다.

헤롯에게 질렸던 예루살렘의 유대인들은 몰래 로마로 사절단을 보내, 아우구스투스에게 헤롯의 아들들이 왕위를 계승하지 못하도록 간청했다. 아우구스투스는 이를 받아들여, 헤롯의 세 아들들에게 왕 대신에 분봉왕(tetrarch) 칭호만을 내렸다. 이에 격분한 아르켈라오스는 이 사절단에 가담한 사람들과 그 일가족 3천여 명을 학살했고, 이것이 문제가 되어 결국 기원후 6년에 유대의 분봉왕 지위에서 폐위되고 유대는 시리아 총독의 직할통치령이 된다.

헤롯 대왕의 아들 중 통치권을 지킬 수 있었던 존재는 헤롯 안티파스였다. 예수가 수난 받을 때 등장하는 "헤롯 왕"이 헤롯 안티파스였다. 그는 오순절 봉기를 진압하는 등의 강압정책, 티베리우스 황제의 이름을 딴 티베리아스 건설 등의 토목정책을 병행했다. 사해 동쪽의 나바테아 왕국의 공주와 결혼했다가 이혼하고, 이복형제 아리스토불로스 4세의 딸이자 이복형제 헤롯 필립포스 1세의 전부인인 헤로디아와 재혼했다.

● 헤롯 안티파스

헤롯 안티파스(기원전 20년~기원후 39년)는 1세기, 예수가 활동하던 시대에 갈릴래아와 페레아의 통치자였다.
● 그림은 헤롯 안티파스 앞에서 춤을 추는, 헤로디아의 딸 살로메이다.

이복형제의 딸이자 제수와 재혼한 셈이었다. 다만 여기에는 정치적인 계산이 들어 있었는데, 헤로디아가 정통 유대인 왕조인 하스모니아 왕조의 후손이었기 때문이었다. 정확히는 헤롯 대왕이 찬탈한 정통 유대인 왕조 하스모니아 왕조의 공주이자 헤롯 대왕의 부인인 마리암네의 아들 아리스토불로스 4세의 딸이다. 어머니가 측실이어서 지지기반이 취약했던 헤롯 안티파스에겐 나름대로 정통성 강화의 수단이었다.

이런 이혼과 재혼은 결국 헤롯 안티파스에겐 독이 되었다. 분노한 첫 장인인 나바테아 왕국의 아레타스 4세가 쳐들어왔고(서기 37년), 로마에 구원을 요청했으나 시리아 총독 비텔리우스는 매우 천천히 진압에 임했다고 한다. 이때 그는 굴욕적인 패배를 맛본 후, 헤로디아와 아그리파(헤로디아의 남동생)의 갈등에 따라 자기 조카이자 처남인 헤롯 아그리파의 참소로 인해 로마 황제 칼리굴라에 대한 반역죄로 분봉왕 지위에서 쫓겨나, 유배지 갈리아에서 숨을 거두었다. 이 때문에 흔히 '죄 없는 세례자 요한을 죽인 대가로 악몽에 시달리다가 영화도 잃고 죽었다'고 전해진다.

● 세례자 요한의 죽음

마르코 복음서에서는, 헤롯 안티파스와 헤로디아가 결혼하자 세례자 요한은 이를 강하고 공개적으로 비난했다. 안티파스와 헤로디아는 세례자 요한을 죽이려고 하지만, 그를 따르는 무리가 많아 옥에 가두기만 하고 감히 처형을 하지는 못했다. 그러던 차에 헤롯 안티파스의 생일을 맞아 연회가 벌어졌을 때, 헤로디아의 딸(살로메)은 아름다운 춤을 추었고, 이에 고무된 헤롯 안티파스는 헤로디아의 딸에게 무슨 소원이든지 들어준다고 약속했다. 이에 헤로디아의 딸은 어머니의 사주를 받아 요한의 목을 쟁반에 담아 줄 것을 요구했고, 결국 안티파스는 곧바로 요한을 처형했다.

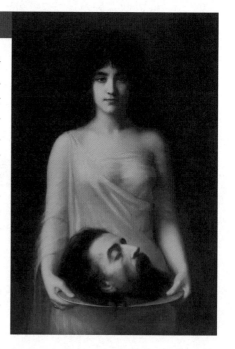

● 세례자 요한의 목을 든 살로메. 장 베네 작.

190

예수와 그리스도교

종교적 관점에서 보면, 예수 탄생 이후 2천 년이 넘은 지금 전 세계 인구의 약 1/3인 24억 명 정도가 기독교 신자다. 또한 종교적 관점에서만이 아니라, 세계 최강의 패권국이었던 로마 제국이 대략 AD 4세기에 그리스도교를 국교로 지정한 이래로 유럽은 기독교 국가의 정체성을 가졌기 때문에 문화, 언어, 미술, 음악, 문학, 심지어 정치 등에도 예수 그리스도와 성경의 영향을 받지 않은 분야는 단 하나도 없다. 그리고 그 유럽의 기독교 문명은 문자 그대로의 의미로 지구 곳곳에 전파되어 전 세계의 문명을 서양화 시킴으로써, 그 영향력을 퍼트렸다.

■ 예수의 세례와 설교

복음서 이야기에 따르면 예수는 동정녀 마리아를 어머니로, 하느님을 아버지로, 목수 요셉을 양부로 두었다. 마리아와 요셉이 헤롯 대왕의 마수를 피해 베들레헴을 떠나 이집트로 피신해 있다가, 그가 죽은 뒤 돌아와 정착한 곳이 나자렛이다. 예수는 어느 정도 성장한 후에 나자렛을 떠나 출가하였다. 그 이후에 당시 '광야에서 외치는 소리'로 광야로 먼저 나가 세례를 베풀고 있었던 세례자 요한에게로 나아갔다. 예수를 본 세례자 요한은 오히려 자신이 세례를 받아야 할 터인데 왜 받으러 왔느냐고 물었다. 그러나 예수는 이를 통하여 '모든 의를 이루기를' 바랐고, 마침내 세례를 받기로 했다. 세례를 받은 뒤에 물에서 올라오자마자 하늘에서 성령이 내려왔고, 하늘에서 한 소리가 있어 말하기를 '이는 내 사랑하는 아들이요, 기뻐하는 자'라고 했다.

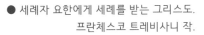
● 세례자 요한에게 세례를 받는 그리스도. 프란체스코 트레비사니 작.

예수는 만민 구원의 설교를 하여 군중을 감동시켰다. 예수를 따르는 사람들은 대부분 가난하고 고통 받는 사람들이었다. 예수는 이들에게 희망을 주고, 아픔을 어루만져 주었다. 그의 소문이 점점 퍼져나가, 설교를 듣기 위해 많은 사람들이 몰려들었다. 그의 대표적인 설교는 산상설교(Sermon on the Mount)인데, 그의 제자들과 군중들에게 복음의 메시지를 일목요연하게 정리해 주었다.

"가난한 사람들아, 너희는 행복하다. 하느님의 나라가 너희의 것이다.

지금 굶주린 사람들아, 너희는 행복하다. 너희가 배부르게 될 것이다.

지금 우는 사람들아, 너희는 행복하다. 너희가 웃게 될 것이다.

'사람의 아들' 때문에 사람들에게 미움을 사고 내어쫓기고 욕을 먹고 누명을 쓰면 너희는 행복하다.

그럴 때에 너희는 기뻐하고 즐거워하여라. 하늘에서 너희가 받을 상이 클 것이다. 그들의 조상들도 예언자들을 그렇게 대하였다.

그러나 부요한 사람들아, 너희는 불행하다.

너희는 이미 받을 위로를 다 받았다.

지금 배불리 먹고 지내는 사람들아, 너희는 불행하다.

너희가 굶주릴 날이 올 것이다.

지금 웃고 지내는 사람들아,

너희는 불행하다.

너희가 슬퍼하며 울 날이 올 것이다.

모든 사람에게 칭찬을 받는 사람들아,

너희는 불행하다.

그들의 조상들도 거짓 예언자들을

그렇게 대하였다."

● 산상설교.
칼 하인리히 블로흐 작.

■ 예루살렘 입성, 십자가형과 부활

복음서 이야기에 따르면 예수는 자신의 죽음이 임박한 것을 알고, 제자들과 함께 예루살렘에 올라갔다. 예수는 민중들의 환대를 받는데, 이는 예수를 정치적 혁명가로 생각해서였다. 하지만 예수는 인간의 구원을 위한 십자가형을 받으려고 왔기 때문에, 이들의 인기에 편승하지 않고, 최후의 만찬 때 제자들에게 빵과 포도주를 떼어 감사 기도를 드리며 자신의 죽음이 뜻하는 바를 설명하였다.

자신들에 대해 비판적인 예수를 위험 인물로 본 유대교의 지배층은 예수의 제자 중 한 사람인 가리옷 유다와 결탁하여 그를 체포한 후 본디오 빌라도 총독에게 압송했다. 그 이후 예수에 대한 재판이 벌어졌다. 본디오 빌라도는 예수를 단지 떠벌리기 좋아하는 인간으로만 판단했을 뿐이라서 예수에게 십자가형은 너무 가혹하다고 생각했으나, 당시 유대교 지도자들은 예수에게 십자가형을 언도하라고 본디오 빌라도에게 압박을 가했다.

이에 본디오 빌라도는 예수와 (당시 유대인으로 구성된 반로마 반란군 지도자인) 바라바를 모든 유대인들 면전에 불러놓고, 둘 중에 누구를 석방할 것인지를 배심원들에게 물었다. 빌라도 총독은 바라바의 악명이 엄청나게 높은 것을 이용하여 예수가 십자가형을 당하는 것만은 모면하게 해주고 싶었으나, 유대인들은 바라바를 석방시키라고 요구하였다. 결국 본디오 빌라도는 하는 수 없이 반란군 지도자인 바라바를 석방시키고, 예수에게 십자가형을 선고했다.

● 에케 호모(Ecce homo)
'에케 호모'는 라틴어 어구로, 빌라도가 예수를 채찍질하고 머리에 가시관을 씌운 뒤 성난 무리 앞에서 예수를 가리키면서 말한 대사이다. 의미는 '이 사람을 보라!'이다.

예수는 십자가형 집행장소인 골고다 언덕까지 십자가를 짊어지고 가게 되었다. 본디 십자가형을 받게 되면 형을 집행하는 장소까지 해당 범죄자가 십자가를 짊어지고 가서 형벌을 받게 되어 있었는데, 예수는 십자가를 짊어지고 가는 과정에서 형을 집행하는 로마군 병사들에게 채찍으로 40대 이상 맞은 상태였으므로 중간에 쓰러졌다. 그래서 키레네 출신의 시몬이 예수를 대신해서 십자가를 짊어지고 갔다. 매를 많이 맞은 예수는 몸을 가누기 어려운 상태에서 십자가형을 받았다.

신약성경의 기록에 따르면, 그리스도는 부활한 뒤에 하늘에 오름을 받았다고 한다. 예수 그리스도가 십자가에 못박혀 장사된 지 사흘 만에 다시 살아나 12제자를 축복하고, 많은 제자들이 보는 가운데 하늘로 올라갔다고 알려주고 있다.

● 예수의 부활

예수의 일대기에서 **빼놓을** 수 없는 가장 중요한 사건은 바로 부활이다. 신약성경에 따르면 예수는 십자가형을 받아 처형되었으나, 장사한 지 사흘 만에 무덤에서 일어나 부활하여 제자들에게 최후의 가르침을 준 뒤 승천했다고 한다. 신학에 따르면, 예수는 이미 전부터 십자가에 매달릴 것을 예견했고, 본디오 빌라도 앞에 스스로 선 것이라 한다. 교리에 따르면 이것은 이미 태어나면서부터 결정된 그의 행보이며, 형벌 자체는 인간의 죄를 대신 받음을 의미하고, 부활은 죄를 사한 후의 인류구원을 의미한다. 물론 이 구원은 예수를 믿는 자에 대한 구원을 의미한다. 4복음서의 경우 일관되게 예수의 부활을 증언하고 있다. 특히 예수가 잡힌 즉시 순식간에 와해되었던 제자들과 신자들이 갑자기 열렬하게 그리스도가 부활했음을 외치며 순교했다는 점에서 이들이 어떤 영적인 경험을 했고, 그 경험을 통해 예수의 부활을 믿었다는 것이 많은 학자들의 의견이다. 이러한 관점에서는 마르코복음서의 짧은 결말이 역사적 사실에 가장 가까운 증언을 하고 있다고 본다.

● 예수의 부활
르네상스 3대 화가인 라파엘로 산치오의 작품이다.

■ 그리스도교의 포교

예수를 구세주로 받드는 기독교는 그의 제자였던 베드로와 요한 등이 중심이 되었다. 이들은 유대인의 종교인 유대교와 구분하지 않은 채 성전예배나 율법을 엄격하게 지키고 있었다. 그런데 그리스도에 대한 믿음이 강한 스테파노는 하느님과 모세에 대해 불경스런 말을 퍼뜨린다는 이유로 고발되어 재판소에 소환되었다.

스테파노는 구약성서를 바탕으로 유대인들이 성령을 거부하고 예수 그리스도가 메시아라는 사실을 인정하지 않는다면서 유대교를 비판했으며, 사람들은 그의 얼굴에서 천사의 얼굴을 보았다고 한다. 유대교에 대한 스테파노의 공격에 분노한 랍비들은 그를 성 밖으로 끌어내 돌로 치게 했다. 한꺼번에 여기저기서 날아오는 돌에 맞아 숨을 거둘 때, 스테파노는 '하늘의 문이 열리면서 하느님의 영광이 보이노라'고 말하고 순교하였다.

이후 기독교인들에 대한 유대인의 박해가 시작되었다. 이렇게 되자 기독교를 믿는 사람들은 팔레스타인을 떠나, 로마 제국의 여러 곳으로 퍼지게 되었다. 이때 기독교의 세력을 넓히는 데 큰 역할을 한 사람이 바로 바울이었다.

● 스테파노의 순교

성 스테파노는 교회 역사상 첫 순교자로, 예수와 같은 시대에 살았다. 그는 예수의 열두 제자가 임명한 일곱 집사 중 한 사람으로, 성령과 지혜가 충만하여 칭송받던 인물이다. 그는 은혜와 권능이 충만하여 큰 기적과 표적을 행하였으며, 구제사업에 힘썼고 능력있는 설교를 하였다. 또 유대교의 의식·전통·성전(聖傳)을 비판하고, 예수가 그리스도임을 선포하였다. 이로 인하여, 하느님을 모독하였다는 죄명으로 돌에 맞아 순교하였다. 이 스테파노의 순교를 계기로 해서 복음이 지방으로 전파되어, 예루살렘의 초대교회는 크게 발전해 나갔다. 르네상스의 화가 조르주 바사리의 작품이다.

바울은 소아시아 킬리키아 지방의 중심도시 타르소스에서 유대인으로 태어났다. 또 그는 태어날 때부터 로마 시민권을 가지고 있었던 것으로 보아 부유한 집안이었음을 알 수 있다. 바울은 원래 열렬한 유대교인으로서 기독교인들을 박해하는 데 앞장선 인물이었다.

사도행전에 기록된 바에 의하면, 예수를 믿는 사람들을 잡으러 다마스쿠스로 가던 길에 갑자기 번쩍이며 하늘에서 환한 빛이 바울을 둘러 비추었고, 그는 자연스레 엎어졌다. 그리고 빛 가운데서 음성이 들려왔는데, "사울아, 사울

● 바울의 회심
바울이 놀라움의 계시를 받고 말등에서 떨어지는 장면을 묘사한 그림으로, 바로크 미술의 거장 카라바조의 작품이다.

아, 어찌하여 네가 나를 핍박하느냐?"라는 음성이었다. 그래서 바울이 "주여, 당신은 누구십니까?"라고 묻자, 그 음성이 말하기를 "나는 네가 핍박하는 예수이니라."라고 들렸고 이에 바울은 매우 떨면서 두려워하며 말하길 "내가 무엇을 하기 원하시나이까?"라고 하자, 그 음성은 "일어나서 도시로 들어가라. 네가 무엇을 해야 할지 일러주는 사람이 있을 것이다. 그러면 네가 반드시 해야 할 일을 듣게 되리라."라고 하였다.

그 이후 예루살렘에 돌아간 바울은 베드로와 야고보를 만나서 '이방인의 사도'로 불러줄 것을 청했으며, 그때부터 로마 제국을 돌아다니며 복음을 전파하게 되었다. 바울은 48년경부터 시리아의 안티오키아를 비롯하여 소아시아와 그리스, 마케도니아 지방을 돌아다니며 많은 사람들이 기독교의 신앙을 믿도록 인도했다.

바울은 유대인의 고소로 감옥에 갇히기도 했지만, 전도 여행을 그치지 않았고 마침내 그리스의 아테네까지 이르렀다.

그 뒤, 예루살렘에 돌아온 바울은 반대파인 율법주의자들의 선동과 모략으로 입건되어 감금을 당하였다. 그러나 로마 시민권이 있던 그는 황제에게 상소하여, 재판을 받기 위해 로마로 옮겨졌다.

바울은 로마에서 약 2년 동안 감옥에 갇혀 있다가 잠시 풀려나기도 했으나, 64년경에 네로 황제의 기독교 박해 때 베드로와 함께 순교했다. 바울은 기독교를 로마 제국에 선교하는 데 가장 공이 컸던 인물로, 기독교가 유대교로부터 독립하여 세계로 뻗어나갈 수 있는 길을 닦아놓았다.

한편, 로마의 지배에 반대하는 유대인들은 66년에 독립을 요구하며 예루살렘에서 반란을 일으켰다. 그들은 로마군의 수가 적은 것을 이용하여 예루살렘을 빼앗은 뒤, 그들만의 독립 정부를 세우고 화폐까지 새로 만들었다. 그러나 군대를 보충한 로마군이 반격 작전을 펴고, 또 그들 사이에 격렬한 세력 다툼이 일어나서 결국 70년에 예루살렘이 로마군에 점령되었다. 성전은 불태워졌고, 성전의 보물들은 약탈당했으며, 주민들은 노예로 팔려 나갔다. 이후 유대인들은 예루살렘에 들어갈 수가 없었고, 1년에 한 번씩 예루살렘이 점령된 날만 들어가 무너진 성전의 벽에 머리를 대고 민족의 비참한 운명을 통곡하는 것만 허락되었다.

● 통곡의 벽

유대 민족의 신앙의 상징이자 전 세계 유대인의 순례지. BC 20년에 헤롯 대왕에 의해서 지어졌고, 긴 유랑 시대에 유대인들은 해마다 한 번씩 이곳에서 성전의 파괴를 한탄했다.

로마의 오현제

68년 네로의 자살 이후 율리우스-클라우디우스 왕조는 붕괴됐고, 로마 제국은 내란의 소용돌이 속으로 들어갔다. 갈바가 황제에 오른 후 오토에게 살해당했고, 게르마니아 속주 총독이었던 비텔리우스 역시 갈바가 살해당할 즈음 갈바에게 대항하여 스스로 황제라 칭하고 반란을 일으켰다. 오토는 비텔리우스와 협상을 시도해 봤지만 실패로 돌아갔고, 두 세력의 충돌은 비텔리우스의 승리로 돌아갔다. 승리의 자만에 빠진 비텔리우스는 향락에 빠져들었고, 이에 유대 총독인 베스파시아누스가 반기를 들어 비텔리우스를 제거하기에 이르렀다.

■ 플라비우스 왕조

내란의 마지막 승리자인 베스파시아누스(재위 69년 ~ 79년)와 두 아들이 플라비우스 왕조(69년 ~ 96년)를 이루었다. 베스파시아누스는 내란으로 약해진 변경수비를 강화하고 재정을 튼튼하게 했으며, 원로원에 대해서는 정중하지만 단호한 태도를 보이면서 원로원을 행정관 배출 기구로만 취급했다. 그의 아들 티투스(재위 79년 ~ 81년)는 많은 인기를 누렸으나 얼마 안 되어 죽었고, 뒤이어 그의 동생 도미티아누스(재위 81년 ~ 96년)가 제위에 올랐다. 그는 유능하지만 고압적인 인물로서, 군대의 충성을 확보하고 제국의 복지를 증진시켰다. 그러나 그의 전제로 말미암은 불만 때문에 96년 암살당함으로써, 플라비우스 왕조는 막을 내렸다.

● 티투스 플라비우스 베스파시아누스

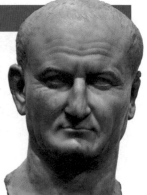

베스파시아누스는 사상 최초로 수도 로마 출생이 아닌 지역 출신의 로마 황제였다. 이는 이후에 로마 황제의 출생지에 대한 제국 백성들의 생각을 바꾸게 되어, 나중에 가면 속주 출신 황제들도 나올 정도가 되게 한 선구자적인 인물이었다. 그는 세리 집안의 차남으로서 로마 제국의 권부 최상층에 오르기 어려운 신분이었으나, 치밀함과 부지런함으로 자신의 신분을 끌어올린 탁월한 능력의 소유자였다.

■ 오현제 시대

도미티아누스를 암살한 자들은 군대의 반발에도 불구하고 마르쿠스 코케이우스 네르바(재위 96년 ~ 98년)를 황제로 추대하여, 로마 제국의 오현제 시대를 열었다. 그러나 네르바에게는 후계자로 지목할 아들이 없었고, 군대의 인망을 얻을 만한 군사적 경험도 없었다.

그리하여 그는 군인인 마르쿠스 울피우스 트라야누스(재위 98년 ~ 117년)를 양자로 삼아 후계자로 세웠다. 속주 출신의 첫 황제인 트라야누스는 법규를 준수하고 겸손해 인민과 군대 모두에게서 인기를 얻었으며, 제국 전체의 복지를 향상시키기 위해 필요하다면 원로원까지도 거리낌없이 무시하면서 독단적인 결정을 내렸다.

트라야누스의 복지 정책 중 하나는 알리멘타(alimenta)로, 먹고살 능력이 없는 아이들에게 돈을 지급하는 제도였다. 그는 대외적으로는 도나우 강 지역(다키아)과 동쪽 변경을 평정하였고, 북으로는 라인 강 유역과 브리타니아를 점령하였다. 그러나 그는 중동의 파르티아 왕국을 정벌하다가 죽었다.

● 네르바-안토니누스 왕조(오현제)

네르바-안토니누스 왕조는 네르바부터 콤모두스까지 이르는 로마 황제들로 이루어져 있다. 이들 중 실정을 거듭한 콤모두스를 제외하고 네르바부터 마르쿠스 아우렐리우스까지 다섯 명의 황제를 다섯 명의 현명한 황제, 즉 오현제라고도 부른다. 이들 다섯 황제는 로마 제국을 팽창시켜 최전성기를 이루었으나, 말년에 콤모두스가 통치하기 시작하면서 로마는 쇠퇴하기 시작하였다. 그래서 네르바-안토니누스 왕조를 말할 때, 콤모두스를 제외시키기도 한다.

● 트라야누스 원주
로마 황제 트라야누스가 다키아 전쟁(101년~102년, 105년~106년)에서 이긴 것을 기념하여 세운 도리아 양식의 기념비로, 113년 완성하였다.

트라야누스의 뒤를 이은 사람은 그의 가장 가까운 친척인 푸블리우스 아일리우스 하드리아누스(재위 117년 ~ 138년)였다. 하드리아누스는 영토 팽창에 반대하고 평화를 추구해, 변경수비 강화에 치중했다. 그는 속주를 지킬 주둔군을 그 속주 자체에서 충원했고, 레기온(군단)과 주둔군의 차이를 없앴으며, 군대를 감독하기 위해 자주 몸소 시찰을 다녔다.

한편 군단이 이처럼 주둔군과 다름없어지자 기동작전을 위해 새로운 부대가 필요하게 되었는데, 이 부대는 많은 경우 제국 주변의 이민족으로 충원되었다.

하드리아누스는 민사에서도 업적을 남겼다. 그의 치세 때 관료제가 정착되었는데, 그의 법률적 업적, 특히 "영구 고시록"(법무관의 고시에 따라 해석되는 법)의 법전화는 현저한 것이었다. 또 새로운 형식의 라틴 시민권을 창설해, 이 권리를 얻은 도시의 모든 지방 원로원 의원에게 로마 시민권을 내줌으로써 로마 원로원의 많은 성원이 속주의 귀족으로 보충되었다.

아들이 없었던 그는 136년 티투스 아우렐리우스 안토니누스 피우스를 새로이 양자로 삼았다. 안토니누스 피우스 또한 처의 조카 마르쿠스 아우렐리우스와 베루스의 아들 루키우스 베루스를 양자로 삼았다.

● 오현제
오현제(五賢帝, Five Good Emperors)는 로마 제국의 최고 융성기를 주재했던 다섯 황제를 말하며 네르바(96~98 재위), 트라야누스(98~117 재위), 하드리아누스(117~138 재위), 안토니누스 피우스(138~161 재위), 마르쿠스 아우렐리우스(161~180 재위)가 그들이다.

● 네르바　　● 트라야누스　　● 하드리아누스　　● 안토니누스 피우스　　● 마르쿠스 아우렐리우스

하드리아누스가 죽은 뒤 제위에 오른 안토니누스 피우스(재위 138년 ~ 161년) 때 로마 제국은 세계주의의 성격을 뚜렷하게 띠면서 조용한 번영을 누렸으나, 동시에 변경지역이 이민족에게 잦은 침략을 당하고, 내부에서도 반란이 일어나 위험스러운 징조를 보였다.

안토니누스 피우스의 뒤를 이은 마르쿠스 아우렐리우스(재위 161년~180년)는 루키우스 베루스를 공동 황제로 지명해 하드리아누스의 뜻에 충실히 따랐으나, 이는 제국의 동서 분리를 예고하는 것이었다. 더구나 그의 치세에는 이민족이 강력하게 침략해 왔다.

마르쿠스 아우렐리우스는 제국 동쪽 변경에 밀어닥친 위험은 무마시켰다. 그러나 게르만족의 도나우 강 지역 침입은 동부에서 벌어진 반란과 함께 오랫동안 아우렐리우스를 괴롭혔다. 그는 게르만족을 진압하는 도중에 죽었고, 뒤를 이어 황제가 된 그의 아들 콤모두스(재위 180년 ~ 192년)는 무능하고 변덕스러우며 쾌락만 추구하다가 암살당했다.

● 콤모두스
연로한 아버지 마르쿠스 아우렐리우스와 공동 통치하는 형태로 177년에 정권에 올랐다. 180년 3월 마르쿠스 아우렐리우스가 죽자 단독 황제가 되었으나 향락에 빠져, 로마 제국 사상 최악의 황제 중 한 사람으로 언급되며 '포학제(暴虐帝)'라고도 불린다. 콤모두스가 등극함으로써 오현제 시대가 종식되었다. 그림은 콤모두스의 학정을 묘사한 장면으로, 장 레옹 제롬의 작품이다.

■ 세베루스 왕조

192년 12월 31일에 콤모두스가 암살당한 뒤 벌어진 내란에서는 도나우 강 주둔군이 193년에 추대한 셉티미우스 세베루스가 마지막 승리를 거두었다(197년). 트리폴리 출신인 세베루스는 동부인과 자신의 세력기반인 군대를 우대한 반면,

● 셉티미우스 세베루스

이탈리아인과 원로원을 무시했다. 그는 군대를 증강하고 병사의 봉급을 인상하며 상여금을 많이 주어, 군대를 특권계급으로 만들었다. 또 관료제를 정비하여 중앙권력을 강화함으로써 관료층인 에퀴테스(기사 계급)를 우대하는 동시에, 지방자치를 더욱 압박했다. 이러한 조치로 지출이 크게 늘어나자 그는 이탈리아에도 세금을 물렸다. 그의 황제권은 사실상 군대에 의존해 있었으며, 세습에서 황제의 정통성을 찾으려 한 그는 두 아들을 후계자로 지명했다.

211년 그가 죽자 큰아들 카라칼라(재위 211년 ~ 217년)는 아버지의 정책을 그대로 따랐으나, 재정이 계속 궁핍해져 악성 인플레를 낳았다. 그는 또한 제국의 거의 모든 주민에게 시민권을 확대해 제국의 통합을 강화했으나, 동시에 시민권의 가치를 줄이고 군대 충원을 훨씬 더 어렵게 만들었다. 그는 동방 정복을 꿈꾸고 원정을 나갔다가, 근위대장인 마르쿠스 오펠리우스 마크리누스의 지령을 받은 자객에게 암살당했다.

이어 마크리누스가 황제에 올랐으나 군대의 지지를 얻지 못했고, 곧 세베루스 가문의 반란으로 218년 살해당했다. 그 뒤 황제가 된, 세베루스 가문의 바시아누스는 그가 모시던 태양신의 이름을 딴 엘라가발루스로 더 잘 알려져 있다. 14세였던 그는 로마인에게 낯선 신을 광적으로 숭배하고 지나친 낭비를 했기 때문에 결국 미움을 사 222년에 살해당했고, 뒤를 이은 세베루스 알렉산데르 황제도 235년 살해당했다. 이로써 세베루스 왕조는 끊어졌다.

■ 제국의 분열

오현제 시대를 끝으로 로마 제국은 분열과 혼란으로 접어들게 되었다. 세베루스 알렉산데르가 죽고 디오클레티아누스가 즉위하는 사이의 49년 동안 18명의 황제가 교체되었다. 공동 황제까지 따진다면 20여 명은 가뿐히 넘어가며, 황제들 중 전염병에 걸려 죽은 클라우디우스 고티쿠스와 노령으로 죽은 타키투스 두 황제를 제외하면 모두 전사 · 자살하거나 암살당하는 경우가 많았기 때문에 평균 재위 기간이 2년도 안 될 정도였다.

이 시기가 3세기였기 때문에, 학계에서는 '3세기의 위기'라고 칭하기도 한다. 이때 로마 제국은 게르만족과 사산조 페르시아 제국의 침입 격화 및 이로 인한 현저한 국방비 증대, 제국의 인재풀을 이루었던 원로원 계급과 기사 계급의 정치력 저하, 정국 불안과 치안 악화, 중과세에 따른 국내 상업의 쇠퇴, 기독교 세력의 급속한 대두라는 위기를 겪게 된다.

디오클레티아누스는 거대한 제국을 통째로 통치할 수 없다고 판단하였다. 285년 디오클레티아누스는 막시미아누스를 부제(Caesar)로 삼았다가, 이듬해 바로 정제(Augustus)로 승격시켰다. 디오클레티아누스가 제국 동방의 문제를 관할하는 동안, 막시미아누스는 제국 서방을 책임지는 형태였다. 293년 두 명의 정제 외에 두 명의 부제를 더 두어 사두정치 체제를 이루었는데, 이러한 정치적인 체제를 테트라르키아(Tetrarchia: 사두정치 체제)라고 한다.

● 디오클레티아누스
4두정치 체제(Tetrarchia)의 창시자이자, 후기 로마제국의 사실상의 창시자. 콘스탄티누스 대제와 테오도시우스 대제를 로마제국 분할의 아버지로 친다면, 디오클레티아누스는 군인황제 시대와 혼란을 끝낸 황제였다.

콘스탄티누스 대제와 기독교

사두정치 체제는 로마 제국을 동과 서로 나누고 각각은 황제(정제, Augustus)에 의해 통치되고 또 부제(Caesar)에 의해 보조되는, 즉 4명이 다스리는 통치체제를 확립했다. 콘스탄티우스 클로루스는 제국 서방을 다스리는 정제인 막시미아누스의 양자로 들어가, 그의 밑에서 부제가 되었다. 정제였던 디오클레티아누스와 막시미아누스가 305년 5월 1일 퇴위하자 콘스탄티우스는 서방의 정제(Augustus)가 되었으나, 이듬해 브리타니아 에보라쿰(지금의 요크)에서 죽었다. 그를 따르던 브라타니아의 군대는 그의 아들 콘스탄티누스 1세를 곧이어 황제로 추대했다.

■ 사두정치 체제

콘스탄티누스 1세는 272년 또는 273년 2월 27일 로마 제국의 모이시아 수페리오르 속주(현재의 세르비아와 불가리아)의 나이수스에서 장군 콘스탄티우스 클로루스와 그의 첫째 부인 성녀 헬레나 사이에서 태어났다. 어머니 성녀 헬레나는 여관 주인의 딸로, 콘스탄티누스 1세의 일생에 지대한 영향을 미쳤다. 292년 아버지는 헬레나를 버리고, 제국 서방 구역의 정제인 막시미아누스의 딸인 테오도라와 결혼했다. 아버지 콘스탄티우스 클로루스가 사두정치 체제에서 2명의 부제 중에 하나로 임명된 직후, 젊은 콘스탄티누스는 동방 정제 디오클레티아누스의 휘하로 들어가 니코메디아에서 복무했다.

305년 2명의 정제인 디오클레티아누스와 막시미아누스가 은퇴하고 콘스탄티우스가 막시미아누스의 뒤를 이어 서방의 정제로 승격하게 되자, 콘스탄티누스는 즉각 니코메디아를 떠나 갈리아에 있는 아버지의 휘하로 들어갔다. 부제에는 세베루스와 막시밀리아누스 다이아가 추대되었는데, 사실상 부제의 위치(즉, 정제의 아들)에 있었던 콘스탄티누스와 막센티우스(막시미아누스의 아들)는 권력에서 소외된 셈이었다.

 1년 후인 306년 7월, 브리타니아 원정에 나섰던 콘스탄티우스가 에보라쿰(지금의 요크)에서 병사하자, 그의 휘하 장병들은 즉각 콘스탄티누스를 정제로 추대하였다. 병사들에 의한 콘스탄티누스의 정제 승계는 당시 사두정치 체제 아래에서 적법성에 문제가 있었다. 그래서 콘스탄티누스는 동방 정제인 갈레리우스에게 자신의 권좌승계에 대해 확인을 요청하였고, 갈레리우스는 콘스탄티누스가 아버지의 영토를 승계하도록 하되 부제로 인정하고 서방 정제로는 세베루스를 임명하였다.

 제국 내에서 콘스탄티누스의 관할 구역은 히스파니아, 브리타니아, 갈리아, 그리고 게르마니아 지방이었다. 이로써 그는 중요한 라인 강 방위선의 강력한 부대를 지휘하게 되었다. 갈리아 지방은 제국에서 가장 부유한 지방 중의 하나였으나, 이른바 '3세기의 위기' 동안에 인구는 소실되고 도시는 폐허가 되었다. 306년부터 316년까지 10년 동안 콘스탄티누스는 아버지의 뒤를 이어 라인 강 방위선을 굳건히 하고, 갈리아 지방을 재건하는 데 힘썼다.

 한편 로마 국내정치는 사두정치의 한계를 드러내며 복잡한 내전 상황으로 빠져들어 갔다.
 307년 막센티우스가 로마에서 사두체제와는 다른 독자적인 노선을 걸으며 봉기했고, 막시미아누스도 은퇴 생활에서 복귀하여 아들을 도왔다. 서방의 정제인 세베루스는 이를 진압하기 위해 진격했지만, 퇴임 정제인 막시미아누스가 지휘하는 군대에 궤멸당한 후 로마로 잡혀가 자살을 강요당해 죽었다.

● 콘스탄티누스 1세의 흉상

205

이후 동로마의 정제인 갈레리우스가 막센티우스를 단죄하기 위해 군사행동에 들어갔지만 실패하였다. 결국 퇴임 정제인 디오클레티아누스와 막시미아누스 그리고 동방 정제인 갈레리우스 세 사람이 모여 회의를 한 결과, 서방의 정제에 리키니우스를 임명하기로 했다. 이에 막센티우스는 불만을 품고 아버지인 막시미아누스와 논쟁 끝에 갈라서게 되었다.

아들과의 불화로 막시미아누스는 트리어에 있는 콘스탄티누스에게 와서 자기의 딸 파우스타와의 혼인을 조건으로 합류했지만, 콘스탄티누스가 야만족을 격퇴하러 간 틈을 타 쿠데타를 시도하다가 예상보다 빨리 돌아온 콘스탄티누스에게 공격당하고 310년 마실리아(현재의 마르세유)에서 죽음을 맞았다.

311년 갈레리우스가 죽자, 리키니우스가 동방의 정제로 취임하였다. 콘스탄티누스는 리키니우스와 동맹을 맺고, 독자적인 황제의 권리를 주장하는 막센티우스를 처단하기 위해 출정했다. 312년 초 콘스탄티누스는 알프스를 넘어 이탈리아로 진격했고, 토리노와 베로나에서 막센티우스 군을 차례로 무찔렀다. 이후 벌어진 유명한 '밀비우스 다리 전투'로 결국 막센티우스 군은 콘스탄티누스에게 대패했고, 막센티우스는 전사했다. 이 전투로 인해 제국 서방에서 콘스탄티누스는 유일한 강자이자 정제로서 군림하게 되었다.

● 밀비우스 다리 전투
전투의 전날 밤 콘스탄티누스의 꿈에 예수 그리스도가 나타나, 내일의 전투에서 '그리스도' 단어의 첫 두 글자 X와 P를 합친 문자 라바룸(☧)을 병사들의 방패에 그리게 하라고 조언하였다고 한다. 이를 충실히 따른 콘스탄티누스가 결국 전투에서 승리하였다. 라파엘로의 프레스코화.

■ 콘스탄티누스와 기독교

콘스탄티누스의 치세는 기독교 역사에서 중요한 전환점이 되었는데, 313년 밀라노 칙령으로 기독교에 대한 관용을 선포하여 기독교 박해를 끝내고 사실상 기독교를 공인했다. 또한 기독교 교회의 압류된 재산을 돌려주었고, 이에 대한 국가의 보상을 정했다. 비록 311년에 선제 갈레리우스가 이미 밀라노 칙령과 비슷하게 기독교에 대한 관용을 선포하였지만, 콘스탄티누스 1세의 적극적인 기독교 진흥책으로 로마에서 기독교의 위상은 새로이 정립되었다.

321년에는 "존엄한 태양의 날에는 모든 재판관과 시민 그리고 기술자들은 쉬어야 한다"며 일요일 휴업령을 내렸다.

330년 콘스탄티누스 대제는 비잔티움(현재의 이스탄불)을 로마 제국의 새로운 수도로 정하였다. 337년에 그가 죽자, 비잔티움은 '콘스탄티누스의 도시'라는 뜻의 콘스탄티노폴리스로 개명되었다.

● 밀라노 칙령

밀라노 칙령은 313년 2월, 로마의 서방을 다스리던 콘스탄티누스 1세와 제국의 동방을 다스리던 리키니우스가 밀라노에서 협의한 정치조약의 결과였다. 로마 제국에서 기독교는 311년 갈레리우스가 내린 칙령에 의해 이미 합법화되어 있었다. 그러나 이 밀라노 칙령은 311년의 칙령에서 한 발 더 나아가, 소극적 의미의 기독교 보호에서 적극적 의미의 기독교 보호 내지는 '장려'를 의미하게 되었다. 밀라노 칙령으로 인해 기독교는 탄압받는 입장에서 로마 황제의 비호를 받는 입장으로 크게 격상되었으며, 콘스탄티누스 1세는 기독교를 장려한 최초의 로마 황제가 되었다. 현재 칙령 문서 자체는 내려오지 않으며, 금석문 형태로도 남아 있지 않다. 1차 사료로는 유일하게 락탄티우스의 《박해자들의 죽음에 대하여》에 동방 황제 리키니우스가 휘하의 총독들에게 보내는 공식 서한의 형태로 실려 있다.

● 밀라노 칙령

207

361년 율리아누스가 황위에 올랐다. 그는 로마 가톨릭교회에 박해를 가하였으며, 신플라톤주의와 미트라교에 의한 이교의 부흥과 개혁을 기도하였다. 율리아누스는 또한 페르시아의 샤푸르 2세와 전쟁을 벌였으며, 전쟁에서 큰 부상을 입고 363년 죽었다. 그러자 요비아누스가 군대에 의하여 황제로 추대되었다. 그는 황제가 된 뒤, 로마군의 무사귀환을 조건으로 샤푸르 2세와 평화조약을 체결하였다. 그 대가로 297년 갈레리우스에 의해 로마령이 된 싱가라(지금의 이라크 신자르)와 니시비스(지금의 터키 누사이빈), 아미다 등의 도시와 티그리스 강 동쪽의 로마 영토 전부를 양도하였다. 요비아누스는 기독교의 권한을 회복시켜 주었으나, 364년 사망하였다.

요비아누스가 죽자 발렌티니아누스 1세가 정제로 추대되었고, 가까운 친척인 발렌스가 그를 도와 공동 황제가 되었다. 365년 장군 프로코피우스는 이에 불복하여 콘스탄티노폴리스에서 자신을 황제로 선포하고 반란을 일으켰으나, 367년 발렌스에 의하여 진압되었다. 367년 8살의 그라티아누스는 발렌티니아누스 1세의 명으로 제국 서부의 공동 황제에 추대되었다. 374년 발렌티니아누스 1세가 게르만족에 대해 군사적인 압박을 가하다 죽자, 16세의 그라티아누스는 단독으로 황제가 되었다. 그러나 군대는 그의 어린 이복동생인 발렌티니아누스 2세를 서부 로마의 공동 황제로 즉위시켰고, 그라티아누스는 이에 복종했다.

● 율리아누스

플라비우스 클라우디우스 율리아누스(Flavius Claudius Julianus)는 361년부터 363년까지 콘스탄티누스 왕조의 로마 황제였다. 그는 최후의 비기독교인 로마 황제로, 쇠락하는 제국의 재부흥을 위해 로마의 전통을 부활시켜 개혁하려고 노력하였으며, 이 때문에 후세의 기독교로부터 "배교자 율리아누스"라고 평가되었다.

■ 제국의 분리

당시 제국의 골칫거리는 훈족(흉노의 일파)의 침입이었다. 훈족은 동고트족과 서고트족을 압박해 왔고, 376년 동고트족의 에르마나리크 왕은 훈족의 아틸라와 맞서 싸우다가 죽었다. 서고트족의 족장 아타나리크는 훈족에 쫓겨 발렌스에게 '트라키아로 이주할 수 있도록 허락해 주십시오'라고 청원하였고, 발렌스는 이를 수락하였다. 그러나 트라키아의 총독인 루피키누스는 황제의 명령을 거절하고 서고트족을 탄압하였고, 이에 반기를 든 서고트족과의 전투에서 패했다. 서고트족, 트라키아의 모든 고트족, 여기에 훈족까지 가세하여 로마를 압박하자 로마는 전면전에 돌입했다.

378년 봄 발렌스는 서방 황제 그라티아누스가 증원군을 보낸다고 하자, 이를 믿고 발칸 반도로 진군하였다. 발렌스는 초기에 아드리아노폴리스 근처의 마리차 강변에서 상당한 규모의 고트족 군대를 물리치고 진군했으나, 서방 지원군의 도착이 늦어졌다. 서방 황제 그라티아누스는 지원군이 도착할 때까지 대규모 전투를 하지 말라고 요청했으나, 발렌스는 적을 과소평가하고 공격주장을 받아들여 고트족과 전면전을 벌였다.

378년 8월 9일 벌어진 아드리아노폴리스 전투는 로마군의 완패로 끝났다. 이 격렬한 전투에서 발렌스는 화살에 맞아 전사하였고, 역사가 암미아누스 마르켈리누스는 이 전투에서 로마군의 3분의 2가 괴멸했다고 추정하였다. 이 전투의 패배로 노련한 병사들과 관료들이 죽었고, 제국의 통치력에 상당한 문제를 일으키는 요인이 되었다. 그라티아누스는 동부의 황제로 379년 테오도시우스 1세를 지명했다.

383년 마그누스 막시무스가 브리타니아에서 그곳의 군단에 의해 황제로 추대되었고, 갈리아로 건너왔다. 그라티아누스는 제대로 싸워보지도 못하고 도망하려다 살해당했다. 이로써 12살의 발렌티니아누스 2세만이 서방의 정제로서 남게 되었다.

막시무스는 테오도시우스 1세와 발렌티니아누스 2세에게 정식으로 인정을 받고자 했으나 실패하였다.

388년 테오도시우스 1세는 막시무스에 대한 원정을 개시하여 전쟁에서 승리한 후, 그를 사형에 처하였다. 392년 발렌티니아누스 2세가 살해당하였고, 그이후에 아르보가스테스가 에우게니우스를 황제로 지명하였다. 그러나 동방 황제인 테오도시우스 1세는 이를 인정하지 않았으며, 서방을 침공하여 아르보가스테스와 에우게니우스를 전사시켰다. 이로써 테오도시우스 1세는 로마 제국전역을 통치하게 되었다.

392년 기독교를 국교로 삼아 이교도를 압박하고 신전령(神殿領)을 몰수하였으며, 393년에는 올림피아 경기를 금지시켰다.

395년 테오도시우스 1세는 죽으면서 자신의 두 아들인 아르카디우스와 호노리우스에게 제국을 양분하여 물려주었다. 로마 제국은 이로써 두 개의 나라로완전히 분리되었으며, 다시는 통합되지 않았다.

● 테오도시우스 1세와 암브로시우스의 대립

390년 그리스의 테살로니카에서 로마군 수비대장 한 명이 주민들과의 사소한 다툼 끝에 집단 폭행을 당하여 살해당한 사건이 일어났다. 당시 밀라노에 있던 테오도시우스는 이 소식을 듣고 격분하여, 철저히 보복할 것을 명령했다. 이에 당시 밀라노의 주교이자 영향력 있는 신학자인 암브로시우스는 테오도시우스의 명령에 반대하며선처를 호소했지만, 테오도시우스는 이를 무시하고 그대로 명령을 밀어붙임으로써 약 7천 명의 테살로니카 주민들이 대량 학살 당했다. 이에 암브로시우스는 이러한 보복 행위를 비난하며 황제에 대한 성체 배령 집전을 거부하였으며, 황제는 결국 자신의 명령이 잘못되었음을 시인하고 맨머리에 베옷을 입은 채 밀라노 대성당으로 가서 용서를 구했다. 부활절부터 성탄절까지 황제는 성당출입을 금지당했으며, 성탄절이 되어서야 겨우 암브로시우스의 용서를 받고 성체 성사에 참여할 수 있었다.

● 테오도시우스가 성당에 출입하는 것을 막는 암브로시우스 (반 다이크 작품). 최고 권력자인 황제가 일개 교회의 성직자에게 굴복한 사건으로, 기독교 내에서 교권과 속권의 첫 대립으로서, 이후 종교와 권력의 관계를 암시하는 사건이었다.

서로마 제국

서로마 제국(Imperium Romanum Occidentale)은 285년부터 476년 또는 480년까지 유럽에 존재하던 제국이다. 395년 로마 황제 테오도시우스 1세에 의해 완전 분할되어, 옛 로마 제국의 서부를 통치하였다. 그러나 황제에게는 실권이 없었고, 게르만족 군인들이 실권을 장악했다. 로마 제국은 동쪽 절반인 동로마 제국으로, 1453년 콘스탄티노폴리스가 오스만 제국에 의해 함락되어 멸망할 때까지 존속하였다.

■ 서로마 제국의 몰락

로마 황제 테오도시우스 1세는 약해진 황제의 통치력으로는 더 이상 로마 제국을 혼자서 통치할 수 없다고 생각하고 제국을 동서로 나눠 자신의 아들들에게 통치를 맡겼는데, 서로마 제국은 이때 만들어졌다.

서로마 제국의 판도는 서쪽으로는 히스파니아와 아프리카 북부, 북쪽으로는 갈리아와 브리타니아, 게르마니아, 그리고 본국 이탈리아와 로마를 포함한 영역이었으나, 이민족의 침입으로 인해 방위선이 무너져 국경지대는 점차 관할에서 멀어져 갔다.

서로마 제국은 호노리우스(테오도시우스 1세의 둘째 아들로서 재위 393년~423년) 때에 알라리크(서고트의 초대 왕)의 로마 약탈 등 야만족의 계속되는 공격에 무너져 갔으며, 특히 훈족의 아틸라가 여러 차례 제국을 침공해 왔다. 아이티우스(Flavius Aetius) 장군이 451년의 카탈라우눔 전투에서 아틸라를 격파하여 제국의 마지막 불꽃을 태웠으나 453년에 발렌티니아누스 3세에게 암살당하였고, 그의 사후 제국은 급속도로 몰락하게 되었다.

● 아틸라
훈족 최후의 왕이며, 유럽 훈족 가운데 가장 강력한 왕이었다. 그는 434년부터 죽을 때까지 18년간 유럽 최대의 제국을 지배했는데, 그의 제국은 중부 유럽부터 흑해, 도나우 강부터 발트 해까지 이어졌다.

그 후 제국은 리키메르 장군에 의해 황제가 계속 교체되는 등 혼란기를 겪었다. 마요리아누스(재위 457년~461년)가 리키메르에 의해 즉위하여 군대를 재건하고 북아프리카를 탈환하려는 시도를 했으나 반달족 수장 겐세리크의 계략에 의해 실패했고, 결국 마요리아누스도 리키메르에 의해 제거됨으로써 제국의 마지막 희망이 사라졌다. 서로마 제국의 황제는 허울뿐인 존재로 전락하고 말았으며, 대신 군벌의 지도자들이 제국의 실질적인 통치자가 되었다.

한편 서로마 제국에서 게르만족의 영향력이 증대되자, 서로마 제국의 마지막 황제인 로물루스 아우구스툴루스는 게르만족 용병들을 단순한 이민족 군대로 취급하지 않고 로마 제국의 정규군으로 편입시켰다. 이로 인해 이탈리아를 장악한 오도아케르는 로마 황제의 직위를 포기하고, 대신 스스로 이탈리아의 왕을 자처하였다. 제국은 명맥을 유지할 수는 있게 되었으나 이는 오래가지 못했고, 476년 결국 멸망하고 말았다. 이리하여 고대 로마는 역사의 뒤안길로 완전히 사라졌다.

● 서로마를 멸망시킨 오도아케르

오도아케르(Odoacer, 435년 ~ 493년)는 훈족과 스키리아인의 피가 반씩 섞인 헤룰리족으로, 476년 서로마 제국의 마지막 황제 로물루스 아우구스툴루스를 쫓아내고 서로마를 멸망시켰다. 로물루스 아우구스툴루스는 나폴리 만의 카스텔 델로보 성에 유배되었으며, 그의 최후는 알려져 있지 않지만 511년까지는 살아남았다. 로물루스를 떨어트린 뒤 오도아케르는 이전의 리키메르(Ricimer) 등이 했던 것과 달리, 또 다른 허수아비 황제를 세우지 않고 동로마 제국의 섭정이 되어 서로마를 직접 통치하기로 결정했다. 동로마 제국을 받들어 스스로 파트리키우스라는 칭호를 썼다. 그러나 오도아케르와 동로마의 관계는 그리 좋지 않아, 489년 동로마의 제논 황제는 동고트족의 테오도리쿠스 대왕에게 군권을 위임하여 오도아케르를 정벌하게 했으며, 결국 라벤나가 함락되면서 493년 오도아케르는 테오도리쿠스의 손에 살해되었다.

교황의 등장

콘스탄티누스 대제가 313년에 밀라노 칙령을 내려 로마 제국 내 모든 종교의 자유를 인정함으로써, 기독교에 평화로운 시기가 도래하였다. 콘스탄티누스 대제는 국가통일을 위하여 기독교의 세력을 이용하려 했으나 당시의 교회 내부에는 많은 교리가 서로 대립하여 수습이 곤란하였기 때문에, 325년에 니케아 공의회를 소집하였다. 니케아 공의회에서는 부활절과 삼위일체 등이 논의되었으며, 니케아 신경을 채택하여 아리우스파를 이단으로 정죄하면서 가톨릭교회의 정통 노선을 확정하였다.

■ 교황의 권위 확립

동방(동로마)에서는 세속 권력이 교회보다 위에 있었던 반면, 서방(서로마)에서는 교황이 줄곧 영향력을 강화해 나갔다. 교황직의 위신이 높아지게 된 결정적인 계기는 교황 레오 1세 때였다.

452년 훈족이 로마를 침공하였으나, 서로마 황제는 그들의 침략 앞에서 속수무책이었다. 이에 실망한 로마 시민들은 당시 교황이었던 레오 1세에게 도움을 요청하였다. 그러자 레오 1세는 용감하게 로마 시외로 나가 훈족의 지도자인 아틸라와 만나 담판 지음으로써, 그들을 평화롭게 물러가도록 하였다. 그리하여 로마는 멸망할 위기에서 벗어나게 되었다.

455년에는 가이세리크가 이끈 반달족이 로마를 공격하였다. 레오 1세는 이번에도 용감하게 가이세리크와 회담하였다. 비록 그는 반달족의 로마 시내 입성을 허용하기는 했지만, 최소한 무분별한 약탈과 살육으로부터 로마 시민들을 구해 내는 데 성공하였다.

● 교황 레오 1세와 아틸라의 만남을 묘사한 부조

213

이로 인해 로마 시민들은 교황을 그들의 유일한 보호자로 바라보게 되었으며, 교황들 또한 로마 시민들을 위해 위험을 무릅쓰고 로마를 침공하려는 야만족들과의 정치적 협상에 나섰다.

대외적으로 교황은 사실상 로마 시의 수호자가 되었고, 레오 1세는 훗날 '대교황' 칭호를 받게 되었다. 한편 서로마 제국이 멸망하면서, 야만족들은 가톨릭 신자가 되거나 아리우스파가 되었다.

프랑크 왕국의 클로비스 1세 국왕은 아리우스파였다가 가톨릭 신자로 개종하여 교황과 동맹 관계를 맺은, 최초의 야만족 군주였다. 서고트족을 비롯한 다른 야만족들 역시 차츰 기존의 아리우스주의를 버리고 가톨릭교회로 개종하였다.

서로마 제국이 멸망한 후 교황은 권력의 중심으로 급부상하면서, 교회 영역을 초월하는 기능을 지속적으로 발휘하기 시작했다. 레오 1세에 이어 두 번째로 대교황 칭호를 부여받은 교황 그레고리오 1세는 교회 행정 개혁을 강력하게 추진하였다. 고대 로마의 원로원 의원 집안 출신이었던 그레고리오 1세는 고대 로마인의 전형적인 통치 방식인 엄격한 규율과 판결을 통해 문제들을 해결하였다. 더불어 그는 선교사들의 전교 활동에 대한 전폭적인 지원을 통해 게르만족과 앵글로-색슨족을 개종시켜 서유럽 각지에 성당을 세우고, 전 중세기 동안 사제 양성의 기초가 된 《사목규정(Liber regulae pastoralis)》을 저술하였으며, 전례를 개혁하였다. 이로써 교황은 군주 못지않은 절대 권력자로 인정받게 되었다.

● 아리우스파

아리우스파는 이집트 알렉산드리아 출신의 아리우스가 주장한 기독교 신학이다. 아리우스는 '성자' 예수는 창조된 존재(피조물)이며 '성부'에게 종속된 개념이라는 식으로 주장했는데, 삼위일체에 반대하는 그의 주장은 아리우스주의라는 신학적 흐름으로 발전하였다. 이에 대해 로마 가톨릭교회는 제1차 니케아 공의회(325년)에서 아리우스를 이단으로 배격하였으며, 아리우스 일파에 대한 공식적 파문 선언이 삽입된 니케아 신경을 채택하였다.

유럽 세계의 형성

유목민의 공격과 전염병으로 인해 로마 제국은 동로마 제국과 서로마 제국으로 분열되었으며, 이후 서유럽에서는 중세 시대가 열렸다. 서로마 제국은 멸망하였고, 동로마 제국(비잔틴 제국)은 콘스탄티노폴리스 천도 이후 로마 황제가 다스렸다. 그러나 유럽은 게르만족의 대이동으로 새로운 세계를 맞이한다.

■ 게르만족

　게르만족(Germanic peoples)은 고대 유럽의 게르만계 민족들을 통칭하는 말이다. 게르만인들은 상호 의사소통이 가능한 방언들을 사용했으며, 공통된 신화와 이야기들을 가지고 있었다.

　고대에는 스칸디나비아 지역에서 거주했으며, 켈트족이 독일 지역에서 갈리아나 동남부 유럽 등으로 진출하자 공백이 된 독일 지역으로 차츰 남하하면서 게르마니아를 형성하였다.

　기원전 2세기에는 게르만족의 한 부류인 킴브리족과 테우토니족(튜튼족)이 갈리아 남부와 이탈리아 북부를 공격하였으나, 기원전 102년 ~ 101년 사이에 가이우스 마리우스에게 섬멸되었다.

　로마인들은 이들을 라인 강과 도나우 강 경계 밖으로 묶어두거나, 제국의 동쪽 국경을 라인 강에서 엘베 강으로 넓혀 게르만족을 지배하려고 하는 등의 많은 노력을 하였다. 그러나 아르미니우스가 9년에 게르만족의 연합을 구성하고 봉기하여 로마에 항전하였으며, 로마의 국경은 라인 강으로 후퇴하게 되었다.

● 게르만족

게르만족의 주된 신체적 특징은 백옥피부(白玉皮膚), 장신(長身), 금발벽안(金髮碧眼)이다. 게르만족의 기원지로 여겨지는 곳은 현재의 독일 중부지방과 프랑스 북부지방, 덴마크, 그리고 발트 해를 중심으로 한 지방이다.

■ 게르만족의 대이동

3세기에는 게르만족의 한 부류인 고트족, 프랑크족, 알레마니족이 로마를 공격하여 로마는 게르만족을 지배하려는 것을 포기하게 되었다. 이후 게르만족과 로마 사이에 조심스러운 교류가 진행되기 시작했다. 애초에 게르만족의 생김새는 당시 유럽의 대부분의 사람들이 그러했듯 로마인들과 별 차이가 없었으므로, 곧이어 게르만족은 로마 사회로 점차 스며들기 시작했다. 앞서 말했듯이 게르만족의 범위는 굉장히 넓고 그 속에 많은 민족들이 분류되어 있었으므로 로마는 일부 게르만족과는 대립각을 세우는 한편, 다른 일부 게르만족과는 동맹을 맺는 식의 정책을 쓰며 게르만족을 다루었다.

4세기에 들어설 무렵엔 게르만족과 로마 사이에 상당한 교류가 진척되어 있었다. 당시 많이 무너져 버린 로마의 국방제도를 용병으로 메워주기도 했고, 로마 농민들이 경작을 포기한 변경지대에 대신 이주하여 그 땅을 경작하고 세금을 내기도 했다. 그러나 4세기 후반, 동방에서 강력한 힘을 가진 훈족이 갑자기 나타나 게르만족 중 가장 잘 나가던 동고트족을 공격한 데 이어 서진하면서 주변의 여타 게르만족들을 공격하자, 게르만족은 훈족의 침입을 피해 대이동을 감행하였다. 이로 인해 로마의 영토와 유럽, 아프리카 각지에 게르만족의 한 부류인 반달족, 서고트족, 동고트족, 부르군트족, 프랑크족, 앵글로-색슨족, 노르만족 등이 각자의 왕국을 세우게 된다.

● 제국의 몰락
게르만족의 침입으로 로마 제국이 몰락하는 장면을 묘사한 그림이다. 미국 풍경화의 거장 토머스 콜의 작품.

프랑크 왕국

프랑크 왕국은 게르만족의 일파인 프랑크족이 세운 나라이다. 현재의 프랑스와 독일, 체코, 벨기에, 룩셈부르크, 네덜란드, 스위스, 오스트리아, 이탈리아 중북부, 이스트리아 반도를 위시한 슬로베니아와 크로아티아 일부, 스페인 북부 지방을 영토로 가지고 있었다. 로마 제국 이후로 (영국과 아일랜드를 제외하고) 서유럽을 통일했으며 현재의 프랑스, 이탈리아, 독일의 기원이 되는 국가이다.

■ 프랑크 왕국의 성립

프랑크 왕국이 수립된 5세기 말은 서로마 제국이 용병대장 오도아케르에 의해 476년에 멸망하고, 걸림돌이 사라진 서유럽으로 게르만족이 대거 이동하면서 국가를 세우던 혼란의 시기였다. 게르만족이 갈리아 지역으로 이동하기 시작한 것은 이미 오래 전부터의 일이었지만, 이 시기에는 부족 단위로 대규모로 이동하였다. 이 시기 게르만족의 대이동은 동쪽으로부터 훈족이 압박해 온 것이 이유였지만, 로마 제국이 더 이상 이들을 막을 수 없는 상태였기 때문에 가능했다.

게르만족들은 이동 후에 자신들의 국가를 세웠다. 그러나 이들 중에서 서고트족, 동고트족, 반달족 등은 멸망하였고, 부르군트족의 부르군트 왕국은 백년 전쟁 후에 프랑스로 통합되었다. 게르만족이 그 흔적을 남긴 것은 프랑크족의 프랑크 왕국과 앵글로-색슨족의 잉글랜드 정도이다.

한편 게르만족의 대이동을 일으킨 훈족은 5세기 중엽에 가장 세력을 떨쳐, 아틸라의 지휘 아래 서쪽은 라인 강에서 동쪽은 카스피 해에 이르는 대제국을 이루었다. 그러나 453년 아틸라가 죽은 후 왕자들의 분열과 여러 게르만 부족의 반란으로 훈 제국은 무너지고, 다른 민족에 동화됨으로써 그 전통이 사라져 버렸다.

■ 메로빙거(메로베우스) 왕조

반면에 프랑크족은 기존의 근거지였던 라인 강 하류 지역을 계속 유지하면서, 부족의 세력권을 점차 남서쪽으로 확대해 나갔다. 그럼으로써 자신들의 정체성을 유지한 채 기존 게르만계 중소부족을 통합하였고, 갈리아의 원주민인 로만-갈리아인들을 무리 없이 통치할 수 있었다.

훈족의 쇠퇴 이후, 프랑크족은 클로비스 1세가 메로빙거 왕조를 개창하면서 481년에 왕국을 수립하게 되었다.

메로빙거라는 이름은 창시자로 알려진 프랑크족 족장 메로베크에서 유래한다. 메로베크는 서로마 제국의 군인으로 용병 출신이었다. 메로베크는 서로마 제국군 사령관을 지내기도 했으며, 그의 아들인 힐데리히 1세는 서로마 제국에서 용병대장을 지내기도 했다.

사실상 메로빙거 왕조를 개창한 건국자는 힐데리히 1세의 아들 클로비스 1세로, 그는 세력을 쌓고 수아송 전투에서 승리함으로써 프랑크족을 통일했다. 클로비스 1세는 파리로 수도를 옮겼으며, 이전까지 믿던 아리우스파 기독교를 버리고 가톨릭을 받아들여 486년 교황 펠릭스 3세에게 세례와 왕관을 받았다.

하지만 메로빙거 왕조는 살리카 법에 따른 분할 상속으로 분열과 통합을 반복하며, 서서히 권력을 잃어갔다. 한편 궁재(宮宰: 프랑크 왕국의 재상)를 대대로 세습해 오던 카롤링 가문이 점차 세력을 강화해 나가다가, 카롤링 가문의 피핀 3세가 751년 메로빙거 왕조의 마지막 왕 힐데리히 3세를 폐위시킴으로써 카롤링거 왕조가 성립되었다.

● 클로비스 1세
486년 프랑크 부족을 통합하고 프랑크 왕국을 건설했다. 기독교로 개종하여, 로마 교황과의 우호관계를 보증하게 되었다. 그의 사후 영토는 프랑크족의 전통 관습인 살리카 법에 따라 네 아들에게 분배되었는데, 이는 프랑크 왕국의 분쟁과 약화를 가져왔다.

■ 카롤링거 왕조

카롤링 가문의 영화는 아우스트라시아 분국의 궁재 피핀 1세에서 시작되었다. 피핀 1세의 외손자 피핀 2세는 687년 테르트리 전투에서 프랑크 왕국의 실권을 잡았으며, 피핀 2세의 서자였던 카롤루스 마르텔이 732년 투르-푸아티에 전투에서 우마이야 왕조의 이슬람군을 격퇴하면서 군사적 권위를 얻었다. 이는 이슬람의 침입으로부터 서유럽을 방어했다는 의의가 있다.

카롤루스 마르텔은 내란으로 잠시 공석이 되었던 왕위를 대신하여 메로빙거 왕조를 통치하기도 했지만, 감히 왕위까지는 넘보지 않았다. 하지만 그의 아들 피핀 3세는 메로빙거 왕조의 힐데리히 3세를 폐위하고 스스로 왕위에 올랐다. 교황 자카리아는 피핀 3세에게 힐데리히 3세의 폐위를 종용했기 때문에, 그의 왕위를 인정했다.

피핀 3세는 754년 롬바르디아 왕국을 격파하고 교황 스테파노 2세에게 라벤나 일대의 토지를 기증하여('피핀의 기증'이라 함), 교황령의 시초를 만들었다. 그 아들이 바로 그 유명한 카롤루스 대제, 즉 샤를마뉴이며, 800년 교황 레오 3세에게 로마 제국 황제의 칭호를 받아 신성로마제국의 시초가 되었다.

● 카롤루스 대제의 제관 수여 장면(800년 크리스마스)

카롤루스 대제는 피핀 3세의 아들이며 계승자였다. 그는 중세의 전 시기, 그리고 그 이후에도 유럽의 탄생과 통합을 상징하는 인물이었다(제2차 세계대전 후 유럽 통합 운동이 일었을 때 이 인물이 언급되기도 하였다).

카롤루스 대제는 생애의 상당 기간을 군사 원정으로 보냈다. 그의 치세 초기에 프랑크 왕국은 오늘날의 프랑스, 벨기에, 네덜란드, 라인 강 하류에서 중상류에 이르는 지역(라인 강 서부)을 포괄했다. 이 지역의 동부 외곽에는 작센족(Sachsen)이 전혀 별개의 독립 세력으로 존재했고, 남동부의 바이에른 지방은 느슨한 종속적 유대로 프랑크 왕국과 결합되어 있었다.

843년, 베르됭 조약으로 카롤루스 대제의 아들인 루트비히 경건왕의 세 아들이 카롤링거 제국을 동프랑크 왕국, 중프랑크 왕국, 서프랑크 왕국으로 분할하였다. 이 조약으로 카롤루스 대제가 세운 제국은 해체되기 시작했으며, 서유럽의 세 근대국가인 프랑스, 독일, 이탈리아의 모태가 탄생하였다.

● 카롤루스 대제

카롤루스 대제(740년, 742년 또는 747년 ~ 814년 1월 28일)는 카롤링거 왕조 프랑크 왕국의 2대 국왕이다. 카롤루스 대제는 서부·중부 유럽의 대부분을 차지해, 프랑크 왕국을 제국으로 확장했다. 재임 기간 동안 이탈리아를 정복하여 800년 12월 교황 레오 3세에게 비잔티움 제국의 황제와 반대되는 신성로마제국 황제직을 수여받았으며, 황제가 된 후 교회를 통해 예술·종교·문화를 크게 발전시켜 카롤링거 르네상스를 일으켰다. 카롤루스 대제의 국내외적인 업적은 서유럽과 중세시대를 정의하는 데 기여하였으며 프랑스, 독일, 이탈리아, 신성로마제국 등의 재임연표에서는 샤를 1세 또는 카를 1세로도 표기된다. 오늘날 카롤루스 대제는 프랑스·독일 군주 시초 인물일 뿐만 아니라, 로마 제국 이후 최초로 대부분의 서유럽을 정복하여 정치적·종교적으로 통일시켰으며 또한 카롤링거 르네상스가 현재 유럽의 정체성에 발판을 마련하였기 때문에 '유럽의 아버지'로도 불린다.

■ 동프랑크 왕국

동프랑크 왕국(regnum Francorum orientalium)은 843년 베르됭 조약에 따라 세 부분으로 나뉜, 카롤링거 왕가의 프랑크 왕국 중에서 동쪽에 있던 왕국을 말한다. 독일왕 루트비히가 차지한 영토이다. 동프랑크 왕국은 나중에 신성로마제국과 현대 독일의 모태가 되었다. 동프랑크 왕국은 4개의 공작령으로 나누는데 슈바벤, 프랑켄, 작센 그리고 바이에른이다.

869년 로타르 2세가 죽자, 로트링겐도 동프랑크 왕국으로 편입되었다. 이는 1268년 호엔슈타우펜 왕가가 끝날 때까지 유지되었다. 911년 유아왕 루트비히 4세가 사망하고 왕통이 단절되면서, 선거에 의해 왕이 선출되는 독일 왕국으로 변화하였다. 동프랑크라는 명칭은 11세기 초까지도 형식적으로 존재했다. '동부 프랑크인의 왕(rex Francorum orientalium)'이라는 칭호는 1024년 콘라트 2세가 최후로 사용하였다. 1028년 콘라트 2세에 의해 독일 왕으로 선임된 하인리히 3세는 로마인의 왕, 혹은 독일인의 왕이라는 칭호를 사용하였다.

● 프랑크 왕국

프랑크 왕국은 5세기 말 게르만족의 한 부족인 프랑크족이 현재의 프랑스, 독일, 이탈리아를 아우르는 지역에 세운 왕국이다. 이 왕국은 현재의 독일, 프랑스, 이탈리아를 형성한 것으로 일반적으로 평가되고 있다. 프랑크 왕국은 비잔티움 제국의 유스티니아누스 1세가 이탈리아의 동고트족과 아프리카의 반달족을 격멸하고, 아랍인이 스페인의 서고트 왕국을 제거한 와중에서 거의 유일하게 존속·확장한 게르만족의 정치체제였다. 이 왕국의 영토는 제2차 세계대전 후의 유럽 경제공동체 지역(프랑스 독일 이탈리아 그리고 베네룩스 3국)과 대체로 일치한다. 따라서 1950년대에 여기에 속하는 나라들은 기꺼이 카롤루스 대제의 기독교화된 서구를 거론했으며, 카롤루스 대제의 수도 아헨에 '카를 상(賞)'을 제정했다.

● 부르군트족의 왕녀 클로틸드와 함께 클로비스 1세의 네 아들 사이에서 프랑크 왕국을 분할하는 모습

■ 서프랑크 왕국

서프랑크 왕국(Francie occidentale)은 843년 베르됭 조약에 따라 세 부분으로 나뉜, 카롤링거 왕가의 프랑크 왕국 중에서 서쪽에 위치한 왕국을 말한다. 베르됭 조약의 결과로 카롤루스 대제의 손자인 카를 대머리왕(카를 2세)이 차지한 영토이다. 서프랑크 왕국은 이후 카페 왕조와의 분쟁도 겪긴 했지만 성장

● 카를 2세의 초상

을 하면서 중세 프랑스, 그리고 현재의 프랑스로 발전하는 초석을 닦았다.

카롤링거 왕가 이후 이 지역은 곧 카페 왕가, 발루아 왕가, 부르봉 왕가 등의 권력투쟁의 각축장이 되었다. 987년 위그 카페가 이를 통일하고 카페 왕조를 세웠을 때부터는 서프랑크 왕국 대신 프랑스로 불리기 시작했다.

■ 중프랑크 왕국

중프랑크 왕국(Francie médiane)은 843년 베르됭 조약에 따라 프랑크 왕국이 삼분되면서 생긴 세 왕국 중 하나이다. 서프랑크 왕국과 동프랑크 왕국 사이에 있는 가늘고 긴 형태의 땅으로 이루어졌지만, 카롤루스 대제의 궁전이 있던 아헨이나 제국도시 로마 등 프랑크 왕국의 핵심적 지역들

을 포함한다. 경건왕 루트비히의 세 아들 중 장남인 로타르 1세에게 주어진 왕국이기 때문이다.

로타르 1세 사후 중프랑크 왕국은 또다시 로타르 1세의 세 아들들에게 삼분된다. 분열된 중프랑크 왕국은, 동프랑크 왕국과 서프랑크 왕국이 각기 독일과 프랑스로 발전하는 과정에서 이들 두 왕국에 서서히 흡수되어 소멸됨으로써, 두 왕국과 달리 단명한 나라가 되었다.

● 노트르담 성당의 로타르 1세 프레스코화

바이킹의 활약

바이킹(Vikings)은 노르드어 비킹가르(vikingar: 침략자)에서 유래한 표현으로서, 혈통적으로는 게르만족 노르드인이고, 언어적으로는 노르드어를 구사하며, 스칸디나비아의 고향 땅에서부터 항행하여 8세기 말에서 11세기 말까지 북유럽과 중앙유럽을 약탈·교역하며 활보한 바닷사람들을 일컫는다. 바이킹이 활동한 시기를 바이킹 시대라고 한다. 노르드인들의 군사적·상업적 성장과 인구 팽창은 중세 스칸디나비아뿐 아니라 브리튼 제도, 아일랜드 섬, 프랑스, 키예프 루시, 시칠리아 등 광범한 지역에 중요한 영향을 미쳤다.

■ 바이킹의 기원

8세기 이후, 유럽은 농업 기술의 점진적인 발달과 함께 찾아온 따뜻한 기후에 힘입어 인구가 급격하게 증가했다. 추운 북부 유럽 또한 예외가 아니었고, 스칸디나비아 반도의 인구는 유례없이 크게 증가했다. 그러나 한정된 자원과 농업 발전만으로는 불어난 인구를 유지하기 어려운 시점이 닥치게 되었다. 이에 새로운 식량 공급원을 찾고자 하는 사람들, 아예 보다 나은 삶의 터전을 찾아나서는 사람들이 점차 늘어나 전 유럽을 조직적으로 약탈하기 시작했다.

이들은 크게 스웨덴계 바이킹과 덴마크계 바이킹으로 나눠진다. 스웨덴계 바이킹의 경우 고틀란드를 중심으로 하는 발트 해에서 볼가 강과 드네프르 강으로 들어가는 동쪽 루트를 선호했으며, 덴마크 계열 바이킹은 영국과 프랑스 남부, 즉 대서양을 향해 항해한 것으로 알려져 있다.

● 바이킹의 뿔투구
바이킹의 상징인 뿔투구는 실용적인 무기이기보다는 그 크기나 장식의 화려함에 비춰 볼 때 종교적인 용도로 쓰였다고 생각되며, 바이킹들의 무덤에서 간간이 발견된다.

■ 제2의 게르만족 대침입

바이킹은 뛰어난 조선술과 항해술을 가지고 있어서 8세기~11세기 사이의 2차 민족 대침공의 주역으로서 유럽의 잉글랜드, 프랑스 등지의 해안 지방은 물론이고 동로마 제국의 콘스탄티노폴리스 근교, 러시아 부근, 이베리아 반도, 페르시아까지 약탈한 기록이 있다.

카롤링거 왕조가 동프랑크와 서프랑크로 분열되고, 그 내부에서도 친족 간의 골육상쟁이 벌어지고 있던 상황에서, 프랑스 지역은 바이킹의 약탈에 속수무책으로 당했다.

여러 왕국으로 분열되어 있던 잉글랜드와 아일랜드의 상황은 더 심각했다. 잉글랜드의 경우 한때 웨섹스를 제외한 모든 왕국들이 바이킹에게 넘어간 적이 있고, 아일랜드를 침략한 바이킹들은 더블린, 코크 등지에 여러 작은 왕국들을 세웠다.

이들은 나중에 프랑스 왕으로부터 광대한 영토를 하사받아 10세기경에 노르망디 공국을 건립하였고, 정복왕 윌리엄을 시조로 하는 잉글랜드의 노르만 왕조를 열었으며, 시칠리아에 나라를 세웠다. 그리고 루르의 루스족은 강을 따라 러시아에 들어가, 몇몇 국가를 세우기도 했다.

● 롤로(Rollo)

프랑스에 정착한 바이킹 두목으로, 노르망디 공국 및 노르만인의 시조이다. 프랑스의 센 강 어귀를 점령하였다. 911년 서프랑크 왕 샤를 3세는 생클레르 조약을 맺고 그를 노르망디 공으로 봉했으며, 롤로는 그 대가로 약탈을 중지하겠다고 약속했다. 이후 프랑스 서북 노르망디에 정착한 그는 영토를 계속 넓히며, 기독교를 국교로 정하였다. 영국을 정복한 윌리엄 1세의 5대조가 되며, 영국과 프랑스의 여러 귀족가문의 선조가 된다.

● 가톨릭 영세를 받는 롤로

■ 바이킹의 쇠퇴

이들은 동로마 제국이 지배 중이던 시칠리아를 정복했고, 이탈리아 남부 영토를 통해 서방 교회에 간섭하던 동방 교회에 막대한 타격을 입혔다. 바이킹이 이탈리아 남부를 지속적으로 침공함으로써 동로마는 서방 세계에 간섭할 통로를 상실하게 되었다.

한편 9~10세기에 남하해서 우크라이나 남부 지방에 정착한 북게르만족의 일파들은 바랑인 친위대(Varangian Guard: 동로마 황제의 친위대)로서 동로마군에 복무하였다. 배신과 반란이 판을 치던 난세에 용병으로서는 보기 드문 충성심, 그리고 바랑인 특유의 무자비함과 용맹을 발휘하며 동로마 최정예 근위대라는 명성을 얻었다.

바이킹이 쇠퇴하기 시작한 것은 12세기부터로, 이때부터는 해안 방어 체계가 정비되었기 때문이다. 농노제가 발전함으로써 약탈의 주 수입인 노예 무역의 효용이 떨어졌고, 바이킹 다수가 그리스도교로 개종한 것도 영향을 미쳤다. 또한 11세기에 정점을 찍었던 온난한 기후도 다시 악화되어, 점차 소빙기 기후로 변해 갔다. 그린란드는 더 이상 푸르를 수 없었고, 바이킹의 주 근거지는 유빙으로 항해가 힘들어지기 시작했다.

● 바이킹의 선박

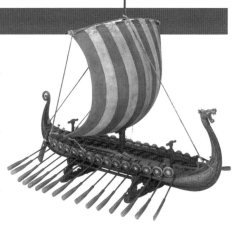

바이킹의 배는 크게 두 가지 종류로 나눌 수 있다. 탐험, 무역, 전투 등의 다목적 선박인 드라카르(drakkar)와 무역, 수송 및 대서양 항해에 특화된 크나르(knarr)가 있었다. 드라카르의 경우, 재질이 가볍고 선체가 안정적이어서 기동성이 당대의 다른 배들보다 우월했고, 노를 저음으로써 강을 역류할 수 있었으며, 심지어 현대의 고무보트처럼 전사들이 들고 이동하기도 했다.

신성로마제국

신성로마제국(Sacrum Romanum Imperium)은 중세에서 근대 초까지 이어진, 기독교 성향이 강한 유럽 국가들의 정치적 연방체이다. 프랑크 왕국이 베르됭 조약(843년)으로 나뉜 동쪽에서 독일 왕이 마자르족을 격퇴한 후 교황으로부터 황제의 관을 수여받아, 신성로마제국 건국을 선포하였다. 신성로마제국은 초기에는 강력한 중앙집권 국가였으나, 점차 이탈리아에 대한 간섭으로 독일 지역을 소홀히 하면서 여러 제후들에 의해 나누어지게 되었다.

■ 제국의 형성

신성로마제국 사람들은 800년 카롤루스 대제가 "로마 제국의 황제"에 등극한 것을 서로마 제국의 제위가 프랑크인들에게 넘어온 것으로 생각했다. 따라서 신성로마제국 역사가들은 카롤루스 대제를 제국의 시조로 생각하였다. 이 관점은 1806년 제국이 해체될 때까지 지속되었다. 그러나 카롤링거 제국은 베르됭 조약으로 3개의 프랑크 왕국으로 나뉘었고, 이후 924년까지 교황의 승인을 받아 대관식을 거행한 황제는 실질적으로 이탈리아 반도만을 통치하였다.

900년경부터 동프랑크 왕국에서는 여러 공작령(프랑켄, 바이에른, 슈바벤, 작센, 로타링기아)들이 자치권을 획득하였다. 카롤링거 왕조의 유아왕 루트비히 4세가 후사를 남기지 못하고 죽자, 이들은 카롤링거 왕조의 지배를 거부하고 공작들 가운데 한 명인 프랑켄의 콘라트를 동프랑크 왕국의 왕으로 선출하였다(911년).

콘라트는 죽기 직전 왕위를 그의 라이벌인 작센 공 하인리히에게 넘겼고, 936년 하인리히가 죽자 그의 아들 오토가 왕으로 선출되었다. 오토 1세는 수차례에 걸친 제후들의 반란을 진압하고, 공작의 임명권을 다시 가져와 왕권을 강화하였다.

951년 오토 1세는 미망인이 된, 이탈리아 왕국의 아델라이데 1세를 구원하고 그녀와 결혼하여, 이탈리아의 지배권을 획득했다. 오토 1세는 왕권을 강화하고 슬라브족과 마자르족의 침입을 격퇴했으며, 북이탈리아(롬바르디아)를 정벌해 교황 요한 12세로부터 로마 황제의 대관을 받게 되었다(962년). 교황 입장에서는 명목상으로나마 유럽 세계 전체의 지배자를 자처하는 동로마 제국에 맞서 누군가를 내세워야 할 판이었는데, 이때 큰 활약을 보이는 오토 대제를 (서)로마의 황제로 내세운 것이었다.

이때부터 독일과 이탈리아 반도, 그리고 로마 교황청은 정치적으로 복잡한 관계를 맺게 된다.

오토 1세는 늘 분열의 위험성을 안고 있던 제국을 안정시키고 황권을 강화하기 위해 성직자를 영주로 임명하는, 소위 "제국교회 정책"을 시행하였다. 황제가 임명하는 고위 성직자가 각 지역의 영주를 겸하는 구조로서, 이는 황제가 성직자를 임명할 수 있는 서임권을 전제로 한 정책이었다. 이에 교황 그레고리오 7세는 하인리히 4세(독일 왕위 : 1056~1084. 제위: 1084~1105)와 서임권 분쟁에 들어가고, 뒤이어 카노사의 굴욕(1077년) 사건이 일어난다.

● 오토 1세

하인리히 1세와 성녀 마틸다의 아들로, 작센 공작이자 독일 및 이탈리아의 왕이었으며, 신성로마제국의 첫 황제로 인정받고 있다. 951년 그는 로타리오 3세의 미망인 아델라이데의 구원 요청으로 이탈리아를 침입해 베렌가리오 2세를 독일 왕의 신하로 만들었으며, 계속 반발을 하자 961년 이탈리아를 재침공하여 베렌가리오 2세를 격파하고, 962년 교황 요한 12세에 의해 신성로마제국 황제의 제관을 받았다. 이후 963년 이탈리아 정복에 성공하였다.

■ 카노사의 굴욕

1077년 1월 28일, 신성로마제국의 하인리히 4세가 자신을 파문한 교황 그레고리오 7세를 만나기 위해 이탈리아 북부의 카노사 성으로 가서 관용을 구한 사건을 말한다. 교회의 성직자 임명권인 서임권을 둘러싸고 분쟁하던 신성로마제국 황제와 교황의 대립의 정점에 있었던 사건으로, 이후 세속 권력이 기독교에 굴복한 대표적인 사건으로 지칭된다.

개혁적인 교황 그레고리오 7세는 재임 초기부터 강력한 교회 개혁과 쇄신 운동을 펼쳤으며, 당시 세속의 군주가 관습적으로 가지고 있던 성직자 임명권, 즉 서임권을 다시 교회로 가져오려고 시도하였다. 당시 신성로마제국의 황제였던 하인리히 4세는 이에 반발하였고, 교황은 그를 파문하고 황제를 도와주는 귀족이나 사제도 파문한다고 으름장을 놓았다.

하인리히는 계속 저항하고자 했으나, 이미 신성로마제국의 몇몇 귀족들은 그에게서 등을 돌렸고 새로운 황제를 추대할 움직임도 있었다. 이미 반란이 일어나고 있었기 때문에, 하인리히는 어쩔 수 없이 교황과 화해할 수밖에 없었다.

1076년 겨울 교황 그레고리오 7세는 하인리히가 이탈리아로 오고 있다는 소식을 들었다. 그는 황제가 자신을 몰아내기 위해 오는 것으로 알고 두려워했는데, 이때 카노사 성의 백작부인 마틸다는 교황을 자신의 성으로 초청하여 하인리히의 공격에 대비한 피난처로 자신의 성채에서 머물게 했다. 마틸다는 서임권 분쟁 때 교황을 열렬히 지지한, 교황의 절친한 동맹자였다.

● 교황 그레고리오 7세
위대한 개혁가 교황 가운데 한 사람인 그는 특히 신성로마제국의 하인리히 4세와 서임권 분쟁을 겪은 인물로 유명하다.

한편 하인리히 4세는 신성로마제국에서 자신의 입지가 점점 줄어들고 반란의 기미가 보이자, 교황을 만나기 위해 이탈리아로 떠난 것이었다. 그는 쥐라 산맥을 넘자, 황제가 아니라 자비를 구하는 고해자의 모습을 하고 카노사를 향해 갔다. 수도사들이 입는 거친 옷과 맨발 차림으로 1077년 1월 25일 교황이 머물고 있는 카노사 성문 앞에 도착했다.

교황은 하인리히를 성 안으로 들어오지 못하게 했다. 하인리히는 계속 성문 앞에서 고해복을 입고 금식을 하며 교황의 허가를 기다렸다. 성직자의 기본은 용서를 하는 것이므로 결국 3일 후 1월 28일 교황은 황제를 성 안으로 들어오게 허락했고(일설에 의하면 황제 하인리히는 무릎을 꿇고 교황에게 빌었다고 전해짐), 그날 밤 마틸다와 하인리히는 함께 교황이 집전하는 미사에 참석함으로써 하인리히에 대한 교황의 파문은 종결되었다.

● 카노사의 굴욕 이후

카노사의 굴욕으로 하인리히는 교황의 사면을 받았지만, 자신의 권력까지 복권받은 것은 아니었다. 신성로마제국의 제후들은 라인펠트의 루돌프를 황제로 추대했고, 하인리히는 루돌프를 상대로 내전에 돌입했다. 교황 그레고리오는 양측의 중재자로 자임했으나, 양쪽으로부터 모두 비난을 받았다. 교황은 1080년 하인리히를 다시 한번 파문하고 폐위를 선언했다. 그러나 내전을 끝내고 승리한 하인리히 4세는 이탈리아로 쳐들어가 결국 오랜 숙적 그레고리오 7세를 로마에서 쫓아내고, 대립교황 클레멘스 3세를 새 교황으로 세웠다. 그레고리오 7세는 풀리아-칼라브리아 공작 노르만인 로베르 기스카르의 도움으로 겨우 목숨을 건져 로마를 탈출하였고, 시칠리아까지 도망가는 굴욕을 당했다.

● 카노사의 성문 밖에 서 있는 하인리히 4세

동로마 제국

3세기와 4세기에 동로마 제국은 사회·문화 수준이 서로마 제국보다 더 높았다. 재정 자원도 풍부해 공물을 지불함으로써 국가의 침략자를 회유할 수 있었으며, 용병을 고용할 여력이 있어서 서로마 제국이 직면한 곤란한 상황을 대개 도와주었다. 훈족의 아틸라가 죽자 동로마 제국은 평화기를 누렸으나, 서로마 제국에서는 476년에 게르만족 출신의 로마 장군 오도아케르가 유명무실한 서로마 황제 로물루스 아우구스툴루스를 폐위시켰으며, 다른 꼭두각시 황제를 세우는 대신 스스로 왕이 되었다. 그러나 율리우스 네포스 등은 달마티아와 이탈리아 북부 지역을 중심으로 다시 로마의 황제를 자임했다. 480년 율리우스 네포스마저 사망함으로써 서로마 제국은 최종 붕괴되었다.

■ 제국의 형성

서로마 제국이 멸망하였지만, 당시 동로마(비잔티움) 정부는 오도아케르와 동고트의 테오도리크를 형식적이나마 이탈리아의 파트리키우스(최고 귀족)로 봉한 것을 통해 이탈리아를 자신들이 석권한 것으로 봤다. 동로마 제국은 480년 이후 한동안 공식 국호를 로마 제국이라 칭하였다. 이들은 멸망할 때까지 자신들을 로마의 정통 후손이라는 뜻에서 대내외명으로 로마 제국이라는 호칭을 썼다. 그리고 이탈리아는 단순히 영향력 하에 들어온 실지 영역으로 인식되었다.

이탈리아를 회복하고자, 모이시아에 정착해 있던 테오도리크의 동고트족과 협상한 동로마의 제논 황제는 고트 왕을 이탈리아로 보내 '이탈리아 군부 총감(magister militum per Italiam)'으로 삼았다.

493년 오도아케르가 몰락하자, 젊은 시절 콘스탄티노폴리스에서 산 적이 있는 테오도리크 왕은 이탈리아를 스스로 통치하였다. 테오도리크가 동고트 왕으로서 이탈리아를 통치하자, 제논 황제는 서방 영토에 대해 최소한 명목상의 수위권만 지켰다.

491년 로마인 혈통의 관리 출신인 늙은 아나스타시우스 1세가 황제가 되었으나, 새 황제는 498년이 되어서야 이사우리아족의 저항을 제대로 통제했다.

자신이 여전히 기운차게 활동할 힘이 넘치는 개혁가이자 유능한 행정가라는 사실을 드러낸 아나스타시우스 1세는 상품 거래에 범용되는 폴리스(follis) 동화의 무게를 최종 결정하여 콘스탄티누스 1세의 화폐 제도를 완성했으며, 세제를 개혁하였다.

■ 유스티니아누스 대제의 등장

유스티니아누스는 482년경 다르다니아 타우레시움(오늘날 마케도니아의 스코피에 근교)에서 태어났다. 그의 어머니 비길란티아는 유능한 장군이자 황실 경비대장이었다가 나중에 황제가 되는 유스티누스의 여동생이었다. 유스티누스는 그를 콘스탄티노폴리스로 데려와 자신을 돕게 했고, 나중에 양자로 삼았다. 유스티니아누스는 외삼촌이 황제가 되기 전에는 황실 경비대에서 그를 보좌했는데, 이 때의 기록은 별로 알려진 것이 없다.

518년 아나스타시우스 1세가 죽자 유스티누스는 다음 황제로 지명되었는데, 이때 유스티니아누스의 도움을 받았다. 유스티니아누스는 외삼촌이 황제가 된 후에도 무지한 외삼촌을 도와 여러 가지 행정을 도맡아 처리했고, 나중에는 노쇠한 황제를 대신하여 사실상 혼자 제국을 통치했다.

527년 4월 유스티누스는 조카를 공동 황제로 임명했고, 한 달 후 유스티누스가 서거하자 유스티니아누스는 단독 황제가 되었다.

● 유스티니아누스 1세의 동상
외삼촌인 유스티누스 1세에 이어 제국을 통치했으며, 동로마 제국의 영토를 넓히고 여러 가지 제도를 개혁하고 성 소피아 성당을 재건하는 등 많은 업적을 쌓았다.

■ 테오도라 황후

황제가 되기 전에 유스티니아누스는 테오도라와 결혼하였는데, 테오도라의 아버지는 콘스탄티노폴리스의 마차 경주장에서 말을 돌보는 천한 직업을 가진 집안에서 태어났다.

테오도라는 일설에 의하면 무희 또는 창녀였다고 하며, 아주 음탕한 여자였다고 한다. 당시 제국법에는 귀족이 평민과 결혼할 수 없었기 때문에, 원로원 의원 신분의 유스티니아누스는 미천한 신분인 그녀와 결혼할 수 없었다. 유스티니아누스는 황제인 외삼촌을 사주하여 귀족신분도 하급계층과 결혼할 수 있는 법안을 제출하게 했고, 테오도라와 결혼할 수 있었다.

이러한 결혼 스캔들에도 불구하고 테오도라는 일단 황후가 되자, 제국의 정치에 깊이 관여하고 영향력을 행사했다. 편견을 갖고 보던 귀족들도 테오도라 황후의 훌륭한 처신에 감탄할 수밖에 없었다. 테오도라 황후는 남편인 유스티니아누스 황제를 평생 도움으로써 큰 힘이 되었다.

● 테오도라 황후

테오도라(500년경~548년 6월 28일)는 동로마 제국의 황후로 유스티니아누스 1세의 부인이었다. 그녀는 명석함과 뛰어난 정치 감각으로 황제인 남편의 가장 훌륭한 조력자이자 동반자가 되었으며, 동로마 제국 역사상 가장 훌륭했던 여성으로 기록되었다. 동방 정교회에서는 그녀를 그녀의 남편 유스티니아누스 1세와 함께 성인으로 기리고, 11월 14일에 기념한다.

● 테오도라 황후
(이탈리아 라벤나의 산 비탈레 성당에 장식된 비잔티움식 모자이크)

■ 니카 반란

고대 로마에서는 말 네 마리가 끄는 전차 경주가 상당히 발달했고 인기를 끌었다. 제국 전역의 큰 도시에는 대부분 히포드롬(hippodrome)이라고 부르는 원형경기장이 있었다. 또한 각 전차경주는 4개의 팀으로 나뉘어 있는 경우가 보통이었고 이들은 다른 색깔의 유니폼을 입어 서로를 구분했는데 각각 적색, 청색, 녹색, 백색이었다. 로마 제국에서 비잔티움 제국으로 넘어가면서 4개의 전차경주 팀은 2개로 줄어 녹색당과 청색당이 남았는데, 이들은 콘스탄티노폴리스에서 각각 큰 파벌을 이루고 현대의 정당에 버금가는 위상을 가졌다. 당시 청색당은 주로 대지주와 그리스-로마 귀족들의 후원을 받았고 그래서 전통 기독교인들이 많았던 데 반해, 녹색당은 상인·기술자 등 중간 계층이 주로 후원했고 종교적으로는 그리스도 단성론에 가까웠다.

양 파벌은 마치 정당처럼 조직을 이루고 지도자를 선출했으며, 황제는 중요한 공공사업을 그들을 통해 벌였고, 심지어 각각 사병조직까지 가지고 있었다. 양측은 서로 빈번히 충돌했다. 아나스타시우스 1세 황제의 시기인 493년, 501년, 511년에 충돌했고, 특히 511년에는 황제가 직접 나서서 황제의 직을 걸고 폭동을 해결해야 할 정도로 심각한 양상을 띠었다.

유스티니아누스 1세는 즉위할 당시 청색당을 지지했고 이들의 뒷받침에 힘입은 바가 컸는데, 자신의 권력이 점차 공고해지자 녹색당뿐만 아니라 청색당도 억압하는 정책을 폈다. 거기에 트리보니아누스, 카파도키아의 요한 등 휘하 관리들의 부정과 부패로 시민들의 불만이 점차 팽배해졌다. 532년 1월 10일 콘스탄티노폴리스의 히포드롬에서 벌어진 전차경기가 끝난 후, 청색당과 녹색당이 서로 충돌하는 사태가 벌어졌다. 황제는 즉각 군대를 투입해 질서를 회복했는데, 이것이 니카 반란의 발단이 되었다.

● 성 소피아 성당(Hagia Sophia)
유스티니아누스 대제가 증축한 성 소피아 성당은 현재까지 남아 있는 비잔티움 건축의 대표작이자
세계에서 몇 손가락 안에 꼽히는 건축물로 평가된다.

　1월 10일의 충돌을 무력으로 진압하는 과정에서 유스티니아누스는 청색당과
녹색당의 지도자를 처형하고 감금했는데, 이에 반대하는 양 세력이 서로 힘을
합쳐 시위를 벌였다.

　사흘 뒤 전차경주가 재개되었으나, 성난 군중은 편을 갈라 싸우는 것이 아니라
모두 황제를 향해 "니카! 니카!(이겨라! 이겨라!)"를 외쳤다. 분위기가 심상치 않음
을 감지한 황제는 피신하고 경주를 중단시켰다.

　군중은 더욱 화가 나서 경기장을 뛰쳐나와 폭동을 일으켰고, 감옥을 부수며 관
리들의 집에 무차별 방화를 하였다. 이때 발생한 화재로 원로원 의사당, 성 소피
아 성당까지 불에 타버렸다.

　폭동은 다음날과 그 다음날도 계속되었다. 황제는 군중의 요구대로 관리들을
경질했으나, 군중은 전임 황제의 조카인 노인 히파티우스를 황제로 옹립하며 시
위를 계속했다. 유스티니아누스는 경기장에서 그들을 진정시키려 하였지만 실
패하고, 황궁으로 피신했다. 황제와 측근들은 도망갈 채비를 하고, 도피 방식을
막 논의할 참이었다.

그때 황후 테오도라가 회의장에서 황제를 꾸짖었으며, 당당히 맞서라고 주장하며 다음과 같이 말하였다.

"황제가 되어본 사람에게 도망가는 것은 견딜 수 없는 수치입니다. 나는 도저히 이 자줏빛 어의를 벗어 던지지 못하겠습니다. 또 나를 만나는 자가 나를 황후로 받들지 않는다면, 차라리 죽는 것이 낫겠습니다. 황제시여, 당신이 지금 살아남기 바란다면, 우리는 돈이 많고 바다가 있고 배가 있으니 도망치기는 어렵지 않을 것입니다.(중략) 하지만 저로서는 '어의(御衣)가 곧 훌륭한 수의(壽衣)'라는 옛말을 따르고자 합니다."

용기를 격려하는 황후의 설득에 유스티니아누스는 도망치는 것을 포기했고, 벨리사리우스 등 유능한 장군을 불러들여 반란을 진압하게 했다. 무자비하게 반란이 진압되었지만, 반도들에게 황제로 추대된 인물들에 대해 유스티니아누스가 자비를 베풀려고 하자 테오도라가 다시 반대하여 그들도 처형되었다. 이 니카의 난으로 소실된 성 소피아 성당에 대해 유스티니아누스는 반란이 종결된 지 39일 뒤 복구에 착수했다.

● 황제를 설득하는 테오도라 황후

유스티니아누스 대제는 현명한 황후의 도움으로 수많은 개혁을 단행하였다. 특히 로마 백성들이 지켜야 할 새로운 법전을 만들고 체계화하기로 했다. 이를 위해 529년 트리보니아누스를 법무관으로 임명하고 그의 지휘 아래 특별위원회를 만들었으며, 이 위원회에서 일련의 과정을 거쳐《유스티니아누스 법전》을 편찬했다(534년). 그의 아내 테오도라는 548년에 죽었지만, 그는 그 후로도 17년 동안 살았다. 아내가 죽은 이후 그는 종교적인 문제에 지나치게 집착하여 통치를 소홀히 하였다.

이슬람교의 확장

이슬람교 또는 회교(回敎)는 무함마드를 예언자로 하며 '알라'를 단일신으로 하는 종교이다. 알라는 아랍어로 '하느님' '신'이라는 뜻이며, "이슬람"은 "복종·순종"을 뜻한다. 기독교·불교와 함께 세계 3대 종교의 하나이다. 이슬람교를 믿는 신자는 남자일 경우에는 무슬림, 여자일 경우에는 무슬리마라고 한다. 이슬람교의 경전은 꾸란(코란)이며, 이는 예언자 무함마드가 천사 가브리엘로부터 받은 알라의 말을 기록한 것이라고 한다. 이슬람교의 대표적인 종파로는 전체 신도의 80~90%를 차지하는 수니파, 이란이 대표하는 시아파가 있다.

■ 무함마드의 탄생

6세기 후반에 이란의 사산 왕조 페르시아와 동로마 제국의 전쟁으로 기존 무역로가 막혔다. 상인들은 새로운 무역로를 개척하고 나섰으며, 새로운 무역로 가까이에 있던 아라비아 반도의 메카가 번성하게 되었다.

메카는 거대한 무역중심지로 성장하였고, 먼 거리를 함께 여행하는 카라반(대상) 무역의 중심지로 떠오르게 되었다.

이 아라비아 반도의 메카에서 570년경에, 훗날 시민들에게 전할 사명을 띠었다면서 예언자로 활동한 사내아이가 태어났는데, 그가 바로 이슬람교를 창시한 무함마드이다.

아랍 역사에서 개인만큼이나 중요한 것은 부족이다. 아랍 사람이라면 누구나 씨족(부족)에 속하게 되며, 이에 속하지 못하면 보호받지 못한다. 사막이라는 환경에서 혼자 살아남기는 거의 불가능하다. 무함마드는 상어를 토템으로 삼은 쿠라이시 부족의 하심 씨족으로 태어났다.

이슬람 세계

상인인 아버지의 죽음으로 무함마드는 유복자로 태어났으며, 어머니 아미나도 메디나를 방문하고 오는 중 병에 걸려 죽게 되어 그는 고아가 되었다. 무함마드는 하녀의 손을 잡고 메카로 돌아와 할아버지 압둘 무탈리브에 의해 자라다가 할아버지가 죽자, 삼촌 아부 탈리브에 의해 키워졌다.

삼촌 아부 탈리브는 가난했고 딸린 식구들이 많아, 무함마드는 어린 나이부터 삼촌 아부 탈리브의 무역 활동을 따라다니게 되었다. 12세에 무함마드는 삼촌을 따라 시리아로 갔다. 그곳에서 바히라라는 이름의 기독교 수도사를 만났는데, 그는 무함마드에게 예언자의 징표가 있다고 말하였다. 그 후 무함마드는 목동일을 하며 자라나게 되었다.

목동이었던 무함마드는 가난했던 삼촌 아부 탈리브를 생각하여 수익성이 좋은 직업을 구했고, 삼촌 아부 탈리브의 소개로 부자였던 과부 하디자의 고용인으로 들어가 그녀를 대신해 시리아 지방으로 대상 무역을 떠나게 되었다.
무함마드는 이 무역에 큰 성공을 거둔 후, 샴 지방의 특산품을 구해 메카로 돌아왔다. 하디자는 이에 깊은 감명을 받아, 15살이나 어린 무함마드에게 청혼을 하였다. 무함마드가 25세, 하디자가 40세에 둘은 결혼하였다. 부자였던 하디자와의 결혼은 무함마드에게 부와 명예를 가져다주었고, 무함마드는 삼촌의 재정적 어려움을 덜어주기 위해 사촌 알리를 입양하였다.

● 하디자

예언자의 첫 번째 부인. 그녀가 살아 있는 동안에는 예언자는 다른 부인을 맞이하지 않았다. 결혼할 당시 예언자는 25세였고, 돈 많은 미망인이었던 그녀는 40세였다. 그녀는 히즈라(Hijrah, 622년) 이전인 619년에 65세의 나이로 사망했다. 그들은 슬하에 두 아들을 두었는데, 모두 어린 나이에 죽었다.
●히잡을 쓴 이슬람 귀족 여인

237

■ 이슬람교 창시

경제적인 부는 먹고살 걱정을 하지 않아도 될 만한 여유를 주어, 무함마드는 금식하고 사색하며 진리를 찾기 시작했다. 사실 이러한 종교적 감수성은 유년 시절부터 타고난 것이었다. 무함마드가 어린이일 때에 그의 삼촌은 카바 신전의 관리인이었다. 카바 신전에서는 검은 돌을 숭배하였는데, 이를 본 무함마드는 '과연 검은 돌이 신인가'라는 의문을 가졌다.

그러던 어느 날 무함마드는 히라 산 동굴에서 명상에 잠기던 중, "무함마드여, 그대는 알라의 사도이다"라는 계시를 받았다. 무함마드는 겁에 질려 집으로 돌아왔는데, 부인 하디자가 무함마드를 진정시키고 자신의 사촌이자 이비아니교의 사제였던 와라카 이븐 나우팔에게 가서 사정을 설명하였다.

와라카 이븐 나우팔은 무함마드가 만난 것이 천사 가브리엘이었다며, 무함마드가 예언자라고 말해 주었다. 하디자는 집으로 돌아와 무함마드에게 자초지종을 고한 후, 그의 앞에 무릎을 꿇고 최초의 무슬림이 되었다.

첫 계시를 받은 후 점차 그의 양자들과 노예 그리고 친한 친구들이 무슬림으로 개종하였다. 3년째 되던 해 무함마드는 자신이 '알라의 사자'로서 하늘의 계시를 받았다면서, 자신의 친구와 친족을 모아놓고 유일신 알라의 전지 전능함, 만물의 창조, 최후의 심판 및 천국과 지옥 등을 주장하고 설교를 시작하였다.

● **천사 가브리엘의 계시를 받은 무함마드**
가브리엘은 '하느님의 사람 · 영웅 · 힘'이라는 뜻으로, 유대교와 그리스도교, 이슬람교 등 아브라함 계통의 종교들에서 주로 하느님의 전령(傳令)으로 전해지는 대천사이다. 이슬람교에서는 지브릴(Jibra'il)이라고 불리며, 무함마드를 비롯한 여러 예언자에게 하느님의 말씀을 전하기 위해 파견된 네 명의 대천사 가운데 한 명으로 여겨지고 있다.

하지만 친구와 친족들은 그를 비난하고 무시했으며, 무하마드는 치욕적인 모욕을 받았다. 그러자 무하마드는 메카로 오는 순례객들에게 하느님은 한 분이라는 유일신 사상을 전하기 시작했고, 메카의 카바 신전을 지키며 순례객들로 수입을 얻었던 부족원들이 무하마드를 탄압하기 시작했다.

그는 우상숭배를 배격하고, 알라 앞에서는 모든 사람이 평등하다고 설교함으로써 부유한 상인들의 미움을 받았다. 이에 무하마드는 신도들을 메디나로 피난시켰고, 자기 혼자 메카에 남아 포교 활동을 계속하였다.

622년 그도 메카를 떠나 메디나로 갔는데, 이것을 신도들은 '히즈라[성천(聖遷)]'라 하며 그해를 이슬람교의 기원으로 하였다. 메디나 시대에 이슬람의 예언자이며 정치적 지배자, 무장(武將)이기도 한 그는 하늘의 계시를 계속 전하였다.

한편 종교법, 여러 사회적 · 경제적 규정을 정함과 동시에 메카와 시리아의 통상로를 위협하고, 624년 해마다 메디나를 공격하는 메카 군을 메디나 남서쪽에서 격파함으로써 무슬림의 사기를 크게 높였다.

630년 메카에 입성하여 카바 신전의 우상을 모두 파괴하면서, 그는 "진리는 왔고, 거짓은 멸망하였다."라는 말을 남겼다.

● 무함마드

무함마드(571년 4월 22일 ~ 632년 6월 8일)는 이슬람교의 예언자이며 성사(聖使, Holy Prophet)이다. 흔히 마호메트 또는 모하메드(Mohammed, Muhammad, Mahomet)라고도 하는데, 이는 무함마드를 영어로 쓴 것을 번역한 표현이다. 무함마드는 자신이 53세 되던 해에 당시 9세였던 아이샤와 결혼하였다. 이것은 중동사회의 모델이 되어, 현재에도 미성년 여아가 40~50세 되는 어른과 결혼하는 현상을 나타내고 있다.

239

■ 무함마드의 메카 정복

그는 이슬람 신앙을 포교하는 데는 나라의 힘이 강해야 한다고 생각하여, 정복 전쟁을 계속해 아라비아 반도 대부분을 통일하였다.

632년 3월에는 메카에서 예배를 지내고, 무함마드 자신이 순례를 지휘하였다. 그 후 그의 건강은 갈수록 악화되어, 같은 해 6월 8일 애처 아이샤가 지켜보는 가운데 메디나의 자택에서 사망하였다. 그의 유해는 검소하게 장례를 치러, 오늘날 메디나에 있는 '예언자의 모스크'에 매장되어 있다.

그의 사상은 이슬람 · 중동 역사서적과 함께 《꾸란》 속에 잘 나타나 있다. 꾸란(코란)은 그가 말한 알라의 계시를 그의 제자들이 기록한 것으로, 6신(六信) 등을 중심으로 하는 교리를 이슬람의 5행(五行)에 의하여 터득하려는 것이다. 이슬람은 계율이 엄하고, 신 앞에서는 누구나 평등하며, 종파의 확고한 구분은 있으나 교리의 올바른 본질은 오직 하나밖에 없다고 생각함으로써, 신앙이 인간 생활을 규율에 맞게 지켜준다고 한다.

● 꾸란

꾸란 또는 쿠란, 코란은 예언자 무함마드가 610년 이후 23년간 알라('하느님'이라는 의미)에게 받은 계시를 구전으로 전하다가, 그의 가르침을 받은 제자들이 여러 장소에서 여러 시대를 걸쳐 기록한 기록물들을 모아서 집대성한 책이다. 이 계시는 무함마드가 40세경 현재 사우디아라비아에 있는 히라 산 동굴에서 천사 지브릴을 통해 처음 받았다.

■ 무함마드 사후의 정복전쟁

무함마드 사후, 이슬람교는 신도의 장로 중에서 교통(敎統)의 후계자인 칼리파를 선출하였다. 그 후 아라비아 반도 밖으로 진출하기 시작하여, 633년~664년 시리아·이라크·북부 메소포타미아·아르메니아·이란·이집트 등을 정복하고 여러 곳에 기지도시(基地都市)를 건설하였다.

그 후에도 정복사업은 계속되었다. 우마이야 왕조 시대에는 서쪽은 북아프리카의 대서양 연안까지, 다시 711년부터는 이베리아 반도에 침입하였고, 동쪽은 중앙아시아와 인도 북서부까지 그 지배력이 미쳤다. 피레네 산맥을 넘어 프랑스의 중부까지 진출한 군은 732년 푸아티에(Poitiers) 북방의 싸움에서 패퇴하였으나, 동방에서는 751년 여름 탈라스 강의 싸움에서 고구려 출신의 고선지가 이끈 당군(唐軍)을 대파하고 중앙아시아의 지배권을 확보하였다.

아바스 왕조(750년~1258년) 초기 100년간은 칼리파 정권의 전성기였다. 그 후 이베리아는 우마이야 가(家) 일파에 의하여 독립했고, 이어서 모로코·튀니스·중앙아시아·이란 동부·이집트 등에도 독립정권이 출현하여 칼리파의 직할지는 점차 축소되었다.

● 칼리파(칼리프)

칼리파는 '뒤따르는 자'라는 뜻의 아랍어로, 무함마드가 죽은 후 움마(이슬람 공동체)의 지도자이자 최고 종교 권위자의 칭호이다. 가톨릭의 최고 지위인 교황과 비슷하다. 칼리파의 역사는 서기 632년에 무함마드가 죽은 후, 이슬람 공동체의 지도자로서 제1대 칼리파로 아부 바크르가 선출되어 "알라의 사도의 대리인"을 칭했던 것에서 시작된다. 제2대 칼리파가 된 우마르 1세는 "신도들의 우두머리"라고 하는 칭호를 채용했는데, 이는 칼리파의 칭호와 함께 이용되게 되었다.

● 제1대 칼리파인 아부 바크르의 문장

■ 튀르크의 이슬람화

10세기에 들어서자 921년 이후 볼가 강 중류의 불가르족(族)이, 이어서 960년 이래 톈산 산맥 남북로의 튀르크족이 다 같이 대량으로 이슬람교를 받아들였다. 그때까지 아랍족, 이어서 이란인이 중심이었던 이슬람 세계는 이 무렵부터 튀르크의 패권 밑으로 옮겨지는 경향이 생겼다. 10세기 말부터 튀르크계 가즈나 왕조의 마호무드 왕은 자주 인도에 침입하여, 이 지방의 이슬람화가 확고한 기반에 놓였다.

한편 동아프리카에는 740년 무렵부터 이슬람이 퍼지기 시작하여, 1010년경에는 사하라 사막을 넘어 나이저 강변의 수단 서부지방에 있는 흑인 왕국에까지 이슬람의 세력이 미쳤다.

1071년 아르메니아의 만지케르트 싸움에서 셀주크 튀르크군은 비잔틴군을 격파하였다. 이때부터 서아시아의 이슬람화 · 튀르크화가 시작되었고, 그에 대한 반동으로 일어난 것이 11세기 말~13세기 말의 거의 2세기에 걸친 십자군 전쟁이었다. 한편 이베리아 반도에서는 기독교도의 역정복이 진행되어 1492년에는 무어인의 최후 거점인 그라나다가 함락되었고, 마침내 이슬람 세력은 북아프리카로 후퇴하였다.

● 튀르크 전통복장을 한 여인

● 튀르크족

중앙아시아를 중심으로 시베리아에서 발칸 반도에 이르는 광대한 지역에 퍼져 거주하는, 튀르크어파를 모어로 하는 민족을 말한다. 인종적으로는 단일하지 않아서 황인종과 백인종이 섞여 만들어진 튀르크멘, 우즈벡, 위구르, 오스만리는 4대 백인종 그룹에 속하고 키르기즈나 카자흐, 살라르, 투바, 야쿠트 등 중앙아시아 · 북아시아 튀르크인은 전형적인 북방 황인종의 형질을 보인다. 역사상 수많은 제국들을 건설했으며, 수없이 많은 문화와 유산을 남겼다. 그들의 활동 영역은 중국과 유럽, 시베리아, 중앙아시아, 서남아시아, 북아프리카, 인도에 분포되었다. 그들 중 일부는 서진하여 11세기 무렵 이슬람으로 개종하였고, 중동 세계의 지배자가 되었다.

중국 삼국 시대

중국 삼국 시대는 우리가 익히 잘 알고 있는 삼국지의 무대이기도 하다. 중국 대륙을 최초로 통일한 진시황은 처음으로 '황제(皇帝)'의 칭호를 사용하였다. 진(秦)나라의 무리한 통치와 폭압으로 각지에서 반란이 일어났다. 진나라는 2대 황제 때에 몰락하여 그 뒤 멸망하였고, 초한전을 거쳐 한(漢)나라가 중원을 통일하였다. 한나라는 200년 넘게 유지된 중앙집권적 국가로, 서양에 최초로 이름이 알려진 나라이기도 하다. 전한(前漢: 기원전 206년~서기 9년)은 한나라(전한)의 외척이었던 왕망이 황위를 찬탈하여 세운 신(新: 9년~23년)에 의해 잠시 명맥이 끊기나, 신나라는 급격한 개혁이 민중의 호응을 얻지 못하고 각지의 반란으로 망하였다. 한나라(전한)를 계승한 후한(後漢: 25년~220년)이 다시 통일 국가를 이루었으나, 무제 이후의 황권은 환관들과 외척들로 인하여 크게 약화되었고, 중국 대륙은 다시 분열되어 패권 경쟁에 들어섰다.

■ 황건적의 난

후한의 힘은 4대 화제(和帝: 재위 88년 ~ 106년)의 재위기 이후에 점차 줄어들기 시작했고, 경제적·정치적으로 많은 문제들이 발생했다. 많은 황제들이 어린 나이로 제위에 올랐고, 사실상 친척들이 더 많은 권력을 지녔다. 황제들이 성년에 이르러도 외척들이 권력을 내주길 꺼려했기 때문에, 황제는 권력을 찾기 위해 관리들과 환관들에게 의지할 수밖에 없었다.

환관들과 외척 간의 다툼은 그 당시 후한 조정(朝廷)의 가장 큰 문제였다. 환제(桓帝)와 영제(靈帝)의 재위기 동안 환관들에 대한 관리들의 불만은 극에 달했으며, 많은 관리들이 공개적으로 저항하기 시작했다. 그러나 첫 번째와 두 번째 저항은 실패로 돌아갔고, 환관들은 저항에 참여했던 관리들을 처형하라고 황제를 설득했다. 몇몇 지방의 통치자들은 이렇게 억압적인 정치 분위기를 기회삼아 자신의 권력을 확립하려고 했다.

환제와 영제의 재위기는 후한의 역사에서 가장 어두운 시기로 기록되어 있다. 이런 정치적 분위기에 더해서 당시 중국에는 자연재해와 반란이 자주 발생했다.

184년 2월, 도교적 교단 태평도(太平道)의 지배자였던 장각은 형제였던 장보와 장량과 함께 정부를 상대로 '황건(黃巾)의 난(亂)'을 일으켰다. 난은 급속도로 퍼져 수십만의 세력에 이르렀고, 중국 곳곳에서 많은 지지를 받았다. 그들은 36개의 요새를 가지고 있었고, 큰 요새는 만 명 이상, 작은 요새는 6~7천 명 정도의 군사를 가져 한나라 군대와 비슷한 규모가 되었다.

그들은 "창천이사 황천당립 세재갑자 천하대길(蒼天已死 黃天當立 歲在甲子 天下大吉: 푸른 하늘이 죽고 노란 하늘이 일어나니, 갑자년에 천하가 크게 길해지리라)"이라는 구호를 내세웠다. 영제는 황보숭과 노식, 주준을 보내 황건적을 물리치도록 했고, 지방의 관리들에게 군사를 보내 이를 돕도록 명했다.

《삼국지연의(三國志演義)》는 바로 이 시점부터 시작된다. 황건적은 결국 패배하여 중국 각지로 흩어졌지만, 제국의 혼란스러운 상황 때문에 살아남아 산지에서 도적으로 살아갔고, 이로 인해 시대의 혼란은 더욱 커졌다. 한나라 군대에는 중국 곳곳으로 퍼진 도적떼들을 다 처리할 능력이 없었다. 188년, 유언은 지방관들이 직접 그 지방을 통치할 수 있게 해달라고 영제에게 건의했고, 영제는 이를 받아들였다. 이는 지방관들이 도적들을 잘 처리할 수 있도록 했지만, 이로 인해 중국 내부의 혼란은 결국 더 커지게 되었다.

● 삼국지연의에 등장하는 영웅호걸들

●《삼국지연의》

《삼국지연의(三國志演義)》는 서기 184년 황건의 난부터 서기 280년까지 중국 대륙에서 벌어진 실제 사건을 바탕으로 집필한 고전 소설로, 명나라 때 나관중이 쓴 책이다. 원래 이름은 《삼국지통속연의(三國志通俗演義)》라 하여, 모두 24권 240칙(則)으로 이루어졌다.

■ 권력을 잡은 동탁

이듬해에 영제가 죽자 또다시 외척과 환관 간의 싸움이 벌어졌다. 환관 건석은 외척이었던 하진을 죽이고 황태자 자리에 올라 있던 유변을 대신해 유협을 황태자로 바꿀 계획을 세웠으나, 실패로 돌아갔다. 유변은 황위에 올라 소제(少帝)가 되었고, 하진은 원소와 함께 그 당시 정권을 잡고 있던 장양이 수장으로 있던 환관무리 십상시(十常侍)를 제거할 계획을 꾸몄다.

하진은 또한 양주의 동탁과 병주의 정원에게 병력을 보낼 것을 명했다. 그러나 십상시는 이를 알아차렸고, 동탁이 낙양에 도착하기 전에 하진을 암살했다. 그러자 원소는 궁을 급습해, 십상시와 2천여 명의 환관들을 살해했다. 이로써 외척들과 환관들의 긴 싸움은 끝났지만, 군주들 간의 전쟁이라는 새로운 혼란의 시대를 열었다.

이 일로 인해 북서쪽 국경에 있던 동탁이 수도로 들어오게 되었다. 당시 중국은 북서쪽 국경에서 창족(羌族)과 전쟁 중이었고, 이로 인해 동탁은 잘 훈련된 군대를 거느리고 있었다. 그가 군대를 끌고 낙양에 왔을 때, 그는 쉽게 수도를 점령할 수 있었다.

● 동탁

동탁(董卓. ? ~ 192년)은 중국 후한 말의 장군 겸 정치가로, 변방에서 무공을 쌓았다. 영제 사후 십상시의 난 등 정치적 혼란을 틈타 정권을 잡았다. 소제를 폐하고, 부패 · 살인 · 약탈 · 도굴 · 방화 · 축재 등 온갖 폭정을 휘둘렀다. 관리들의 대규모 무장 항명사태인 반동탁 연합군과 각종 암살 시도가 있었고, 결국 왕윤 · 여포에게 죽임을 당하였다. 사서가 아닌 소설《삼국지연의》에서도 악인으로 묘사한다. 장각과의 전투에서 자신을 구해준 유비 삼형제를 업신여기는 것으로 처음 등장한다. 왕윤이 양녀 초선을 이용하여 동탁과 여포 사이를 이간질하는 것으로 연출하였으며, 죽는 날 선양받는 줄 알고 궁궐로 들어간다.

동탁은 더 능력있는 사람을 황제로 만들기 위해, 유변 대신 유협을 황제의 자리에 앉혔다. 낙양으로 가는 도중에 동탁은 전쟁 통에 도망나온 유변과 유협을 지키고 있던 군대를 만났다. 동탁이 거만하게 행동하자 유변은 겁을 먹었으나, 유협은 동탁에게 그들을 보호하라고 침착하고 권위있게 명했다.

　동탁은 처음에는 한나라의 권위를 세우고 정치적 문제를 해결하려고 했으나, 그의 정치적 능력은 군사적 능력보다 훨씬 떨어졌다. 그의 행동은 점차 폭력적이고 권위적으로 변했으며, 그에 반대하는 사람을 모두 처형하거나 멀리 유배 보냈고, 황제에 대한 존경 역시 점차 없어졌다. 그는 왕실 예절을 모두 무시했으며, 궁궐에 무기를 가지고 다녔다. 190년에 반동탁 연합군이 조직되었다. 191년 5월, 계속된 패배에 결국 동탁은 헌제(獻帝: 유협)를 데리고 장안으로 도망쳤다.

　동탁은 낙양에 살던 수백만의 거주자들을 장안으로 강제이주 시키면서, 그의 정치적 무능을 다시 한번 보여줬다. 그는 반동탁 연합군이 낙양을 점령하지 못하게 시가를 불태움으로써, 결국 그 당시 중국에서 가장 큰 도시를 불태우는 일을 저질렀다. 게다가 그는 군사들에게 '지나가면서 보이는 마을의 주민들을 학살하라'는 명령을 했다. 군사들은 주민들의 목을 베어 장안으로 가져왔고, 이를 전쟁에 승리한 것처럼 보이게 하는 전리품으로 사용했다. 1년 후에 동탁은 왕윤과 여포의 쿠데타에 의해 목숨을 잃게 되었다.

● 여포

여포(呂布, ? ~ 198년)는 중국 후한 말의 장군으로, 신기(神技)에 가까운 무예로 천하의 명성을 얻었다. 동탁의 양아들이었지만 왕윤과 공모하여 동탁을 죽이고 정권을 잡았다가, 30여 일 만에 이각 · 곽사 · 장제 · 번조에게 패하고 장안에서 달아났다. 이후 각지를 떠돌다 자신을 받아준 유비를 내쫓고 서주를 탈취하였다. 조조에 맞서다가 패망하고 처형되었다.

● 여포와 명마 적토마

■ 조조의 강세

191년, 연합군 사이에서는 황실의 친척이었던 유우를 황제로 추대하려는 움직임이 있었고, 점점 연합군이 와해되기 시작했다. 몇몇 군주들을 제외한 나머지 연합군주들은 한나라의 재건보다는 자신의 힘을 더 강화시키는 데 관심이 있었다.

결국 한나라는 군주들에 의해 나뉘었다. 원소는 하북 지역을 그의 상관이었던 한복으로부터 빼앗아 다스렸고, 북쪽 국경지대의 공손찬과 대립했다. 원소의 바로 남쪽에 있던 조조는 원술, 그리고 회하(淮河)와 장강(長江) 근처를 지배하고 있던 유표를 상대로 대립했다. 손견이 죽은 뒤 그 뒤를 이어받은 남쪽의 손책은 비록 원술에 종속되어 있었지만 힘을 키우고 있었다. 서쪽은 유장이 익주를 다스렸고, 그 북쪽에는 마등 등과 같은 많은 군주들이 있었다.

동탁을 살해한 여포는 동탁의 부하들(이각, 곽사, 장제, 번조)에게 차례로 공격당했다. 왕윤과 그의 가족들은 전부 처형당했다. 여포는 잠시 장양에게 몸을 위탁하다가, 원소의 밑으로 들어갔다.

195년 8월, 헌제는 이각의 압박으로부터 벗어나기 위해 장안을 빠져나와 동쪽으로 위험한 방랑을 하면서, 자신을 지지해 줄 사람을 찾았다. 196년 조조는 '황제를 모시면 다른 군주들에게 명령을 할 수 있는 법적 권리를 지니게 된다'는 모사 순욱의 제안에 따라 황제를 모셨다.

● 조조

조조(曹操, 155년 ~ 220년)는 후한이 그 힘을 잃어가던 시기에 비상하고 탁월한 재능으로 두각을 드러내, 여러 제후들을 연달아 격파하고 중국대륙의 대부분을 통일하여, 위(魏)나라가 세워질 수 있는 기틀을 닦았다. 훗날 위가 건국된 이후 추증된 묘호는 태조(太祖), 시호는 무황제(武皇帝)이다. 위나라의 초대 황제는 조조의 아들 조비이지만, 실질적으로 위 건국의 기틀을 마련한 것은 조조이다.

조조는 189년 겨울에 군사를 일으켜, 몇 번의 전술과 전투로 황건의 몇몇 무리를 격퇴했다. 이로 인해 조조는 장막과 진궁 등을 무리에 합류시키게 되었다. 그는 황건적과 계속 싸워 약 삼십만의 군대를 흡수했다.

196년 그는 허창(許昌)으로 수도를 바꾸고, 근처에 둔전제(屯田制)를 시행했다. 비록 높은 세금(농산물의 40~60%)을 부과하기는 했지만, 농부들은 군사들에게 보호를 받으며 안정적으로 농사지을 수 있다는 것에 기뻐했다. 이는 후에 조조의 두 번째로 성공적인 정책이라고 일컬어진다.

194년, 조조는 서주의 도겸을 상대로 전쟁을 했는데, 이는 도겸의 부하였던 장개가 조조의 아버지 조숭을 살해했기 때문이었다. 도겸은 유비와 공손찬의 도움을 받았으나, 조조의 막강한 군사력으로 서주가 함락되는 듯 보였다.

그러나 조조는 여포가 연주에 침략했다는 소식을 들었고, 도겸에 대한 전쟁을 잠시 미루고 후퇴했다. 도겸은 그해 사망했고, 서주를 유비에게 물려줬다. 이듬해인 195년, 조조는 여포를 연주에서 쫓아냈다. 여포는 서주로 도망갔고, 유비에게 몸을 의탁했다.

남쪽의 손책은 원술에게서 독립한 후, 양주의 군주들이었던 유요·왕랑·엄백호 등을 물리쳤다. 197년에 원술은 스스로 황제를 참칭하였다. 그러나 이는 다른 군주들의 분노를 불러온 실수였고, 또한 그의 부하였던 손책과도 대립하게 되었다.

● 유비

한 소열황제 유비(漢 昭烈皇帝 劉備, 161년 ~ 223년)는 중국 삼국시대 촉한(蜀漢)의 초대 황제(재위: 221년 ~ 223년)이다. 자는 현덕(玄德)이다. 정사 삼국지에서는 조위가 한나라의 대통(大統: 임금의 계통)을 계승한 정통 국가라 보았으므로, 유비를 황제로 존칭하지 않고 선주(先主)라고 불렀다. 한나라의 황실 성씨였으므로, 유황숙(劉皇叔)이라고도 불렸다.

● 염립본의 제왕역대도권 중 촉주 유비

조조는 손책에게 원술을 공격하라는 명을 내렸다. 손책은 이를 따랐고, 또한 원술에 대항해 유비·여포 등과 연합하라고 조조를 설득했다. 결국 원술은 연합군에게 패배하고 도망쳤다.

후에 여포는 원술의 잔여병력과 힘을 합쳐 유비를 배신하고 서주를 점령했다. 유비는 그의 의형제였던 관우·장비와 함께 조조에게로 도망쳤다. 뒤이어 조조는 유비와 함께 서주를 공격했다. 여포의 부하들은 그를 배신했고, 원술의 지원군은 오지 않아 결국 여포는 그의 부하였던 송헌과 위속에게 포박당해 조조에게 끌려갔고, 이후 조조의 명에 의해 처형되었다.

200년, 외척이었던 동승은 헌제로부터 조조를 암살하라는 밀명을 받았다. 그는 유비 등과 함께 거사를 준비했으나, 조조에게 발각되어 유비를 제외한 공모자들은 모두 처형되었고, 유비는 북쪽의 원소에게로 도망쳤다.

황건 잔당들의 반란과 궁 내부의 위협들을 처리한 뒤, 조조는 공손찬을 상대로 승리한 원소에게로 눈을 돌렸다. 원래부터 조조보다 신분이 더 높았던 원소는 거대한 군대를 모으고 황하 북쪽의 댐을 따라서 야영지를 세웠다.

200년에 유표를 상대로 승리하고 허공의 반란을 진압한 손책은 화살을 맞고 중상을 입었다. 그는 임종의 자리에서 동생이었던 손권을 후계자에 임명했다.

● 손권

손권(孫權, 182년 ~ 252년)은 중국 삼국시대 오(吳)나라의 초대 황제로, 손견의 차남이자 손책의 동생이다. 200년, 강동의 맹주인 형 손책이 급사하자 어린 나이에 오후(吳侯)의 자리에 올라 강동을 다스렸다. 조조와 유비의 침공을 방어하여 삼국정립에 기여하였으며, 수성(守成)의 명수로 널리 평가되고 있다.

● 염립본의 제왕역대도권 중 손권

조조는 관도 대전(官渡大戰, 200년)에서 원소와 충돌했다. 군사의 수적 열세에도 불구하고 조조는 승리했는데, 특히 원소의 군량창고에 불을 질러 군대를 무기력하게 만든 것이 가장 큰 요인이었다.

　　유비는 형주의 유표에게로 도망쳤고, 원소의 많은 군대는 궤멸되었다. 202년에, 조조는 원소의 죽음과 이후 그 아들들의 내분을 기회로 삼아 황하 북쪽으로 진격했다. 그는 204년에 업을 함락시키고 기주 · 병주 · 청주 · 유주를 점령하였다. 207년 말, 오환을 상대로 한 북방 정벌에서 승리를 거둔 후, 화북 평원에 대한 확실한 지배권을 얻었다.

■ 적벽 대전(赤壁大戰)

　　208년에, 조조는 제국을 통일하기 위해 남쪽으로 진군했다. 유표의 아들 유종은 조조에게 항복하고 형주를 넘겼으며, 조조는 거대한 함대를 손에 넣을 수 있었다. 그러나 장강 남쪽을 지배하고 있던 손권은 저항을 계속했다. 손권의 모사 노숙은 북쪽에서 도망쳐 온 유비와 동맹을 맺었고, 주유는 손가를 섬기던 노장 정보와 함께 손권의 해군 제독에 임명되었다. 그해 겨울, 손권과 유비의 연합군 5만 명은 적벽에서 조조의 대함대와 2십만 군대와 마주쳤다. 그리고 전투가 시작되자 조조의 함대에 불을 질렀고, 결국 조조는 대패해 북쪽으로 도망쳤다. 이 전투에서 승리하면서 유비와 손권은 결국 살아남았고, 촉과 오가 세워지는 데 큰 공헌을 했다.

● 적벽 대전

적벽 대전(赤壁大戰)은 중국의 삼국 시대에 통일을 목표로 세력을 계속 팽창하던 조조에게 손권과 유비가 연합 대항하여 양자강에서 벌어진 큰 전투로, 조조의 대군은 패하여 물러섰다.
● 츠비(赤壁) 시 근교에 있는, '적벽(赤壁)'이란 글자가 새겨진 한 바위

■ 삼국의 정립

북쪽에 돌아온 후 조조는 211년 북서쪽 지역을 병합하는 것으로 만족해야 했고, 이로써 점점 힘을 길러갔다. 그는 꾸준히 힘을 길렀고 결국 217년, 그가 조종하는 헌제에 의해 위왕(魏王)에 올랐다.

유비는 형주의 태수들이었던 한현·금선·조범·유탁을 물리치고, 214년에는 유장이 통치하던 익주를 점령했으며, 형주에는 관우를 남겨두었다.

손권은 합비 전투를 끝내고 형주로 눈을 돌려, 둘 사이의 연합은 깨져 가는 듯 보였다. 219년 유비가 조조에게서 한중을 빼앗자, 조조는 손권과 동맹을 맺고 형주를 쳤다. 손권의 장수 여몽에 의해 관우는 잡혔고, 결국 처형당했다.

220년 1월 조조가 죽고, 그해 10월 조조의 아들 조비가 헌제에게 황제 자리를 내놓을 것을 강요하여 결국 한나라는 멸망했다. 조비는 낙양에서 자신이 황제임을 선언하고, 국가의 이름을 위(魏)로 했다.

221년, 유비는 멸망한 한을 재건하기 위해 스스로 황제임을 선언했다. 같은 해에 위는 손권에게 오왕의 자리를 수여했다. 1년 후에, 촉은 관우를 죽인 것에 대한 보복으로 오에 전쟁을 선포했다. 유비는 손권의 지휘관 육손에 의해 대패하고, 촉으로 후퇴한 뒤 곧 사망했다. 유비가 죽은 후, 오와 촉은 위를 상대하기 위해 다시 친밀한 관계를 맺었다. 222년, 손권은 조비가 내려준 직책을 거부했고, 229년 스스로 황제의 자리에 올랐다.

● 관우

관우(關羽: ? ~ 219년)는 중국 후한 말의 무장으로, 자는 운장(雲長)이며, 의제 장비(張飛)와 더불어 유비(劉備)를 오랫동안 섬기며 촉한(蜀漢) 건국에 지대한 공로를 세웠다. 의리의 화신으로 중국의 민담(民譚)이나 민간전승, 민간전설에서 널리 이야기되었고, 나중에는 신격화되어 관제묘(關帝廟)가 세워졌다. 오늘날에도 관우는 중국인들이 숭배하는 대상 가운데 하나이다.

북쪽은 위가 완전히 점령했고, 남서쪽은 촉이, 남쪽과 동쪽은 오가 지배했다. 국경 외부는 중국 사람들에게는 제한된 곳이었다. 예를 들어, 촉의 정치적 지배권은 남쪽의 남만(현재의 윈난 성과 미얀마)에까지는 미치지 못했다.

223년 유비가 패배하고 사망하자, 그의 큰아들 유선이 황제의 자리에 올랐다. 유비가 이릉 대전(夷陵大戰, 221년~222년)에서 패배한 후 촉과 오의 적대기간은 끝났으며, 두 국가 모두 내부 문제와 외부의 적(위)에 집중하기를 원했다. 손권은 이 전쟁의 승리로 촉이 형주를 노릴 것이라는 두려움에서 벗어났고, 이후 남동쪽의 원주민이었던 백월(百越)에 시선을 돌릴 수 있었다.

224년, 제갈각은 약 십만 명의 백월인으로부터 항복을 받아내면서 3년간에 걸친 전쟁을 끝냈다. 그들 중 약 4만 명 정도가 오의 군사에 편입되었다. 그동안 촉 역시 남쪽의 원주민들에 의해 골치를 썩고 있었다. 남만은 촉에 대항해 반란을 일으켰으며, 익주의 도시들을 점령했다.

제갈량은 남쪽 지역의 중요성을 인식하고, 촉군에게 남쪽으로 진격할 것을 명했다. 그는 남만의 대장 맹획과 몇 번의 전투를 벌였고, 결국 맹획은 항복했다. 남만인들은 촉의 수도였던 성도(成都)에서 사는 것이 허락되었고, 또한 군대에도 남만부대가 생겼다.

● 제갈량

제갈량(諸葛亮, 181년 ~ 234년)은 중국 삼국시대 촉한의 모신(謨臣)이다. 자는 공명(孔明)이며, 별호는 와룡(臥龍) 또는 복룡(伏龍). 후한 말 군웅인 유비(劉備)를 도와 촉한(蜀漢)을 건국하는 제업을 이루었다. 형주 남부 4군을 발판으로 유비의 발흥을 도왔다. 221년 유비가 제위에 오르자 승상에 취임하였고, 유비 사후 유선(劉禪)을 보좌하여 촉한의 정치를 관장하였다. 227년부터 지속적인 북벌(北伐)을 일으켜 8년 동안 5번에 걸쳐 위(魏)나라의 옹주·양주 지역을 공략하였다. 234년 5차 북벌 중 오장원(五丈原) 진중에서 54세의 나이로 병사하였다.

● 청말 근대의 화가 왕진(王震)의 제갈량상

■ 제갈량의 북벌

제갈량의 남만 정벌이 끝나자, 촉은 북쪽으로 시선을 돌릴 수 있었다.

227년에 제갈량은 촉의 주력 군대를 한중으로 이동시켰고, 위와의 전쟁을 시작했다. 이듬해에 제갈량은 조운과 함께 기산을 공격했다. 그러나 선봉이었던 마속이 가정(街亭) 전투에서 전략에 의해 패배를 하고 말았다. 그 후 6년 동안 제갈량은 몇 번의 공격을 더 했으나, 물자 공급문제로 인해 성공하지 못했다.

234년 촉군은 마지막 북벌을 감행했고, 위하 남쪽의 오장원에서 전투를 했다. 그러나 그해 제갈량의 죽음으로 인해 다시 한번 후퇴할 수밖에 없었다.

제갈량이 북벌을 할 동안, 오나라는 위나라가 침입하는 것을 계속 막고 있었다. 특히 합비 근처는 적벽 대전 이후부터 오와 위 사이의 긴장이 계속되고 있던 지역이었다. 치열한 전투가 잇따라 벌어졌기 때문에, 합비의 거주자들은 결국 장강 남쪽으로 이사할 수밖에 없었다. 제갈량이 죽은 뒤, 회하(淮河) 남쪽에 대한 위의 공격은 더욱 거세졌지만, 그럼에도 불구하고 위는 오의 수비선을 쉽게 뚫을 수 없었다.

손권의 긴 재위기는 오나라의 전성기로 여겨지고 있다. 북쪽에서 이주해 온 사람들과 백월족 이주민들로 인해 농사지을 인력이 풍부해졌다. 또한 바다를 통한 운송업도 발전해, 만주나 타이완 등으로의 바다 여행도 가능해졌다. 오의 상인들은 현재의 베트남 북쪽 지역이나 캄보디아 등과도 교역했다. 경제가 번영한 것과 같이 문화나 예술 역시 발전했다. 낙양 남쪽에 불교가 처음 들어온 것 역시 이때였다.

● 제갈량의 청동상

■ 촉의 멸망

제갈량이 죽은 후, 그가 차지하고 있던 승상 자리는 장완과 비위, 동윤이 차지했다. 그러나 258년 이후 촉의 정치는 환관들에게 조종당했고, 점차 부패하기 시작했다.

제갈량의 후임이었던 강유의 노력에도 불구하고, 촉은 점점 무너져 갔다. 263년에 위는 세 갈래로 공격을 진행했고, 촉군은 한중에서 후퇴할 수밖에 없었다. 강유는 황급히 검각에 수비진을 폈으나, 사람이 다니지 않던 험준한 지역인 음평을 통해 진군해 온 위의 등애에 의해 측면을 공격당했다.

그해 겨울 등애에 의해 수도인 성도가 함락되었고, 황제 유선은 항복했다. 결국 촉나라는 43년 만에 멸망했다. 유선은 낙양에서 위나라에 의해 '안락공(安樂公)'에 봉해졌다.

■ 위의 멸망

260년 조모가 사마소를 죽이려 했다가 오히려 사마소에게 살해당한 후, 그 뒤를 이어 조환이 황제의 자리에 올랐다. 곧이어 사마소가 죽고, 그의 '진왕(晉王)' 직은 아들 사마염이 물려받았다.

사마염은 바로 황제가 되려는 생각을 품었으나, 거센 반대에 부딪혔다. 그러나 신하들의 간언에 따라 조환은 조모와는 달리 황제의 자리를 내줄 생각을 하게 되었다. 264년, 사마염은 조환에게서 황제의 자리를 물려받았고, 위를 멸망시키고 서진(西晉)을 세웠다. 이것은 40년 전 조비가 한을 멸망시킨 것과 비슷한 상황이었다.

● 도원결의(桃園結義)
삼국지연의의 시작이 되는 도원결의는 유비 · 관우 · 장비의 세 의형제가 무너지는 한나라를 바로잡으려는 뜻에서 출발되었다. 그리고 사마염의 통일로 오 · 촉 · 위나라는 멸망하고, 삼국 시대는 막을 내렸다.

■ 오의 멸망

손권이 죽은 후 252년 어린 손량이 황제의 자리에 올랐고, 오는 급속도로 몰락하기 시작했다. 촉의 멸망은 위나라가 오에 집중할 수 있는 계기가 되었다. 유선이 항복한 후 사마염(사마의의 손자)은 264년, 위의 황제를 몰아내고 진의 새로운 황제가 되면서 46년간 이어진 조위를 멸망시켰다.

진이 생겨난 후 오의 황제였던 손휴가 사망했고, 신하들에 의해 손호가 황제의 자리에 올랐다. 손호는 촉망받던 영재였으나, 황제의 자리에 오른 후 급격히 포악해져 자신에게 간언하는 신하들을 처형하거나 유배보냈다.

269년, 진의 남쪽을 지휘하고 있던 양호는 왕준과 함께 지금의 쓰촨 성 지역에서 오를 정벌할 준비를 하기 시작했다. 4년 후, 오나라의 육항이 유능한 후계자 없이 사망했다.

279년 겨울, 사마염의 명에 의해 진이 공격을 시작했고, 쓰촨 성 지역의 함대는 강을 따라 형주로 향했으며, 장강을 따라 건업(현재의 난징 시)에서 강릉까지 다섯 군데를 동시에 공격했다. 이런 맹공에 결국 건업은 280년 3월에 함락당하였다. 손호는 항복하고, 봉토를 받아 그 봉토에서 생을 마감하게 되었다. 이로써 삼국 시대는 끝났고, 약 300여 년간의 혼란 시대가 시작되었다.

● 사마염

사마염(司馬炎)은 중국 서진(西晉)의 제1대 황제(재위 265년~290년)이다. 위나라 원제의 선양을 받아, 뤄양을 도읍으로 진나라를 세웠다. 268년 가충(賈充)에게 명하여 진나라의 율령을 완성시켰고, 280년 남아 있던 오(吳)나라의 항복을 받아 천하를 재통일하였다. 그리고 교주(交州)를 제외한 주군(州郡)의 군비를 줄이고, 위나라와 오나라에서 시행한 둔전제(屯田制)를 개폐하여 점전법(占田法)·과전법(課田法)을 제정하는 한편, 세법으로서 호조식(戶調式)을 공포하였다.

수나라의 등장

삼국 시대의 위(魏)나라는 사마염의 서진(西晉: 265년~316년)에게 승계되어, 서진이 삼국을 통일하였다. 하지만 서진은 초기부터 황실 분란인 '팔왕의 난' 등으로 혼란스럽다가, 흉노족의 전조(前趙)에게 멸망당했다. 서진의 멸망 이후 서진이 있던 자리에 16개의 국가가 들어서 패권을 겨뤘으니, 이를 5호 16국 시대(316년~439년)라 한다. 5호 16국 시대는 진나라의 멸망 뒤부터 남북조 시대(304년~439년) 사이에 중국 북부를 중심으로 5호(흉노·갈·선비·저·강)가 세운 13국과 한족이 세운 3국의 총칭이다. 5호는 후한에서 삼국 시대에 걸쳐 중국 내부로 이주하였다. 전조(前趙)·후조·전진(前秦) 등이 한때 큰 세력권을 과시했으나, 결국 북조의 북위(北魏)로 통합되었다. 북위는 선비족 탁발씨(拓跋氏)의 국가로, 3대 태무제(太武帝)의 시기에 화북을 통일하였다. 그러나 북위는 곧 동위(東魏)와 서위(西魏)로 분리되었고, 동위는 북제(北齊), 서위는 북주(北周)로 이어졌다. 북제는 이후 북주에 흡수되었고, 북주는 왕실 외척인 양견에 의해 수(隋)로 국호를 바꾸게 되었다.

■ 수나라 건국

양견의 아버지인 양충은 북위(北魏)가 서위·동위로 분열될 때 우문태를 따라 서위를 건국하는 데 공헌하여 대장군이 되었고, 북주(北周)가 건국된 뒤 수국공(隋國公)의 작위를 받았다. 568년에 양충이 죽자 양견이 대장군과 수국공을 물려받게 되었다. 북주 무제(우문태의 넷째 아들)는 숙적인 북제(北齊)를 멸망시켰고(577년), 이어서 남쪽의 진(陳)나라를 정벌하기에 앞서 북쪽의 돌궐(突厥: 튀르크)에 대한 원정을 준비하던 중 578년에 병사했다.

무제의 뒤를 계승한 선제(宣帝)는 기괴한 인물로 5명의 황후를 가졌다. 그중 한 명이 양견의 장녀였던 천원대황후 양씨 여화(麗華)였고, 선제의 또 다른 황후인 천대황후 주씨가 우문천을 낳았다. 이 우문천이 바로 뒤의 정제(静帝)이다.

선제의 기행은 그치지 않고 계속되었다. 재위 8개월 만에 정제에게 자리를 물려주고 물러나 스스로 천원황제(天元皇帝)를 칭하며 정무를 내팽개쳤기에, 정제의 뒤를 보살피던 양견에 대한 성망(聲望)을 높여주는 결과를 낳았다.

580년 선제가 죽자, 양견은 섭정으로써 전권을 장악하게 되었다. 이에 반발한 무천진 군벌 내 실력자들은 양견에 대해 반란을 일으켰는데, 그중에서도 가장 대규모로 일어난 것이 울지형(尉遲迥)의 반란이었다. 한때 양견이 장악한 관중 지역 이외의 모든 곳에서 반란이 일어날 정도였으나, 양견은 교묘하게 이것을 각개격파하여 북주 내에서 패권을 확고히 다졌다.

그해 말에 수국공에서 수왕(隋王)의 자리에 오른 뒤, 이윽고 다음해 정제로부터 선양을 받아 수나라를 건국하였다. 양견은 사후 문제(文帝)라는 시호를 받았다.

■ 남북조 통일

수 문제(양견)는 황제가 되자마자 적극적으로 통일 사업을 서둘렀다. 당시 남조 진(陳)나라의 황제인 진숙보는 사치와 방종에 빠졌고 간신들의 참소만 들어, 나라가 크게 피폐해져 있었다. 양견은 차남인 진왕 양광에게 군사를 내주어 진나라를 공격하라 명했고, 589년에 진나라를 멸망시키고 통일을 달성하였다.

안으로는 세금을 적게 걷어 백성들의 고통을 덜어줬으며, 대운하 공사를 시작했으나 백성들의 불만이 많아 그 공사를 중단시켰다. 과거제를 실시하여 중앙집권제를 강화하고 귀족세력을 억제했으며, 백성들에게 균등히 토지를 지급하는 균전제(均田制)를 실시하였다. 양견 자신 역시 궁정의 소비를 줄이고 근검절약했다. 이리하여 국고는 풍족했으며, 백성들의 삶도 한결 여유로워졌다고 한다.

또한 양견은 개황율령(開皇律令: 개황의 치)을 발표하여 제도를 정비했고 관제 또한 정비했는데, 이는 훗날 당나라 율령의 기초가 되었다.

밖으로는 돌궐을 강함과 부드러움, 이 두 방법으로 압박하였고, 고구려에도 30만의 원정군을 보냈으나 모조리 전멸하였다.

● 염립본의 제왕역대도권 중 수 문제

■ 양제의 폭주

문제의 황후였던 독고황후는 매우 강한 성격의 여성으로, 문제에게 "자신 이외의 여성에게는 아이를 낳을 수 없다."라는 서약을 맺게 하였다. 이것은 당시 황제로서는 매우 이례적인 일이었고, 게다가 독고황후는 문제의 주위를 엄격하게 감시하여 문제가 어떤 여성을 가까이하는지를 경계하였다.

문제와 독고황후 사이에서 태어난 맏아들 양용이 처음엔 황태자가 되었으나, 양용은 놀기를 좋아하고 여색을 즐겼기에 검소함을 즐기는 문제와 정조를 중시한 황후 양쪽으로부터 미움을 받아 폐위당했다. 그 대신에 부모의 기분이 좋도록 비위를 맞춘 차남 진왕 양광이 황태자의 자리에 올랐다.

604년에 문제가 병으로 사망하자 양광이 뒤를 이으니, 그가 바로 양제(煬帝)이다. 양제는 즉위 후 즉시 동생들을 계략으로 살해하여 라이벌을 제거했다. 양제는 검소함을 즐기던 문제와는 대조적으로 사치를 좋아하여, 아버지가 기피하던 대규모 토목사업을 대대적으로 추진하고 진행하여 완성시켰다. 주요한 것으로는 수도 대흥성(大興城) 건설, 대운하를 대폭으로 연장하여 하북에서 강남까지 서로 연결하게 한 것들이었다. 거기에 문제가 중단한 고구려 원정을 3번에 걸쳐 실시하였으나, 모두 실패로 끝났다.

● 수나라와 고구려의 전쟁

수는 598년 · 612년 · 613년 · 614년에 각각 고구려를 공격하였다. 598년 수나라의 초대 황제인 수 문제는 고구려가 요서를 선제 공격하자, 이를 계기로 30만 육군과 10만 수군을 보내 반격하였지만 뜻을 이루지 못하였다. 612년 수 양제는 113만 대군을 이끌고 고구려를 침공하였으나, 고구려 요동성의 끈질긴 저항으로 함락시키지 못하였다. 결국 수 양제는 30만의 별동대를 평양으로 직접 보냈다. 그러나 이들은 살수(청천강)에서 을지문덕이 이끄는 고구려군에게 크게 패했다(살수대첩). 결국 수는 이 전쟁으로 국력을 소진하여 멸망하였다.

■ 수나라의 멸망

여러 차례 진행된 대규모 토목과 군사행동은 백성들에게 엄청난 부담을 안겨주었고, 이를 견디다 못한 백성들은 제2차 고구려 원정에서 돌아오던 도중 일어난 양현감의 반란을 기점으로 전국적으로 반란을 일으키게 되었다. 양제 자신은 순행 도중에 강도(江都)에 머물면서 반란진압 지휘를 맡았으나, 이미 걷잡을 수 없는 상태였다. 반란이 확대되면서 패권을 잡으려는 군웅들이 서서히 나타나기 시작했다.

양현감의 참모를 맡았던 이밀은 북주의 8주국(八柱國) 이필(李弼)의 손자로서 관롱(關隴)귀족집단 중에서도 상위에 있던 인물이었다. 양현감의 전사 후 낙구창(洛□倉)이란 수나라의 거대 식량저장기지를 손안에 넣는 데 성공하여, 대규모의 백성을 모았다.

이밀과 격렬하게 항쟁한 사람은 서역 출신으로 수나라 장군을 지냈던 왕세충이었다. 고구려 원정군에서 탈주하여 같은 탈주병들을 모아서 하북에서 세력을 키운 인물은 두건덕이었다. 그리고 수나라의 태원태수로 있던 당국공 이연은 대흥성을 공격해 함락시키고, 양제의 손자인 대왕(代王) 양유를 옹립했다.

잇단 보고에도 불구하고 양제는 술에 취해 듣지 않다가, 618년에 불만을 품은 근위군들에게 살해당했다. 근위군들은 우문화급의 주도하에 진왕(秦王) 양호를 옹립하고 북쪽으로 귀환하는 것을 희망했으나, 도중에 두건덕의 군에게 대패하여 멸망당했다.

양제의 죽음을 들은 이연은 양유로부터 선양을 받아, 당(唐)나라를 건국하였다. 같은 시기 낙양에 있던 월왕(越王) 양동은 왕세충에 의해 황제가 되었으나 619년 왕세충에게 찬탈되어, 이로써 수나라는 3대 39년 만에 멸망하고 말았다.

당나라

당(唐, 618년 ~ 907년)은 수나라의 멸망 뒤 건국된, 중국의 정통왕조이다. 흔히 한족과 선비족의 혼혈로 추측되고 있는 이연에 의해 세워졌다. 당시 전 세계에서 가장 강력한 국력을 자랑할 정도로 매우 번영했고 정치, 경제와 문화 등 다방면으로 완벽히 발달된 제국이었다. 현재까지도 역사상 가장 강력했던 대제국으로 평가받는다. 당나라는 한족 왕조로 이해되기도 하지만, 다른 한족 왕조에 비해 상대적으로 이민족에 대한 차별이 심하지 않았다. 반란으로 인해 국력이 약해져 907년에 멸망하였다.

■ 당나라 건국

수(隋)나라는 북주의 외척인 양견에 의해 건국된 나라로, 남조의 진(陳)을 멸망시키고 통일하였으나, 무리한 고구려 원정과 과도한 세금 징수로 인해 건국한 지 얼마 지나지 않아 멸망하였고, 당(唐)으로 이어졌다. 건국 당시 당나라의 북방에는 돌궐이 위치해 있었다. 일찍이 수 문제는 갈등관계를 이어오던 돌궐이 조공을 바치도록 영향력을 행사하고 분열을 조장하여 세력을 약화시킨 바가 있었는데, 당나라의 태종에 이르러 돌궐을 정복함으로써, 태종은 한족의 황제인 동시에 모든 북방민족을 아우르는 천가한(天可汗) 칭호를 겸하게 되었다.

태종은 고창국(高昌國)과 비단길 일대를 장악하고 돌궐을 정복하여, 당나라의 영토를 크게 넓히고 대제국으로 성장시켰다. 또한 조세제도와 토지제도와 군사제도도 정비하였다. 이러한 것들이 복합적으로 이뤄져, 당나라 시대의 율령 체제가 완성되었다. 그래서 당 태종 시대의 이러한 치세를 두고 '정관(貞觀)의 치(治)'라고 부른다.

● 당 태종의 동상

■ 당나라의 대외 확장

당 태종이 즉위할 무렵 당나라는 돌궐의 침략을 받게 되었다. 이에 태종은 군사를 일으켜 돌궐족의 땅을 공격하여 승전을 했고, 돌궐족은 당나라에게 멸망당해 당나라 영토로 자리를 잡게 되었다. 태종은 서쪽의 고창국 등 여러 국가들을 공격해서 정복했으나, 주로 여러 국가들이 미리 겁을 먹어 책봉을 받았다.

이때 고구려의 장군 연개소문은 영류왕을 살해하고 실권을 잡은 뒤, 보장왕을 옹립했다. 이 사실을 안 태종은 일단 고구려와 동맹을 맺어 국력을 강화시키는 데 주력했고, 그러는 한편 첩자를 파견해 지리를 파악했고 요동 일대에 천리장성을 쌓았다는 정보를 얻었다. 그렇지만 아직까지도 태종은 관심을 두지 않았고, 오히려 남쪽으로 베트남의 부족들을 토벌해 교지(交趾) 지역을 얻었다.

고구려를 원정할 빌미를 잡자, 태종은 군사를 모아 정벌을 떠났다. 당시의 군사는 보병과 기병, 수군을 합쳐 30만 명쯤으로 추정된다. 고구려의 요동방어선이 무너지자 연개소문은 15만 구원군을 급파했지만, 보병과 기병으로 구성된 태종의 친정군에게 크게 패하고 3만 명이 사로잡혔다. 그러나 태종은 안시성을 점령하지 못하고 시간을 끌게 되자, 겨울이 되어 결국은 철수했다. 이후로도 태종은 고구려에 병력을 파견하기도 했지만 번번이 실패했다.

● 당 태종

당 태종 이세민(唐太宗 李世民, 599년~649년)은 중국 당나라의 제2대 황제이며, 당 고조(高祖) 이연의 두 번째 아들이다. 이름인 '세민'의 본래 뜻은 제세안민(濟世安民), 즉 세상을 구하고 백성을 편안케 하라는 뜻이다. 그는 실제로 뛰어난 장군이자, 정치가와 전략가와 예술가이기까지 했으며, 중국 역대 대황제 중 최고의 성군(聖君)으로 불리어 전 세계에서 몇 안 되는 뛰어난 군주로 평가받는다.

● 당 태종의 초상

이후에 고종(高宗)이 즉위했고, 고종은 신라의 요청이란 명분으로 출병하여 660년 백제를 멸망시켰다. 곧바로 661년 고구려로 향해 평양성을 포위했지만 튀르크계 철륵의 반란, 옥저도 행군총관 방효태의 결정적인 패배, 소정방의 고립 등으로 인해 실패했다. 그 후 연남생(연개소문의 장남)의 귀순으로 고구려의 내분을 감지한 후, 667년 병력을 일으켜 668년 9월 고구려를 멸망시켰다.

백제와 고구려를 멸망시킨 고종은 아버지(당 태종)의 후궁이었던 무씨를 총애하여 자신의 소의, 나아가 황후로까지 봉했다. 무씨는 황후가 되자 폐황후 왕씨를 지지했던 장손무기 등 개국공신집단(관롱집단)을 가차없이 처형했으며, 이후로도 자신의 의견에 반대하는 신하들은 모두 죽여버렸다. 이를 계기로 이 시기 관료집단의 구성은 개국공신에서 과거 북제(北齊)의 영역이던 산둥 출신의 새로운 관료로 변화되었다.

그 후 고종에게 병이 나자 측천황후가 정치를 대행하였으며, 674년에는 황제의 칭호를 고쳐 천황(天皇)으로, 황후를 천후(天后)로 칭하였다.

● 측천무후

측천무후(則天武后, 624년 ~ 705년)는 당나라 고종의 황후이자 무주(武周)의 황제(당나라 제7대 황제)로, 중국 역사에 나타난 유일무이한 여성 군주이다. 중국에서는 그녀를 무측천(武則天)이라 부르기도 한다. 음탕하고 간악하여 황위를 찬탈한 요녀(妖女)라는 비난과 함께, 민생을 보살펴서 나라를 훌륭히 다스린 여걸(女傑)이라는 칭송도 받고 있다. 그녀의 이름은 무조(武照)이고, 황제로 즉위하자 자신의 이름을 조(曌)로 개명하였다. 무사확(武士彠)의 차녀이다. 태어난 날짜는 정확하지 않고, 630년에 태어났다고 하는 설도 있다. 정식 시호는 측천순성황후(則天順聖皇后)이다.

● 측천무후

■ 당 현종

750년에 현종(玄宗)은 석국(石國: 타슈켄트)이 제대로 조공을 바치지 않는다는 이유로, 고구려 유민 출신 장수 고선지(高仙芝)에게 명령하여 석국 정벌을 감행하였다. 당나라 군이 승승장구하여 수도인 타슈켄트를 점령했고, 장안에서 석국왕을 처형했다. 그러자 석국 왕자가 당나라 군을 몰아내기 위해 대식국(아랍)에게 도움을 요청했고, 결국 751년 4만 명의 아랍·튀르크 연합군이 오늘날의 키르기스스탄에 있는 탈라스 강에서 고선지의 군대와 맞섰다.

당시 세계 최강의 군사력을 자랑하던 당나라 군이었으나, 아랍군이 다민족 당군 내에 내분을 일으켜 고선지는 대패했다. 이 전투로 겨우 몇 천 명의 당나라 군사만이 살아 돌아갔고, 이후 서역은 이슬람의 영향권에 들게 되었다.

한편 당 현종은 중앙의 유능한 관리를 지방에 도독이나 자사로 파견하였고, 적성에 맞지 않는 관리는 모두 교체하였다. 심지어는 나라에 가뭄이 들자 황궁의 쌀을 배고픈 민중들에게 나누어주는 등 어진 정치를 행하였고, 환관과 인척을 정치에 관여하지 못하도록 하여 정치가 문란해질 위험을 미리 막았다. 또한 사찰과 승려의 수를 줄이고, 권력가들을 제압하는 한편, 조정을 정비하여 상벌을 엄정히 나누어주어서 중종(中宗) 이후 혼란스러웠던 정치 상황을 안정시켰다. 현종의 훌륭한 정치 덕분에 당나라의 국력은 당연히 강성해졌으며, 태종 이세민이 이룩한 태평성세에 버금가는 치세를 하여, 후세 사람들은 이를 당시의 연호인 개원(開元)을 따 '개원의 치(治)'로 불렀다.

● 당 현종

당 현종 이융기(唐玄宗 李隆基, 685년~762년)는 중국 당나라의 제8대 황제이다. 별호는 당명황(唐明皇)이며, 당 예종 이단의 3남으로, 어머니는 숙명황후 유씨이다. 당 태종 이세민 이후 번영을 이끌었으나, 동시에 쇠퇴를 불러오기도 한 황제이다.

■ 양귀비의 등장

이러한 치세가 계속되자 당 현종은 거만해져서, 자신을 위해 직언하는 훌륭한 대신들을 내치고 자신에게 아첨을 떨고 순종하는 신하들을 중용하였다. 또, 이원(梨園)을 세워 광대들을 키워내기도 했다. 그리고 유능한 장구령을 해임하고 이임보를 승상으로 임명했는데, 이임보는 무식하고 무능한 인간이지만 아첨에 뛰어나서 현종의 총애를 받아 승상까지 오를 수 있었다. 또한 현종에게 오는 모든 정보를 차단하고 19년간이나 국정을 전횡한 간신배이기도 하다.

737년 자신이 가장 사랑했던 무혜비마저 죽자 방황하던 현종은 어느 날, 한 여자를 본 순간 그녀에게 반해 버려 만사가 손에 잡히지 않았고, 결국 당대 최고의 권력가인 환관 고력사를 시켜 그녀를 데려오게 하였다. 그녀가 바로 수왕비(壽王妃) 양옥환이었다. 양옥환은 현종의 며느리였는데, 그녀의 미모에 반한 현종이 그녀를 자신의 18남인 수왕 이모(李瑁)에게서 가로챘던 것이다.

이리하여 745년, 현종의 나이 61세 때에 27세인 양옥환은 귀비에 책봉되었다. 귀비는 황후 다음가는 자리였던지라, 당시 황후가 죽고 없던 차에 그녀는 황후의 역할을 대신하다시피 했다. 이 여인이 바로 양귀비이다.

● 양귀비

양귀비(楊貴妃, 719년 ~ 756년)는 당 현종의 후궁이자 며느리이다. 그녀의 성은 양(楊)이고 이름은 옥환(玉環)이며, 귀비는 황비(후궁)로 순위를 나타내는 칭호이다. 당 현종에게 총애를 받았지만, 그것이 과도하여 끝끝내 안녹산과 사사명이라는 두 호족 세력 무장 대표가 공동 주도하여 반란을 획책한 이른바 '안사의 난'이 발발하는 원인이 되었고, 이 역사적 사건의 배경을 경국지색(傾國之色)이라고도 부른다. 서시, 왕소군, 초선과 아울러 중국의 4대 미인 중 한 사람이라 일컬어진다.

현종은 양귀비의 죽은 아버지에게 대위제국공(大尉齊國公)이란 벼슬을 내렸고, 그녀의 숙부와 세 명의 친오빠에게도 높은 벼슬을 하사하였다. 또한 양귀비의 세 언니를 모두 국부인(國夫人)으로 책봉하여, 그 세도가 매우 어마어마했다. 현종은 그중에서도 양귀비의 둘째 언니 괵국부인에게도 반해, 그녀와도 애정 행각을 벌였다. 그녀를 질투한 양귀비가 괵국부인은 황궁에 들어오지 못하게 하였다는 말도 있다. 이에 노한 현종은 양귀비를 궁에서 내치기까지 했다.

양귀비의 일가 친척 중에서 가장 세도를 누린 사람은 양귀비의 사촌 오빠 양검이다. 양검은 현종의 총애를 받아, 현종에게 '국충(國忠)'이란 이름을 하사받았다. 이임보가 죽자, 양국충은 승상에까지 올라 국정을 전횡하였다. 양국충도 소인배요 간신배인지라, 충신은 죽이거나 내치고, 아첨꾼들을 현종 옆에 붙여놓는 등 갖은 전횡을 일삼았다.

당시 내쳐진 양귀비는 양국충의 집에 있었는데, 양국충이 환관 고력사와 담합하여 양귀비와 현종의 관계를 화해시키려 했고, 현종은 결국 그 화해를 받아들였다. 그리하여 양귀비와 같이 화청궁(華淸宮)에서 목욕을 했는데, 그녀의 육체를 본 현종은 다시 그녀에게 빠져들었다.

747년, 현종은 절도사 안녹산(安祿山)이 장안으로 오자 성대한 잔치를 베풀었고, 여기서 안녹산과 양귀비가 처음 대면을 하게 되었다. 안녹산은 현종과 양귀비의 총애를 받아 양귀비의 수양아들이 되었고, 변방의 국방까지 책임지게 되었다. 양귀비는 늙은 현종이 싫어졌을까. 그녀는 이제 체구가 우람한 안녹산을 사랑하게 되었다.

이때 승상 양국충은 안녹산의 등장으로 점점 위기감을 느끼게 되었고, 현종에게 안녹산을 모함하였다. 그러나 양귀비는 언제나 안녹산을 변호하여 그를 위기에서 구했다. 양귀비는 조정의 권세까지 장악하게 되었던 것이다.

■ 안 · 사의 난

755년 안녹산은 변방으로 돌아가, 부하 사사명(史思明)과 함께 양국충 타도를 명분으로 반란을 일으켰다. 이 반란이 바로 '안사의 난'이다. 반란이 일어나자 현종과 양귀비, 양국충과 그 일가 친척들은 모두 장안에서 피신하였고, 반란군은 계속 장안을 향해 진격했다. 하지만 현종을 호위하던 관군은 일행이 머무르고 있는 마외파(馬嵬坡)에서 양국충과 그 일가를 모두 죽일 것을 강요하였고, 양국충이 놀라 허둥거리자, 군인들은 그를 끌어내어 목을 베어버리고 시체를 여러 조각으로 찢어발겼다.

이들은 현종이 쉬고 있던 역관에서 계속 시위를 하였다. 신하 위견소 · 위방진을 보냈으나 소용이 없자, 현종 자신이 그들을 설득하기 시작했다. 이에 군인들은 양귀비를 죽일 것을 강요하였고, 고력사 역시 선택이 없다고 하자, 현종은 어쩔 수 없이 양귀비에게 자결 명령을 내렸다. 양귀비는 울면서 역관 옆 나무에 목을 매어 죽었다.

이때 그녀의 나이 38세, 때는 756년이었다. 양귀비가 죽었다는 소리를 들은 군인들은 환성을 내지르며, 다시 현종을 호위해 서쪽으로 행군했다. 그러나 같이 따라온 황태자 이형은 마외파에 남아 조정 일을 주관하였고, 북쪽으로 올라가 영무에서 황제에 오르고, 현종을 태상황으로 삼았다. 이 사건은 중앙 정부의 통치력을 매우 약화시키는 계기가 되었다.

● 안 · 사의 난

안 · 사의 난(安史之亂)은 755년 12월 16일부터 763년 2월 17일에 걸쳐 당나라의 절도사인 안녹산과 그 부하인 사사명에 의해 일어난 대규모 반란이다. 안 · 사의 난이란 안녹산과 사사명의 첫 글자를 따서 지은 이름으로, '안녹산의 난' 또는 '천보의 난(天寶之亂)'이라고도 한다.

● 피난을 가는 현종

■ 황소의 난

당나라의 중앙정부는 755년~763년에 일어난 '안사의 난'에 의해 많은 힘을 잃어버렸다. 이를 틈타 각지의 절도사 세력은 자립성이 강해져 자신들의 지방을 스스로 다스리기 시작하였고, 먼 지방의 절도사 중에는 중앙에 대한 납세마저 거부한 자도 있었다. 이에 대해 역대 황제들은 억제책을 고안해 부분적으로 절도사를 누르는 데 성공했다. 그러나 절도사 세력을 억누르기 위해 이용했던 환관세력이 도리어 힘을 얻어 정치에 과도하게 참여하게 되어, 황제의 폐립까지 결정하게 되었다. 이런 폐단으로 중앙정부는 절도사 세력을 억누르던 힘이 사라져 버렸고, 절도사들은 다시 고개를 들게 되었다.

이러한 상태 속에서 '황소(黃巢)의 난(亂)'이 발발했다(875). 정부군은 추락할 때까지 추락하여 별로 강하지 않은 황소군에 대해 고전을 면치 못했고, 세간에는 '황소군을 전멸시키면 자신들의 입장이 위험해질 것을 두려워해 토벌에 힘을 기울이지 않았다'는 말도 있었다.

황소군은 장안을 함락했고, 황제 희종(僖宗)은 촉으로 도망쳤다. 당의 입장에서 다행스러운 것은 황소군이 장안에서 폭정을 일삼아, 장안 백성들의 실망과 분노를 샀다는 점이다. 그러나 그 와중에도 당나라 정부에서는 장안을 회복할 만한 실력이 없었다. 여기서 돌궐 사타족 출신의 이극용, 황소군의 간부였다가 당나라 조정에 투항한 주온(후에 당나라로부터 전충이란 이름을 하사받았다)이 활약하여 장안을 회복시켰다.

● 황소의 난

황소(黃巢)의 난(亂)은 당나라 희종 말년인 875년~884년에 일어난 농민 반란으로, 당나라 말기에 시작된 환관의 횡포와 인민 수탈이 원인이라고 할 수 있다.

● 황소의 장안 입성도

그러나 이것으로 인해 당나라의 실력이 만천하에 폭로되었고, 황제는 명목상 존재하는 것에 불과하게 되었다. 이 상황은 주의 동천(東遷) 이후(춘추시대)나 후한 말기 등의 상황과 비슷하였다.

이 시기에 중앙을 두고 다투었던 이들은 변주(汴州: 현재의 카이펑)를 중심으로 산동·하남을 지배한 주전충, 태원을 중심으로 산서를 지배하던 이극용, 하북을 지배한 유인공, 섬서 일대를 지배한 이무정 등이다. 그 외의 지역에서도 자립한 이들이 많아, 후에 10국의 기원이 되었다.

이극용의 군대는 검은색 의복으로 통일하여 통칭 '갈가마귀군'이라 불렸고, 전투에 매우 강했지만 횡포한 행동을 많이 했다. 주전충은 정략(政略)에 뛰어나 다른 누구보다도 한 발 앞섰다.

당 조정을 장악한 주전충은 황제를 꼭두각시로 만들고 협박하여 선양을 받아, 907년 후량(後梁)을 건국하였다. 이로써 당나라는 완전히 멸망하였고, 혼돈의 오대 십국 시대로 접어들었다.

● 오대 십국 시대

오대 십국 시대(五代十國時代, 907년~960년)는 중국의 역사에서 당나라가 멸망한 907년부터 송나라가 건립된 960년까지, 황하 유역을 중심으로 화북을 통치했던 5개의 왕조(오대)와 화중·화남과 화북의 일부를 지배했던 여러 지방정권(십국)이 흥망을 거듭한 정치적 격변기를 가리킨다. 오대 십국의 오대는 후량, 후당, 후진, 후한, 후주를 뜻하며, 십국은 오월, 민, 형남, 초, 오, 남당, 남한, 북한, 전촉, 후촉을 포함한다. 오대 십국 시대가 시작된 해는 당나라가 완전히 멸망한 907년이라고 한다. 그러나 실제로 왕조로서의 당나라는 875년~884년에 걸쳐 일어난 '황소의 난'에 의해 멸망한 것이나 다름없고, 그 후 장안(長安)을 중심으로 관중 지역을 지배한 일개 지방정권으로 추락하여, 주전충과 이극용 등 절도사 세력이 함께 존재하는 난립 상태였다고 할 수 있다.

● 오대 십국의 난세를 표현한 그림

송나라

오대십국 시대가 끝나는 960년 조광윤이 오대 최후의 왕조 후주(後周)로부터 선양을 받아 개봉(카이펑)에 도읍하여 나라를 세웠다. 국호는 송(宋)이었으나 춘추 시대의 송, 남북조 시대의 송 등과 구별하기 위해 황실의 성씨를 따라 조송(趙宋)이라고도 부른다. 통상 1127년 금나라(여진족)의 확장에 밀려 장강 이남으로 옮기기 전을 북송, 이후 임안(臨安: 지금의 항저우)에 도읍을 옮긴 것을 남송이라고 불러 구분하였다. 북송·남송 모두 합쳐 송, 송 왕조라고도 한다. 수도는 개봉(開封, 또는 변경), 남쪽으로 옮긴 후 실질적인 수도는 임안이다.

■ 북송 시대

후주(後周)의 전전도점검(殿前都點檢: 근위군 대장)이었던 조광윤(趙匡胤)이 후주 최후의 황제로부터 선양을 받아 건국하였다. 조광윤은 중국의 분열상태 종식을 목표로 삼았으나, 도중에 병사했다. 뒤이어 동생 조광의(태종)가 형의 사업을 물려받아 중국의 통일을 이루었고, 과거제도의 충실을 기도했다. 과거제도는 태종의 아들 진종(眞宗) 시대에 완성되었다. 과거제도의 확립은 황제의 권력을 안정시켰으며, 동시에 지나친 문관우대로 인해 군사력의 쇠퇴를 불러왔다.

1004년 북쪽의 요나라(거란족)가 남하하자, 진종은 요나라에 대해 매년 재물을 보내는 것으로 화의를 맺었다[전연(澶淵)의 맹약(盟約)]. 또한 서쪽의 탕구트족은 서하(西夏)라는 이름의 나라를 세워(1038년) 송나라에 반기를 들었으나, 이것도 1044년 재물을 보내는 것으로 화의를 맺었다[경력(慶曆)의 화약(和約)]. 그 결과 획득한 평화를 토대로 경제적 발전이 촉진되었다.

● 송 태조(宋太祖) 조광윤

그러나 국방비의 증가, 대상인·대지주가 늘어난 데 따른 세수(稅收)의 감소 등에 대해 개혁이 촉구되어, 6대 황제 신종(神宗)은 왕안석(王安石)을 등용하여 국정 개혁에 나섰다. 왕안석의 신법(新法)이라 불리는 이 개혁은 주로 영세농민 보호 및 대상인·대지주 억제를 목표로 했으나, 지주·상인 세력과 그쪽 출신인 관료[구법파(舊法派)]의 대반대에 부딪혔다. 이들의 다툼은 나날이 격렬해져서 송나라의 국력을 서서히 기울게 하였다.

이때쯤 만주에서 일어난 여진족은 1115년 스스로 금(金)나라를 세웠고, 송나라는 금나라에 대해 함께 요나라를 공격하자는 약속을 맺었고(해상의 맹세), 1121년 요나라를 멸망시켰다. 그러나 송이 금나라에 대항하기 위해 요나라의 잔당과 손을 잡은 사실이 드러나 금나라의 분노를 사서 1127년 카이펑이 공격당해 함락되었고 황제 흠종(欽宗), 태상황(太上皇) 휘종(徽宗)이 북쪽으로 사로잡혀 갔다[정강(靖康)의 변(變)]. 흠종의 동생이었던 강왕(康王) 조구는 남쪽으로 천도하여, 임안(현재의 항주)에서 황제를 선언하고 고종(高宗)으로 즉위하였다. 이 이후부터 송나라는 남송이라고 불렸다.

● 여진족의 발전

여진(女眞)은 본래 갈족, 말갈족, 선비족이 융화된 족이다. 삼국 시대에 갈족과 선비족이 대륙에 침투하여 세력을 형성하였고, 5호 16국 시대에 나라를 세웠다. 선비족은 6개의 부족이 강성하다가, 탁발부가 5호 16국을 정리하고 화북을 통일하여 북위(北魏)를 세웠다. 이후 말갈족·갈족은 선비족의 예하 부대에 포함되어 그들의 영향을 받다가, 점차 요동으로 이동하였다. 북위·북주 시대에 갈족과 선비족은 융화되었고, 당나라 시대에 거란족의 일파가 되었다가, 요나라가 성립할 무렵에 일부가 요동에서 만주 동남부로 이동하였다. 이들은 금나라 왕조(1115년~1234년)를 세웠다. 금나라가 거란을 통합하자 여진과 거란의 민족 통합 과정이 뒤따랐으며, 이 시기에 거란의 일부가 여진으로 융화되었다. 금나라 멸망 이후, 여진은 세 부족으로 나뉘었다. 그 후 1586년 누르하치가 여진의 세 부족을 통합하고, 연합된 부족의 이름을 만주족으로 바꾸었다. 누르하치는 유목 법령을 통합하여 강력한 제도를 만드는데, 이는 후금(後金)과 청(淸) 제국으로 이어진다.

● 만주 문자로 쓴 "주선(여진)"

■ 남송 시대

조구는 1127년 임안에서 즉위하여 고종(高宗)이 되었고, 송나라를 재흥했다. 처음엔 악비(岳飛) 등의 활약에 힘입어 금나라에게 강력히 저항했으나, 진회(秦檜)가 재상으로 취임하면서 주전론자(主戰論者)들을 누르고 금나라와 화평을 맺었으며, 악비는 살해되었다.

진회의 사후 금나라의 4대 황제 해릉왕(海陵王)이 침공을 개시했으나, 금나라의 황족 완안옹(完顔雍)이 해릉왕에 대해 반란을 일으켜 해릉왕은 죽고, 완안옹은 금나라의 세종(世宗)이 되어 송나라와 화평을 맺었다. 같은 해 고종은 퇴위하여 상황이 되고, 양자인 조진이 즉위하여 효종(孝宗)이 되었다.

효종 대에 송나라와 금나라의 관계는 안정되어 평화가 찾아왔다. 효종은 불필요한 관리의 숫자를 줄이고, 당시 남발 기미가 보이던 회자(會子: 지폐)의 절제 및 농촌의 체력 회복, 강남 경제의 활성화 등 여러 가지 개혁을 추진해, 남송은 번영을 구가하게 되었다.

● 악비

악비(岳飛: 1103년 ~ 1142년)는 남송 초기의 군인이자 정치인이었다. 학자로서도 뛰어났으며, 저서 《악충무왕집(岳忠武王集)》이 있다. 시호는 충무(忠武)인데, 1178년 무목(武穆)의 시호를 받았다가 뒤에 충무로 개정되었으며, 민간에서는 악왕(岳王)으로 숭상받았다. 그는 송나라에 대한 절개를 지키다 죽어간 문천상과 더불어 송나라의 2대 충신이자, 제갈량과 함께 충절의 상징으로 여겨졌다. 명나라에 의해 중원이 수복된 이후 문천상, 악비, 제갈량에 대한 숭배를 국가적 차원에서 장려해 왔다. 20세기에 들어와서도 악비는 외세의 침략에 대항하여 투쟁한 구국의 영웅으로 칭송되어 왔으며, 관우와 함께 민간에서 무신(武神)으로 대우받을 만큼 구국의 영웅으로 받들어져 왔다.

효종이 1189년 퇴위하여 상황이 되고, 조돈이 즉위하여 광종(光宗)이 되었으나, 한탁주(韓侂胄) 등이 광종을 퇴위시키고 반대파의 대량 탄압을 일으켰다[경원(慶元)의 당금(黨禁)]. 이 시기 주희(朱熹)의 주자학(朱子學, 성리학)도 거짓 학문이라고 탄압받았다[위학(僞學)의 금(禁)].

한탁주는 금나라가 타타르 등의 침입에·괴로워하는 모습을 보고 북벌을 감행했으나 실패했다. 1207년 금나라의 요청으로 한탁주는 살해되었고, 그의 머리는 소금에 절여져 금나라로 보내지는 것으로 금나라와 화의를 맺었다.

1233년 몽골 제국이 금나라의 수도 개봉(카이펑)을 함락하자 남쪽으로 도망친, 금나라 최후의 황제 애종(哀宗)을 송나라군과 협력하여 사로잡아, 1234년 금나라는 멸망했다.

그 후 송나라군은 북상하여 낙양(洛陽)과 개봉을 회복하였으나, 이것은 몽골과의 조약 위반이 되었기에 몽골군과 전투상태에 들어가게 되었다. 전투는 일진일퇴를 거듭했으나, 쿠빌라이가 양양(襄陽)을 함락하면서 남송은 더 이상 저항할 힘이 없어졌다. 1276년 몽골의 장군 바얀에 의해 수도 임안이 점령되면서, 사실상 송나라는 끝이 났다. 남쪽으로 도망쳐 철저항전을 계속했던 일부 황족, 관료, 군인들도 1279년 광주만(廣州灣)의 애산(厓山)에서 원나라군에게 격멸당해(애산 전투), 송나라는 완전히 멸망하였다.

● 쿠빌라이 칸의 초상

● 쿠빌라이 칸

원 세조 쿠빌라이(元世祖 忽必烈, 1215년~1294년)는 몽골 제국의 제5대 대칸이자 원나라의 초대 황제이며, 칭기즈 칸의 손자이다. 1271년 국호를 원(元)으로 개칭하고 대도(大都: 현재의 베이징)를 도읍으로 정하였다. 남송을 멸망시키고 중국을 정복하였으며, 버마·일본 등지에 침공하였다. 그는 중앙아시아 출신 등 다양한 인종을 실력 위주로 중용하였고, 서역에서 오는 문화를 중시하였으며, 티베트에서 기원한 라마교를 받아들였다.

몽골 제국

몽골 제국, 또는 대몽고국(大蒙古國)은 칭기즈 칸이 1206년에 건립한 제국이며, 인류 역사상 가장 넓은 영토와 가장 강력한 군사력을 지녔던 세계제국이다. 몽골이 사서에 처음 등장하는 것은 당나라 때로서, 몽올실위(蒙兀室韋)라는 명칭으로 나타난다. 이때는 북만주 초원지대에 있었던 군소부족의 하나였을 뿐이다. 중국의 송대 이후에 강성해졌는데, 이후에는 몽고(蒙古)란 명칭으로 불리게 되었으며, 원나라 시절 한문으로 써야 할 대외문서 등에서 몽골인들도 언제나 이 '몽고'라는 표기를 썼다.

■ 몽골 제국의 시조 칭기즈 칸

1189년, 보르지긴 씨족 출신인 테무진이 몽골계 주변 부족들을 통합하고, 튀르크계 민족들을 물리치면서 1206년 몽골 고원을 통일하고 칸의 자리에 올라, 이후부터 칭기즈 칸으로 불리게 된다.

제국 건국 이전 칭기즈 칸은 바이칼 호의 남쪽과 동남쪽의 초원지대에서 패권을 다투던 여러 부족장 중의 한 군인에 불과했으나, 몽골 제국의 건국과 함께 그의 권위는 더 이상 흔들리지 않게 되었고, 그의 정복 야심은 주변의 여러 부족들을 향한 정복전쟁으로 이어졌다.

1219년부터는 서아시아에 원정해 호라즘 왕조와의 전쟁에서 승리하는 한편, 캅카스를 함락해 남러시아의 스텝 지대를 빼앗고 1225년 귀환했다. 아시아 내륙지방을 중심으로 몽골 제국의 영토를 현저히 확대시킨 칭기즈 칸은 다시 서하(西夏) 제국을 정벌하던 중 1227년 진중에서 전사했다. 칭기즈 칸 사후 당시 몽골 제국의 영향력은 서쪽으로는 카스피 해에서 동쪽으로는 동중국해에 이르렀으며, 남쪽으로는 파미르 · 티베트 고원을 중심으로 하는 중국 중앙평야에 접해 있었다. 또한 제국은 다양하고 이질적인 민족과 문화를 포함하고 있었다.

칭기즈 칸이 서하 제국을 정벌하다가 전사한 후 2대 황제 오고타이(窩闊台) 칸은 금나라의 잔존 기병대·보병대와 대규모의 전쟁을 재개하여 금을 멸망시켰다. 그리고 1236년에는 서방을 향한 새로운 정복전쟁을 시작했다. 그것은 러시아와 중앙유럽의 점령을 위한 시도였는데, 볼가 강 상류의 킵차크를 접수한 데이어 랴잔·블라디미르·로스토프 등 남러시아 일대를 평정했다. 그 후 중앙아시아의 캅카스를 정복했으며, 우크라이나의 키예프를 공격했다. 그 무렵 러시아 중부와 북부는 도시국가와 독립제후국으로 이루어져 있었는데, 이들은 몽골군에 차례로 함락되어 갔다.

발트 해까지 진격했던 몽골군이 겨울 추위로 인해 진격을 멈춤에 따라, 러시아의 무역도시인 노브고로드를 비롯한 몇몇 도시가 파괴를 면할 수 있었다. 이후 몽골군은 더 나아가 폴란드의 일부를 정벌했으며, 전위부대는 슐레지엔 지방에까지 손을 뻗쳤다.

독일과 폴란드의 기사 연합군은 슐레지엔의 헨리크 2세의 지휘 아래 레그니차 근처의 발슈타트에서 수부타이의 몽골군에게 1241년 4월 9일 궤멸에 가까운 엄청난 타격을 입었다.

몽골군은 독일 중앙부를 침입하는 대신 남쪽으로 방향을 바꾸어 헝가리에서 작전 중인 부대에 합류했고, 1241년 4월 헝가리군을 사조 강 유역에서 완파함으로써 헝가리에서의 몽골 지배의 기초를 구축했다. 이로써 헝가리는 국토가 황폐화되고 말았다.

● 칭기즈 칸

칭기즈 칸(1155? ~ 1227년)은 세계 역사상 가장 넓은 대륙을 점유한 몽골 제국의 창업자이자 초대 칸이다. 원래 이름은 보르지긴 테무진이다. 몽골의 여러 부족을 통합하고, 출신이 아닌 능력에 따라 대우하는 합리적 인사제도를 통해 강한 군대를 이끌어, 역사상 가장 성공한 군사·정치 지도자가 되었다. 세계에서 가장 뛰어난 정복왕 중 한 사람이다. 중국사에는 원 태조(元太祖)로 기록된다.

■ 칸의 정복전쟁

한편 그에 앞서 몽골군은 이란·조지아·아르메니아에서 장기간에 걸친 작전을 계속하고 있었다. 유럽과 서아시아에서의 몽골의 진격은 1241년 12월 오고타이 칸의 죽음으로 중지되었다.

오고타이 칸의 전사 후, 새로운 칸의 선출은 몽골군 군사령관들이 모여서 전쟁과 황제 선출에 관해 회의를 하는 군사회의인 쿠릴타이에서 의견일치를 얻기 어려웠다. 당분간 섭정을 하던 오고타이 칸의 장남 구유크가 칸위에 오르기를 희망했으나, 칭기즈 칸의 장손으로서 자신이 적임자라고 자부하고 있던 바투의 격렬한 반대에 부딪혔다. 결국 1246년 오고타이 칸의 아들 구유크는 칸위에 오르는 데 성공했으나 3년 만에 원정길에서 전사하였고, 군사회의인 쿠릴타이는 다시 계속되었다.

이처럼 칸위의 공백기가 계속된 것은 오고타이 칸(칭기즈 칸의 셋째 아들) 일가와 툴루이(칭기즈 칸의 넷째 아들) 일가의 대립이 치열했기 때문이었다. 결국 두 군대는 내전을 치러야 했다.

결과는 툴루이 측의 승리로 돌아갔고, 툴루이의 큰아들 몽케가 제4대 칸이 되었다. 그 후 몽골 제국에서 원(元)나라에 이르기까지 칸위는 툴루이 자손에 의해 독점되었다.

● 몽케 칸

몽케 칸(1209년 ~ 1259년)은 몽골 제국의 제4대 칸(재위: 1251년 ~ 1259년)으로, 휘는 보르지긴 몽케이다. 칭기즈 칸의 손자이며, 구유크 칸의 사촌동생이자 쿠빌라이 칸의 형이기도 하다. 묘호는 헌종(憲宗)이다. 그의 아버지는 툴루이고 어머니는 소르칵타니이며 그의 형제는 쿠빌라이, 아리크 부카, 훌라구 등이 있었다. 그는 1258년 이슬람의 압바스 왕조를 멸망시켰고, 1259년에 고려를 항복시켰다.

몽케 칸이 전쟁터에서 죽자(1259년) 제국은 일 칸국, 오고타이 칸국, 차가타이 칸국, 킵차크 칸국, 그리고 원으로 갈라졌다. 원래 몽골족의 전통 상속 제도는 자식들에게 모든 걸 평등하게 분배하는 방식이다. 그래서 나라도 평등하게 분배받았는데, 자손들의 사이가 서로 안 좋아지면서 계속 갈라지게 되었다.

원은 카라코룸에서 대도(大都: 오늘날의 베이징)로 수도를 옮기고 본격적으로 중국화되기 시작했지만, 원의 전성기에 쿠빌라이 칸이 등장하면서 주변국들은 대재앙을 맞았다. 고려는 복속 이후 일본 정벌할 배를 만들고 무리한 공물을 바치느라 나라가 다 뒤집혔고, 남송, 미얀마의 파간 왕조, 참파 등이 멸망했으며, 베트남과 일본, 자바 등도 간접적으로나마 된서리를 맞았다.

몽골이 동에서 서에 이르는 무역로를 단일 세력권으로 통합하면서, 동서 무역로는 본격적으로 가동될 수 있었다. 마르코 폴로가《동방견문록》을 쓸 수 있었던 것도 몽골 제국이 동방 무역로를 완전히 통제하는 상황이었기에 가능했다. 유럽과 아시아는 서로 붙어 있었음에도 그동안 상호 직접적인 교류가 없었지만 이후 역참제가 중앙아시아까지 확장되고, 13세기 말에는 흑해와 지중해를 잇는 해상로와 연계되어 전례없는 원거리 무역 발달의 원동력이 되었다.

이때의 몽골 제국은 몽케 칸의 치세까지 몽골고원의 대칸의 권력과 혈연적 연관에 의해 보존되어 오던 통일성을 잃고, 다만 원나라를 종주국으로 하여 그 정권 밖에서 독립국을 형성한 3칸국(일·차가타이·킵차크)으로 구성된 연합체였다. 그러나 이 체제는 원 제국의 패주(1368년)와 함께 붕괴하였다.

● 마르코 폴로의《동방견문록》

마르코 폴로(Marco Polo, 1254년~1324년)는 이탈리아의 탐험가이자,《동방견문록》을 지은 작가이다.《동방견문록》은 그가 여행한 지역의 방위와 거리, 주민의 언어, 종교, 산물, 동물과 식물 등을 하나씩 기록한 탐사 보고서의 성격을 갖고 있으며, 일본에 대해서도 언급하고 있다.

십자군 원정

10세기 이후 기독교인들은 예수 그리스도가 지상에서의 생애를 보냈던 지역을 방문함으로써 성지순례 여행을 해왔다. 이슬람의 통치자들이 종교적인 목적의 성지순례를 용인했음에도, 1071년 만지케르트 전투를 시작으로 동로마 제국이 점차 쇠퇴하자 서유럽은 교황 우르바노 2세를 중심으로 성지 회복을 명분으로 내세우며, 안티오키아 · 예루살렘 등 기독교 성지에 대한 군사적 원정을 단행하였다. 그러나 성지 회복은 표면적으로 내세우는 구실에 지나지 않았고, 실제로는 동방 정교회를 로마 가톨릭 관할권 아래로 흡수 · 통합시키고 교황권을 확대하려는 의도가 짙게 깔려 있었다. 더구나 당시 서유럽 내 영주의 장남 이외의 아들들은 상속권을 부여받지 못했기 때문에, 미지의 땅에 대한 욕구가 강했다. 또한 도시 상인들의 시장개척 요구 등 경제적인 측면에서도 십자군 원정에 대한 필요성이 대두되었고, 이 밖에 서유럽 각계각층의 여러 이해관계가 얽혀서 십자군 원정이 단행되었다.

■ 군중 십자군 (1096년)

중세 서유럽에서 교황 우르바노 2세는 은자(隱者) 피에르라는 광신도를 이용하여 교묘히 전쟁을 선동하였다.

1095년에 교황 우르바노 2세는 가톨릭 교도들에게 이슬람교에 대한 군사 행동을 호소하여, 전쟁에 참가하는 자에게는 전대사(戰大赦)를 주겠다고 반포하였다. 그에 따라 레몽, 고드프루아, 보에몽 등 여러 쟁쟁한 인물들이 성지를 회복하러 떠났다. 그런데 그에 앞서 은자 피에르가 엉뚱한 생각을 품고 기사 레이날도, 무일푼의 발터와 함께 한 발 앞서 떠났다. 이를 군중 십자군이라 한다.

● 은자 피에르가 십자군에게 예루살렘으로 가는 방향을 가리키고 있다.

그들은 시작부터 말썽을 일으켰다. 우선 그들은 예루살렘으로 가는 길을 정확히 알지 못했으므로, 대략 예루살렘이 있는 동쪽으로 가기 시작했다. 그러다가 독일에서 유대인을 학살하였고, 베오그라드에서도 약탈을 일삼았다. 또한 헝가리 왕국의 기병대의 반격을 받고 군사의 태반을 잃었으며, 베오그라드의 중장 보병대에 의해 또다시 대패한 후, 우여곡절 끝에 동로마 제국의 수도인 콘스탄티노폴리스에 도착했다.

당시 제국의 황제 알렉시우스 1세는 그간 이들이 저지른 행위를 잘 알고 있어, 그들을 배에 태워 소아시아의 이슬람 영토에 데려다주었다. 군중 십자군은 거기서도 계속 약탈을 하다가, 셀주크 튀르크군을 만나 크세리고르돈 요새와 헬레노폴리스 요새에서 전멸하였다. 기사 레이날도는 항복하였고, 은자 피에르는 알렉시우스 1세에 의해 목숨만 구해 달아났다.

● 은자 피에르는 중세 유럽의 한 광신도로, 은둔자 피에르라고도 한다. 그는 성 베드로가 그의 꿈에 나타나 '이슬람과 전쟁을 해야 한다'고 명령했다면서 군중을 선동하여, 민중들을 모아서 정식 십자군보다 먼저 출발했다. 이를 군중 십자군이라고 한다.

■ 제1차 십자군 원정 (1096년~1099년)

제1차 십자군은 1096년 예루살렘으로 출병한, 기독교 사상 최초의 십자군이다. 제1차 십자군의 직접적 원인은 1095년에 동로마 황제 알렉시우스 1세가 지원을 호소한 데 있었다. 당시 이슬람 세계는 분열되어 있던 상태였기 때문에, 십자군의 공략에 제대로 대응하지 못하였다. 레몽, 고드프루아, 보에몽 등 쟁쟁한 군웅들을 앞세우고, 총사령관으로는 명목상이긴 하지만 아데마르 주교가 있었고, 은자 피에르도 따라갔다.

제1차 십자군은 콘스탄티노폴리스에 도착한 후 니케아를 공격한 데 이어 안티오키아를 공략했다. 그러나 도중에 아데마르 주교가 사망함으로써, 군웅들 간에 유대감이 사라지고 군웅 할거로 치닫게 되었다. 십자군은 예루살렘에 도착하여, 1099년 마침내 예루살렘 정복에 성공하였다. 성 안으로 난입한 십자군은 많은 시민들을 학살하고 재물을 약탈하는 만행을 저질렀다.

그 결과, 시리아에서부터 팔레스타인에 이르는 중동 지역에 예루살렘 왕국을 비롯한 몇 개의 십자군 국가가 세워졌다. 예루살렘 왕국의 왕으로는 가장 존재감 없고 중립적인 고드프루아가 되었으나, 얼마 못 되어 죽었다. 보에몽은 아데마르 주교의 후임인 다임베르트와 짜고 예루살렘을 노렸으나, 다임베르트는 일찌감치 온 보두앵(고드프루아의 동생)에게 밀려났다. 보에몽은 무슬림들에게 붙잡혀 감옥에 갇히게 되어, 공식적으로 끝이 난다.

● 교황 우르바노 2세의 제창으로 십자군이 만들어졌고, 성모승천의 축일인 1096년 8월 15일 성지 예루살렘을 향한 제1차 십자군 원정이 시작되었다. 그림은 클레르몽 공의회 장면으로, 이 회의에서 제1차 십자군의 조직을 결의했다.

■ 제2차 십자군 (1147년~1148년)

1145년 무슬림 세력이 알레포와 에데사를 점령한 것을 알게 된 교황 에우제니오 3세는 성지 구원을 호소하며 십자군 결성을 주장했다. 당시의 명성 높은 설교가였던 클레르보의 베르나르도는 교황의 요청으로 유럽 각지에서 십자군 참가를 선동했다. 프랑스의 루이 7세와 왕비 엘레오노르, 독일왕 콘라트 3세, 슈바벤 공작 프리드리히 (훗날 신성로마제국의 프리드리히 1세) 등 제1차 십자군에 참가하지 않았던 다수의 귀족과 사제도 참가했고, 시민들도 열광하였다. 이에 베르나르도는 교황에게 보낸 편지에서 "일반 시민 남자의 80%가 참가했고, 여자들도 남지 않았습니다. 집을 비울 정도입니다."라고 보고했다.

● 루이 7세

프랑스 카페 왕조의 왕(재위 1137년~1180년). 루이 6세의 정책을 계승하여 일드프랑스 지방을 평정했으며, 샹파뉴 백작과 싸워 제압을 하였다. 제2차 십자군 원정에 참가하였으나 실패하였다.

다만, 이때 이베리아 반도에서는 레콩키스타(스페인의 기독교도들이 이슬람에 대해 벌인 실지 회복운동)가 점입가경으로 들어가, 이베리아 반도 방면 및 마르세유, 제노바, 피사의 주인은 이곳에 참가할 것을 권하거나, 또 독일 제후들이 희망했던 북방 슬라브인 정복도 십자군(북방 십자군)으로 인정받았다.

그리하여 이 시기의 다른 십자군과는 다르게 예루살렘 탈환이란 최종목표가 없어졌다. 아직 예루살렘은 유지되고 있었고, 직접적인 공격도 받지 않았다. 그래서 제2차 십자군의 목적이 알레포 · 에데사를 탈환하는 것인가, 무슬림 왕조를 공격하는 것인가, 예루살렘 주변의 다른 이슬람 국가를 정복하는 것인가, 이슬람 교도를 몰아내기 위한 공격인 것인가 등도 확실하지가 않았다.

또 기독교 측의 세력도 베르나르도의 조정에도 불구하고, 콘라트 3세와 시칠리아 왕 루지에로 2세가 대립하여 결국 루지에로 2세는 참가하지 않았다. 비잔틴 제국의 마누엘 1세 콤네누스도 이슬람 교도와 세력 균형을 유지하고 있기에 새로운 십자군을 환영하지 않았다. 거기에 프랑스 왕과 독일왕도 행동을 함께 하지 않아 제각기 따로 진군했다.

잉글랜드·노르망디는 스티븐 왕의 무정부 시대였기 때문에 아직 출정하지 않았으나, 각각의 기사들이 스코틀랜드·플랑드르 세력과 함께 배에 올라탔다. 도중 포르투갈 왕 알폰소 1세의 군과 합류하여, 1147년 10월 리스본을 공략한 후 동쪽으로 향하여 프랑스 왕과 합류했다.

독일왕 콘라트 3세는 육로를 통해 헝가리에서 콘스탄티노폴리스에 도착했으나, 비잔티움 제국 측의 협력을 얻지 못해 단독으로 소아시아를 횡단하다가 룸 셀주크 제국군에게 습격을 받아 패배했다. 그 후 겨우 살아남아 예루살렘에 도착했다. 한편 프랑스 왕은 독일왕의 코스를 뒤에서 쫓아가는 형태여서 마찬가지로 소아시아에서 룸 셀주크 왕조 군에게 패배했다. 가까스로 안티오키아 공국에 도착하자, 왕비 엘레오노르의 숙부 '안티오키아의 레몽'에게서 에데사 백국 탈환을 요청받았으나 거절하고 예루살렘으로 향했다.

그리하여 예루살렘에서 전군이 집결했으나 전의는 낮고, 예루살렘에 온 것으로 순례의 목적이 달성되었다고 생각해 돌아가는 사람들도 많았다. 또 현지의 십자군 국가(구 에데사 백국, 안티오키아 공국, 트리폴리 백국, 예루살렘 왕국)들의 참가는 없었다.

● 제2차 십자군의 주축을 이룬 독일의 콘라트 3세

■ 제3차 십자군 원정 (1189년~1192년)

1169년 이집트의 실권을 장악한 '살라흐 앗 딘'(살라딘)은 1171년 재상을 맡아 오던 파티마 왕조를 멸망시키고, 아이유브 왕조를 창시하였다. 그 후 그는 팔레스타인 땅에서 기독교 세력을 몰아낸다는 신념의 실현을 위해 생애 전부를 걸었다. 1174년 시리아를 다스리기 시작해, 십자군 국가들을 포위하였다.

1187년 7월 4일 살라흐 앗 딘은 하틴 전투에서 십자군을 상대로 승리를 거두었고, 10월 2일 예루살렘이 항복하면서 예루살렘 왕국이 붕괴 직전까지 이르렀다. 그러나 십자군들이 예루살렘을 정복했을 당시에 발생했던 잔악한 행위와는 반대로, 살라흐 앗 딘의 예루살렘 정복 시에는 기독교도에 대한 학살이 일어나지 않았다. 한편 기독교 세력의 거점은 안티오키아, 트리폴리, 티레, 마르가트 만을 남겨두고 있었다.

예루살렘의 함락 소식이 유럽에 전해졌을 때, 유럽은 큰 충격을 받았다. 교황 우르바노 3세는 그 충격으로 죽었고, 뒤를 이은 교황 그레고리오 8세는 성지탈환을 목표로 새로운 십자군 파견을 잉글랜드와 프랑스에 호소했다.

● 예루살렘 왕국의 기 드 뤼지냥을 포로로 잡은 살라흐 앗 딘

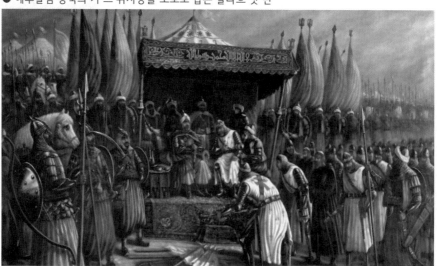

잉글랜드 왕 헨리 2세와 프랑스 왕 존엄왕 필리프 2세는 영토 문제를 둘러싸고 전쟁 상태에 있었으나 교황의 요청을 받아들여 이를 종결하였고, 쌍방은 국내에서 '살라딘 십일조'를 부과하여 십자군 편성을 위한 자금을 모았다. 그러나 양국 간의 전쟁은 곧 재개되었고, 게다가 잉글랜드 국내에서는 헨리 2세의 아들 리처드가 국왕에 대항해 반란을 일으켰다.

신성로마제국의 황제 프리드리히 1세 바르바로사도 교황의 호소에 답하여 십자군의 첫 선봉으로 1189년에 출발했다. 프리드리히는 도중에 살라흐 앗 딘과 비밀협정을 맺었다가, 비잔티움 제국의 황제 이사키우스 2세 앙겔루스의 적대적 행위에 직면하게 되었다. 그 때문에 십자군은 비잔티움 제국령을 급히 통과할 수밖에 없었다. 그 후 1189년 5월 18일 룸 셀주크 제국의 수도 이코니움(코니아)을 점령했다. 그러나 1190년 6월 10일 프리드리히가 킬리키아의 살레흐 강에서 익사하였다. 그들은 수적으로는 살라흐 앗 딘의 군대보다도 많았으나, 프리드리히가 죽자 순식간에 해산하고 말았다. 일부 사람들은 계속 전진했으나, 시리아에서 전투를 벌이다 패배하였다.

1191년 잉글랜드의 사자왕 리처드와 프랑스의 필리프 2세는 함께 해로를 통해 출발했으나, 관계가 악화되었기 때문에 각자 팔레스타인에 도착했다. 리처드는 도중에 키프로스 섬에 잠시 정박하였다가, 그 시기 비잔티움 제국 측의 총독 이사키우스 콤네누스에게서 받은 무례에 분노하여 5월 말까지 섬 전체를 점령했다. 그 후 이미 유명무실해진 예루살렘의 왕 기 드 뤼지냥에게 이 섬을 넘겼다.

● 필리프 2세는 제3차 십자군 전쟁에 참가하였으나, 리처드 1세와의 불화와 시급한 국내 영토문제 등으로 리처드 1세의 비난에도 불구하고 군대를 이끌고 프랑스로 돌

한편 필리프 2세는 티레에 도착해, 예루살렘의 왕위 계승을 주장하던 코라도 1세와 동맹을 맺었다.

1191년 4월 필리프는 예전 프리드리히의 패잔병을 가세시켜, 아크레를 포위 공격 하기 시작했고, 6월에는 리처드의 군이 포위에 가담했다. 아이유브 왕조 군은 포위망을 뚫으려고 여러 차례 시도했으나 격퇴되었고, 7월 12일 아크레 는 함락되었다.

그러나 그 후 십자군 측 3명의 사령관 사이에 주도권을 둘러싼 내부항쟁이 벌 어졌다. 독일인들의 사령관인 오스트리아 공작 레오폴트 5세는 리처드와 필리 프와 같은 대우를 받기를 원했으나, 리처드는 점령한 도시에서 레오폴트의 깃 발을 제거했다. 필리프도 리처드에게 불만을 품게 되어, 8월 귀국하고 말았다.

8월 22일 리처드는 아크레 항복시 맺은 협정을 살라흐 앗 딘이 준수하지 않았 다고 하면서, 억류했던 이슬람 교도 3천 명을 모두 처형하였다. 리처드는 예루 살렘을 공격하기 위한 출발지로서 항구 야파의 탈취를 계획했다. 9월 아르수프 를 행군하던 그들은 살라흐 앗 딘에게 공격받았으나, 리처드는 이 전투에서 눈 부신 활약을 보여 아르수프 전투를 승리로 이끌었다.

1192년 1월 예루살렘에 접근했으나, 살라흐 앗 딘의 대군을 맞닥뜨리자 군대 를 후퇴시켰다. 7월에 들어서 살라흐 앗 딘이 야파 탈환의 움직임에 나섰으나, 7월 31일의 전투에서 수적으로 우세한 상황임에도 불구하고 리처드의 군대에 게 패배해 실패했다.

● 리처드 1세

리처드 1세(1157년 ~1199년)는 플랜태저넷 왕가 출신으로 는 잉글랜드 왕국의 두 번째 국왕이다. 생애의 대부분을 전 쟁터에서 보냈고, 그 용맹함으로 인해 사자왕(獅子王)이라 는 별명을 얻었으며, 이후 중세 기사 이야기의 전형적인 영 웅으로 동경의 대상이 되었다.

리처드의 군대는 피로가 쌓였고, 예루살렘을 마냥 공격할 수만은 없다는 불만과 고국으로 돌아가고 싶다는 불만이 군대 내에 퍼졌다. 1192년 9월 2일 리처드와 살라흐 앗 딘은 1년 이상 교섭을 나눈 결과, 아크레를 포함한 티레부터 야파에 이르는 해안부의 모든 항구를 예루살렘 왕국의 관리 하에 두고, 예루살렘은 이슬람 교도의 통치 하에 둔다는 최종적인 휴전협정을 맺었다.

또한 체결된 문서에는 비무장한 기독교도의 순례자가 예루살렘을 방문할 수 있는 것을 허락한다는 조건도 더해졌다. 9월 말 리처드는 잉글랜드를 향해 출발하였고, 제3차 십자군 원정은 이로써 종료되었다.

● 리처드 1세의 체포 및 석방

프랑스의 왕 필리프 2세는 십자군 전쟁에서 리처드 1세보다 먼저 귀환하여, 신성로마제국의 하인리히 6세와 결탁하고는 리처드의 동생 존의 왕위찬탈을 지원하였다. 리처드는 그 음모를 듣고 귀로를 서둘렀지만, 도중에 폭풍을 만나 배가 난파당하여 베네치아 부근 해변에 상륙하였다.

리처드는 변장을 한 채 육로를 통해 잉글랜드로 향했지만, 1192년 12월 비엔나에서 오스트리아 공작 레오폴트 5세에게 사로잡혀 뒤른슈타인 성에 유폐당하는 신세가 되었다. 이때 왕제 존은 리처드가 죽었다고 공표하고 왕위에 오르려고 했지만, 영주들의 지지를 얻지 못하여 단념하였다.

1193년에 리처드의 신병은 레오폴트 5세에게서 하인리히 6세에게로 양도되었다. 리처드는 필리프에게 넘겨버리겠다는 하인리히의 협박에 굴복하고 그가 제시한 터무니없는 조건을 모두 받아들여, 15만 마르크라는 막대한 몸값을 지불함과 동시에 나라 전체를 신성로마제국에 양도했다가 봉토로서 되돌려 받았다.

존과 필리프는 리처드의 석방을 최대한 늦추기 위해 하인리히와 교섭했지만, 리처드와 하인리히 간에 협정이 성립됨으로써 리처드는 1194년 2월에 풀려났다. 이때 필리프 2세는 존에게 서신을 보내, 조심하라고 일러주었다고 한다. 리처드는 석방된 후 잉글랜드로 돌아와, 존을 굴복시켜 왕권을 회복하였다. 그러나 채 1개월도 지나지 않아 그는 다시 캔터베리 대주교 휴버트 월터에게 대리청정을 맡긴 다음, 필리프 2세와의 전쟁을 위해 프랑스로 떠났다. 이 시기에 그는 노르망디 방위를 위해, 난공불락의 성채로 유명한 가이야르 성을 쌓았다.

● 사자왕 리처드 1세를 재현한 밀랍

■ 제4차 십자군 원정 (1202년~1204년)

13세기 초 유럽은 극히 혼란스러운 상황이었다. 호엔슈타우펜 왕가가 노르만 족의 시칠리아를 접수했고, 잉글랜드 왕국은 사자왕 리처드가 죽은 이후 분쟁을 벌이고 있었으며, 독일은 내전에 휩싸였다.

교황 인노첸시오 3세는 십자군을 다시 주장했고, 1201년 샹파뉴의 원수인 빌라르두앵의 조프루아를 중심으로 기사들이 베네치아를 방문하여 베네치아 공화국과 합의 하에 십자군이 결성되었다. 이 십자군에 참가한 기독교 세력은 몬페라토의 보니파치오를 중심으로 플랑드르, 발루아, 신성로마제국 및 베네치아 공화국이다. 이들은 출발 일자를 1202년 6월 24일로 잡고 베네치아에 모였다.

십자군은 1202년 10월 8일 베네치아를 출발했다. 목표는 이집트나 팔레스타인이 아닌 헝가리 왕국의 도시 차라였다. 차라는 원래 베네치아 공화국의 영향력 하에 있었으나, 얼마 전에 베네치아의 통치를 거부하고 헝가리 왕의 통제 하에 들어간 달마티아의 해안 도시였다. 차라는 이들을 보고 항복 사절을 보냈지만, 도중에 교황의 사절이 도착해 십자군 측에 철군을 요구하자 태도가 바뀌었다. 그러나 엔리코 단돌로는 교황의 명령을 무시하고 십자군 측에 차라를 공격할 것을 요구하였고, 차라는 불과 1주일 만에 십자군의 손에 떨어졌다. 엔리코는 베네치아에 지속적으로 반항해 오던 차라를 철저히 짓밟을 목적으로, 도시 대부분을 파괴하고 주민들 또한 쫓아내게 했다. 이 소식을 접한 교황 인노첸시오 3세는 십자군의 행위를 비난하면서, 십자군 전체를 파문해 버렸다.

● 교황 인노첸시오 3세

교황 인노첸시오 3세(Innocentius PP. III, 1160년 ~ 1216년)는 제176대 교황이다. "교황은 태양, 황제는 달"이라는 말까지 나올 정도로 기독교 역사상 교황권의 전성기를 이룩하여, 중세의 교황들 가운데 가장 위대한 교황으로 손꼽힌다.

한편 비잔티움 제국의 알렉시우스 3세의 폭정에서 망명한 황자 알렉시우스 앙겔루스는 제4차 십자군의 대표인 보니파치오를 만나, 자신과 자신의 아버지 이사키우스 2세의 제위를 다시 되찾기 위한 제안을 했다. 그러면서 십자군이 자신의 큰아버지 알렉시우스 3세를 몰아내고 아버지의 제위를 되찾아 주면 십자군의 이집트 정복을 위한 병사 1만 명과 기사 500명을 제공하겠으며, 또한 콘스탄티노폴리스를 로마 가톨릭의 관할로 주겠다고 약속했다.

그러나 이 터무니없는 제안은 이미 인노첸시오 3세로부터 거절당한 바 있었고, 인노첸시오 3세는 앞서 십자군 측에도 이 제안을 거부할 것을 명령한 바 있었다. 그러나 십자군 측은 이를 받아들였는데, 가장 큰 이유는 십자군의 지도자인 보니파치오가 비잔틴 제국에 대해 원한이 있었기 때문이었다.

후에 인노첸시오 3세는 이 일의 책임을 전적으로 베네치아와 엔리코 단돌로에게 돌렸으나, 이 원정이 실패할 경우 베네치아가 겪을 손실 또한 매우 컸기 때문에 전적으로 그의 주도 하에 앙겔루스의 제안이 받아들여지진 않았다. 게다가 십자군은 지속적으로 물자 부족에 시달리고 있었고, 차라를 공격할 시점부터 내부분열이 심각하여 탈영병이 속출하는 상황이었기 때문에, 난공불락으로 유명한 콘스탄티노폴리스를 쉽게 함락할 수 있으리라 예상하기도 어려웠다.

● 엔리코 단돌로

엔리코 단돌로(Henricus Dandolo)는 1193년부터 베네치아 공화국의 수장이었고, 제4차 십자군의 비잔티움 제국 침략에 결정적인 역할을 한 인물이다. 그는 베네치아의 전 역사를 통틀어 가장 놀라운 인물로, 중세의 베네치아를 빛내는 데 크게 기여했다. 그의 정확한 나이를 알 수는 없지만, 십자군 원정 당시 이미 팔순의 노인에다 장님이 된 상태에서 십자군을 이끌고 콘스탄티노폴리스를 점령하여, 로마 제국의 8분의 3을 소유한 영주라는 위대한 칭호를 받았다.

● 십자군을 선동하는 엔리코 단돌로

● 콘스탄티노폴리스 약탈

1203년 6월 24일, 베네치아 선단이 수송한 십자군 병력은 아름답고 웅장한 비잔티움의 수도 콘스탄티노폴리스에 도착하였다. 당시 비잔티움의 황제 알렉시우스 3세는 무능했고, 앙겔루스 왕조 치하에서 제국군의 전력은 엄청나게 떨어져 있었다. 더군다나 십자군의 공격을 전혀 예상하지 못했기 때문에, 방어 준비도 되어 있지 않았다.

십자군 측에서는 먼저 알렉시우스 앙겔루스를 내세워 콘스탄티노폴리스 내의 지지를 요구했으나, 시민들이 전혀 호응하지 않자 공격을 결심했다. 전략적 요충지이자 약한 해안가 성벽이 있는 금각만을 차지하기 위해, 십자군은 금각만 너머 육지 쪽에 병력을 상륙시키려 했다. 알렉시우스 3세는 상륙을 저지하려 했으나 십자군 기사들의 돌격에 패퇴했고, 금각만 입구를 막는 쇠사슬을 다루는 탑은 십자군에게 점령되고 말았다. 이로써 십자군은 금각만을 확보했고, 콘스탄티노폴리스의 약점인 해안가 성벽을 공격할 수 있게 되었다.

하지만 콘스탄티노폴리스 내에는 십자군을 막을 충분한 병력과 성벽이 있었기 때문에, 십자군의 공략 시도는 고전을 면키 어려웠다. 베네치아인들은 범선 위에서 해안가 쪽 성벽에 가교를 내려 성내로 진입할 계획을 짰으나, 프랑크인들은 이를 두려워해 거부했다. 결국 십자군들 중 베네치아인들은 금각만 쪽에서 도시를 공략하고, 프랑크인들은 육지 쪽에서 도시를 공격하기로 했다.

그러나 프랑크인들은 좀처럼

성벽을 넘지 못했고, 베네치아인들은 성벽을 넘어 도시로 침입하는 데 성공했으나 바랑인 친위대를 앞세운 비잔티움 측의 반격에 격퇴되어 오히려 수세에 몰렸다. 심지어 육지 쪽의 십자군은 맞싸우러 달려나온 압도적인 수의 비잔티움 군대에 자포자기하여, 모든 비전투원을 비정규군으로 앞세워 최후의 일전을 치를 준비까지 하고 있었다.

이때 알렉시우스 3세는 알 수 없는 이유로 수비군을 물렸는데, 아마 금각만 쪽 해안가에서의 패배로 인해 성 밖에서 십자군을 상대하는 것을 꺼렸기 때문으로 추정된다. 그러나 이를 패배로 받아들인 비잔티움인들은 황제에 대해 격렬한 불만을 표출하였다. 이에 놀란 알렉시우스 3세는 엄청난 재물을 챙겨 도망갔고, 콘스탄티노폴리스 측에서 알렉시우스 4세를 맞이함으로써 십자군은 도시에 입성할 수 있었다.

십자군은 알렉시우스 4세와의 약속대로 실명한 채 감옥에 있던 이사키우스 2세를 다시 제위에 앉혔고, 그의 아들 알렉시우스 4세도 공동 황제로 임명하고 물러나, 젊은 알렉시우스가 자신들에게 약속한 것을 이행할 것을 기다렸다.

그러나 알렉시우스 4세는 십자군과의 약속을 지킬 수 없었다. 애당초 약속부터가 지나치게 무리한 것이었던 데다, 무능한 알렉시우스 3세가 이미 국고를 바닥냈기 때문에 십자군에 줄 돈이 없었다. 더군다나 로마 가톨릭으로 개종하기로 한 약속은 이사키우스 2세조차 아연실색하여 자신의 아들을 비난하게 만들었다.

어쨌거나 황제가 되었기 때문에 약속을 이행하지 않을 수 없었던 알렉시우스 4세는 엄청난 세금을 매겼고, 콘스탄티노폴리스 내부의 귀중품들을 지속적으로 수거해 갔다. 이는 시민들의 반발만 더 부추겨서 일부 과격파들에 의해 콘스탄티노폴리스 내부에 거주하고 있던 이탈리아 상인들이 테러당하고, 이들이 다시 보복하는 사태까지 발생했다.

더군다나 알렉시우스는 십자군의 힘에 의해 즉위했기 때문에 십자군이 철수하면 다시 비잔티움 내에서 반란이 일어나 제위를 빼앗길 것을 두려워했고, 이에 십자군에게 콘스탄티노폴리스에 주둔하는 기간을 연장할 것을 요구했다.

이는 십자군과 콘스탄티노폴리스 시민들 양측 모두의 불만을 샀고, 엔리코 단돌로는 그 대가로 당초 요구치를 상회하는 추가 금액을 요구했다. 이는 콘스탄티노폴리스 내부의 반대 여론을 들끓게 하는 이유가 되었다. 반대론자들의 우두머리 격이었던 알렉시우스 무르주플루스는 알렉시우스 4세에게 십자군에 대한 빚 상환을 철회할 것을 요구했고, 마찬가지로 십자군에 대해 불만이 심해지고 있던 황제는 이를 받아들여 빚 상환을 중단했다.

이에 십자군 측에서는 격렬히 항의했으나, 알렉시우스는 이를 무시했다. 분노한 엔리코 단돌로가 알렉시우스에게 폭언을 퍼붓고 물러나자 반대론자들의 분노는 극에 달해, 십자군에 대한 반대파의 공격과 이에 대한 십자군 측의 보복 행위가 오가기 시작했다. 그럼에도 알렉시우스 4세는 자신의 정통성을 우려해 십자군에 대한 적극적인 공세를 펼치지 않았고, 이는 과격파들을 분노케 했다.

한편 알렉시우스 4세에게 불만을 품은 한 무리의 시민들이 성 소피아 성당을 점거하고, 니콜라스 칸나바우스를 황제로 추대하는 사건이 벌어졌다. 이 소식을 들은 알렉시우스 4세는 마침내 십자군에 대한 저항을 포기하고, 십자군에게 궁궐 내로 들어와 자신을 지켜달라고 요청했다. 그러나 십자군의 도움을 받기도 전에, 알렉시우스 무르주플루스는 궁궐 내 인사들을 규합한 뒤, 알렉시우스 4세를 폐위하고 자신이 알렉시우스 5세로서 제위에 올랐다.

그런 뒤 성 소피아 성당으로 진군하여 황제에 추대되었던 니콜라스 칸나바우스를 살해했고, 도시 외부의 십자군을 공격하였으나 오히려 패배하였다.

이 패배로 내부의 불만이 심해지자 알렉시우스 5세는 십자군 측에게 회담을 제의하였으나, 십자군 측은 알렉시우스 4세의 복위를 요구하였다. 이에 알렉시우스 5세는 오히려 이사키우스와 알렉시우스 4세를 살해하는 것으로 응답하였다. 십자군은 더 이상 기다리지 않고, 콘스탄티노폴리스에 대한 두 번째 공격을 감행했다.

십자군 측은 이전의 공성 경험으로 인해 콘스탄티노폴리스의 약점이 해안 쪽임을 알고 있었다. 그러나 이는 비잔티움 측 또한 마찬가지여서, 상대적으로 낮은 성벽은 높은 목제 탑을 이용해 보강하였다.

십자군은 4월 9일 총공격을 감행하였다. 십자군 측은 범선 위에서 가교를 내려 성벽 위로 기어오르려 했으나, 높은 목제 탑 때문에 가교를 내릴 수가 없었고, 육로로 접근시킨 공성병기들은 목제 탑 위에서 떨어지는 돌덩이들에 의해 손쉽게 무력화되었다. 십자군 측은 공성을 중지하고 퇴각했으며, 첫날의 공성전은 비잔티움 군의 완벽한 승리로 끝났다.

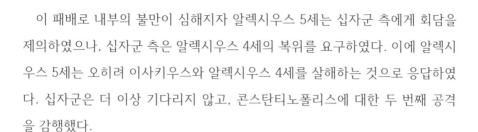

● 콘스탄티노폴리스의 공방전을 묘사한 그림

다음날 십자군 측은 좀 더 높은 곳에서 가교를 내림과 더불어, 탑 하나에 두 개의 가교를 동시에 놓는 작전을 구상하고 다시 공성에 들어갔다. 비잔티움 측은 가교를 통해 쳐들어오는 십자군 병사들을 잘 막아냈으나, 한 개의 탑에 진입했던 한 프랑스 기사가 비잔티움 군의 무자비한 공격을 받고 쓰러졌다가 기적적으로 다시 일어나자, 그가 죽었다가 되살아났다고 생각한 탑 내의 수비군이 모조리 도망치면서 탑은 십자군에게 점령되었다.

탑에 깃발이 들어선 것을 본 십자군은 크게 고무되었고, 일부 십자군이 성벽에 구멍을 내고 진입하는 데 성공하자 분위기는 완전히 반전되었다. 비잔티움 군은 모조리 도망치기 시작했고, 십자군은 도시 내로 거침없이 진입하기 시작하였다. 알렉시우스 5세는 이에 저항해 보았으나 이내 의미가 없음을 깨닫고 트라키아로 도망쳤고, 비잔티움 측에서는 저항을 포기하고 십자군 영주들을 새 황제로 맞이하려 했다.

그러나 십자군 병사들은 오랜 성 밖 생활로 굶주리고 지쳐 있었으며, 비잔티움 인들에 대해 격렬한 증오를 품고 있었다. 결국 도시에서는 십자군에 의한 무시무시한 대학살과 화재, 그리고 끔찍한 약탈행위가 자행되었다. 곳곳에서 신성모독이 자행되었고, 수많은 문화재와 보물과 예술작품이 파괴되고 약탈되었다. 프랑크군이 파괴적인 약탈을 저지르는 동안, 베네치아인들은 보물을 자신들의 도시로 빼돌렸다.

이때 네 마리의 청동 마상도 베네치아의 산 마르코 대성당으로 옮겨졌다.

● 네 마리의 청동 마상

이 약탈은 천년이 넘는 콘스탄티노폴리스 역사상 가장 암울한 순간이었다. 오스만 튀르크에게 이 도시가 함락될 때조차도 이때만큼 암울하지는 않았다.

십자군 전사들은 이제 약탈자로 변했다. 도시를 공격하기에 앞서 성직자나 유아, 여성들에 대해서는 해악을 가하지 않기로 맹세했던 십자군이었지만, 그런 규율은 거의 지켜지지 않았다. 여성과 성직자들은 물론, 귀족들조차 비참한 신세의 피난민으로 전락했다. 도시 내에 거주하던 피사나 제노바, 심지어 베네치아의 상인들마저 약탈과 폭력, 살육을 피하지 못했다. 약탈자들은 보이는 모든 건축물들에서 약탈과 파괴 행위를 저질렀고, 성 소피아 성당 안으로 말이나 당나귀를 끌어들여 성물과 보물을 실어나르면서 당나귀가 미끄러져 넘어지면 가차없이 죽여버렸다. 십자군들에게는 이제 눈앞의 보물만 보일 뿐, 신의 징벌도 두렵지 않았다.

약탈은 사흘간 계속되었고, 약탈이 끝나자 십자군은 약탈품을 나누었다. 4분의 1은 새 황제의 몫으로, 나머지는 프랑크군과 베네치아군이 반반씩 나누었다. 그리고 자신들의 새로운 황제를 뽑기로 하였는데, 몬페라토의 보니파치오가 나서 보려고 했으나 엔리코 단돌로가 반대하여 새로운 황제로는 플랑드르 백작 보두앵을 선출했다. 보두앵은 5월 12일 성 소피아 성당에서 황제가 되었고, 이로써 라틴 제국이 건국하였다. 어쩔 수 없이 교황은 이를 승인하였고, 예루살렘을 목표로 원정할 것을 요청했으나 실시되지 않았다.

● 역사상 가장 추악한 전쟁 중 하나인 제4차 십자군 원정은 약탈의 전쟁이었다.

■ 알비 십자군

중세 유럽에서 가톨릭교회는 언제나 이단에 대한 심판과 처벌을 해왔으나, 12세기 이전까지 이단으로 규정된 교파는 극소수였으며, 이에 따른 처벌 역시 미미한 수준이었다.

랑그도크의 카타리파는 대중적인 교파 운동 가운데 이단으로 규정된 최초의 집단이었다. 마르키온파와 아리우스파 이후 대중적인 세력을 지닌 교파가 이단으로 규정된 것은 900년 만의 일이었다.

12세기경부터 남부 프랑스에 카타리파의 교세가 확장되었고, 다른 지방으로도 영향력이 확장되기 시작하였다. 카타리파가 형성된 기원은 아라곤 왕국이었으나, 당시 유럽에서 가장 번화한 지방이었던 랑그도크에서 교세를 확장하였다. 카타리파는 알비파라고도 불렸는데, 1176년 알비에서 처음으로 대중에게 알려졌기 때문이다.

당시 랑그도크 지역은 수많은 공국과 백국들로 나뉘어 있었기 때문에, 각 도시마다 별도의 법과 재판정을 가지고 있었다. 교회 법정은 카타리파를 이단으로 규정하였으나, 알비 십자군이 결성되기까지는 공정한 철학적 논쟁의 대상일 뿐이었다.

1198년 교황 인노첸시오 3세는 카타리파 문제를 해결하기로 결심하였다. 애초에 교황의 생각은 적절한 설교자를 보내 그들을 평화적으로 개종시키는 것이었다. 그러나 그러한 시도는 그다지 성공을 거두지 못하였다. 도미니코(도미니코회의 창립자)마저 소수의 카타리파 교도를 가톨릭 신자로 돌아서게 하는 데 성공했을 뿐이었다.

● 카타리파의 상징은 노란 십자가였다.

　한편 카타리파의 지도자들은 지역 귀족들로부터 강력한 후원을 받고 있었다. 심지어 지역의 주교들조차 카타리파에 동조하기에 이르렀다.

　1204년 교황은 특사를 파견하여 카타리파에 동조하는 주교들을 처벌하였으며, 1206년부터 카타리파를 후원하는 귀족들을 파문하기 시작하였다.

　1207년 툴루즈의 강력한 백작이었던 레몽 6세가 파문되었다. 교황은 당시 프랑스의 왕 필리프 2세에게 카타리파를 후원하는 귀족들을 토벌하도록 요청하였으나, 필리프 2세는 교황의 요청을 거절하였다.

　1208년 레몽 백작은 교황특사 피에르 드 카스텔노를 만났으나, 격렬한 언쟁 끝에 특사를 살해하였다. 교황은 진노하였고, 결국 특사에 대한 살인의 책임을 물어 랑그도크 지역에 대한 십자군 출정을 요청하는 칙서를 선포하였다. 교황은 칙서에서 십자군에게 이단의 근원인 랑그도크에 사는 모든 사람들을 토벌할 것을 요청하였다. 이 칙서는 북부 프랑스의 귀족들이 갈등 관계에 있던 남부 귀족들을 제거할 명분을 주었다.

● 카타리파란 무엇인가?

가톨릭 이단자들에 따르면, 신은 완벽한 존재이기 때문에 악을 창조할 수가 없다. 여기서 제2의 창조적 원리인 악마의 존재가 정당화된다. 그래서 카타리 교도들은 두 창조주를 구별한다. 신과 사탄이다. 또 그들은 두 피조물을 구별한다. 비가시적이며 비물질적 존재와 가시적이며 물질적 존재이다. 이처럼 '선과 악', '정신과 물질'을 분리하는 이원론적 사고방식이 카타리파의 본질적인 요소이다. 그들은 툴루즈 지역에서 나타나 12세기 중반에서 13세기 초까지, 즉 1209년 첫 번째 알비 십자군 원정이 있기까지 크게 교세를 확장해 나갔다. 카타리파는 대단한 성공을 거두었다. 그 이유는 복음과는 전혀 상반된 행동을 하는 거만한 가톨릭 주교들과 달리, 카타리 성직자들이 신도들에게 몸소 시범을 보였기 때문이다. 이에 기독교(교황청과 프랑스 왕국) 측은 이단이 다른 지역으로까지 점점 번져 나갈 것을 우려하여 무력을 동원하기에 이르렀다.

● 카타리파의 책을 불태우는 성 도미니코, 페드로 베루게테의 1400년대 작품

알비 십자군의 군사 작전은 1209년에서 1255년까지 계속되었으며, 몇 개의 시기로 나누어 살펴볼 수 있다.

첫 시기는 십자군이 대대적인 공격을 감행하여 랑그도크의 상당 지역을 점령한 1209년~1215년까지이고, 두 번째 시기는 카타리파의 반란과 지역 귀족의 반격이 지속된 1215년~1225년까지이다.

1226년 프랑스의 루이 8세가 사망하고 루이 9세가 즉위하였다. 새 국왕은 카타리파를 직접 토벌하기로 결정하였으며, 1229년 랑그도크 지역을 다시 정복하였다.

1223년부터 카타리파에 대한 종교재판이 시작되었으며, 카타리파의 저항이 계속되었지만 이미 예전의 세력을 회복할 수는 없었다.

1255년 카타리파를 전멸시킴으로써, 알비 십자군의 군사 작전은 종료되었다. 이 과정에서 알비 십자군은 1백만 명으로 추정되는 사람들을 학살하였으며, 이들 중 상당수는 카타리파뿐 아니라 무고한 랑그도크 주민들이었다.

● 1209년 카르카손 시의 카타리파 추방을 묘사한 그림이다. 이때 중세 최초로 종교재판이 시작되어, 유럽 전역에 확대되었다.

■ 제5차 십자군 원정 (1217년~1221년)

제4차 십자군 원정은 성지인 예루살렘을 회복하기 위한 원정이 아니라, 엉뚱한 콘스탄티노폴리스를 공략한 원정이 되고 말았다. 이에 실망한 교황 인노첸시오 3세는 자신이 직접 주도하여 제5차 십자군 원정을 단행하였다. 하지만 준비 와 중에 인노첸시오 3세가 사망하면서 새로운 교황 호노리오 3세가 본격적으로 원 정을 준비했으며, 각국의 지원을 받아 1217년 원정군을 출발시켰다.

이에 헝가리 왕 안드라스 2세, 오스트리아 공작 레오폴트 6세, 키프로스 왕 위 그 1세, 안티오키아 공작 보에몽 4세가 참가했다. 당시 독일 왕으로 몇 년 후에 신성로마제국 황제가 되는 프리드리히 2세는 참가를 수차례 재촉받았으나, 장 기간의 해외 원정을 꺼려 직접 참가하지는 않았다.

교황은 명목상 예루살렘 왕국의 왕이었던 장 드 브리엔을 사령관으로 삼아 시 리아를 공격하게 했으나, 원정은 지지부진하여 별다른 성과를 보지 못했다. 다 만 예루살렘의 성벽은 파괴되었는데, 이슬람 측이 미리 겁 먹고 도시를 비우면 서 허물어 버린 탓이었다. 아이유브 왕조의 설레발이긴 했지만, 십자군 역시 성 벽 없는 예루살렘을 차지해서 방어할 엄두를 내지 못했다.

● 교황 호노리오 3세

교황 호노리오 3세(Honorius PP. III: 1148년 ~ 1227년)는 제177대 교황이다. 1217년 호노리오 3세는 제5차 십자 군 원정을 실시하였다. 키프로스와 헝가리의 군주들은 아크레가 위협당하는 것을 알고는 1217년 예루살렘에 상륙하였으나, 승리를 거두지는 못하였다. 예루살렘의 장 드 브리엔은 이집트를 공격하기로 하고 1218년 다미 에타를 점령하였으나 카이로 공격이 실패로 끝나, 결과 적으로 제5차 십자군 원정은 실패하고 말았다.

● 교황 호노리오 3세

1218년 이에 실망한 제후와 왕들이 하나 둘씩 귀환해 버린 후, 제노바 함대의 제안으로 아이유브 왕조가 다스리는 이집트의 항구 도시 다미에타(Damietta)를 공략하기로 하였다.

　　십자군은 술탄(이슬람의 정치적 지배자) 알 카밀의 반격을 격퇴하고 2년간의 포위 공격 끝에 다미에타를 함락시키는 데는 성공했으나, 이미 전력 소모가 심해 더 이상 공세로 전환하기는 어려웠다. 결국 그들은 1221년까지 다미에타에서 웅거하면서 프리드리히 2세의 지원을 기다렸으나, 휘하의 바이에른 공작 루트비히 1세의 지원군만이 왔다.

　　십자군은 그래도 지원군에 힘입어 공세로 전환하고 카이로로 진격하였으나, 나일 강이 범람하는 우기에 공격을 고집한 교황사절인 페라기우스의 실책으로 대패하여 괴멸했다. 이후 포로들은 다미에타를 반환하는 조건으로 석방되었으며, 5차 십자군도 허무하게 끝나고 말았다.

　　한편, 머나먼 동방에서 수수께끼의 기독교 왕국의 '프레스터 존'이 군대를 인솔하여 십자군을 도우러 온다는 전설이 널리 퍼져 있었다. 그러나 그 정체가 훗날 유럽 전역을 뒤흔드는 몽골 제국의 군대라는 사실을 그들은 아직 알아채지 못하였다.

●몽골 제국군의 출현

몽골 제국의 군대는 유럽 기사들과는 딴판이었다. 철제 비늘 갑옷, 두 눈만 나온 철제 투구를 쓰고서 보호막으로 둘러싼 기마를 탄 채 둔한 움직임을 보이는 유럽 기사들에 비해, 몽골군은 혈족이 중심으로 된 조직력과 발빠르고 신속한 기마병을 주축으로 모든 선진 유럽군을 차례차례 제압하면서, 전 유럽과 동방 여러 나라를 3차에 걸쳐 완전 초토화 하기에 이른다.

● 몽골 제국의 시조 칭기즈 칸의 동상

■ 제6차 십자군 원정 (1228년~1229년)

교황 그레고리오 9세(재위 1227~1241)는 십자군 파병을 조건으로 신성로마제국 황제로 임명한 프리드리히 2세에게 원정을 재촉했다. 그러나 황제가 이 핑계 저 핑계를 대며 따르려고 하지 않자, 분노한 교황은 황제를 파문했다. 사실 프리드리히 2세는 파문당하기 전에 이미 원정에 나섰으나, 항해 도중 병에 걸려 일시 귀국하자 파문을 당한 것이었다.

프리드리히 2세는 2번이나 파문되고 나서야 겨우 십자군을 일으켰으며, 미리 건조했던 함선들을 이끌고 이슬람 지역에 도착했다. 거기서 그는 당시 아이유브 왕조의 알 카밀(살라딘의 동생)과 여러 번 교섭하였고, 마침내 예루살렘 일부의 통치권을 양도받는 성과를 얻어냈다.

예루살렘에 있는 모스크는 여전히 무슬림의 관리 하에 두고, 예루살렘에 군대를 상주시키지 않는다는 조건이었다. 누이 좋고 매부 좋은 결정이었으나 당연히 교황이 납득할 리는 없었고, 술탄 알 카밀도 성지를 팔아넘겼다는 이유로 이슬람권에서 거센 비난을 받았다.

이미 알 카밀에 대항해 시리아에서 반란을 일으킨 형제 알 아슈라프는 물론, 이슬람 내에서도 이를 '굴욕'으로 간주해 큰 저항이 일었으며, 그레고리오 9세를 비롯한 교황 측에서도 프리드리히에게 크게 분노했다.

● 카이로와 다마스쿠스의 술탄 알 카밀(오른쪽)과 협상을 하는 프리드리히 2세의 모습

당시 교황 측은 이슬람 쪽이 약세라고 판단했기 때문에, 전투를 하면 옛 예루살렘 왕국령 전역을 회복할 수 있을 것이라는 계산도 있었기 때문이다. 또 협정 조건 가운데는 이미 성벽이 존재하지 않던 예루살렘에 새로 축성하지 않는다는 내용도 있었기 때문에, 도시를 탈환해 봤자 지키기 어렵다는 비판도 있었다.

　프리드리히는 이내 교황 측 군대에게 공격을 받았으나, 돌아와서 이를 간단히 격퇴시켰다.

　결국 교황은 다시 한 번 제후들을 선동하여 십자군을 재파병했다. 나바라 왕 테오발트 1세, 영국왕 헨리 3세의 동생 '콘월 백작 리처드' 등이 이에 호응해서 갔으나, 재원정군의 규모는 소규모였다.

　그들이 도착했던 시기는 프리드리히 2세와 아이유브 왕조 간의 휴전 협정 기간이었기 때문에, 그들은 제대로 전투를 할 수 없었다. 다만 성지를 순례하고 아스칼론 쪽에 축성을 한 뒤 다시 돌아왔다.

　결국 그레고리오 9세는 프리드리히 2세의 파문을 취소하였다. 어쨌든 예루살렘은 조약이 만료된 1239년 이후에도 5년간(즉, 1244년까지) 그리스도교 세력의 영향권에 드는 등 이 6차는 십자군 중 2번째(평화적으로는 첫 번째)이자 마지막으로 성공한 사례가 되었다.

● 프리드리히 2세

프리드리히 2세는 호엔슈타우펜 왕조의 마지막 신성로마제국 황제다. 그는 독일 국왕, 예루살렘 국왕, 시칠리아 국왕도 겸했다. 급진적이면서 고집스러운 성격 때문에 교황과 반목하며, 여러 차례 파문을 당했다. 제6차 십자군 원정 때 전투를 치르지 않고 외교력으로 성지 예루살렘을 탈환했다.

● 팔레르모 대성당에 안치된 프리드리히 2세의 석관

■ 제7차 십자군 원정 (1248년~1249년)

1244년, 예루살렘은 이집트 아이유브 왕조와 동맹을 맺은 호라즘 제국의 군대에 점령당했고, 이에 맞서기 위해 시리아의 아이유브 왕조와 동맹을 맺은 십자군은 라 포르비에(La Forbie) 전투에서 이집트와 호라즘 연합군에게 포위섬멸당하였다. 라 포르비에 전투는 '하틴의 뿔 전투'(1187년) 이후 팔레스타인 지역의 (즉 유럽에서의 원정군이 아닌) 십자군이 대규모 전투를 벌인 유일한 사례였으며, 최후의 사례이기도 하다.

이렇게 아이유브 왕조의 살라딘 2세가 이끄는 이슬람 세력에 예루살렘이 넘어가자 이에 자극을 받은 프랑스 왕 루이 9세는 제7차 십자군을 일으켜 친동생들인 앙주 백작 샤를, 아르투아 백작 로베르, 푸아투 백작 알퐁스, 성전 기사단 등과 함께 이집트의 항구 도시 다미에타를 점령하고 카이로로 가는 길목인 만수라(Mansura)를 공격하였다.

그러나 적장 바이바르스(Baibars)의 작전과 나일 강의 홍수에 말려들어 보급이 끊겨버렸고, 고립된 십자군은 괴멸당하고 말았다. 결국 루이 9세는 포로가 된 후, 배상금을 지불하고 석방되었다. 그 와중에 친동생 로베르가 전사하는 불운도 겪었다. 여담이지만 루이 9세는 만일 이집트를 정복하는 데 성공하면 로베르를 이집트 왕으로 옹립하려 했었다고 한다.

여하간 석방된 루이 9세는 남은 원정군의 몸값을 지불하느라고 꼬박 4년 동안이나 중동에 머물렀고, 이 일이 끝난 뒤에야 겨우 프랑스로 귀국했다. 하지만 승리자 아이유브 왕조의 끝 역시 불행했다. 그해(1250)에 살라딘 2세는 살해되었고, 아이바크(Aybak)가 맘루크 왕조(1250~1517)를 열었으며, 만수라 전투를 지휘하고 군대의 지지를 얻은 바이바르스는 10년 후에 술탄이 된다.

● 루이 9세의 십자군

■ 제8차 십자군 원정 (1270년)

13세기는 몽골 제국의 시대였고, 호라즘 제국을 공격하며 달려오는 몽골 제국은 유럽 세력에게 큰 기대를 안겨주었다. 안티오키아 공국은 1260년 몽골군이 쳐들어왔을 때 몽골 편을 들어, 이슬람 세력의 팽창을 저지하려고 시도했다. 그러나 술탄 바이바르스에 의해 몽골군이 패배하고 물러나자 완전히 궁지에 몰렸고, 바이바르스는 1268년 자신에게 반기를 든 대가로 안티오키아를 함락시킨 뒤 대학살과 파괴를 자행하여 도시를 폐허로 만들었다.

헬레니즘 시대부터 중동의 대도시였고, 아시아(중동) 교회의 중심이었던 안티오키아는 가뜩이나 십자군에게 점령되던 순간부터 꾸준한 하락세였다가 이때 결정타를 입어, 지금까지 시골도시 수준에 머물러 있다.

이에 자극 받은 루이 9세는 1270년 다시 십자군을 결성하였고, 자신의 아들 필리프 3세와 함께 동생인 시칠리아 왕 샤를(카를로 1세, 앙주의 샤를)의 제안을 좇아 북아프리카 튀니지를 공격하였다. 지원군으로 샤를이 직접 군대를 이끌고 합류하였고, 사위인 나바라 왕 테오발트 2세의 군대 등이 합세하였으나, 별다른 성과를 내지 못하고 식수가 부족한 데다 진중에 전염병이 돌아 루이 9세는 튀니스에서 병사하였다.

이처럼 2차례나 십자군 원정에 직접 가담하였고 2번째 원정에서는 왕 자신이 병사까지 했기 때문에, 교회에서 즉각적인 보답을 하여 루이 9세는 성인으로 시성되었으며, 이에 따라 루이 9세는 '성왕(聖王)'이라는 별칭을 얻게 되었다. 한편 진중에서 필리프 3세는 왕위를 이어받고 대관식을 위해 프랑스로 돌아갔으며, 또 나바라 왕 테오발트 2세도 귀국한 후 이내 병으로 사망했다. 남겨진 샤를은 그리스도인의 보호와 무역 재개, 배상금 지불 등의 조건으로 튀니지와 화해한 후, 뒤늦게 지원군으로 온 에드워드 1세와 함께 아크레로 향했다.

루이 9세가 튀니스 공격에 실패하고 병사하자, 지원군으로 오고 있었던 잉글랜드 왕국의 에드워드 왕자(훗날의 에드워드 1세, 재위 1272~1307)는 뒷북을 친 격이 되었다. 늦게 도착한 이들 지원군들은 남겨진 시칠리아 왕 샤를과 함께 십자군의 마지막 거점인 아크레로 진군하였고, 키프로스 왕 위그 3세가 해군 지원을 해주었다. 이들은 또한 일 칸국(1258~1353)에 원군을 요청하여, 기병대를 지원받았다.

1271년 연합군은 몇몇 소규모 전투에서 승리를 거두긴 했지만, 바이바르스가 키프로스 본토를 공격하자 키프로스 해군이 철수하게 되어 에드워드의 군대는 아크레에 고립되고 말았다. 여기에 더해 술탄은 암살자를 보내 에드워드를 습격하기도 했는데, 에드워드는 암살자를 죽이는 데 성공하지만 그 역시 작은 부상을 당하게 되었다. 결국 갖가지 악전고투 속에 에드워드와 샤를은 바이바르스와 10년간의 휴전 협상을 맺고, 1272년 철수하였다.

이후 십자군은 맘루크 왕조의 거듭된 공격으로 토르토사, 트리폴리 등을 잃었다(1289년). 또한 십자군을 지원한 일 칸국의 몽골군은 아파미아, 알레포 등을 함락시키며 서남쪽 방향으로 진격하여 많은 무슬림들을 학살했으나, 이집트 술탄 칼라운이 반격을 개시하여 몽골군을 몰살시켰다. 결국 십자군은 최후의 거점인 아크레가 함락당하면서(1291년) 모든 거점을 잃게 되었고, 2백 년간에 걸친 십자군 원정은 막을 내리게 되었다.

● 몽골 제국의 군대가 십자군을 도와 전쟁을 치르는 장면이다. 당시 십자군은 몽골 제국을 자신들을 돕는 '동방의 프레스터 존'(동방의 기독교국)으로 믿고 있었다.

■ 십자군 원정이 낳은 결과와 영향

비록 십자군은 이슬람의 수중에서 성지를 탈환하는 데는 성공하지 못했지만, 유럽과 중동의 이후 역사 및 문화에 지대한 영향을 미치게 되었다.

특히 서유럽 이탈리아의 도시국가들이 십자군 원정을 통해 경제적 · 정치적으로 혜택을 가장 많이 보았다. 초기에는 아말피, 베네치아, 바리 등이 동방과의 무역관계를 유지하고 있었다.

그러나 이후에 피사, 제노바 같은 다른 도시들도 지중해 무역 활동에 함께 동참하게 되면서 이탈리아의 해양 도시들은 십자군에게 무기 및 식료품 등을 대여해 주는 조건으로 안티오키아, 베이루트, 트리폴리, 예루살렘, 키프로스, 알레포, 콘스탄티노폴리스, 이집트 그리고 북아프리카의 다른 여러 도시들에 위치한 주요 무역 거점들을 장악할 수 있었다.

특히 베네치아, 제노바, 피사는 무역 확장을 위한 전위로서 동방과의 무역을 독점하기에 이르렀으며, 유럽의 시장들에 철 · 모피 등 동방의 진귀한 물품들을 공급하였다. 이들이 획득한 부는 당시 이탈리아의 많은 지역경제에 기여하여 상업과 공업을 크게 발달시켰고, 훗날 르네상스 시대의 밑거름이 된다.

그러나 십자군 원정이 실패로 끝나면서 십자군 전쟁을 주도해 온 교황권과 함께 교황을 지지했던 세력이 크게 손상을 입게 되었다. 절대적인 권력을 가졌던 교황과 지지 세력들이 약해졌다는 것은, 곧 중세적 기독교를 중심으로 하던 정치적 통합이 허물어지기 시작했다는 것을 의미한다. 이로써 서유럽은 교황과 지지세력의 영향을 벗어나 지역 중심화 되었다. 로마 제국이 무너진 이후 프랑크 제국을 중심으로 한 종교적 통합이 약화되자, 유럽의 각 나라들은 자국 왕권을 강화하여 민족국가를 수립하기 시작하였다. 바야흐로 중세는 해체의 조짐을 보이기 시작하였다.

백년 전쟁

백년 전쟁(百年戰爭)은 잉글랜드 왕국과 프랑스 왕국 간에 벌어진 전쟁으로서, 프랑스를 전장으로 하여 여러 차례 휴전과 전쟁을 되풀이하면서, 1337년부터 1453년까지 116년 동안 계속되었다. 명분은 프랑스 왕위 계승 문제였고, 실제 원인은 영토 문제였다. 백년 전쟁은 1360년의 브레티니-칼레 조약의 체결까지를 제1기, 1415년의 아쟁쿠르 전투 또는 1420년의 트루아 조약의 전과 후를 제2기 · 제3기로 나눈다. 세계에서 2번째로 긴 전쟁이다.

■ 백년 전쟁의 원인

잉글랜드는 노르만 왕조의 성립 이후 프랑스의 일부 영토를 소유하였는데, 이 때문에 양국 사이에는 분쟁이 계속되었다. 13세기 말에 이르러서는 잉글랜드 국왕의 프랑스 내 영토가 프랑스 국왕보다 더 많은 지경에 이르렀다. 그러나 중세 봉건제도 하에서 잉글랜드 국왕은 잉글랜드 왕국의 군주임과 동시에 프랑스 국왕의 신하라는 이중 지위를 갖고 있었다.

상황이 이렇게 된 것은 중세 봉건제도의 특징상, 결혼을 하게 되면 여자가 남자에게 자신의 봉토를 결혼 지참금으로 넘겼기 때문이었다. 노르만 왕조 성립 이후 잉글랜드 국왕은 애초 프랑스 국왕의 봉신이었던 노르망디 공국의 영주였고, 노르만 왕조의 뒤를 이은 플랜태저넷 왕가(1154년 ~ 1399년) 역시 본래 프랑스의 앙주 백이었다.

● 플랜태저넷 가(House of Plantagenet)

플랜태저넷 가는 영국의 왕가 중의 하나로, 앙주 가의 분가이다. 가문 이름은 헨리 2세의 부친으로서 시조였던 앙주 백작 조프루아 플랜태저넷이 투구에 금작화의 가지(Planta Genista)를 항시 꽂고 나섰던 것에서 유래하여, 셰익스피어가 붙인 이름이다.

● 플랜태저넷 가문의 문장

플랜태저넷 왕조는 잉글랜드 국왕으로서 노르망디도 당연히 계승하게 되었고, 이렇게 되자 프랑스 내에서 잉글랜드 왕의 입김은 프랑스 국왕보다 더욱 셌지만, 법률상으로 잉글랜드 국왕은 프랑스 국왕의 신하였다. 이 무렵 프랑스의 카페 왕조의 영향력은 현재의 파리 시를 중심으로 한 일-드-프랑스 지역에 국한되어 있었다. 잉글랜드 국왕의 입장에서는 당연히 불만이 없을 수가 없었다.

1328년 프랑스 카페 왕조의 샤를 4세가 남자 후계자 없이 사망하자, 그의 4촌 형제인 발루아 왕가의 필리프 6세(재위:1328년 ~ 1350년)가 왕위에 올랐다. 그러나 여자가 직접 왕위를 계승할 수는 없다손 치더라도 만일 그녀의 아들에게 계승시킬 수 있다면, 잉글랜드 국왕 에드워드 2세의 왕비 이사벨라(카페 왕조의 마지막 국왕이었던 샤를 4세의 누이)의 아들인 에드워드 3세(재위:1327년~1377년)가 왕위 계승자가 된다는 주장도 성립되었다. 이것을 핑계로 삼아 잉글랜드 국왕 에드워드 3세는 프랑스 왕위를 자신이 계승해야 한다고 주장하여, 양국 간에 심각한 대립을 빚게 되었다. 이참에 잉글랜드와 프랑스를 하나의 거대한 왕국으로 통합할 욕심을 갖게 된 것이다.

필리프 6세의 입장에서도 자신의 신하 중에 자신을 능가하는 세력이 있다는 것은 결코 좋은 일이 아니었다. 게다가 그 신하는 다른 나라의 국왕이기도 했다. 잉글랜드 국왕이 프랑스 국왕의 신하로서 가지고 있는 봉토를 몰수하여 프랑스 국왕의 위신을 높여야 할 필요성과 욕심을 가지고 있었다. 또한 잉글랜드 국왕의 왕위계승권 주장도 참을 수 없는 일이었다. 영토 문제와 왕위계승권 문제로 인한 두 왕가의 갈등은 대화로 풀 수 있는 상황이 아니었다.

● 에드워드 3세(Edward Ⅲ)
플랜태저넷 왕가의 잉글랜드 왕. 프랑스와 백년 전쟁을 일으켜 승리를 거두고, 서남 프랑스와 칼레의 영유권을 인정받았다.

■ 제1기 전쟁의 경과

잉글랜드를 견제할 세력이 필요했던 필리프 6세는 잉글랜드에 쫓겨 산악지대로 들어간 스코틀랜드 왕국에 주목했다. 당시 잉글랜드는 스코틀랜드를 정복하기 위해 많은 노력을 기울이는 중이었다. 또 필리프 6세는 에드워드 3세의 신종서약(臣從誓約)에 트집을 잡고 잉글랜드 국왕의 봉토였던 아키텐령을 무력으로 점령하였으며, 1337년에는 아키텐령의 몰수를 선언하였다. 나아가 노르망디 해안에는 함대를 보내 잉글랜드를 위협했다.

상황이 이렇게 되자 1336년, 에드워드 3세는 필리프 6세에게 공식적인 도전장을 띄우고 전쟁 준비에 들어갔다. 도전장은 제목부터 < 발루아 가문의 필리프, 자칭 프랑스 왕 > 이라는 도발적인 것이었다.

전쟁 준비는 자체 군사력을 준비하는 것에 더하여 외교전도 치열하게 펼쳤다. 국가간 외교라기보다는 왕가간 외교였는데, 신성로마제국 황제와 라인 강 및 네덜란드 제후와 절충을 거듭하여 공수동맹의 약속을 성립시켰다. 그의 외교의 핵심은 플랑드르 지방이었다.

원래 플랑드르는 프랑스 왕의 종주권 아래에 있었지만, 중세를 통하여 유럽 최대의 모직물 공업지대로 번창하여, 원료인 양모의 최대 공급국인 잉글랜드가 이 지방을 경제적으로 지배하고 있었다. 이 때문에 전쟁 중 플랑드르는 잉글랜드 편에 섰다. 잉글랜드는 플랑드르 지방 도시들에 대해 새로운 종주권을 주장했으며, 그들과 동맹을 맺었다. 에드워드 3세가 구축한 이른바 북방의 환상동맹(環狀同盟)에 맞서 필리프 6세는 제네바와 카스티야의 지원을 받았다.

● 필리프 6세(Philippe Ⅵ)
프랑스 발루아 왕조의 초대 왕. 카페 왕조의 최근친자로 왕위를 계승하였으나, 영국의 왕 에드워드 3세와의 백년 전쟁이 시작되었다.

■ 에드워드 흑태자의 활약

아키텐령에 속한 가스코뉴 역시 유럽 최대의 포도주 생산지였으므로, 프랑스 왕들은 항상 이 두 지방(플랑드르와 가스코뉴)의 탈환을 바라고 있었다. 따라서 전쟁은 이 두 지방의 쟁탈을 목표로 하게 되었다. 왕위 계승 문제는 늘 그렇듯이 명분에 불과했다. 이것이 백년 전쟁의 첫 시작이었다.

전쟁은 1340년 6월에 잉글랜드-플랑드르 연합함대가 라인 강의 하구에 있는 브뤼주(지금의 브뤼허) 슬뢰이스 항에 대한 프랑스 함대의 봉쇄를 저지하기 위해 공격을 시작하면서 시작되었다. 이 전투에서 잉글랜드군이 승리하였고, 이후 도버 해협의 제해권은 잉글랜드가 차지하게 되었다. 116년이라는 기간 동안 프랑스만 전쟁터가 된 것도 이 때문이다.

1345년 에드워드 3세는 그의 맏아들인 흑태자 에드워드와 함께 노르망디에 상륙하였다. 이듬해인 1346년에 유명한 크레시 전투가 있었다. 이 전투에서 잉글랜드군은 농민들과 사냥꾼들로 구성된 보병 장궁대를 내세워, 전력이 훨씬 우세한 프랑스 기사군을 격파하였다. 보병 장궁대의 기사군 격퇴는 화약 무기의 등장 이전에 중장기병의 몰락을 예고한 것으로 평가되고 있다. 이 전투에서 프랑스 기사군은 익숙한 전법으로 일제히 돌격을 시도하였으나, 진흙탕을 거치면서 기병의 특유한 충격력을 상실한 상태에서 장궁대의 공격을 받은 것이다.

● 에드워드 3세의 장남 흑태자 에드워드는 백년 전쟁에서 프랑스군을 벌벌 떨게 만든 위대한 전사였다. 아깝게 젊은 나이에 병에 걸려, 나이 어린 아들 리처드 2세만 남기고 세상을 떠났다. 그림은 에드워드 3세와 그의 아들 흑태자 에드워드가 크레시 전투에서 활약하는 장면이다. 벤저민 웨스트 작품.

이때 잉글랜드군이 동원한 장궁은 그 이전의 석궁에 비해서 사거리 및 위력뿐만이 아니라 연사력도 훨씬 더 뛰어난 것이었다. 이 장궁은 본래 웨일스 지방의 사냥꾼들이 사용하던 것이었으나, 영국 왕실이 그 위력을 알아보고 전쟁에 동원한 것이다. 반면 프랑스는 석궁병들을 배치했으나, 많은 전투에서 석궁병들은 영국 장궁병에게 패배하였다.

잉글랜드군은 크레시 전투에서 승리한 여세를 몰아 칼레 시(市)로 진격하여, 이 성을 완전히 포위하였다. 칼레 시민들은 완강하게 저항하였으나, 1347년 마침내 잉글랜드군에게 항복하였다(칼레 포위전). 칼레 지구가 잉글랜드령으로 확정되면서, 에드워드의 전략은 앙주-플랜태저넷 왕가의 옛 대륙 영토 전 지역의 회복을 겨냥하게 된다.

그 뒤 양국에 페스트가 유행한 데다 재정 사정도 악화되어 한때 전쟁이 중단되기도 하였으나, 1355년 흑태자는 다시 남프랑스를 침입하였다. 1356년 흑태자는 장 2세(1350년에 필리프 6세가 죽자 그 뒤를 이어 즉위했음)가 인솔한 프랑스군을 푸아티에 전투에서 격파했고, 장 2세를 포로로 잡았다. 이처럼 전쟁 초기에 거둔 영국군의 일방적 승리는, 독립적 자영 농민을 주력으로 한 보병의 장궁대 전법이 프랑스의 봉건 기사군의 전법에 비해 우수하였기 때문이었다.

● 페스트(흑사병)의 출현

유럽에서는 1347년 처음 창궐한 이래 많은 희생자가 발생하여, 공포의 대상이었다. 1340년대에는 흑사병으로 약 2천5백만 명이 희생되었다. 이는 당시 유럽 인구의 약 30%에 달하는 숫자이다. 최초의 흑사병 확산 이후 1700년대까지 100여 차례의 흑사병 발생이 전 유럽을 휩쓸었다.
　　● 1411년 토겐부르크 성서에 그려진 흑사병 환자

1359년 다시 공격을 시작한 에드워드에게 프랑스는 화의를 청하였다.

1360년 샤르트르 근교의 브레티니에서 프랑스 왕가의 대표단과 협의하고, 뒤에 (푸아티에 전투에서 포로가 되었던) 프랑스 국왕 장 2세(재위 1350년 ~ 1364년)의 서명을 얻어 발효한 휴전 조약이 브레티니-칼레 조약이다. 브레티니-칼레 조약은 푸아티에를 비롯하여 옛 앙주령을 잉글랜드 왕실로 귀속시킬 것을 규정한 다음 제12조에서 프랑스 왕은 그 여러 영토에 대한 종주권을 행사하지 않을 것, 잉글랜드 왕은 특히 "프랑스 왕관과 왕국의 이름 및 권리에 대한 청구권"을 포기할 것을 규정하였다. 이것은 애초부터 잉글랜드 왕이 프랑스 왕관보다는 영토를 더 중요시했다는 반증이기도 하다.

프랑스는 프랑스대로 전쟁의 참화와 잉글랜드군의 약탈로 농민의 피폐가 격심하여, 1358년 농민 반란인 자크리의 난이 일어났다. 이 반란은 즉시 진압되었지만, 프랑스 왕가를 매우 심한 궁지에 빠뜨렸다. 브레티니-칼레 조약을 맺을 수밖에 없었던 뒷배경이기도 하다. 아무튼 프랑스는 장 2세의 석방보상금으로 300만 크라운을 지불하였고, 아키텐 지방 전부와 칼레 시 등의 영토를 잉글랜드에게 할양하였다. 이 당시에는 적군이라 하더라도 귀족들은 몸값을 받고 석방하는 게 보통이었다. 현대에는 전혀 상상할 수 없지만 그 당시에는 보편화된 방식이었고, 지위와 명성이 높을수록 몸값은 비싸게 매겨졌다. 이렇게 해서 백년 전쟁의 1기는 막을 내린다.

● 칼레의 시민

14세기에 영국과 프랑스가 싸운 백년 전쟁 때 프랑스의 칼레 시를 구한 영웅적 시민 6명의 기념상이다. 이들은 영웅의 모습이라기보다는 칼레 시에 대한 헌신적 정신과 죽음에 대한 공포 간의 딜레마에 고민하고 있는 모습이다.

● 오귀스트 로댕의 작품

■ 제2기 전쟁의 경과

1364년 프랑스에서는 장 2세가 죽고 샤를 5세가 즉위하였다. 그는 내정 정비와 재정(財政) 재건에 착수하였으며, 아키텐의 귀족들을 선동하여 잉글랜드의 지배에 반항하게 하였다. 이 때문에 양국 사이가 다시 악화되어, 마침내 전쟁이 재개되었다.

1369년 흑태자의 동생인 '고트의 존'이 이끄는 잉글랜드군이 프랑스로 침입하였으나 프랑스군의 분전으로 패배하였고, 잉글랜드 해군 역시 카스티야 해군과 동맹을 맺은 프랑스 해군에게 잇달아 패전하였다. 따라서 프랑스는 브레티니-칼레 조약에서 잉글랜드에 할양한 영토의 대부분을 탈환하였고, 1375년 브뤼주에서 휴전 협정을 체결하였다. 이처럼 2기 초기는 프랑스에 유리하게 진행되었다. 그 뒤 1377년 잉글랜드에서는 에드워드 3세가 죽고 리처드 2세가 왕위에 올랐으며, 프랑스에서도 1380년 샤를 5세가 죽고 그의 아들 샤를 6세가 그 뒤를 이었다. 그러나 두 왕이 모두 미성년이었고, 특히 잉글랜드에서는 1381년 와트 타일러의 난이 일어난 데다가 리처드 2세의 지배에 대한 귀족의 반항까지 겹쳤기 때문에, 두 나라 사이의 전쟁은 오랫동안 중단되었다.

● 와트 타일러의 난

1381년 영국 남동부의 여러 주에서 발생한 영국 사상 최대의 농민반란으로, 지도자 와트 타일러의 이름을 따서 이렇게 부른다. 반란의 직접 원인은 백년 전쟁의 전비(戰費) 조달을 위하여 정부가 15세 이상의 전 주민에게 부과한 인두세(人頭稅)에 대한 불만이었지만, 보다 본질적으로는 영주 지배체제 그 자체에 대한 농민의 불만이 진정한 원인이었다. 반란은 켄트·에식스·이스트앵글리아 지방을 중심으로 격렬했으며, 5월 30일에서 6월 28일까지 잉글랜드의 약 절반이 반란의 소용돌이에 말려들었다. 농민군은 비록 일시적이었지만 수도 런던을 점령하였고, 국왕 리처드 2세로 하여금 반란군의 요구에 굴복하게 하는 힘을 보였다. 반란은 6월 15일 와트 타일러가 책략에 걸려 살해됨으로써 각지에서 진압되어, 농민군의 패배로 끝났다.

● 배에 탄 리처드 2세에게 자신들의 요구사항을 전달하는 농민군

덕분에 앙주는 발루아 가계의 앙주 공령이 되어, 브레티니-칼레 조약 체결을 주도했던 샤를(뒷날의 샤를 5세)에 이어 1364년 이후에는 그의 동생 루이의 소유령이 되었다. 브르타뉴에는 친프랑스 공가의 가계가 확립되었다.

1380년 샤를 5세가 사망한 후, 샤를 6세(재위 1380년 ~ 1422년) 시대에 프랑스는 왕족 제후에 의한 왕정 후견 시대로 들어서게 되었다.

1404년 국왕고문회의의 대표 부르고뉴 공 필리프의 사후, 그 아들 장과 왕의 동생 오를레앙 공 루이의 불화가 표면화하여 이른바 부르고뉴파 대 아르마냐크파 대립의 국면을 맞이하였으나, 샤를 5세가 확립한 왕정 방식은 그 기본구조를 무너뜨리는 일이 없이 유지되었다.

국제관계에서 주목해야 할 점은 부르고뉴 공가의 입장이었다. 플랑드르를 가령으로 한 이 공가는 잉글랜드에 대하여 화친정책을 취하였다. 잉글랜드 왕가 측에서는 플랜태저넷 왕조 최후의 왕 리처드 2세(재위 1377년 ~ 1399년)가 프랑스에 대한 화친 방향을 모색하였다.

프랑스 왕의 딸 이사벨을 아내로 맞은 것도 그 일환이며, 이를 주선한 사람이 바로 부르고뉴 공 필리프였다. 결국 프랑스에 대한 융화정책이 반대당파의 결성을 촉진하여, 1399년 리처드 2세는 폐위되었다.

리처드 2세가 폐위된 후 랭커스터 가의 헨리 4세가 왕위에 올라, 프랑스에 대한 전쟁을 재개하였다. 프랑스에서는 종종 정신착란을 일으키는 샤를 6세를 대신하여 국정의 실권을 장악하려고 한 귀족들이 부르고뉴파와 아르마냐크파로 나뉘어 내란 상태에 빠졌다. 부르고뉴파는 왕실을 둘러싼 아르마냐크파를 견제하기 위해 잉글랜드에 접근하게 된다.

■ 제3기 전쟁의 경과

1413년 헨리 4세의 뒤를 이어 잉글랜드 국왕으로 즉위한 헨리 5세는 프랑스의 내분을 이용하여 부르고뉴파와 결탁하였다. 1415년에는 맹렬한 기세로 노르망디를 진공하여 아쟁쿠르 전투에서 압도적으로 우세한 프랑스군을 대패시켰고, 북프랑스의 여러 도시를 탈취하였다. 헨리 5세는 이를 배경으로 1420년 트루아 조약을 맺고, 스스로 샤를 6세의 딸 카트린과 결혼함으로써 자신의 프랑스 왕위 계승권을 승인시켰다. 그러나 샤를 6세의 아들인 왕태자 샤를(샤를 7세)과 이를 지지하는 아르마냐크파는 이와 같은 잉글랜드 측의 강요를 인정하지 않은 채, 중남부 프랑스에 거점을 두고 전쟁을 계속하였다. 1422년 잉글랜드의 헨리 5세와 프랑스의 샤를 6세가 잇달아 죽자 나이 어린 헨리 6세가 잉글랜드와 프랑스 두 나라의 국왕을 자칭하고 나섰고, 프랑스에서는 왕태자가 샤를 7세로서 프랑스의 왕위에 올랐음을 선언하였다.

이에 잉글랜드는 1428년 샤를 7세의 거점인 오를레앙을 포위하였다. 샤를 7세는 궁지에 몰리게 되었는데, 아직 정식 국왕도 아니었기 때문이다. 랭스 대성당에서 대관식을 거쳐야 했으나, 잉글랜드군 탓에 그러지 못한 것이다. 오를레앙은 1년여를 버티고 있었지만, 희망은 별로 없어 보였다. 샤를 7세는 오를레앙을 구원할 힘도 갖고 있지 않았다. 게다가 프랑스는 전황의 불리함 때문에, 병력 동원도 쉽지 않았다. 용병이 주였던 이 당시에 프랑스의 불리한 전황은 용병을 모으기.어렵게 하는 조건이었다.

● **샤를 7세(Charles Ⅶ)**

샤를 7세(1403년 ~ 1461년)는 프랑스의 왕이다. 백년 전쟁을 다시 일으켜, 처음에는 오를레앙에서 잉글랜드군에게 포위당하였으나, 포위망을 뚫고 나와 1422년 왕위에 올랐다. 그 후 잉글랜드군을 무찔러 영토를 다시 회복하고 전쟁을 끝냈다. 그는 귀족의 반란을 평정하고, 왕권을 확립하는 데 노력하였다.

이와 같이 불리한 전황을 승전으로 전환하게 한 것은 잔 다르크의 출현이었다. 그녀는 적은 수의 프랑스 병사로 오를레앙의 잉글랜드군을 무찔렀으며, 그 뒤 항상 선두에 서서 잉글랜드군을 격파하였다. 그러나 1430년에 잔 다르크는 부르고뉴파에게 체포되어 잉글랜드 측으로 인도된 끝에, 1431년 루앙에서 마녀 재판을 받고 마녀로 판결되어 화형에 처해졌다. 로마 교황청이 잔 다르크에 대한 새로운 조사위원회를 설치해서 재조사한 결과, 1456년 7월 잔 다르크에게 화형 판결을 내린 재판을 폐기하고 무효화하는 선언을 발표함으로써, 그녀의 명예 역시 회복되었다. 그리고 잔 다르크는 1909년 4월 18일에야 비로소 시복되었고, 1920년 5월 16일 성인으로 시성되었다. 그리하여 잔 다르크는 이단자이자 마녀라는 혐의를 벗고 가톨릭교회의 성인이 되었다.

1429년에 샤를 7세는 정식으로 대관식을 거행하여, 적법한 프랑스 국왕의 지위를 확립하였다. 따라서 샤를 6세가 영국과 맺은 트루아 조약은 효력을 상실하였다. 그러나 이 무렵 전황은 이미 프랑스 쪽으로 기울어졌으며, 수십 년간 항쟁을 계속한 부르고뉴파와 아르마냐크파도 아라스에서 화의를 맺음으로써 프랑스의 내란은 끝을 맺었다. 또 잉글랜드와 프랑스 사이에 산발적인 전투가 계속되었으나, 1444년 투르에서 휴전이 성립되었다. 그러나 잉글랜드는 프랑스 내에 멘, 보르도, 칼레, 노르망디 등의 영토를 계속 보유하고 있었다.

● 잔 다르크(Jeanne d'Arc)

잔 다르크(1412년~1431년)는 프랑스의 국민적 영웅이다. 농부의 딸로 태어난 그녀는 프랑스를 구하라는 하느님의 계시를 받고 백년 전쟁에 참전하여 프랑스군을 승리로 이끌었으며, 샤를 7세가 프랑스의 국왕으로서 대관식을 치를 수 있게 도와주었다. 하지만 부르고뉴파에게 사로잡혀, 현상금과 맞바꾸어 잉글랜드 측에 넘어가게 되었다. 잉글랜드는 잔 다르크를 재판정에 세워 반역과 이단의 혐의를 씌운 후, 말뚝에 묶어 화형에 처하였다. 당시 그녀의 나이는 19세였다.

■ 백년 전쟁의 의의와 영향

프랑스는 장기간에 걸친 백년 전쟁과 내란에 의해서 봉건 귀족 세력이 극도로 약화된 반면, 국왕의 권력이 크게 신장되었다. 샤를 7세는 자크 쾨르를 등용하여 왕실의 재정을 정비하였고, 국왕의 상비군을 강화하고 귀족세력을 누르며 중앙 집권제를 추진해 나갔다.

잉글랜드에서는 전쟁이 끝난 뒤 이제는 왕위계승 문제를 둘러싸고 랭커스터 가문과 요크 가문 간에 30년간에 걸친 장미 전쟁(1455년 ~ 1485년)이 일어났으니, 이것은 프랑스에서 돌아온 귀족들의 생존 경쟁이었다. 그러나 30년에 걸친 전쟁은 양 가문 및 그들에게 합류한 귀족들이 다 함께 쓰러지는 결과를 초래하여 그만큼 귀족 세력을 약화시켰고, 정략결혼을 통해 장미 전쟁을 수습한 헨리 7세는 중앙 집권화에 박차를 가하게 되었다.

이와 같이 백년 전쟁은 잉글랜드와 프랑스 두 나라에서 공히 왕정이 강화되고 중앙집권 체제로 발전하는 계기가 되었다는 점에서 의의를 찾을 수 있다.

● 프랑스인과 잉글랜드인의 형성

잉글랜드는 프랑스 내의 영토를 상실함으로써 그 이후 유럽 대륙에서 벌어지는 복잡한 문제들에 휩쓸리지 않게 되어, 독자적인 국민국가를 형성할 수 있게 되었다. 뿐만 아니라 전쟁의 공포를 피하여 기술이민들이 플랑드르로부터 영국으로 이주함으로써, 플랑드르를 능가하는 모직물 공업이 발전하게 되어 경제적 발전의 기초가 다듬어졌다.

프랑스 역시 잔 다르크로 상징되는 프랑스인이 이 시기에 형성되었다. 사실상 그 이전에는 "잉글랜드인"이나 "프랑스인"이라는 국민의식 같은 것은 큰 의미가 없었다고 봐야 할 것이다. 프랑스인이라는 국민감정은 이때 잉글랜드인에 대한 증오의식에서 자리를 잡아갔다. 이후에 두 나라가 손을 잡게 되는 것은 1854년 크림 전쟁이 사실상 처음이었으며, 독일 제국이 성립된 이후 두 나라는 동맹국 사이가 되었으나 민족 감정이 남아 있었다.

● 화형당하는 잔 다르크.
쥘 외젠 르느뵈의 작품.

장미 전쟁

중세 잉글랜드의 랭커스터 가문과 요크 가문 사이에 벌어진, 왕위계승권 획득을 위한 내전이다. 이 내전에 '장미 전쟁'이라는 이름이 붙은 이유는 두 가문의 상징이 모두 장미이기 때문이다. 즉 랭커스터 가문이 붉은 장미, 요크 가문이 백장미이기 때문이라고 일반적으로 알려져 있다. 하지만 이는 당대의 용어가 아니라 19세기의 소설가 월터 스콧이 만들어 낸 것으로, 1829년에 그가 집필한 글에 처음 나온다. 스콧이 이런 용어를 쓴 모티브는 셰익스피어의 《헨리 6세》에서 따왔다고 한다.

■ 장미 전쟁의 원인과 발발

백년 전쟁(1337~1453) 중 약 1370년쯤에 잉글랜드를 잘 다스리던 (플랜태저넷 왕조의) 군주인 에드워드 3세는 나이가 들어 국정이 버거워지자, 살아남은 아들 중 3남 랭커스터 공작 '곤트의 존'에게 실질적으로 섭정을 맡겼다.

곤트의 존이 후계자였더라면 괜찮은 계승으로 이어졌겠지만, 문제는 후계자가 따로 있었다는 점이다. 후계자는 바로 에드워드 3세의 장남 에드워드 왕태자(흑태자)였다. 하지만 에드워드 왕태자는 병에 걸려 곧 죽을 것으로 보였고, 유력한 차기 후계자는 에드워드 왕태자의 아들 리처드 2세였는데, 그 당시에 나이가 굉장히 어린 아이에 불과했다.

곤트의 존은 처음에는 프랑스와의 전쟁에서 괜찮은 활약을 했지만 몇 번의 부진으로 인해 슬럼프가 찾아왔고, 슬슬 정전협정 쪽으로 관심을 돌리고 있었다. 그리고 전쟁 지휘보다는 국내의 섭정 활동에 더 주력하기 시작했다.

이 와중에 에드워드 왕태자(흑태자)가 먼저 사망하고 에드워드 3세마저 사망하자, 에드워드 왕태자의 아들 리처드 2세가 열 살로 왕위에 올랐다(1377년). 그리고 곤트의 존은 정식 섭정으로 임명되었다.

곤트의 존은 국가 재정이 어려워지자 인두세를 부과했고, 가난한 평민들에게는 상당히 높은 금액이 부과되자 농민들이 난을 일으켰다(와트 타일러의 난). 겨우 농민봉기는 진압했지만, 잉글랜드에서 '곤트의 존'의 위상은 급격히 추락했다. 그리고 존은 얼마 뒤에 아내의 친정인 스페인 카스티야 왕가에 왕위쟁탈전이 벌어지자, 그곳에서 왕을 해보겠다고 잉글랜드를 비웠다.

가시 같았던 숙부 섭정이 눈앞에서 사라지자 리처드 2세는 친정을 시작했지만, 리처드 2세의 친정은 최악이었다. 잉글랜드의 상황은 존의 섭정 시절보다도 더 나빠지기만 하였고, 결국 내전이 작게나마 벌어지기도 할 정도였다. 이 일을 계기로 청원파가 득세한 의회와의 사이는 매우 나빠졌다.

곤트의 존이 카스티야에서 벌어진 왕위쟁탈전에 실패하고 잉글랜드로 돌아와, 이 둘을 중재시키고 내전을 종결시켰다. 이 일로 존의 위세는 다시 높아졌고, 결국 잉글랜드 국왕 자리보다 더 노른자위 작위라고 불리는 아키텐 공국까지 하사받았다. 하지만 존은 전쟁 중인 와중에 아키텐의 가치가 더 이상 예전 같지 않았다는 것을 느꼈는지, 잉글랜드에 계속 머물렀다.

● 제1대 랭커스터 공작, 곤트의 존

곤트의 존(John of Gaunt,1340년 ~ 1399년)은 잉글랜드의 왕족이자 랭커스터 공작이었다. 잉글랜드의 왕 에드워드 3세와 에노 출신 필리파의 넷째 아들로, 흑태자 에드워드, 앤트워프의 라이오넬의 동생이자 요크의 에드먼드 1세의 형이다. 먼 친척이자 에드먼드 플랜태저넷의 증손녀 '랭커스터의 블랑쉬'와 결혼하여, 랭커스터가의 상속권을 획득하였다. 랭커스터 왕가의 시조였으나, 혼인관계를 통해 요크 왕가와 튜더 왕가에게도 조상이 되는 복잡한 인척관계를 형성하였다. 그는 영국과 프랑스의 백년 전쟁에 1367년부터 1374년까지 참전하여 지휘관으로 복무했고, 귀국 후에는 처가인 랭커스터 왕가의 영지를 상속했다.

● 곤트의 존 초상

그러나 그사이에 리처드 2세는 충성파들의 세력을 조용히 끌어모은 후, 청원파들을 숙청시키기 시작했다. 곤트의 존도 왕국의 상황이 골치 아프게 돌아가고, 일단 자신의 아들인 '볼링브로크의 헨리'(뒷날의 헨리 4세)의 목숨이 저당잡힌 신세나 마찬가지가 되었기 때문에, 왕의 명령에 반대하지 않고 조용히 섭정으로 지냈다.

심지어 리처드 2세가 자신의 막내 남동생인 '우드스톡의 토머스'를 살해하는 것도 지켜보았다. 숙부의 기력이 예전 같지 않음을 확인한 리처드 2세는 살아남은 청원파이자 존의 아들인 볼링브로크의 헨리를 추방하였고, 존이 사망하자 헨리의 영지 상속을 막기 위해 랭커스터 영지마저 몰수했다.

이로써 리처드 2세는 숙부와 그의 세력들을 다 몰아내고 왕권을 찾았으나, 왕권은 아직 불안하기만 했다. 많은 사람들은 곤트의 존이 부재했을 때 리처드 2세의 통치에 불만과 의심을 품었으며, 숙청당한 청원파 잔당들은 프랑스 내의 영토 등지에서 여전히 문제를 일으키고 있었다.

왕권이 이렇게 불안한데도 리처드 2세는 아일랜드를 방문했고, 그사이에 볼링브로크의 헨리가 되려 반란군을 조직하여 잉글랜드로 돌아와서 급하게 아일랜드에서 돌아온 리처드 2세를 사로잡아 버렸다. 그리하여 볼링브로크의 헨리가 왕위에 올라 헨리 4세가 되었고, 랭커스터 왕조를 열게 되었다(1399년). 하지만 리처드 2세의 잔존세력들이 각처에서 반란을 일으킨 탓에, 헨리 4세는 이들을 정리하는 게 급선무였다.

● 리처드 2세

리처드 2세(Richard II, 1367년 ~ 1400년)는 플랜태저넷 왕가의 잉글랜드 8번째 왕으로, 흑태자 에드워드의 아들이다. 별칭은 보르도의 리처드. 옷차림은 물론 외모와 머리모양에 신경을 쓰는 멋쟁이였으며, 당시로서는 보기 드물게 규칙적으로 목욕을 했고, 손수건을 고안하기도 했다. 성미가 급하고 신경질적이며 이따금 폭력적인 기질을 보였지만 어머니나 아내와 같은 가족, 측근 등에게는 관대했다.

잉글랜드의 리처드 2세가 사망한 마당에 다음 왕위 계승자는 당시에 7살짜리 어린이였던 5대 마치 백작 에드먼드 모티머였다. 에드먼드 모티머는 에드워드 3세의 (장성한 아들 중에) 차남인 클래런스의 공작 '앤트워프의 라이오넬'(이 사람도 오래 못 살고 29살 때 요절했다)의 후손이다. 정확히 말하자면 앤트워프의 라이오넬의 외동딸인 필리파의 친손자다. 리처드 2세가 후손 없이 사망하면, 에드워드 3세의 큰아들인 흑태자 에드워드의 후손이 멸절되었으니, 차남인 라이오넬의 후손으로 왕위가 넘어갈 차례였다.

그런데 이때 볼링브로크의 헨리는 자신에 비하면 나이도 어리고 한참 만만한 집안 출신인 에드먼드 모티머가 왕이 되는 게 싫었던지, 자신이 직접 왕위에 오르기 위해 더 엄격한 왕위 계승의 원칙을 주장하였다. 그의 논리인즉 왕위는 군주의 아들이 군주의 남자 형제보다 우선이며, 군주에게 아들이 없을 경우에는 형제가 상속한다는 것이었다.

그는 흑태자 에드워드의 외동아들인 리처드 2세가 아들 없이 죽으면, 흑태자 에드워드의 바로 아래 동생인 앤트워프의 라이오넬이 왕위 계승자라는 것은 인정했다. 하지만 앤트워프의 라이오넬은 아들 없이 죽었으므로, 라이오넬의 바로 아래 동생인 곤트의 존이 후계이며, 곤트의 존의 장남인 자신이야말로 정당한 왕위 계승자라고 주장했다. 즉, 여계 후손의 왕위 계승을 아예 부정해 버린 것이다.

이 왕위 계승의 원칙은 동양에서라면 당연하게 여겨졌겠지만 서양에서는 꽤 생소했고(프랑크 왕국의 살리카 법은 외손자의 왕위 계승을 인정한다), 당시 사람들의 반응은 "왕이 되고 싶어서 별 이상한 논리를 꾸며대는구나" 정도였다. 물론 실권자인 볼링브로크의 헨리 앞에서 그 말을 했다가는 살아남기 힘들 터이므로 불만은 크게 없었고, 볼링브로크의 헨리는 헨리 4세로 즉위하였다.

이를 정리한 후 헨리 4세가 죽자, 아들 헨리 5세가 왕위를 이어받았다(1413년). 과감한 성격이었던 헨리 5세는 국내가 안정되자 다시 프랑스와의 전쟁을 재개했다. 아쟁쿠르 전투에서 프랑스군을 격퇴한 헨리 5세는 1420년 트루아 조약을 체결해, 헨리 5세의 자손이 프랑스 왕위를 계승하는 길을 열었다. 그러나 랭커스터 왕조의 전성기를 연 헨리 5세는 트루아 조약 체결 후 2년 만인 1422년 8월에 전염병으로 급사했다. 그 뒤를 이은 것은 생후 9개월의 헨리 6세였다. 하지만 헨리 6세가 아버지의 능력을 이어받지 못했던지, 영국은 잔 다르크의 활약으로 프랑스에 점점 밀리기 시작하더니, 결국 1453년 영국의 프랑스 내 마지막 보루였던 보르도가 함락당하면서 백년 전쟁이 끝났다.

그렇게 백년 전쟁에서 패배하자 헨리 6세의 권위는 땅에 떨어졌다. 설상가상으로 섭정을 맡던 요크 가문과 헨리 6세의 중신·왕비 간에 갈등의 골까지 깊어지자, 요크 가문은 "헨리 4세가 기존의 왕위계승 서열을 뒤집고 랭커스터 왕조를 연 것처럼 우리도 못할 게 뭐냐?"는 생각을 굳히게 되었다. 이에 요크 공작 리처드는 헨리 6세의 랭커스터 가문과 내전을 시작했다.

이 논리에도 나름의 명분은 있었는데, 헨리 4세의 왕위를 부정하고 에드먼드 모티머를 정당한 왕위 계승자로 보는 방향이었다. 에드먼드 모티머는 자녀 없이 죽었고, 남자 형제도 없었다. 이런 처지에 에드먼드 모티머가 사망하면, 에드먼드 모티머의 가장 나이 많은 여자 형제와 결혼하는 자나 그 둘의 아들이 왕위 계승자다. 에드먼드 모티머의 큰누나인 앤 모티머는 3대 요크 공작인 리처드의 어머니였다. 3대 요크 공작 리처드는 제1대 요크 공작이자 에드워드 3세의 (장성한 아들 중에) 4남인 '랭리의 에드먼드'의 친손자였다. 따라서 요크 공작 리처드는 헨리 4세와 그의 후손의 왕위 계승을 부정하고, 자신이 앤 모티머의 아들임을 내세워 내전을 일으켰던 것이다.

  1455년, 세인트올번스 전투를 시작으로 각처에서 치열한 전투가 펼쳐졌다. 요크 공작 리처드는 1459년 블로어 히스 전투에서 승리해 왕위를 목전에 두었지만, 1460년 웨이크필드 전투에서 전사해 버렸다.

  이러자 난을 일으킨 요크 가문에 한때 위기가 찾아왔지만, 리처드의 적자 에드워드가 워릭 백작 리처드 네빌과 동생들과 함께 랭커스터파를 격파하면서, 결국 헨리 6세를 폐위시키고 자신이 에드워드 4세로 즉위했다(1461년). 그리고 헨리 6세는 잠깐이나마 다시 왕위를 되찾았지만(1470년)[이렇게 된 것은 순전히 에드워드 4세 쪽에 내분이 일어났기 때문이다. 워릭 백작과 에드워드의 동생 조지가 왕의 태도에 불만을 품고 헨리 측에 붙었다.], 1년도 안 되어 에드워드의 반격으로 다시 폐위되고(1471년) 유배된 뒤에 사망하였다.

  에드워드 4세가 왕위에 오른 지 12년 후인 1483년 병으로 죽자, 당시 12세였던 그의 아들 에드워드 5세를 대신해 에드워드 4세의 막냇동생인 리처드가 섭정으로 영국을 다스리게 되었다. 하지만 에드워드 5세의 대관식을 치르기 직전, 에드워드 5세의 어머니였던 엘리자베스 우드빌과 에드워드 4세의 결혼은 중혼이라는 주장이 나왔고 의회에서 이를 받아들임에 따라 에드워드 5세와 그 형제는 서자로 인지되어 왕위계승권이 낮춰지게 되었다. 이런 이유로 에드워드 4세의 막냇동생 리처드 3세가 약 2달 후인 6월경에 왕위에 올랐다.

● 리처드 3세(Richard Ⅲ)

리처드 3세(1452년 ~ 1485년)는 영국 요크 왕가의 마지막 왕이다. 에드워드 4세의 막냇동생으로, 에드워드 4세가 왕위에 오르면서 글로스터 공작이 되었다. 이후 워릭 백작 리처드 네빌의 집안에서 기사 훈련을 받고 17세에는 군사지휘관이 되었는데, 에드워드 4세가 쫓겨났다가 다시 왕위를 되찾는 데 큰 기여를 하였다.

두 조카(에드워드 5세와 그 동생)는 8월 이후 공식석상에 모습을 드러내지 않았는데, 튜더 왕조 성립 이후에 '리처드 3세가 두 조카를 런던 탑에 가두어 살해했다'는 소문이 떠돌게 된다. 리처드 3세는 1485년 보스워스에서 있었던 헨리 튜더와의 전투에서 전사하였다.

이후에는 헨리 튜더가 요크 가문의 엘리자베스와 결혼하여 헨리 7세로 튜더 왕조를 세운 이후, 절대적인 권력을 휘두를 수 있게 된다.

장미 전쟁은 민간에서 대규모의 자원을 동원하기보다는 순전히 귀족들(그것도 왕가와 연계된 많은 귀족들) 간의 용병 싸움이었기 때문에, 영국 내 귀족의 수가 크게 감소하는 결과를 가져왔다. 백년 전쟁 등 이전의 전쟁에서는 귀족들끼리 서로를 포로로 잡아 몸값을 뜯어내려고 했지만, 장미 전쟁부터는 귀족이든 평민이든 적으로 만나면 죽이고 포로로 잡더라도 목을 날려버리는 전멸전 양상으로 변하면서 피해가 더 커진 탓도 있다. 내전이 종료되어 헨리 튜더(헨리 7세)가 국왕으로 즉위할 때까지 살아남은 귀족 가문은 그전의 3할에 불과했다고 한다. 덕분에 왕가의 후손도 상당히 귀해졌다.

이와 반면에 부족한 귀족의 수를 메우기 위해 요먼(yeoman: 독립자영 농민), 젠트리(gentry: 중산적 토지소유자층)와 같은 평민 출신의 실력자(제3계급)를 많이 등용하게 됨으로써 시민혁명과 산업혁명의 바탕이 마련되었고, 왕가 역시 프랑스 혁명과 같은 대규모의 혁명을 피해 나갈 수 있는 기반이 조성되었다.

● 에드워드 5세와 형제 요크 백작 리처드

리처드 3세에 의해 런던 탑에 갇혀 있는 소년 왕 에드워드 5세와 형제 요크 백작 리처드를 묘사한 작품이다. 언제 자신들을 죽일지 몰라 잔뜩 겁먹은 모습으로, 문 앞의 개는 리처드 3세의 인기척을 느꼈는지 경계를 하고 있다.
● 폴 들라로슈의 작품

튜더 왕조

튜더 왕가(House of Tudor) 또는 튜더 왕조(Tudor Dynasty)는 잉글랜드 왕국(1485년~1603년)과 아일랜드 왕국(1541년~1603년)을 다스렸던 다섯 명의 군주들을 배출한 집안을 말한다. 전반적으로 튜더 출신 군주들의 통치 덕분에, 그전까지 유럽의 바다 건너 약소국이었던 영국은 훗날 대영 제국으로 발돋움하여 세계를 석권할 수 있었다. 특히 문화사 방면에서 엘리자베스 1세의 치세기간은 특별히 '엘리자베스 왕조'라고 부르는 경우가 많다.

■ 튜더 왕조의 등장

옛 웨일스 공의 후예였지만 하급 귀족으로 전락한 오언 튜더와 헨리 5세의 과부였던 '발루아의 캐서린'이 결혼함에 따라, 두 사람 사이에 태어난 아이들은 일약 헨리 6세의 이복동생이 됨과 동시에 발루아 왕가의 혈통을 이어받게 됨으로써 상급 귀족의 일원이 되었다.

리치먼드 백작인 에드먼드 튜더가 (에드워드 3세의 넷째 아들인 랭커스터 공 '곤트의 존'의 증손녀) 마거릿 보퍼트와 결혼한 후, 둘 사이에서 태어난 아들 헨리 튜더는 외가의 혈통에 따라 랭커스터 왕가의 왕위계승자로 인정받았다.

1483년 보즈워스 전투에서 헨리 튜더가 리처드 3세를 물리치고 헨리 7세로 즉위함으로써, 튜더 왕조가 개막되었다.

● 헨리 7세(Henry VII)

헨리 7세(1457년 ~ 1509년)는 튜더 왕가 출신으로는 잉글랜드 왕국의 첫 번째 국왕이다. 리치먼드 백작 에드먼드 튜더와 랭커스터 가계의 마거릿 보퍼트 사이에서 태어난 아들이다.
에드워드 4세의 딸 엘리자베스 요크와 결혼하여 요크 왕가의 상속권을 획득하였으며, 리처드 3세를 상대로 정변을 일으켜 승리하고 튜더 왕가를 열었다.

● 헨리 7세

■ 헨리 8세

헨리 8세는 런던 교외의 플라센티아 궁전에서 헨리 7세와 '요크의 엘리자베스'(요크 왕조의 에드워드 4세의 딸)의 둘째 아들로 태어났다. 그가 태어날 때에는 형 아서 튜더가 있었다. 본래 헨리에게는 여섯 명의 형제가 있었지만, 그 가운데 겨우 세 명(왕태자 아서, 마거릿, 메리)만이 유아기에 살아남았다. 1493년, 아직 젖도 못 뗀 헨리는 도버 성의 성주로 임명되었다.

다음해 1494년에 그는 요크 공이라는 작위를 받았고, 그와 더불어 잉글랜드의 문장원(紋章院) 총재와 아일랜드의 총독으로 지명되었다. 헨리는 우수한 가정교사의 가르침을 받아 라틴어와 프랑스어, 스페인어를 유창하게 할 줄 알았다. 당시 관례상 맏이였던 아서 왕태자가 장차 왕위를 물려받을 것으로 예정되었던 탓에, 헨리는 교회의 직분을 맡기 위한 준비를 하였다.

그러나 1502년에 아서가 알려지지 않은 불치병(아마도 결핵이었을 것으로 추정됨)에 걸려 갑자기 죽었다. 그리하여 혼인관계를 통하여 잉글랜드 왕국과 스페인 왕국 간의 동맹을 강화하고자 하였던 헨리 7세의 노력이 잠시 수포로 돌아가는 듯하였다. 어쨌든 아서의 동생 헨리가 죽은 형의 뒤를 이어 왕위계승자가 되었다.

● 헨리 8세(Henry VIII)

헨리 8세(1491년 ~ 1547년)는 잉글랜드의 국왕이자 아일랜드의 영주이다. 청년 시절에는 르네상스 군주로 알려졌으며, 1509년 4월 21일부터 사망할 때까지 아일랜드와 프랑스의 왕위 소유권을 주장하였다. 그의 아버지 헨리 7세의 뒤를 이어, 튜더 왕가 출신으로는 두 번째로 등극하였다. 헨리 8세는 영국의 역사에서 매우 중요한 인물 가운데 한 명이다. 비록 치세 초반기에는 14세기 존 위클리프 이후 활력을 얻기 시작한 종교개혁을 강력히 억압하였지만, 기독교 역사에서 로마 교황청과 대립한 왕으로 더 알려졌다.

● 헨리 8세의 초상

　부왕 헨리 7세는 즉시 로마 교황에게 새로운 왕태자와 죽은 아서의 미망인, 즉 아라곤의 캐서린의 결혼을 허용해 줄 것을 요청하였다. 캐서린은 아라곤의 페르난도 2세와 카스티야의 이사벨라 1세의 딸이자, 신성로마제국 황제인 카를 5세의 이모였다. 부왕 헨리 7세는 스페인과 영국 양국 간의 명예와 동맹을 위해 정략결혼을 밀어붙였다. 당시 캐서린은 아서 왕태자와 결혼은 했으나 처녀성을 잃지는 않았다고 맹세하였다.

　결국 교황으로부터 관면(寬免)을 받은 후, 캐서린은 자신의 젊은 남편이 죽은 지 14개월 만에 새로운 왕태자이자 죽은 남편의 동생과 다시 약혼하기로 결정되었다는 소식을 들었다. 그러나 1505년까지 헨리 7세는 스페인과의 동맹에 대한 관심도가 떨어졌다. 그리고 아직 젊었던 헨리는 자신의 약혼이 자신의 동의 없이 치러진다고 여겼다.

　두 사람의 결혼은 1509년 헨리 7세의 임종 때까지 늦추어지다가, 그로부터 2개월 후인 6월 11일에야 이루어졌다. 그리고 1509년 6월 24일에는 웨스트민스터 사원에서 즉위식을 거행하였다. 이때 헨리의 나이 열일곱 살이었다.

● 아라곤의 캐서린(Catherine of Aragon)

아라곤의 캐서린(1485년~1536년)은 아라곤의 페르난도 2세와 카스티야의 이사벨라 1세의 막내딸로, 잉글랜드의 헨리 8세의 정비이자 메리 1세의 어머니이다. 1501년 캐서린은 잉글랜드의 헨리 7세의 장남 아서와 정략결혼을 했다. 그러나 얼마 지나지 않아 둘은 혼례도 제대로 치르지 못한 채 심한 병에 걸렸다. 캐서린은 가까스로 회복했으나, 아서는 살아남지 못했다. 교황 율리오 2세는 캐서린이 아직 처녀임을 인정해 이전의 혼인을 무효화시켰고, 캐서린은 헨리 7세의 둘째 아들인 헨리와 결혼하였다.

● 아라곤의 캐서린

■ 헨리 8세의 여인들

1520년대 초, 헨리 8세는 가면무도회에서 앤 불린을 보고 한눈에 반하게 되었다. 앤은 바로 임신하였고, 헨리 8세는 왕비인 캐서린과의 이혼을 결심하게 되었다.

헨리 8세는 즉각 교황청에 사람을 보내, 이혼을 허락해 줄 것을 요청하였다. 헨리는 여러 번 바티칸에 "형제의 하체를 범하지 말라"는 구약성서 구절을 인용하며, 캐서린과의 결혼이 신의 법에 위배된다고 주장했다. 그러나 나이 먹은 캐서린에게 싫증이 났고, 자신의 아들을 낳아준 적이 없으며(딸 메리만을 낳았다), 폐경을 염두에 둔 고려의 결과였다. 그런데 교황 클레멘스 7세는 캐서린의 조카이자 강력한 신성로마제국의 황제인 카를 5세의 비위를 상하게 할까 봐 부담스러워했고, 곧바로 거절을 하였다.

앤의 임신과 동시에 아들이리라는 기대와 함께 앤과 결혼하겠다는 마음이 점차 굳어가면서, 헨리는 '왕의 중대사'를 달성할 수 있는 법적인 방도를 3년간 찾았지만 찾지 못했다. 헨리는 로마가 그에게 원하는 것을 주지 않을 작정이라면, 잉글랜드 교회를 로마와 분리하면 되지 않느냐는 생각까지 하게 되었다.

● 앤 불린(Anne Boleyn)

앤 불린(1501?~ 1536년)은 헨리 8세의 제1계비이며, 엘리자베스 1세의 생모이다. 헨리 8세는 캐서린과의 이혼을 시도하였다. 캐서린의 거센 저항과 로마 교황청의 끈질긴 반대에 부딪히자 헨리 8세는 결국 종교개혁을 일으켜, 잉글랜드 교회를 로마 가톨릭에서 분리시키고 나서 스스로 교회의 우두머리가 되었다. 1533년 1월경 헨리 8세와 앤 불린은 정식으로 결혼식을 올렸다. 당시 앤은 이미 임신한 상태였다. 같은 해 6월 1일 앤 불린은 호화로운 예식을 통해 잉글랜드의 왕비로 즉위했다. 1533년 9월 7일 앤은 딸 엘리자베스를 낳았다. 앤이 수차례에 걸쳐 유산을 반복했고, 부부 사이의 말다툼이 잦아지자 왕의 마음도 차츰 앤에게서 멀어졌다. 이후 불륜과 이단, 모반 등의 혐의를 받아 1536년 5월 19일 사형당했다. ● 앤 불린

1527년 5월에 헨리 8세는 캐서린과의 이혼을 선언했고, 교황의 반대를 무릅쓰고 앤과 결혼식을 거행하였다. 5월에 대주교 크랜머가 그의 첫 번째 결혼은 없었던 일이며 법적으로 무효이고, 성경을 근거로 해도 "형제의 하체를 범하지 말라"는 조항이 있으니 무효라고 선포했다. 바로 그해 5월 앤은 왕비로 대관식을 올렸다. 9월에는 헨리에게 딸 엘리자베스를 낳아주었다. 아들임을 기대했으나 딸이 태어나자 그는 실망하게 되었다. 그 뒤로도 앤에게서 아들이 태어났지만 요절하고 말았다.

헨리 8세와 앤 불린은 결혼 생활에 만족하지 못했다. 두 사람은 평온하고 사랑스러운 날들을 즐겁게 보냈지만, 헨리 8세의 바람기와 빈번한 불신 때문에 앤 불린은 눈물과 격노를 함께 느끼며 힘겨워하였다. 반면에 헨리 8세는 앤의 끊임없는 성급함과 과격함을 싫어했다.

1534년 앤은 상상임신 혹은 유산을 하게 되었고, 헨리 8세는 그녀가 자신에게 아들을 안겨주지 못하는 것에 대해 배신감을 느꼈다. 1534년 성탄절 이전에 헨리는 비밀리에 크랜머와 크롬웰을 만나, 캐서린의 복귀 없이 앤을 내쫓아 왕비를 교체할 방법을 상의하였다.

1536년 5월 2일에 앤은 포박당한 채로 런던 탑에 투옥되었다. 그녀는 간통, 근친상간, 반역의 죄로 고발당했다. 비록 피고인들에게 불리한 증거는 불확실했지만, 법원에서는 그들에게 유죄를 선고하면서 죽음을 언도하였다. 조지 불린과 다른 피고인들은 1536년 5월 17일에 처형되었다.

같은 해 5월 19일 아침, '피의 탑'(런던 탑의 별칭)으로 끌려간 앤은 그곳에서 도끼를 한 번 맞고 신속하게 처형되었다.

헨리 8세는 앤을 처형시킨 지 얼마 지나지 않아 그녀를 모시던 시녀 제인 시모어를 총애하여 약혼하였으며, 10일 후에는 결혼식을 올렸다. 그의 세 번째 결혼과 동시에 헨리는 웨일스를 잉글랜드에 합병시키는 문서에 승인하였다. 이로써 잉글랜드와 웨일스는 하나의 강력한 나라로 통합되었다. 그 후 1536년 개정된 왕위계승법에 따라 제인이 낳은 아이들이 일차적으로 왕위계승권을 가지며, 메리와 엘리자베스 공주들은 서출로 선언되었다.

제인은 1537년에 에드워드 왕자(훗날의 에드워드 6세)를 낳았다. 출산은 위험했으며, 제인은 출산 후유증으로 1537년 10월 24일 그리니치 궁전에서 죽고 말았다. 제인의 죽음 후, 헨리와 전 왕실은 장기간 동안 애도하였다. 헨리는 제인만을 자신의 '참된' 아내로 생각하였는데, 그 이유는 그녀만이 그에게 그토록 원하던 아들을 낳아주었기 때문일 것으로 짐작된다. 훗날 헨리가 죽은 후, 그 시신은 제인의 옆에 묻히게 된다.

● 제인 시모어(Jane Seymour)

제인 시모어(1507?~ 1537년)는 헨리 8세의 제2계비이다. 제1계비 앤 불린의 상궁으로 있었을 때 왕의 마음을 사로잡았으며, 1536년 5월 17일 앤 불린이 사형을 당한 후 11일 만에 헨리 8세와 결혼하였다. 금발에 창백한 얼굴, 조용하고 엄격한 제인 시모어는 정열적이고 화려했던 흑발의 앤 불린과는 대조되는 성격이었다. 제인 시모어는 시녀들에게 프랑스식 복장을 버리고 정숙한 잉글랜드식 옷차림을 하도록 명령했다. 독실한 가톨릭 신자였던 그녀는 맏의붓딸 메리 공주를 적자의 신분으로 돌려 놓아줄 것을 왕에게 간청하기도 했다. 제인 시모어는 1537년 10월 12일 헨리 8세가 고대하던 왕자 에드워드 6세를 낳은 지 12일 만에 산욕열로 숨을 거두었다. 그녀가 세상을 떠난 지 3년 후, 헨리 8세는 정치적인 이유로 클리브스의 앤과 결혼하였다.

● 제인 시모어와 에드워드 왕자의 초상. 한스 홀바인의 작품.

1540년에 헨리 8세는 성인의 유골과 유물을 모신 성소의 파괴를 인가하였다. 이번에 헨리 8세는 계승을 보다 확실하게 하려고 다시 한번 결혼하기로 하였다.

에식스 백작으로 승진한 토머스 크롬웰은 로마 교황청이 잉글랜드를 향해 공격해 올 경우 중요한 동맹자가 되어 줄 개신교도인 클레페(클리브스) 백작의 누이인 앤을 권하였다.

궁정화가 한스 홀바인이 그린 앤의 초상화가 헨리 8세에게 보내졌다. 초상화를 본 헨리는 만족해하며, 앤과의 결혼에 동의하였다. 그러나 잉글랜드에 도착한 앤을 본 헨리는 그림과 다른 그녀의 실제 모습을 보고 실망하여, "플랑드르산 암말"이라고 부르며 멀리하였다. 헨리는 다른 여인과 결혼하려고 또다시 혼인을 무효로 하고 싶어했다. 그 당시 헨리와 함께 클레페 공작은 신성로마제국 황제에 대한 항쟁에 종사하고 있었다.

클레페(클리브스)의 앤은 충분히 총명하여 헨리의 탐구를 방해하지 않았음에도, 혼인 무효를 당하였다. 결혼 후 성생활에 관한 물음에서 그녀는 단 한 번도 잠자리를 같이하지 않았다고 증언하였다. 헨리는 단지 밤마다 그녀의 방에 들어가 이마에 입맞춤만 했을 뿐이었다. 이리하여 혼인을 무효로 하는 것을 막는 모든 장애는 사라졌다.

그 후 결혼은 종료되었으며, 앤은 '왕의 누이'라는 칭호를 받고 메리 불린의 가족들이 이전에 거주하였던 히버 성에 들어가 살았다. 동시에 헨리의 총애를 잃은 크롬웰은 그 뒤 그에게서 사권(私權)을 박탈당하고 참수되었다. 크롬웰이 창설했던 교회 부섭정이란 독특한 자리도 사라졌다.

● 클레페의 앤, 헨리의 네 번째 왕비. 한스 홀바인의 작품.

헨리는 1540년 7월 28일 토머스 크롬웰까지 참수한 뒤, 앤 불린의 외사촌인 젊은 캐서린 하워드와 결혼하였다. 그는 자신의 새 왕비를 무척 좋아했다. 그러나 캐서린 하워드는 결혼 후 큰 사건을 겪게 되었다.

이전에 그녀는 프랜시스 디어럼과 비공식적으로 약혼하여 공공연히 잠자리를 같이하였으며, 왕비가 된 후에는 왕의 시종 토머스 컬페퍼를 총애하였다. 독실한 가톨릭 집안이었던 하워드 가문을 좋게 생각하지 않았던 토머스 크랜머는 헨리 8세에게 캐서린의 헤픈 행실에 대해 밀고하였다.

처음에 헨리는 그의 주장을 믿지 않았지만, 크랜머가 캐서린과 관련된 문제를 조사하는 것은 허락했다. 심문받을 당시에 캐서린이 디어럼과 이전에 결혼을 약속한 사이라는 것을 인정할 경우 헨리와의 그다음 결혼은 법적으로 무효가 될 수 있었으나, 그녀는 그렇게 하는 대신에 디어럼이 자신에게 억지로 불륜 관계를 맺을 것을 강요했다고 주장하였다. 동시에 디어럼은 토머스 컬페퍼와 캐서린 왕비의 관계를 폭로하였다.

앤 불린의 경우와 마찬가지로 '혼인이 공식적으로 가치 없으며 처음부터 무효하다'는 판결이 내려짐에 따라, 캐서린 하워드는 간통죄로 1542년 2월 13일에 처형되었다. 그때 그녀의 나이는 겨우 열여덟 살이었다. 같은 해, 잉글랜드의 나머지 수도원들도 모두 폐쇄되었으며 수도원의 자산은 몽땅 왕실에 양도되었다.

●캐서린 하워드(Catherine Howard)

캐서린 하워드(1523?~1542년)는 헨리 8세의 제4계비였다. 제3계비 클리브스의 앤의 시녀로 있다가 헨리 8세의 마음을 사로잡았다. 헨리 8세의 두 번째 왕비 앤 불린, 헨리 8세의 정부였던 메리 불린의 외사촌이었다. 중년의 헨리 8세는 어린 캐서린 하워드를 "가시 없는 장미"라고 부르며 유난히 총애했지만, 그녀의 부정한 행위가 드러나 참수를 시켰다.

● 캐서린 하워드

대수도원장과 수도원 부원장은 상원에서의 자격을 박탈당하였다. 오직 대주교와 주교들만이 교회 구성원의 일원으로 포함되었다. 성직자로 구성된 상원의 고위 성직 의원은 귀족 의원과 더불어 잉글랜드 상원을 장악하였다.

헨리는 1543년에 유복한 미망인 캐서린 파와 마지막으로 결혼하였다. 그녀는 종교를 주제로 헨리와 논쟁하였다. 종교적으로 개혁자였던 캐서린 파에 비해 헨리는 보수주의자로 남아 있었다. 그래서 자칫 그녀의 파멸이 멀지 않았다고 여겨졌지만, 그녀는 헨리에게 순종을 표함으로써 스스로를 구하였다.

그녀는 헨리와 그의 첫 번째 두 명의 딸들인 메리와 엘리자베스를 화해시키는 데 앞장섰다. 두 딸은 아직도 서출 신세를 면하지 못하였지만, 1544년 의회법에 따라 에드워드 다음으로 왕위계승자에 포함되었다.

헨리는 왕권을 강화시키며 강력한 전제정치를 실현하는 과정에서 크롬웰, 토머스 모어 등과 같은 공신들을 비롯한 많은 사람들을 반역죄로 처형하면서 민심을 잃어갔다. 또한 빈민구제법으로 빈민과 노숙자들에게도 엄격한 법이 집행되자 시민들은 이를 지지·찬성하면서도 속으로는 비판하는 이중적인 태도를 보이게 되었다.

1534년 수장령(首長令)을 발표하여 스스로 영국 교회의 수장이 되었고, 로마 교회에서 이탈하여 가톨릭 계열의 수도원을 해산시키고 재산을 몰수하였다. 여기에 반발하는 가톨릭 신자들을 잡아서 직접 형문을 가하기도 했다.

● 캐서린 파(Katherine Parr)

캐서린 파(1512년 ~ 1548년)는 헨리 8세의 제5계비이자 마지막 왕비이다. 캐서린 파는 제2계비 제인 시모어의 친정 오라버니였던 토머스 시모어를 사랑하고 있었으나, 헨리 8세의 구애를 거부할 수 없어 청혼을 받아들였다. 그러나 헨리 8세가 죽자 그녀는 토머스 시모어와 결혼식을 올리고 엘리자베스 왕녀를 불러들여, 가족을 꾸렸다.

● 캐서린 파

■ 헨리 8세의 죽음

헨리 8세는 말년에 몸집이 매우 비대해진 탓에, 움직이려면 특별히 고안된 기계의 도움을 받아야 했다. 그의 몸은 곪은 종기로 뒤덮였으며, 통풍까지 앓았을 것으로 보인다.

그가 1536년 마상 경기 도중에 입은 다리 상처를 그대로 둔 까닭에 더는 운동을 하지 못하게 되었을뿐더러, 점차 상처가 썩어가기 시작했다. 그 탓에 그의 죽음이 앞당겨졌으며, 결국 부왕의 제90회 생일날인 1547년 1월 28일 화이트홀 궁전에서 서거하였다. 그때 그의 나이 55살이었다.

그는 마지막으로 "수도사들! 수도사들! 수도사들!"이라는 말을 남긴 다음 곧 숨을 거두었다. 그의 시신은 윈저 성에 있는 세인트 조지 예배당에 매장되었다. 그가 죽은 후 10년 이내에 그의 상속인 세 명이 연달아 왕위에 올랐다. 그리고 세 명 모두 후손을 남기지 못하고 사망하였다.

왕비를 여섯 명이나 바꾸고, 이유 없이 이혼하고 두 명의 왕비를 처형했으며 조정 대신과 측근의 많은 사람을 처형하는 등의 공포정치를 행했다는 비판이 있지만, 기독교 역사에서 로마 교황청과 대립한 왕으로 더 알려져 있다. 이 싸움은 결국 헨리 8세가 종교개혁을 단행하여, 6세기 이래 로마 가톨릭의 지배를 받아 오던 잉글랜드 교회를 독립시키고, 로마 교황 대신 잉글랜드 국왕이 잉글랜드 교회의 우두머리로 자리 잡는 결과를 가져오게 되었다.

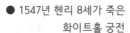

● 1547년 헨리 8세가 죽은 화이트홀 궁전

■ 에드워드 6세

 헨리 8세가 55세를 일기로 사망하자 에드워드 6세는 고작 9살의 어린 나이로 즉위하였다. 에드워드 6세는 적법한 왕위계승권자를 간절히 원하던 헨리 8세가 3번째 왕비인 제인 시모어에게서 얻은 귀하디귀한 아들이었다. 튜더 왕가에 후손이 귀했던 데다가 당시 영아사망률도 매우 높았기 때문에, 헨리 8세가 무척이나 보호했다고 한다.

 왕이 워낙 어렸기에 외삼촌들인 에드워드 시모어와 토머스 시모어가 섭정을 하다시피 했는데, 둘은 서로 사이가 나빴고 조카를 통제하기 위해 서로 경쟁했다. 외삼촌들이 벌인 정쟁의 희생자였던 에드워드 6세는 두 외삼촌 모두를 두려워하기도 했다. 특히 성격이 불같고 노골적인 야심가였던 작은외삼촌 토머스 시모어는 헨리 8세의 마지막 왕비였던 캐서린 파와 재혼하여 아이까지 가졌음에도 불구하고, 캐서린이 데리고 온 의붓딸 엘리자베스 1세(헨리 8세와 앤 불린 소생의 딸)와 결혼해 왕위에 접근해 보고자 그녀에게 추파를 던져, 한때 결혼이 파탄날 위기에 처하기도 했다. 결국 그는 어린 왕을 납치하려다가 반역죄로 처형을 당했다.

 큰외삼촌인 에드워드 시모어는 토머스보다 냉정했지만, 결국 자신에게 대항하는 세력이 생기자 조카인 어린 왕을 보호하겠다는 명분 아래 윈저 성으로 데려가서 사실상 감금하였다. 이에 에드워드 6세는 불편한 심기를 노골적으로 드러내면서 외삼촌을 지지하지 않음을 천명했고, 에드워드 시모어는 몰락하게 되었다. 그는 결국 존 더들리의 세력과 대치하다가 처형당하였다. 처형 문서에는 물론 에드워드 6세가 서명했다.

● 에드워드 6세의 초상

이복 누나들인 메리 1세(헨리 8세와 아라곤의 캐서린 사이에서 출생한 딸), 엘리자베스 1세와는 사이가 나쁘지 않았다. 나이 터울이 20년 넘게 져서 엄마뻘인 큰누나 메리와는 특히 사이가 좋았는데, 메리가 가톨릭을 고집하여 일주일에 4~5번은 미사에 참례하는 바람에 신교도(성공회)였던 에드워드와 충돌을 빚었다. 한번은 이 문제로 메리와 싸우다가 둘 다 울음을 터뜨리기도 했는데, 직후 에드워드는 메리에게 "내가 누나에게 갖고 있는 애정을 시험하려 하지 말라"라고 차갑게 경고하는 편지를 보냈다.

　에드워드 6세는 독실한 신교도로, 자신이 후사를 남기지 못하고 죽으면 가톨릭 신자인 누나 메리가 왕위를 이어받아 성공회를 없애려 할 것을 걱정했다. 둘째 누나 엘리자베스가 성공회 신자이긴 했지만, 둘째에게 왕위를 물려줄 명분을 찾기는 힘들었다. 갑작스레 찾아온 병이 악화되어 죽음이 확실시되자, 에드워드 6세는 왕위 승계 문서를 수정하였다. 메리를 왕위 계승권자에서 제외하면서 자연스럽게 엘리자베스도 제외한 뒤, 신교도인 친척 제인 그레이에게 왕위를 넘기기로 한 것이다. 이는 결국 엄청난 분란을 낳게 된다.

● 에드워드 6세(Edward VI)

에드워드 6세(1537년~1553년)는 튜더 왕가 출신으로, 잉글랜드 왕국 및 아일랜드 왕국의 국왕이다. 헨리 8세와 그의 제2계비인 제인 시모어 사이에서 태어난 아들이다. 에드워드 6세부터 메리 1세까지의 10여 년간은 역사가들로부터 영국 역사상 가장 황폐했던 기간으로 평가받는다. 그의 통치기에는 예전 통일법 제정과 영문 성공회 기도서 발표(1549년) 등에 의해, 성공회의 탈 로마 가톨릭화가 진행되었다.

● 헨리 8세와 제인 시모어, 어린 에드워드의 가족 초상이다.

■ 비운의 여왕 제인 그레이

제인 그레이는 도셋 후작 헨리 그레이와 헨리 8세의 조카인 레이디 프랜시스 브랜든 사이의 세 딸 중 장녀로, 영국 레스터셔에서 태어났다. 모계 쪽으로 튜더 왕가의 혈통을 이었기에, 야심만만한 부모는 제인 그레이를 항상 왕과 혼인시키려고 했다.

뿐만 아니라 권력에 눈먼 부모가 워낙 극성맞아서, 제인은 어릴 때부터 조금만 실수를 해도 부모에게 모진 매질을 당했다고 한다. 후에 제인이 정치적인 이유로 처형될 때에도 드디어 평화를 누리게 될 것이라고 주변 사람들에게 말했을 정도로, 그녀의 부모는 정말 문제가 많았다.

당시 사람들이 그녀의 외모를 아름답다고 표현해 놓은 기록이 남아 있는 것으로 보아, 당시 기준으로 상당한 미녀였던 듯하다. 하지만 외향적이고 사교계에 나가 다른 사람들과 어울려 노는 것을 좋아하는 부모와는 달리, 내성적이었다고 한다. 이 역시 그녀의 부모가 그녀를 탐탁잖게 여겨 체벌하는 이유가 되었다. 하지만 두뇌가 명석하고 학구적인 성격이라 당시 여성으로서는 드물게 그리스어, 라틴어, 히브리어를 모두 구사할 수 있었다.

자기 뜻대로 딸을 통제하려는 부모에게 눌려 살다가 후에 헨리 8세의 마지막 아내인 캐서린 파가 데리고 가 1년 정도 맡아 기른 적이 있었는데, 그 시기가 제인 그레이의 인생에서 가장 행복했던 시기라고 한다.

헨리 8세와 결혼하기 전에 늙은 재력가와 두 번 결혼하여 그 전처 소생 자식들을 살뜰히 돌본 바 있던 캐서린 파는 제인 역시 친딸처럼 보살펴 주며, 제인이 학문을 갈고 닦도록 따뜻하게 격려해 주었다고 한다. 그러나 파가 출산한 지 얼마 뒤에 산욕열로 죽자 다시 부모에게 돌아와야 했고, 그녀의 불행이 본격적으로 열리게 되었다. 물론 이 모두가 그녀의 부모의 탐욕에서 비롯된 일이었다.

탐욕에 가득 찬 부모는 처음에 제인을 헨리 8세의 왕빗감으로 내세웠지만, 이미 헨리 8세는 왕비를 한참 갈아치웠던 데다가 노령이라 실패했다. 그러자 헨리 8세의 아들 에드워드 6세의 왕비로 들이려 했다. 그러나 에드워드 6세와의 혼담도 주선자인 토머스 시모어가 반란을 일으켰다는 이유로 숙청당한 데다가, 에드워드 6세가 병으로 요절하는 바람에 허사로 돌아갔다. 그러자 마침 그녀를 에드워드 6세의 후계자로 만들려는 노섬벌랜드 공작 존 더들리와 제인의 부모는 손을 잡게 되었다. 제인의 부모는 제인을 존 더들리의 아들 길퍼드 더들리와 강제로 결혼시켰고, 병석에 누운 에드워드 6세를 회유해 제인을 차기 왕위계승권자로 지정하게 하였다.

　원래 에드워드가 후손 없이 사망하게 되면 계승권 순서상 에드워드 6세의 큰누나인 메리 1세가 왕위를 잇게 되지만, 에드워드 6세와 달리 그녀는 열렬한 가톨릭 신자였다.

　메리 다음으로 계승권을 가진 둘째 누나 엘리자베스 1세는 성공회 신자였으나, 불행히도 왕비 작위를 잃고 사형당한 죄수 앤 불린의 딸이라는 문제가 있었다. 그래서 존 더들리의 입장에선 당시 나이가 어리기에 다루기 쉬울 제인을 택한 것으로 보인다. 이건 당시 왕위 계승권 서열이 첫 번째가 메리, 두 번째가 엘리자베스, 3번째가 레이디 프랜시스 브랜든, 4번째가 프랜시스의 장녀인 제인이었다는 점을 생각해 보면 알 수 있다.

　제인은 길퍼드와의 결혼을 원하지 않았으나, 부모의 강압에는 어찌할 도리가 없었다. 그러나 길퍼드가 제인을 성적으로 학대했기 때문에, 결혼생활도 순탄치 못했다. 에드워드 6세가 사망한 후에 제인은 자신이 여왕으로 추대되었다는 소식을 들었을 때, 그 자리에서 졸도했을 정도로 경악했다. 어떻게든 즉위하지 않고자 필사적으로 거부했지만, 부모와 주변 인물들의 강압 앞에서 그녀가 할 수 있는 것은 없었다.

■ 제인 그레이의 처형

제인의 부모와 노섬벌랜드 공작이 제거하려고 했던 메리 1세는 런던을 탈출한 후 민중의 지지를 받으며 런던에 재입성하게 되었고, 전세가 바뀐 그 순간에 제인의 부모는 제인과 길퍼드를 버려두고 도망쳤다.

민중의 지지를 받아 적법하게 즉위한 메리 1세는 제인이 순전히 어른들의 욕심으로 자기 의사와는 상관없이 여왕으로 즉위하게 된 걸 알고 있었기에 제인을 동정해, 목숨만은 살려줄 생각이었다. 그러나 독실한 신교도인 제인이 가톨릭으로 개종할 것을 끝내 거부하자 제인이 살아 있는 건 나중에 문제가 될 수 있다고 판단하여, 결국 제인 그레이를 런던 탑에서 처형할 것을 명하였다.

아름답고 총명했지만, 야심만 많은 부모 때문에 억울하게 희생당한 경우라 처형 당시 군중들도 그녀를 동정했다고 한다. 제인은 눈이 가려졌을 때 처형대를 못 찾아 당황한 것 말고는 마지막 기도를 마치고 의연하게 죽음을 맞았는데, 역시 처형을 앞두고 두려움을 참지 못했던 길퍼드와 사뭇 달랐던 그 모습 역시 안타까움을 사기에 충분했다. 사망 당시의 나이는 고작 16세. 그녀가 여왕에 오른 지 9일 만의 일로, 말 그대로 한번 제대로 피어보지도 못한 채 꽃다운 나이에 스러져 버렸다.

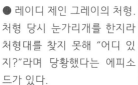

● 레이디 제인 그레이의 처형. 처형 당시 눈가리개를 한지라 처형대를 찾지 못해 "어디 있지?"라며 당황했다는 에피소드가 있다.
폴 들라로슈의 작품.

■ 메리 1세

메리 1세는 오랜 기간 동안 아버지 헨리 8세의 외동딸이었다. 그녀는 헨리 8세와 아라곤의 캐서린 사이가 틀어질 때까지 아버지의 사랑을 한 몸에 받았다. 헨리 8세는 메리 1세에게 영국 왕족 중 처음으로 '웨일스의 여공작(Princess of Wales)' 칭호를 내렸고, 처음으로 독립된 궁정을 두도록 했다.

그러나 헨리 8세는 왕가의 존속을 위하여 간절히 아들이 탄생하기를 바랐다. 헨리 8세가 아라곤의 캐서린과 이혼하고 앤 불린과 재혼한 후, 메리는 새 왕비 앤에 의해 공주 자격이 정지되었다. 이복 여동생 엘리자베스가 태어나자 앤 불린은 메리의 왕위 계승권을 빼앗아, 서녀 취급 하도록 했다. 메리는 헨리 8세의 마지막 왕비인 캐서린 파에 의해 간신히 공주 신분이 복권되었다.

이복 남동생 에드워드 6세의 치하에서는 가톨릭 신앙과, 통일령 및 신기도서의 거부로 박해를 받았다. 그 후 에드워드 6세가 1553년에 16살의 어린 나이에 죽자, 노섬벌랜드 공작 존 더들리는 자기 아들과 결혼시킨 제인 그레이를 새로운 군주로 옹립했다. 하지만 이에 반발하여 귀족들과 국민들이 봉기를 일으켰고, 이들의 절대적인 지지를 받은 메리가 오게 되면서 존 더들리의 책략은 실패로 끝났다. 메리는 스스로 여왕 즉위를 선언하였으며, 노섬벌랜드 공작은 9일 후에 구속되어 대역죄인으로 처형되었다. 이리하여 메리는 사실상 잉글랜드 최초의 여왕이 되었다.

● 1544년의 메리 1세

● 헨리 8세의 장녀 메리

메리 1세는 튜더 왕조의 네 번째 왕이자 잉글랜드의 첫 여왕이다. 헨리 8세와 캐서린 왕비 사이에서 유일하게 생존한 장녀이다. 어머니 캐서린 왕비가 헨리 8세로부터 버림 받았고, 자신 또한 앤 불린으로부터 멸시를 받으며 이복동생인 엘리자베스의 시녀일을 하는 수모를 겪었다. 그런 재투성이 아가씨가 잉글랜드 여왕으로 즉위하게 되었다.

■ 피의 메리

독실한 로마 가톨릭 신자였던 메리 1세는 부왕 이래의 종교개혁을 뒤엎어 로마 가톨릭의 복귀 정책을 실행에 옮겼으나, 교회의 재산을 돌려받을 수는 없었다. 그녀는 휴 레티머 주교, 니콜라스 리들리 주교, 토머스 크랜머 대주교 등의 성공회 성직자들과 개신교 신자들을 차례대로 체포하여 처형시켰는데, 그 수가 300명에 달했다고 전해진다. 이로 인해 그녀는 '피의 메리(Bloody Mary)'라는 별명으로 불리게 되었다.

그녀는 또 "마르틴 루터, 장 칼뱅, 마일스 커버데일, 에라스무스, 윌리엄 틴데일 등등의 이름으로 씌어진 책들, 원고들, 혹은 보고서들, 또한 가톨릭에 어긋나는 그릇된 원리들이 씌어 있는 책들을 영국으로 가지고 들어오는 사람들은 지위 고하, 출신을 막론하고 모두 엄벌에 처해질 것이다"라고 명령을 내렸다. 이런 독선적인 친가톨릭 정책은 개신교인들의 반발을 불렀다.

스페인 왕가의 혈통을 이어받은 메리는 자신의 결혼 상대로 신성로마제국의 카를 5세의 아들이자 아스투리아스 공인 펠리페를 선택하였다. 그러나 가톨릭 국가인 스페인 왕자와의 결혼에 반대하는 신료들이 많았으며, 켄트에서 토머스 와이어트 등이 봉기를 일으킬 정도로 사태가 악화되었지만, 반란은 실패하였고 와이어트는 런던의 타워힐에서 처형되었다. 이때도, 또 이후 일어나는 반란에서도 모두들 엘리자베스를 왕위에 올릴 것을 요구하였다.

● 블러디 메리

보드카와 토마토 주스를 넣은 칵테일로, 흔히 해장술이라고 불리기도 한다. '피의 메리'라는 무서운 이름을 가지고 있는 이 칵테일은, 16세기 중반의 잉글랜드 여왕 메리 튜더(Mary Tudor, 1516~1558)로부터 유래했다는 설이 가장 유력하다. 가톨릭교를 부활시키고 신교도를 박해한 것으로 유명한 메리 여왕은, 무자비한 신교도 박해로 인해 '피의 메리'라고 불렸다.

메리는 모두의 반대를 무릅쓰고 1554년 7월 20일에 펠리페와 결혼하였다. 이때 메리의 나이는 38살, 펠리페의 나이는 27살이었다. 1556년에 펠리페는 본국으로 귀국하여 펠리페 2세로서 국왕의 자리에 올랐으며, 1년 반 후에 런던으로 돌아왔지만, 겨우 3개월만 머무르고 다시 스페인으로 돌아가 버렸다. 결국 잉글랜드는 프랑스와 스페인 간의 전쟁에 휘말려 프랑스에 패함으로써, 대륙에 가지고 있던 마지막 영토인 칼레를 영원히 상실하게 되었다.

펠리페 2세와 결혼한 후 메리는 아이를 간곡히 바랐지만, 난소종양에 걸려 아이를 낳지 못했다. 한편, 메리는 어머니 아라곤의 캐서린을 궁정에서 쫓아버린 앤 불린의 딸, 이복 여동생 엘리자베스를 평생 동안 미워했다. 자신의 어머니가 헨리 8세로부터 버림 받고 이복 여동생의 세례성사에 하녀들이나 하는 시중을 들라고 명령받은 굴욕을 맛보고 나서 시작된 메리의 원한은 뿌리가 깊었던 것이었다. 앤 불린이 처형될 때까지 메리가 엘리자베스의 하녀로 봉사했던 것도 사실이다. 메리는 죽기 전날에, 자신의 후계자로서 여동생을 지명했다.

메리 1세는 5년여 동안 재위한 후, 난소암에 걸려 1558년 11월 17일에 세인트 제임스 궁전에서 사망하였다. 메리의 기일은 그 후 2백년 동안, 압제에서 해방된 축제일로 기념되었다.

● 메리 1세(Mary I)

메리 1세는 통치기간 동안 신교도들을 무자비하게 박해한 것으로 악명이 높다. 사회적 냉소와 부정에 의해 어머니(헨리 8세의 첫 아내 캐서린)의 명예가 짓밟힌 어렸을 때, 이미 그녀의 성격은 비뚤어졌다. 이교도에 대한 최초의 화형식은 1555년 2월에 거행되었다. 사형을 집행하는 사람들이 너무나 미숙하여 이들의 죽음은 생각보다 훨씬 더 잔인한 참상을 연출했기에, 메리 여왕은 '피의 메리'라는 악명을 얻기 시작했다.

● 잉글랜드의 여왕 메리 1세

엘리자베스 1세

엘리자베스 1세(Elizabeth I, 1533년~1603년)는 1558년부터 1603년까지 44년간 잉글랜드 왕국 및 아일랜드 왕국을 다스린 여왕이다. 본명은 엘리자베스 튜더(Elizabeth Tudor)이다. 열강들의 위협, 급격한 인플레이션, 종교 전쟁 등으로 혼란스럽기 그지없던 16세기 초반 당시 유럽의 후진국이었던 조국을 세계 최대의 제국으로 발전시키는 데 이바지하였다. 엘리자베스 1세는 평생을 독신으로 지냈기 때문에 '처녀 여왕(The Virgin Queen)'이라 불렸고, 그녀를 마지막으로 튜더 왕가는 단절되었다. 그녀는 늘 "짐(朕)은 국가와 결혼하였다"는 말을 입버릇처럼 공공연하게 말해 국민들을 기쁘게 하였다. 여왕의 이러한 독신주의는 어린 시절에 어머니와 계모가 아버지에게 죽임을 당한 데서 받은 충격, 그리고 그녀에게 최초로 청혼한 시모어 제독이 '정부의 허가 없이 공주에게 청혼했다'는 죄목으로 처형당한 것이 크게 영향을 끼친 것으로 알려져 있다.

■ 엘리자베스 1세의 치적

1558년 11월 17일에 메리 1세가 병으로 죽자, 엘리자베스가 뜻하지 않게 국민들의 대대적인 환영을 받으며 런던에 입성한 후, 25살의 나이로 화려한 대관식을 치르며 여왕으로 즉위하였다.

● 엘리자베스는 헨리 8세와 앤 불린 사이에서 태어난 외동딸이다. 어머니 앤 불린은 왕자를 낳지 못했고, 엘리자베스가 태어난 지 3년도 안 되어 사형을 당했다.

엘리자베스 1세의 업적은 종교분쟁을 지혜롭게 해소한 데 있다. 메리 1세의 로마 가톨릭 복고 정책 그리고 성공회와 개신교에 대한 탄압은 토머스 크랜머 대주교 등의 성공회 주교들을 포함한 약 300명의 개신교 신자들을 화형시키고 말았다. 이 같은 공포 정치에 시달리던 국민들은 성공회 신자인 엘리자베스 1세의 즉위를 환호로 맞이하였다. 하지만 엘리자베스 1세는 국민들의 바람과 달리, 독실한 성공회 신자가 아니었다.

엘리자베스는 전형적인 르네상스인이었고, 같은 기독교인들끼리 죽고 죽이는 종교분쟁을 보면서 자랐기 때문에 종교적 극단성을 극도로 혐오하였다. 그리하여 그녀는 1559년, 헨리 8세의 반(反)교황 법령을 되살린 '왕위지상권'(흔히 '수장령'이라고 불린다)을 의회에서 통과시켜 로마 가톨릭의 정치적 간섭을 배제하였으며, 영국 성공회를 다시금 영국의 국교로 확립하여 자신을 영국 성공회의 상징적인 수장으로 선언하였다. 물론 왕위지상권(수장령)은 근대에 이르러 잉글랜드의 민주주의가 발전하면서 자연스럽게 없어졌다. 또한 세계성공회공동체(Anglican Communion)에 속한 성공회 교회들은 영국 왕실과 아무 관련이 없는 독립적이고 자치적인 지역 교회(관구교회)들이기 때문에, 성공회를 영국 국왕이 수장인 교회로 이해하는 것은 올바른 이해가 아니다.

　엘리자베스는 개신교회와 로마 가톨릭 교회 간의 극단을 피하는 중용(Via Media) 노선을 걸음으로써, 종교 문제로 혼란스러웠던 사회를 바로잡았다. 엘리자베스 1세의 중용정책은 성공회한테 '개혁하는 보편적 교회(Reforming Catholic Church)'로 설명되는 고유의 정체성을 부여하였다.

● 성공회(Anglicanism)

16세기 잉글랜드 종교개혁으로 탄생한 영국 국교회의 전통과 교리를 따르는 교회를 통칭한다. 19세기 이후 여러 국가에 형성된 성공회를 제도적으로 정비하여, 현재는 "세계성공회공동체(Anglican Communion)"로 일컫는다. 흔히 성공회 하면 영국 국교회를 떠올리지만, "영국 국교회"라는 용어는 성공회 전체를 지칭하는 것이 아니라 잉글랜드 성공회만을 가리킨다. 교파로는 초기 개혁 교회에서 파생된 만큼 교황의 권위를 인정하지 않는 개신교적 전통이 존재하나, 사도들의

● 성공회공동체 기

성사(聖事)를 인정하고 있다는 점에서 대륙개신교와 비교된다. 따라서 개혁 교회 교파 안에 포함되어 있다고 하더라도, 대륙개신교(감리회, 장로회, 신루터파, 회중회 등)와 따로 분리해서 보기도 한다.

■ 엘리자베스 1세의 경제정책

대내적으로는 추밀원을 중심으로 유능한 정치가들을 등용했으며 정치는 성실
청을 통해, 종교는 특설고등법원을 통해 통제하였다. 모직물 공업을 육성하고
장려하였기 때문에 농촌을 중심으로 경제가 급속히 발전할 수 있었지만, 양을
키우기 위해 목초지를 확대한 인클로저(enclosure)가 광범위하게 이루어지면서
토지에서 쫓겨난 농민들이 전국을 떠돌아다녔기 때문에 치안에 문제가 생겼다.

당시 농지를 잃은 농민들의 방황은 심각해서, 토머스 모어가 《유토피아》에서
'양이 사람을 잡아먹는다'고 할 정도였다. 그러자 엘리자베스 1세는 구빈법 또
는 튜더구빈법으로 불리는 사회복지 정책을 제정하였는데, 다음과 같은 특징
이 있다.

① 근로의욕을 꺾을 수 있는 구걸과 개인적인 자선행위를 금지하였다.

② 구빈세를 제정하여 사회복지 비용을 마련하였다.

③ 노동능력이 있는 사람은 공공사업을 마련하여 일을 하게 하고, 노동능력
이 없는 사람(장애인, 노령자 등)은 구빈세로 마련한 사회복지 비용으로 돌보았다.

④ 교화소를 두어, 노동의욕이 없는 자들을 강제노역으로 처벌하였다.

● 엘리자베스 1세의 애민정책

엘리자베스 1세가 실시한 정치 방식의 핵심은
민중의 소리를 듣는 애민정치였다. 그녀는 1
년에 두 번쯤 순시를 하면서 민중들의 여론을
들었는데, 이는 유럽의 다른 왕들에 비해 비교
적 많은 횟수이다.

● 엘리자베스 튜더
1546년경, 익명의 예술가가 그린 그림. 이 초
상화의 꾸밈없는 모습은 이후에 등장하는 화
려한 초상과 대비되는 것이다.

■ 반(反) 스페인 정책

엘리자베스 1세는 잉글랜드의 국력이 프랑스나 스페인에 한참 못 미친다는 것을 알고, 표면적으로는 세력 균형 정책을 펴면서도 뒤로는 프랜시스 드레이크 등의 해적들을 지원하여 스페인을 견제하였다.

마르틴 루터의 종교개혁 이후 네덜란드의 독립 전쟁에서는 개신교 국가인 네덜란드를 지원했다. 그 결과 가톨릭을 국교로 한 스페인과의 관계가 금이 가게 되었고, 그 이래로 두 나라는 숙명의 라이벌이 되었다.

그 무렵 스코틀랜드의 여왕이자 로마 가톨릭교도인 메리 스튜어트가 장로교를 믿는 귀족들의 반란으로 어린 아들인 제임스에게 왕위를 넘겨주고, 1568년 잉글랜드로 망명하였다. 메리는 그 후 20년 동안 자신이 헨리 8세의 누나의 적손녀임을 내세워, 엘리자베스 1세를 제거하고 영국의 왕위를 차지하기 위해 온갖 음모를 꾸몄다. 그러다가 1587년 마침내 엘리자베스 1세 암살 계획이 모의된 배빙턴 음모사건의 전모가 드러나, 메리는 단두대에서 처형되었다.

엘리자베스 1세를 견제하는 데 필요한 메리 스튜어트가 처형되자, 스페인은 잉글랜드에 대해 선전포고를 하였다. 1588년 펠리페 2세는 스페인이 자랑하는 '무적함대'를 출동시켜 잉글랜드를 제압하려 했다. 그러나 무적함대는 영국 해협에서 교묘한 작전을 사용한 영국 함대에 패하였고, 그 후 폭풍우를 만나 재기 불능 상태에 빠지게 되었다. 이 전투의 결과 스페인의 지위는 크게 흔들렸고, 유럽에서의 주도권도 상실해 쇠락의 길을 걷게 되었다.

● 스페인의 펠리페 2세(1527년~1598년)는 합스부르크 왕가 출신의 스페인 국왕이었다. 1580년부터는 필리피 1세로서 포르투갈 국왕도 겸했다. 또한 메리 1세의 배우자로서, 잉글랜드의 공동 통치 국왕이기도 하였다.

■ 엘리자베스 1세의 르네상스 시대

　그 반면 잉글랜드는 이러한 내적 발전과 외국과의 대결 속에서 국민들의 정신적 결속과 일체감이 생겨났으며, 이는 엘리자베스 1세 여왕 시대를 국민 문학의 황금기로 만들었다. 윌리엄 셰익스피어의 문학과 프랜시스 베이컨의 경험론 철학이 이 시대의 대표적인 성과였다.

　당시 영국 민중들은 집안에 악기를 갖추어 문화활동을 즐길 정도로 엘리자베스 1세 시대의 영국 문화는 꽃을 피웠다. 또한 아메리카 대륙에 독신인 엘리자베스 1세의 이름을 딴 버지니아라는 이름의 식민지를 개척하였고, 아시아에는 식민지 경영기관인 동인도회사를 창설하여 그 세력을 세계로 뻗쳐나가, 잉글랜드 왕국이 훗날 대영 제국으로 발전하는 데 필요한 발판을 만들었다. 그리하여 이 시대를 '엘리자베스 시대(Elizabethan era)'라고 부르게 된다.

　이처럼 화려했던 엘리자베스 1세의 치세 말년은 그리 좋지 않았다. 아무리 엘리자베스 1세가 '훌륭한 여왕 베스(Good Queen Bess)'라고 불릴 정도로 절대적인 인기를 얻었더라도, 그녀 역시 절대군주임에는 틀림이 없었다.

● 윌리엄 셰익스피어(William Shakespeare)

윌리엄 셰익스피어(1564년~1616년)는 영국의 극작가, 시인이다. 그의 작품은 영어로 된 작품 중 최고라는 찬사를 받으며, 셰익스피어 자신도 최고의 극작가로 손꼽힌다. 그는 자주 영국의 "국민 시인", "에이번의 시인"으로 불렸다. 엘리자베스 여왕이 지배하던 영국의 16세기 후반은 문예 부흥기일 뿐 아니라, 국가적 부흥기이기도 했다. 동시에 사회의 제반 양상들이 요동치고 변화하는 전환기이자 변혁기이기도 했다. 성숙한 문학적 또는 문화적 분위기, 역동적인 사회가 던져주는 풍부한 소재들은 셰익스피어의 작품 곳곳에 녹아들었으며, 이를 통해 그의 작품들은 문학작품을 넘어 사회와 역사에 대한 참고서 역할까지 하게 된다.

■ 엘리자베스 1세의 말년

잉글랜드는 1596년~1597년의 흉년과 무역 쇠퇴로 인해 지속적인 물가 폭등 및 실업자 대량 발생으로 어려움을 겪었고, 국민들의 의욕도 땅에 떨어졌다. 여왕의 부패하고 탐욕스러운 총신들은 대중의 증오심을 더욱 불러일으켰다. 여기에 아일랜드를 정복하기 위한 일련의 군사적 시도는 엘리자베스 1세의 마지막 총신인 에섹스의 백작 로버트 데버루의 반란(1601년)에서 절정에 이르렀다.

데버루는 아일랜드 총독의 자격으로 아일랜드의 반란 진압을 시도하였다. 그러나 반란 진압에 실패하고 불리한 조약을 체결해야 되는 상황에 이르자, 갑자기 총독의 위치에서 이탈하여 여왕에게 직접 해명하겠다며 영국으로 돌아왔다. 엘리자베스 1세는 이 소식을 듣고 크게 분노하였으며, 반란 진압 실패에 대한 책임을 물어 그의 관직을 박탈했다. 데버루는 이에 앙심을 품고 300명의 추종자들과 함께 1601년에 런던에서 대중 봉기를 일으키려 했으나 실패하고, 반역죄로 처형되었다.

엘리자베스 1세가 런던에서 겪은 반란의 후유증은 심각하였다. 우울증과 노인성 질환들이 극도로 악화되면서 기력을 잃어가던 그녀는 1603년 3월 24일, 70살의 나이로 숨을 거두었다. 신하들이 쉬어야 한다고 권하자 엘리자베스 1세는 "'해야 한다'(must)는 단어는 군주에게 할 만한 것이 아니라오."라고 답변했으며, 얼마 뒤 죽었다. 그녀는 죽을 때까지 전제 군주의 품위를 흐트리지 않았던 것이다.

● 국왕 대관식에서 예복을 입은 엘리자베스 1세. 그녀는 여왕 대관식의 전통을 따라 머리를 풀었다. 당시 길게 늘어뜨린 머리는 결혼하지 않은 처녀를 상징했다. 그림의 제작 일자는 17세기 초반이며, 이 그림은 소실된 원본에 바탕을 두고 모방해서 그린 것이다.

르네상스

르네상스(Renaissance) 또는 문예부흥(文藝復興)은 유럽 문명사에서 14세기부터 16세기 사이에 일어난 문예부흥 운동을 말한다. 과학 혁명의 토대가 만들어져 중세를 근세와 이어주는 시기가 되었다. 여기서 문예부흥이란 구체적으로 14세기부터 16세기 말까지 유럽에서 문화 · 예술 전반에 걸쳐 일어난, 고대 그리스와 로마 문명의 재인식과 재수용을 의미한다. 이 점에서 르네상스는 일종의 시대적 정신운동이라고 말할 수 있다. 역사적인 측면에서 유럽은 르네상스의 시작과 더불어 기나긴 중세 시대의 막을 내렸으며, 동시에 르네상스를 거쳐서 근세 시대로 접어들게 되었다. 르네상스의 정신, 혹은 운동은 이탈리아에서 비롯되었으며, 얼마 안 가 알프스를 넘어 유럽의 다른 국가들, 즉 프랑스, 네덜란드, 영국, 독일, 스페인 등지로 퍼져나갔다.

■ 르네상스의 시작

르네상스를 시간적 · 지역적으로 명확히 구분할 수는 없다. 여러 곳에서 점진적으로 시작된 것이며, 마찬가지로 중세가 언제 어디서 끝나는지도 얘기할 수 없다. 르네상스는 보통 이탈리아 중부의 피렌체에서 시작되었다고 보고 있다.

이탈리아는 지리적으로 이슬람 세계 및 비잔틴 세계와의 접촉을 유지하여, 서유럽과의 가교 역할을 해왔다. 11세기 이후 이탈리아의 도시들은 상업의 발달과 십자군 전쟁으로 활성화된 끝에 점차 도시국가 형태의 자치도시가 되었다.

13세기 말의 경제성장기에는 사회계층의 변화가 심해져서 특유의 시민문화가 형성되었는데, 도시국가는 그 특성상 고대의 도시국가와 유사한 점도 있어 로마법이나 정치제도에 관심을 가지게 되었다. 이러한 조건들은 르네상스가 이탈리아에서 발생하게 된 원인이 되었다.

● 르네상스 발상지인 피렌체 전경

■ 이탈리아 르네상스의 성립

르네상스는 고대 로마의 멸망 이후 수백년 동안 침체되어 왔던 이탈리아인들이 그들의 입장에서는 야만인의 문화였던, 북쪽의 게르만 민족의 고딕문화를 넘어서기 위한 시도였다. 또한 피렌체, 베네치아 등 상업을 통하여 막대한 부를 축적한 북이탈리아의 도시들을 중심으로 르네상스가 시작된 것은 우연이 아니다. 이들은 자신들의 과거의 영광을 재현하면서, '야만인'들과는 차별화되는 문화를 만들고 싶었던 것이다.

14세기~16세기까지 이탈리아 도시들은 무역을 통해 경제력을 키웠다. 피렌체, 베네치아, 피사, 밀라노 같은 도시들은 이러한 경제력으로 자치권을 사들여 영주나 교황의 간섭에서 벗어났고, 인간에 대한 관심을 갖기 시작했다. 신도 인간처럼 표현하던 고대 그리스 · 로마 문화를 다시 부활시키려는 움직임이 나타났다. 예술과 문학에 나타난 이 새로운 기운을 르네상스라 한다. 특히 르네상스 미술은 이탈리아의 피렌체를 중심으로 전개되었고, 당시에 피렌체의 패권을 장악하던 메디치 가문이 예술가들에게 굉장한 후원을 해주었다.

● 메디치 가문(Medici family)

메디치 가는 13세기부터 17세기까지 피렌체에서 강력한 영향력을 발휘한 가문이다. 메디치 가는 세 명의 교황(레오 10세, 클레멘스 7세, 레오 11세)과 피렌체의 통치자(그 가운데서도 '위대한 로렌초'는 르네상스 예술의 후원자로 가장 유명함)를 배출하였으며, 나중에는 혼인을 통해 프랑스와 영국 왕실의 일원까지 되었다. 다른 귀족 가문들처럼 그들도 자기네 도시 정부를 지배하였다. 메디치 가문은 자신들의 권력 아래 피렌체를 두었으며, 예술과 인문주의가 융성한 환경으로 만들었다. 그들은 밀라노의 비스콘티와 스포르차, 페라라의 에스테, 만토바의 곤차가 등 다른 위대한 귀족 가문과 더불어 이탈리아 르네상스의 탄생과 발전을 이끌어 내는 데 큰 역할을 하였다.

● 로렌초 데 메디치

■ 인문주의

초기 르네상스를 체현한 인물로 피렌체 출신의 '단테'가 있다. 그는 정적에 의해 추방당해 유랑생활을 하던 중 대표작인《신곡》을 완성했다. 로마의 시인 '베르길리우스'를 지옥 · 연옥의 안내인으로 등장시키는데, 영혼의 정화를 통해 천국으로 승천할 수 있다는 내용으로 고전문학과 가톨릭 사상을 조화시켜 대 서사시를 그려내었다.

스콜라 철학자들이 그리스어와 아랍어로 된 자연과학 · 철학 · 수학에 집중한 중세 전성기와 달리, 르네상스 휴머니스트들은 라틴어와 그리스어 문학 · 역사 · 연설문 수집에 집중했다. "인문주의의 아버지"라고 불리는 페트라르카 등 초기 휴머니스트들이 키케로, 루크레티우스, 리비우스, 세네카의 저서를 찾아 유럽의 도서관을 수색한 것이 14세기였다.

또한 고대 그리스의 문학 · 역사 · 연설문 등은 라틴 세계에서도, 중세 이슬람 세계에서도 무시되고 있었고, 오직 비잔티움 학자들만이 보존하고 있었다. 1396년 초청을 받아들여 피렌체에 이주한 비잔티움의 외교관 겸 학자 마누엘 크리솔로라스(Manuel Chrysoloras)를 시작으로, 비잔티움 학자들이 이탈리아로 건너와 수많은 공헌을 했다.

● 프란체스코 페트라르카(Francesco Petrarca)

페트라르카(1304년~1374년)는 이탈리아의 시인이자 정치가이다. 사실상 르네상스 시대를 연 최초의 인문주의자이며, 최후의 중세인이자 동시에 최초의 르네상스인으로 평가받는다. 소네트 시의 대가로서 여러 편의 소네트를 집필하면서 이 형식을 확립시켰다. 그는 단테에 이어 출현한, 이탈리아 최고의 시인으로서 후세에 큰 영향을 주었다. 16세기 프랑스 르네상스가 특히 페트라르카의 영향을 크게 받았는데, 이는 페트라르카주의(pétrarquisme)라고 명명되기도 하였다.

■ 르네상스의 건축

르네상스 양식의 건축은 15세기 초, 필리포 브루넬레스키에 의해 피렌체에서 시작되었다. 아이러니하게도, 르네상스 시기 이전의 이탈리아 건축은 고딕 양식에 비하면 기술적으로 뒤떨어져 있었다. 북쪽의 '야만인'들은 자신들이 멸망시킨 로마의 건축 유산을 잘 이어받음으로써, 로마네스크 양식이라는 모방을 넘어 고딕이라는 대담하고도 놀라운 구조의 건축양식까지 만들었던 것이다. 이 고딕이란 명칭 자체는 이탈리아인들이 비하의 의미로 붙인 것이다. 고딕 건축으로 지어진 높은 성당과 거기에 들어간 기술(플라잉 버트레스, 리브 볼트 등)은 이탈리아인들이 가지지 못했던 신기술이었다.

그러나 이탈리아에서는 자존심이나 미학적인 취향의 다름으로 인해 고딕의 새로운 구조를 '높이에만 집착해 추한 덧댐으로 마무리해 놓은 불완전한 구조'로 규정했다. 따라서 르네상스 건축은 다른 방향으로 발전을 모색하게 된다. '높이'에 집착하던 고딕과 다르게, 건축물의 높이는 좀 낮더라도 건축의 '완성도'에 집중한 것. 기둥과 창의 엄격한 배치와 구성, 기하학적인 형태와 비례를 가진 장식, 중앙으로 집중되는 평면 구조와 거대한 돔을 통해서 완벽한 구성미를 가진 건축을 만들어 냈는데, 이것은 결국 르네상스의 상징이 되었다.

●산타 마리아 델 피오레 대성당의 돔

'브루넬레스키의 돔'이라 불리는 팔각형의 돔은 고딕 양식을 역사의 저편으로 밀어냄과 동시에, 르네상스 양식이라 불리는 새로운 건축 양식의 출발을 의미한다. 브루넬레스키가 돔의 얼개틀 없이 돔을 세우겠다고 나섰을 때, 이를 믿는 사람은 없었다. 그러나 그는 해냈다. 이 뛰어난 업적은 고전 건축에 대한 그의 연구와 공부의 성과물이다. 이후 브루넬레스키의 돔은 르네상스를 상징하는 건축이 되었으며, 유럽 전역으로 퍼져 미국의 백악관에까지 영향을 주었다.

■ 르네상스의 회화

초기에 활약한 화가들로는 조토 디 본도네, 마사초, 프라 안젤리코, 산드로 보티첼리가 있다.

조토는 사실적인 표정의 묘사, 투시, 명암 등으로 르네상스 회화의 발판을 마련하였고, 마사초는 최초로 선 원근법을 사용한 그림을 그렸다. 안젤리코는 〈수태고지(受胎告知)〉를 그렸고, 보티첼리는 앞의 세 화가와는 달리 그리스의 고전신화의 주제를 그림으로 그렸다. 앞선 세 사람이 르네상스 기술의 선구자들이라고 한다면, 보티첼리는 르네상스 정신의 선구자라고 할 수 있다.

보티첼리는 1464년 프라 필리포 리피의 제자로 들어가, 그림을 배우기 시작하였다. 이후 안드레아 델 베로키오의 제자로 들어가, 〈성모 마리아와 아기 예수〉를 그렸다.

1470년 독립하여 자신의 공방을 세웠다. 로렌초 데 메디치에게 고용되어 수많은 초상화를 그렸으며, 1482년 로마 시스티나 성당의 벽화를 그렸다. 그리고 무엇보다 르네상스의 아이콘으로 일컬어지는 〈비너스의 탄생〉을 완성시켰다.

● 보티첼리의 〈비너스의 탄생〉은 레오나르도 다 빈치나 라파엘로와 같은 르네상스 화가의 작품에서 느낄 수 있는 엄격한 고전적 사실주의와 차이를 두고 있다.

■ 르네상스 회화의 3대 거장

르네상스 시대에는 기라성 같은 많은 예술가들이 활동하고 있었지만 특히 미켈란젤로, 레오나르도 다 빈치, 라파엘로 등이 르네상스 회화의 전성기를 구가하였다.

미켈란젤로는 유년 시절부터 조토와 마사초의 작품들을 습작하며 그림에 많은 관심을 쏟아, 집안에서 자주 꾸중을 들었다. 하지만 소년 미켈란젤로의 재능을 알아본 메디치 가에서 아버지를 설득한 덕분에 미켈란젤로는 미술 공부를 할 수 있었다. 그는 13세 때 화가 도메니코 기를란다요에게서 배웠다. 또한 피렌체 대성당의 피에타, 팔레스타인의 피에타, 론다니니의 피에타 등의 조각상과 시스티나 성당의 〈천지창조〉와 〈최후의 심판〉 등의 프레스코화를 남긴 채 89세를 일기로, 외롭고 괴로웠던 긴 생애를 로마에서 마쳤다.

● 미켈란젤로 부오나로티(Michelangelo Buonarroti)

르네상스 전성기의 천재 조각가, 화가. 14세부터 메디치 가문의 후원을 받았으며, 20대에 성 베드로 성당의 '피에타'를 완성했다. 또 화가로서 〈최후의 심판〉 등 많은 걸작을 남긴 그는 르네상스 고전주의의 완성에 기여하는 동시에 바로크 시대를 예고했으며, 후세에 지대한 영향을 미쳤다.

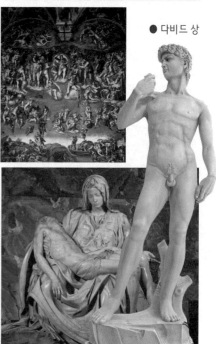

● 다비드 상

● 최후의 심판

● 천지창조

● 피렌체 대성당의 피에타

레오나르도 다 빈치는 1452년 4월 15일 토스카나 지방의 산골 마을 빈치에서 유명한 가문의 공증인인 세르 피에로 다 빈치(Ser Piero da Vinci)와 가난한 농부의 딸인 카타리나 사이에서 사생아로 태어났다.

1466년 열네 살 때, 안드레아 델 베로키오의 공방에 들어갔다. 베로키오는 그 당시 피렌체에서 가장 유명한 공방을 이끌던 실력 있는 예술가였다. 레오나르도는 그곳에서 20대 초반까지 미술 및 기술 공작 수업을 받았다. 제자의 재능을 알아본 베로키오는 레오나르도에게 그림을 맡기고 자신은 조각에만 몰두할 정도로, 그를 제자가 아닌 화가로 인정했다.

이후 밀라노의 스포르차 귀족 가문의 화가로 초빙되어 갔는데, 1482년~1499년을 제1의 밀라노 시대라고 부른다. 이 시기에 세계 미술사에서 가장 뛰어난 그림 가운데 하나로 손꼽히는 〈암굴의 성모〉와 〈최후의 만찬〉이 제작되었다.

〈암굴의 성모〉에서는 레오나르도 특유의 화법인 이른바 스푸마토(Sfumato)가 첫선을 보이게 되며, 뒤에 이 화법을 바탕으로 유명한 〈모나리자〉가 그려졌다.

● 스푸마토(Sfumato)

'연기'라는 뜻의 이탈리아어에서 나온 미술 용어이다. 회화에서 색과 색 사이의 경계선 구분을 명확하게 하지 않고 부드럽게 처리하는 기술적 방법이다. 레오나르도 다 빈치, 조르조네가 처음 이 기법을 사용했다. 이 방법을 쓴 대표적 작품은 〈모나리자〉이다.

● 암굴의 성모
● 모나리자

● 최후의 만찬

라파엘로는 화가이자 지성인인 조반니 산티의 아들이었다. 라파엘로는 젊어서부터 조형과 감정, 빛, 공간표현 문제까지 두루 연마하였다. 그의 천재성은 16세에 그를 대가의 반열에 올려놓았다.

1504년 그는 미켈란젤로와 레오나르도 다 빈치가 있는 피렌체로 이주하였다. 이곳에서 그는 <성모 마리아와 아기 예수>를 비롯한 수많은 작품을 제작하였다. 1508년에 교황 율리오 2세의 부름을 받아 로마로 간 그는 프레스코 연작을 제작하기 시작하였다.

교황청의 건축과 회화, 장식 등 미술 분야에 관한 감독 책임을 맡고 있던 라파엘로는 37세의 생일에 갑자기 죽게 된다. 그의 위대함을 알아보고 추기경 직위를 내리려 했던 교황 레오 10세는 라파엘로가 죽자 그를 애도하며 국가 장례를 치르게 한다. 라파엘로는 로마의 판테온에 묻혔다.

● 라파엘로(Raffaello)

짧은 생애에 많은 걸작을 남긴 라파엘로는 미술사에 크나큰 영향을 끼쳤으며, 19세기 전반까지 고전적 규범으로 받들어졌다. 피카소를 중심으로 한 현대 초기 미술을 큐비즘(입체파)이라 하는데, 라파엘로의 작품에서는 근대주의 미술의 표본적 그림이라 할 정도로 사실적인 극치가 잘 나타났다. 피카소의 그림은 다방면 입체감이 뛰어난데, 라파엘로의 작품 역시 그에 못지않게 입체감이 살아 있고, 특히 원근감이 정말 놀라울 정도로 환상적이다.

● 성모 마리아와 아기 예수
● 그리스도의 변용
● 아테네 대학당

■ 마키아벨리의《군주론》

마키아벨리는 1469년에 이탈리아의 피렌체에서 베르나르도 디 니콜로 마키아벨리의 아들로 태어났다. 1494년에 메디치 가가 몰락할 무렵 공직에 입신하여 피렌체의 공화국 10인 위원회의 서기장이 되었으며, 신성로마제국 등 여러 외국 군주들에게 외교 사절로 파견되면서 독자적인 정치적 견해를 구축하였다. 1498년부터 1512년까지는 공화국 제2재무성의 장관도 역임하였다.

외교와 군사 방면에서 크게 활약하였으나, 1512년 스페인의 침공에 의해 피렌체 공화정이 무너지고 메디치 가가 피렌체의 지배권을 회복하면서 공직에서 추방되어 독서와 글을 쓰며 지냈다. 이때 그는 메디치 가의 군주에게 바치는《군주론》을 저술한 것으로 여겨진다. 1513년 발표한 이《군주론》에서 위대한 군주와 강한 군대, 풍부한 재정이 국가를 번영하게 하는 것이고, 국가의 이익을 위해서라면 군주가 어떠한 수단을 취하더라도 허용되어야 하며, 국가의 행동에는 종교 및 도덕의 요소를 첨가할 것이 아니라는 마키아벨리즘을 발표하였다. 이러한 그의 정치 사상은 일찍부터 격렬한 논쟁을 불러일으켰다.

● 마키아벨리의 초상

●《군주론(君主論)》

《군주론》은 때로 근세 철학 분야에서, 특히 어떠한 관념적 이상보다도 실질적인 진리를 이끌어 내는 것이 더 중요하게 여겨지는 근세 정치 철학 분야에서 선구자 격의 저서라 일컬어진다. 또한 당대에 지배적이었던 가톨릭 사상 및 스콜라주의와의 직접적인 갈등 속에서《군주론》은 정치와 윤리를 바라보는 시각에 방점을 찍은 것이었다.《군주론》은 비교적 짧은 내용인데도 마키아벨리의 저술 중에서 가장 널리 알려져 있는데, 비아냥거리는 의미의 '마키아벨리즘'이란 단어는 여기서 유래되었다. 심지어 현대 서구에서 '정치'와 '정치가'라는 단어에 함축된 부정적인 의미 형성에도 영향을 끼쳤다.

■ 이탈리아 르네상스의 쇠락

15세기 말까지는 백년 전쟁 등으로 대륙의 사정이 혼잡해서 이탈리아는 외침의 걱정이 없었고, 평화를 유지할 수 있었다. 그러나 프랑스가 백년 전쟁을 마무리한 후 이탈리아에게 군침을 흘리기 시작하였고, 여기에 신성로마제국과 스페인을 비롯하여 전 유럽을 한 손에 틀어쥔 합스부르크의 강대한 황제 카를 5세의 출현으로 이탈리아는 강대한 영토 국가들의 영향하에 놓이게 되었다. 이제 프랑스나 스페인 등의 영토 국가는 이탈리아 개별 도시국가로서는 감당하기 힘들 정도로 군사력이 강해진 것이다.

16세기에 접어들자 이탈리아는 유럽 강대국들 사이에서 땅따먹기의 현장으로 변하였다. 특히 1525년 이탈리아를 둘러싼 파비아 전투에서 프랑스의 프랑수아 1세가 카를 5세에게 패배함으로써, 이탈리아는 사실상 신성로마제국의 지배하에 놓이고 말았다. 이에 당황한 교황 클레멘스 7세는 어떻게든 이탈리아 내에서의 자주권을 확보하고자 코냑 동맹을 결성하여 대항하였으나, 이것을 명분으로 카를 5세는 교황의 비열함을 비난하면서 가톨릭 군대로 하여금 교황령을 약탈하게 하는 진풍경을 연출하였다. 이것이 그 유명한 사코 디 로마(로마 약탈, 1527년). 이 전쟁에서 교황이 유폐에 가까운 피난 생활을 6개월간이나 하는 동안 로마는 쑥대밭이 되었고 르네상스풍 건물이 파괴되어, 현재 로마 시내에서는 르네상스풍 건물을 찾아보기 힘든 지경이다.

● 약탈당하는 로마

● 사코 디 로마(Sacco di Roma: 로마 약탈)

로마 약탈은 1527년 5월 6일 교황령의 수도 로마를 침략한, 신성로마제국의 황제 카를 5세가 이끈 신성로마제국군 가운데 일부가 통제에서 벗어나 로마 시내에서 무차별적으로 약탈을 자행한 사건이다. 이 사건을 통해 카를 5세와 코냑 동맹(1526~1529, 프랑스와 밀라노·베네체아·피렌체 그리고 교황령으로 구성됨) 간의 대결구도에서 카를 5세가 결정적인 승기를 잡게 되었다.

사코 디 로마는 사실상 이탈리아 르네상스를 종결지었다고 평가된다. 이후 이탈리아의 부는 고갈되고 문화는 생명력을 상실하는 한편, 대부분의 지역이 외세의 지배에 놓이고 만다. 이 시점을 흔히 '르네상스가 알프스 이북으로 건너간 분기점'이라 칭한다. 이후 결국 교황을 포함한 모든 이탈리아 도시국가가 카를 5세 밑에 굴종하는 처지로 전락했으며, 이탈리아는 지난 세기의 영화를 대륙에 내준 채 3류 세력으로 밀리고 말았다.

반면 대륙으로 이식된 르네상스는 그 나름대로 각국의 토양에 문화가 융성하게 꽃피는 기폭제가 되었으며, 이를 바탕으로 르네 데카르트 같은 우수한 철학자와 과학자들이 출현할 수 있었다. 특히 15세기 이탈리아 못잖게 상공업과 개방성을 중시했던 네덜란드의 경우 자체적으로 회화 예술이 붐을 일으켰다. 당시에 확산된 금속 활자 인쇄술 덕분에 15세기 말부터 르네상스 인문주의가 유럽 대륙으로 전파되지만, 유럽 전체가 균일하게 르네상스를 경험하지 않았다.

또한 종교에 대한 회의적 시각은 종교개혁에도 영향을 주었고, 군주론이라든가 인문주의에서 파생된 사회계약설은 훗날 유럽 각국의 절대왕정 체제 형성에도 큰 영향을 끼쳤다. 그 결과 적어도 계몽주의의 새로운 바람이 도래하기 전까지는 각국 귀족과 군주들의 후원 아래 다방면의 발전이 계속될 수 있었다.

● 카를 5세(Karl V)

합스부르크 가문이 배출한 최고의 군주로서 유럽에서는 중세 최후이자 근세 최초의 황제로 불리는 인물. 스페인의 공식적인 1대 국왕이자 신성로마제국의 황제, 이탈리아의 군주 등 국경을 초월한 여러 직함을 갖고 있어 중근세 유럽에서 가장 많은 나라의 왕관을 쓴 인물. 그는 중유럽과 서유럽 그리고 남유럽을 넘어, 아메리카 대륙과 필리핀 제도의 카스티야 식민지까지 포함한 광대한 영토를 다스렸다. 그의 영토가 너무나도 광대한 나머지, 그의 제국은 '해가 지지 않는 곳'이라고 불렸다. ● 카를 5세의 기마상

종교개혁

종교개혁(宗教改革, Protestant Reformation)은 1517년 마르틴 루터가 당시 로마 가톨릭교회의 부패와 타락을 비판하는 내용의 95개조 반박문을 발표하여 시작된 사건으로, 부패한 교회를 성경의 권위와 하느님의 은혜와 믿음을 강조함으로써 새롭게 변혁시키고자 했던 신학운동이다. 종교개혁 운동의 결과, 기독교는 로마 가톨릭교회와 동방 정교회, 비칼케돈파인 오리엔트 정교회, 개신교로 불리는 루터교, 침례교, 성공회, 개혁교회, 장로회 등의 교파로 분리되었다.

■ 종교개혁 시기의 면벌부

십자군 이후 봉건 사회가 점차 무너지는 한편, 상업의 발달로 농업 경제가 상업 경제로 옮겨지는 과정에서 사회의 구조에 변화가 생겨났다. 국가주의의 등장으로 스페인과 프랑스에서는 교회가 국가의 지배 아래 들어오게 되었고, 교황청의 '아비뇽 유수'(1309년~1377년)로 인한 교황권의 몰락은 교회 개혁을 가속화했다.

르네상스와 더불어 각종 예술의 부흥이 유럽 전역에서 일어나면서, 교회도 예술적인 감각을 도입하였다. 역대 교황들은 자신의 임기 동안에 거대한 성당과 궁전을 짓고 그곳을 예술적으로 아름답게 치장하는 것을 일생의 보람과 업적으로 생각하였다. 이러한 큰 사업을 감당하기 위해서는 자금이 필요하였는데, 그 자금원은 광활한 토지를 소유하고 있는 세속 제후들이었다.

● 아비뇽 교황청

● 아비뇽 유수(1309년~1377년)

고대 유대인의 바빌론 유수에 빗대어 쓰인 표현이다. 13세기 말부터 세속 권력이 신장하자 프랑스 왕 필리프 4세는 교황 보니파시오 8세와 싸워, 아나니 사건(1303년)으로 우위를 차지했다. 그 결과 1305년 선출된 프랑스인 교황 클레멘스 5세는 프랑스 왕의 강력한 간섭을 받았으며, 로마로 들어가지 못한 채 아비뇽에 체류하게 되었다.

루터가 그의 논문 "독일 그리스도인 귀족에게 보내는 글"을 통하여 독일 내에서 개혁되어야 할 폐단 27종류를 열거하였는데, 이것은 모두 로마 교황청의 수탈과 관련되어 있었다.

그 가운데에서 대표적으로 폐해가 컸던 초입세, 팔리움, 보류권, 사라센세 등은 각종 공물 제도에 관한 것들이었다. 이 밖에도 조달비, 공석금, 기부금, 십자군 자금 등이 있었다. 그런가 하면 교황청은 십일조를 강요하였다. 이때 건축되거나 제작된 작품 중 유명한 것은 미켈란젤로의 시스티나 성당의 천장 그림 등과 함께 로마 교황청의 베드로 대성전이다. 종교개혁자들의 눈에는 이러한 광경이 신의 이름으로 개인의 호주머니를 털어가는 흡입기를 제도화하고 있는 것으로 비쳐졌다.

종교개혁의 기폭제는 면벌부(免罰符)에 대한 논박이었다. 면벌부는 고해성사의 보속을 면제받는 것을 뜻한다. 초대교회에서는 배교, 우상 숭배, 살인, 간통 등의 죄를 지으면 성만찬에 참여할 수 없고, 교회로부터 추방되었다. 그런데 박해를 받은 신자들이 배교를 하는 일이 생기자, 교회에서는 공개적으로 죄를 고백하고 교회에서 부과하는 형벌을 받으면 다시 교회 안으로 받아들여지는 고해성사를 실시하였다.

중세 교회에서 고해성사는 개인이 사제에게 죄를 고백하고 자신의 죄를 부끄러워하면, 사제가 죄의 용서를 선언하고 기도, 금식, 자선, 교회에 대한 기부 등의 일정한 벌을 주는 보속(satisfacio)을 하도록 한 개인고해로 바뀌었다. 가톨릭 교회에서는 고해성사의 형벌 즉 보속을 다 이루지 못하고 죽으면, 연옥에서 벌을 받아서 죄를 정화한 후 천국으로 간다고 믿는다. 그리고 이 보속이 면제되는 것이 흔히 면벌부라는 명칭으로 알려진 대사(大赦. indulgentia)이다. 면벌부는 일정한 조건을 완수하면 주어지며, 면벌부를 얻은 사람은 보속이 면제된다.

이러한 행위는 오늘날의 가톨릭교회에서도 존재하며, 주로 기도나 성지순례 등이 면벌부의 조건으로 제시된다. 그러나 11세기 말부터 '헌금으로 인해 주어지는 면벌부'가 본격적으로 출현했고, 르네상스 시대에 극에 달했다. 교황 레오 10세는 베드로 대성당을 짓기 위해 1517년 헌금을 통한 면벌부를 선포하였는데, 특히 독일 지방에 선포된 다음 조건들이 논란에 휩싸였다.

　1. 지은 죄를 회개하고 다시 죄짓지 않기로 마음먹은 뒤, 사제에게 가서 고해성사를 보아야 한다.

　2. 적어도 지정된 일곱 개 성당을 순례하여야 하며, 순례할 때마다 우리 죄를 대신 속죄하여 주신 주 예수의 오상(양손, 양발, 옆구리)을 기념하고 공경하는 뜻으로 주의 기도와 성모송을 다섯 번씩 열심으로 바치거나, 또는 "하느님, 자비하시니 나를 불쌍히 여기소서."(시편 50)를 바쳐야 한다.

　3. 성 베드로 성당 건축비로 응분의 헌금을 바치는 것이 좋다. 그러나 하늘 나라는 가난한 사람이나 부자나 다 같이 갈 수 있도록 열려 있으므로, 돈이 없는 사람들은 헌금 대신 기도와 단식으로 면벌부를 받을 수 있다.

● 고해성사

고해성사는 가톨릭 신자가 자신이 지은 죄를 진심으로 뉘우치면서, 사제를 통해 하느님께 죄를 고백하고 용서의 은총을 받는 성사이다. 세례성사를 받을 때 죄를 짓지 않겠다고 결심하지만, 인간은 살아가면서 여러 가지 유혹에 빠지고 죄를 지을 수가 있다. 죄를 지은 신자가 회개하고 하느님께 돌아올 수 있는 예식이 고해성사이다. 고해성사는 죄 때문에 받을 벌을 면제하여 주고, 죄의 유혹과 싸워 이길 힘을 키워준다고 가톨릭은 가르친다.

●주세페 몰테니의 〈고해성사〉

여기서 문제가 된 것은 세 번째 조건이다. 이 조건만 본다면 헌금은 의무가 아니며, 교황 역시도 "헌납자는 각자의 형편에 따라 헌납해야 한다"라고 언급하였다. 그러나 일부 성직자들이 면벌부를 이용해서 부를 축적하였고, 면벌부 전문 판매원이 등장하는 등 많은 폐단이 발생하게 되었다. 한편 세 번째 조건의 헌금이 강제였다는 오해가 많이 퍼져 있으나 원칙적으로는 자발적인 헌금이었고, 루터의 비판 역시도 '면벌부의 강제성'이 아닌 '면벌부의 효력'에 대한 것이었다. 이 시기 면벌부 전문 판매원의 예로 다음 사례를 들 수 있다.

독일의 마인츠 대주교 알브레히트는 그의 초입세를 납부하기 위해 면벌부 수입에 열을 올렸다. 알브레히트의 면벌부 판매원인 도미니코회의 수도사 테첼을 시켜서 면벌부를 팔게 했다. 테첼은 "단순히 면벌부를 산 사람만의 죄가 아니라 그의 부모 친지의 영혼조차, 면벌부를 산 돈이 금고에 떨어져 짤랑거리는 소리와 함께 연옥으로부터 튀어나온다"는 식의 과대선전을 하면서 면벌부 판매에 열을 올렸다.

테첼과 같은 면벌부 판매원들은 "면벌부 헌금을 내는 순간 그만한 영적인 은혜를 얻기 때문에 자기 죄를 회개할 필요가 없다"는 식으로 설교를 하였고, "이미 죽은 사람을 위해서도 면벌부를 살 수 있으며, 이때도 고해성사나 회개의 필요가 없이 오직 돈만을 가지고 오면 연옥의 영혼이 구제받을 수 있다"고 주장하였다. 이리하여 종교개혁 직전에는 면벌부가 엄청난 숫자로 팔렸으며, 이는 당시 교인들의 신앙심과 미신적인 요소를 가늠할 수 있는 지표가 되었다.

결국 이는 마르틴 루터의 종교개혁을 초래했다. 마르틴 루터는 가톨릭교회가 현세의 소유와 권리를 포기해야 하며 초입세와 대사 판매, 십자군 전쟁세 등 부조리한 관행을 없애야 한다고 선언했다.

■ 마르틴 루터의 종교개혁 운동

면벌부로 구원을 거래하는 로마 가톨릭교회의 타락상에 분노한 마르틴 루터는 1517년 10월 31일 면벌부 판매에 반대하는 95개 조항이 담긴 서신을 작성하여, 마데부르크의 알브레히트 주교에게 건의하였다.

루터가 보기에 "모든 주교는 하느님의 백성이 복음과 그리스도에 대한 사랑을 배우도록 도와야 하는" 사람이었다. 루터는 자신이 생각하는 내용을 당시 관습에 따라 성 교회의 북쪽 문에 붙였는데, 이날이 10월 31일인지는 논란이 많다. 루터는 면벌부 판매, 교황청의 수입원이었던 고해성사의 문제점을 논박하고 교황의 권위도 부정함으로써 로마 가톨릭교회를 유지시키던 기존 질서에 맞서 투쟁하였다. 그의 혁명사상은 14일 안에 95개조 논제가 독일 전역에 깔린 것에서 알 수 있듯이 독일 사람들의 찬성을 받았다. 로마 가톨릭교회에서는 루터가 위험한 인물임을 알고는 아우크스부르크에 소환하여 심문하였고, 1521년 보름스 의회로 불러들여 루터의 책들이 불온서적임을 시인하라고 강요하였다.

루터는 95개조 논제에서 회개를 강조하였다. 루터는 신약성서의 가르침에 따라 회개한 신자는 십자가를 멀리하지 않는다고 선언함으로써 돈을 주고 사는 면벌부의 값싼 은혜가 아닌, 그리스도의 십자가에서의 수난과 죽음을 통한 값비싼 은혜를 구해야 한다고 보았다. 또한 그는 그리스도인은 '우리가 우리에게 잘못한 이를 용서하듯이 우리의 잘못을 용서하시고'라는 주기도문의 내용에 따라 일생 동안 회개를 함으로써 육신의 정욕을 억누르고 성령의 열매를 맺고자 하는 새로운 삶을 살려고 한다고 보았으며, 회개한 자에게는 하느님께서 징계의 뜻으로 주시는 형벌이 면제되지 않는다고 논박했다.

● 마르틴 루터는 면벌부의 오용과 남용을 강하게 성토하면서, 1517년 95개 논제를 게시함으로써 종교개혁의 단초를 마련하였다.

1519년 요한네스 에크와 루터 사이에 라이프치히 신학 논쟁이 벌어졌다. 이 논쟁에서 루터는 구원받기 위해 교황을 인정해야 할 필요는 없다고 반박하였고, 콘스탄츠 공의회(1414년 ~1418년)가 얀 후스를 잘못 정죄한 것을 들어 교회의 공의회조차도 과오를 범할 수 있다고 보았다.

또한 '그리스도가 교회의 머리'라고 씌어 있는 에페소서 1:22~23을 논거로 하여, 교회의 머리는 교황이 아니라 오직 만물의 우두머리이신 그리스도뿐이라고 논박하였다. 그는 교회의 권위보다 그리스도의 권위를 더 중요하게 생각한 자신의 주장이 가톨릭(보편적)이라고 확신했다.

마침내 루터는 교황과 로마 가톨릭교회로부터 독립을 선언했으며, 교황에게 반감을 가진 독일의 기사 및 시민들은 그를 열렬히 지지했다. 이날 이후로 루터는 확고한 신념으로 개혁을 추진하였으며, 교황은 로마 가톨릭으로부터 탄압받았던 개신교 신자들에 의해 적 그리스도(Anti-Christ)의 상징이며 가장 악마적인 존재로 묘사되었다. 당시 독일의 정세는 루터의 개혁을 단순히 영적 차원에만 국한시키지는 않았던 것이다. 상황은 신성로마제국 황제 카를 5세가 보름스에서 소집한 제국의회에 루터가 소환될 정도로 확대된다.

● 1490년대 체코의 책에 묘사된, 면벌부를 뿌리는 사탄

● 면벌부

대사(大赦, indulgentia) 또는 면벌(免罰), 대사부(大赦符)는 라틴어로 '은혜' 또는 '관대한 용서'라는 뜻으로서 흔히 면죄부로 더 잘 알려져 있다. 오역으로 인한 논란에 따라 기존에 통용되던 용어 '면죄부'를 대신하여 면벌부(免罰符)로 수정하는 추세다. 로마 가톨릭교회의 신학에 따르면, 어떤 죄에 대한 현세적인 형벌들이 가해지지 않는다면 사후에 연옥에서 처벌이 요구된다. 이 처벌은 현세에서 보속을 통해 갚게 되며 보속은 기도, 성지 순례 혹은 성경을 읽는 등의 형태로 주어진다. 이 보속을 면제하는 유일한 방법이 대사인데, 대사 역시도 보속과 마찬가지로 기도 혹은 성지 순례 등이 주를 이루지만 당시에는 '헌금'으로 대사를 주는 폐단이 있었다.

■ 보름스 의회

루터는 자신의 개혁 사상을 변호할 수 있는 기회인 보름스 의회에 참여하여, 1521년 4월 18일 독일의 황제 카를 5세에게 다음과 같이 말했다.

"성서의 증거와 명백한 이성에 비추어 나의 유죄가 증명되지 않는 이상 나는 교황들과 공의회의 권위를 인정하지 않겠습니다. 사실 이 둘은 오류를 범하여 왔고, 또 서로 엇갈린 주장을 펴왔습니다.

내 양심은 하느님의 말씀에 사로잡혀 있습니다. 나는 아무것도 철회할 수 없고, 또 그럴 생각도 없습니다. 왜냐하면 양심을 거슬러 행동하는 것은 안전하지도 못할 뿐만 아니라, 현명한 일도 아니기 때문입니다. 하느님이여, 이 몸을 도우소서, 아멘."

루터가 보름스 의회를 떠날 때, 약속대로 독일군이 그를 호위하여 체포되는 것을 막았다. 루터의 영웅적인 행동에 많은 백성들이 박수를 보냈지만, 카를 5세와 로마 가톨릭교회는 루터를 살해하고자 하였다.

● 보름스 의회

독일인들은 루터의 개혁 사상과 민족주의를 지지하였고, 로마 가톨릭교회에 대한 적대감을 노골적으로 드러내곤 하였다. 비텐베르크 근교에 살던 주민들은 길에서 여행자를 만나면 "당신은 마르틴 편입니까?"라고

● 보름스 의회의 루터

물었으며, 만일 그가 아니라고 대답하면 구타까지 할 정도였다. 루터의 영향력이 확산되자, 로마 가톨릭교회의 교황 사절 알레안더(Aleander)는 카를 5세에게 사람을 보내 종교개혁을 탄압할 것을 요청하였다. 카를 5세는 루터의 견해를 직접 들어보고자 루터를 제국의회에 소환하였다. 카를 5세는 루터의 안전한 통행을 약속하였지만, 이미 얀 후스나 윌리엄 틴데일 등 종교개혁자들이 붙잡힌 즉시 체포되어 고문당하고 화형을 당한 전례가 있어 루터의 친구들은 루터에게 불참을 권유하였다. 하지만 루터는 살기 위해 비굴하게 숨는 것보다 죽더라도 자신의 입장을 밝히겠다며 참석을 강행하여, 자신의 소신을 밝혔다.

살해 음모를 파악한 작센 선제후(選帝侯) 프리드리히 3세는 4월 24일 병사들을 보내, 루터를 아이제나흐 근처의 바르트부르크 성에 은밀하게 피신시켰다. 카를 5세는 루터의 단호한 입장에 충격을 받았다. 가톨릭 교도였던 황제는 오랫동안 불편한 관계였던 교황과 화해하기 위해 루터의 종교개혁을 억제하고자 하였다. 그는 5월 26일 '보름스 칙서'를 발표하면서 루터를 정죄하였고, 루터의 모든 책을 불사르도록 명하였다. 하지만 당시의 행정체제가 중앙집권적 통치체제가 아니었으므로 루터를 체포할 수는 없었다.

영국의 역사학자 토머스 칼라일은 루터가 죽음을 무릅쓰고 보름스 제국의회에 출두한 일을 유럽 역사상 최대의 장면이며, 보름스 의회에서 자신의 주장을 철회하지 않겠다고 말하는 이 장면을 인류의 근대 역사에서 가장 위대한 순간이라고 평가했다. 또한 지옥 그 자체에 정면으로 도전하고자 했던 루터의 행위는 두려움 없는 최고의 용기가 무엇인지를 보여주고 있다고 칭송했다.

● 바르트부르크 성

교회개혁에 대한 신념을 굽히지 않으며 신변의 위협을 느끼던 루터를 보호했던 곳이 바르트부르크 성이었다. 1521년 프로테스탄트 종교개혁가 마르틴 루터는 교황에게 파문당한 후, 작센 선제후인 프리드리히 3세의 보호 아래 비밀리에 바르트부르크 성에 머물렀다. 이곳에서 그는 융커 외르크라는 이름으로 신분을 숨긴 채, 약 11개월 동안 저술에 정진하였다. 마르틴 루터는 바르트부르크 성에서《신약성서》를 그리스어에서 독일어로 번역하였다. 그의 유배는 1522년 3월에 끝났으며, 16세기 말에 이르러서는 마르틴 루터로 말미암아 많은 순례자가 이곳을 방문하였다. 루터가 저술에 몰두한 공간은 소박한 나무 책상과 의자가 전부인, 한 평 남짓의 작고 낡은 방이다. 이곳은 현재 루터 방(Lutherstube)이란 이름으로 여행자들에게 공개되어 있다.

● 바르트부르크 성

● 바르트부르크 성내의 루터 방

365

■ 스위스의 개혁가들

  루터가 열심히 활동하던 무렵, 스위스는 당대 최고의 병사들인 스위스 용병들의 나라였다. 이들은 여러 곳에서 용병으로 근무하면서 수입을 냈고, 이는 스위스 지역 경제의 기반이라고 할 수 있는 정도였다. 한편, 당시의 스위스는 아직 완전한 독립을 이루지 못한 채 신성로마제국과 프랑스 사이의 주도권 다툼에 계속 희생되고 있었고, 스위스의 자주적인 독립을 원하는 목소리는 갈수록 커져만 갔다.

  이러한 시대에 취리히에는 울리히 츠빙글리라는 또 다른 개혁가가 있었다. 그도 동시대의 루터처럼 면벌부와 가톨릭의 부패를 비판하였으며, 성경에 종교의 근본을 두어야 한다고 주장하였다. 다만 루터와 그의 차이점이 있다면, 그는 실제로 그가 머물던 취리히를 본인의 손으로 개혁시키는 데 성공했다는 것이다. 취리히는 그의 손에 의해 성공적으로 탈바꿈하였다. 이후 츠빙글리는 이러한 개혁을 스위스의 다른 곳에도 전파시키려 노력했으나 가톨릭 도시들, 그리고 신학적인 해석에 차이를 보이던 루터교를 믿는 도시들과 반목하게 되었다. 이러한 대립은 결국 내전으로 확산되게 된다. 그리고 결국, 스위스에서의 영향력을 잃는 것은 위험하다고 판단한 카를 5세는 스위스의 가톨릭파를 도와 진압군을 보냈고, 이 과정에서 츠빙글리는 전사했다. 아울러 이러한 내전은 스위스 용병이 몰락하는 데에 일조하게 된다.

● 울리히 츠빙글리(Ulrich Zwingli)

스위스의 종교개혁가(1484년~1531년). 루터보다 7주 늦은 1484년 1월 1일 토겐부르크 자치주의 빌트하우스에서 태어났다. 취리히 대성당의 설교자로 일하며, 체계적인 성경강해로 명성을 날렸다. 루터의 영향으로 취리히의 종교개혁에 나섰다. 가톨릭을 고수하는 주(州)들과의 전투에 종군목사로 참전했다가, 카펠 전투에서 전사했다.

● 울리히 츠빙글리의 초상

한편, 제네바에는 종교적 탄압을 피해 프랑스에서 망명 온, 루터와 츠빙글리보다 한 세대 아래의 법학자가 있었다. 그가 바로 종교개혁의 2번째 불씨를 댕긴 장 칼뱅이다. 그의 사상은 신학 외적인 부분에서는 철저히 보수적이던 루터교보다도 진보적이었고, 그 덕에 신성로마제국의 선제후들이 주로 채택한 루터교와 달리 일반 민중들이나 상공업자들에게 그 사상이 널리 퍼지게 되었다. 그는 어떤 의미에서는 루터보다 능력있는 개혁가여서 츠빙글리처럼 제네바를 자신의 손으로 탈바꿈시켰으며, 법학과 고전 문학을 전공한 그의 경력을 바탕으로 자신의 사상을 정리한 《기독교 강요》라는 책을 펴냈으며, 대중들을 대상으로 한 연설에도 능력이 있었다.

이러한 이유로 칼뱅의 교리는 급속도로 퍼져나갔다. 1530년대에 이르면 칼뱅의 교리를 신봉하는 세력도 상당히 커지게 되어 단순한 탄압만으로는 이들을 누를 수 없게 되었으며, 루터교와는 달리 독일을 넘어서 프랑스와 영국에까지 영향을 미쳤다. 프랑스의 위그노와 영국의 청교도의 출발점이 바로 칼뱅이며, 1534년에는 영국의 헨리 8세가 성공회를 만들어 아예 가톨릭 교회에서 떨어져 나가기까지 한다. 그리고 결국 칼뱅파는 1550년대 무렵에 스위스 전역을 장악하는 데 성공한다.

● 장 칼뱅의 좌상

● 장 칼뱅(Jean Calvin)

장 칼뱅(1509년~1564년), 존 칼빈 또는 요한 칼빈은 종교개혁을 이끈, 프랑스 출신의 개신교 신학자이다. 제네바에서 종교개혁에 성공하여 신정정치적 체제를 수립하였다. 칼뱅은 장로교의 뿌리다. 그는 목사·교사·장로·집사로 구성된 교회직제의 기초를 세웠다. 칼뱅은 "하느님이 구원과 멸망을 이미 예정해 놓았다. 그걸 바꿀 수는 없다. 사람은 단지 신의 영광을 위해 살아갈 뿐이다."는 예정설을 주창했다. 그의 예정설을 놓고 개신교 내부에서도 격한 논쟁이 일었다.

30년 전쟁

30년 전쟁(Thirty Years' War, 1618년~1648년)은 유럽에서, 로마 가톨릭교회를 따르는 국가들과 개신교를 따르는 국가들 간에 벌어진 종교 전쟁이다. 오늘날에는 최초의 국제 전쟁이라 부르기도 한다. 전쟁은 초기에 신성로마제국과 이 국가의 종교 정책을 지지하는 제후국 및 반대하는 제후국 간의 다툼이었으나, 대부분의 강대국이 개입하면서 규모가 더 커지고 일반적인 전쟁으로 발달하였다. 이 국가들은 수많은 용병을 고용했으며, 전쟁이 지속될수록 종교적 색채가 옅어지고 유럽의 정치적 구도에서 합스부르크 가문과 프랑스의 대결 구도로 바뀌었다.

■ 전쟁 전의 형세

마르틴 루터의 종교개혁 운동으로 독일은 1520년대에 큰 내전이 한 차례 치러졌고, 당시 황제 카를 5세는 지속적인 제후 반란을 막강한 군사력으로 진압해 내긴 했지만 그만큼 국고의 소모가 심하여 결국 1555년 아우크스부르크 화의(和議)를 주선했다. 그 결과 일단 루터파에 대한 신앙의 자유가 보장되었으나, 이 조약은 기본적으로 영주 개인의 신앙을 기반으로 영지의 신앙을 결정짓는 난점이 있었다. 그래도 아우크스부르크 화의로 인해 16세기가 끝날 때까지는 그런대로 큰 갈등 없이 구교와 신교가 공존할 수 있었다.

● 아우크스부르크 화의

마르틴 루터의 종교개혁 이후 기독교의 분열과 갈등은 온 유럽을 불태우고 있었다. 로마 가톨릭교회는 개신교인들을 이단으로 지목하여, 고문하고 화형시켰다. 종교개혁은 독일은 물론 영국·프랑스·스위스·네덜란드 등 전 유럽으로 확산됐다. 루터는 그 결실을 보지 못하고 1546년 63세의 나이로 눈을 감았다. 하지만 그의 주장은 교황 지배에 반발하던 제후들을 결속시켰고, 마침내 아우크스부르크 화의를 이끌어 내어 종교의 자유를 얻게 되었다. 한 나라의 종교는 황제가 아니라 각지의 제후가 결정한다는 화의가 성립했다. 대신 신민에게는 자신의 종교가 허용되는 지역으로 이주할 수 있는 권리가 주어졌다. 이 화의를 통해 개신교는 정식으로 신앙의 자유를 인정받았다.

17세기에 들어서자 사정이 달라졌다. 가장 중요했던 변화는 칼뱅교의 득세였다. 아우크스부르크의 화의는 가톨릭과 루터교 간의 협약이었기에, 그때까지는 존재하지 않았던 칼뱅파에 대한 언급이 전혀 없었다. 그러다 보니 이 칼뱅파에게도 신앙의 자유를 줘야 하나 말아야 하나 하는 문제가 생겼는데, 영주가 칼뱅파라면 문제없이 넘어가겠지만 가톨릭이라면 이단으로 확정되었던 것이다.

루터파도 정도의 차이야 있지만 곱게 보지는 않았다. 오죽하면 루터파 측에선 '칼뱅파의 용이 그 무시무시한 무함마드교를 잉태했다'는 중상모략까지 할 정도였다. 칼뱅파의 교세가 확장될수록 혼란은 더욱 커져서, 칼뱅파 신하가 어린 루터파 영주를 칼뱅파로 몰래 개종시키는 등의 일도 생겨나게 되었다. 이러다 보니 같은 신교라도 루터파와 칼뱅파의 감정의 골은 깊어져 갔다.

이는 일단 세력을 막 불리려는 두 개신교 종파 간의 경쟁이란 측면도 있었지만, 원론적인 차이점도 뿌리깊었다. 루터교는 가톨릭 교회의 교리만 거부하지, 종교에 따라오는 정치-사회적 조직과 구조는 기존의 중앙 집권화를 이룬 절대주의적 모델을 중심으로 성장한 반면, 칼뱅파는 이 시절 정치적으로 진행 중이었던 권력의 중앙 집중화에 반발하는 지역 봉건 영주들이나 도시민들을 중심으로 성장했기 때문이다.

당장 루터교의 안방이라 할 수 있는 작센, 브란덴부르크, 덴마크, 스웨덴 같은 곳들은 모두 군주들이 조직화된 관료 집단을 기반으로 강력한 중앙 권력을 휘두른 반면, 칼뱅교가 퍼져나간 네덜란드, 남프랑스, 스코틀랜드, 헝가리, 라인 강변의 자유도시 등의 지방들은 상업 문화가 발달한 도시들이었거나 런던 · 파리 · 비엔나 등 국왕들이 거주하는 수도의 권력 팽창에 맞서 지방 영주의 자치권을 둘러싼 갈등이 펼쳐졌던 지역들이다.

■ 제1차: 보헤미아-팔츠 전쟁(1618~1620)

합스부르크 가의 영지였던 보헤미아(체코 서부지방)는 동생 마티아스의 봉기로 수세에 몰린 루돌프 2세를 협박해 신앙의 자유를 얻어냈다. 그런데 마티아스는 이미 고령에 자식이 없었던지라 친척 중에 쓸 만한 후계자를 찾게 되는데, 사촌 동생뻘인 페르디난트 대공이었다. 페르디난트 대공은 이때까지 워낙 조용히 살다 보니 스페인 쪽에선 잘 알려지지 않은 인지도를 지닌 인물이었다.

페르디난트는 스페인의 인정을 받기 위해 많은 돈을 써야 했는데, 재산이 많은 편은 아니었던지라 황제 자리에 오르기 전부터 빚을 안았다. 이렇게 후계자 선정은 어렵사리 마쳤지만, 또 하나의 문제는 황제로 선출되는 과정이었다.

황제는 7명의 선제후들의 합의를 통해 선출되는데, 마인츠 선제후를 비롯한 3명의 선제후는 가톨릭이었고, 팔츠(라인팔츠)를 위시한 3명의 선제후는 신교였다. 남은 한 명의 선제후는 바로 보헤미아 왕이었는데, 이 보헤미아 왕과 황제를 겸하고 있던 마티아스는 순조로운 권력이양을 위해 보헤미아 왕위를 페르디난트에게 물려주기로 한다. 보헤미아 지역은 얀 후스의 영향으로 신교의 영향이 컸지만, 양형 영성체 교리를 따르는 등 구교의 모습도 공존하고 있었다.

● 양형 영성체

양형 영성체는 성체와 성혈을 같이 받아 먹는 것으로서, 중세 이후 성혈 영성체는 정해진 이들에게만 한정되었고, 트리엔트 공의회 직후인 1564년부터 독일에서 1년간 잠시 시행되었다가 철회되었다. 그러나 보헤미아 지방은 예외적으로 2세기 전 후스파 전쟁의 종결 당시 후스파 중 온건파였던 양형영성체파와 가톨릭 세력 간의 타협으로 '형식적으로 로마 교황의 수장권을 받아들이되 성체와 성혈 모두 치르는 것'이 보편화되어 있었다. 이후 양형 영성체가 재도입된 것은 20세기 중반의 제2차 바티칸 공의회를 거치면서 이루어졌다. 현재는 교황에게 허가받은 주교 하의 가톨릭 교회에서는 세례성사, 견진성사, 혼인성사, 성품성사, 병자성사, 파견 미사 등에서 시행될 수 있다. 되려 오늘날은 개신교가 양형을 많이 한다는 게 흥미롭다.

● 양형 영성체는 최후의 만찬 때 그리스도가 자신의 죽음을 기념하여 빵과 포도주를 나누라고 하셨다는 복음서 말씀을 따르는 성례전 또는 성찬이다. 빵은 성체를, 포도주는 성혈을 의미한다.

● 프라하 창문 투척 사건을 묘사한 그림. 바츨라프 브로지크의 작품.

보헤미아의 왕이 된 페르디난트 2세는 가톨릭만을 옹호하여 장려하였고, 이에 분노한 귀족들이 왕성에서 가톨릭 관리 2명과 황제의 비서를 내던진 '프라하 창문 투척 사건'이 일어났다.

이를 계기로 1618년 겨울 보헤미아 귀족들은 본격적으로 황제에 대해 반기를 들었다. 초기에는 오스트리아에서도 보헤미아에 동조하는 반란이 일어나 비엔나를 포위하기도 하는 등 보헤미아 반군이 절대적으로 우세했다. 보헤미아 의회에서도 페르디난트를 대신할 새로운 왕을 찾았는데, 여기서 선택된 사람이 팔츠 선제후이자 영국왕 제임스 1세의 부마였던 프리드리히 5세였다.

보헤미아 왕 자리를 권유받은 프리드리히 5세는 고민에 들어갔다. 선제후로서 황제 선출권이 있는 보헤미아 왕을 겸하게 된다면 황제선출회의에서 구교인 페르디난트를 강하게 견제할 수도 있고, 다른 사람을 황제의 자리에 올릴 수도 있다. 하지만 보헤미아를 지배하다가는 합스부르크 가의 미움을 사서 역공에 시달릴 가능성도 있다. 결국 프리드리히 5세는 여러 가지를 고려한 끝에, 장인의 나라인 영국의 지원을 믿고 왕위수여를 위해 영지였던 팔츠를 떠나 보헤미아로 떠나게 되었다.

그의 어머니는 아들이 떠나가는 와중에 "팔츠령을 보헤미아로 가져가는구나" 라고 말했는데, 이는 나중에 다른 형태로 실현되고 말았다. 더구나 지원해 줄 거라 믿었던 장인마저 프리드리히 5세가 보헤미아 왕위에 오르는 것에 회의감을 가지고 있었다.

1619년 11월 프리드리히 5세가 보헤미아로 가던 중 마티아스 황제가 죽었다. 프리드리히가 아직 보헤미아 왕으로 정식 취임하기 전인지라, 페르디난트가 보헤미아 왕 자격으로 회의에 출석하게 되었다. 회의 결과 수년 동안 여기저기에 손을 쓴 페르디난트가 황제에 오르게 되었다. 심지어 공석이었던 프리드리히 5세를 대신해 나온 팔츠 측 대리인도 대세에 밀려 페르디난트를 선출했다. 그리고 페르디난트 2세가 황제가 되자마자, 프리드리히 5세가 보헤미아 왕위에 올랐다는 소식이 전해졌다.

그렇다고 보헤미아 왕이 된 프리드리히 5세도 상황이 좋은 것은 아니었다. 보헤미아는 신교와 구교의 중간쯤에 위치한 특이한 경우였는데, 프리드리히 5세도 여기에 적응하지 못했다. 게다가 프리드리히의 아내이자 영국 제임스 1세의 딸이었던 엘리자베스도 정치에 관여하기 시작했는데, 여자가 통치에 나서는 것은 보헤미아의 정서상 있을 수 없는 일로 여겨졌다.

● 프리드리히 5세(Friedrich V)

프리드리히 5세(1596년~ 1632년)는 라인팔츠의 선제후이자 보헤미아의 왕이다. 프랑스식 교육을 받았으며, 1610년 부친 프리드리히 4세가 사망하자 팔츠 선제후 지위를 승계했다. 그런데 프로테스탄트 국가인 보헤미아에서 귀족들이 로마 가톨릭교도인 오스트리아의 대공 페르디난트 2세에 대항해 반란을 일으켰고, 프리드리히 5세는 1619년 11월 체코 프라하에서 즉위식을 가져 보헤미아왕위에 올랐다.

●프리드리히 5세

프리드리히 5세가 칼뱅파였던 탓에 다수를 차지하던 루터파의 지원을 얻지 못했던 반면, 황제가 된 페르드난트 2세는 바이에른 공 막시밀리안과 그 수하였던 명장 요한 체르클라에스(틸리 백작)를 위시한 가톨릭 세력과 스페인의 지원을 받았다. 프리드리히는 스페인의 원군을 다른 신교세력이 막아줄 거라 기대하고 황제와의 대결에만 집중하려 했지만, 현실은 그렇지 못했다.

● 30년 전쟁의 풍경

프리드리히 5세는 합스부르크의 공격에 대비해서 사보이 공작 밑에서 용병군대를 이끌던 에른스트 폰 만스펠트를 보헤미아로 데려왔었는데, 이때 부대를 빌려오며 했던 약속은 '부대를 빌려주면 황제선출회의에서 사보이 공작을 적극적으로 돕겠다'였다. 그러나 약속은 지켜지지 않았고, 먼 곳까지 대여한 부대를 돌려 받기도 쉽지 않게 된 사보이 공작은 페르디난트가 스페인 쪽에 요청한 원군을 그대로 독일 방면으로 통과시켜 주었다.

프리드리히가 믿었던 영국군도 네덜란드 방면의 스페인군에게 발목 잡혀 팔츠에는 도착하지 못했다. 결국 스피놀라가 이끈 스페인군은 팔츠를 손쉽게 점령했으며, 프리드리히 5세는 본진을 잃고 떠돌게 되었다.

1620년 11월 8일 보헤미아 빌라호라에서 부쿼이 백작이 이끌던 제국군 3만과 안할트 백작이 중심이 된 보헤미아와 독일군 2만 간의 전투가 벌어졌다. 결국 제국군의 대승리로 전투가 끝나고 프리드리히 5세가 네덜란드로 망명하면서, 1차 시기는 종결되었다.

■ 팔츠 수복전(1621~1623)

보헤미아를 회복한 페르디난트 2세는 팔츠를 어떻게 처리하느냐 하는 고민에 빠졌다. 바이에른 공 막시밀리안에게 지원을 받을 때 해줬던 약속은 팔츠 선제후 자리를 준다는 것이었다. 그런데 선제후란 게 선출회의에서 알 수 있듯이, 황제가 마음대로 누구에게 줄 수 있는 자리는 아니었다.

먼저 다른 선제후들의 반발이 거셌고, 영국과 스페인 쪽에서도 프리드리히 5세를 폐위시키는 대신 그의 아들을 즉위시키는 것을 제의해 왔다. 하지만 막시밀리안에게 이미 약속을 했던 황제는 교황의 지원을 얻어, 막시밀리안을 팔츠 선제후로 즉위시키는 데 성공하였다.

이에 신교 측 선제후들은 승인을 거부하는 것으로 대응하였다. 그리고 네덜란드에 망명 중이던 프리드리히 5세가 팔츠를 되찾기 위해 결성한 군대에 호응하여, 브라운슈바이크 공작의 동생 크리스티안과 바덴 변경백 게오르크 프리드리히 등이 군사를 일으켰다. 문제는 네덜란드에서 프리드리히 측 군대를 이끈 것이 용병인 에른스트 폰 만스펠트였다는 것이다.

● 페르디난트 2세(Ferdinand II)

페르디난트 2세(1578년 ~ 1637년)는 신성로마제국의 황제이다. 페르디난트 1세의 손자이자, 오스트리아 대공 카를 2세의 아들이다. 예수회원들에게 교육을 받은 그는 전제주의자이자 예수회파로, 반종교개혁의 전형적인 군주였다. 그는 황제에 선출되자마자 개신교 탄압에 앞장섰다. 마티아스와 루돌프 2세와는 사촌간으로, 1617년 보헤미아 왕, 1618년 헝가리 왕이 되어 프로테스탄트를 압박하고 로마 가톨릭교회의 재건에 노력했다. 그 때문에 보헤미아의 프로테스탄트들은 가톨릭교도인 그의 폐위를 선포하고 팔츠 선제후(選帝侯) 프리드리히 5세를 옹립하여, 30년 전쟁의 발단이 되었다.

● 페르디난트 2세의 초상

　새로운 고용주를 찾고 있던 만스펠트는 모두 퇴짜를 맞고 자금난에 허덕였다. 여기에 새로이 영국과 네덜란드의 지원을 얻게 되면서 여유가 생긴 데다, 막시밀리안에게 선제후 자리를 뺏기기 직전이었던 프리드리히 5세가 즉시전력감을 찾고 있었다. 이에 부합했던 게 만스펠트의 용병대였다. 급하게 선금을 치르며 만스펠트를 영입하는 데까지는 성공했는데, 일단 숫자는 얼추 제국군과 대등해졌지만 문제는 따로따로 떨어져 있다는 것이었다.

　만스펠트가 팔츠 회복을 위해 알자스로 진군하였으며, 크리스티안과 바덴 변경백도 움직이기 시작했다. 이를 가만히 보고 있을 리 없는 제국군도 먼저 틸리 백작을 통해 바덴 변경백을 재기불능의 상태로 만들어 버렸다. 뒤이어 크리스티안을 추격했는데, 크리스티안은 군자금을 벌기 위해 신교 구교 가리지 않고 도시들을 약탈하고 있었다. 덕분에 그는 할버슈타트의 광인, 미친 크리스티안이란 별명을 얻는다.

　만스펠트와 크리스티안이 어렵사리 근접하는 데까지는 성공했지만, 크리스티안이 틸리 백작 군에 따라잡혀 버렸다. 결국 크리스티안은 도강 교두보에서 대포와 군대는 포기하고 정예병과 약탈한 물자들만 챙겨 만스펠트와 합류했다. 전장에서 뼈가 굵은 만스펠트는 이런 동맹자로는 이길 수 없다는 걸 깨닫고, 프리드리히 5세와의 계약을 해지한 뒤 퇴각했다. 홀로 남은 크리스티안은 네덜란드 방면으로 퇴각하려다가 틸리 백작의 군대에게 덜미를 잡혀, 1623년 8월 8일 슈타트론에서 괴멸당했다.

● 팔츠 수복전 전투 장면

■ 제2차: 덴마크 전쟁(1625~1629)

페르디난트 2세는 전쟁을 종결시킬 수 있었다. 그리고 프리드리히를 적절하게 용서해 주라는 청원도 있었으나, 독실한 카톨릭 교도였던 페르디난트는 이를 거부하였다. 페르디난트는 프리드리히의 작위를 파면하고 그의 영지를 몰수하였으며, 그의 영지와 작위를 바이에른의 막시밀리안에게 하사하였다. 이에 프리드리히는 내외의 신교국들에게 가톨릭을 신봉하는 절대 권력의 황제 출현을 경고할 수 있게 되었고, 대외적으로 경각심을 일깨우게 되었다. 특히 프랑스는 자신들의 전략적 안보와 연결된 라인팔츠 지대에 가톨릭 합스부르크의 세력이 들어서게 되는 것에 경계심을 갖게 되었다.

덴마크는 전통적으로 홀슈타인 등의 가까운 독일영토를 놓고 독일 제후국들과 대립관계에 있었다. 전쟁으로 제국이 혼란해진 틈을 타 덴마크 왕 크리스티안 4세가 영국·네덜란드의 후원을 업고 독일 영토에 대한 침략을 개시하였다. 이에 신성로마제국은 황제군의 수장으로 알브레히트 폰 발렌슈타인을, 가톨릭 연합세력인 가톨릭 측은 틸리 백작 요한 체르클라에스를 수장으로 하여 덴마크 군에 맞섰다.

덴마크는 이 전쟁에서 패한 뒤 뤼벡 평화조약(1629년)을 체결함으로써, 유럽 지역에 대한 영향력을 크게 잃어버리게 된다. 그러나 발렌슈타인은 덴마크에 대단히 관대한 조건들을 제시했다. 영토 할양조차 요구하지 않았는데, 덴마크 전역을 유린하고 있던 승전군으로서는 믿을 수 없이 관대한 조건이었다. 이후 3차 전쟁기에도 덴마크는 신교 측에 가담하지 않았으며, 4차 전쟁기에는 오히려 구교 측에 가담했다가 토르스텐손 등 스웨덴을 주축으로 하는 신교 군에게 패배를 당하고 만다.

● 전쟁에서 상처를 입은 덴마크 왕 크리스티안 4세. 빌헬름 마르스트랑의 작품.

■ 제3차: 스웨덴 전쟁(1630~1635)

덴마크의 침공을 물리친 페르디난트 2세는 전쟁을 끝낼 수 있었다. 그러나 독실한 카톨릭 교도인 황제는 그 기회를 무산시켰다. 이 시기에 페르디난트가 왜 독선적인 움직임을 보였는지는 여러 가지로 해석될 수 있는데, 1차적으로는 그의 독실한 종교관이 가장 큰 이유로 꼽힌다. 절대 권력을 추구했다기보다는 전쟁을 등에 업고 절대 권력을 행사한 쪽에 가깝다.

● 황제군 측의 유명한 용병 대장 알브레히트 폰 발렌슈타인

덴마크 전쟁이 끝난 직후 나온 것이 복권 칙령(Edict of Restitution, 1629년)인데, 한마디로 요약하면 1555년 이후에 변동된 모든 교회 재산을 1555년 이전으로 되돌리라는 것. 사실 신교 정권이 들어선 곳에서 가톨릭 교회 재산을 야금야금 잠식한 것들이 적지 않아서 이게 법적으로는 옳기는 한데, 문제는 이 상황이 무려 70년간에 걸쳐서 진행된 것이라는 점이다.

구체적으로는 신교도 영주에 의해 통치되거나 강탈당한 영지를 카톨릭 지역으로 되돌리는 것인데 마그데부르크, 할버슈타트, 브레멘과 남독일 지역이 이에 해당되었다. 복권 칙령의 대상인 신교도 제후들은 당연히 반발하였고, 황제 편을 들던 가톨릭 제후들 또한 이 칙령에 불만을 드러냈다. 당장 황제의 최대 측근이라고 할 수 있는 바이에른의 막시밀리안 1세와 발렌슈타인마저도 복권 칙령에 반발하였다. 그러나 페르디난트는 이를 밀어붙였다.

● 틸리 백작 요한 체르클라에스. 황제군과 바이에른군의 실질적인 야전 사령관으로, 30년 전쟁 중기까지 대활약하였다.

● 브라이텐펠트 전투(1631년)에서의 스웨덴 왕 구스타브 2세 아돌프

377

여기에 페르디난트는 뤼벡 조약 이후 발트 해로 진출을 시도한 발렌슈타인을 통제하지 못했으며, 발렌슈타인은 스웨덴과 보호조약을 체결한 항구도시 슈트랄준트를 공격했으나 실패했다. 이 사건으로 페르디난트는 발렌슈타인을 내쫓고 말았다.

결국 합스부르크 가문이 북독일에서 거의 독점적인 황제 권력을 성립하려고 한다는 불안감이 프랑스를 자극하여 프랑스로 하여금 반합스부르크 동맹에 뛰어들게 하는 하나의 원인이 되었고, 당장 발트 해로 진출하려는 오스트리아-합스부르크 세력의 시도는 스웨덴의 국가 안보에 심각한 위협이 되었다.

스웨덴의 '사자왕'이며 유능한 지휘관이자 스웨덴을 열강의 지위에 올려놓은 왕인 구스타브 2세 아돌프는 당시 발트 해 지역에 대한 영향력 확보를 위해 독일 북부에 대한 침공을 준비하고 있었다. 루터파이기도 했던 그는 독일의 프로테스탄트를 지원한다는 명목과 함께, 신성로마제국과 대립하던 프랑스의 지원을 얻어 포메른에 상륙함으로써 독일 침공을 개시했다. 여기에 신교파 도시였던 마그데부르크에서 제국군이 벌인 대학살극으로 인해 같은 루터파였던 작센 선제후 요한 게오르크 1세를 위시한 많은 신교도 제후들이 가세함으로써 전쟁이 확대되었다.

● 구스타브 2세 아돌프의 초상

● 구스타브 2세 아돌프(Gustav II Adolf)

구스타브 2세 아돌프(1594년 ~ 1632년)는 스웨덴의 국왕이자 구스타브 1세의 손자이다. 스웨덴을 강국으로 만든 왕으로, '북방의 사자' 또는 '설왕(雪王)'이라 불렸다. 문무(文武)의 재능을 겸비한 그는 발트 해의 제해권을 확보하고 신성로마제국 황제의 위협을 제거하기 위해 30년 전쟁에 참전하였다. 1631년 9월에 일어난 브라이텐펠트 전투에서 틸리 백작의 군대를 물리쳤다. 페르디난트 2세가 기용한 발렌슈타인과 뤼첸 전투(1632년)에서 맞붙어, 전투는 승리했으나 전사했다.

● 브라이텐펠트 전투(1631년 9월)는 30년 전쟁 중 처음으로 프로테스탄트 진영에 승리를 안겨준 전투였다. 전투에서 승리한 스웨덴 군대와 국왕 구스타브 2세 아돌프의 모습의 그림.

구스타브 2세 아돌프는 브라이텐펠트에서 황제군을 격파하였고, 레흐 강 전투에선 총사령관인 틸리 백작 요한 체르클라에스을 전사시키는 등 스웨덴군의 막강한 위력을 선보였다. 스웨덴의 기세에 놀란 페르디난트는 내쫓았던 발렌슈타인을 다시 호출하였고, 발렌슈타인은 정면으론 스웨덴군에게 이길 수 없음을 인정하여 스웨덴군에 대한 지연전으로 대응하였다.

이사이 독일 전역을 헤집고 다니던 스웨덴군은 뤼첸 전투(1632년 11월)에서도 황제군을 격파하는 등 연전연승했지만, 이 전투에서 구스타브 2세 아돌프는 전사하게 되었다. 그의 전사 이후에도 스웨덴군은 전투를 계속하였고, 1634년 발렌슈타인은 스웨덴과의 화평을 준비하나 페르디난트 2세에 의해 암살당해 뜻을 이루지 못하였다.

이후 전투를 계속한 끝에 황제군은 신교군을 뇌르틀링겐에서 제압하였고(1634년 9월), 1635년 프라하 조약을 통해 전쟁은 일단 종결되었다. 이제 독일 북부에 잔존해 있는 소규모 스웨덴군만 몰아내면 되었다.

■ 제4차: 프랑스-스웨덴 전쟁(1635~1648)

프라하 조약 이후로도 꾸준하게 충돌이 존재했다. 황제군 입장에서는 해군이 없었기 때문에, 해안 지대의 신교 세력을 완전히 일소할 수는 없었다. 그런데 페르디난트 2세의 아들 페르디난트 3세는 유리하게 끝낼 수 있는 기회를 놓치고 만다. 사실 스웨덴 입장에서는 위대한 왕이 전사한 마당에 순순히 물러날 리가 없었으나 뇌르틀링겐 전투에서 패하는 바람에, 처음 상륙한 포메른으로 후퇴한 후 버티기만 시전하는 중이었다.

페르디난트 3세는 좀 더 완전하고 항구적인 평화를 가져올 수 있었지만, 본인이 뇌르틀링겐 전투에서 승리한 탓인지 협상에서 엄청나게 고압적이었고, 이것에 분노한 신교 측은 회담을 거부하였다.

가톨릭의 대표적인 세력이면서도 합스부르크 가문과 경쟁관계에 있던 프랑스는 지속적으로 프로테스탄트 연맹을 지원해 왔으며, 황제군이 우세를 보이자 전면적으로 참전을 결정하여 독일 남부에 대한 침공을 개시하였다. 프랑스의 침공에 호응해 스웨덴도 반격에 나섰다. 그러나 3차전까지 신교 측에서 싸웠던 작센, 2차전의 주역이던 덴마크는 이번엔 황제 측에 가담하게 된다.

● 뇌르틀링겐 전투

신성로마제국을 견제해 스웨덴을 지원한 추기경 리슐리외는 스웨덴의 패색이 짙어지자, 프랑스 군대를 이끌고 직접 개입하였다. 1645년에 H. 튀렌이 거느린 프랑스군이 황제군과 바이에른군을 격파하였으나, 쌍방 간에 일진일퇴를 거듭하는 전황을 보였다.

전쟁은 스웨덴군의 총사령관으로 사자왕 시절부터 적들과 싸워온 요한 바네르, 레나르트 토르스텐손 등의 활약에 힘입어 프랑스와 스웨덴 군의 우세로 흘러갔다. 무엇보다 독일 전 지역이 오랜 기간 전쟁터가 된 탓에 이 시점에서는 독일과 헝가리의 자원이 바닥나 있었다.

● 스웨덴 군사박물관에서 30년 전쟁 당시의 무기와 진형을 전시한 모습

스웨덴과 프랑스의 본토는 피해를 입지 않았기 때문에 자원이 조달되었지만, 전쟁 말기가 되면 황제군은 자금이 완전히 떨어져서 군대를 소집하지도 못했다(스웨덴도 상황이 비슷했지만 프랑스가 있어서 파산은 면했다).

1642년 사자왕이 황제군에게 굴욕을 안겨줬던 브라이텐펠트에서 황제군은 스웨덴군에게 또다시 패했고, 작센은 스웨덴의 손아귀에 들어갔다.

스웨덴군은 북독일과 보헤미아, 프랑스는 라인란트와 남독일을 휩쓸었다. 황제군은 최후의 반격으로 프랑스를 침공하였지만, 보급이 어려워 군대가 침공 도중에 소멸당하는 비운을 겪으면서 이마저도 실패하였다. 게다가 프랑스의 서부를 위협하던 스페인이 로크루아 전투(1643년 5월)의 패배로 사실상 자국 방어에 급급하게 되면서, 상황은 더욱 나빠졌다.

1645년 황제군은 얀카우, 뇌르틀링겐에서 연달아 대패하였고, 1648년 베벨링호벤 전투로 쐐기를 박고, 페르디난트 3세는 프라하에서 굴욕적으로 도망가야 했다. 황제는 평화조약을 맺고 싶어했지만, 프랑스-스웨덴은 승리나 다름없는 상황이어서 황제의 평화 요청을 별로 귀담아들으려 하지 않았다. 그러나 황제 측의 상황도 극단적으로 나쁘지는 않았던 데다, 아직 건재한 스페인도 무시할 수 없었고, 여차하면 오스만 제국까지 참전할 조짐이었다. 결국 프랑스는 협상을 받아들였고, 베스트팔렌 조약(1648년 10월)을 통해 전쟁을 종결짓게 되었다.

베스트팔렌 조약은 당시까지 명목상 계속되던 스페인의 네덜란드 지배를 공식적으로 종결시켰고, 네덜란드와 스위스는 독립국의 지위를 얻었다.

　　신성로마제국의 영방국가(領邦國家)들에겐 "황제와 제국을 적대하지 않는 한"이라는 조건하에 상호 또는 외국과의 동맹을 비롯한 거의 완전한 통치권을 부여함으로써, 황제의 직위는 사실상 이름만 남는 상태가 되었다. 또한 스페인이 유럽의 패권을 잃었고, 그 대신 프랑스와 스웨덴이 패자가 되었다. 다만 스웨덴은 이 전쟁을 통해 강대국으로 부상하게 되지만, 이후에도 계속된 정복전쟁으로 주변국의 원한을 골고루 얻고 전비지출이 누적된 데다 결정적으로 표트르 대제 치하의 러시아 제국에 의한 수차례의 침입으로 결국 몰락하게 된다.

● 30년 전쟁의 결과

30년 전쟁이 종결될 무렵, 유럽의 세력균형은 근본적으로 변해 있었다. 스페인은 네덜란드를 잃었을 뿐만 아니라, 서유럽에서의 주도적인 입지도 상실했다. 프랑스는 서방 강국으로 부상했으며, 스웨덴은 발트 해의 지배권을 장악했다. 네덜란드와 스위스는 독립국으로 승인받았으며, 신성로마제국의 소속 영방국가(領邦國家)들에는 완전한 주권이 주어졌다. 따라서 정신적으로는 교황이 주도하고 세속적으로는 황제가 주도하는 유럽의 가톨릭 제국으로서의 신성로마제국은 사실상 붕괴되었고, 약 300여 개의 영방국가로 쪼개진 셈이었다. 이렇게 쇠퇴한 합스부르크 가문을 대신해, 독일 내에서 브란덴부르크가 새로운 세력으로 떠오르게 된다. 이 브란덴부르크가 후에 프로이센의 모체가 되고, 독일 통일의 핵심이 된다. 이러한 변화로 말미암아 주권국가들의 공동체라는 근대 유럽의 본질적인 구조가 확립된 것으로 여겨진다. 각국의 국경선도 크게 변했고, 전쟁의 주요 무대가 된 독일 도시와 공국들은 심각한 피해를 입었다. 한편 프랑스는 이후 인구강국으로서 유럽의 패권을 호령하게 된다.

● 뮌스터 조약의 체결 장면
베스트팔렌 지방의 가톨릭 도시인 뮌스터와 개신교 도시인 오스나브뤼크에서 동시에 협상이 이루어졌고, 이를 종합하여 '베스트팔렌 조약'이라고 불렀다. 공식적으로는 1648년 10월 25일에 전쟁이 끝났다. 이 조약으로 스위스와 네덜란드가 독립국 지위를 승인받았다.

오스만 제국

오스만 제국은 오스만 가문을 왕가로 하고, 현재 터키의 최대 도시인 이스탄불을 수도로 정하여 서쪽의 모로코부터 동쪽의 아제르바이잔까지, 북쪽의 우크라이나에서 남쪽의 예멘에 이르는 광대한 영역을 지배했던 제국이다. 아나톨리아(소아시아)의 한구석에서 나온 소 군후국으로부터 발전한 이슬람 왕조인 오스만 왕조는 이윽고 동로마 제국 등 남동유럽의 기독교 제국, 맘루크 왕조를 포함한 서아시아·북아프리카의 이슬람 제국을 동시에 정복하면서, 지중해 세계의 과반을 차지한 오스만 제국으로 발전하였다. 그러나 18세기 이후 쇠퇴하여 그 영토가 다른 나라에 점령되거나 독립하여, 20세기 초반에 마침내 마지막으로 남은 영토 아나톨리아로부터 새롭게 건국되어 나온 국민 국가인 터키 공화국이 되었다.

■ 제국의 건국

13세기 말에 동로마 제국과 룸 술탄국의 국경 지대인 아나톨리아 서북부에 등장한 유목 부족장 오스만 1세가 인솔한 군사 집단을 오스만 제국의 기원으로 보고 있다.

전설에 따르면 오스만 가문의 시조는 쉴레이만 샤로, 원래 이란 서부와 중앙아시아 쪽에 있던 튀르크멘(Türkmen) 유목민의 부족장이었다고 한다. 그러나 몽골의 침입으로 고향을 버리고 아나톨리아로 도피하여 룸 술탄국의 보호를 받다가, 후에 다시 돌아가려 했으나 유프라테스 강을 건너다 익사해 버렸다. 그 후 그의 아들인 에르투으룰 가지는 그대로 정착하여 룸 술탄국 편에서 동로마 제국과의 전쟁을 수행해 공을 인정받아, 오늘날의 앙카라 인근에 봉토를 받았다.

● 오스만 제국의 국장. 술탄의 문장 안에는 오스만 제국의 술탄이 사용했던 투그라(서예 인장)가 새겨져 있으며, 초록색 바탕에 세 개의 초승달이 그려진 기(칼리파: 종교적 지도자)와 빨간색 바탕에 초승달과 별이 그려진 기(술탄: 정치적 지도자)가 엇갈린 채로 놓여 있다.

그의 아들이 바로 오스만 제국의 창업주인 오스만 1세이다. 오스만 1세는 룸 술탄국의 붕괴를 틈타 독립하여, 당대에 아나톨리아의 동로마 잔존 세력을 격파하였다. 2대 술탄 오르한 가지는 남동유럽에 교두보까지 구축하여 오스만 제국의 위엄을 떨쳤다. 그들 오스만 집단은 주변의 기독교 세력이나 이슬람교를 신봉하는 영주 및 군사 집단과 싸우기도 하고 손을 잡기도 하면서 점차 영토를 확대해 나가, 오스만 군후국(君侯國)을 건국하였다.

1326년경 오스만 1세의 뒤를 이은 그의 아들 오르한 1세는 즉위하고 나서 곧바로 동로마 제국의 지방도시 부르사 점령을 시작으로, 마르마라 해를 넘어 유럽 대륙에 다다를 때까지 영토를 확대하였다. 부르사는 곧 오스만 군후국의 행정 중심지가 되어, 최초의 수도 기능을 하게 된다.

1346년, 오르한 1세는 동로마 황제 요한네스 6세 칸타쿠제누스와의 동맹을 계기로 다르다넬스 해협을 넘어 발칸 반도의 트라키아에 진출함으로써 유럽에서의 영토 확장을 개시했다. 오르한 1세의 아들 무라트 1세는 즉위하자마자 콘스탄티노폴리스와 도나우 강 유역을 잇는 중요 거점인 아드리아노폴리스(오늘날의 에디르네)를 점령하여 이곳을 제2의 수도로 삼은 것과 동시에, 상비포병군 예니체리를 창설하는 등 국가제도를 정돈하였으며, 1389년에는 코소보 전투에서 세르비아 왕국을 필두로 한 발칸 제후국들의 연합군을 물리쳤다.

무라트 1세의 아들 바예지드 1세는 1396년에 불가리아 북부에서 니코폴리스 전투를 벌여, 이 전투에서 헝가리 왕국을 필두로 한 십자군을 격파하고 오히려 영토를 더 크게 넓혔다. 그러나 1402년의 앙카라 전투에서 티무르에게 패배하고 포로로 잡힌 뒤 죽자 국내에는 왕자들 간에 후계 싸움이 일어나, 제국의 확대는 일시적으로 멈추었다.

바예지드 1세의 아들 메흐메트 1세는 1421년에 제국을 재통합함으로써 국력을 회복하였다. 그러한 배경을 바탕으로 그 아들 무라트 2세는 다시 자국을 침공한 십자군을 물리치면서, 안정된 통치를 펼쳤다. 이렇게 국력이 다시 상승하자 1453년, 무라트의 아들 메흐메트 2세는 동로마 제국의 수도 콘스탄티노폴리스를 공략하여 마침내 동로마 제국을 점령하였다(콘스탄티노폴리스의 함락). 이후 콘스탄티노폴리스는 오스만 제국의 수도로 다시 태어났다.

● 콘스탄티노폴리스로 입성하는 메흐메트 2세

소피아 대성당도 첨탑 네 개가 첨가되면서 모스크로 개축되었다. 그리고 세월이 흐르면서 이스탄불이라는 이름이 콘스탄티노폴리스를 서서히 대체하게 되었다.

이리하여 오스만 제국은 15세기 말까지 지상에서는 발칸과 아나톨리아의 거의 모든 땅을 평정하고, 바다에서는 흑해 북해안과 에게 해의 섬들까지 세력을 뻗쳐 흑해와 에게 해를 오스만의 내해로 만들기에 이른다. 이러한 제국을 1512년에 계승한 셀림 1세는 동로마 제국에 이어서 맘루크 왕조까지 멸망시켜 이집트, 이라크 지역까지 지배 영역을 확대하였으며, 맘루크 왕조가 소유하고 있던 이슬람교의 2대 성지인 메카와 메디나의 보호권마저 장악하여 이슬람 세계의 맹주로 군림하게 되었다. 게다가 그동안 맘루크 왕조의 비호 아래 있던 아바스 왕조의 후예로부터 칼리파의 칭호를 양보받아 칼리파를 겸하게 되면서, 술탄-칼리파제를 창설하였다고 한다. 그러나 이는 19세기 초반에 위조한 것으로 역사적 사실이 아니지만, 이슬람 세계 내에서 오스만 제국이 그 중심이 된 것만은 확실하다.

■ 오스만 제국의 최전성기

제10대 군주인 쉴레이만 1세(재위 1520년~1566년) 때에 이르면 오스만 제국의 국
력은 더할 나위 없이 막강해져 능히 다른 나라를 압도하기에 이르렀으며, 그 영
역은 중앙유럽과 북아프리카에까지 확장되었다.

쉴레이만 1세는 즉위하자마자 우선 베오그라드 정복으로 헝가리에 진출하였
다. 그리고 로도스 섬에서 무슬림에 대한 해적 행위를 벌이고 있던 성 요한 기사
단을 쫓아내면서, 동지중해의 해상권을 장악하였다.

1526년에는 모하치 전투를 통해 헝가리군을 격파하고 헝가리의 땅 대부분을
점령하였다. 한편, 동쪽으로는 사파비 왕조를 공격하여 바그다드까지 손에 넣
었으며, 남쪽으로는 예멘에 출병하여 아덴을 정복하였다.

신성로마제국과 대립하고 있던 프랑스의 프랑수아 1세와 동맹을 맺은 쉴레이
만은 1529년에 신성로마제국의 수도 비엔나를 1개월 이상에 걸쳐 포위하였다.
비록 이 작전은 실패로 끝났지만, 오스만군이 서유럽 내 깊숙이까지 들어와 위
협한 이 사건은 당시 서구 국가들에겐 큰 충격이었다. 게다가 1538년 프레베자
해전에서는 스페인과 베네치아 공화국 등을 위시한 기독교 세계의 연합 함대를
대파하여, 지중해 해상권의 거의 대부분을 손아귀에 넣는 데 성공했다.

● 쉴레이만 1세(Süleyman the Magnificent)

쉴레이만 1세(1494년~1566년)는 오스만 제국의 제10대 술탄이
다(재위 1520년~1566년). 군사 전략가로서의 능력이 뛰어났던
그는 46년이라는 긴 치세 동안 세 대륙을 가로지르며 13차례
의 대외원정을 실행에 옮겨 수많은 군사적 업적을 쌓음으로써,
오스만 제국의 최전성기를 이룩하였다. 서구인들은 그를 '장
려한 쉴레이만(the Magnificent)'이라는 별명으로 불렀으며, 터
키에서는 법전을 편찬하여 제국의 제도를 정비한 업적을 높이
사 '입법자(Kanuni)'라는 별명으로 부르고 있다.

쉴레이만의 치세는 이처럼 훌륭한 군사적 성공 외에도 건국 이래 오스만 제국이 형성해 온 국가제도가 완성 단계에 이르러, 제도상의 파탄이 없었던 훌륭한 이상의 시대로 기록되기도 한다. 그러나 동시에 쉴레이만의 치세는 국가제도의 전환기가 시작된 때이기도 하였다. 쉴레이만 이후에는 전쟁터에서 군주가 앞장서서 출정하는 일도 없어졌으며, 정치조차 거의 재상이 처리하게 되었다.

또 군사구조를 전환함으로써 대포로 무장한 포병인 예니체리를 핵심으로 한 상비군의 중요성이 대두하면서, 그 인원이 폭발적으로 증대하여 유지비가 날이 갈수록 늘어만 갔다. 그에 따라 기병인 시파히층은 몰락해 갔다. 종래 이러한 변화는 쉴레이만이 죽고 난 후 제국의 쇠퇴로 인식되었지만, 오늘날에는 오히려 제국의 정치·경제·사회 구조가 세계적인 추세에 따라 크게 전환되었다고 보는 시각이 일반적이다. 지중해 무역이 쇠퇴하고 대서양이 크게 번성하자 오스만 제국의 무역이득이 줄어들어 내정이 어려워지게 되었고, 스페인이 강대국으로 떠오름으로써 오스만 제국의 지위가 낮아지게 됐다.

● 예니체리(yeniçeri)는 오스만 제국의 유명한 보병 군단의 이름이다. 황제의 직속경호대, 친위대 역할을 하는 정예 상비군단으로서 전투에 임하면 용맹성으로 유명했다. 14세기에 처음 조직되어, 1826년에 마무드 2세가 해산할 때까지 활약하였다.

쉴레이만이 죽은 지 5년 후인 1571년, 레판토 해전에서 오스만 함대는 기독교 세계의 연합 함대에게 패하여 지중해의 패권을 상실했다. 그렇다고 해서 오스만 제국이 유럽 제국보다 열세로 돌아선 것은 아니며, 또 지중해의 해상권이 순식간에 오스만 제국에서 벗어난 것도 아니었다. 그 국력은 여전히 강대하였다. 제국 함대는 패전한 지 반년 만에 동규모의 함대를 재건하여, 1573년에 키프로스 섬을, 다음해에는 튀니스를 획득하였다. 1683년까지 슬로베니아와 아드리아 해 연안을 제외한 모든 발칸 반도 지역을 지배하였다.

대항해 시대

대항해 시대(大航海時代) 또는 대발견 시대(Age of Discovery)는 15세기 후반부터 18세기 중반까지 유럽의 배들이 세계를 돌아다니며 항로를 개척하고, 탐험과 무역을 하던 시기를 말한다. 그 과정에서 유럽인들은 자신들이 알지 못했던 아메리카 대륙과 같은 지리적 발견을 달성했다. 이 시기 이전에도 정화(鄭和)의 대항해 등 해상 무역이 이루어지고 있었기 때문에, 철저하게 유럽인의 관점에서만 바라본 편협한 용어라는 비판도 존재한다.

■ 대항해 시대의 문을 연 포르투갈

대항해 시대의 서막을 연 나라는 포르투갈이었다. 포르투갈은 유럽에서 가장 먼저 영토의 통합을 이룩하였으며, 아시아와 아프리카 그리고 대양에서 가장 가깝다는 이점이 맨 먼저 모험에 뛰어드는 것을 가능하게 하였지만, 여기에는 필연적인 이유가 있다.

대항해 시대 전까지만 해도 포르투갈의 지리적 입지 조건은 유럽 최대의 해상 무역권이었던 지중해, 그 다음 가는 북해 및 발트해 그 어느 곳에도 끼지 못하는 유럽의 변방이었다. 또한 농지도 척박하여, 결국 상업 말고는 아무것도 할 수 없었다. 때문에 포르투갈은 유럽 그 어느 나라보다도 상업 부르주아 세력이 강성하였다. 이러한 상업 부르주아 세력에 의해 탄생한 아비스 왕조는 자연스레 해양정책으로 나아갈 수밖에 없었다.

● 포르투갈 제국
브라질과 앙골라, 모잠비크와 동티모르, 기니비사우, 카보베르데 등을 식민지로 삼고 스페인 제국과 식민지 경쟁을 하던 국가였다.

● 포르투갈 제국 국기와 현재의 포르투갈 국기

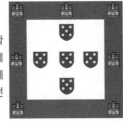

엔히크 왕자가 특별히 바다에 관심이 있었다기보단 국내적으로 바다로 나아가야 할 정치적·경제적 이유가 있었던 것이다. 하지만 당시 포르투갈의 국력으로는 유럽 대륙 안쪽으로 나아가기가 벅찼던 것이 사실이었다.

결국 포르투갈이 갈 수 있었던 곳은 대서양과 아프리카뿐이었다.

오늘날의 에티오피아에 해당되는 아비시니아 고원에 터를 잡은 왕국은 당시 유럽에서 하나의 신비였고 전설이었다. 당시의 유럽인들에게 아프리카 동쪽 기슭에 '사제 존(Prestor John; 제국의 통치자인 '왕 중의 왕'을 유럽인들은 지금도 이렇게 부르고 있다. 그만큼 에티오피아는 그들에게 하나의 전설이었고 신비였던 것이다.)'이 다스리는 강력한 나라가 자리잡고 있다는 풍문이 전해졌다.

바르톨로메우 디아스는 주앙 2세로부터 전설적인 기독교 국가였던 에티오피아를 발견할 것을 명령받아, 아프리카 서해안 탐험을 계획하였다. 1487년 배 3척으로 떠났는데, 2척의 배로 1488년 아프리카 남단에 도달하였다. 그해 말 폭풍으로 거의 2주간 표류하다가 폭풍 때문에 희망봉을 돌았으나, 선원들이 고생 끝에 폭동을 일으킬 분위기가 되자 어쩔 수 없이 되돌아왔다.

● 포르투갈 리스본의 항해 기념비

귀항 시 케이프 곶을 발견하여 '폭풍의 곳'이라 이름지었는데, 뒤에 주앙 2세는 이를 '희망봉'으로 바꾸었다. 이는 인도 항로 발견의 기초가 되었다.

● 항공에서 바라본 희망봉

● 희망봉(Cape of Good Hope)

1488년 포르투갈의 항해자 바르톨로메우 디아스가 발견하였으며, 당시에는 '폭풍의 곳(Cape of Storms)'으로 불렸다. 그 후 1497년 바스쿠 다 가마가 이 곳을 통과하여 인도로 가는 항로를 개척한 데서 연유하여, 주앙 2세가 '희망의 곳'이라고 개칭하였다.

■ 스페인 제국

스페인은 포르투갈과 달리 서지중해를 접하고 있었고, 자연스레 지중해 해상 무역권 쟁탈에 일찌감치 참여하고 있었다. 이를 주도한 것은 아라곤 왕국이었다. 아라곤은 발레아레스 제도를 점령하고 이를 발판으로 지중해 각지로 뻗어나가 아테네 공국을 접수하더니, 시칠리아와 나폴리 왕국의 왕위까지 장악하여 지중해에 아라곤 해상국가를 완성시켰다. 바야흐로 베네치아 · 제노바와 함께 지중해 3대 세력으로 거듭나려고 했는데, 오스만 제국이 나타났다.

오스만 제국이 콘스탄티노폴리스를 함락시키며 동로마 제국을 멸망시켰고, 그 직후 아테네 공국까지 함락하며 아라곤의 동지중해 레반트 무역을 차단시켰다. 이후 오스만 세력은 중부 지중해로 뻗어나가기 시작했고, 유럽 지중해 국가들의 해상무역권은 길이 막혀버렸다.

아라곤과 카스티야의 국왕간 혼인에 따른 국가통합으로 탄생한 스페인으로서 이는 묵과할 수 없는 현실이었으나, 당장 오스만에 맞서 싸운다는 것은 어려운 일이었다. 그러나 아라곤을 중심으로 한 전통적 해양 부르주아 세력은 왕가에 '빼앗긴 지중해를 되찾든가, 아니면 이를 대신할 새로운 무역루트를 개척하게 도와달라'고 지속적으로 요구하는 상황이었다. 더군다나 그 시점에 이미 포르투갈이 인도로 다가가는 중이어서, 스페인의 상업 부르주아들은 포르투갈에 뒤처질지 모른다는 조급함에 자신들도 이에 따라 신항로 개척을 해야 한다는 여론이 형성되었다.

● 스페인 제국 해군이 사용하던 '부르고뉴의 십자기'

● 스페인 제국

스페인 제국은 최초의 근대적 제국이었다. 16세기 스페인과 포르투갈은 식민지 지배를 확대함으로써 대양 무역로를 확보하고, 대서양을 사이로 아메리카 대륙과 교역을 이루는 한편, 태평양을 통해서는 동아시아와 멕시코 · 필리핀에 이르기까지 교역로를 넓혔다.

■ 크리스토퍼 콜럼버스

크리스토퍼 콜럼버스(Christopher Columbus)는 이탈리아 제노바 출신의 탐험가
이자 항해가이다. 그는 1484년 포르투갈의 왕 주앙 2세에게 대서양 항해 탐험
을 제안하고 지원을 요청하였으나, 희망봉 루트를 준비 중이던 왕이 허락하지
않자, 스페인으로 갔다.

당시 스페인은 카스티야와 아라곤으로 구분되어 있어, 카스티야 여왕 이사벨
1세와 아라곤 왕 페르난도 2세가 카스티야를 공동 통치하고 페르난도가 아라
곤을 단독 통치하는 상태였다. 정치적 · 지리적 · 종교적 통일을 이룩하고 국가
의 비상을 꾀하던 이사벨과 페르난도 부부는 해외 진출에 관심을 갖고 있었지
만, 콜럼버스가

1. 기사와 제독 작위
2. 발견한 땅을 다스리는 총독의 지위
3. 얻은 총 수익의 10분의 1

이라는 실현 가능성 없는 조건을 제시하자 포르투갈에서와 마찬가지로 받아들
이지 않았다. 그러나 당시 스페인 교회의 성직자들은 포르투갈 교회에 대한 경
쟁 의식으로 더 넓은 선교지를 필요로 했고, 때문에 콜럼버스를 위해 여왕을 설
득했다. 결국 이사벨이 콜럼버스를 등용하였다.

● 크리스토퍼 콜럼버스(Christopher Columbus)

이탈리아의 탐험가(1451년~1506년). 스페인 여왕 이사벨의
후원을 받아 인도를 찾는 항해를 떠나 쿠바, 아이티, 트리니
다드 등을 발견했다. 그의 서인도 항로 발견으로 아메리카
대륙은 유럽인들의 활동 무대가 되었고, 스페인이 주축이 된
신대륙 식민지 경영도 시작되었다.

● 크리스토퍼 콜럼버스의 초상

■ 서회 항로 탐험

콜럼버스가 탐험을 시작한 것은 당대 유럽인들의 중요한 사명인 기독교 전파 혹은 미지의 세계에 대한 순수한 탐구심이 아니라, 인도와의 교역으로 얻을 수 있는 각종 향신료와 금과 보물이 가장 큰 이유였다. 실제로 콜럼버스의 항해 일 지를 보면, 금과 보물에 대한 언급이 10일 분량에 수백 차례나 등장한다. 또한 이사벨 여왕과의 계약 내용에서도 알 수 있듯이, 가장 중요한 목적은 부의 축적 이었다. 콜럼버스는 총 4차례나 유럽에서 아메리카 대륙을 항해하였는데, 아메 리카에 상륙한 것은 그 가운데 제1회 항해의 일이다.

제1회 항해의 출범은 1492년 8월 3일이었으며, 같은 해 10월 12일에 현재의 바하마 제도에서 과나하니 섬(추정)에 도달했고, 이 섬을 산살바도르(San Salva- dor, 구세주의 섬)라 칭하였다. 이어서 그는 쿠바 · 이스파니올라(아이티)에 도달하 여, 이곳을 인도의 일부라고 생각하고 원주민을 인디언이라 칭하였다. 이후 항 해 도중 산타마리아 호가 파손되어, 한 섬에 약 40명의 선원을 남긴 후에 이스 파니올라(후 스페인)라고 이름지었다.

제1회 항해 후 1492년 12월에 귀국하여, 왕 부부로부터 '신세계의 부왕(副王)' 으로 임명되었다. 제1회 항해 후 그가 아메리카에서 가져온 금제품이 전 유럽에 센세이션을 일으켰고, '콜럼버스의 달걀'이란 일화도 생겨났다.

● 콜럼버스의 달걀

신대륙 항해를 마치고 돌아온 콜럼버스를 축하하기 위해 파티 가 열렸다. 몇몇 이들은 콜럼버스를 시기한 나머지 그의 업적 에 대해 '누구나 할 수 있는 일'이라며 폄하했다. 이에 콜럼버스 는 사람들에게 달걀을 세워볼 것을 요구했다. 아무도 달걀을 세 우지 못하자, 콜럼버스는 달걀을 살짝 깨뜨려 탁자 위에 세웠 다. 그러자 사람들은 이 역시 누구나 할 수 있는 일이라며 비아 냥거렸다. 콜럼버스는 반박했다. 누군가를 따라 하는 것은 쉬 운 일이나, 무슨 일이든 처음 하는 것은 결코 쉽지 않은 일이다.

제2회 항해(1493년)는 그의 선전에 따라 금을 캐러 가는 사람이 대부분이었다. 이스파니올라에 남겨두었던 식민지 개척자는 인디오의 저항으로 전멸해 버렸으나, 콜럼버스는 식민지 행정관으로서 여기에 이사벨라 시를 건설하는 한편, 토지를 스페인인 경영자에게 분할해 주고 인디언에게는 공납(貢納)과 부역(경작과 금 채굴)을 명령하였다. 그러나 금의 산출량이 보잘것없자, 항해자들은 인디언을 학대·살육하였으며 노예화하였다. 이 항해에서 스페인으로 보낸 산물은 주로 노예였으며, 이 때문에 본국으로 돌아오자(1496년) 문책당하였다.

제3회 항해(1498년~1500년)에서 트리니다드토바고와 오리노코 강 하구(河口)를 발견하였다. 콜럼버스는 제3회 항해에서 칼데아 신아람어와 히브리어에 능통한 선원 두 명을 데리고 갔다. 목적지인 남아시아에 다다르게 될 경우, 에덴 동산의 거주자들이 이 두 언어를 쓸 가능성이 가장 높다고 생각했기 때문이다. 오리노코 강 하구를 에덴 동산의 관문이라고 착각했다. 하지만 신의 명으로 불꽃의 검을 들고 그곳을 지키고 있는 케루빔이 자신의 배들을 공격하지 않을까 두려운 마음에 그 강을 거슬러 올라가지는 않았다. 제3회 항해 도중, 이스파니올라에서 내부 반란으로 그의 행정적 무능이 문제화하여 본국으로 송환되었다.

제4회 항해(1502년~1504년)의 허가는 바스쿠 다 가마의 성공에 자극을 받은 때문인 것으로 보이나, 그 사정은 명백하지 않다. 이 항해에서 그는 온두라스와 파나마 지협(地峽)을 발견하고 귀국한 것으로 알려져 있다.

● 콜럼버스의 인도 발견

콜럼버스는 죽을 때까지(1506년) 자기가 발견한 땅을 인도로 믿었다. 어쨌든 그의 서회 항로 개척으로 인하여 아메리카 대륙이 비로소 유럽인의 활동 무대가 되었고, 현재의 미국이 탄생할 수 있었다는 점에서 콜럼버스의 항해는 중요한 역사적 의의를 지니고 있다.

● 아메리카에 상륙하는 콜럼버스

■ 대항해 시대의 탐험가들과 노예 무역

포르투갈의 항해 왕자 엔히크가 처음으로 대항해 시대를 열었다. 당대의 유명한 탐험가들은 크리스토퍼 콜럼버스, 바르톨로메우 디아스, 바스쿠 다 가마, 페드루 알바르스 카브랄, 바스코 발보아, 존 캐벗, 예르마크 티모페예비치, 후안 폰세 데 레온, 페르디난드 마젤란, 빌럼 바런츠, 아벌 타스만, 빌럼 얀스존 등이 있다. 그리고 그렇게 유명하지는 않지만 그 역할을 결코 무시할 수 없는 수많은 무명 탐험가들이 있었고 에르난 코르테스, 프란시스코 피사로 등 탐험가를 표방한 잔인한 정복자들도 있었다.

대항해 시대가 한창일 때, 포르투갈의 상선들은 노예 무역을 통해 막대한 수입을 벌어들이고 있었다. 그들은 서아프리카에서 총을 노예들로 바꾸어, 다시 아메리카 대륙에 팔았고, 한 척에 500명 이상의 노예들을 싣고 아메리카로 떠났다. 또 아메리카 대륙에 도착한 노예들은 익숙하지 않은 환경 속에서 질병과 싸워야만 하였다. 이들 노예들은 아메리카의 대규모 설탕이나 사탕수수 농장에서 가혹한 노동에 시달렸다.

● 대항해 시대의 배

대항해 시대는 르네상스의 신기술과 사상의 영향을 매우 깊게 받았다. 직접적으로 관련이 있는 부분은 지도학, 항해, 화력, 조선이다. 많은 사람들이 유럽 서쪽으로 항해해서 아시아로 가고 싶어했다. 가장 중요한 발전은 이베리아 반도에서 카락과 캐러벨이 발명된 것이다. 이 배들은 중세 유럽의 범선을 기초로 하여 지중해, 북유럽 선박의 혁신적인 점과 아랍적인 부분을 추가했다. 그리고 지중해를 떠나 대서양으로 안전하게 항해할 수 있는 최초의 배였다.

● 콜럼버스가 일행 90명 중 40명과 같이 산타마리아 호에 승선하여 핀타 호와 니냐 호 2척을 거느리고 1492년 8월 3일 스페인의 팔로스 항(港)을 출항하는 장면을 묘사한 그림이다.

근대 초기의 프랑스

프랑스 역사의 시작은 대체로 프랑크족의 왕 클로비스 1세가 갈리아 지방의 가장 큰 부분을 정복했던 486년으로 알려져 있다. 그러므로 프랑스 정부는 이 시기부터 중단 없이 존재해 온, 유럽에서 가장 오래된 국가이다. 프랑스라는 이름이 공식적으로 대략 1190년이 돼서야 사용되었다면, 필리프 2세의 상서국(尙書局)이 왕을 가리키기 위하여 '프랑크족의 왕(Roi des Francs)'이란 호칭 대신에 '프랑스의 왕(Roi de France)'이란 호칭을 사용하기 시작했을 때 프랑스라는 단어는 이미 일반적으로 사용되었을 것이다.

■ 발루아 왕가의 왕권 강화

백년 전쟁이 끝난 뒤 샤를 7세는 전쟁으로 폐허가 된 도시를 복구하는 데 힘을 기울였다. 몇몇 귀족들이 전쟁을 빌미삼아 반란을 일으켜 위기를 겪기도 했으나, 이를 진압하여 왕권 강화에 전력을 다했다. 그러나 그는 전쟁이 끝난 지 5년 뒤인 1461년에 생을 마감했다. 오랜 전쟁과 복구사업에 힘을 기울인 나머지 몸이 쇠약해진 것이다.

샤를 7세에 이어 프랑스 왕위에 오른 루이 11세는 봉건세력을 억누르고 중앙집권을 달성하였다. 또 우편제도 창설, 민병제도 확충 등의 내정에도 현저한 업적을 이룩하였으며, 특히 모직물 · 견직물 등 상공업 육성을 꾀해 특권 대상인의 이익을 옹호하였고, 절대주의 왕권의 성장에 기여하였다. 이어 샤를 8세는 이탈리아에 대한 영유권을 주장하여 1494년 이탈리아를 침공하였다. 이때부터 유럽의 전투에서는 대포가 중요한 요소로 자리잡게 되었다.

● 발루아 왕가의 국장

● 발루아 가

발루아 가는 카페 왕조를 계승했고, 그 뒤 부르봉 왕조가 프랑스의 왕위를 이어받았다. '발루아'라는 명칭은 필리프 3세의 아들 샤를 드 발루아의 영지인 '발루아'에서 유래된다. 카페 왕조의 마지막 왕인 샤를 4세가 아들이 없자 살리카 법에 기초하여, 발루아 백작 필리프 6세가 잉글랜드의 에드워드 3세와 '나바라의 잔'을 제치고 왕위 계승권을 가지게 되었다.

■ 위그노 전쟁(1562~1598)

1500년에 이르면 거의 대부분의 토지가 프랑스 왕령이 되었고, 왕의 권력도 자국 내에서는 황제나 마찬가지인 존재라고 여겨질 만큼 막강해졌다. 국외에 대하여 정치력을 행사할 수준도 되어서 이탈리아를 놓고 합스부르크 가와 투쟁하였으나, 이 무렵에는 카를 5세가 버티고 있던 합스부르크에게 연전연패하였다. 또한 이 와중에 종교개혁으로 왕권의 위기가 닥쳤다.

중세 프랑스에 거주하는 칼뱅 개혁교회 신자들은 위그노라고 불리었는데, 16세기 중반경에는 총 인구 1,600만 명 중 최대 70~80만 명으로 추정된다. 위그노의 비율은 약 5%로 전체 인구에 비해서는 아주 적었으나, 왕권에 반항하는 대귀족들이 주로 신봉하였기에 사회적 문제가 되었다. 이는 당시 왕조였던 발루아 왕조와 위그노 측의 부르봉 가문, 그리고 가톨릭 측의 기즈 가문을 뒤얽히게 하여 위그노 전쟁이라는 수십 년간의 분쟁을 촉발하였다.

분쟁의 발단은 앙리 2세가 1559년 자신의 딸 엘리자베트와 스페인 왕 펠리페 2세와의 결혼식 부대행사 중 하나였던 마상 창시합 토너먼트 도중 사고로 몽고메리 백작 가브리엘의 창에 오른쪽 눈을 찔려 고통스러워하다 결국 사망한 사건이었다. 이 시기는 프랑스가 스페인 합스부르크 왕조와 기나긴 투쟁 끝에 막 혼인동맹을 통한 평화조약으로 겨우 안정을 찾았던 시기로, 뜻하지 않은 갑작스러운 비극에 철저히 무방비한 상태였다.

● 마상 창시합을 벌이는 앙리 2세

● 앙리 2세의 죽음

앙리 2세(Henri II, 1519년~1559년)는 장녀 엘리자베트 드 발루아와 스페인 왕 펠리페 2세와의 결혼 및 여동생 마르그리트 드 프랑스와 사보이 공작 에마누엘레 필리베르토와의 결혼을 축하하는 마상 창시합에서 스코틀랜드인 기사인 몽고메리 백작 가브리엘의 창에 눈을 맞아 사망하였다.

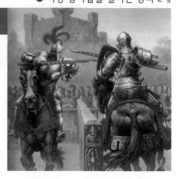

또한 종교개혁의 열풍이 서유럽을 석권하고 있던 시기에도 프랑스 왕실이 신교도로의 개종을 생각조차 하지 않은 데에는 '갈리아 교회주의'라는 프랑스 가톨릭의 독특한 이념이 있었다. 중세 유럽의 시대적 이념을 거의 완벽하게 체현한 교회의 성인이자 명군인 성 루이 9세 이래로 성립되기 시작한 이 이념은 '프랑스 가톨릭 교회는 프랑스 왕의 손아귀에서 벗어나면 안 된다'는 것이었다. 즉 프랑스 내 가톨릭 교회는 언제든지 프랑스 왕의 명령에 따라야 했기 때문에, 프랑스 왕은 영국 왕이나 독일 선제후처럼 신교도로 개종할 필요를 느끼지 않았다. 그리고 프랑스 왕은 그의 사유물이나 마찬가지이던 프랑스 가톨릭교회에 반발하는 신교도들에 대해서 적대적일 수밖에 없었다.

앙리 2세의 맏아들 프랑수아 2세는 허약하여 재위하는 1년간 기즈 가문의 전횡을 무력하게 지켜보다가 세상을 떠났고, 그의 왕비였던 마리는 졸지에 과부가 되어 고향 스코틀랜드로 돌아갔다. 이후 프랑수아의 동생 샤를 9세가 왕위에 올랐다. 프랑수아의 재위 기간 사이, 선왕 앙리 2세의 정부 디안 드 푸아티에에게 억눌려 있던 이탈리아 출신 모후 카트린 드 메디시스가 이때를 기점으로 권력 장악에 나섰다. 그녀는 바닥까지 떨어진 왕권을 회복시킬 비책으로 종교를 선택했다. 그녀는 가톨릭의 대표 세력인 기즈 공이 1562년의 바시 대학살 이후 위그노 측과 무력 대립에 돌입한 정세를 이용해 배후에서 신교도와 구교도를 적절히 농단하며, 10여 년 사이에 왕권을 크게 신장시켰다.

● 디안 드 푸아티에(Diane de Poitiers)

디안 드 푸아티에(1499년~1566년)는 프랑스의 귀부인인데, 앙리 2세의 애첩으로 잘 알려져 있다. 디안은 지적이며 정치적 통찰력이 뛰어났기에, 앙리 2세는 많은 공식 서류를 디안에게 맡겼고, 2명의 이름을 합쳐 '앙리디안(HenriDiane)'이라고 서명하는 것까지 허락했다. 1559년 앙리가 마상 창시합에서 심각한 부상을 입고 사망하자, 왕비 카트린 드 메디시스가 그녀를 추방했다.
● 디안 드 푸아티에의 초상. 프랑수아 클루에의 작품.

카트린 드 메디시스는 무능하고 사치만 일삼는 아들들을 대신하여, 대귀족 가문인 기즈 가문과 부르봉 가문의 불화 사이에서 아슬아슬한 줄타기를 벌였다. 그 와중에 초대 기즈 공작이 부르봉 가문의 콩데 공작에게 암살당했기 때문에 이들의 불화는 걷잡을 수 없이 번졌고, 카트린은 두 세력의 중재자로 왕권을 어느 정도 안정시킬 수 있었다. 그러나 곧 그녀에게는 큰 적이 나타났는데, 바로 나바라의 여왕 잔 달브레였다. 독실한 신교도로 프랑스 내의 위그노들을 지원했던 잔은 방돔 공작 앙투안 드 부르봉과 결혼하였고, 그 사이에서 낳은 아들 앙리를 위하여 프랑스의 왕위를 노리기 시작하였다.

　이처럼 처음에 카트린은 폭력적 수단을 배제하고 신교도들과 구교도들 간의 분쟁을 중재하여, 발루아 왕조를 두 종파 간의 징검다리이자 종파를 초월한 정통 프랑스의 왕조로 만들고자 하였다. 그러나 그녀가 생각했던 것처럼 평화는 쉽게 얻어질 수 있는 게 아니었다. 카트린은 두 세력을 구슬리고 달래서 평화를 약속받았으나 이는 미봉책에 지나지 않았고, 프랑스 전역은 다시 내전에 휩싸였다. 거기에 나바라 여왕 잔이 발루아 왕조에 정면으로 도전장을 내밀었기 때문에, 카트린의 정책은 흔들리기 시작했다.

● 카트린 드 메디시스의 초상

● 카트린 드 메디시스(Catherine de Médicis)

피렌체 공화국 메디치 가문의 마지막 적장자 후손이며, 프랑스 앙리 2세와 결혼하여 왕비가 되었다. 1559년 앙리 2세가 마상 창시합에 출전하였다가 창이 눈에 박혀 죽게 되자, 이를 슬퍼하여 평생토록 검은색 베일을 쓰고 자신의 방은 온통 검은색으로 치장하게 하였다고 한다. 한편 그녀의 차남 샤를 9세의 즉위를 계기로 왕국의 실권을 장악하였다. 카트린은 정치적으로 대단한 정략가로서 신교와 구교 어느 한쪽에 치우침 없이 힘의 균형을 추구했으며, 마지막까지 발루아 왕조의 왕권 신장과 보호를 위해 노력한 것으로 평가된다. 또한 메디치 가문 출신답게 예술을 애호하였다.

■ 성 바르톨로메오 축일의 학살

그러던 중 아들 샤를 9세마저 위그노의 지도자 중 한 명인 콜리니 제독에게 감화되어 위그노 신앙에 빠져들 기미가 보이자 당황한 카트린은 한때 적이었던 기즈 공과 손잡고, 위그노 교도를 축출해 질서를 바로잡고자 했다. 그녀는 우선 나바라의 앙리와 자신의 막내딸 마르그리트를 결혼시킨 후에, 결혼식 하객으로 온 콜리니 제독을 암살하고자 했다. 이마저도 무시무시한 계획이었지만, 기즈 가문은 집안의 원수를 끝장냄과 동시에 신교도들을 아예 뿌리뽑고자 했다. 한 명을 암살하려던 계획이 결국은 신교도 하객 모두를 학살하려는 계획으로 커지고 만 것이다. 카트린은 부르봉 가문을 두려워하는 마음에 이들의 학살 계획을 묵인하고 말았다.

기즈 가문은 1572년 성 바르톨로메오 축일 밤을 기해 파리에서 일제히 위그노 사냥에 돌입했다. 이것이 곧 '성 바르톨로메오 축일의 대학살'이었다. 이 과정에서 파리에서만 하룻밤에 천 명 이상이 살해당했고, 그중에는 콜리니 제독과 위그노 교도들을 포함한 죄 없는 시민들도 섞여 있었다.

● 학살의 현장을 나서는 카드린 드 메디시스

충격적인 참극을 목도하고 죄책감에 사로잡혀 실성한 샤를 9세는 오래지 않아 결핵으로 사망했고, 다시 그 동생이자 폴란드 왕으로 선출되었던 앙리 3세가 발루아 왕조의 마지막 국왕으로 즉위했다.

형의 죽음으로 인해 다시 고국으로 돌아온 앙리 3세가 탄압을 완화한 사이, 세력을 규합한 위그노 교도들은 마침내 왕실을 적대자로 선언하여 무장 봉기에 돌입했고, 1576년 포로 신세에서 탈출한 나바라의 앙리를 구심점으로 삼았다. 거기에 카트린의 딸인 마르그리트와 막내아들 알랑송 공작 프랑수아가 단지 앙리 3세가 싫다는 이유로 위그노 측으로 전향할 기미까지 보여, 정국은 매우 불안했다. 그러나 양측은 곧 화친을 맺었고, 프랑스는 평화로워지는 듯했다.

그러나 1585년 다시 전쟁의 기운이 물씬 피어오르기 시작했다. 바로 앙리 3세의 동생이자 제1후계자였던 알랑송 공작 프랑수아가 후사 없이 사망한 것이었다. 앙리 3세 역시 자식이 없었을뿐더러 왕후도 병약하여, 자식을 낳을 가망은 없었다. 샤를 9세의 경우 서자 샤를이 있었지만, 동양과 달리 유럽에서는 특수한 경우를 제외하고 서자나 사생아가 왕위를 계승할 수는 없었다. 유럽에서는 서자가 부친의 작위를 세습받을 수 없었기 때문이며, 이것은 왕이고 귀족이고 똑같았다. 다만 왕위 계승이 가능한 특수한 경우는 2가지인데, 하나는 아버지가 서자를 자신의 적자로 인정한 경우이고, 다른 하나는 서자가 직접 군대를 이끌고 내전을 벌여 왕위를 찬탈하는 것이다.

이렇게 되자 프랑스 왕실은 족보를 뒤적이기 시작했으며, 가장 가까운 제1후계자가 나바라의 앙리라는 사실을 알게 되었다. 사실 그와 앙리 3세는 22촌이나 되어 사실상 남이라고 할 수 있는 아주 먼 친척이었지만, 살리카 법에 의해 모계 혈통을 인정치 않는 프랑스 왕실의 규칙에 의하면 그나마 가장 가까운 부계 친척이었다. 참고로 앙리 3세와 앙리는 모계 쪽으로는 6촌지간이었다.

■ 부르봉 왕가의 등장

문제는 앙리가 가톨릭이 아닌 위그노였다는 것이었다. 기즈 가문을 위시한 가톨릭 세력은 이에 반발하여, 교황으로 하여금 나바라의 앙리를 파문하고 계승권을 박탈하게 해달라고 청원을 하여 통과시켰다. 물론 나바라의 앙리 측도 이에 반발하였다. 평화를 위한 노력이 잠시 있었지만 곧 결렬되면서, 위그노 전쟁 중 가장 격렬한 9차 위그노 전쟁이 일어나게 되었다.

전쟁은 남부와 북부 모두에서 일어났지만 곧 남부 프랑스에서는 위그노가, 북부 프랑스에서는 기즈 공을 위시한 가톨릭 세력이 우세를 점하게 되었다. 이런 판국에 가톨릭에서도 내분이 일어났다. 지극히 무능했음에도 불구하고 어머니 카트린의 섭정을 달가워하지 않았던 앙리 3세는 어머니를 실각시킨 이후, 기즈 가문과 공개적으로 적대했다.

평생 아들들의 왕좌를 지키기 위해 싸웠던 카트린이었으나, 이 배신에 그녀는 큰 슬픔에 빠져 곧 병에 걸렸다. 이런 와중에 기즈 공작 또한 가톨릭 수호를 명분으로 스페인의 펠리페 2세를 끌어들였다. 펠리페 2세는 이전에 카트린의 딸 엘리자베트와 결혼했었기 때문에 충분히 개입할 여지가 있었다. 더군다나 기즈 공작은 신성동맹 등 가톨릭(구교) 세력의 지지를 등에 업고 점차 왕위를 넘보게 되었다. 졸지에 축출당할 위기에 처한 앙리 3세는 1588년 기즈 공을 암살했지만, 이는 구교도와 신교도 모두에게서 적대시되는 결과를 낳았다. 결국 이듬해인 1589년에 왕 자신마저 수도사에게 암살당하는 사태가 빚어졌다. 불운하게도 이미 같은 해에 모후인 카트린도 세상을 떠난 상태였다.

● 앙리 3세의 암살 현장을 묘사한 그림

이처럼 가톨릭은 내부에서 삽질을 벌여 완전히 와해되었다. 기즈 가문과 발루아 가문 모두 몰락한 것이다. 샤를 9세, 프랑수아 2세, 앙리 3세 모두 후계자를 얻지 못했다. 결국 앙리 3세가 비참하게 살해당함으로써, 백년 전쟁에서 승리하고 한때 신성로마제국의 제위를 노리기도 하였던 명문가 발루아 가문은 역사 속으로 초라하게 사라지고 말았다.

그리고 내전으로 잿더미가 된 폐허 위에서 최후로 승리한 자는 발루아 가문도, 기즈 가문도 아닌 제3자였던 부르봉 가문의 앙리였다. 그는 일부 가톨릭 세력으로부터 지지를 얻어 새 국왕 앙리 4세로 추대되었다. 그러나 여전히 다수의 가톨릭 교도와 스페인은 앙리 4세를 인정하지 않았다. 대치는 계속 이어졌다.

이 와중에도 앙리 4세는 전쟁을 훌륭하게 치러내어, 1593년에 이르면 이미 파리 근방을 제외한 전 프랑스를 석권한 상태였다. 파리의 문턱까지 들어선 위그노파와 일부 가톨릭파 군대는 지휘관인 앙리 4세의 최종 진격 명령만을 기다리고 있었다.

이 국면에 앙리 4세는 불후의 명언을 날린다. "파리는 미사를 드릴 가치가 있지!" 그러고는 그 자리에서 당장에 가톨릭으로 개종해 버린다.

● 앙리 4세(Henry IV of France)

프랑스와 나바라 왕국의 왕으로, 카페 왕조의 분가인 부르봉 왕가 최초의 왕이다. 위그노들의 수장으로서 당시 프랑스 내의 많은 종교 전쟁을 지휘했고, 1589년 프랑스 왕위에 오른 뒤에는 믿음의 자유를 부여하는 낭트 칙령(1598년)을 반포하여 내전을 종식시킨 뒤 프랑스의 발전을 이끌었다. 재위 당시 성군(聖君)으로서 국민들의 많은 관심과 사랑을 받아 '앙리 대왕' 혹은 '선량왕 앙리'라는 별칭을 얻기도 했지만, 평생 50명이 넘는 정부를 거느려 '팔팔한 오입쟁이'라는 별명 또한 얻기도 하였다.

● 앙리 4세의 초상

대승적 차원에서의 앙리의 결단은 신구교도의 갈등을 급속도로 봉합시켰다. 이전 세대 갈등의 주역들은 이미 모두 사망한 상태였다. 위그노들은 인망 높은 지휘관의 결정에 반발할 수가 없었고, 이미 내부에서부터 무너진 가톨릭은 앙리 4세의 결정을 지지할 수밖에 없었다. 이렇게 파리에 입성한 앙리 4세는 비로소 왕좌에 앉아, 새 왕조인 부르봉의 시조가 되었다.

이후로도 이어진 소란에 마침표를 찍은 것은 1598년의 낭트 칙령이다. 앙리 4세는 위그노의 종교의 자유 역시 공식적으로 보장함으로써, 기나긴 내전에 완전히 종지부를 찍었다. 그리고 이후 10여 년간 내치와 외교를 훌륭히 수행하여 프랑스를 재차 중흥시켰다.

하지만 이러한 그조차도 결국은 선왕인 앙리 3세와 같은 운명을 겪고 말았다. 1610년 그의 친위그노 정책에 불만을 품은 가톨릭 광신도에게 암살당한 것이다. 그러나 이 시기를 거치며 발달한 종교적 관용은 8년 후 발발한 30년 전쟁에서 명분보다 실리를 위해 신교도 측에 붙을 만큼 유연성을 갖추게 되었다.

그렇더라도 30년 전쟁 동안 프랑스 내부에서는 가톨릭과 위그노의 충돌이 계속되었다. 삼총사에도 나오는 라 로셸 공성전(1627년~1628년)이 그 예. 역사가들에 따라서는 1620년대의 위그노 반란을 위그노 전쟁의 진정한 끝으로 간주하기도 한다. 결국 낭트 칙령에서 보장되었던 위그노의 자치권은 1627년의 알레 화약(和約)에 의해 신앙의 자유를 제외하고 전부 사라져 버렸다.

● 부르봉 가(House of Bourbon)

부르봉 가는 루이 9세의 6번째이자 막내아들인 로베르 드 프랑스(Robert de France, 1256~1317)로부터 시작된다. 부르봉 왕조는 프랑스에서 1589년부터 1791년까지 그리고 1814년부터 1830년까지 지속되었고, 앙리 4세가 부르봉 왕가 최초의 왕으로 올랐다.   ● 부르봉 가의 국장

절대왕정 시대

내전(위그노 전쟁)이 끝나고 난 후 안정되자 프랑스는 다시 대외로 눈을 돌리게 되었다. 독일 지역에 비해 일찍 내전을 끝낼 수 있었던 것이 프랑스로서는 큰 기회가 되었다. 프랑스는 낭트 칙령으로 신교도들과 타협한 것을 바탕으로 리슐리외 같은 관료의 주도하에 실용적인 외교 정책을 도입하였다. 프랑스는 가톨릭 국가이면서도 30년 전쟁에서는 합스부르크 제국에 대항하기 위해 신교도들과 동맹하였고, 심지어 이교도인 오스만 제국과 동맹하기도 하였다. 이를 바탕으로 프랑스는 30년 전쟁에서 최후의 승자가 되었고, 이 무렵부터 유럽의 패권국으로 자리매김하였다.

■ 부르봉 왕권의 발전

앙리 4세는 백성들로부터 앙리 대왕이라는 칭송을 받았을 뿐 아니라 밝고 유쾌한 성격이어서 친구들도 많았지만, 그럼에도 불구하고 정치적·종교적 문제로 항상 암살 위협에 시달려야 했다. 특히 낭트 칙령으로 위그노에게 종교적 자유를 허용한 것은 결정적으로 가톨릭 교회의 원한을 사게 되었다.

이후 그는 무려 17차례나 암살 위기를 겪어야 했다. 1610년 5월 14일, 앙리 4세는 독일의 율리히 공작령 계승 문제를 놓고 루돌프 2세와 개신교 제후들이 갈등을 보이자, 개신교 신도들을 도우면서 합스부르크 세력을 약화시키기 위한 대규모 원정계획을 의논하기 위해 쉴리 공작을 만나러 가던 중이었다. 넘쳐나는 마차들로 인해 정체상태였던 파리 시가지에서 그는 광신적인 가톨릭교도 프랑수아 라바이약에게 칼로 암살당했다.

● 앙리 4세의 암살과 라바이약의 체포. 샤를 귀스타브 우제의 작품.

루이 13세는 앙리 4세와 마리 드 메디시스의 아들로서 1610년에 9세의 나이로 즉위하였고, 모후의 섭정 기간이 지난 1617년부터 친정(親政)을 하게 되었다.

친정 이전에 섭정 정부의 실정(失政)으로 귀족들이 반항을 시도하여 내란의 위험이 생겼으며, 1617년부터 친정을 하였으나 국무(國務)보다 음악이나 사냥을 좋아하여, 국내의 소란은 그칠 사이가 없었다. 귀족들은 이 기회에 옛 특권을 회복하고자 삼부회 개최를 요구했다. 그러나 국왕 측은 삼부회 내부의 대립을 이용하여 이것을 해산시켰다. 그 후 프랑스 대혁명의 전야까지 삼부회는 한 번도 개최되지 않았고, 전제적 정치가 행해지게 되었다.

1624년 당시 추기경 리슐리외를 재상으로 등용하여 국가체제를 점차 정비하였으며, 귀족 세력과 위그노파를 탄압하였다. 부르봉 왕권 절대주의의 기틀을 마련하여 국제적 지위를 높였으며, 30년 전쟁에도 개입하였다.

그리고 왕은 지방의 고등법원의 힘을 제한하기 위해 권력의 중앙 집권적인 정책을 시작하였다. 그는 상업과 해운, 그리고 진정한 식민지 제국의 건설을 장려하였다.

● 마리 드 메디시스(Marie de Médicis)는 이탈리아 피렌체의 메디치 가문 출신의 프랑스 왕비로, 앙리 4세의 부인이자 루이 13세의 모후이다. 메디치 가문은 앙리 2세의 왕비 카트린 드 메디시스에 이어, 앙리 4세의 왕비 마리 드 메디시스를 배출했다.

● 리슐리외의 3면 초상화
리슐리외는 프랑스의 정치가이자 귀족이며, 로마 가톨릭의 추기경이다. 1624년부터 1642년에 사망할 때까지 루이 13세의 재상을 맡았다. 그는 중앙집권체제 확립과 왕권 강화에 힘을 쏟았다. 왕권신수설(王權神授說) 곧 전제군주제를 정당화함으로써 현 질서를 유지하려는 보수적 신학을 주장하며, 행정조직을 정비하고 삼부회를 중지하는 등 절대왕정의 기초를 쌓아 올렸다. 3면 초상화는 흉상을 제작하기 위해 그려진 필리프 드 샹파뉴의 작품이다.

■ 태양왕 루이 14세

부모인 루이 13세와 안 도트리슈가 결혼한 지 23년 만에 극적으로 태어났기 때문에 루이 14세의 탄생은 국가적 축복을 받았지만, 그의 어린 시절은 불행 그 자체였다. 아들에 대한 기대가 지나쳤던 루이 13세는 3살배기에 불과한 아들이 제대로 예의를 갖추지 않았다는 이유로 사정없이 매질하는 모진 아버지였다. 그러던 루이 13세가 1643년 급서하면서 5살이 채 되기 전에

● 만 8세의 루이 14세

즉위했고, 모후인 안 도트리슈가 섭정을 했으나 대부분의 국사는 추기경이자 재상인 쥘 마자랭(리슐리외의 후임자)이 1661년까지 맡았다.

뛰어난 협상가였던 마자랭 추기경은 전임자인 리슐리외 추기경과 동일한 계획을 강력하게 추진하여 절대 군주제를 성립시켰다. 귀족들에게 눌렸었던 왕의 권력이 마자랭 추기경의 지도로 강해진 것이다. 마자랭 추기경은 당시 왕이었던 루이 14세의 정치수업을 지도하였는데, 덕분에 1661년 마자랭이 죽자 22살의 어른이 된 루이 14세는 프랑스를 능숙하게 다스릴 수 있게 되었다.

● 루이 14세의 책사, 쥘 마자랭   ● 쥘 마자랭   ● 안 도트리슈

쥘 마자랭은 리슐리외의 정책을 계승하였고, 교묘한 외교 수완으로 베스트팔렌 조약을 맺고 30년 전쟁을 유리하게 끝내어 합스부르크 가를 눌렀다. 루이 13세의 왕비인 안 도트리슈와 마자랭 추기경은 매우 각별한 관계였는데, 프롱드의 난(1648~1653) 동안 안과 마자랭 추기경이 서로 불륜 관계였다는 마자리나드(팸플릿)가 나돌았다. 그는 안 도트리슈에게 프랑스 섭정 직위를 이양받아, 1661년 죽을 때까지 루이 14세의 섭정을 맡았다.

선왕인 루이 13세의 왕권강화 정책 및 중상주의 정책으로 루이 14세는 당대 유럽의 왕들 중에서 가장 부유한 국가를 물려받았었다.

스페인의 무적함대를 1588년 네덜란드와 연합하여 격파한 후 점점 강해지는 영국에 뒤지지 않으려고 루이지애나 등 식민지에서 돈을 징수해 온 프랑스의 국력은 이윽고 영국에 맞설 만한 수준에 이르렀으나, 유명한 베르사유 궁전 증축과 사치스러운 궁정 생활 그리고 말년의 계속된 패전으로 이 막대한 부는 모두 사라지게 되었다. 이 때문에 루이 15세 때에는 몇 차례의 국가부도나 그에 버금가는 경제위기 등을 겪는다.

베르사유 궁전은 착공한 지 20년 후인 1682년, 아직 완공 전이었으나 루이 14세는 왕궁과 정부를 베르사유로 모두 옮겼다. 그때부터 베르사유 궁전에는 프랑스의 왕족들뿐만 아니라 대귀족들 전부가 이주해 와서 살게 되었고, 왕과 귀족들의 궁정 생활은 화려하기 그지없었다.

● 베르사유 궁전

베르사유 궁전은 원래 왕이 사냥할 때 머무는 여름 별장이었다. 1682년 루이 14세가 파리에서 이 궁전으로 거처를 옮긴 후 1789년 왕가가 수도로 돌아갈 것을 강제될 때까지, 프랑스 구체제 시기에 권력의 중심지였다. 바로크 건축의 대표작품으로, 호화로운 건물과 광대하고 아름다운 정원과 분수 그리고 오페라 극장과 거울의 방으로 유명하다. 베르사유 궁전은 한번에 2만 명이나 수용할 수 있는 커다란 안뜰을 둘러싸고 있는데, 안뜰에는 대 트리아농과 소 트리아농을 포함하여 작은 궁전들이 있다. 베르사유 궁전은 사용된 기간이 매우 짧고, 1715년 루이 14세 사후에 루이 15세는 곧바로 파리로 다시 궁전을 옮겼다.

● 예배당

● 정원의 분수

● 헤라클레스의 방

● 거울의 방

그러나 베르사유 궁전은 프랑스 민중들의 희생과 부담으로 구축되었다. 민중들은 베르사유 궁전을 짓기 위한 부역에 동원되어 노동력을 수탈당했으며, 사고로 죽은 자들은 보상과 사과는커녕 시체가 암매장되었다. 그럼에도 루이 14세는 정사를 돌보는 틈틈이 사냥과 기마 경기를 개최하였고, 트럼프와 당구 그리고 춤을 즐겼다.

특히 루이 14세는 발레에 지대한 관심과 애정을 가지고 7세부터 직접 무용을 수련한 탓에, 최초의 직업무용수로도 꼽힌다. 1653년 15세의 나이에는 〈밤의 발레(Ballet de la Nuit)〉에 아폴론(태양신) 역으로 출연해 '태양왕'의 호칭을 얻게 된다.

또한 1661년 왕립무용아카데미라는 최초의 발레 학교를 설립하였다. 예술에 대한 이러한 애정과 노력들로 화려한 궁정 문화가 눈부시게 꽃피어 전 유럽의 왕가에 확산되었다.

루이 14세 정부는 극히 다양한 기술에 관한 특허장을 무수히 나누어주었다. 그중에는 예컨대 맹트농 후작 부인이 약간의 자본을 투자한 경제적 난방 방식 같은 것도 있었다.

● 대관식 복장을 입은 루이 14세

루이 14세의 손자이자 스페인의 왕이었던 펠리페 5세의 요청으로 그려진 초상화로, 루이 14세가 그의 권력을 상징하는 신성한 망토와 순백의 비단 옷에 파란 즉위식 외투를 걸치고 있다. 미니 스커트보다 더 짧은 바지에 발레용 스타킹과 흰색의 하이힐을 신고 있는데, 역사적으로 최초의 하이힐이다. 한 군데 구두 굽은 붉은색으로, 당시 붉은 굽은 귀족만이 신을 수 있었다. 이 그림은 스페인의 펠리페 5세에게 헌정하기 위해 그려졌으나, 뛰어난 예술적 표현이 베르사유 궁전에 더 잘 어울렸기 때문에 프랑스를 떠날 수 없었다. 이아생트 리고의 1701년 작품이다.

■ 루이 14세의 팽창 정책

루이 14세는 피레네 산맥과 알프스 산맥, 라인 강이 프랑스의 국경이라고 선언했다. 프랑스의 국경은 하느님에 의해 결정되었으며, 그것은 자연 환경에 의해 표시되어 있다는 것이다.

그 뒤부터 루이 14세는 이러한 '자연 국경설'을 내세우며 그의 재위 기간 72년 4개월 중 31년 동안 그 당시 프랑스 영토가 아닌 라인 강 방면의 영토 획득을 위해 다른 나라에 대한 침략 전쟁을 벌이기 시작했다. 이러한 침략 전쟁을 위해 프랑스군의 근대화가 행해졌고, 최강을 자랑하는 군대를 편성하기 위해 징병제도를 실시하여 근대적인 육군이 양성되었다.

프랑스는 이 강력한 군대로 우선 제2차 영국-네덜란드 전쟁의 틈을 타서, 1667년과 그 다음해에 걸쳐 베스트팔렌 조약으로 독립한 네덜란드에 침입했다. 또한 제3차 영국-네덜란드 전쟁 때에도 네덜란드에 침입하여(1672년~1678년) 많은 영토를 빼앗았다. 그리고 이 전쟁에서 네덜란드를 지원한 독일로부터 알자스-로렌 지방도 획득하였다.

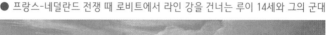

● 프랑스-네덜란드 전쟁 때 로비트에서 라인 강을 건너는 루이 14세와 그의 군대

루이 14세의 침략 전쟁은 멈추어지지 않았다. 독일의 팔츠 지방에 대한 계승권을 주장하며 침입하자 독일은 영국·네덜란드·스페인과 동맹을 맺어 대항하였다. 이른바 아우크스부르크 동맹전쟁이라고도 불리는 팔츠 계승전쟁(1689~1697)이 10년 동안 계속되었고, 영국과는 제2차 백년전쟁의 시초를 열었다.

또한 스페인 왕위계승 전쟁(1701~1714)에도 뛰어들었다. 초반 전세는 프랑스에 유리했으나 막바지에 전세가 불리하게 돌아가자 루이 14세는 화평을 제의했는데, 네덜란드·영국을 비롯한 동맹국들은 평화조건 40개를 제의했다. 그중 스페인에 있는 손자를 더 이상 지원해선 안 된다는 요구조건을 보고 "내가 전쟁을 해야 한다면 나는 적들과 할 것이다. 상대는 나의 손자가 아니다."라는 말을 남겼다. 그 후 루이 14세는 프랑스 백성들에게 대자보를 썼는데, 그 내용은 다음과 같다.

"나는 개인적인 희생을 치르고 명예가 훼손당하는 일이 있더라도 내 백성들에게 필요한 평화를 곧바로 얻기 위해서는 내 성품에 맞지 않는 일이라도 기꺼이 해왔다고 말할 수 있다. 나는 우리 스스로 지킬 준비를 하는 것 말고는 다른 어떤 대안도 더 이상 찾을 수 없다. 나는 우리 프랑스를 누르기 위해 무력과 책략으로 모인 모든 힘보다도 통일된 프랑스가 더 강력하다는 것을 확인하기 위해 여러분의 도움을 청해야 할 지경에 이르렀다. 이 대결에는 여러분의 안전이 포함되어 있다. 우리가 힘을 모은다면, 적은 우리가 결코 부당하게 대우받지 않는다는 것을 이해할 것이다."

왕이 직접 백성들에게 도움을 호소하는 대자보의 파급력은 엄청나서 많은 돈과 지원병을 모을 수 있었고, 이를 바탕으로 프랑스의 빌라르 장군은 말플라케 전투(1709년 9월)를 치름으로써 위기를 모면할 수 있었다.

● 루이 14세의 기마상

■ 낭트칙령 폐지와 임종

　루이 14세는 프랑스 교회를 로마 가톨릭으로 통일하는 것이 절대왕정에 유리하다고 생각하여, 용기병(龍騎兵)을 동원하여 개신교인들을 학살하고 박해해 강제로 로마 가톨릭교회로 개종시켰다. 또 1685년 퐁텐블로 칙령을 발표하여, 개신교 신자에 대한 차별을 금지한 낭트 칙령을 폐지했고 개신교를 탄압했다. 낭트 칙령은 프랑스 내 개신교 신자들을 공직자 취임제한 등의 차별로부터 보호하는 차별금지 정책이었는데, 이를 폐지함으로써 탄압을 받게 된 위그노 25만 명은 종교의 자유를 인정하는 네덜란드와 영국 등 세계 각국으로 망명했다. 그런데 이들의 대부분은 숙련된 상공업 기술자들이어서, 이후 프랑스의 수공업은 거의 마비되다시피 했다.

　1715년, 76살의 루이 14세는 72년 동안 절대 권력을 휘두르며 무리하게 전쟁을 수행하고 경제를 파탄시킨 자신의 정치행적에 대해 자각과 후회를 가져 임종을 맞았다. 루이 14세가 죽었다는 소식을 들은 프랑스 국민들은 조금도 슬퍼하는 기색이 없이 오히려 '오랫동안 기다리고 기다려온 해방을 주신 하느님 앞에 감사하며 크게 기뻐했다'고 역사에 기록되어 있다. 이때부터 프랑스에는 혁명의 싹이 움트기 시작하여, 74년 뒤에 프랑스 혁명이 일어나게 된다.

● 루이 14세의 유언

루이 14세는 임종을 맞기 직전에 증손자인 루이 15세에게 "너는 이웃 나라와 싸우지 말고 평화를 유지하도록 힘써라. 이 점에서 짐이 밟은 길을 따르지 말라. 국민들의 괴로움을 덜어주는 정치를 하여라. 아쉽게도 짐은 행하지 못했었다."라는 간곡한 유언과 "짐은 이제 죽는다. 그러나 국가는 영원하리라."는 말을 남겼다고 한다.

대영 제국

대영 제국(British Empire)은 15세기 유럽인들이 해양을 통해 유럽 밖으로 진출한 대항해 시대 이후 1931년 영국 연방이 성립할 때까지, 영국에 복속되거나 영국이 세계 각지에 건설한 식민지와 통치 지역을 거느린 제국을 통틀어 일컫는 말이다. 1921년 당시 전 세계 인구의 약 4분의 1에 해당하는 4억 5천8백만 명 이상의 인구와 육지 면적 3,670만 제곱 킬로미터의 영토를 차지했다. 그 결과 영국은 가장 거대한 식민지를 차지하게 되었으며, 세계 역사상 가장 큰 영토(식민지 포함)를 가진 나라가 되었다. 그리고 19세기 말부터 20세기 초에 걸친 영국령 식민지의 규모에 기인하여 '해가 지지 않는 나라'라는 말이 생기기도 하였다.

■ 스페인의 쇠퇴

펠리페 2세 시대의 스페인은 1571년에 레판토 해전에서 오스만 제국의 해군을 격파하였고, 같은 해에 마닐라를 건설하였으며, 1580년에는 포르투갈을 병합하여 신구 양 대륙에 광대한 식민지를 가지고 '해가 지지 않는 나라'를 건설하였다. 그러나 1588년 엘리자베스 여왕 통치하의 영국에 상륙하려는 작전을 기획했지만, 스페인 무적함대가 그라블린 해전에서 패배를 당했다.

잉글랜드는 1600년에 동인도 회사를 설립한 이후 1639년 마드라스, 1661년 뭄바이, 그리고 1690년 캘커타를 거점으로 인도 경영에 나섰다. 북미 대륙에서는 1607년 버지니아 회사가 버지니아 식민지를 건설했으며, 1619년에는 담배 농장을 위해 버지니아 식민지에 흑인 노예를 수입했다.

● 스페인 무적함대(Armada)의 패전
스페인의 펠리페 2세는 영국을 원정하기 위하여 전함 127척, 수병 8천, 육군 1만 9천, 대포 2천을 가진 대함대를 동원하였으나, 그라블린 해전(1588년 8월)에서 결정적 타격을 받아 54척만 본국으로 돌아갔다.

■ 네덜란드의 발흥

한편 네덜란드는 15세기 이후 합스부르크 왕가의 영지였다가 카를 5세(재위: 1516년~1556년), 펠리페 2세 시대를 통해 스페인 영토였는데, 1568년에 네덜란드 독립전쟁(80년 전쟁, 1568~1648)을 시작하였다.

이것은 무적함대의 패배와 함께 스페인 몰락의 계기가 되었다. 스페인을 대신하여 세계의 해상권을 장악한 네덜란드는 1581년 독립을 선언하였고, 30년 전쟁 후 베스트팔렌 조약(1648년)으로 독립을 승인받아 네덜란드 공화국을 세웠다.

네덜란드는 1602년에 네덜란드 동인도 회사를 설립하여, 자바 · 수마트라 · 말라카를 식민지로 삼아 향료 무역을 활발하게 하였고, 1619년 그 입지를 바타비아(자카르타)에 두었다. 또한 1624년 타이완 남부 젤란디아 성, 북미의 뉴암스테르담(1626년, 서인도 회사의 설립은 1621년), 남아프리카의 케이프 식민지(1652년), 남아시아에서는 실론의 콜롬보(1656년) 등을 거점으로 해외로 세력을 확장하였다. 이에 따라 암스테르담은 리스본을 대신하여 서유럽 최대의 상업 금융 도시로 발전했다.

아벨 타스만에 의한 남태평양 탐험(1642년~1644년)도 이루어졌다. 또 일본에서는 1609년에 히라도에 상관(商館)을 설립했고, 1639년 포르투갈 선박 내항 금지(도쿠가와 막부의 쇄국정책) 이후는 유럽에서 유일하게 무역 국가로 대일 무역을 독점했다.

● 아벨 타스만(Abel Janszoon Tasman)

네덜란드의 탐험가. 1632년 네덜란드 동인도 회사에 들어가, 이듬해 바타비아(자카르타)로 건너갔다. 수차례의 탐험 끝에 필리핀 · 대만 · 일본 연안을 돌아서 뉴질랜드 · 뉴기니 섬 등을 발견하였고, 대륙과 남극이 하나로 이어져 있다는 사실을 밝혀냈다.

■ 제1제국(1583~1783)

1578년 여왕 엘리자베스 1세는 험프리 길버트에게 바다 건너 새로운 땅의 발견과 답사를 할 수 있는 권리를 주었다. 그해 길버트는 해적질에 종사하며, 북아메리카에 식민지를 수립할 취지로 서인도 제도를 향해 떠났다. 하지만 악천후 탓에 원정이 초반부터 실패하고 말았다.

1583년에 그는 뉴펀들랜드 섬을 언급하면서 아직 아무 이민자들도 없는 이때에 잉글랜드가 차지해야 한다고 주장하였으며, 다시 한번 항해 도전에 착수하였다. 길버트는 잉글랜드로 귀국하던 도중에 숨을 거두었다. 그의 뒤를 이어 의붓형제 월터 롤리가 1584년 엘리자베스 1세로부터 특권을 받았으며, 같은 해 오늘날의 노스캐롤라이나 연안에 로어노크 식민지를 건설하였다.

그동안 영국에서 엘리자베스 여왕은 후계자가 없었기 때문에, 스코틀랜드에 있는 스튜어트 왕조의 제임스 6세를 잉글랜드 왕으로 불러들였다(제임스 1세, 재위 1603년~1625년). 제임스 1세는 1604년에 런던 조약을 맺으면서, 스페인과의 적대관계를 청산하였다. 주된 적대국과 평화관계를 맺은 이때, 잉글랜드는 다른 나라들의 식민지를 공격해 약탈하는 행동에서 스스로 국외에 식민지들을 건설하는 일에 나서는 것으로 방향을 바꾸었다.

● 영국 국기의 변화

맨 처음 영국 국기는 잉글랜드 국기였으나, 제임스 1세가 영국의 국왕이 된 계기로 스코틀랜드 국기와 합쳐져 1606년 최초의 영국 국기가 탄생하였다. 또 1607년 5월 14일 영국인이 배를 타고 북아메리카 신대륙으로 갔었는데, 그곳을 제임스타운이라고 부른 것도 이 제임스 1세의 이름을 딴 것이다. 그리고 제임스타운을 포함한 당시 13주가 영국의 식민지에 속하였기 때문에 줄무늬가 13개로 된 비공식 국기가 탄생하였고, 이는 곧 미국 국기의 유래가 되었다.

● 그레이트브리튼 왕국의 국기이자 유니언 잭의 원형으로, 잉글랜드와 스코틀랜드의 국기를 겹쳐서 제임스 1세 때(1606년) 만들어졌다.

■ 권리청원(1628)

엘리자베스 1세는 평생 독신으로 지냈으며, 여왕의 후계자로 스코틀랜드의 제임스 6세가 제임스 1세로서 잉글랜드의 군주로 즉위하였다(1603년). 제임스 1세는 왕권신수설을 신봉하였으며, 잉글랜드의 정치적 사정에 대해 어두웠다.

"국왕은 신에게만 책임이 있고 신하에게는 책임지지 않으며, 법의 지배를 받지 않는다. 국왕은 곧 법이다."

— 제임스 1세, 〈자유군주제의 진정한 법〉

제임스 1세의 이러한 주장은 의회와 충돌을 일으켰다. 결국 제임스 1세는 자신에 반대하는 의원 7명을 체포하고 의회를 해산시켰다. 제임스 1세의 뒤를 이어 왕위에 오른 찰스 1세 역시 왕권신수설을 주장하였다. 그러나 스페인과 전쟁을 선포하게 되어 그렇지 않아도 열악한 재정이 큰 위기를 맞게 되자, 세금 부과를 위해 의회를 소집하지 않을 수 없었다. 새롭게 소집된 의회 역시 국왕과 계속적인 갈등을 빚었으나, 1628년 3월 찰스 1세가 권리청원에 서명하자 세금 부과에 동의하였다.

● 권리청원에 서명한 찰스 1세

● 권리청원(Petition of Right)

권리청원은 1628년 소집된 잉글랜드 의회가 국왕에게 요구한 청원서이다. 권리청원은 1215년 마그나카르타(Magna Carta, 대헌장)에서 국왕과 의회 간에 합의된 사항들을 재확인하면서, 군주의 권리를 제한하는 구체적인 목록들을 작성한 것이다. 권리청원의 주요 내용은 다음과 같다.
- 국왕은 의회의 동의 없이 세금을 징수할 수 없다.
- 개인 집에 병사를 숙박시킬 수 없다.
- 평화 시에 계엄령을 선포할 수 없다.
- 합법적인 판결을 거치지 않고는 어느 누구도 체포, 구금, 재산권 박탈 및 기타 손해를 입을 수 없다.

마그나카르타 및 권리장전(1689년)과 함께 인권선언의 선구를 이루며, 영국 헌법의 중요한 문서가 되었다.

■ 주교 전쟁(1639~1640)

찰스 1세는 새로운 세금을 징수하고자 권리청원이 무효임을 주장하면서, 다시 의회를 해산하였다. 이후 11년간 찰스 1세는 의회 없이 권력을 휘둘렀다.

한편, 1639년 찰스 1세가 장로교가 국교인 스코틀랜드에 대해 잉글랜드의 국교인 성공회의 예배를 강요하자, 스코틀랜드와 잉글랜드는 종교 마찰로 전쟁을 벌이게 되었다.

흔히 주교 전쟁으로 불리는 이 전쟁의 비용 조달을 위해 찰스 1세는 의회를 소집하였다. 그러나 소집된 의회는 국민의 불만을 먼저 처리할 것을 주장하였다. 이에 분노한 찰스 1세는 의회를 해산하고 독자적으로 전쟁을 치르게 되었고, 결국 스코틀랜드에 패배하여 거액의 전쟁배상금을 부담하게 되었다.

찰스 1세는 거액의 배상금을 감당하기 위해 다시 의회를 소집할 수밖에 없었다. 다시 소집된 의회는 국왕의 실정을 비판하면서, 스코틀랜드와의 전쟁에서 국왕의 편에 섰던 귀족들을 처형하였다. 찰스 1세는 의회의 요구에 따라 3년마다 한 번씩 정기적으로 의회를 개최하는 법안, 의원의 동의 없이 의회를 해산할 수 없도록 하는 법안에 찬성해야 했으며, 국왕의 임의로 징수되는 선박세 등이 위법하다는 것을 인정하여야만 했다.

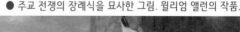

● 주교 전쟁의 장례식을 묘사한 그림. 윌리엄 앨런의 작품.

■ 영국 내전(1642~1651, 청교도 혁명)

한편, 의회는 한때 자신들의 동지였으나 스코틀랜드와의 전쟁을 계기로 왕당파로 돌아서 아일랜드의 총독대리가 된 토머스 웬트워스 백작의 처형을 찰스 1세에게 강요하여 실행하였다.

의회는 찰스 1세를 계속 압박하였고, 급기야 프랑스 출신의 왕비 헨리에타 마리아가 아일랜드 로마 가톨릭교회 신자들의 반란과 연관이 있다고 주장하며 탄핵을 요구하였다. 더욱이 1641년 의회가 찰스 1세의 실정을 규탄한 대간의서(大諫議書, Grand Remonstrance)를 채택하자 찰스 1세는 왕권에 위협을 느끼게 되었다. 그는 근위병 400명을 거느리고 의회에 진입하여 자신을 비난한 의원들을 체포하고자 하였으나, 그들은 이미 도주한 뒤였다. 이로써 의회와 국왕 간의 충돌은 불가피한 것이 되었다.

예수회(가톨릭교의 개혁파)는 개신교회를 포용하고 가톨릭 억압정책을 폈던 엘리자베스 여왕을 제거하려다가 1585년 영국에서 추방당하기도 하였는데, 이후로도 계속 영국을 가톨릭 국가로 만들기 위해 왕당파와 손잡고 많은 내란과 반란을 기도했다.

1642년 찰스 1세는 외국 용병들로 구성된 군대 덕분에 우세한 상황에서 내전을 시작하였다. 그러나 의회파의 주력이었던 올리버 크롬웰이 이끄는 철기대(鐵騎隊)가 1646년 6월 옥스퍼드를 함락시키자 전세는 의회파로 기울었다.

● 올리버 크롬웰(Oliver Cromwell)

영국의 정치가이자 군인으로, 1642년~1651년의 청교도 혁명에서 왕당파를 물리치고 공화국을 세우는 데 큰 공을 세웠다. 1653년에 통치장전(統治章典)을 발표하고 호국경에 올라 전권(專權)을 행사했다. 크롬웰은 청교도 정신 곧 성서주의에 근거하여 성탄절을 금지하였다. 마태오 복음서, 루카 복음서에 예수의 탄생설화가 나오기는 하지만, 예수가 12월 25일에 태어났다는 이야기가 없기 때문일 것이다. 크롬웰의 종교적 근본주의는 사람들이 등을 돌리는 원인들 중 하나로 작용했다.

■ 찰스 1세의 처형과 잉글랜드 연방의 성립

1647년 패배한 찰스 1세는 고향인 스코틀랜드로 피신하였으나, 스코틀랜드는 40만 파운드를 받고 그를 의회파에 넘겨주었다. 포로가 된 찰스 1세는 와이트 섬에 유배되었다.

1649년 1월 30일 잉글랜드 의회는 찰스 1세를 대역죄로 처형하였다. 국왕을 처형한 의회는 공화정을 선포하고 잉글랜드 연방(또는 잉글랜드 공화국)을 수립하였으며, 호국경으로 올리버 크롬웰을 선출하였다.

찰스 1세가 처형당하자, 찰스 2세는 프랑스로 망명하여 루이 14세에게 의탁하였다. 잉글랜드 내의 왕당파들은 찰스 2세의 복권을 위하여 의회파와 내전을 계속하였으나, 1651년 9월 3일 우스터 전투에서 의회파에게 격파되었다.

1649년에 시작된 잉글랜드 연방의 정치는 순탄치 않았다. 1651년에 의회파가 왕당파에 승리한 이후, 의회파는 화평파와 독립파로 분열되었다. 이후 독립파의 지지를 받은 올리버 크롬웰은 1653년에 호국경에 올랐는데, 크롬웰은 갈수록 의회와 마찰을 빚게 되었고 같은 해에 의회를 해산하기에 이르렀다. 1658년에 크롬웰이 사망하자 결국 공화정은 붕괴되었다. 이러한 독재 정치로 인해 크롬웰은 잉글랜드 역사에서 '군사 독재자'라는 오명으로 기록되게 되었다.

● 3차 내전 중 던바에서 철기대를 이끄는 크롬웰

■ 왕정 복고(1660)

잉글랜드 연방은 호국경 올리버 크롬웰의 사망과 함께 붕괴되었다. 정파들은 상대에게 절대적인 권력을 내주지 않기 위해 결국 왕정 복고를 택했다. 프랑스로 망명해 있던 찰스 2세는 1660년 5월 29일 런던에 입성하여 잉글랜드의 군주가 되었다. 찰스 2세는 즉위 후 자신의 아버지 찰스 1세 처형에 서명한 판사들 중 살아 있던 13명을 처형하고, 올리버 크롬웰의 무덤을 파 참수하는 부관참시를 시행하는 등 보복 정치를 실시하였다.

찰스 2세는 화려한 궁정 생활을 누리며 사치하였으나, 정치적으로는 무능하였다. 특히 1665년부터 1667년까지 일어난 네덜란드와의 전쟁에서 패배함으로써 재정은 파탄 상태에 이르렀다.

찰스 2세는 이러한 실정으로 인기가 떨어지자, 입지를 강화하기 위해 프랑스와 동맹을 맺고 로마 가톨릭에 관용적인 정책을 추진하였다. 그의 이러한 정책은 결과적으로 종교개혁의 전통을 갖고 있는 잉글랜드에서의 그의 입지를 더욱 약화시키는 것이었으며, 후대 왕인 제임스 2세에 이르러 명예혁명을 촉발시키는 원인이 되었다.

● 찰스 2세의 초상

● 찰스 2세(Charles II)

찰스 2세(1630년~1685년)는 1660년부터 1685년까지 영국을 통치하던 왕이다. 찰스 1세의 아들로 아버지가 청교도 혁명으로 처형된 후 스코틀랜드에서 즉위하였으나, 던바 · 우스터 전투에서 올리버 크롬웰에게 패한 후 프랑스로 망명하였다. 1660년 왕정 복고에 따라 귀국하여 이듬해 즉위하였다. 1665년~1666년에는 네덜란드와의 전쟁, 전염병과 런던의 큰 화재로 시달렸다. 1670년대에 들어서자 프랑스의 루이 14세로부터 군비를 지원받아 또다시 네덜란드 전쟁을 일으켰다. 후에 의회와의 대립이 심해져서 의회는 로마 가톨릭 교도들의 공직 진출을 제한하는 법인 '심사율' '인신 보호법'을 제정하여, 왕의 전제 정치에 대항하였다.

■ 영국-네덜란드의 충돌

영국과 네덜란드의 충돌은 식민지 경쟁을 놓고 일어났다. 제1차 충돌은 크롬웰의 공화정 때 일어났다. 다양한 특권과 산업 규제를 철폐하고 상공업의 발전에 노력하던 크롬웰은 패권을 쥐고 있는 네덜란드의 중개 무역을 타도하기 위해 1651년에 항해 조례를 만들었고, 영국-네덜란드 전쟁(제1차, 1652~1654년)을 일으켜 네덜란드의 제해권에 타격을 주었다.

네덜란드는 재정을 정비하고 해군을 확장하여 무역을 진흥시켰으나, 영국은 1660년의 왕정복고 후 찰스 2세가 항해 조례를 갱신하고, 1664년에는 아메리카 대륙의 뉴네덜란드를 침략하여 뉴암스테르담을 점령하고 이를 뉴욕으로 고쳤다. 다음해 1665년 3월, 영국이 네덜란드에 선전포고 하여 2차 전쟁(1665년~1667년)이 개시되었다. 영국은 로스토프트 해전에서 네덜란드 해군을 무찔렀으나, 이후 프랑스가 네덜란드 편을 들어 참전했고, 영국의 동맹국 뮌스터 공국도 참전했으나 프랑스에게 패배했다.

이번 전쟁에서는 1665년 흑사병과 1666년 런던 대화재로 영국이 밀려, 1667년 6월에 메드웨이 해전에서 네덜란드의 데 라위터르 제독이 템스 강에 침입하여 하구(河口)를 봉쇄하는 등 전과를 올렸다. 1667년 7월에 브레다 조약으로 종결되었다.

● 브레다 조약을 그린 판화

● 브레다 조약(Treaty of Breda)

제2차 영국-네덜란드 전쟁은 네덜란드 측이 우세하여, 수상인 피트의 탁월한 지도로 점령지 보유주의의 원칙에서 조약을 맺었다. 영국은 수리남·포레론의 두 섬과 기아나를 네덜란드에 양보하고 뉴암스테르담(현재의 뉴욕)을 얻었으며, 항해 조례는 수정 완화되어 독일 지방의 물산(物産)에는 적용하지 않기로 하였다.

제3차 영국-네덜란드 전쟁(1672년~1674년)은 프랑스가 시작한 네덜란드 전쟁(1672년~1678년)에 영국이 협력하는 형태로 전개되었다.

1673년, 영국과 프랑스는 대함대를 조직하여 네덜란드를 공격했지만, 네덜란드 제독 데 라위터르에게 격퇴를 당했다. 이후 네덜란드 통령인 오라녜 공작 빌럼 3세(훗날의 잉글랜드 왕 윌리엄 3세)는 오스트리아 · 스페인과 동맹을 맺고 프랑스를 포위하여, 프랑스군을 철수시켰다.

전쟁은 원하는 대로 되지 않았고, 재정 위기에 빠진 프랑스는 1675년 막대한 전쟁 자금을 모집하여 스웨덴-발트 제국의 참전을 재촉했다. 그러나 스웨덴의 독일 침공은 독일 제후들의 반감을 샀고, 그 최전선에 있었던 브란덴부르크 제후는 네덜란드와 동맹을 맺고 대항했다. 브란덴부르크-프로이센의 융성은 이후 영국과 프랑스의 양국 관계에도 큰 영향을 미치게 된다.

또한 영국 의회에서는 '네덜란드가 프랑스의 손에 떨어지면 잉글랜드는 프랑스 중상주의에 의해 경제적으로 굴복당할 수 있다'는 목소리가 높아져, 찰스 2세의 친프랑스 노선 철회를 요구했다. 따라서 1677년 찰스 2세가 동생 요크 공작(후의 제임스 2세)의 딸 메리(훗날의 메리 2세)를 네덜란드 통령 오라녜 공작 빌럼 3세에게 시집보내는 결혼동맹을 맺었다.

● 빌럼 3세의 초상

● **빌럼 3세**(윌리엄 3세, William III)

영국의 윌리엄 3세 또는 오라녜의 빌럼 3세(1650년~1702년)는 오라녜 공작 겸 나사우 백작, 브레다 남작(재위 1689년~1702년), 네덜란드 공화국 통령(재직 1672년~1702년), 잉글랜드 왕국 · 스코틀랜드 왕국 · 아일랜드 왕국의 국왕(재위 1689년~1702년)이다. 스코틀랜드 국왕으로서는 윌리엄 2세, 아일랜드 국왕으로서는 윌리엄 1세이다. 의회가 주도한 반정(명예혁명)으로 아내인 메리 2세와 함께 영국의 공동 통치자가 되었다.

■ 프랑스 절대왕정

프랑스에서는 "짐이 국가다"로 알려진 루이 14세가 "영토 확대는 가장 기분 좋은 일이다"라고 호언하면서, 자연 국경설에 기초하여 때마다 겹치는 침략 전쟁을 하였다. 남부 네덜란드 왕위계승 전쟁(1667년~1668년), 네덜란드 전쟁(네덜란드 침략 전쟁, 1672년~1678년) 그리고 제2차 백년 전쟁의 시작이 된 팔츠 계승전쟁(1689년~1697년) 등이다.

한편 동양 진출에서 루이 14세는 콜베르를 등용하였다. 프롱드의 난(1648년~1653년) 당시 콜베르는 왕령 법정의 중개인으로 근무하면서, 귀족에 의해 위기에 처한 루이 14세의 왕당파를 위해 일했다. 이 일로 망명 중이던 쥘 마자랭 추기경과 친분을 쌓게 되었다. 재상이었던 마자랭의 망명 당시 루이 14세는 콜베르에 대해 점차 신임하게 되었다. 1661년 마자랭이 사망하자 콜베르는 그의 숨겨둔 재산을 찾아내었다. 1664년 콜베르는 궁전 관리인이 되었으며, 1665년 재무장관이 되었다. 1669년에는 해군성 장관과 상무성 · 식민성 장관 및 궁정 관리인을 겸함으로써, 짧은 기간이었으나 전쟁을 제외한 모든 국사를 책임지는 위치에 있게 되었다.

콜베르는 1664년 프랑스 동인도 회사를 다시 편성하였고, 인도에서 찬다나가르(1673년)와 폰디체리(1674년)를 근거지로 영국에 대항하려 했다. 또한 북미에서는 1682년에 미시시피 강 유역 일대의 프랑스령 루이지애나 식민지가 시작되었다. "루이지애나"라는 지명은 태양왕(루이 14세)의 이름을 따서 라살 공에 의해 명명된 것이다.

● 장 바티스트 콜베르의 초상

● 장 바티스트 콜베르(Jean-Baptiste Colbert)

콜베르(1619년~1683년)는 집요하게 일에 매달렸고, 검소한 생활로 존경받았으며, 산업을 부흥시키고 도산 상태의 경제를 회생시켰다는 평판을 얻었다. 역사가들은 '콜베르의 노력에도 불구하고, 전쟁에 대한 루이 14세의 과도한 지출로 인해 프랑스의 빈곤 해결에는 역부족이었다'고 기록하고 있다.

■ 영국 의회 왕정

왕정 복고 이후에도 찰스 2세가 가톨릭 관료를 채용하는 등 구교의 부활을 시도했고 극단적인 반동 정치를 실시했기 때문에, 의회는 1673년 심사율이나 1679년 인신보호법을 제정하고 그것을 견제했다.

또한 다음의 제임스 2세(재위:1685년~1688년)도 마찬가지의 폭정을 했기 때문에, 결국 의회는 1688년 왕을 폐위하였고, 개신교의 열성적인 신자 찰스 1세의 외손자에 해당하는 네덜란드 통령 빌럼 3세(윌리엄 3세)와 메리(메리 2세) 부부를 맞아 "권리선언"을 인정하게 했다.

이 정변은 유혈참사 없이 이루어졌다는 점에서 '명예혁명'이라고 한다. 윌리엄과 메리는 이듬해에 권리선언을 '권리장전(Bill of Rights)'으로 발표하였고, 영국은 이것을 기회로 입헌군주국(立憲君主國)으로 전환하였다.

1688년 프랑스의 루이 14세가 독일의 팔츠 궁중백에 대해 왕제 오를레앙 공의 비(妃)의 계승권을 주장하며 팔츠 계승전쟁을 일으켰다. 이에 맞서 잉글랜드, 스페인, 네덜란드, 오스트리아가 아우크스부르크 동맹을 맺음으로써, 이 전쟁은 유럽 본토에서 뿐만 아니라 북아메리카 식민지에까지 번지게 되었다. 특히 북아메리카 식민지에서는 종종 잉글랜드 왕 윌리엄 3세의 이름을 따서 '윌리엄 왕 전쟁'이라고도 부르고 있다.

● 윌리엄 3세와 메리 2세 부부의 초상

● 명예혁명(Glorious Revolution)

명예혁명(名譽革命)은 영국에서 1688년에 일어난 혁명이다. 네덜란드의 오라녜 공 빌럼 3세가 의회와 연합하여 제임스 2세를 퇴위시키고, 잉글랜드의 윌리엄 3세로 즉위하였다. 이때 일어난 혁명을 '피 한 방울 흘리지 않고 명예롭게 이루어졌다'고 해서 명예혁명이라 이름붙였다. 명예혁명은 종종 무혈혁명, 1688년 혁명 등으로 불리기도 한다.

■ 제2제국(1783~1815)

　영국 동인도 회사가 한 세기 동안 인도 제국에서 초점을 둔 사업은 무역이었다. 영국 동인도 회사는 강대국이었던 인도의 무굴 제국을 상대로 처음에는 영역 다툼을 벌이지 않았으며, 1617년 통상권을 허가받았다.

　18세기 동안 무굴 제국의 영향력이 쇠퇴하기 시작하면서 영국 동인도 회사는 무역에서 영토로 관심을 돌렸으며, 1740년대와 1750년대에 인도 남동부의 카르나타카 전쟁에서 프랑스 동인도 회사와 충돌하게 되었다.

　플라시 전투(1757년)에서 영국군은 로버트 클라이브의 지휘 아래 프랑스군과 그들의 인도인 동맹군으로부터 항복을 받아냈다. 이로써 영국은 벵골의 지배권을 확립하였고, 인도에 더 많은 군사들을 파견하여 정치적 영향력을 확대하였다.
　다음 10년간 단계적으로 영토를 넓혀갔으며, 직접적으로 또는 간접적으로 지방의 꼭두각시 통치자들을 통해서 인도군의 군사력을 장악해 나갔다. 영국 동인도 회사는 1857년까지 인도를 다스렸다.

● 플라시 전투

네덜란드가 물러난 후 영국 동인도 회사는 무굴 제국의 상업권을 놓고 프랑스와 경쟁했다. 당시 프랑스는 영국보다 더 많은 인구와 상권을 자신의 세력에 편입시켰고, 벵골을 중심으로 무굴 제국 전체를 통치하고자 했다. 이는 영국과 무굴 제국이 손을 잡게 되는 계기가 되었고, 프랑스가 무굴 제국 변방의 주요 왕국을 동맹 관계로 성립시키는 계기가 되었다. 프랑스군은 그 지역의 토후와 벵골의 태수 정규군과 연합하여 영국군을 격파하려고 하였다. 영국군은 네덜란드와 무굴 제국과 연합하여 프랑스를 고립시키려고 하였다. 1757년, 영국의 로버트 클라이브 장군은 3천 명의 군대로 벵골의 플라시에서 프랑스 연합군을 격파하였다.

● 플라시 전투에서 로버트 클라이브가 승리를 거둠으로써, 영국 동인도 회사의 통상력은 물론 군사력까지 확립되었다.

■ 아메리카의 13개 식민지 상실

1760년대에서 1770년대 동안 13개 식민지와 영국 간에 점점 긴장 관계가 고조되었다. 영국 의회가 독단적으로 자신들에게 무거운 세금을 부과하려고 하는 것에 분노를 느낀 아메리카 식민지 주민들은 처음엔 "대표 없는 과세는 없다."라고 요약한 구호를 내세우며 반대했다.

아메리카 식민지 주민들의 공민권 보증에 대해 의견이 맞지 않자 영국인들은 폭력적으로 돌변하였다. 그리고 1775년에 미국 독립 전쟁이 발발하였다. 다음 해에 식민지 주민들은 미국의 독립을 선언하였고, 프랑스로부터 지원을 받으며 결국 1783년에 전쟁에서 승리하였다.

미국에서 일어난 사건은 캐나다에 대한 영국의 정책에 영향을 끼쳤다. 독립 전쟁 동안 왕당파가 캐나다에 대규모로 쇄도하였다. 제국의 권위를 옹호할 의도로 1791년 제정한 헌법을 통해 어퍼캐나다(영어권 지역)와 로워캐나다(프랑스어권 지역) 등 두 공동체 사이의 긴장 상태를 진정시켰다. 동시에 미국의 독립과 같은 일이 다시는 일어나지 않도록 캐나다 정부가 대중을 지배하는 것을 허락하지 않았으며, 영국을 위하여 헌신하도록 영국 본국과 비슷한 통치체제를 실시하였다.

● 영국령 북아메리카

영국령 북아메리카는 북아메리카에 있던 영국령의 식민지였으나, 지금은 미합중국과 캐나다로 분리되어 있다. 1607년에 여러 개의 작은 식민지가 모여 만들어진 미합중국은 13개의 식민지 주가 연합하여 미국 독립 전쟁을 일으키고 1776년 독립을 하였다. 마찬가지로 여러 개의 작은 식민지가 모여 1763년에 만들어진 캐나다는 1867년 연맹체를 만들어, 영국으로부터 제한적인 주권을 획득하게 되었다. 그 후 캐나다는 미국과는 달리 차츰차츰 주권을 획득하여 독립을 하였다. 캐나다는 영국연방 소속이다. 현재 모든 지역은 영국으로부터 독립하였다.

● 캐나다의 국기
단풍잎은 원래 캐나다의 시초부터 프랑스계 캐나디안을 상징하는 표식이었다. 1964년 국민 공모로 제정되어, 1965년 2월 15일, 영국 여왕 엘리자베스 2세의 승인을 받아 정식으로 채택되었다.

■ 태평양 탐험

1718년 이래, 한 해에 대략 천 명의 영국인 죄수가 대서양을 건너 아메리카 식민지로 귀양을 떠났다. 1783년에 13개 식민지를 잃은 후, 그곳을 대체할 마땅한 장소를 물색하던 영국 정부는 새로 발견한 땅 뉴사우스웨일스를 새로운 죄수 유형지로 선택하였다. 이곳은 네덜란드가 1606년에 이미 발견했지만 식민화하지 않은 뉴홀랜드였던 것으로 나중에 밝혀지게 되었는데, 영국에 의해 다시 전체를 통틀어서 오스트레일리아라는 이름으로 바뀌었다.

1770년 제임스 쿡은 남태평양에서 항해를 하던 중에 오스트레일리아의 동쪽 해안을 발견하고, 그곳을 뉴사우스웨일스라고 이름 붙였다. 1778년 쿡의 박물학자 조셉 뱅크스는 이 지역에 대한 조사를 마치고 나서 본국 정부에 '보터니 만에서 죄수들을 이주시킬 만한 적당한 장소를 찾았다'고 보고하였다. 그리고 1787년에 죄수들을 실은 첫 번째 배가 출항하였으며, 1788년에 도착했다. 매슈 플린더스는 1803년 항해를 마치고 나서, 뉴홀랜드와 뉴사우스웨일스가 같은 장소라는 사실을 밝혀냈다. 1826년 오스트레일리아의 서쪽 해안은 영국이 킹조지 해협에 군사 기지를 세우면서 이곳에 대한 권리를 정식으로 주장하였다. 그 후 1829년에 스완 강 식민지 건설이 이어졌다. 오스트레일리아 식민지는 나중에 자치 식민지가 되었으며, 양모와 황금의 주요 수출국이 되었다.

● 제임스 쿡(James Cook)

제임스 쿡(1728년~1779년)은 영국의 탐험가, 항해사, 지도 제작자이다. 평민에서 영국 해군의 대령에 올랐다. 태평양을 세 번 항해했고, 오스트레일리아 동해안에 도달하였으며, 하와이 제도를 발견하였고, 자필 원고로 세계일주 항해 일지를 남겼으며, 뉴펀들랜드와 뉴질랜드의 해도를 제작했다. 그는 태평양을 남쪽 끝에서부터 북쪽 끝까지 탐험하여, 영국의 식민지 개척에 크게 이바지하였다.

미국 독립 혁명

스페인은 1500년대부터 아스텍, 마야, 잉카 등의 고대 문명을 멸망시키며 신대륙 식민지 개발사업에 나섰고, 프랑스는 1605년 노바스코샤의 포트로열에, 영국은 1607년 제임스타운에 처음으로 정착촌을 세웠다. 네덜란드와 스웨덴도 단명으로 끝난 식민촌을 세웠으며, 러시아인들은 18세기 말 알래스카에 정착했다. 영국은 1763년 프렌치-인디언 전쟁에서 프랑스를 패퇴시킨 뒤, 북아메리카 북부지역의 주도세력이 되었다. 그러나 영국은 그 뒤 13개의 식민주에 의해 북아메리카 대륙에서 축출되었고, 이들 13개 주는 1783년 공식적으로 미국이라는 나라를 세웠다. 미국 독립 혁명(American Revolution)은 18세기 중엽에 13개 식민지가 조지 워싱턴을 중심으로 프랑스의 원조를 받아, 그레이트브리튼 왕국으로부터 독립하여 미국을 수립한 것을 말한다. 프랑스 혁명과 함께 양대 민주주의 혁명으로 유명하다.

■ 7년 전쟁의 명암

유럽은 슐레지엔 영유를 둘러싸고 대국들이 둘로 갈라져 7년 전쟁(1756년~1763년)을 치르고 있었다. 7년 전쟁은 오스트리아 왕위계승 전쟁(1740년~1748년)에서 프로이센에게 패배해 독일 동부의 비옥한 슐레지엔을 빼앗긴 오스트리아가 그곳을 되찾기 위해 프로이센과 벌인 전쟁을 말한다.

7년 전쟁은 유럽의 거의 모든 열강이 참여한 데다. 유럽뿐 아니라 그들의 식민지가 있던 아메리카와 인도에까지 세계대전으로 번진 대규모 전쟁이었다.

주로 오스트리아-프랑스-작센-스웨덴-러시아가 동맹을 맺어 프로이센-하노버-영국의 연합에 맞섰다. 유럽에서 벌어진 전쟁은 포메라니아 전쟁으로도 불리며, 영국과 프랑스가 아메리카 대륙에서 펼친 식민지 쟁탈전은 프렌치-인디언 전쟁이라 불렸다.

유럽에서는 영국의 지원을 받은 프로이센이 최종적으로 승리를 거두어 슐레지엔의 영유권을 확보했으며, 식민지 전쟁에서는 영국이 주요 승리를 거두어 북아메리카의 뉴프랑스(현재의 퀘벡 주와 온타리오 주)를 차지하고 북아메리카에서 프랑스 세력을 몰아냈고, 인도에서도 프랑스 세력을 몰아내어 대영 제국의 기초를 닦았다.

영국은 7년 전쟁에서 승리했지만, 막대한 전쟁 비용으로 인해 재정이 고갈될 지경에 이르렀다. 영국은 이러한 재정 지출을 식민지에 전가하여 해결하려 하였다. 1765년의 '인지세법'과 1767년의 '타운젠드 법'은 의회 대표가 없는 식민지에도 과세하기로 한 결정으로서 식민지 주민들의 반발을 불러일으켰다.

그레이트브리튼 왕국에 저항하던 대표적인 인물인 존 핸콕은 영국 동인도 회사의 중국산 차에 대한 불매 운동을 조직하였고, 곧 판매량은 32만 파운드(145,000 kg)에서 520 파운드(240 kg)로 급감하였다. 1773년에 이르러 동인도 회사의 적자는 크게 불어났고, 창고에는 언제 판매될지도 모르는 찻잎들이 쌓여 갔는데, 이는 존 핸콕을 비롯한 밀수업자들이 관세를 물지 않고 차를 수입해 판매했기 때문이었다.

영국 정부는 1773년 '차법'을 통과시켜, 동인도 회사가 식민지에 차를 직접 판매할 수 있도록 하였다. 그리하여 동인도 회사가 대영 제국의 업자들과 밀수업자들보다 싼 가격에 차를 판매할 수 있게 되어, 영국 상인들과 밀수업자들은 파산을 면치 못할 정도로 큰 피해를 보았다.

● 그레이트브리튼 왕국의 국장

● 그레이트브리튼 왕국(Kingdom of Great Britain)

그레이트브리튼 왕국은 1707년에 잉글랜드 왕국과 스코틀랜드 왕국이 합방하여 성립한 왕국이다. 그레이트브리튼 섬 전체를 지배한 최초의 왕국이었다. 다른 시기의 영국과 구분하지 않을 때에는 이 나라도 그냥 영국(英國)이라고 부른다.

■ 보스턴 차 사건

북아메리카의 대다수 항구에서는 동인도 회사의 차를 실은 배의 하역을 거부하였으나, 보스턴에서는 영국 정부가 임명한 총독인 토머스 허친슨의 도움을 받을 수 있었다. 영국 군함들의 호위 아래 차들을 하역하기 위한 계획이 세워졌다. 이때 등장한 인물이 미국의 2대 대통령 존 애덤스의 6촌 형이었던 새뮤얼 애덤스이다. 그는 '자유의 아들들(Sons of Liberty)'이라는 집단을 이끌고 행동에 나섰다.

1773년 12월 16일 저녁 7시. 미국 보스턴 항구에 등장한 100여 명의 '자유의 아들들'은 아메리칸 인디언이었던 모호크족 복장을 하고 있었다. 손에는 도끼를 들고 얼굴에는 석탄 가루를 바르고 있었는데, 어두운 저녁이었기 때문에 누가 누군지 알아볼 수가 없도록 방지한 것이었다.

이들의 목표는 중국에서 수입해 온 차가 잔뜩 실려 있는, 동인도회사 소유의 무역선이었다. 100여 명이 총 3그룹으로 나뉘어 3척의 배에 올라탔고, 이들은 선장과 선원을 협박해 화물칸 열쇠를 탈취하고는 화물칸에 있던 중국산 우이옌(武夷巖) 차들을 모두 바다에 버려버렸다. 바다에 뿌려진 우이옌 차의 총 가치는 9천 파운드로, 현재 원화 가치로 환산하면 16억 원에 달한다.

● 보스턴 차 사건을 그린 전형적인 삽화

● 보스턴 차 사건(Boston Tea Party)

보스턴 차 사건은 그레이트브리튼 왕국의 지나친 세금 징수에 반발한 북아메리카 식민지 주민들이 1773년 12월 16일 아메리카 토착민으로 위장해, 보스턴 항에 정박한 배에 실려 있던 홍차 상자들을 바다에 버린 사건이다. 이 사건은 미국 독립 전쟁의 불씨를 일으키는 데 일조한 것으로 여겨져 왔다.

보스턴 차 사건으로 영국은 분노하였다. 심지어 당시 식민지의 주요인사인 조지 워싱턴, 벤저민 프랭클린도 "이건 용서받을 수 없는 짓"이라며 비난하였다. 특히 벤저민 프랭클린은 이 사건으로 영국 측이 입은 손실을 메꿔주자고 했고, 실제로 11억 원 가량의 성금을 모아 당시 영국 수상 노스 경에게 가져갔으나 거절당했다.

영국은 이듬해인 1774년 함대를 파견해 보스턴 항을 폐쇄하였고, 메사추세츠 자치정부를 해산시키기에 이르렀다. 그리고 식민 지배의 방향을 자치통치에서 직접통치로 바꾸려는 생각을 가지게 된다. 결국 '보스턴 차 사건'은 '미국 독립 전쟁'(1775~1783)의 도화선이 되었다.

미국 독립 전쟁의 또 다른 원인으로는 영국의 '인디언 보호구역' 설정을 들 수 있다. 프렌치-인디언 전쟁에서 미국은 인디언과 연합한 프랑스와 전쟁하는 영국을 적극 지원하였다. 영국 승리 후, 식민지 미국인들은 비옥한 중서부 지역으로의 진출을 기대하였지만, 영국 정부는 이 지역을 '인디언 보호구역'으로 설정하였다. 그런데 인디언 보호구역의 설정에도 불구하고 식민지인들은 자꾸 중서부 지역으로 넘어가려 하였고, 이 과정에서 식민지 주민과 인디언들의 분쟁이 자주 발생하였다. 이에 대해 영국은 식민지를 보호한다는 명분으로 어쩔 수 없이 군대를 파견해야 했고, 재정적 비용에 부담을 느껴 1765년 '병영법'을 제정하였다. '병영법'은 영국 군대 비용의 일부를 미국 식민지 주민이 부담하게 하는 것으로, 많은 반발을 불러왔다.

● 벤저민 프랭클린의 초상

● 벤저민 프랭클린(Benjamin Franklin)

벤저민 프랭클린(1706년~1790년)은 미국의 '건국의 아버지' 중 한 명이자, 미국의 초대 정치인 중 한 명이다. 그는 특별한 공식적 지위에 오르지는 않았지만, 프랑스 군(軍)과 동맹을 맺는 데 중요한 역할을 하여 미국 독립에 중추적인 역할을 했다. 그는 계몽사상가로서 유럽 과학자들의 영향을 받았으며 피뢰침, 다초점 렌즈 등을 발명하였다.

■ 미국 독립 전쟁

 전쟁 시작 전 보스턴에서는 반정부 활동이 이어졌고, 1774년에 영국 정부는 징벌을 위한 '매사추세츠 통치법'을 제정하고 직접 통치를 거론했다. 그러나 이 정책은 민중 사이에 반발을 더 불러오는 결과가 되었으며, 본국에서 새로 임명된 관리는 사직하고 폭도에 쫓겨 보스턴으로 도망갔다. 영국군 북아메리카 총사령관이 된 토머스 게이지 중장은 보스턴 본부에서 영국 정규군 4개 연대를 지휘하고 있었지만, 시내를 벗어나면 사방이 혁명 세력의 수중에 있었다.

 1775년 4월 18일 밤, 게이지 장군은 식민지 민병대가 매사추세츠 주 콩코드에 무기를 보관하고 있다는 첩보를 입수하고, 탄약을 압수하기 위해 700명의 부대를 파견했다. 혁명 세력에 속하는 폴 리비아 등의 전령이 교외 도시를 뛰어다니며, 영국군이 출동했다는 경고를 전했다. 4월 19일 아침, 영국군이 렉싱턴 마을에 진입하자 77명의 민병이 마을의 녹지에서 기다리고 있었다. 총탄을 맞아 몇 명의 민병대가 사망했다. "한 발의 총성이 세상을 바꾸었다"라는 말을 낳은 사건이었다.

 영국군은 콩코드로 이동한 후 3개 중대의 분견대가 노스브리지에서 500명의 민병대와 싸웠지만, 성과를 거두지 못했다. 영국군이 보스턴에 들어서자 수천 명의 민병대가 모여들었고, 도로변에서 영국군을 공격해 큰 피해를 입혔다. 영국군은 증원군의 도착으로 괴멸을 면했다. 이 '렉싱턴 콩코드 전투'가 미국 독립 전쟁의 포문을 열게 된 최초의 충돌이었다.

● 렉싱턴 콩코드 전투 장면

● 렉싱턴 콩코드 전투(Battles of Lexington and Concord)

1775년 4월 19일에 '미국 독립 전쟁'의 포문을 연, 영미 간의 전투이다. 영국군이 보스턴 북서쪽의 콩코드에 있던 미국 식민지 민병대 무기고 접수 작전을 실시했다. 그 조치에 반발하여 움직였던 식민지 민병대와 무력으로 충돌했으며, 렉싱턴과 콩코드에서 영국군과 민병대가 격렬한 전투를 벌여 식민지군이 영국군을 격파했다. 규모는 작지만 미국 독립 전쟁의 서전을 장식한, 의미있는 전투가 되었다.

민병대는 보스턴으로 몰려가 보스턴 포위전을 시작했다. 4,500여 명의 영국 증원군이 대서양을 건너 도착했고, 1775년 6월 17일 윌리엄 하우 장군이 지휘하는 영국군이 '벙커 힐 전투'에서 찰스타운의 반도를 점거했다. 미국 민병대는 후퇴했지만, 영국군도 손실이 커서 다음 공격을 이어갈 수 없었다. 포위는 깨지지 않았고, 9월에는 영국군 지휘관 게이지 장군이 잉글랜드로 돌아가 하우 장군과 교체하게 된다.

　　1775년 7월 새로 임명된 워싱턴 장군이 보스턴 교외에 도착하여, 식민지 군을 지휘하고 육군을 조직했다. 워싱턴은 아군에 탄약이 부족한 것을 인정하여 새로운 공급처를 요구했다. 탄약은 영국군의 무기고를 습격하여 확보하였고, 또한 자체 생산도 시도했다. 1776년 말까지 군수 물자의 90%는 수입에 의존했다. 그 총액은 200만 파운드에 달했으며, 대부분의 수입처가 프랑스였다.

　　정체 상태가 가을부터 겨울까지 이어졌다. 1776년 3월 식민지 군이 타이컨더로가 요새에서 획득한 대포가 헨리 녹스 소령에 의해 도체스터 고지에 전달되었다. 대포가 영국군에게 하향 조준되었기 때문에, 하우 장군은 방어를 할 수 없다고 판단하고 3월 17일 보스턴 시에서 철수했으며, 배를 이용하여 노바스코샤 주 핼리팩스의 해군 기지까지 후퇴했다. 이후 워싱턴은 뉴욕 시를 사수하기 위해 육군 대부분을 이동시켰다.

● 조지 워싱턴의 초상

● 조지 워싱턴(George Washington)

미국의 초대 대통령(재위 1789년~1797년)이다. 1775년부터 1783년까지 벌어진 미국 독립 전쟁에서는 대륙군 총사령관으로 활동하였다. 처음에는 미국 국민들이 그를 국왕과 같은 군주로 인식하여 서로 거리감을 느꼈으나, 워싱턴은 점차 미국의 건국과 혁명 과정에서 주요한 역할을 수행하여 '미국 건국의 아버지'라고 불릴 정도로 유명한 정치인으로 떠오르게 되었다.

■ 뉴욕 · 뉴저지 전황

1776년 7월 4일, 대륙회의는 〈미국 독립 선언〉을 채택했다.

영국군의 하우 장군은 보스턴에서 철수한 후, 뉴욕 시 탈취에 집중했다. 대륙군의 워싱턴은 뉴욕 방위를 위해 롱아일랜드와 맨해튼 사이에 2만 명의 군대를 배치했다. 영국군이 스태튼 섬에 집결하는 동안 워싱턴은 새로 채택된 '미국 독립 선언'을 병사들에게 읽어주었으며, 더 이상 타협의 여지는 없었다.

1776년 8월 27일, 롱아일랜드에 상륙한 2만 2천 명의 영국군은 독립 전쟁 중에서도 최대의 교전이 된 '롱아일랜드 전투'에서 대륙군을 몰아내고, 브루클린 하이츠까지 후퇴시켰다. 하우는 거기에서 포위전을 시도했지만, 워싱턴 군은 모두 맨해튼으로 탈출할 수 있었다.

9월 15일, 하우는 1만 2천여 명의 부대를 이끌고 로워 맨해튼에 도착하여 곧바로 뉴욕을 장악했다. 대륙군은 할렘 하이츠까지 물러났으며, 다음날 할렘 하이츠 전투가 벌어졌지만 가까스로 진지를 확보할 수 있었다. 하우가 워싱턴 군 주위에서 움직일 때 대륙군이 또다시 뒤로 후퇴한 후, 10월 28일에 화이트플레인스 전투가 벌어졌다.

● **대륙회의**(Continental Congress)

대륙회의는 영국 본국의 고압적인 식민지 경영에 북아메리카 13주의 자치 의식이 높아지면서 1774년부터 개최된 회의이다. 각 식민지 대표가 참석하였으며, 제1차 대륙회의와 제2차 대륙회의가 있다. 미국의 독립 승인 후 연합회의(1781년~1789년)로 발전하지만, 이 연합회의를 포함하여 대륙회의라고 총칭할 수 있다.

● 제1차 대륙회의가 열렸던 카펜터스 홀

워싱턴 군이 후퇴를 거듭했기 때문에, 하우는 맨해튼으로 돌아 워싱턴 요새를 점령하고 2천여 명을 포로로 잡을 수 있었다. 포로의 수는 롱아일랜드 전투 때와 같이 3천여 명에 달했다. 이후 뉴욕에서는 악명 높은 '감옥선(prison ship)'이 시작되었으며, 종전까지 이어졌다. 이 감옥선에서는 독립 전쟁의 어떤 전투보다도 많은 미합중국 군과 선원이 방치되어 죽어갔다.

찰스 콘월리스 장군이 워싱턴을 쫓아 뉴저지까지 진군하였고, 대륙군은 12월 초 델라웨어 강을 건너 펜실베이니아까지 후퇴했다. 뉴욕에서 뉴저지로 이어졌던 영국군 진격 작전도 겨울 들어 일단 정지하였고, 뉴저지에서 겨울 숙영(宿營)에 들어갔다. 하우는 몇 번이나 대륙군을 따라잡을 기회가 있었으면서도 번번이 실패를 했지만, 5천 명 이상의 대륙군을 죽이거나 포로로 잡았다.

대륙군의 전망은 암울했다. 대륙군의 가용 병력은 5천 명 미만이었다. 군인은 1년이면 복무 기간이 끝나기 때문에 12월이 되자 1,400명으로까지 줄어들게 되었다. 대륙회의는 절망 속에서 필라델피아를 포기했다. 그러나 영국군의 점령에 대한 대중의 반항은 강해지고 있었다.

워싱턴은 해가 바뀌기 전에 공격하기로 결정하여, 크리스마스 밤에 몰래 델라웨어 강을 건너 12월 26일 트렌턴 전투에서 1천여 명의 독일 용병군을 포로로 잡았다. 콘월리스는 트렌턴을 다시 탈환하려고 진군해 왔지만, 워싱턴은 그 허를 찔러 1777년 1월 3일 프린스턴 전투에서 영국군의 후위 부대를 무찔렀다.

워싱턴은 미국 측의 사기를 높일 수 있었기 때문에, 이후 모리스타운에서 겨울 숙영에 들어갔다. 뉴저지의 민병대는 겨울 동안 영국군과 독일 용병군을 계속 괴롭혔고, 영국군은 뉴욕 시 주변으로까지 철수하게 되었다.

● 델라웨어 강을 건너는 워싱턴. 에마누엘 로이체의 작품.

대륙회의와 워싱턴은 보스턴 포위전 때부터 정보 · 첩보 전략을 전개하였고, 점령된 뉴욕을 중심으로 한 정보수집 · 첩보 활동은 지역의 지원이 적은 영국군보다 우위에 서 있었다. 트렌턴 전투의 승리는 첩보 활동이 성과를 거둔 예이다. 유럽 국가들과의 정보 교류는 일찍부터 진행되고 있었으며, 이 정보전의 우위는 종전까지 계속됐다.

모든 단계에서 영국군의 전략은 국왕에 충성을 맹세하고 달려오는 왕당파들의 지원을 기대하고 있었다. 1776년 2월, 헨리 클린턴 장군은 2천 명의 병사와 해군 함대로 노스캐롤라이나를 침공하려 했지만, 왕당파의 부대가 무어즈 크리크 다리 전투에서 섬멸된 것을 알고 그 계획을 취소할 수밖에 없었다.

6월에 클린턴은 남부의 주요 항구인 사우스캐롤라이나의 찰스턴을 점령하려 했고, 이때도 남부 왕당파의 궐기를 기대하고 있었다. 이것은 전쟁을 수행하는 간편한 방법으로 보였지만, 해군이 요새 공격으로 물러난 데다 배후에서 마을을 공격하는 왕당파도 없었기 때문에 작전은 실패했다.

남부 왕당파는 효과를 보기에는 너무 형편없는 조직력을 가지고 있었지만, 1781년 말 런던의 고위 관료들은 남부에서 도망쳐 온 왕당파의 말을 믿고, 봉기할 것이라고 자신하고 있었다.

■ 필라델피아 방면 전략

영국군의 윌리엄 하우 장군은 뉴저지 북부에서 조지 워싱턴이 이끄는 대륙군을 교전에 끌어들이려 했지만 실패했고, 그 후 군대를 수송선에 싣고 체서피크 만 북부에 상륙하여, 그곳에서 북쪽의 필라델피아를 향해 진군했다. 워싱턴은 브랜디와인 강에서 하우 군의 작전에 방어진을 준비했지만, 1777년 9월 11일 브랜디와인 전투에서 측면이 깨져 후퇴했다.

하우 군은 그 작은 전투를 벌인 후 필라델피아 시를 점령했다. 워싱턴 군은 저 먼타운에 있던 하우 군 수비대를 공격했지만 실패로 돌아갔고, 그 후 포지 계곡으로 후퇴하여 동계 주둔에 들어갔다.

하우의 이 전략은 미국 측이 임시 수도로 삼은 필라델피아를 잘 점령할 수 있었지만, 행군이 느린 동시에 북부에서 영국군에게 비참한 결과로 끝났던 새러토가 작전을 지원할 수 없었기 때문에, 많은 논란을 가져왔다. 그 결과는 프랑스가 참전하게 되었고, 하우 장군은 필라델피아 점령 이후 사임하면서 부사령관이었던 헨리 클린턴 장군과 교체되었다.

클린턴은 프랑스와 미국이 연합하여 뉴욕 시를 공격해 올 가능성을 파악하고 방어를 강화하기 위하여, 1778년에 군대를 필라델피아에서 뉴욕으로 옮기게 된다. 워싱턴은 뉴저지를 통해 철수하는 영국군을 추격해 몬머스 법원 청사에서 전투에 돌입했다. 이것은 독립 전쟁 중에서도 최대의 전투가 되었다.

● 윌리엄 하우(William Howe)

미국 독립 전쟁 때 영국군의 총사령관이었다. 군인 가문에서 태어난 당시 하우 삼형제 중 한 사람이었다. 1775년 공을 세워 나이트(기사) 작위를 받고 윌리엄 경이라고 불렸다. 하우는 보스턴의 '벙커 힐 전투'에 참가하여 승리는 했지만 브리즈 힐에서 많은 아군의 손실을 기록했으며, 뉴욕 시와 필라델피아 시의 점령 등에서는 성공을 거두었지만, '새러토가 전투'에서 패배하여 프랑스를 전투에 끌어들인 탓에, 부정적 평가를 받고 있다.

● 윌리엄 하우의 초상

■ 요크타운 전투

1776년부터 프랑스는 정보 교류를 통해 미국 독립 전쟁에 관여해 왔다. 토머스 제퍼슨이 프랑스에게 동맹을 재촉한 이후 프랑스군 트레빌 제독은 대륙군에게 보급품과 탄약, 대포를 지원했다. 그리하여 드 발리에르와 같은 대포가 사용되면서, 새러토가 전투 등의 교전에서 중요한 역할을 했다.

1781년 5월 22일, 프랑스군 로샹보 장군이 대륙군의 워싱턴 장군과 회담했다. 영국군에 대한 작전을 짰던 것이다. 그들은 영국군에 점령된 뉴욕을 탈환할 전략을 생각하고 있었다. 뉴욕의 영국군은 총사령관 헨리 클린턴 휘하의 1만 명이었다. 한편, 버지니아에 있던 라파예트 장군의 보고가 있었다. 이에 따르면, 찰스 콘월리스 장군이 이끄는 영국군은 요크타운에서 수성 전략을 펴려 했다. 요크타운은 버지니아의 요크 강 옆에 있다. 남부 전선을 지휘하는 콘월리스는 한때 광범위한 점령을 했지만, 지난 2년간 그 전력이 줄어들어 잔여 병력은 7천 명 정도였다. 콘월리스는 요크타운에서 보급품과 증원군이 오기를 기다릴 수밖에 없는 처지였다.

1781년 7월 19일, 워싱턴 장군은 뉴욕 도브스 페리에 야영하고 있었다. 콘월리스의 상황을 듣던 워싱턴 장군은 다음과 같이 기록하고 있다.
"내 의견으로는 이 상황에서 두 곳에 충분한 전력을 쏟아 부어야 한다. 한 곳은 뉴욕에 인접한 지역에 육군과 민병대를, 나머지는 버지니아에 육군과 프랑스군을 투입해야 한다."

● 요크타운 전투 장면

437

1781년 8월 14일, 서인도 제도에 있던 프랑스군의 드 그라스 제독이 프랑스군 함대를 이끌고 버지니아로 향했다. 동시에 8월 21일, 워싱턴은 군대를 남하시 켰고, 드 그라스 함대가 체서피크 만에 도착했다. 드 그라스는 거기에서 토머스 그레이브스 제독이 이끄는 영국 함대와 체서피크 만 해전(버지니아 케이프 전투라고 도 함)을 벌여 승리를 했고, 만 지역의 제해권을 확보했으며, 지원군을 기다리던 콘월리스는 고립됐다. 이 해상 전투는 18세기~19세기의 200년 동안 영국 함대 가 패배한 유일한 해전이었다.

　1781년 9월 28일, 워싱턴과 로샹보는 요크타운에 도착했고, 라파예트와 그라 스의 부대 3천 명도 합류를 했다. 결국 콘월리스와 대치한 것은 1만 7천여 명으 로, 2배가 넘는 전력 차였다. 10월 11일 프랑스·미합중국 연합군은 영국군으 로부터 불과 400 야드 떨어진 곳에서 두 번째 공격을 시작했다. 3일 후 연합군 은 영국군의 보루 2개를 점령했고, 전선을 영국군 코앞까지 압박했다. 연합군이 포위망을 좁혀가는데도 콘월리스는 뉴욕에서 오는 지원군을 애타게 기다리고 있었다. 10월 16일, 영국군은 프랑스군의 대포를 공격하려 했지만 실패했다. 연 합군은 전선을 좁혀 영국군 진지에 직접 공격을 쏟아부었다. 그날 밤, 영국군은 요크 강을 건너 글로우 스타로 탈출하려 했지만, 심한 폭풍우 때문에 실패했다.

　결국 식량도, 탄약도 바닥이 난 콘월리스 군은 10월 17일에 항복을 요청하였 고, 10월 19일에는 항복문서에 서명함으로써 정식으로 항복했다.

　그 후 1783년 파리 조약 에서 영국 정부는 미국의 독립을 공식적으로 인정하 게 된다.

● 요크타운 전투에서 영국군 사령관 (콘월리스)이 항복하는 모습. 존 트럼 벌의 작품.

프랑스 혁명

1789년에 프랑스 왕국에서 발발하여 1794년의 테르미도르 반동 이전까지 지속되었던 혁명이다. 프랑스에서 일어났던 다른 혁명들과 구분하기 위하여, '프랑스 대혁명'이라고 부르기도 한다. 17~18세기에 걸쳐 일어난 여러 시민 혁명들 중에서도 의의가 가장 깊은 것으로 꼽힌다. 내부적으로는 연이어 즉위하는 무능력한 왕들, 사치와 권력 유지에 급급한 귀족들, 구체제의 모순을 뿌리뽑았다. 외부적으로도 나폴레옹 전쟁의 여파로 프랑스 혁명의 영향력이 주위 국가들에게 큰 영향을 미치면서, 19세기 이후 각국의 시민 혁명의 촉발제로 작용하였다.

■ 혁명의 배경

프랑스는 18세기에 들어와서 혁명 전야까지 스페인 왕위계승 전쟁(1701년~1714년), 미국 독립 전쟁(1775년~1783년)을 비롯한 여섯 차례의 큰 전쟁에 관여했다. 이런 전쟁은 프랑스에 결코 이익이 되는 것은 아니었다.

이미 루이 14세(재위 1643년~1715년)의 만년에 국가 재정은 위기 양상을 나타내기 시작했는데, 그 후 위기는 더욱 심각해지고 만성화되어 갔다. 또한 루이 14세에 의한 낭트 칙령 폐지(1685년)와 그에 따른 위그노 국외 추방은 그 후의 프랑스 산업 발전을 현저하게 저해하는 결과를 낳았다.

프랑스에서 부르주아의 발전은 영국에 비해 지지부진했으나, 18세기 후반에는 중농주의자의 주장으로 대표되는 곡물 거래의 자유, 인클로저(enclosure)의 자유를 요구하는 세력이 대두되고 있었다. 공업 부문에서도 면직물 공업이 18세기 초부터 부상하기 시작하여, 재래의 모직물 · 린네르 공업과 경합하게 되었다. 18세기 후반, 길드(guild: 동업자 조합)의 규제는 여전히 강했으나, 자본주의식 매뉴팩처(manufacture: 공장제 수공업)가 각지에 출현하고 있었다.

● 프랑스 혁명의 상징과도 같은 단두대

1774년 재무총감 자리에 앉은 중농주의자인 안 로베르 자크 튀르고는 부르주아의 발전을 저지하던 영주와 국가의 통제를 없애버리려 했다.

1776년에는 '여섯 가지 칙령'이 공포되었다. 이것은 농민을 노예 수준의 부담에서 해방시키고, 공업에서 길드제를 폐지하며, 농업과 노동에 대한 자유를 보장하는 것을 목적으로 한 것이다.

이것은 부르주아적 이해와 대립하는 봉건적 귀족과 그들에 기생하던 특권 상인의 세력을 약화시키는 것이 불가피한 과제가 되었다는 것을 보여주었다. 이러한 부르주아적 발전에 대응하여, 자본에 대한 노동자의 투쟁이 조직적으로 일어났다.

프랑스에서 부르주아가 발전하려면 사회적 대변혁이 불가피했다. 계몽사상가는 이와 같은 모순된 사회제도를 맹비난하면서, 합리적인 사회제도의 출현을 선동했다.

당시 프랑스는 계몽사상가인 루소와 백과전서파인 볼테르 등의 사회계약설이 많은 지식인에게 영향을 주었고, 민중들은 당시의 사회제도(구체제)에 대한 반발심을 가지고 있었다. 부르봉 왕가 정부, 특히 국왕 루이 16세는 이를 완화하기 위해 점진적인 개혁을 목표로 했지만, 특권 계급과 국민 간의 괴리를 채울 수 없었다.

프랑스 혁명은 이런 구체제(앙시앵 레짐)의 모순에서 발생하였다. 구체제 하에서는 인구의 2% 정도밖에 안 되는 제1계급(추기경 등의 로마 가톨릭 고위 성직자)과 제2계급(귀족)은 면세 등의 혜택을 누리면서, 주요 권력과 부와 명예를 독점하였다. 인구의 약 98%를 차지하던 제3계급(평민)은 무거운 세금을 부담해야 했다. 그 제3계급이 정치에 참여할 수 있는 삼부회가 있었지만 한동안이나 소집되지 않았기 때문에, 제3계급은 실질적으로 정치 참여에서 배제된 것이었다.

■ 삼부회 소집

당시 프랑스는 미국 독립 전쟁 등 거듭된 전쟁과 기근으로 경제가 파탄할 지경에 이르렀고, 재정을 보충하기 위해 그때까지 과세를 면제해 온 제1신분(성직자)와 제2신분(귀족)에게도 과세를 할 수밖에 없었다.

1789년 5월 5일 루이 16세는 새로운 과세 제도를 규정하기 위해, 1614년 이후 열리지 않았던 신분제 의회인 '삼부회'를 175년 만에 베르사유에 소집했다. 1614년의 모델에 따라 삼부회는 각 신분별로 동일한 숫자의 대표자로 구성될 예정이었다. 그러나 제3신분(평민)은 지방 의회에서처럼 2배수를 요구했고, 결국 이 요구는 관철되었다. 이후 5월 5일 삼부회가 소집되었고, 제3신분의 대표들이 기존의 신분별 표결 방식에 대해 항변할 것은 명백했다. 왜냐하면 578명의 제3신분 대표가 다른 신분들 각각과 동일한 비중이 됨을 의미하는 것이었기 때문이다.

세금 문제에만 국한하려던 왕실의 의도는 빗나갔다. 삼부회는 세 개의 계층이 따로 회합을 가짐으로써 즉각 파행되었고, 국가의 재정보다는 자신들의 안위에 대한 논란만 다루었다. 표결 방식에 대해 제1신분과 제2신분은 삼부회에서 분리 심의와 신분별 투표를 주장했고, 제3신분은 합동 심의와 인원별 투표를 주장하면서 신분 간에 격렬한 대립이 있었다.

● 테니스 코트의 서약

1789년 5월 5일 소집된 삼부회(三部會)에서 자유주의 귀족과 평민(제3신분) 의원이 중심이 되어 6월 17일 국민의회를 형성하자, 이에 위협을 느낀 왕의 동생 아르투아 백작 등 강경파가 국왕을 재촉하여 베르사유 궁정(宮廷)의 회의장을 폐쇄하였다. 이에 국민의회에 찬동하는 의원들은 테니스코트 건물에 모여 결속을 다짐하고, 천문학자 장 실뱅 바이를 초대 의장으로 선출한 후, "국민의회는 헌법을 제정하고 사회의 질서를 회복시킬 때까지 결코 해산하지 않는다"는 취지로 제3신분의 결의를 선서함으로써 프랑스 혁명의 시발이 되었다.

● 테니스 코트의 서약. 신고전주의 미술을 선도한 자크 루이 다비드의 작품이다.

프랑스 혁명

■ 바스티유 습격

왕당파가 제헌 국민의회를 무력으로 탄압하기 위해 지방으로부터 군대를 결집하고 있다는 소식이 전해지자, 1789년 7월 12일부터 군대와의 사이에 충돌을 반복하였다.

7월 14일 아침, 파리 민중들은 혁명에 필요한 무기를 탈취하기 위하여 바스티유 감옥을 습격하였다. 민중들은 도개교(跳開橋)를 내리고 감옥으로 쇄도하여, 감옥을 점령하였다.

이 습격의 성공은 바야흐로 혁명의 도화선이 되었다. 이들이 바스티유 습격에 가담한 이유는 기득권층들에 대한 감정적인 불만이나 부르주아의 선동 때문이 아니라, "자연으로 돌아가자"면서 평등사회를 추구한 장 자크 루소의 영향으로 불평등한 사회체제에 저항하는 사회개혁 의지를 갖고 있었기 때문이다.

덕분에 혁명의 불길은 지방으로까지 확산되었다. 8월 4일에 제헌 국민의회는 봉건적 특권이 폐지되었음을 선언하였고, 1789년 8월 26일에는 프랑스 인권선언을 채택하였다.

● 바스티유 습격, 장피에르 루이 로랑 위엘의 작품이다.

그러나 국왕이 제헌 국민의회의 선언을 인정하지 않았다.

정치적인 혼란과 전년 흉작의 영향으로 파리의 물가가 상승하기 시작하자 1789년 10월 5일, 파리의 수많은 여성들이 빗속에서 무기를 들고 파리 시청 앞 광장에 모여 베르사유 궁전에 난입하여 국왕과 의회에 음식을 요구하는 생존권 투쟁을 하였다.

이들의 압력으로 루이 16세는 프랑스 인권선언을 인정하고, 그녀들에게 이끌려 파리 튈르리 궁전에 가족과 함께 이주당한다. 이후 루이 16세 일가는 파리 시민의 감시 속에서 살게 된다.

이 시기의 혁명은 온건한 미라보, 라파예트 등 입헌군주제(立憲君主制)를 지지하는 온건파 혁명주의자들에 의해 주도되고 있었다. 시민군은 자유주의 귀족 라파예트를 총사령관에 임명하였고, 1790년 그의 제안에 따라 삼색기(현재 프랑스 국기)가 혁명의 깃발이 되었다.

1791년 9월에는 제한 선거와 입헌군주제를 골자로 한 새로운 헌법(1791년 헌법)이 제정되었다. 이 헌법에는 군주제 하에서 평민도 일정 이상의 세금을 납부하면 선거권을 인정하는 내용이 있었다. 10월이 되어 첫 번째 선거가 실시되었고, 새 의회인 입법의회가 구성되었다. 입법의회에는 입헌군주제를 지키려는 온건파인 퓌양파, 국왕 없이 공화제를 주장하는 지롱드파와 자코뱅파가 힘을 가졌다. 지롱드파는 부유한 상공업자를 비롯한 상층·중층 시민(부르주아)을 지지 기반으로 하고 있었다.

● 프랑스의 국기

프랑스의 국기는 파랑, 하양, 빨강의 세 색으로 된 세로 삼색기이다. 삼색기(La Tricolore, 라 트리콜로르)라고도 불린다. 파랑은 자유, 하양은 평등, 빨강은 형제애를 상징한다.

■ 바렌 사건과 로마 가톨릭교회의 저항

혁명 발발로 귀족과 성직자 등 특권 계급의 대부분이 국외로 망명하기 시작하였다. 1791년 국왕과 민중의 중개자인 미라보가 죽자, 과격한 혁명을 거부한 루이 16세는 마리 앙투아네트 왕비와 친한 관계에 있는 스웨덴 귀족 페르센의 도움을 받아, 왕비의 친정인 오스트리아로 피신할 계획을 세웠다.

1791년 6월 20일, 파리를 탈출한 루이 16세 일가는 국경 앞의 바렌에서 민중들에게 발각되어, 6월 25일 파리로 되돌아왔다. 이 사건은 프랑스 국민들에게 충격을 주었고, 동시에 루이 16세의 반혁명 의도가 폭로되었다. 혁명의 파급을 두려워하는 오스트리아와 프로이센이 8월 27일 '필니츠 선언'을 발표하여 '루이 16세의 지위를 보장하지 않으면 전쟁을 하겠다'고 위협했기 때문에, 루이 16세는 국왕에 머물게 되었다. 하지만 그때까지 비교적 많은 수를 차지하고 있던 국왕 옹호파 민중의 지지를 상실하였다.

프랑스 혁명의 타깃은 봉건 왕조를 겨냥하는 한편, 다른 한편으로는 가톨릭교회를 겨냥하고 있었다. 시민들은 곳곳에서 앙시앵 레짐(구체제)을 상징하는 가톨릭교회를 습격하고 성상을 파괴했다. 이 때문에 로마 가톨릭교회는 프랑스 혁명을 분쇄시키기 위해 가톨릭 군주들의 군대 파병을 요청하였고, 가톨릭 신자들을 내세워 반혁명 선동을 일삼았다. 로마 가톨릭교회의 대표적인 반란이 방데 반란인데, 이 반란은 수많은 희생자를 낳고 진압된다.

● 방데 반란

프랑스 서부에 있는 방데 지역의 농민들에 의해 1793년 시작되어 나폴레옹이 1801년 공식적으로 끝내기까지, 정확한 숫자는 알 수 없지만 30 ~ 40만에 이르는 사망자를 냈다. 이들의 반란은 때로는 '서부 전쟁'으로 총칭된다. 혁명 중 가장 처참한 살육이 이뤄졌고, 최근에까지 잊혀지지 않고 있으며, 현재 프랑스에서도 이야기하는 것은 금기시되고 있다. ● 방데 반란의 지휘자, 라 로슈자클랭

■ 프랑스 혁명 전쟁

프랑스 혁명의 사상이 전파될까 두려워한 오스트리아와 프로이센의 지배계급들은 자국의 혁명 지지파를 박해하였다. 프랑스는 '필니츠 선언', 왕당파와 망명 귀족의 선동 활동이 혁명 정부에 대한 심각한 위협이라고 받아들였다.

오스트리아 · 프로이센 양국은 1792년 2월 대(對)프랑스 동맹을 체결하였고, 지롱드파 내각은 혁명을 계속하기 위해 대외 전쟁을 단행하였다. 프랑스 혁명 정부는 오스트리아에는 1792년 4월 20일, 그리고 프로이센에는 약간 지체하여 7월 8일에 선전포고를 했고, 프랑스 혁명 전쟁이 발발했다. 그러나 프랑스군 장교들은 보수적인 귀족 계급이기 때문에 혁명 정부에 대한 협력에는 소극적이었고, 혁명군은 각지의 전투에서 패배했다. 마리 앙투아네트는 모국과 동맹국에게, 프랑스 왕실을 위협하는 혁명군의 움직임을 서신으로 전했다.

프로이센군이 프랑스 영토로 침입하자 정부는 조국의 위기를 전국에 호소했고, 이에 따라 프랑스 각지에서 조직된 의용병들이 파리에 집결했다. 이때 마르세유의 의용병이 노래한 〈라 마르세예즈〉는 이후에 프랑스 국가(國歌)가 되었다. 파리 시민과 의용병은 프랑스군이 패배한 원인을 루이 16세와 마리 앙투아네트가 적과 내통하고 있기 때문이라고 생각하고, 8월 10일에 튈르리 궁전을 공격하여 왕권을 중지시키고, 내부의 적인 국왕 일가를 모두 탕플 탑에 유폐했다.

● 마리 앙투아네트(Marie Antoinette)

신성로마제국 황제 프란츠 1세와 오스트리아 제국의 여제 마리아 테레지아 사이에서 막내딸로 태어났다. 오스트리아의 오랜 숙적이었던 프랑스와의 동맹을 위해 루이 16세와 정략결혼을 했으나, 왕비로 재위하는 동안 프랑스 혁명이 일어나 38살 생일을 2주 앞두고 단두대에서 처형되었다. '빵이 없다면 과자를 먹으세요"라는 그녀의 말은 혁명군이 의도적으로 왜곡시키려고 퍼뜨렸다.

● 마리 앙투아네트의 초상

● 튈르리 궁전 습격, 카루젤 광장에서의 전투

　당시 튈르리 궁전에는 스위스 용병대가 국왕 일가의 신변 경호를 하고 있었다. 그러나 루이 16세가 민중을 향한 발포를 금지했기 때문에, 그 대부분이 민중에게 학살되었다. 스위스 용병대 이외에도 일부 귀족이나 군인이 국왕 일가의 신변을 지키기 위해 분전했는데, 그중에는 앙리 드 라 로슈자클랭, 프랑수와 드 샤레트, 루이 드 레스퀴르, 장 니콜라 스토플레 등 훗날 방데 반란에서 지도적 역할을 하는 인물들이 포함되어 있었다.

　8월 26일에 롱위 시가 프로이센군에 의해 공략되어, 파리 침공에 대한 위기감이 한층 높아졌다. 의용병을 모집했지만, 한편으로는 "감옥에 수감되어 있는 반혁명주의자들이 의용군의 출병 후 파리에 남은 가족을 학살할 것"이라는 풍문이 떠돌고 있었다. 9월 2일 아침 오스트리아군이 베르됭 요새를 함락시켰는데, 그 패전 소식이 파리에 충격을 가져왔다. 조르주 당통은 의회 연설을 통해 시민을 선동하였다. 그리하여 반혁명파 사냥이 시작되어 프랑스 전역의 반혁명 용의자를 체포하였고, 특별형사재판소를 설치하였지만 약식 재판만으로 9월 2일부터 며칠 동안 반혁명파 학살이 이뤄졌다.

■ 발미 전투

프랑스군은 9월 20일 발미 전투를 계기로 반격에 성공하여, 적군을 국경 밖까지 밀어냈다. 이 과정에서 의용병에 참가한 많은 하층민 계급(상퀼로트, 무산자 계급)의 정치적 발언권이 급속하게 증가했다. 상퀼로트는 급진적인 정책을 제시한 자코뱅파를 옹호했고, 혁명은 극좌화되어 갔다. 자코뱅파에는 로베스피에르, 마라, 당통 등이 소속되어 있었다. 이즈음 혁명전쟁의 시작과 함께 발행한 아시냐 지폐(교회의 토지 등을 담보로 한 불환지폐)의 증발(액면가의 57%로 급락)은 나중에 1794년 최고가격령 폐지와 함께 발생한 급격한 인플레이션의 원인이 되었다.

한편, 흑인 노예를 이용한 플랜테이션 농업으로 설탕이나 커피를 산출하여 전 유럽 수요의 절반 이상을 공급해 오던 카리브 해의 식민지 생도맹그(Saint-Domingue: 현재의 아이티)에서는, 인권선언에 따라 물라토(백인과 흑인의 혼혈)에게도 선거권이 인정되는지를 둘러싸고 현지의 백인 크리올과 물라토 사이에 항쟁이 발생하고 있었다.

1791년 8월 22일에 부두교의 고위성직자 더티 부크만이 흑인 노예를 이끌고 해방을 요구하면서 반란을 일으켰다. 생도맹그는 영국·스페인의 개입을 불러 대혼란에 빠졌다. 생도맹그가 혼란스런 정세에 빠져 있는 동안 프랑스 입법의회는 1792년 4월 4일에 유색인 자유인의 평등을 결의하여 물라토를 아군으로 끌어들이려고 했지만, 식민지의 대다수를 차지한 흑인 노예의 불만은 수습되지 않았다.

● 전투를 치르는 프랑스군과 프로이센군

● 발미 전투(Battle of Valmy)

프랑스 혁명 전쟁 중 프로이센 군에게 계속 밀리던 혁명 정부의 군대가 1792년 9월 20일 프랑스 동북부의 발미에서 결정적으로 승리해 전황을 역전시킨 전투였다. 자원 모집된 의용군들이 당시 유럽에서 가장 강력하다고 평가받는 프로이센 군을 무찌른 기적적인 사건이기도 했다.

■ 공화국의 성립

한편, 혁명 전쟁은 민족주의를 자극시켜 지방에서 의용군이 조직되어 파리로 모이게 하였고, 프랑스군은 마침내 9월 20일에 프로이센군에게 승리를 거두었다. 같은 날 입법의회가 해산되었다. 그리고 재산이나 소득 금액에 상관없이 모든 남자에게 선거권이 주어지는 보통 선거가 제도화되었고, 선거를 통해 새로운 의회인 국민공회가 소집되었다.

1792년 9월 21일 국민공회는 공화정을 선포하여, 프랑스 제1공화국이 수립되었다. 이에 따라 1791년 헌법은 불과 1년 만에 폐지됐다.

공화국 정부는 루이 16세를 혁명 재판에 회부했다. 국왕이 전쟁 때 프랑스 정부와 국민을 배신했다는 증거가 많이 제출되어 1793년 1월 14일 국민공회는 찬성 387, 반대 334로 루이 16세의 사형을 의결했다. 그러나 찬성 중 26표는 집행유예를 검토해야 한다는 조건부였다. 이 26표를 반대표로 분류하면 찬성 361 대 반대 360으로 찬반 동수가 되기 때문에, 18일 집행유예에 대한 투표가 진행됐다. 찬성 380 대 반대 310으로 집행유예 없음으로 의결되었기 때문에, 사형이 확정됐다. 1월 21일, 2만 명의 시민이 지켜보는 가운데 루이 16세는 파리의 혁명 광장(현재의 콩코드 광장)에서 단두대로 처형되었다. 10월 16일에는 마리 앙투아네트도 뒤로 손이 묶인 채 퇴비수레에 태워져 시내를 돈 이후 처형되었다.

● 1793년 1월 21일 루이 16세의 처형 장면　　　　　　● 처형장으로 끌려가는 앙투아네트

■ 공포 정치

　1793년 1월 루이 16세의 처형은 유럽 각국에 충격을 주었고, 영국 · 스페인 · 사르데냐 왕국도 반혁명 편에 서게 됐다. 또한 프랑스의 벨기에 합병은 영국의 적개심을 불러일으켰다. 그 이유는 벨기에의 셸데 강 하구를 점령한 것이 영국과 유럽의 무역에 대한 위협요소이기 때문이었다. 영국을 중심으로 제1차 대프랑스 동맹이 결성되어, 각국의 군대가 프랑스 국경을 넘었다. 혁명 정부는 '30만 명 모병'을 선포하였고, 1793년 3월에는 이것에 대한 반발로 왕당파가 부추긴 방데 반란이 일어나 전국으로 확대되었다. 프랑스 혁명군들 중에서도 탈영자가 늘어만 갔다. 프랑스는 벨기에에서 오스트리아와 벌인 전투도 패했다.

　이러한 위기 외에도 지롱드파가 하층민의 식량 위기에 대해 아무런 정책을 취하지 않을 것을 선언하면서, 하층민의 분노가 폭발하였다. 6월 2일, 하층민이 지지하는 자코뱅파가 국민공회에서 지롱드파를 추방하고 로베스피에르가 권력을 장악했다. 7월 13일 자코뱅파의 지도자이자 저널리스트인 장 폴 마라가 샤를로트 코르데에게 암살을 당하는 등 테러리즘도 연발하여, 프랑스 정세는 매우 불안정하였다.

● 마라의 죽음, 자크 루이 다비드의 작품이다.

● 장 폴 마라(Jean-Paul Marat)

프랑스의 혁명가로 《인민의 벗》지(紙)를 창간하여, 혁명을 인민의 입장에서 감시하면서 민중의 정치참여를 고취하였다. 소농민과 소시민층의 절대생활권 보장과 모든 특권층과 기생계급을 없앨 것을 주장하였다. 민중과 급진적인 자코뱅파의 다리 역할이 되어, 1793년 6월 자코뱅파가 권력을 얻게 하였다. 짧은 2달 동안 지롱드파가 차츰 몰락하게 되면서, 마라는 당통과 로베스피에르와 함께 프랑스의 세 명의 요인이 되었다. 혁명에 반대하는 자를 과격하게 숙청하는 독재 정치를 하였기 때문에, 반대파인 지롱드파 지지자 샤를로트 코르데에게 암살을 당했다.

이런 상황에서 자코뱅파는 독재 정치를 시작했다. 공안위원회, 보안위원회, 혁명재판소 등의 기관을 통해 공포 정치를 했고, 반대파를 차례로 단두대로 보냈다. 로베스피에르는 당통, 에베르, 라부아지에, 카미유 데물랭, 뤼실 두플레시 등 당통 파와 에베르 파를 숙청했고, 농민에 대한 토지의 무상 분배 등 독립 소생산자에 의한 공화제 수립을 목표로 했다. 법에 의한 보호와 신체의 자유, 소유의 권리를 담은 '인권선언'은 휴지 조각에 불과했다. 자코뱅파는 8월 23일에 '국가 총동원'을 선포하고 징병제를 실시하여 군비를 정돈하였고, 외국의 간섭 전쟁에 반격하는 데 성공했다.

　이처럼 프랑스 본토에서는 공포 정치가 진행되었지만, 생도맹그(아이티)에서는 프랑스 본토에서 파견된 국민공회 의원 레제 펠리시테 송토나가 1793년 8월 29일 노예 제도의 폐지를 독단으로 선언하였다. 로베스피에르와 자코뱅파는 1794년 2월 4일 국민공회에서, 프랑스 및 프랑스 식민지의 전역에서 노예제를 폐지한다고 결의했다. 이렇게 루이지애나, 기아나, 생도맹그, 마르티니크, 과들루프 등 대륙의 광대한 지역에서 '흑인법' 아래 농장 농업에 묶여 있던 흑인 노예는 해방되어 자유인이 되었다. 이것은 영국에 저항하고 있었던 생도맹그의 흑인 실력자 투생 루베르튀르의 프랑스 복귀를 이끌어 내기도 했는데, 이리하여 자코뱅파를 통해 자유와 평등이 실천되었다고 할 수 있다.

● 로베스피에르의 초상

● 로베스피에르(Robespierre)

프랑스 혁명을 주도한 혁명 정치가로, 법학자이기도 했다. 18세기 계몽 철학가 루소와 몽테스키외의 이상을 목표로 한 자코뱅파의 유능한 지도자로, 좌익 부르주아 계층의 신념을 가졌다. 혁명 후 사실상 독재자로서 프랑스를 지배했고 숙청을 통한 공포 정치로 많은 반대파를 단두대에 보냈기 때문에, "루소의 피로 물든 손"이라고 일컬어졌다. 그러나 조제프 푸셰에게 축출되어, 결국 자신도 1794년 단두대의 희생양이 되었다.

■ 테르미도르의 반동

결과적으로 로베스피에르는 국내외의 혼란한 상황 속에서 자신의 의견을 완고하게 관철시키려 하여, 많은 사람들을 단두대에서 처형하는 공포정치를 실시하였다. 로베스피에르의 혁신 정책은 민중의 지지를 얻었으나, 상공업자들 및 토지를 얻은 농민들은 혁명이 더 이상 진행되는 것을 원하지 않았다. 그러나 공포정치가 계속되자 1794년 7월 27일(혁명력 2년 테르미도르 9일), 측근인 생 쥐스트와 함께 참석한 로베스피에르는 국민공회에서 의장 조제프 푸셰, 콜로 데르부아, 랑베르 탈리앵, 비요 바렌 등에게 탄핵을 당한다. 이른바 '테르미도르의 반동'이 시작된 것이다.

장내에서 탈리앵 등이 "폭군을 타도하자!"라는 연설을 하고 로베스피에르 파의 체포를 요구하여, 오후 3시 로베스피에르, 쿠통, 생 쥐스트 등의 체포 결의가 통과했다. 다음날 7월 28일, 로베스피에르 등 22명은 자신들이 애용하던 단두대에서 처형을 당했다.

그 후 1795년에 국민공회는 1795년 헌법을 제정하였고, 이를 바탕으로 총재정부를 수립하였다. 이는 5명의 총재가 행정권을, 원로원과 500인회가 입법권을 갖는 체제로 운영되었다. 하지만 총재정부는 출범하자마자 반대파들이 일으킨 반란에 직면하게 되었다.

이때 나폴레옹 보나파르트 장군이 등장하여 반대파의 반란을 진압하였다. 나폴레옹 보나파르트는 이후 이집트 원정과 이탈리아 원정을 통해 국민들의 지지를 얻는다.

반면, 총재정부는 당시의 경제적·사회적 불안에 제대로 대응하지 못하며 민심을 잃어간다.

● 나폴레옹 보나파르트
나폴레옹은 코르시카 출신으로, 파리 육군사관학교를 졸업한 이후 포병 소위에 임관되어 군 생활을 시작하였다. 그는 프랑스 총재정부가 반대파의 반란으로 위기를 맞자 이를 진압하여, 프랑스 국민들에게 자신을 알렸다.

프랑스 제정

1799년 나폴레옹은 쿠데타를 일으켜 총재정부를 무너뜨린 후 통령 정부를 수립하게 되었다. 나폴레옹은 이어서 철저한 중앙집권 정책을 추진하였고, 언론과 사상을 통제하여 독재권력을 확립하였다. 그는 대내적으로 프랑스 은행을 설립하고 나폴레옹 법전을 편찬하여 혁명의 성과를 정착시켰으며, 대외적으로 오스트리아 제국을 격파하고 영국과 타협하여 정권을 안정시켰다. 이렇게 되자, 그는 프랑스 국민들로부터 많은 지지를 받게 되었다. 나폴레옹은 독재에 대한 야망이 커져 종신 통령이 되었다가, 1804년 국민투표에 의해 나폴레옹 1세로 즉위하면서 프랑스 제1제정을 개시하였다.

■ 프랑스 제1제정

1804년 7월, 나폴레옹 보나파르트는 국민투표에서 압도적인 지지를 받아 12월 2일에 프랑스의 황제, 곧 나폴레옹 1세로 즉위하였다. 야심만만한 나폴레옹 1세는 역대 프랑스 왕들이 전통적으로 대관식을 치렀던 랭스 대성당을 단호히 거부하고, 노트르담 대성당을 즉위식 장소로 선택하였다. 자신은 부패한 부르봉 왕조를 계승하는 군주가 아닌, 위대한 로마 제국의 대를 이은 샤를마뉴(카롤루스) 대제의 후계자임을 만천하에 과시하기 위해서였다. 대관식은 나폴레옹 1세의 요구대로 하객들의 기가 질릴 만큼 호사스럽게 거행되어, 황제의 막강한 권력을 과시하고 선전하는 정치적 행사로 연출하였다.

● 대관식에서 조제핀에게 직접 황후관을 하사하는 나폴레옹, 자크 루이 다비드의 작품

또한 나폴레옹 1세는 본인이 직접 황제관을 썼으므로, 교황 비오 7세는 꼼짝 없이 축복기도를 하고 그를 포옹해 주는 것으로 만족해야만 했다. 이로써 프랑스 제국이 출범하게 되었다. 영국, 오스트리아, 프로이센, 러시아 등 유럽 열강의 입장에서 볼 때, 프랑스 제국의 등장은 나폴레옹 1세의 권력 강화 그 이상도 이하도 아니었으며, 혁명이 자국에까지 미칠지 모른다는 두려움과 동시에 군사적인 위협도 증가하였다.

열강 각국은 조속히 대(對)프랑스 동맹을 결성하여, 프랑스 제국에 대항하였다. 프랑스 국내에서도 프랑스 혁명의 공화주의 노선에 역행하는 것으로 비쳐서 친 자코뱅파의 반발을 불러들였다.

나폴레옹 1세는 즉위하자마자 프랑스의 수도 파리를 세계 제일의 수도로 만들기 위해, 도시에 대한 근대화 정책을 추진하였다. 그는 가구의 새로운 계산법(짝수법, 홀수법)을 마련하였고, 분수를 설치하고 묘지를 정리하였으며, 광장과 회관, 시장, 강변 구역과 제방, 공공 시설과 기념비적 건축물들을 정비하였다. 또 높은 지위의 사람들과 위인들의 동상이 거리 곳곳에 세워졌고, 교량이 건설되었다.

● 옥좌에 앉은 나폴레옹 1세, 장 오귀스트 도미니크 앵그르의 작품

● 나폴레옹 1세

프랑스의 군인 · 제1통령 · 황제. 프랑스 혁명의 사회적 격동기 후 제1제정을 건설했다. 제1통령으로 국정을 정비하고 법전을 편찬하는 등 개혁정치를 실시했으며, 유럽의 여러 나라를 침략하며 세력을 팽창했다. 황제가 되기 전에는 군사적으로 탁월한 재능을 인정받는 군인이었다. 잇따른 원정 승리로 프랑스 내에서 그의 인기가 치솟자 총재정부는 그를 견제하기 시작했다. 그리고 그를 프랑스의 국민들로부터 떨어뜨려 놓기 위해 이집트로 파병 명령을 내렸다. 그럼에도 그는 이집트 원정을 성공시켰고, 우여곡절 끝에 프랑스로 귀국하여 브뤼메르 쿠데타(1799년 11월)를 일으켜 불과 30세의 나이에 프랑스 정권을 차지했다.

● 아우스터리츠 전투 장면

　1805년 나폴레옹 1세는 아미앵 조약(1802년에 영국과 프랑스가 맺은 긴장해소 조약)을 파기한 영국을 침공하고자 도버 해협에 인접한 불로뉴쉬르메르에 군대를 집결시켰으나, 영국과 동맹을 맺은 오스트리아군이 바이에른을 공격하자 라인 강 방면으로 보냈다. 프랑스군은 곧바로 비엔나를 함락시켰고, 오스트리아와 러시아의 연합군과 충돌하였다(아우스터리츠 전투, 1805년 12월). 그 결과, 나폴레옹 1세의 교묘한 작전 덕분에 프랑스군은 완승을 거두었으며, 신성로마제국의 프란츠 2세는 나폴레옹 1세에게 항복을 선언하였다. 다음해에 나폴레옹 1세는 신성로마제국을 해체하였고, 독일의 서남쪽 나라들을 합쳐 친프랑스 성향을 띤 라인 동맹을 성립시켰다. 더불어 독일 황제 자격을 상실한 프란츠 2세는 신성로마제국의 황제 자리를 사임하여, 오스트리아 황제가 되었다.

　프랑스의 패권이 독일에까지 미치자, 마침내 프로이센의 프리드리히 빌헬름 3세는 프랑스에 선전포고를 하였다. 러시아의 알렉산드르 1세도 이를 지지하여, 1806년에 프랑스는 프로이센과 러시아 두 나라를 상대로 전쟁 상태에 돌입하였다. 베를린을 크게 포위한 형태로 프로이센군과 대치한 프랑스군은 예나-아우어슈테트 전투(1806년 10월)에서의 승리로 베를린에 입성하였다.

　프랑스군이 러시아로 가기 위해서는 폴란드를 거칠 수밖에 없었는데, 폴란드인들의 협력을 구하고자 러시아 · 프로이센 · 오스트리아의 영토 분할로 인해 와해된 조국을 재건시켜 주겠노라 약속하였다. 1807년 아일라우 전투에서는 패배했지만 프리틀란트 전투에서 러시아군을 격파함으로써, 마침내 러시아를 굴복시키게 되었다. 나폴레옹 1세와 알렉산드르 1세는 틸지트 조약(1807년 7월)을 체결하여, 이미 프랑스의 세력하에 있던 폴란드를 바르샤바 공국으로 분립시켜 프랑스의 보호국으로 지정하였다. 또한 프로이센과 오스트리아의 영토를 대폭 빼앗아, 이들의 국력을 크게 약화시켰다. 나폴레옹 1세는 자신의 승전을 기념하기 위해 개선문을 세우도록 명하였다.

■ 해방 전쟁 전개

프랑스 제국은 오스트리아, 프로이센 등을 차례대로 굴복시킴으로써 국력이 절정기에 다다랐지만, 대륙 밖에서는 영국이 아직도 반프랑스 입장을 고수하고 있었다. 나폴레옹은 영국을 굴복시키고자 영국의 경제적 고립을 노린 대륙봉쇄령을 발동시켰다(1806년 10월). 대륙봉쇄령은 당시 산업혁명이 일어나 자본주의 경제의 세계적 중심지로 떠오르던 영국을 대륙으로부터 떼어내는 것을 의미하는 것이었으며, 영국을 경제적으로 고립시키기는커녕 반대로 영국이라는 교역상대를 상실한 대륙 각국의 경제가 피폐해지는 결과를 낳았다.

한편, 나폴레옹 1세의 정복활동은 계속되었으며, 새로운 타깃은 서쪽에 위치한 이베리아 반도였다. 당시 스페인 왕실 내의 내분을 이용한 그는 1808년 군대를 파병하여 스페인과 포르투갈을 침공하였다. 스페인 국왕과 포르투갈 국왕은 국외로 도피하였다. 얼핏 프랑스가 두 나라를 모두 차지한 것처럼 보였지만, 민족주의 성향이 강한 스페인 국민들이 반(反)프랑스 게릴라전을 개시하였고, 영국도 이들을 지원하였다. 이후 프랑스는 이베리아 반도에 군을 계속 주둔시켜야만 하였다.

이렇게 이베리아 반도의 정세가 불안해짐에 따라, 완벽히 제압했다고 생각한 동쪽에서도 동요가 일어나기 시작하였다. 1809년 오스트리아가 프랑스에 항거하자, 나폴레옹 1세는 순식간에 오스트리아군을 격파하여 비엔나를 점령하였다. 그리고 오스트리아 황제 프란츠에게 그의 딸 마리 루이즈를 자신의 아내로 줄 것을 억지로 강요하였다.

　당시 나폴레옹 1세와 조제핀 사이에는 후계자가 존재하지 않았으며, 세습을 통해 정권의 존속을 바랐던 나폴레옹 1세에게 이는 심각한 문제였다. 또한 확고한 후계자 확보는 반혁명을 막기 위해(구체적으로는 부르봉 왕조의 부활 저지), 자신의 즉위를 지지해 준 국민에 대한 의무이기도 했다. 나폴레옹 1세는 오스트리아 점령 직후에 조제핀과 이혼한 후, 오스트리아와 혼담을 주고받았다.

　1810년 나폴레옹 1세와 마리 루이즈의 결혼식이 거행되었으며, 곧이어 나폴레옹 2세가 탄생하였다. 적자의 탄생에 기뻐한 나폴레옹 1세는 갓 태어난 아기를 로마왕에 임명하였다.

　1812년 러시아는 프랑스 육군원수 베르나도트가 섭정으로 있는 스웨덴과 공조하여, 프랑스에 대한 항전을 재개하였다. 결국 두 나라는 1812년에 틸지트 조약을 파기함으로써, 나폴레옹의 러시아 원정을 맞게 되었다. 이때, 러시아군은 침공하는 프랑스군에 대항해 방어공세로 나섰다. 그러나 프랑스군과의 전투에서 연달아 패하였으며, 결국 그해 9월에 수도 모스크바를 프랑스에 내주게 되었다.

● 나폴레옹 1세와 마리 루이즈 황녀의 결혼식. 조르주 루제의 작품이다.

■ 프랑스 제국의 종식

당초 나폴레옹 1세는 프랑스군이 모스크바를 점령하면 러시아가 항복할 것으로 기대하고 있었다. 그러나 조국이 유린당하는 것을 참을 수 없었던 러시아인들은 프랑스에 대한 저항을 계속했고, 반나폴레옹의 상징이 된 알렉산드르 1세에게 강한 지지를 보내고 있었다. 이러한 지지를 배경으로 러시아군은 프랑스군에 대해 강하게 저항했으며, 또한 프랑스군이 지나가는 길마다 농민들이 게릴라전을 개시하게 되었다.

프랑스군은 당초의 예상이 빗나가자 다음 군사 목표를 명확히 정하지 못한 채 이러지도 저러지도 못하다가, 철군 타이밍마저 놓치게 되었다. 결국 1812년 10월에 프랑스군은 모스크바 철군을 개시하지만, 때는 이미 늦었다. 프랑스 병사들은 러시아군 또는 농민 게릴라의 습격을 받아 죽거나, 굶주림과 추위로 죽는 사람이 속출했다. 12월에 파리에서 쿠데타 미수 사건이 일어나자, 나폴레옹 1세는 병사들을 내팽개치고 파리로 귀환해 버렸다. 그러나 러시아 원정 시 100만 명에 달하던 프랑스군은 이때 벌써 완전히 괴멸한 상태였다.

이리하여 나폴레옹 1세의 러시아 침공은 러시아군의 완전한 승리로 끝났다. 전세를 만회한 알렉산드르 1세는 기세를 올려, 패주하는 프랑스군을 추격할 것을 명령하고 서쪽으로 계속 진군하였다. 여기에 프로이센이 동참하였으며, 오스트리아는 황후 마리 루이즈 문제로 대놓고 나서지는 못하고 프로이센과 러시아에 대한 호의적인 중립으로 입장을 굳혔다.

프랑스 국내에서는 나폴레옹 1세가 천재적인 군사 능력 및 전쟁에서 연거푸 거둔 승리 덕분에 정권 존속을 보장받고 있었다. 그렇기 때문에 러시아에서의 대패는 나폴레옹 정권의 기반을 흔들기에 충분하였다.

12월의 쿠데타 미수 외에도 정권 내부의 반역, 징병에 대한 반발이 연달아 일어났다. 그럼에도 나폴레옹은 1813년 여름에 군을 재편하였고, 서쪽으로 향하는 프로이센군과 러시아군을 드레스덴 주변에서 맞아 진격 저지에 성공했다.

그러나 정전 교섭으로 시간을 지체하면서 프로이센군과 러시아군에게 재편할 시간을 주게 되었으며, 거기에다가 오스트리아군마저 적으로 돌린 일은 프랑스의 입장에서 결정적인 실패였다. 오스트리아, 프로이센, 러시아, 스웨덴 등 4개국 연합군은 동맹을 맺고 1813년 10월 라이프치히에서 대접전을 벌였다. 18만 5천 명에 달하는 프랑스군이 32만 명의 4개국 동맹군에 맞서 제국의 운명을 건 전투를 벌인 것이다. 그러나 라이프치히 전투는 나폴레옹의 패배로 끝이 났으며, 이는 제국의 결정적인 몰락을 가져왔다. 이 전투 이후 라인 연방 등 라인 강 동부의 프랑스 제국이 붕괴되었다.

1814년의 파리 침공전에서 프랑스군은 연합군의 교묘한 기만 공작에 말려들어 파리 입성을 허락해 버렸다. 프랑스 제국 의회는 나폴레옹의 퇴위를 요구하였으며, 나폴레옹 1세 휘하 장군들도 의견을 모아 퇴위할 것을 간청하였다. 결국 나폴레옹 1세는 저항을 포기하고 4월 4일 퇴위 문서에 서명하여, 엘바 섬으로 떠났다.

● 파리에 입성하는 러시아군, 1814년

나폴레옹 1세가 퇴위한 후, 부르봉 왕가의 루이 18세가 프랑스 왕으로 즉위함으로써 왕정 복고가 이루어졌다. 왕당파에게는 1792년의 왕권 정지 이래부터의 염원이었던 복권이었지만, 오랫동안 외국에서 생활해 온 루이 18세로서는 혁명으로 진전된 프랑스를 완전히 이해하지 못하고 옛 제도의 부활을 기획했기 때문에, 국민들로부터의 지지를 전혀 얻을 수 없었다.

한편, 유럽 열강은 나폴레옹 1세 이후의 유럽의 새로운 질서를 결정하기 위해 비엔나 회의(1814년 9월~1815년 6월)를 열었지만, 각국의 이해관계가 대립한 채로 전혀 진전할 기미가 보이지 않았다. 이러한 상황의 틈을 노려 나폴레옹 1세는 1815년 2월 엘바 섬에서 탈출하였다.

엘바 섬에서 벗어나 프랑스 남해안에 상륙한 나폴레옹 1세는 젊은 시절부터 친분이 있었던 휘하 장수들의 대부분을 소집하였다. 그런 다음, 시대에 뒤떨어진 루이 18세에게 실망했던 파리 시민과 병사들의 열렬한 환영을 받으면서 3월 20일에 파리로 입성했다.

● 루이 18세

1789년, 프랑스 혁명이 일어나자 영국으로 망명하였다. 1793년 루이 16세와 왕비 앙투아네트가 처형당하자 스스로를 조카인 왕태자 루이 샤를의 섭정으로 선포했으며, 1795년 혁명 정부에 의해 유폐당한 루이 샤를이 죽었다는 소문이 돌자 루이 샤를을 루이 17세라고 칭하며, 자신을 루이 18세라고 선언하였다. 1814년, 나폴레옹 1세가 대(對)프랑스 동맹군에 의해 쫓겨나고 이후 비엔나 회의에서 여러 나라로부터 부르봉 왕가의 복귀가 지지를 얻었기 때문에, 프랑스로 돌아와 왕으로 즉위하였다. 다만 당초엔 생사가 확실치 않은 루이 17세의 섭정에 지나지 않기 때문에, 2년간은 명목상의 왕으로 취급되었다. 나폴레옹 1세가 재기를 도모하기 위해 프랑스로 돌아오면서, 루이 18세는 다시 프랑스에서 쫓겨나게 되었다. 그러나 나폴레옹의 복귀가 끝나면서 다시 프랑스로 돌아와, 나폴레옹 2세에게 양위를 받아 즉위하여 친정을 실시하였다.

나폴레옹 1세의 갑작스런 귀환에 경악한 각국 열강은 다시 나폴레옹 1세에 저항하기로 뜻을 모으고, 프랑스에 전쟁을 선포하였다. 연합군은 벨기에 지방에 영국군과 프로이센군을, 라인 방면과 이탈리아 반도 북부에 오스트리아군을 주둔시키면서 광범위한 나폴레옹 포위망을 형성했다.

　한편 나폴레옹 1세가 인솔한 프랑스군은 벨기에 방면을 침공하여, 영국군-프로이센군과 대치했다. 당시 영국군을 인솔한 사람은 웰링턴 공 아서 웰즐리로, 워털루 전투에서 프랑스군에 대한 저항을 끈질기게 유지하며 프로이센의 원군을 기다렸다.

　프랑스군은 지원 부대가 늦게 도착한 데 반해, 영국군은 프로이센군이 합류하면서 반격에 나섰다. 나폴레옹 1세는 다시 패배하여 파리로 패주하였다. 나폴레옹은 재차 퇴위 문서에 서명하였고, 대서양의 멀리 떨어진 작은 섬 세인트헬레나에 유폐되었다. 이리하여 나폴레옹 정부는 완전히 실각하였고, 제국은 붕괴하고 말았다.

● 워털루 전투

워털루 전투(Battle of Waterloo)는 1815년 6월 18일, 벨기에 남동부 워털루에서 나폴레옹이 이끄는 프랑스군과 웰링턴, 블뤼허가 이끄는 영국, 네덜란드 및 프로이센 등이 포함된 연합군이 싸워 연합군이 프랑스군을 격파한 전투를 말한다. 이 전투는 나폴레옹 최후의 전투이며, 여기서 패배한 나폴레옹은 두 번째로 황제 자리에서 물러나 세인트헬레나 섬으로 유배되어 그곳에서 생을 마감한다.

■ 왕정 복고와 7월 혁명

1814년, 나폴레옹 1세가 실각함에 따라 프랑스 제1제정은 몰락하였고, 유럽에는 비엔나 체제가 이루어졌다. 그에 따라 프랑스의 기존 왕실인 부르봉 왕가가 복귀하여 루이 18세가 국왕으로 즉위하였다.

프랑스는 이제 혁명 이전과 다름없는 궁정 정치를 하게 되었지만, 루이 18세는 입헌군주제를 지향하여 노동자나 농민 등 하층민들에 대해 온건 정책을 취함으로써 국내 안정을 도모했다. 또한 프랑스 혁명 시절의 자유주의 사상도 제한적으로나마 어느 정도 인정을 해주었다.

그러나 1824년에 루이 18세가 사망한 뒤 샤를 10세가 왕이 되면서 자유주의, 평등 사상의 혁명 정신과는 달리 선거권 제한과 로마 가톨릭의 복권 등 반동적인 특권정치를 펴게 되었다.

1830년 샤를 10세는 해외 원정을 단행하여, 군사력을 과시하는 한편 왕권을 강화하려는 목적으로 알제리로 출병했다. 이는 국회의원 선거를 노린 시위이기도 했으나, 그럼에도 새로 선출된 의원은 반대파가 압도적이었다. 이에 그는 아직 소집되지 않은 의회를 해산시켰고, 투표권 대상자를 더욱 제한하는 새 선거법을 도입해 재선거를 치르려 했다.

이에 국민들이 맹렬히 항의하며 7월 28일 파리 시내 도처에 바리케이드가 설치되었고, 라파예트가 이끄는 공화당원들의 무력 봉기가 일어나 국왕군과 격돌했다. 온건한 자유주의자들은 1789년이 재현될까 봐 두려워서 임시정부를 조직하여, 샤를의 먼 친척이자 대혁명 때 혁명파로 활약한 오를레앙 공의 아들 루이 필리프를 국왕 대행으로 임명함으로써 위기를 모면하려 했다.

● 샤를 10세의 초상

● 들라크루아의 〈민중을 이끄는 자유의 여신〉. 7월 혁명을 묘사한 그림이다.

샤를은 국왕군이 점차 혁명군 쪽으로 전향하는 추이를 보고 사태의 중대성을 파악하여 칙령을 취소하고 대신을 파면하는 한편, 손자에게 양위를 선언하면서 퇴위했다. 혁명 세력은 샤를의 퇴위만을 승인하였고, 루이 필리프를 정식 왕으로 인정했다. 그는 국민선거에 의거해 선출되었다는 명목으로 '국민의 왕', 혁명의 초연속에서 왕이 되었으므로 '바리케이드의 왕'으로 불렸다.

루이 필리프는 입헌군주제를 실시하는 등 나름대로 자유주의적인 정책을 펼치지만, 프랑스 국민들의 바람과는 달리 몇몇 세력있는 부르주아 계층에게만 선거권을 주는 특권정치를 실시하게 되자, 1848년 2월, 프랑스 국민들은 또다시 혁명 봉기를 하게 된다. 그렇게 됨으로써, 국왕 루이 필리프 역시 국외(영국)로 도망간다. 그 이후 프랑스는 왕정복고 체제에서 다시 공화정으로 돌아가게 된다.

이탈리아의 통일

이탈리아의 르네상스는 정치적으로 통일되지 못한 상태에서 여러 도시의 대상인과 로마 교황의 지원을 받아 학문과 예술의 중심으로 발전하였다. 그 절정기는 15세기 말~16세기 초에 걸친 시기였는데, 이후 신대륙의 발견과 신항로의 개척 등으로 인해 지중해 무역이 크게 쇠락하고 대서양이 무역의 중심지로 등장함에 따라 쇠퇴하게 되었다. 르네상스 시대가 지나고 절대왕정 시대, 즉 중앙집권 시대가 열리면서 유럽 대륙의 패권은 부르봉 왕조, 프랑스 제국 시대의 프랑스와 오스트리아 제국으로 크게 양분되었다. 특히 이탈리아 반도는 각 지역의 군소 국가들로 나뉘어 힘이 약했다. 그리하여 지리적·정치적인 요충지로 이탈리아 반도를 가운데 둔 두 세력의 끊임없는 지배를 오랫동안 받아야만 했다. 이런 상황을 극복하고자 이탈리아 반도에 할거한 여러 국가들을 하나의 이탈리아로 통일하자는 정치적·사회적 움직임이 대두되었다.

■ 통일 전쟁

이탈리아의 통일은 이탈리아 반도의 여러 국가들을 하나의 이탈리아로 통일하자는 정치적·사회적 움직임이었고, 이후에 샤르데냐 왕국을 중심으로 통일된 국가를 말한다. 이탈리아의 통일운동이 시작된 시기에 대해서는 많은 학자들 사이에 의견이 분분하나, 대체적으로 나폴레옹 1세가 몰락하고 비엔나 체제가 시작된 1815년경으로 잡고 있다.

나폴레옹 1세는 이탈리아를 원정하여 오스트리아 제국을 격파하고 신성로마 제국을 멸망시키고 이탈리아 대부분을 점령한 후 1805년 이탈리아 북부 지역에 이탈리아 왕국을 수립하여 통치하였는데, 이때 이 지역에 살고 있는 사람들 사이에서 민족주의가 고취되기 시작했다.

뒷날 나폴레옹이 몰락한 후, 유럽의 각 국가들이 모여 국경선을 다시 정하기 위해 비엔나 회의를 개최하였다(1814년 6월).

비엔나 회의에서 결정된 내용들 중, 이탈리아의 국경선은 나폴레옹 시대 이전으로 되돌리는 것으로 합의 결정되었다. 이후 이탈리아 반도에는 강대국들의 간섭이 이어졌는데, 특히 오스트리아 제국으로부터 많은 간섭을 받았다.

이탈리아의 여러 지역에서부터 이탈리아 통일을 위한 준비를 시작하였고, 사람들 사이에선 민족주의의 불길이 타오르게 되었다. 이탈리아의 통일운동은 오스트리아 제국의 합스부르크 왕가와 비엔나 체제에 저항하는 행태로 나타났다는 게 특징인데, 이는 오스트리아 제국의 군대가 이탈리아의 북동부(베네치아 등)에 주둔하고 있었기 때문이다. 오스트리아 제국은 이탈리아 반도 내에서 자유주의자·민족주의자들의 활동을 억누르려고 매우 적극적으로 나섰다.

일찍이 카르보나리 등 비밀결사 단체의 활동, 마치니가 주도한 민족운동이 일어난 바 있었는데 실패로 끝났고, 이탈리아에서는 샤르데냐 왕국의 재상 카보우르가 통일의 주역으로 등장하였다. 카보우르는 국내 정치를 안정시키고 국력을 강화한 후 외교적 성과를 거두었는데, 1859년 프랑스의 나폴레옹 3세의 지원을 약속받아 오스트리아에 대하여 통일전쟁을 일으켰다.

● 사르데냐 왕국의 국기와 이탈리아 왕국의 국장

● 사르데냐 왕국

사르데냐 왕국은 이탈리아 북서부에 있던 왕국이다. 1720년 사보이 공국의 왕가가 스페인 왕위계승 전쟁에서 승리하여 사르데냐 섬을 얻은 후, 국명을 사르데냐 왕국으로 정했다. 나폴레옹 전쟁 때는 국토가 점령당하여, 사르데냐 섬의 칼리아리로 수도를 옮겼다. 그 후 비엔나 조약으로 프랑스의 점령이 끝나고 국토가 회복되자, 다시 수도를 토리노로 옮겼다. 이후 이탈리아 통일의 중핵이 되어 1814년 제노바를 합병하였고, 1859년에 오스트리아와 전쟁에 돌입하였다. 그리하여 롬바르디아 지역을 병합했고, 1860년 이탈리아 반도 중부의 토스카나 대공국과 여러 작은 나라를 병합했다. 그리고 가리발디의 도움으로 나폴리 왕국과 시칠리아 왕국의 연합 왕국인 양시칠리아 왕국을 병합하여, 이탈리아 왕국이 되었다.

■ 가리발디의 활약

주세페 가리발디는 오스트리아에게 고통 받던 조국 제노바의 독립을 추진하던 주세페 마치니에게 감화되어, 청년 이탈리아당에 들어가 활동하였다. 그러나 오스트리아는 이탈리아 민족운동을 억압하여, 가리발디는 주세페 마치니와 함께 프랑스로 망명하였다. 그 당시 나폴레옹 1세가 폐위되고 복고왕정이 세워져 어수선했던 프랑스에서도 그들은 청년 유럽당을 세워 활동했지만 실패했고, 스위스에서도 쫓겨나 런던으로 향하게 되었다.

이 와중에 가리발디는 1836년 대서양을 건너 아메리카 대륙으로 넘어간 후, 리오그란데와 우루과이의 혁명전쟁에 참전했다. 군인과 혁명가로서의 이름을 올리고 있던 가운데 그는 1848년 이탈리아의 통일운동이 일어나자 의용대를 조직하고 로마 공화국에 참가하여, 나폴레옹 3세의 무력간섭에 대한 방어전을 지휘하였다. 그러나 공화정부가 붕괴되자 뉴욕으로 망명하였다가, 1854년 귀국하여 카프레라 섬에서 살았다.

가리발디는 공화주의 노선에서 벗어나, 사르데냐 왕국에 의한 이탈리아 통일을 긍정적으로 받아들였다. 그는 1859년 해방 전쟁에서 알프스 의용대를 조직하였고, 이듬해 5월에는 '붉은 셔츠대'를 조직하여 양시칠리아 왕국을 한 사람의 손실도 없이 정복하였다.

● 부르봉 정규군과 싸우는 '붉은 셔츠대'

● 붉은 셔츠대

이탈리아 국가 통일기에 가리발디의 지휘로 시칠리아 왕국을 공략한 의용군 부대로 정식 명칭은 '알프스 부대'이고, '붉은 셔츠 부대'라고도 한다. 1,100명의 용사들로 구성되어 '천인대(千人隊)'라고도 한다. 1860년 시칠리아 각지의 민중운동과 제휴하여 부르봉 정규군을 격파하였고, 8월에는 메시나 해협을 건너 반도 남부로 진출하였으며, 9월에 나폴리에 입성하였다. 그 후 10월에 주민투표를 실시하여, 남이탈리아와 시칠리아는 사르데냐 왕국에 병합되었다.

1860년 다시 진군하여 이탈리아 남부 지역인 시칠리아와 나폴리를 통합하여, 샤르데냐의 국왕 비토리오 에마누엘레 2세가 통일국가의 국왕으로 즉위하면서 이탈리아 왕국을 만들었다.

이후 이탈리아는 프로이센-오스트리아 제국 간의 전쟁을 틈타 1866년 베네치아에서 오스트리아 제국 군대를 몰아냈고, 1870년 프로이센-프랑스 전쟁을 이용하여 교황령을 점령함으로써 통일이 일단락되었다.

그러나 이탈리아의 통일은 여러 문제가 있었는데, 특히 남북 지역 간의 격차와 문화 문제가 제일 컸다. 급속한 산업화로 서유럽처럼 산업화된 북부 지역과 농업에 의존하고 있는 남부 간의 빈부 격차는 매우 심했다. 이러한 상황에서 이탈리아 내에서는 내전이 격화되었고, 통일전쟁 때의 사상자 수보다 훨씬 많았다. 그럼에도 불구하고 통일된 이탈리아 왕국은 공업화가 급속도로 이루어져 발전되었다.

● 가리발디의 기마상

● 주세페 가리발디(Giuseppe Garibaldi)

이탈리아 통일운동에 헌신한 군인, 공화주의자. 나중에는 사르데냐 왕국에 의한 이탈리아 통일주의로 전향하여 해방전쟁 때 알프스 의용대를 지휘했고, 양시칠리아 왕국을 점령하는 등 이탈리아 통일에 기여했다. 당시 남부 이탈리아에서 가리발디의 인기는 절대적이었고, 많은 사람들은 그가 마음만 먹으면 남부 이탈리아의 독재자가 될 수 있을 것이라고 생각했다. 실제로 사르데냐 왕국의 카보우르 역시 가리발디가 직접 왕이 되려 하거나, 최소한 기득권을 주장하지 않을까 염려하며 가리발디를 경계하기도 했다. 그러나 가리발디는 두말 없이 비토리오 에마누엘레 2세를 이탈리아의 왕으로 인정했고, 자신의 점령지 전체를 헌납했다. 그는 사실상 이탈리아의 국부(國父)로 추앙받고 있으며, 이탈리아 해군의 항공모함 주세페 가리발디급은 그의 이름에서 비롯된 것이다.

중국 명나라

1368년 주원장이 난징에서 건국하여, 원(元)나라를 멸망시키고 몽골인들을 북쪽으로 쫓아냈다. 그 후에 중원과 만주 일부에 이르는 지역까지 장악하였다. 정식 국호는 대명(大明). 명나라는 이민족과 공존하는 시대를 넘어 중화 제국의 구도를 완성한 점, 초기엔 자급자족적 경제를 추구하기도 했지만 활발한 대외무역을 통해 흡수된 은 본위의 화폐 제도가 운영된 점, 마테오 리치 등의 선교사가 활동하는 등 서양과의 접촉이 본격적으로 이루어진 데다 필리핀과 일본 등으로부터 수입된 은 무역을 통해 경제를 발전시킨 점, 양명학 등 보다 실증적이고 실용적인 학문이 추구되어 기존 주자학을 극복하려는 시도가 적극적으로 전개된 점 등으로 인해 세계사적으로는 중세를 완전히 넘어선 근세 왕조로 취급받고 있다. 중국의 마지막 왕조가 이민족에 의해 건립된 청(淸)나라인 탓에, 중국에서는 민족주의적인 시각에서 조금 더 추켜세워지고 있는 왕조이기도 하다.

● 명나라 황제의 보(寶)

■ 명의 건국

몽골이 건국한 원나라 왕조는 14세기에 들어서자 '제위 상속'을 둘러싸고 다툼이 일어나 통치능력이 저하되었고, 거기에 더불어 천재지변과 전염병이 차례로 들이닥쳤다. 1351년에 백련교도(白蓮敎徒)들이 홍건적(紅巾賊)의 난(亂)을 일으키자, 반란은 순식간에 널리 퍼져 나갔다. 가난한 농부 출신으로 홍건군 장수였던 주원장(훗날의 태조 홍무제)은 남경을 근거지로 하여 장강 유역을 통일하는 데 성공한 후, 1368년 명나라를 건국하였다. 홍무제(洪武帝)는 건국하자마자 북벌을 개시하여, 원 순제(토곤 티무르)가 대도(大都: 북경)를 버리고 북쪽으로 도망쳤기에, 만리장성 이남의 중국은 명나라에 의해 통일되었다.

● 홍무제

명(明)나라를 건국한 황제로, '홍무(洪武)'라는 연호를 사용하였기 때문에 홍무제라고도 한다. 1368년 명을 세워 난징에 도읍하고, 원(元)을 멸망시켜 중국을 통일하였다.

467

홍무제는 통일을 달성한 뒤에는 외정을 자제하였으며, 농촌의 토지조사 및 인구조사를 진행해 이갑제(里甲制)·위소제(衛所制)를 시행하고 내정의 안정에 노력을 기울였다. 또한 건국공신들을 숙청하였으며, 재상이 있던 중서성을 폐지하고 6부를 황제 직속으로 만들어 독재체제를 만들었다.

　그러나 1398년 홍무제가 죽자, 의문태자 주표의 아들인 황태손 건문제(建文帝)와 숙부들(홍무제의 아들들) 사이에서 불화가 빚어졌다. 북경을 중심으로 북방 방비를 맡았던, 홍무제의 4남 연왕(燕王) 주체가 반란(정난의 변)을 일으켰다. 1402년 주체는 수도 남경을 점령하였고, 건문제에게서 제위를 찬탈하고서 스스로 황제로 즉위했다. 그가 바로 제3대 황제 성조 영락제(成祖永樂帝)였다. 영락제의 즉위 이후에는 정치의 중심이 다시 북경으로 이동했다.

　영락제는 북경으로 천도하였고, 홍무제의 대외 신중책을 바꿔 세력을 왕성하게 넓혔다. 북쪽으로 후퇴한 원나라의 잔당(북원, 명나라에서는 이것을 타타르라고 부른다)은 1388년 토곤 티무르의 왕통이 단절되었으나, 영락제는 원정을 감행해 이들을 제압했다. 만주에서는 여진족을 복속시켜 위소제에 조직해 넣는 데 성공했다. 남쪽의 베트남도 내란을 틈타 정복하였다.

● 영락제(永樂帝)

영락제(1360년~1424년)는 명 왕조의 제3대 황제(재위 1402~1424년)이다. 영락제는 친히 대군을 이끌고 다섯 번에 걸쳐 몽골족과 교전하여 헤이룽 강 하류까지 진출했고, 일본과 동남아시아 국가들에 대한 패권 확립, 베트남 정벌, 티베트 회유, 티무르 제국과의 전쟁 준비, 남아시아로의 정화(鄭和) 함대 파견 및 문물 교류 등의 팽창정책을 추진했다. 내정에서는 홍무제의 방침을 거의 대부분 계승하면서 황권을 강화하였다. 그의 치세로 명나라는 전성기를 맞이하게 되었다.

■ 남해 원정

영락제는 명나라의 위신을 널리 드날리기 위해 정화에게 남해 원정을 감행케 하였다. 명사(明史)에 따르면 정화 함대는 전체 길이가 44장(丈; 약 137미터), 폭 18장(약 56미터)에 이르는 대형 선박이 포함된 함선 62척에 총 승무원 2만 7,800명이 탑승했다. 훗날 바스쿠 다 가마의 함대가 120톤급 3척에 총 승무원 170명이었고, 지구 한 바퀴 원정을 기획했던 콜럼버스의 함대도 250톤급 3척, 승무원 88명이었던 것에 비교하면 초거대 규모의 함대였다.

소주(蘇州)에서 출발한 함대는 베트남과 수마트라를 지나 팔렘방, 말라카, 실론(지금의 스리랑카) 등의 항로를 거쳐 1407년 초쯤 인도 캘리컷(Calicut, 지금의 코지코드)에 도달했다. 함대의 목적은 항해하여 도착하는 나라에 대하여 명나라에게 조공을 요구하는 일, 남방 지역의 문물 등을 가지고 돌아오는 일이었다. 이들은 심지어 아라비아를 넘어 아프리카 동부에까지 이르기도 하였다. 이 항해를 통해 명나라와 교류가 없던 동남아시아의 여러 나라가 차례로 명나라에 조공을 바치게 되었다.

● 정화(鄭和)의 남해 원정

정화(1371년~ 1434년)는 중국 명나라 왕조 시대의 장군이자 환관, 제독(提督), 전략가, 탐험가, 외교관이다. 영락제의 심복으로서 영락제의 명령에 따라 남해에 일곱 차례의 대원정을 떠난 것으로 유명하다. 원래 성씨는 이슬람의 예언자 무함마드의 중국식 한자인 마(馬)씨이고, 이름은 삼보(三寶)였다. 환관의 최고위직인 태감(太監)이 되었기에, 중국에서는 삼보태감(三寶太監)이란 이름으로 알려져 있다. 정화의 대원정은 유럽의 대항해 시대보다 70년이나 앞선 대원정이자 대항해로 매우 높은 평가를 받았다. 그는 후세에 사마천 및 채륜 등과 함께 환관의 영웅으로 이야기되었다. 또 정화가 머물렀던 각지의 항에서도 정화에 대한 평판이 높아 자바와 수마트라, 태국에서는 삼보묘(三寶廟)가 건립되어 그에 대한 제사가 치러지기도 한다.

■ 북로남왜(北虜南倭)의 위기

영락제의 사후, 몽골 원정과 동남아시아로의 함대 파견은 중지되었고, 베트남에서는 여조(黎朝)가 독립하였다. 그러나 영락제의 아들 홍희제(洪熙帝), 손자 선덕제(宣德帝)의 2대 동안 명나라의 국력은 충실해져 최전성기를 쌓았다[인선(仁宣)의 치(治)].

한편 몽골 고원에서는 서몽골의 오이라트가 힘을 얻어 몽골을 제압하고 명나라에 침공을 가했다. 1449년 영종(英宗)이 측근인 환관 왕진의 부추김으로 오이라트 원정에 나섰다가 대패하여 자신이 포로가 되는 '토목(土木)의 변(變)'이 일어났다.

오이라트 족장 에센 칸이 내분으로 살해되어 명나라는 위기를 벗어났으나, 후에 귀환해 복위한 영종 이래 역대 황제가 자금성에 틀어박힌 채 정치를 소홀히 하기 일쑤라서 국세는 서서히 기울어지게 되었다.

16세기에 들어서 왜구(倭寇)가 중국인 밀무역상과 연대하여 활동을 시작해, 해안 지역을 위협하게 되었다. 거기에 몽골에서는 쿠빌라이 칸의 자손이라고 칭한 다얀 칸이 즉위하여, 오이라트에 대항해 몽골의 재통일을 이룩했다. 오르도스 지방에 분봉된, 다얀 칸의 손자 알탄 칸은 16세기 중기부터 빈번하게 중국에 침입하여, 1550년에는 북경을 포위하는 '경술의 변'을 일으키기도 했다. 이 시대에 명나라를 괴롭히던 몽골과 왜구를 가리켜 북로남왜(北虜南倭)라고 불렀다.

● 경술의 변

1449년 영종은 오이라트 원정에 나섰다가 오히려 자신이 포로가 되는 '토목의 변'을 당한 바 있었다. 그 후 오르도스 지방에 분봉된, 다얀 칸의 손자 알탄 칸은 내몽골의 인산산맥 근처를 영유하였다. 그는 자주 명나라에 통상을 요구하였으나 받아들여지지 않자, 1530년 무렵부터 10여 년간에 걸쳐 해마다 명나라의 북쪽 국경에 침입하였고, 급기야 1550년 경술년(庚戌年)에는 북경을 포위하는 경술지변(庚戌之變)을 일으켰다.

■ 명의 쇠락기

1592년 조선에서 임진왜란이 일어나자, 명나라의 신종 만력제(神宗萬曆帝)는 원병을 보내어 일본군을 격퇴시키는 데 큰 도움을 주었다. 그러나 이 전쟁을 통하여 명나라의 국력이 크게 소모된 사이에 만주 지방에서는 누르하치가 나라를 세워 국호를 후금(後金)이라 하고 명나라의 변경을 위협하게 되었다.

만력제는 정치를 잘 알지 못했던 등극 초기에는 모든 일을 재상 장거정(張居正)에게 맡겼다. 오랫동안 그의 스승이었던 인연 때문이었다. 장거정의 교육 방식은 너무 엄격해, 어린 만력제의 숨통을 조이기 일쑤였다. 공론을 줄이고 명실상부, 기강 확립, 명령 복종, 군비 확충 등을 중시한 그는 '철혈 재상'이라는 별명이 붙을 정도로 사심 없이, 그러면서도 단호하게 국사를 처리했으며 개혁에도 열심이었다. 덕분에 명나라는 그런대로 모양새를 갖출 수 있었다.

만력제가 제위에 오른 지 10년째 되던 해(1582년) 장거정이 세상을 떠났다. 그동안 기를 펴지 못했던 반대파들은 입을 모아 장거정의 비리를 들추며 공격하기 시작했다. 처음에는 장거정을 편들었던 만력제도 그의 재산이 자신을 능가한다는 소문을 듣고는 장거정의 가산을 몰수했다. 이후 그는 30년간 여러 가지 구실을 대며 정사를 돌보지 않아, 나라가 깊은 수렁에 빠져갔다.

● 장거정(張居正)

장거정(1525년~1582년)은 중국 명나라의 정치가이다. 1572년 신종 때 재상이 되어 몽고와의 화평에 성공하였다. 또한 전국적인 호구 조사 및 검지(檢地)를 실시하여 지주를 누르고, 농민 부담의 균형을 꾀하였다. 이러한 개혁으로 명의 재정은 크게 호전되었고, 국고에는 10년분의 식료와 4백만 냥의 잉여금을 축적할 수 있었다. 그러나 한편으로 언론 탄압, 기득권 침해 등으로 조정과 재야에는 장거정에 대한 불만으로 가득 차 있었다. 명나라 제일의 정치가로 손꼽힌다.

1620년 만력제 사후 그의 장자 주상락이 등극하여 광종 태창제가 되었으나 1개월 만에 사망하였고, 그의 아들 희종 천계제(熹宗天啓帝)가 즉위하였다. 천계제는 즉위 초기 동림당(東林黨) 인사를 대거 등용하였으나, 당쟁이 격렬해지자 천계제 역시 정사에 뜻을 잃었다. 그 기회를 틈타 환관 위충현이 영향력을 확대하였다. 동림당에 반대하는 사람들이 위충현을 중심으로 결집하였고, 이들은 정적으로부터 엄당(閹黨)이라고 불렸다.

1624년 엄당이 내각을 차지하였고, 위충현은 정국을 완전히 장악하였다. 위충현은 동림당에 대한 대대적인 공격을 가하여, 1625년 전국의 서원을 철폐하고 수많은 동림당 인사를 투옥시켰다. 이 시기에 정부의 행정 기능이 약화되었고, 각지에서 민란이 발생하였으며, 후금(청나라)과 몽골이 변경을 위협하였다.

1627년 천계제가 중병이 들자 그의 동생 주유검이 뒤를 이었는데, 그가 마지막 황제 숭정제(崇禎帝)이다. 숭정제는 즉위 이후 위충현의 세력을 제거하였고, 조정 내외의 폐단을 혁파하였다. 그러나 당쟁은 그치지 않았고, 숭정제가 의도한 개혁은 효과를 발휘하지 못하였다. 1629년 후금의 홍타이지가 장성을 돌파하여 북경에까지 이르게 되자, 숭정제는 방어 실패의 책임을 물어 원숭환을 사형에 처하였다.

● 위충현(魏忠賢)

북직예(北直隷, 현 허베이 성) 출신으로, 건달 생활을 하다가 고액의 빚을 져서 생각 끝에 거세하고 내시가 되었다. 1620년 천계제의 유모에 접근하여, 황제의 즉위 후 중용되었다. 동림당(청의파) 등 궁중의 싸움을 이용하여 1623년 비밀 경찰 조직인 동창(東廠)의 장관이 되었다. 천계제를 대신하여 정무를 농단하였고, 자신의 일당에게 '구천세'로 외치게 하였으며(만세는 황제밖에 사용할 수 없기 때문에), 각지에 자신의 동상을 건립하게 할 정도의 권세를 자랑했다. 1626년 서호 호반에 생사(生祠: 산 사람의 사당)를 축조하였다. 1627년에 천계제가 죽고, 동생인 숭정제가 1628년 즉위하자 탄핵을 당해 봉양으로 좌천되어 가는 도중에 부성(阜城)에서 목을 매달아 자살했다.

홍타이지는 그 이후에도 6차례에 걸쳐 장성을 돌파하였으며, 직예(直隷: 수도 인근지역)와 산동 지역을 유린하였다. 때문에 당시 직예 지역은 전란이 그치지 않고 전염병이 나돌았기 때문에, 민심이 흉흉하였다. 동북 지역의 전황이 갈수록 악화되었고, 청나라의 군대가 장성을 압박하였다. 마침내 1640년 청나라가 금주(錦州) 등의 지역을 점령하였고, 명나라의 주력 군대를 격파하였다. 홍타이지는 명나라의 주요 장수인 홍승주 등을 포로로 잡았으며, 이에 명나라의 전선은 산해관(山海關)으로 후퇴하였다.

이 시기에 각지에서 농민 반란이 발생하였는데, 그중에서 이자성이 가장 큰 세력을 형성하였다. 이자성은 서안을 점령하여 국호를 대순(大順)으로 하고, 북경으로 진격하였다.

1644년 이자성의 군대가 북경을 함락시키자 숭정제가 경산(景山)에서 목을 매어 자살하였고, 이로써 명나라는 멸망하게 되었다.

명나라의 황족과 관료들이 남경에서 남명(南明)을 세우고 청나라에 계속 저항했으나, 청나라의 신속한 공격 앞에 무너졌다. 마침내 1661년 청나라에 투항한 오삼계가 미얀마에서 영력제(永曆帝)를 사로잡아 남명도 멸망했다.

● 이자성(李自成)

명나라 농민들은 청나라와의 잦은 전쟁과 무거운 세금, 황제 숭정제의 포악성으로 고생하고 있었다. 이때 천민 출신이었던 이자성이 무리를 모아 반란을 일으켰고, 명나라는 군대를 보냈으나 패하고 말았다. 끝내 이자성의 반란군은 순식간에 뤄양을 함락시키고 카이펑과 시안을 점령하여 국호를 대순이라 칭하였으며, 그 농민군 세력이 북경에 육박하였다. 북경에 들이닥친 이자성의 반군을 막을 수 없었던 명나라 황제 숭정제는 결국 황후와 딸을 죽이고 경산에서 목을 매어 자살했다. 이로써 명나라는 277년이라는 역사가 끝이 났다.

● 이자성의 밀랍

중국 청나라

만주족이 세운 유목민계 정복 왕조이자 중국의 마지막 통일 왕조. 중국의 통일 왕조 중 왕통의 중단 없이 가장 오랫동안 존속한 왕조다. 보통 청나라라고 부르지만 정식 국호는 다이칭 구룬(만주어 독음)이며, 한자로는 대청(大淸)이다. 17세기 초인 1616년 만주에서 건국되어, 1644년 중국 본토에 입관(入關)했고, 이후 20세기 초인 1911년의 신해혁명까지 3백년 가까이 유지되었다.

● 청나라 국기

■ 청나라의 건국 이전

금(金)나라를 세웠던 여진족의 추장 중 하나였던 아이신기오로 누르하치가 여러 부족을 통일한 후, 민족의 이름을 만주족으로 바꾸었다. 그리고 금을 잇는다는 의미로 아마가 아이신 구룬(Amaga Aisin Gurun), 중국식 국호로 후금(後金)이란 나라를 세웠으며, 청이란 이름으로 일어선 건 그 아들인 홍타이지 때부터이다. 명나라는 임진왜란 때의 많은 대외파병과 4대 암군(暗君)의 활약 등이 있었음에도, 멸망 직전까지도 청나라를 압도하고 있었다. 명이 멸망한 이유는 청 때문이 아니라, 이자성의 반란 때문이다.

후금(청나라)은 우선 후방의 위협을 미연에 방지하기 위해 조선을 완전히 제압함으로써(1636년의 병자호란), 명나라에 총공세를 할 수 있었다. 대규모의 자연재해가 명나라에 커다란 타격을 주고 있던 상태에서 부패한 명 관료들을 최대한 끌어들였고, 최신 화기와 신식 훈련을 받은 정예 부대를 포함해 상당한 숫자의 명군을 운 좋게 얻었다. 본래 산해관조차 자력으로는 넘기 힘든 청이었으나, 오삼계가 몸소 문을 열고 투항하여 청에 합류까지 하였다. 더구나 성능이 개선된 신형 화기가 명군에 보급되어 전력이 상승하기 전에 이자성 등이 반란을 일으켜, 북경을 점령하고 명을 멸망시켰다.

■ 청나라의 건국

청나라 군대가 만리장성을 넘어 중국에 들어올 때, '양주십일(揚州十日)' '가정삼도(嘉定三屠)'와 '머리카락을 기르면 목을 자른다(留發不留頭)'는 등의 대학살을 벌였다.

당시 중원을 정복한 만주족은 피지배층 한족들로부터 오랑캐라고 극심한 저항과 멸시를 받았는데, 이들을 진압하기 위해 많은 학살을 자행하였다. 몇몇 기록에 의하면 양저우 한 곳에서만 약 80만 명이 학살되었으며, 물론 정사도 아니고 근거도 빈약하지만 약 5천만 명에서 최대 1억 명의 중국인이 만주족에게 학살되었다는 주장도 있다. 그러나 청나라는 타민족에 대한 정책을 전체적으로 훌륭히 펼친 왕조라는 평가를 받고 있다.

홍타이지는 국호를 청(淸)으로 고치고, 주변 각국을 침공하여 영토를 확장함과 동시에 군사·행정 제도를 확립하였다. 홍타이지에 이어 즉위한 순치제(재위: 1643년~1661년) 때 청의 팔기군은 명나라의 수도였던 북경을 점령하고 수도로 삼았다(1644년).

● 누르하치(천명제)
후금의 초대 황제로, 뒤에 청나라의 초대 황제인 태조로 여겨지게 되었다.

● 홍타이지(숭덕제)
후금의 제2대 칸이자, 청나라의 황제이다. 군사 및 행정제도인 팔기군(八旗軍) 체제를 재정비하여 대청 제국의 기초를 확립하였다.

● 순치제(順治帝)
청나라의 제3대 황제. 중원으로 들어가, 멸망한 명나라의 뒤를 이어 새로운 통일 국가로서의 기틀을 마련하였다. 중국 대륙을 통치하기 시작하면서, 강경책과 유화책을 골고루 사용하였다. 한족의 문화와 생활 관습을 존중하고 중요한 상소문에도 만주어와 한문의 병용을 허락하였으나, 한족 백성들에게는 변발(辮髮)을 강요하여 청나라의 정통성을 다지기 위해 노력하였다.

● 강희제(康熙帝)
청나라의 제4대 황제로서 청나라의 전성기를 열었으며, 중국 역사상 가장 위대한 황제로 손꼽힌다.

● 옹정제(雍正帝)
청나라의 제5대 황제로서 황제 권력을 강화시켰고, '문자(文字)의 옥(獄)' 등으로 사상 통제를 실시하였으며, 대외 팽창의 기초를 닦았다.

● 건륭제(乾隆帝)
제6대 황제로서 정치·경제·군사·문화 등의 모든 방면에서 청나라 최고의 황금 시대를 누렸다. 청나라 황제 중 가장 장수한 황제이기도 하다.

강희제(康熙帝) 이후 옹정제(雍正帝)·건륭제(乾隆帝)까지 3대에 걸쳐 주변 각국을 침공·정복하여 직접 지배하거나 조공국(朝貢國)으로 삼아, 일대 전성기를 이루었다. 삼대에 이은 청의 전성기를 강건성세(康乾盛世)라고 한다.

그러나 건륭제 말기부터 백련(白蓮)·천리(天理)의 난을 계기로 청나라는 점차 쇠퇴하였다. 한편, 건륭제 즉위 시기에 그레이트브리튼 연합 왕국은 1792년 매카트니 사절단을 시작으로 이후 몇 차례에 걸쳐 중국에 사절단을 보내 문호 개방을 권유하였으나, 오직 광저우만 개항되었을 뿐 거의 받아들여지지 않았다. 청나라 초중기에는 공행(公行)무역만이 실시되었다.

19세기 무렵에는 영국계 동인도 회사가 이러한 편무역으로 인해 중국으로의 은 유출 정도가 심각하다고 판단하여 삼각 무역을 실시했으나, 피해를 입은 청조에서 엄금론을 펼치며 임칙서(林則徐)를 무역항에 파견하고 아편을 소각하는 등의 조치를 취했다. 그러자 영국은 아편 전쟁(1840년~1842년)을 일으켜 승리했다. 1842년 난징 조약으로 홍콩은 99년간 영국에 할양되었고, 상하이 등 5개 항구가 강제 개항되었다. 이후 중국에서의 이권 확보를 위해 서구 열강들이 쇄도해 오면서, 중국은 역사상 유례 없는 난국을 맞는다.

■ 태평천국(太平天國)의 난

1851년 홍수전(洪秀全)이 기독교 성격의 사회운동인 태평천국 운동을 일으켰다. 태평천국은 외형상 홍수전이 야훼의 자식이며 예수 그리스도의 아우라 자칭하면서 기독교를 표방했으나, 사실상 만주족 지배로부터의 한족의 독립, 토지의 균등한 분배, 만민 평등을 주장한 사회혁명이었다.

태평천국 운동은 대규모의 내전을 불러왔다. 교전 상대는 만주족 황실의 청나라 조정과 기독교 구세주 사상을 기반으로 한 종교국가 태평천국이었다. '태평천국의 난'의 주요 무대는 강소성, 절강성, 안휘성, 호북성이었으나, 14년간의 내전 기간 동안 북서쪽 끝의 감숙성을 제외한 중국의 모든 성을 최소 한번 이상 태평천국군이 지나갔다.

태평천국의 난은 명·청 전쟁 이래로 중국 역사상 가장 대규모의 전쟁이었으며, 인류 전체 역사를 통틀어도 가장 유혈낭자한 내전 중 하나로 손꼽힌다. 19세기 최대의 군사분쟁이었던 태평천국의 난으로 인해 죽은 사람은 2천만 ~ 7천만 명 정도로 추산되며, 난민 신세가 된 사람도 수백만 명에 달한다.

● 홍수전(洪秀全)

홍수전은 기독교 신자로서 양수청과 함께 상제회(上帝會)를 만들어 포교하였다. 종교 형식을 취한 상제회는 점점 세력을 넓혔고, 교주 홍수전은 지방 유력자에 맞먹는 권력을 행사하였다. 그는 1851년에 '태평천국'을 건국하고 천왕(天王)이 되어, 청나라에 반기를 들고 '태평천국의 난'을 일으켰다.

● 홍수전의 밀랍과 태평천국의 난

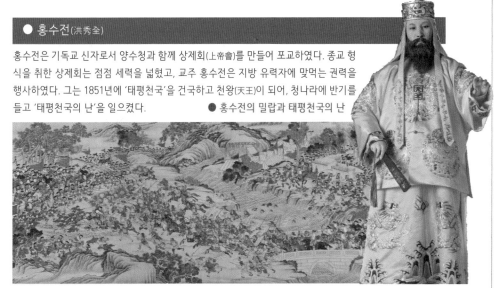

1851년 1월 1일, 청나라의 정규군인 녹영군(綠營軍)이 광서성 금전현(오늘날의 계평시)의 기독교계 신흥종교인 상제회를 타격했다. 녹영군의 상제회 공격은 금전 봉기로 이어졌다. 홍수전은 자신을 '태평천국의 천왕'이라고 선포했다. 청군이 광서성으로 출동하자, 태평천국군은 1851년 9월 북쪽으로 도망갔다. 그리고 1853년 3월 19일 태평천국군은 남경을 점령하였고, 남경을 천국의 수도인 '천경(天京)'이라고 명명했다.

십여 년에 걸쳐 태평천국은 양쯔 강 유역 중류의 많은 지역을 점령했는데, 이곳이 청나라에서 가장 생산적이고 비옥한 땅이었기에 태평천국의 세력은 급격히 불어났다. 태평천국군은 1853년 6월 북진하여, 청나라 수도 북경을 거의 점령할 뻔했다.

태평천국군은 같은 시기 서쪽으로도 진군하여 안휘, 강소, 호북의 여러 군현을 손에 넣었다. 청나라 정규군은 태평천국군의 진격을 효과적으로 막아내지 못했고, 대신 교착상태에 빠진 남경 공성에 집중했다. 그리고 호남성에서 증국번이 이끄는 민병대 상군(湘軍)이 궐기하여, 청나라 조정 측에 가담해 태평천국과 싸웠다. 증국번의 상군은 태평천국군을 성공적으로 토벌했고, 내전의 서부 전선에서 태평천국의 팽창은 중단되었다.

● 증국번(曾國藩)

증국번(1811년 ~ 1872년)은 청대 말기의 정치가·학자이다. 후난 성 상 샹 현의 농가에서 출생했으며, 1838년 진사에 합격하여 중앙 관청의 여러 직책을 역임했다. 1851년 태평천국의 난이 시작되자 향리에 돌아가 상군(湘軍)이라는 농민 민병대를 편성하여, 태평천국군 진압에 주동적 역할을 수행하였다. 태평천국군과 염군(捻軍) 진압의 최고사령관으로서 활약한 공적으로 청말(淸末) 최대의 정치가가 되었다. 태평천국군을 진압한 후 부하들에게 '거사하여 황제에 즉위하라'는 청을 수없이 받았으나, 모두 거절하고 끝까지 청조의 충신으로 남았다.

 1856년, 태평천국의 동왕(東王) 양수청이 쿠데타를 시도하여(천경 사변) 태평천국에 내분이 일어났고, 이로 인해 태평천국은 크게 약화되었다. 그동안 상군은 호북성과 강소성의 대부분을 재회복했다.

 1860년 5월, 태평천국군은 1853년부터 남경을 공격하고 있던 청군을 무찔렀다(제2차 강남대영 공략). 이때 청나라 정규군이 거의 전멸함으로써, 태평천국군은 청나라에서 가장 부강한 지역이었던 남쪽의 강소성과 절강성을 침략할 수 있는 길이 트이게 되었다. 태평천국군이 강소성을 재탈환하는 동안 증국번의 민병대는 양쯔 강을 따라 내려가며 진군하여 1861년 9월 5일 안경을 점령했다.

 또한 당시 청나라는 영국·프랑스와의 제2차 아편 전쟁(1856년~1860년)을 겪고 있었다. 이후 1860년 베이징 조약을 통해 청나라는 휴전 중재역할을 맡은 러시아 제국에 연해주를 할양하였고, 베이징에 외국 공사관의 주재를 허용하였다. 서구 열강세력들의 이권 침탈이 심화되었다. 태평천국 운동의 위세는 홍수전에 대한 우상화를 경계한 서구 열강과 이홍장 등의 한족계 신사층을 파견한 청나라 조정의 협공으로 1864년 천경(남경)이 함락되고 홍수전도 자살함으로써 그 막을 내렸다. 남경이 무너진 뒤 증국번과 좌종당, 이홍장 등은 제국의 구원자로 추앙되었고, 19세기 말 중국 정치계의 거물로 성장했다.

● 아편 전쟁(阿片戰爭)

19세기 중반에 청나라와 영국 사이에서 벌어진 두 차례의 전쟁을 말한다. 당시 영국에 대한 중국의 최대 수출품은 차(茶)였고, 영국의 주요 수출품은 모직물과 인도산 면화였다. 양국의 무역수지는 중국의 수출초과 상태가 지속되었기 때문에, 영국으로서는 차 수입을 결제할 은(銀)이 부족했다. 이에 따라 영국은 중국에 아편

● 동양과 서양의 최초 해전인 천비 해전

을 수출해 무역적자를 해소하려 하였다. 아편에 중독된 중국인들로 인해 청나라가 강력한 아편 단속 정책을 펼치자, 영국은 반발하며 '무역항을 확대한다'는 명분을 내세워 제1차 아편 전쟁(1840년~1842년)을 일으켰다. 이 전쟁은 영국의 승리로 끝났고, 난징 조약이 체결되었다. 제2차 아편 전쟁(1856년~1860년)은 난징 조약 이후에도 청나라의 개방이 기대에 못 미치자, 영국이 프랑스와 함께 청나라를 공격하여 일어난 전쟁이다.

■ 청나라의 멸망

1860년대 이후에 전개된 양무(洋務) 운동은 증국번(曾國藩) · 이홍장(李鴻章) 등 기술적 개혁의 필요성을 깨달은 한인 신사층의 주도로 시작되었으며, 군함과 서양식 대포 등 신식 무기를 제조하고 관련 공업을 진흥시킴으로써 중국 산업화의 기원이 되었다. 이홍장은 영국을 방문하여 빅토리아 훈장도 받았다.

사실 양무 운동은 관독상판(官督商辦) 운영방식과 표면적인 개혁이라는 점 등 뚜렷한 한계 요인을 안고 있었다. 그 와중에 청일 전쟁(1894년~1895년)이 청나라의 패배로 끝나자 양무 운동이 실패했음이 드러났고, 청의 반복된 패전으로 인해 중국을 둘러싼 열강의 각축은 더욱 치열한 양상을 띠었다.

1898년 캉유웨이(康有爲) · 량치차오(梁啓超) 등은 일본의 메이지 유신을 모델로 한 변법자강(變法自强) 운동을 통해 입헌군주제를 확립하고자 했으나, 서태후(西太后) · 이홍장 등 보수세력의 반격(무술정변)으로 수포로 돌아갔다. 이후 1899년에 대규모로 일어난 의화단(義和團) 운동으로 일본 등 열강 8국의 연합군이 1900년 베이징에서 격돌한 북청사변(北淸事變)을 겪고 베이징 의정서를 체결하며, 청조는 위기에 내몰렸다.

● 의화단(義和團)

의화단은 19세기 말 청나라 말기의 비밀결사 조직으로, '청나라의 전복'과 '외세의 배격'을 목표로 무장 봉기를 일으킨 단체이다. 이들은 손오공이나 저팔계 따위를 신으로 숭배하면서, 칼에도 피나 부상을 입지 않으리라 믿었다고 한다. 의화단에 참가한 무리들은 평시에 각자의 생업에 종사하고, 여가시간을 이용하여 권봉과 무술을 익혔다. 이들은 제2차 아편전쟁 이후 선교사의 내지 선교가 인정되자 자발적으로 반기독교 운동에 참여하였다. 그러나 조직적인 통일이 이루어지지 않아 대규모적인 활동을 하지 못했다. 그런데 청일 전쟁(1894년~1895년) 이후에 이르러 비로소 큰 변화가 일어났다. 열강의 침략이 격화되어 가면서 1899년 대대적인 봉기를 일으켜 기독교도를 살해했고, 교회를 불태웠으며, 선교사를 축출했다. 또한 철도와 전신 시설을 파괴하는 반외세 투쟁도 벌여나갔다. 때문에 의화단은 서양인의 눈에 민족자위 단체의 출현으로 보였다.

그 후 일본이 러일 전쟁(1904년~1905년)에서 승리하고 남만주에 대한 지배권을 획득하여, 위협요소가 되었다. 또한 러일 전쟁에서 러시아가 패배함으로써 사건의 심각성을 자각한 보수파와 서태후조차 외국으로 유학생을 파견하여 선진국의 헌법과 의회 제도 등을 시찰하였으며, 국내적으로 과거 제도를 폐지하고 각지에 대학을 세워 신학문의 연구 기반을 조성하는 한편 신식 군대도 신설했다. 그러나 이미 각지에서는 만주족을 비난하고 한족의 공화국을 지향하는 혁명세력이 움트고 있었다. 이들 모두는 일본의 일부 지식인이 주장한 중일 연대론(中日聯帶論)과도 상호 연계되기도 했다.

결국 청은 1911년 10월 10일에 발발한 신해혁명으로 멸망하였고, 혁명의 중심인물 쑨원은 아시아 최초의 공화국인 중화민국을 수립하였다. 청나라 황실은 자금성 내에서 청나라 소조정을 이루어 사실상 고립된 상태로 사직을 이어가고 있었으나, 1924년 펑위샹의 정변으로 인해 자금성에서도 쫓겨나게 되었다.

● **신해혁명(辛亥革命)**

● **쑨원(孫文)의 초상**

신해혁명은 1911년 청나라를 무너뜨리고 중화민국을 성립시킨 중국의 혁명이다. 이 혁명은 중국사에서 처음으로 공화국을 수립한 혁명이라서 공화혁명이라고도 불린다. 1899년의 의화단 운동 이후 열강들의 침략이 한층 강화하는 가운데 청 조정은 정치개혁을 꾀하는 소위 '신정(新政)' 운동을 일으켰으나, 납세 거부와 기독교 배척을 위시한 대중운동이 전국으로 번져 입헌군주제를 향한 운동으로 발전하였다. 이런 정세하에서 쑨원은 1905년 중국혁명동맹회를 결성하고 삼민주의(三民主義: 민족·민권·민생)를 제창하는 한편, 혁명파를 지휘하여 반청(反淸) 무장투쟁을 전개했다. 1911년 청나라가 철도 국유령을 내려 민영이었던 철도를 담보로 열강에 차관을 얻어 재정난을 타개하려고 하자 반대하는 운동이 광범하게 일어나, 대규모 무장투쟁인 쓰촨 봉기로 결국 발전했다. 이를 계기로 10월 10일 혁명파가 한 공작으로 우창에서 신군(新軍)이 봉기하여 신해혁명의 불길이 댕겨져 약 한 달 만에 14 성(省)이 이에 호응하여 궐기했고, 12월 말에는 17개 성으로 확대되어 청조에 독립을 선포하였다. 1912년 1월 난징에서 쑨원을 임시 대총통으로 하는 중화민국 임시정부가 수립되었으나, 혁명 주체의 단결력과 세력이 굳건하지 못한 탓에 청조에게 대권을 부여받은 위안스카이와 타협하여, 선통제(宣統帝)의 퇴위로 청을 멸망시키는 데는 성공한 대신 쑨원이 사임하고 위안스카이가 대총통이 되었다.

산업혁명

산업혁명(Industrial Revolution)은 18세기 중반부터 19세기 초반까지 영국에서 시작된 기술 혁신과 이로 인해 일어난 사회·경제 등의 큰 변혁을 일컫는다. 산업혁명은 후에 전 세계로 확산되어 세계를 크게 바꾸어 놓게 된다. 백여 년에 걸쳐 일어난 변화인 만큼 전개 과정과 시기에 따라 다시 나눌 수 있는데, 18세기 후반~19세기 초반에 소비재와 경공업을 중심으로 일어난 변화는 1차 산업혁명으로 분류되고, 19세기 중후반에 전기화학 등 중화학 공업이 시작된 것은 2차 산업혁명으로 분류된다.

■ 농업 혁명

16세기부터 벨기에의 플랑드르 지방에서는 중세 시대의 농경법인 삼포제(三圃制)를 대체하는 4윤작법이 개발되었다. 밭을 3분해서 3년마다 한 번씩 밭을 묵히는 삼포제와 달리 4윤작법은 밭을 4분해서 보리, 클로버, 밀, 순무 순으로 심는 농법이다. 클로버와 순무가 지력을 회복시키는 작용을 함과 동시에 사료로 사용되므로, 밭 중 일부를 사용할 수 없는 삼포제에 비해 훨씬 효율적이었다.

이 농법은 17세기 말부터 18세기 초, 찰스 타운센드 자작이 노퍽 지방에서 강력하게 권장하기 시작하여 영국에 보급되었으며, 노퍽 농법이라고 불리게 되었다. 이렇게 혁명적으로 발전한 농업은 후에 영국의 급속한 도시화로 늘어나는 식량 수요를 감당할 수 있게 된다. 통상 인구가 증가하면 식량의 가격이 높아져 인구 증가를 억제하는 편이나, 당시의 영국은 식량 가격이 안정화된 가운데 인구가 증가할 수 있었다.

● 찰스 타운센드(Charles Townshend, 1674년 ~ 1738년)의 초상

■ 면직물 공업 기계화

영국의 산업을 변화시키는 첫 발걸음은 바로 면직물 공업에서 시작되었다. 일단 제일 먼저 존 케이가 1733년 '나는 북(flying shuttle)'을 발명하였다. 베틀의 북을 스프링을 이용해 자동화해서 한 번에 짤 수 있는 면포의 너비가 2배 가량 늘어났고, 속도 또한 훨씬 빨라지게 되었다.

그러자 천의 원료인 생사가 부족해졌다. 이번에는 제임스 하그리브스가 1767년, 한 번에 8개의 실을 자아낼 수 있는 제니 방적기를 발명하였다. 그리고 리처드 아크라이트는 1769년에 동력으로 수차를 이용하는 수력 방적기를 고안해 냈다. 또 새뮤얼 크럼프턴은 이 둘을 합친 뮬 방적기를 만들어 냈다. 이 셋이 산업혁명 출발기에 면직물 공업의 혁신을 일으킨 이들로 보통 거론되지만, 사실 토머스 하이즈, 루이스 폴 등 거의 알려지지 않은 발명가들도 같은 시대에 비슷한 물건을 발명했다.

특히 토머스 하이즈는 아크라이트가 자신의 발명품을 표절했다고 소송하여 승소했다. 게다가 제니 방적기도 그가 만들었다는 설도 있으며, 제니라는 이름도 그의 딸에서 따온 이름이라고 여겨진다. 어쨌든 그 덕에 아크라이트의 특허가 무효가 되는 바람에 기계를 마음껏 공짜로 사용할 수 있게 되어, 전국 각지에 수많은 방직 공장이 설립되었다. 참고로, 이 발명들이 있기 전 방적기는 한 번에 한 가닥의 실밖에 잣지 못했고, 수력이 아닌 인력 혹은 축력으로 가동되었다.

● 존 케이(John Kay)

존 케이(1704년~1779년경)는 방직기 개량에 노력하였다. 1733년 방직기의 새로운 북을 발명하여, 폭이 넓은 옷감을 빨리 짤 수 있게 하였다. 그러나 이로 인하여 일자리를 잃은 사람들이 폭동을 일으켜, 케이는 프랑스로 피신하여 불행하게 죽었다.

● 존 케이의 초상
● 존 케이의 발명품
(flying shuttle)

방적 산업이 급격히 성장하자, 이번엔 또 직조 능력이 방적을 따라가지 못해 실이 남아돌기 시작했다. 그러자 1785년 에드먼드 카트라이트가 동력으로 천을 짜는 방직기인 역직기(力織機, power loom)를 발명하였고, 이것을 수력 혹은 증기기관에 연결함으로써 직조 능력이 방적 능력을 따라잡았다. 그리고 이 시점에 방직산업은 자동화의 길에 완전히 들어서서, 비약적으로 성장하기 시작하였다. 이때 근대적인 공장이 처음 나오게 되며, 이때의 공장은 증기기관을 사용하여 물의 수요가 폭발적으로 많아지자 강 주변에 지어지게 되었다.

한편, 대량의 목화를 공급하던 미국 남부에서는 목화와 실을 분리하는 작업이 큰 골칫덩이로 남아 있었는데, 1793년 엘리 휘트니가 이를 빨리 분리시켜 줄 수 있는 조면기를 발명했다. 이 기계는 2마력의 수력으로 하루에 5천 파운드의 솜을 처리해, 1천 명분의 일을 하게 만들어 줬다.

■ 증기기관과 교통수단

1765년 스코틀랜드의 기술자 제임스 와트가 뉴커먼의 기관을 개량해 연료가 적게 들면서도 강가나 석탄산지와 먼 곳에서도 가동시킬 수 있는 새로운 증기기관을 발명하였고, 1774년 매슈 볼턴이라는 동반자를 만나게 되었다. 사업가였던 볼턴은 증기기관의 파워를 한눈에 알아봤으며, 특허를 출원하고 와트에게 개량을 종용하며 볼턴앤와트라는 기업을 설립했다.

● 제임스 와트(James Watt)

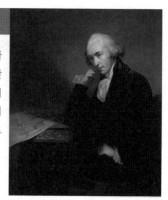

제임스 와트(1736년 ~ 1819년)는 스코틀랜드의 발명가이자 기계공학자이다. 그는 영국과 세계의 산업혁명에 중대한 역할을 했던 증기기관을 개량하는 데 공헌하였다. 흔히 증기기관을 발명했다고 알려져 있지만, 실제로는 기존의 증기기관에 응축기를 부착하여 효율을 높인 것이다. 어쨌든 증기기관의 개량은 훗날 자동차 등 많은 기계류들의 시초가 되었던 만큼 큰 업적이라고 볼 수 있다.

● 와트의 증기기관. 이 증기기관은 영국과 세계의 산업혁명을 촉진하였다.

그 후 미국 발명가 로버트 풀턴은 이 회사에 증기기관을 주문했고, 이를 이용해 클러먼트 호라는 증기선을 개발한 후 1807년 성공적으로 운행을 완료했다. 클러먼트 호는 뒷날에 뉴욕 허드슨 강의 승객을 나르게 된다. 이 발전된 수상 교통 수단은 영국의 운하 체계에 지대한 영향을 주었고, 운송비를 크게 절감시켰다.

1804년 리처드 트레비식은 증기 기관차의 시운전에 성공하며 내기에도 이겨 몇천 파운드를 땄다. 이를 보고 영국의 기술자들은 트레비식의 것을 개량하기 시작했다. 조지 스티븐슨은 1825년 요크셔의 석탄광에서부터 스톡턴의 항구를 오가는 43 km짜리 세계 최초의 증기 기관차가 달리는 화물철도를 깔았고, 이 뉴스는 신속하게 영국 곳곳으로 전달되었다. 이것이 바로 스톡턴-달링턴 철도 이다. 사업가들은 리버풀과 맨체스터를 레일로 연결하면 좋겠다는 생각을 했고, 1830년에는 최초의 여객·화물 겸용 철도인 리버풀-맨체스터 간 철도가 개통되며 철도 시대의 개막을 알렸다.

● 로코모션 제1호(Locomotion No.1)
영국의 조지 스티븐슨이 1825년에 제작하여 최초로 실용화된 증기 기관차이다. 스톡턴과 달링턴 사이의 철도에서 90톤의 석탄열차를 끌고 시속 18km로 달리는 기록을 냈다. 로코모션 제1호는 처음에는 액티브 호라고 불렸고, 1869년까지 운행했다.

■ 제철 공업의 발전

영국은 15~17세기에 이미 해상 강국으로 이름을 떨치고 있었으며, 배를 만들기 위해 어마어마한 나무를 소모해서 16세기 즈음에는 전 브리튼 섬의 산림이 소실될 지경이었다. 덕분에 연료로 쓸 나무도 부족해져, 다른 나라에서 나무를 수입해 와야 하는 수준에 이르렀다.

17세기 말에 에이브러햄 다비 1세가 영국에서 풍부했던 역청탄을 코크스로 정련해 내는 기술을 개발하자, 이전까지 용광로에서 연료로 사용했던 숯 대신에 코크스를 사용하기 시작하였다. 게다가 코크스는 숯에 비해 높은 온도로 오랫동안 연소했기에, 주철의 생산량을 급속도로 높일 수 있었다.

하지만 기존과 같은 고로(高爐)에서 생산되는 주철은 탄소 함량이 높고 유연성이 떨어져 쉽게 부서지므로, 강철 혹은 연철의 생산을 위해서는 기존처럼 주철을 다시 망치로 두드리는 과정이 필요했다.

그러나 18세기 후반에 헨리 코트가 철과 연료가 분리된 용광로를 사용하여, 철을 완전히 녹여 불순물을 분리시킨 뒤 녹은 철을 산소에 노출시켜 탄소를 제거하는 기술인 교련법을 개발하고, 또 녹은 철을 판 형태로 가공하는 압연 기술을 개발해 연철 생산량이 급격하게 증가하였다. 코크스와 새로운 제철 기술은 영국의 철 생산량을 크게 드높여, 이후 산업혁명의 전개에 필요한 막대한 철을 공급할 수 있었다. 1788년~1796년 사이에 영국의 철 생산량이 2배 증가했고, 이후 8년 동안 다시 2배 증가했다. 특히 1779년에는 영국 세번 강에 세계 최초의 철교가 건설됨으로써, 영국 제철 공업의 발전을 증명하는 이정표가 되었다.

● 세계 최초의 철교, 아이언 브리지(Iron Bridge)

■ 사회적 영향

산업혁명은 경제 구조의 혁명적 변화를 가져왔을 뿐만 아니라, 동시에 정치 구조도 크게 바꾸어 놓는 결과를 가져왔다. 왕족과 귀족의 지배 체제가 무너지고, 신흥 부르주아 계급이 선거법 개정을 달성하였다. 이러한 부르주아들의 활약은 영국에서 노동자 계급의 성년 남성들이 하나로 모여 선거권을 요구한 차티스트 운동이 벌어지게 했다. 이처럼 일련의 규제가 폐지되면서, 점차 자유주의적인 경제 체제로 변하게 되었다.

공업화로 농촌 인구의 대부분은 도시로 가게 되었으며, 이로 인해 도시 인구의 폭발적인 증가세를 보였다. 하지만 결국 도시는 석탄이 타는 연기로 공기가 나빠졌고, 비위생적이고 악취가 심하며 사람이 북적대는 불결한 거주지로 변하고 말았다. 노동자에 대한 인권 유린도 산업혁명 때부터 대두되기 시작하였다. 공장주들은 노동자들에게 장시간 노동을 강요했고, 소비와 휴식도 크게 제한시켰다. 또한 어린이 노동이라는 비상식적인 일이 벌어지기도 했다.

● 차티스트 운동(Chartist Movement)

1838년~1848년 사이 노동자층을 중심으로 전개된 영국의 민중 운동을 일컫는다. 영국에서는 산업혁명의 결과 사회 전체적인 부(富)가 증가하였음에도 불구하고, 부익부 빈익빈이 심화되어 노동자들의 노동 환경은 더욱 열악해졌다. 이에 따라 노동자들이 자신들의 대표를 의회로 보내 노동자의 권리를 보장받기 위한 선거권 확대 운동을 벌였는데, 이를 차티스트 운동이라고 한다. 1838년, 이 운동의 지도자들이 모여 그들의 요구를 담은 인

민헌장을 발표하여 차티즘의 원칙을 제시하였다. 그 내용에는 성인 남자의 보통 선거, 무기명 비밀 투표, 동등한 선거구 설정, 하원 의원의 재산 자격 철폐 등이 들어 있었다. 그 결과 부유한 사람에게만 한정되었던 선거권이 점차로 노동자, 농민, 여성들에게도 확대되어 간다.

● 노동자들이 배급을 받는 장면

당시 자본가들은 고아들을 감언이설로 꼬드겨 구빈원이라고도 부르는 고아원에 데려와서 일을 시켰다(아동 노동). 1833년 영국 의회의 조사에 따르면 지각을 했다고 해서 임금을 깎는 일까지 있어서, 영국에서는 어린이 노동을 금지시켰다.

　또한 야간 근무를 금지하는 등의 관련 법이 제정되기도 했고, 미국에서는 정부의 탄압과 언론들의 왜곡 보도에도 불구하고, 노동자들이 임금 감축과 장시간 노동에 반대하여 8시간 노동을 요구하는 노동 운동이 일어났다. 식사는 빵과 감자가 거의 전부였으며, 거기에 차와 버터 등이 곁들어지는 정도였다.

　산업혁명기에 발생한 사회 문제 중에는 노동자들의 건강 문제도 있었다. 노동자의 수명은 귀족 계급보다 훨씬 짧았는데, 이를 비위생적인 전염병 때문으로 본다.

　이러한 노동자들의 비참한 삶은 자본주의에 반대하는 사회주의 운동의 물결이 일게 하였는데, 그러한 사회주의 운동은 마르크스의 '과학적 사회주의' 정립에 의해 논리를 갖게 되었다.

● 카를 마르크스(Karl Marx)

카를 하인리히 마르크스(1818년~1883년)는 독일 라인란트 출신의 공산주의 혁명가, 역사학자, 경제학자, 철학자, 사회학자, 마르크스주의의 창시자이다. 1847년 공산주의자동맹을 창설했다. 1847년 프리드리히 엥겔스와 공동 집필해 이듬해 2월에 발표한 《공산당 선언》과 1867년 초판이 출간된 《자본론》의 저자로 널리 알려져 있으며, 러시아의 10월 혁명을 주도한 블라디미르 레닌은 마르크스를 이론적 기반으로 삼았다. 마르크스의 자본주의 비판 및 공산주의 이론은 인류의 근현대사에 긍정적으로든 부정적으로든 막대한 영향을 끼쳤다.

● 카를 마르크스

미국의 성장과 갈등

1789년~1849년의 미국은 1789년의 미국 헌법 제정 이후 주권 국가로서의 체제를 갖추는 한편, 루이지애나 인수, 미영 전쟁, 먼로주의, 미국-멕시코 전쟁 등 외국과의 협상 및 분쟁을 거쳐 서쪽으로 영토를 확장해 가는 시기이다. 국내에서는 남북 간의 격차가 벌어지기 시작하고, 노예 제도라는 불씨에 의해 당파 간의 투쟁이 격화되어 남북 전쟁의 길을 걷게 되었다. 미국이 강대국으로 올라서는 기반이 이 시대에 만들어졌다.

■ 건국 초기의 영토 확장

1783년, 독립 전쟁의 승리로 미국은 스페인령의 플로리다 반도 일대를 제외한 미시시피 강 동쪽의 영토를 다스리게 되었다. 1803년, 토머스 제퍼슨 대통령은 미시시피 강 유역의 상업을 장악하기 위해 프랑스의 나폴레옹 1세로부터 루이지애나 지방과 뉴올리언스를 구입하였다. 이것은 루이지애나 매입이라고 불리는데, 이 매입으로 인해 미국의 영토는 두 배로 증가하였고, 점점 하나의 국가로서 모습을 갖추어 나갔다. 물론 이는 미국과 프랑스 간의 갈등을 미연에 방지하려는 나폴레옹의 정치적인 계산, 영토를 넓히려는 미국의 욕심에 따른 것이다.

이런 영토 확장은 미국인들이 '프런티어 개척 정신'이라고 포장하지만, 실상 파고 보면 유럽의 제국주의와 다를 바 없다. 19세기 내내 미국은 아메리카 대륙 문제에 대한 유럽의 불간섭(먼로 독트린)과 아시아 국가들에 대해 식민지화 대신 통상 위주의 외교정책을 펼쳤다. 하지만 19세기 말에 이르러 '서부 개척'이 완료되어 북아메리카 대륙에서 더 이상 확보할 땅이 없게 되자, 곧 태도를 180도 바꾸게 된다.

이후 태평양 너머의 하와이를 합병했고, 미국-스페인 전쟁을 통해 1898년 필리핀과 푸에르토 리코를 접수했으며, 이 과정에서 일본과 가쓰라-태프트 밀약(1905년)을 맺음으로써 한국을 일본에 넘기는 데 일조했다.

■ 서부 개척 시대

처음에는 13개 주로 시작했던 미국은 여러 정책들과 밀려오는 이민자들을 기반으로 해서 시쪽으로, 서쪽으로 팽창해 나갔다. 1803년부터 1848년까지는 미국의 '서부 개척 시대'라고 불린다. 모르몬교도들, 국외로부터 들어오는 이민자들, 골드 러시(gold rush)의 영향으로 금광 채굴에 관심이 있는 이들 등 각양각색의 사람들이 서부로 대거 이주하였다.

당시 백인들은 담배 농사에 필요한 새로운 농토를 찾아서 서부로 이동했는데, 이러한 백인들의 서부 이동은 북미 원주민인 인디언들의 생존권을 위협하여 인디언들과 미국 정부 사이에 갈등이 벌어졌다. 당시 미국 정부는 인디언 보호구역 강제 수용(1830년), 세 차례에 걸친 인디언 학살(약 300만 명 학살, 어린이와 여성 포함), 인디언들의 식량 동물인 들소 학살 등 인디언 말살 정책을 통하여 그들의 토지를 강탈하였다. 물론 인디언들은 자신들의 생활 터전을 지키기 위해 백인들에게 저항했으나 백인들의 화력을 이길 수는 없었으며, 인디언들의 참정권을 인정한 1930년대까지 차별을 받으면서 살았다.

미국은 영토 면적이 넓기 때문에 자연히 북부와 남부의 주산업이 다를 수밖에 없었다. 북부는 산업, 공업, 어업을 기본으로 하여 발전해 나갔고, 토지가 비옥한 남부는 농업, 플랜테이션 등에 치중해 나갔다. 이에 따라 남부인들은 자신들의 농업을 뒷받침해 줄 노예제를 원했으며, 북부인들은 인간 평등이라는 원칙하에 노예제 폐지를 원하였다. 그리고 이 갈등이 깊어지면서 결국에는 남북 전쟁을 일으키고 만다.

● 인디언 강제이주
북미 지역의 아메리카 토착민들은 미국 정부가 지정한 척박한 보호구역에 1830년 이후 강제이주 당한 비극을 겪었다. 현재도 인디언들은 대부분 교육과 취업에서의 어려움과 이로 인한 빈곤을 겪고 있다.

■ 내전의 시기 (1849~1865)

미합중국이 서부로 영토를 확장하는 단계에서 북부는 산업혁명을 맞이하게 되었고, 공업화가 진행되었다. 반면, 남부는 면화 생산을 주요 산업으로 하고 있었다. 북부의 공업 지대는 유럽과의 수출 경쟁에서 자국 산업의 보호를 호소했고, 관세를 부과하는 등 보호 무역을 요구했다. 한편, 남부의 농업 지역은 면화를 자유롭게 수출하고 싶었기 때문에, 자유 무역과 관세 철폐를 요구했다. 이렇게 남북의 대립이 매우 깊어졌다.

또한 중공업화가 진행되고 있는 북부는 노동자 부족 사태에 직면하고 있었기 때문에, 19세기 초반에 속속 흑인 노예를 해방하고 노동자로 이용했다. 이 해방 노예의 일부는 아프리카 대륙으로 귀환하기를 원했으며, 아프리카 서해안에 라이베리아를 건국하였다.

한편, 남부에서는 19세기 중반에도 흑인을 노예로 사용했고, 광대한 플랜테이션 농업을 하고 있었지만, 북부 공장을 경영하는 자본가는 풍부한 흑인 노동력을 필요로 하고 있었다. 그러나 영국의 면화 수요가 확대되면서, 남부에서는 점점 흑인 노예의 노동력에 의존하는 산업 구조가 되었다.

● 라이베리아 공화국(Republic of Liberia)

라이베리아의 정식 명칭은 라이베리아 공화국이다. 라이베리아라는 이름은 해방, 자유를 뜻하는 라틴어 '리베르(Liber)'에서 비롯되었다. 미국에 설립된 미국 식민 협회가 해방 노예를 아프리카로 돌려보내는 정책을 쓴 데서 유래한다. 라이베리아는 1847년에 독립하였으며, 1857년에는 메릴랜드를 흡수하였다. 1914년 8월 5일에는 독일 제국에 선전포고 하였다. 한때 이 나라는 경제 파탄과 독재에 시달린 바 있었다.

● 라이베리아의 국기
라이베리아의 독립이 미국의 해방 노예 출신 인사들을 주축으로 이루어졌기 때문에, 라이베리아의 국기도 미국의 국기를 본떠서 디자인하였다. 1847년 8월 24일에 독립과 함께 제정되었다.

영토가 서부로 확장되면서 식민지의 인구가 증가함에 따라, 이러한 식민지를 주로 승격시키게 되었을 때 이 새로운 주에 노예제를 적용할지에 대해 남북이 대립하였다. 1854년, 북부를 중심으로 노예제 반대를 호소하는 공화당이 창당되었고, 남부 농민의 지지를 받았던 민주당과 대립했다.

1860년 공화당의 에이브러햄 링컨이 대통령이 되었다. 그는 흑인 노예 해방을 공약으로 내세워, 북부 자본가들의 환영을 받았다. 그러자 남부의 노예주들은 반발을 했고, 남부 맹방을 결성하여 분리를 선언했다. 미합중국은 그들을 인정하지 않았고, 1861년 4월 남북 전쟁이라는 형태로 내전이 발생했다.

● 노예해방 선언

노예해방 선언은 1863년 1월 1일에 미국의 노예해방에 관하여 에이브러햄 링컨 대통령이 발표한 선언이다. 그 당시 북부에 대하여 반란 상태에 있던 남부 여러 주(州)의 노예를 즉시 전면적으로 해방한다는 내용으로, 남부의 군사 및 경제적 기초를 파괴하기 위한 전략적 조치였다는 해석도 있다. 노예해방의 본질적 실현은 1865년에 미국 헌법 수정 제13조가 비준됨으로써 이루어졌다.

● 노예해방 선언문 초안을 내각에서 발표하는 링컨　　● 노예해방 선언문

■ 남북 전쟁

1861년 4월 남부맹방군이 사우스캐롤라이나 주 찰스턴 항의 섬터 요새를 포격하는 것으로 시작되어, 1865년까지 4년 동안 지속되었다. 초반에는 남군이 유리한 전쟁을 이끌었지만, 북군은 해상 봉쇄 등으로 대항하였고, 1863년에 링컨은 〈노예해방 선언〉을 발표하면서 급속하게 지지를 확대하였다. 결국 게티스버그 전투(1863년 7월)에서 북군이 승리를 거두면서 남군의 세력이 약화되었다. 1865년 남부맹방은 항복했고, 미합중국은 다시 통일되었다.

링컨은 헌법을 개정하여 '노예제 폐지'를 명문화하고 흑인에게도 시민권을 부여했지만, 1865년 4월 14일 배우로 분장한 남부 출신의 무장 존 윌크스 부스에게 암살당했다. 흑인은 노예 제도에서 해방되었지만 사회적 차별과 인종 차별, 박해로부터 보호받지 못했고, 쿠 클럭스 클랜(Ku Klux Klan, KKK: 백인 우월주의, 반유대주의, 인종차별, 반 로마 가톨릭교회, 기독교 근본주의, 동성애 반대 등을 표방하는 미국의 극우 비밀결사 단체) 등에 의한 린치는 20세기 중반이 지나서도 많은 흑인의 생명을 계속 빼앗아 갔다. 노예 해방 후 남부는 플랜테이션 농가의 기반을 잃고 몰락했지만, 실질적으로는 해방 노예를 소작농으로 고용하여 남북 전쟁 전과 다를 바 없는 경영을 계속한 대규모 농가도 많이 존재했다.

● 쿠 클럭스 클랜(Ku Klux Klan, KKK)

남북전쟁(1861년~1865년) 후 연방의회를 장악한 공화당 급진파들은 해방된 흑인들을 정치 세력으로 끌어들임으로써 내전 이전의 백인 권력 구조를 분쇄하려고 계획하였다. 이에 반발해 1865년 12월 24일 남부연합 군인들은 테네시 주에서 몇 차례 모임을 갖고, 남부의 재건을 목표로 급진적인 지하 저항조직 KKK를 결성하였다. 주도자는 남북전쟁 당시 남군 기병대장으로 맹활약했던 네이션 포레스트였다. 이들은 남부 각주에서 해방된 흑인들이나, 심지어 노예 해방을 지지하는 백인들을 기습하여 집단 폭행 등의 폭력을 일삼았다. 1970년대 이후 FBI가 전면 소탕 작전에 나서면서, 현재는 사실상 와해된 상태이다.

● 워싱턴에서 시위 행진하는 쿠 클럭스 클랜 회원들. 1928년 사진. 백인 우월주의, 반유대주의, 인종차별 등을 표방하는 미국의 극우 비밀결사 단체이다.

● 서부 전선에서 사상자를 가장 많이 낸 전투 중 하나인 채터누가 전투(1863년 11월).
남북 전쟁 4년간의 내전은 전사자만 22만에 달하였고, 전투와 관련하여 사망한 병사들의 총수는 60만이 넘었다.

　미국 산업 발전의 토대를 다졌던 것은 미국의 분열로 말미암은 남북 전쟁이었다. 이 내전에서 공업 국가를 지향하던 북부의 자본주의 세력이 농업 국가를 지향하던 남부 지주 세력을 격파함으로써, 남북 전쟁 이후 미국 산업은 공업 중심으로 움직이게 되었다.

　만약 이 내전에서 남부가 승리했더라면, 오늘날의 미국은 북아메리카의 중견 국에 불과했을지도 모른다. 또한 이 내전은 그 당시까지도 뿌리 깊었던 지역감정을 해소하는 데에 어느 정도 도움이 되었다.

　남북 전쟁 후, 미국의 철도 회사들은 빨라지는 내부 교역에서 창출되는 이익을 알아차리기 시작했고, 서부 펜실베이니아의 삼림 지대에서는 석유 붐이 일어났다. 타이터스빌 같은 전원 도시들은 검은 시냇물이 흐르고 대기가 기름으로 흐려진, 악명 높은 땅으로 바뀌었다.

■ 미국의 재건

미국의 재건은 1863년 1월 1일 링컨의 〈노예해방 선언〉부터 시작하여 '1877년 타협'까지 지속되었다. 링컨이 당면한 문제는 해방 노예의 지위와 충성심 및 전 반란군들의 시민권, 즉 11개 남부맹방에 가담한 반란군들의 지위였다. 연방 정부의 권력은 미래의 내전을 예방하기 위해 필요했고, 의회나 대통령이 주요한 결정을 해야 하는가의 문제였다.

심각한 기아, 고용되지 못한 해방 노예의 이주 위협은 군이 운영하는 해방노예국(Freedmen's Bureau)으로 해소시키려 하였다. 흑인의 시민권 확대를 위한 3개의 재건 수정안이 통과되었다. 미국 헌법 수정 제13조는 노예 제도를 불법화시켰고, 수정 제14조는 흑인에게 다른 시민권자들과 동등한 권리를 보장하였으며, 수정 제15조는 유색 인종의 선거권을 박탈하지 못하도록 하였다.

비록 전 남부맹방이 약 2년간 대부분의 남부 주들을 장악했지만, 그러한 상황은 1866년 의회 선거에서 공화당 급진파가 효과적으로 의회를 장악하게 되었을 때 사정이 바뀌었다. 반란군들과 손쉬운 재통합을 추구하려고 했던 앤드루 존슨 대통령은 1표 차로 탄핵을 모면하기는 했지만, 실질적으로 힘을 잃고 말았다. 의회는 흑인들에게 투표권을 부여하였으며, 흑인의 고용주가 된 전 남부의 반란군들에게는 공직에 진출할 권한을 박탈하였다.

● 평화회담자, 조지 P. A. 힐리의 1868년 작품. 1865년 3월 28일 리버퀸 호에서 윌리엄 셔먼 장군, 그랜트 장군, 링컨, 데이비드 딕슨 포터 제독이 내전에 대해 토론하고 있다.

새로운 공화당 정부는 해방 노예와 카펫 배거(carpet bagger: 북부에서 남부로 새로 온 사람) 그리고 스캘러왜그(scalawag: 토종 남부 백인)를 지지기반으로 삼아 권력을 행사하였다. 또한 연방군에 의한 무력의 후원을 받았다. 반대자들은 그들이 타락하고, 백인의 권리를 침해한다고 반발했다. 주마다 그들은 보수적인 민주당 연합에 권력을 내주게 되었지만, 1877년경에는 완전한 남부 통제권을 얻었다.

과격한 재건에 대한 반동으로, 백인 우월론을 내세우고 흑인의 시민권과 공화당의 통치에 반대하는 쿠 클럭스 클랜(KKK단)이 1867년에 등장했다. 율리시스 그랜트 대통령은 1870년 쿠 클럭스 클랜 법안을 강화시킴으로써, KKK단을 봉쇄하고 해체할 수 있었다. 그러나 1870년대 남부 주에서는 백인의 기득권을 다시 얻고자 활동했던 '화이트 리그'나 '레드 셔츠'와 같은 무장단체도 있었다.

재건은 논란이 많았던, 공화당 후보 러더퍼드 헤이스와 민주당 후보 새뮤얼 J. 틸던 사이의 1876년 미국 대통령 선거 이후에 끝났다. 타협을 통해 헤이스는 선거에서 승리하였고, 연방 정부는 남부에서 군대를 철수시켰으며, 남부의 민주당은 국가 정치계로 귀환할 수 있었다. 그리하여 1890년 이후 남부 주는 효율적으로 흑인들로부터 투표권을 박탈할 수 있었다. 흑인들은 공공장소에서 격리되었고, '짐 크로 법'으로 알려진 제도에서 2급 시민으로 남았다. 이러한 상황은 1964년에서 1965년까지 벌어졌던 시민권 쟁취 운동이 성공할 때까지 지속되었다.

● 짐 크로 법은 흑인이 버스조차 백인과 함께 탈 수 없도록 차별하였다.

● 짐 크로 법(Jim Crow laws)

1876년부터 1965년까지 시행됐던 미국의 주법이다. 이 법들은 남부 주들의 모든 공공기관에서 합법적으로 인종 분리를 하도록 했으며, 미국의 흑인들이 "분리되어 있지만 평등하다"는 사회적 지위를 갖게 했다. 인종 분리로 흑인들은 백인들보다 경제적 후원, 주거지 등에서 열등한 대우를 받았으며 이것은 경제, 교육, 사회 등에서의 불평등을 낳았다.

■ 대륙횡단 철도

미국의 영토는 서쪽으로 팽창하여 태평양에까지 도달했지만, 동서 교통은 마차 또는 선박에 의존하고 있었다. 육상 교통수단인 마차는 동서를 이동하는 데 반년이 소요되었고, 대평원과 로키 산맥을 넘어야 했으며, 인디언의 땅을 침범해서 공격을 받기도 하는 위험한 교통수단이었다.

선박은 대량 수송 수단이었지만, 남미 대륙의 남단을 돌아가기 때문에 이동에 4개월이 걸렸고, 또한 남미 남단의 해역이 항상 거칠어 사고가 빈발했다. 이러한 교통망의 미비 탓에 서부는 골드 러시로 인구가 급증했지만 기간 산업도 없고 발전도 늦어져, 산간벽지 같은 고립 상태였다. 이것은 남북 분열에 이어 서부 분열의 가능성을 포함한 문제였으므로, 링컨 대통령은 남북 전쟁 중에도 동서 교통기관이 되는 대륙횡단 철도 건설을 진행했다.

철도 건설은 고난의 연속이었다. 서부에서는 중국인 이민자들이 새로 몰려들어 와서 시에라네바다 산맥에서 저임금 노동자로 일했지만, 폭발물인 니트로글리세린을 부주의하게 사용하여 다수의 사망자를 내기도 했다.

동쪽에서 배고픈 백인이 동원되었고 철도 연선에 노동자 도시를 형성했지만, 이 새로운 도시는 무법천지였다. 유입된 무법자의 강도 행위가 빈발했기 때문에, 노동자는 스스로 무장하여 싸우면서 선로를 건설했다. 또한 무법자를 재판 없이 처형할 수 있는 이른바 '린치법'이 제정되어, 일정한 억지력이 되었다. 게다가 생활권을 위협받는 것을 두려워하는 인디언이 선로에서 백인 노동자들을 살육했기 때문에, 정부는 2천 명의 군대를 연선에 투입해 제압을 해야 했다.

● 대륙횡단 철도의 완공식 장면
미국 최초의 대륙횡단 철도는 1869년 5월 10일에 완공되었다.

1869년에 최초의 횡단 철도가 개통한 것을 시작으로, 철로가 곳곳으로 파고 들었다. 남북 전쟁의 잔무 처리도 끝나, 미국 국토는 실질적으로도 정신적으로도 하나가 되었다.

미국은 마침내 철도 건설에 거치적거리는 버팔로를 멸종시키는 정책을 취했다. 조직적인 버팔로 학살로 말미암아 19세기 초에는 4천만 마리에 달하던 버팔로가 1890년경에는 1천 마리 이하로 줄어들었다. 평원의 인디언들은 생활의 터전을 빼앗기고, 보류지에서 굶주리게 되었다. 또한 버팔로가 급감하면서 초원의 환경이 격변한 결과, 1870년대에 엄청난 재해를 일으켰던 로키 산맥 메뚜기도 1902년경에는 멸종하게 되었다.

횡단 철도의 완성으로 서부와의 물류 교류가 활발해지면서, 서부 개척 시대가 도래했다. 광대한 서부에서는 방목이 활발히 이루어지게 되었다. 소떼를 몰고 가는 카우보이는 서부의 상징이 되었고, 텍사스에서 국토를 종단하여 기차역까지 소를 몰아가는 롱 드라이브 같은 생활 방식도 발생했다. 농업은 적은 인력으로도 효율적으로 생산하기 위해 기계화가 진행되어, 대규모 농업을 할 수 있었다. 철도·도로망이 확장되어 국내 시장이 커짐으로써 공업 산업이 비약적으로 발전하였다. 그러나 법 질서가 확립되지 않았던 서부에서는 갱과 도둑이 난무하여 치안이 악화되었고, 이를 방지하기 위해 보안관 제도가 등장했다.

● 보안관 뱃지

● 보안관(sheriff)

보안관(保安官)은 미국 치안직의 이름이다. 일반적으로 선거에서 임명된, 군(郡)의 법 집행관이다. 그러나 자치 의식이 강한 미국에서는 전국적으로 통일된 치안 제도가 없고, 주(州)에 따라 임명 제도나 임무 내용에 상당한 차이가 있으며, 같은 주에서도 군 내 지역마다 차이가 있을 정도이다.

■ 인디언 전쟁

  미합중국의 영토는 서쪽으로 태평양까지 뻗어나갔지만, 1868년에 북부 알래스카를 러시아 제국으로부터 유상으로 구입했다. 서부 인구는 더욱 증가했고, 급속도로 생활권을 빼앗긴 인디언은 1860년대에서 1870년대에 걸쳐 각 부족이 일제히 봉기했다. 이것이 미국-인디언 전쟁이었고, 미합중국 군대에 맞서 20년 이상의 싸움이 계속되었다. 결국 반란은 잇따라 진압되어 갔지만, 나바호족처럼 영토를 일시에 완전히 몰수당하거나(롱 워크), 보류지에 유폐되었다. 인디언 지도자는 전투에서 죽거나 독살되었고, 부족 공동체도 무너지고 인구도 감소하였다. 또한 '도스 법'(1887년)은 인디언 사회를 근본적으로 파괴하였고, 그들의 땅 대부분을 백인 농부에게 건네주었다.

  1871년 미합중국 정부는 "미합중국은 인디언 부족을 이미 독립 국가로 간주한다. 따라서 앞으로 주권 조약을 체결한다."고 선언했다. 이 시점에 인디언 부족의 영토(보류지)는 총 51만 ㎢에 불과했으며, 미합중국 정부는 1778년부터 1868년까지 90여 년간 인디언으로부터 1억 1천만 에이커(44만 5,200 ㎢)의 토지를 몰수하고 768만 ㎢의 땅을 압수했다. 서부 최대의 반항 세력이었던 수 족도 시팅 불이나 크레이지 호스가 죽은 후 진압되었으며, 남서부에서 아파치 족의 제로니모가 투항한 '운디드 니 학살'(1890년 12월)을 계기로 "개척에 방해가 되어온 인디언 소탕 작전을 종료했다."고 선언했다. 미합중국은 1890년에 '국경의 소멸'을 선언했다. 인디언 아이들에 대해서는 새로운 '동화정책'의 의도를 가지고 '인디언 기숙 학교'에 강제 입학시키게 되었다.

● 미국 기병대와 인디언의 전투 장면

● 인디언 전쟁(Indian wars)

1622년에서 1890년 사이에, 정착민과 원주민인 인디언 사이의 정복 전쟁을 총칭하는 말이다. 초기부터 인디언과 이주민의 다툼은 계속되고 있었지만, 이민자의 증가와 함께 열강의 식민지 전쟁과 물리면서 대규모화 되어갔으며, 북미 식민지 전쟁, 인종 청소, 학살 등으로 표출되었다.

■ 제국주의의 미국

서부 개척 시대가 끝나자, 미합중국 내에서는 "밖으로 눈을 돌려야 한다"는 의식이 깨어났다. 1889년에 '전미 회의(Pan-American Conference)'가 개최되었으며, 이 힘이 미국의 라틴아메리카 진출을 촉구했다. 하지만 먼로주의에 기초한 미국의 전통적인 외교 정책은 계속 중시되고 있었기 때문에 식민지 획득에 대해서는 소극적이었고, 유일하게 곤봉 외교 및 달러 외교에 기초한 경제적 진출을 겨냥하고 있었다.

미국인은 태평양 위의 섬으로 이주해 갔다. 1898년에 하와이 왕국을 조금씩 합병하여, 영토를 태평양까지 확대했다. 또한 같은 해 스페인령 쿠바의 독립 전쟁에 편승하여, 군선 '메인 호' 폭발 사건을 계기로 미국-스페인 전쟁을 일으켰다. 이 전쟁의 시작에는 당시 인기 있었던 신문이 큰 역할을 했다. 즉 미합중국 국민에게 반 스페인 정서를 선동하는 보도를 반복해서 보도했다. 이 신문에 의해 선동된 대중은 스페인과의 전쟁을 요구했으며, 미국 정부는 이 정보 전략을 적극적으로 이용하여 이후 전쟁 내내 활용하게 되었다.

미국-스페인 전쟁과 곧이어 필리핀-미국 전쟁에서 승리하자, 중미의 많은 나라에서 미국은 스페인 세력을 몰아냈으며, '플랫 수정 조항'에 따라 쿠바를 보호국으로, 푸에르토리코, 필리핀, 괌 섬 등을 식민지화 했다. 게다가 서구 열강과 일본에 의해 중국 분할이 진행되고 있는 동안 1899년과 1900년에 청나라 문호 개방의 기회, 평등, 영토 보전의 3원칙을 제창하며 중국 시장 진출을 노렸다. 또 1905년에 러일 전쟁의 중재를 신청하는 등 국제적인 지위 향상을 목표로 했다.

● 미국의 국장(國章)은 '건국의 아버지들'이 미국을 만들 때 유럽의 전통에 따라 국장을 제정할 필요성을 인식하여, 1776년 7월 4일 위원회가 조직되면서부터 만들어졌다.

제국주의의 발흥

제국주의(帝國主義, imperialism)는 특정 국가가 다른 나라나 지역 등을 군사적 · 정치적 · 경제적으로 지배하려는 정책, 또는 그러한 것을 목적으로 하는 사상을 가리킨다. 엄밀히 말해 영역 지배보다는 영향력, 곧 패권을 확대하는 정책 또는 사상을 가리킨다. 제국주의는 최고 사령관을 가리키는 임페라토르(imperator)에서 왔으며, 이는 원래 로마의 황제를 뜻하는 말이었다. 유럽의 역사상 많은 국가나 왕이 로마 제국을 모델로 스스로 제국임을 선포한 것에서, 그들이 취하였던 팽창주의 정책 및 사상을 제국주의라 부르게 되었다. 제국주의는 사회주의나 공산주의 이론가들 사이에서 비판적인 용어로 많이 사용되었으나, 제국주의라는 낱말 자체는 그 이전부터 흔히 쓰였던 말이다.

■ 제국주의를 향한 경쟁

제국주의의 등장은 넓게는 대항해 시대 이후 유럽의 각 나라들이 아메리카와 아프리카 및 아시아에 대해 크고 작은 식민지를 만들고 자원과 노동력을 약탈하던 때부터 시작되었다고 간주하나, 좁은 의미의 본격적인 제국주의는 산업혁명 이후 유럽의 여러 나라들이 앞다투어 식민지 쟁탈전에 뛰어든 18세기 무렵부터 나타났다.

18세기 이후 세계는 제국주의가 팽배하여, 여러 서구 열강들이 세계 곳곳을 점령하여 식민지로 삼았다. 이전 시기부터 진행되어 온 서구 열강의 제국주의는 19세기에 전 세계로 확대되었는데, 1884년 벨기에의 국왕이 주최한 베를린 회의에서 아프리카의 각지를 유럽 열강들의 식민지로 삼기로 결정한 아프리카 분할이 대표적인 사례이다.

● 베를린 회의(1884년) 장면의 삽화
베를린 서아프리카 회의 또는 콩고 회의는 1884년에서 1885년에 걸쳐 비스마르크의 중재로 베를린에서 개최된, 아프리카 분할에 관한 회의였다. 주최국인 독일 제국은 카메룬과 탄자니아, 나미비아 등을 얻었다.

19세기의 세계적인 제국으로는 대영 제국, 러시아 제국, 독일 제국 등이 있었으며, 공화국이었던 프랑스와 미국 역시 제국주의적인 정책을 펼쳤다. 프랑스는 1885년 프랑스령 인도차이나를 세워 지금의 라오스, 베트남, 캄보디아 지역을 식민 지배하였다. 미국은 1898년 필리핀-미국 전쟁을 벌이고 필리핀을 식민지로 삼았다.

워털루 전쟁(1815년) 종전 직후 유럽을 중심으로 한 서구 열강의 제국주의 확대에 따라 세계 각지의 전통적인 국가들은 몰락하였다. 아프리카에 있던 이페, 에티오피아, 만딩고 제국, 송가이 제국, 다호메이, 콩고 왕국, 모노모타파 왕국, 보르누 왕국과 같은 여러 나라들은 식민지로 전락하였다. 동아시아의 전통적인 제국이었던 청나라는 점차 서구 열강의 침략을 받기 시작하였으며, 아편 전쟁 이후 반식민지 상태에 빠지게 되었다.

일본은 1853년에 매슈 페리가 이끈 미국 해군 함대인 흑선(黑船)이 우라가 앞바다에 나타난 이후 미국과 불평등 조약인 가나가와 조약을 맺었고, 1868년 메이지 유신으로 도쿠가와 막부가 붕괴된 이후 스스로 제국주의를 표방하고 일본 제국을 수립하였다.

● 일본을 개항시킨 매슈 페리 제독

● 가나가와 조약(神奈川條約)

가나가와 조약은 1854년 3월 31일에 체결된 미일 화친 조약으로서 미 해군의 매슈 페리와 일본의 메이지 천황 사이에 맺어졌다. 조약은 몇몇 구역을 개항하는 것을 포함하였는데, 지금의 시모다 시와 하코다테는 이때 개항하게 되었다. 이 조약은 일본이 페리의 함대에 굴복하여 맺었으므로, 불평등 조약일 수밖에 없었다. 하지만 2백여 년간 유지되던 일본의 쇄국이 문을 열게 되는 계기가 된다.

■ 독일 제국

독일은 1871년 통일되기 전까지는 여러 제후국으로 갈라
져 있었다. 특히 독일 내 신·구파 간의 종교갈등에서 빚어
진 30년 전쟁(1618년~1648년)으로 전 독일 국토의 3분의 1이
파괴되었으며, 무수한 사람들이 죽어나갔다. 30년 전쟁 이
후 베스트팔렌 조약으로 독일이 더더욱 여러 나라로 분할되어   ● 독일 제국의 국장
제후국들의 세력이 분열되자, 강대국인 옆나라 프랑스로부터 압력을 받아야만
했다. 그러던 중 18세기 후반부터 독일 북부지역의 프로이센 왕국이 크게 강성
해졌지만, 19세기 초반 나폴레옹 전쟁으로 프로이센은 나폴레옹의 프랑스에 눌
려 꼭두각시 신세로 지냈다. 나폴레옹 전쟁이 끝난 이후인 1830년대에는 독일
지역에서 민족주의와 자유주의의 물결이 크게 일어났다.

19세기에 39개의 군소국가로 분리되어 있던 상황에서 1834년 프로이센을 중
심으로 관세동맹이 결성됨으로써, 경제통일의 기반이 서서히 마련되어 갔다.
독일 내 국가들이 서로 무역할 때 부과되었던 번거로운 관세들이 관세동맹으로
폐지되었기에, 독일 경제는 이전과 비교도 안 될 정도로 급성장하기 시작했다.
관세동맹은 독일의 민족의식을 일깨우는 역할을 한 셈이었다.

이어서 통일의 기운은 1848년 프랑스의 2월 혁명으로 다시 한 번 영향을 받았
다. 프랑스에서 2월 혁명이 일어나자 그 영향으로 독일에서는 프랑크푸르트 국
민회의(1848년 5월~1849년 5월)가 열렸는데, 이곳에서 로베르트 블룸 같은 자유주
의자들이 주도하여 자유주의적 평화통일 방안이 논의되었으나, 오스트리아 제
국과 프로이센 왕국 내의 보수파(융커 계층)에 의해 실패하였다. 자유주의적인 연
방통일을 주장했던 '프랑크푸르트 국민회의'가 끝내 좌절된 이후, 독일의 정치
적 통일은 프로이센을 중심으로 전개됐다.

■ 프로이센의 통일 과정 및 독일 제국의 성립

1862년 오토 폰 비스마르크가 프로이센 왕국의 재상이 되었다. 그는 의회의 반대를 무릅쓰고 강력한 군사력과 군비 증강을 주장하여, 이른바 "철혈 정책"을 추진하였다. 그리고 오스트리아 제국과 동맹을 체결하여 덴마크와 전쟁을 벌인 결과(슐레스비히-홀슈타인 전쟁. 1848년~1864년), 프로이센이 승리하여 덴마크 북부지방의 슐레스비히와 홀슈타인을 점령하였다.

산업과 군사력이 증강한 프로이센은 이를 바탕으로 1866년 프로이센-오스트리아 전쟁을 일으켜 쾨니히그레츠 전투에서 오스트리아 군을 격파하였고, 북독일 연방을 결성하고 오스트리아 제국을 독일 연방에서 추방했다. 이로써 신성로마제국 이후 독일의 핵심 세력이었던 오스트리아가 배제된 채, 소독일주의의 형태로 통일이 진행된다.

1870년에는 프로이센-프랑스 전쟁[보불전쟁(普佛戰爭)]에서 나폴레옹 3세가 인솔하는 프랑스를 크게 물리치고 나폴레옹 3세를 포로를 잡는 등 승승장구하여, 파리에 입성하였다. 그 후 1871년 1월 베르사유 궁전에서 독일 제후들에게 추대되는 형태로 프로이센 국왕 빌헬름 1세가 독일 제국 황제로 즉위함으로써, 독일 제국이 성립했다. 또한 영유권을 두고 오랜 세월 동안 프랑스와 다투었던 알자스-로렌 지방도 획득하게 되었다.

● 철혈 재상, 오토 폰 비스마르크

오토 폰 비스마르크(Otto von Bismarck, 1815년~1898년)는 독일의 정치가이자 프로이센 총리로서 '철혈 정책'으로 독일을 통일했다. 보호관세 정책으로 독일의 자본주의 발전을 도왔으나, 전제적 제도를 그대로 남겨놓았다. 통일 후 유럽의 평화 유지에 진력하였으며, 여러 동맹과 협상 관계를 체결했다. 독일의 자본주의 발전과 식민지 획득을 장려하여, 아프리카에 독일 식민지를 획득하는 데 공헌을 하기도 하였다.

● 빌헬름 2세의 은화. 영국의 빅토리아 여왕의 외손자이다.

■ 빌헬름 2세의 팽창정책

1888년 빌헬름 1세가 사망하자 황태자 프리드리히 3세가 즉위했지만, 재위 6개월 만에 후두암으로 사망했다. 이어서 프리드리히 3세의 아들인 빌헬름 2세가 즉위하는데, 이 때문에 1888년을 '3황제의 해'라고 부른다.

빌헬름 2세는 오토 폰 비스마르크와 대립하여 1890년에 그를 은퇴시켰다. 비스마르크가 실각하자마자 친정을 실시한 빌헬름 2세는 비스마르크의 외교정책과는 달리 대외 팽창정책을 추진하였고, 오스만 제국과 '바그다드 철도 부설협정'(1903년)을 맺어 베를린·비잔티움·바그다드를 연결하는 '3B 정책'이라는 제국주의적인 식민 정책을 실시하였다.

이러한 팽창정책은 유럽 국가들을 긴장시켜 러시아 제국과 프랑스가 손을 잡았으며, 영국을 끌어들여 러시아 제국-영국-프랑스를 주축으로 '삼국 협상'을 맺어 독일 제국을 견제하고자 하였다. 특히 영국은 카이로·케이프타운·캘커타를 연결하는 '3C 정책'을 내세웠는데, 서아시아에서 독일 제국과 충돌하여 대립하던 상황이었다.

따라서 유럽의 판도는 신흥 강국인 독일 제국을 필두로 하는 '동맹국 세력'과 기존의 열강이었던 영국과 프랑스, 러시아 제국을 중심으로 하는 '협상국 세력'으로 나뉘어 대립하게 되었다. 이어서 1905년~1906년과 1911년에 모로코에서 프랑스가 지배권을 확보하여 영향권을 행사하려 하자, 독일 제국은 두 차례나 모로코에 개입하여 프랑스와 충돌하기도 했다(모로코 사건). 또한 '범슬라브주의'를 표방하며 영구 부동항을 확보하려는 제정 러시아의 남하 정책, 독일 제국과 오스트리아-헝가리 제국의 '범게르만주의'가 서로 대립하여 발칸 반도에서 문제가 확산되면서, 국제적 긴장은 더욱더 심화되어 갔다.

■ 러시아 제국

러시아 제국의 시초는 현 러시아 지역에 존재했던 군소국가 가운데 하나였던 모스크바 대공국이다. 모스크바 대공국은 14세기에서 15세기에 걸쳐 타타르족이나 주변의 루스 국가들과 싸우면서 세력을 확대하였고, 이반 3세 때 처음으로 스스로를 '차르'라고 자처했다.

차르는 러시아어로, 루스 사회에서는 원래 비잔티움 제국의 황제에 한해서만 사용되었던 칭호다. 1453년에 비잔티움 제국이 오스만 제국에 의해 멸망한 후, 모스크바 대공 이반 3세는 비잔티움 제국의 마지막 황녀를 아내로 맞이하여, 차르라는 칭호를 사용할 수 있는 명분을 얻었다. 또한 모스크바에 있던 동방 정교회의 주교좌가 콘스탄티노폴리스 총대주교로부터 독립을 선언하면서, 모스크바는 로마 제국과 동로마 제국의 뒤를 잇는 제3의 로마라는 인식이 생겨나는 등 모스크바 대공국 내에서는 제국을 자부하는 의식이 생겨나기 시작했다.

1547년에는 이반 3세의 손자 이반 4세가 자신을 전 러시아의 차르라고 하면서, 모스크바 대공국의 군주는 곧 전 러시아의 군주이며 로마 황제의 계승자임을 선언했다. 그러나 이 칭호는 단지 국내용에만 머물렀으며, 다른 유럽 국가들에서는 오랫동안 러시아의 군주를 황제도 왕도 아닌, 단순히 모스크바 대공으로 부르고 있었다.

● 성 바실리 대성당

모스크바의 '붉은 광장'에 있는 러시아 정교회 성당이다. 모스크바 대공국의 황제였던 이반 4세가 러시아에서 카잔 칸을 몰아낸 것을 기념하며 봉헌한 성당이다. 1555년 건축을 시작하여 1560년 완공하였다. 러시아 양식과 비잔틴 양식이 혼합되어 있다. 탑들은 서로 무질서하게 배열되어 있으나, 그곳에서 조화로움이 엿보인다.

이반 4세가 죽은 후, 국내가 혼란스러워지면서 내전 상태에 빠져들었다(동란 시대). 1606년 이후에는 폴란드-리투아니아 연방, 코사크, 스웨덴 등이 러시아를 유린하기 시작하면서 대동란은 정점에 다다랐다. 1610년에는 당시 강대국이었던 폴란드-리투아니아 연방에 의해 수도 모스크바가 점령되기까지 하였다. 그러나 러시아인들은 로마노프 왕조 등을 중심으로 국민군을 결성하여 외세에 맹렬히 저항했다. 1612년, 10만에 이른 국민군 병사들은 폴란드-리투아니아 연방의 군을 물리치고 모스크바를 해방시키는 데 성공했다.

오랫동안 혼란 상태였던 러시아는 그동안 유럽 진출이 정체되었기 때문에, 국제적인 지위가 높지 않았다. 1613년, 류리크 왕조의 외척인 미하일 로마노프가 원로원에 의해 차르로 즉위했으나, 아직 서구는 로마노프 가를 러시아의 황제로 인정하지 않았다. 17세기 중반에는 폴란드-리투아니아 연방을 침공하고 대홍수 시대(Potop)로 불리는 내전에 개입하여 동구권에서의 국제적 지위를 높였지만, 그럼에도 대외적으로는 큰 세력으로 인정받지 못했다.

17세기 말, 차르로 즉위한 표트르 대제가 서구화 정책을 실시하면서, 러시아는 간신히 유럽의 일원으로 인정받을 수 있게 된다. 표트르 대제가 로마 황제의 정식 칭호인 임페라토르를 러시아 황제의 칭호로 채용하고, 정식으로 러시아 제국이라는 국호를 제정한 것도 이때이다.

● 표트르 대제(Pyotr Ⅰ)

러시아 황제(재위 1682년~1725년). 그는 내외의 곤란을 극복하기 위하여 강력한 행정 조직의 확립을 목표로 절대주의 국가를 수립하였으며, 교육 문화에도 힘을 기울여 러시아의 근대화에 큰 역할을 수행하였다. 1697년에는 사절단과 함께 네덜란드·영국·독일 등지를 순회하면서 조선술·포술을 배우는 한편, 각국의 풍속·제도를 연구하고 귀국한 뒤 귀족에게 서유럽 식의 풍속 관습을 강요하였으며, 율리우스력을 채용하는 등 적극적인 개혁에 착수하였다.

■ 러시아 제국의 흥망

표트르 대제 시절에 러시아는 급격한 서유럽화가 진행되었다. 하지만 정작 근대화가 필요한 농촌에는 개혁의 바람이 불지 않아 농노제는 폐지되지 않았고, 예카테리나 대제 시기(18세기 후반)에는 농노제가 확장되기까지 했다. 그럼에 따라 농민들은 톨스토이의 단편소설에 언급될 정도로 비참한 삶을 살았다.

알렉산드르 2세 황제(재위 1855년~1881년)는 러시아의 근대화에 본격적으로 착수했다. 이는 러시아의 남하정책 과정에서 영국 · 프랑스와의 충돌로 크림 전쟁(1853년~1856년)이 발발했을 당시 영국 · 프랑스의 지원을 받은 오스만 제국에 패한 영향이 컸다. 내부적으로 개혁이 필요하다는 것을 느낀 알렉산드르 2세의 대표적인 근대화 작업은 농노 해방령(1861년)이었다. 그러나 이 농노 해방령은 정작 농노들이 살 토지를 마련해 주지 않아, 도시에서는 농민 출신의 빈곤한 노동자들이 등장했다.

그는 농노 해방 이외에도 군비 증강에도 힘을 기울였다. 귀족과 부르주아, 중산층 자제들에게도 병역의 의무를 부과하기 시작했고(국민 개병제), 병역 기간을 25년에서 6년으로 줄였다. 그러나 알렉산드르 황제는 공화주의자들에 의해 1881년에 암살당하고 말았다. 그의 아들인 알렉산드르 3세는 부황의 암살에 충격을 받았고, 그간 부황이 행했던 대학 자치제 등의 자유주의 정책을 제한하고 오히려 전제 정치를 더욱 강화시켰다.

● 농노해방 포고령을 듣는 사람들

● 농노 해방령(農奴解放令)

알렉산드르 2세는 크림 전쟁의 패배로 러시아가 경제적으로도 기술적으로도 뒤처졌다는 것을 인식했다. 농노제를 계속 유지시킨다면 농업에서의 자본주의적 발전을 가로막게 될 것이라고 판단하여, 농노 해방령이 나오게 되었다. 법적으로는 농노제가 폐지되었고, 농민은 자유를 얻게 되었다. 이 개혁으로 농노제는 역사 속으로 사라지게 되고, 다수의 공장 노동자가 생겨났다. 이는 러시아 자본주의 발달의 촉진제가 되었다.

알렉산드르 3세가 죽자 니콜라이 2세(재위 1894년~1917년)가 즉위하였는데, 니콜라이 2세 역시 알렉산드르 3세 못지않게 전제 정치를 행했다. 그는 어떠한 변화도 원하지 않았으며, 격동하는 시대에 변화하는 것을 오히려 두려워하기까지 했다. 그는 러일 전쟁(1904년~1905년)의 패배에 대한 질책, 이에 따른 개혁을 요구하는 노동자들이 기병대에 의해 살해당한 사건인 '피의 일요일 사건'(1905년 1월 9일) 등을 맛본 뒤에야 비로소 개혁을 실시하게 된다. 1906년 4월 24일에 헌법을 제정했고, '두마'라는 의회를 설치했다. 그러나 이것은 1889년에 근대적 헌법을 도입한 일본보다도 늦은 것이었다.

러시아 군은 제1차 세계대전(1914년~1918년) 초반, 프로이센의 동부 지역을 침공하여 점령하기도 했다. 그러나 탄넨베르크 전투(1914년 8월)에서 자멸적인 대패를 당하고, 이후 동맹국 세력에게 패퇴하여 동부 전선은 프로이센에서 우크라이나로 점차 후퇴했다. 1917년에는 전쟁에 따른 엄청난 경제적 손실과 혼란 속에서 군대의 사기마저 저하되었다.

1917년 차르 정부는 도저히 전쟁을 부담할 능력이 없었다. 이에 자유주의자, 기업가, 장군, 귀족 모두가 차르 정부에 등을 돌렸다. 빈곤한 노동자 계층들은 보다 적극적으로 차르의 퇴진을 원하였으며, 이는 곧 2월 혁명으로 이어졌다. 결국 니콜라이 2세는 퇴위되었고, 권력은 임시정부로 넘어가게 되었다.

● 그리고리 라스푸틴(Grigori Rasputin)

라스푸틴(1869년~1916년)은 제정 러시아 말기의 파계 수도자이자 예언자이다. 1903년 당시 제정 러시아 수도인 상트페테르부르크에 나타났고, 황태자의 혈우병 병세를 기도 요법으로 완화시켜 신망을 얻었으며, 귀족 대접을 받게 되었다. 극심한 신경쇠약에 시달리는 알렉산드라 황후가 라스푸틴 없이는 하루도 견디지 못하는 지경에까지 이르게 되자, 라스푸틴은 이를 이용하여 니콜라이 2세를 사실상 허수아비로 만들며 폭정을 일삼았다. 라스푸틴의 학정에 항의하는 농민들에게 총탄을 퍼붓는 '피의 일요일 사건'이 벌어지기도 했다.

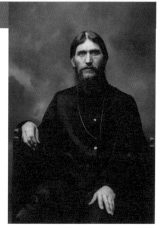

■ 임시정부

임시정부가 내놓은 정책은 아주 파격적이었다. 제정 러시아 시절에는 언론이 자유롭지 못하였고, 의회는 예산 심의권만 행사할 수 있었다. 그리고 케렌스키 총리는 법무장관에 재직할 당시 사형제 폐지를 주장하였는데, 이것은 아주 혁신적인 것이었다. 그러나 임시정부는 오래 가지 못했다. 왜냐하면 게오르기 르보프 공(公)과 7월에 총리로 취임한 케렌스키는 연합국과의 약속을 깨지 말자는 이유로 휴전을 반대했기 때문이다. 하지만 1차 세계대전 상황은 러시아군에게 매우 불리했다. 러시아군은 여전히 동맹국 군에게 계속 패배하고 있었고, 식량은 여전히 부족했기 때문이다. 전쟁 결과 나타난 사망자 170만, 부상자 665만이라는 수치는 아주 끔찍했다.

소비에트(혁명 위원회)는 임시정부가 성립되었음에도 해산하지 않았고, 그중 블라디미르 레닌이 이끄는 볼셰비키파는 민중들로부터 많은 지지를 받았다. 1917년 10월 볼셰비키는 수도인 페트로그라드를 장악하여, 소비에트라는 이름으로 집권했다.

1918년 볼셰비키는 브레스트-리토프스크 조약에서 독일과의 불평등 조약을 맺음으로써, 국내외적인 고립에서 벗어나고자 했으며, 동시에 제정을 지지하는 세력을 격파해야만 했다. 볼셰비키는 1920년 1,300만 명의 희생자를 내고 내전에서 승리했다. 러시아 제국은 이로써 소비에트 연방으로 이어지게 되었다.

● **볼셰비키**(Bolsheviki)

소련 공산당의 전신인 러시아사회민주노동당 정통파를 가리키는 말로서 멘셰비키(소수파)에 대립된 다수파라는 뜻이다. 블라디미르 레닌이 인솔한 러시아사회민주노동당의 분파로서 폭력에 의한 혁명, 철저한 중앙집권에 의한 조직 통제를 주장하였다. 이 특징은 그대로 후신인 소비에트 연방 공산당(소련 공산당)으로 인계되었다.

■ 대영 제국의 빅토리아 시대

영국의 빅토리아 여왕의 재위 기간은 '빅토리아 시대(Victorian era, 1837년~1901년)'로 통칭되며, '해가 지지 않는 나라'로 불렸던 대영 제국의 최전성기와 일치한다. 빅토리아 여왕은 유럽의 많은 왕가와 연결되어 있어 '유럽의 할머니'라고도 불린다.

큰아버지인 윌리엄 4세가 서거하자 빅토리아는 그의 뒤를 이어 1837년에 즉위하였다. 하노버 왕가가 여성의 상속권을 인정하지 않았으므로 조지 1세 때부터 계속된 영국과 하노버의 동군연합(同君聯合) 관계는 그녀의 즉위와 동시에 끝나게 되고, 그녀는 영국 왕위만을 계승하여 이후 64년 동안 재위하였다. 1877년 1월 1일부터 1901년 1월 22일까지는 영국 군주로서 최초로 인도 제국의 황제로도 군림하였다.

당시 영국은 프랑스와의 전쟁이 끝난 후 불어닥친 경제공황의 늪에서 헤어나지 못하고 있었다. 특히 1832년 선거법 개정으로 중산층에게도 선거권이 주어지자, 이에 영향을 받은 노동자들이 헌장을 선포하고 자신들의 권익들이 관철되기를 요구하였다. 이를 차티스트 운동(1838년~1848년)이라고 하는데, 노동운동의 노선이 러다이트 운동 등의 과격한 방법에서 정치참여를 통한 영향력 행사라는 온건한 방법으로 바뀌었다는 의미를 갖고 있는 운동이다.

● 러다이트 운동(Luddite Movement)

노동자에게 기계는 자본주의적 생산양식 아래 도입된 도구로서 인간을 노고(勞苦)에서 해방시키는 것이 아니며, 오히려 그들의 노고를 더욱 증대시키는 것으로 생각되었다. 따라서 기계를 때려 부수는 행위는 기계를 소유한 자본가에 대한 증오심을 나타내는 하나의 방식이었다. 러다이트 운동은 1811년과 1812년 사이에 일어난 대규모적인 '기계 부수기 운동'이었고, 노팅엄셔·요크셔·랭커셔를 중심으로 수많은 역직기(力織機) 편기를 파괴시켰다.

● 역직기 기계를 파괴하는 노동자들

빅토리아 시대는 보통 초기(1843년 ~1850년), 중기(1850년 ~1870년대), 후기(1870년대 ~ 1901년)의 세 단계로 분류한다.

　초기에는 빅토리아 이전인 1832년 열린 제1차 '선거법' 개정, 1846년의 '곡물법' 폐지 등에서 볼 수 있는 것처럼, 산업자본가 세력이 기지개를 켜기 시작하였다.

　중기에는 1860년에 '영국–프랑스 통상 조약' 및 글래드 스톤 총리가 기반을 닦은 자유 무역체제가 갖추어져, 영국 제국은 전성기를 맞았다.

　후기에는 영국 국내의 생산 설비가 노후화되고 중화학 공업으로의 전환이 늦은 반면, 미국과 독일 등은 공업 기반을 늘려서, 영국의 경제 패권이 흔들리기 시작했다.

　그럼에도 빅토리아 여왕은 강하고 소박하며 정직한 성격으로 내각의 보고서를 면밀히 검토할 만큼 성실하였기에 국내외의 중대한 문제들(선거법 개정 · 아프가니스탄 전쟁 · 중국과의 전쟁 · 아일랜드 문제 · 초등 교육법 · 크림 전쟁 · 남아프리카 전쟁)을 교묘하고 과단성 있게 해결하여, 제국의 번영을 실현시키고 국민의 존경을 받았다. 흔히 빅토리아 시대는 영국 역사에서 산업혁명의 경제 발전이 성숙기에 도달하여 대영 제국이 절정기를 누린 시기로 간주되고 있다.

● 빅토리아(Victoria) 여왕

영국의 왕(재위 1837년~1901년). 영국의 전성기를 맞이하여 자본주의 선진국이 되는 동시에 2대정당제 의회정치가 전개되었고, 그 동향이 세계적으로 큰 영향을 끼쳤다. '군림하되 통치하지 않는다'는 원칙을 따라 오늘날의 영국 군주의 패턴을 확립했다. 한편, 그녀는 혈우병 보인자였고, 이 유전자가 유럽의 왕가로 퍼져 러시아 왕가의 몰락(알렉세이 황태자의 혈우병을 치유한 라스푸틴의 전횡)을 부르기도 했다.

● 빅토리아 여왕의 초상

■ 프랑스 제2공화국

프랑스 제2공화국은 프랑스의 두 번째 공화정이다. 1830년 7월 혁명이 일어나면서 샤를 10세가 퇴위하고 루이 필리프 1세가 입헌 군주로서 즉위하였지만, 입헌 군주정은 소수의 부유한 지주층이 권력을 잡은 체제였다.

1840년대 프랑스에서 산업혁명이 활발히 진행되면서 새로운 사회세력으로 등장한 산업자본가들과 노동자들은 보수 경향을 띤 내각의 사임을 요구하며 1848년 2월 혁명을 일으켰다. 2월 혁명 중 치러진 보통선거에서 온건 공화파가 의회를 독점하자 일부 과격한 사회주의자들과 노동자들이 폭동을 일으켰으나 진압되었으며, 나폴레옹의 조카이자 의붓외손자인 루이 나폴레옹이 공화정의 대통령으로 결국 당선되었다.

2월 혁명은 7월 혁명보다 유럽 사회의 묵은 풍속, 관습, 조직, 방법을 완벽히 바꾸어 새롭게 하는 변화를 몰고 왔다. 오스트리아와 독일에서는 3월 혁명이 일어나 메테르니히가 추방되고 비엔나 체제가 붕괴되었고, 독일에서는 통일 운동이 일어나 독일 연방이 결성되었고 독일 자유주의자들은 프랑크푸르트에 모여 통일을 회의하였다. 이탈리아에서는 마치니의 청년 이탈리아당이 등장하였다. 루이 나폴레옹 보나파르트는 초대 대통령으로 선출되었으나 1851년에 쿠데타를 일으켜 모든 정권을 장악하였고, 1852년 프랑스 제2제국을 수립함으로써 제2공화국은 폐지되었다.

● 프랑스 2월 혁명

1830년 7월 혁명에서 샤를 10세를 몰아내고 루이 필리프가 왕위에 올라 스스로를 '시민의 왕'이라고 불렀다. 그러나 7월 왕정이 시민의 의사를 무시하고 소수의 부유층에게만 선거권을 부여하자, 상공시민층과 노동자들이 선거권의 확대를 요구하였다. 마침내 1848년 2월에 7월 왕정이 붕괴되고 새 헌법에 따라 루이 나폴레옹이 집권을 한 제2공화정이 수립되었는데, 이를 2월 혁명이라고 한다.

● 파리 시청에 모인 혁명 군중들

■ 프랑스 제2제국

　프랑스 제2제국(1852년~1870년) 또는 제2제정은 나폴레옹 3세 통치기간의 프랑스의 정부 체제이다. 프랑스의 마지막 군주정 체제이다. 대내적으로 공공사업·철도 건설·은행 사업을 비롯해 공업과 농업 발전을 촉진시켰다. 대규모의 기술 개발에도 열정을 쏟아 후원했으며, 발명가들을 지원했다. 또 파리를 근대적으로 재건한 파리 개조 사업도 이 시기에 있었던 일이다. 대외적으로 팽창 정책을 지지하였으며, 크림 전쟁(1853년~1856년) 등에 참전하였다.

■ 프로이센-프랑스 전쟁 [보불 전쟁(普佛戰爭)]

　프로이센의 오토 폰 비스마르크가 독일 통일의 일환으로 오스트리아를 물리치긴 했지만, 남부 독일은 여전히 프랑스의 영향력이 더 강하였다. 비스마르크는 남부 독일을 무력으로 병합하고자 했지만, 러시아와 영국은 이를 반대하였다. 비스마르크는 단 4개의 연방만을 독일 영토로 편입시켰고, 프랑스가 벨기에와 룩셈부르크의 합병을 꾀하자 주 베를린 프랑스 대사인 빈센트 베네데티를 통해 프랑스의 이러한 행보를 문서로 작성할 것을 요구하였다. 그와 동시에 1867년 런던 회의에서 룩셈부르크를 영세 중립 국가로 만들어, 프랑스의 룩셈부르크 합병 시도를 좌절시켰다. 당연히 프랑스는 이에 항의했고, 아직 전쟁 준비가 충분하지 못하다고 느낀 비스마르크는 룩셈부르크에서 군대를 철수시켜 프랑스에 작은 외교적 승리를 안겨주었다.

● 프로이센(독일) 나팔수

● 프로이센-프랑스 전쟁

프로이센의 지도하에 독일 통일을 이룩하려는 비스마르크의 정책과 그것을 저지하려는 나폴레옹 3세의 정책이 충돌해 일어난 전쟁이다. 1871년 1월, 파리 시 교외에 위치한 베르사유 궁전의 거울방에서 독일 제국의 성립을 선포하고, 프로이센 국왕이었던 빌헬름 1세가 독일 제국의 초대 황제로 추대되는 것으로 마무리되었다. 그 외에 독일은 알자스-로렌 지방을 획득하였으며, 많은 전쟁 보상금을 받았다. 그러나 이 전쟁을 계기로 독일-프랑스 관계는 제2차 세계대전 종전 직후까지 적대적인 사이가 되었다.

영국은 프랑스를 견제하기 위해 프로이센이 필요하였다. 오스트리아는 앞서 전쟁에서 진 후유증을 수습하고, 전쟁 후 다시 봉기한 헝가리인들을 진정시키기 위해 오스트리아-헝가리 이중제국을 선포하고 헝가리의 자치를 인정하는 등 국내적으로 어수선한 상태여서 이 문제에 관여할 수 없는 상황이었다. 러시아는 비스마르크로부터 1856년 파리 회의에서 결정된 흑해의 비무장화 조약을 풀어주겠다는 약속을 받아 프랑스의 동맹 제의를 거부했으며, 계속하여 친 프로이센 경향을 보여왔다.

프랑스가 1867년 4월경 오스트리아에 동맹을 제의했으나 오스트리아는 기본적으로 발칸에 관심이 있었고, 반대로 프랑스는 발칸에 별 관심이 없었다. 이탈리아 역시 프랑스가 로마 교황의 지위를 유지하는 것에 반발하였다. 결국 프랑스는 외교적으로 고립되었다.

1870년 7월 14일, 프랑스 국민과 프로이센 국민 모두 서로에게 분노하였고, 프랑스가 먼저 전쟁을 선포하였다. 비스마르크는 이 전쟁이 방어 전쟁임을 주장하면서 맞대응을 하였다. 프랑스는 외교적으로 고립되어 있었을 뿐만 아니라, 전쟁 준비도 허술한 상태였다. 프랑스군은 마르스라투르 전투와 그라블로트 전투에서 참패해 괴멸되었다.

스당 전투에서 나폴레옹 3세는 포로가 되었고, 파리 시민들은 파리 코뮌을 세우고 독일군에 계속 저항하였으나 4개월 만에 항복하고 말았다. 프로이센군은 파리에서 시가행진을 하였다. 1871년 1월 18일, 베르사유 궁전의 거울방에서 독일 제국의 수립을 선포하였는데, 이는 프랑스 국민들에게 아주 굴욕적인 일이었다. 한편, 러시아는 전쟁이 끝나기도 전에 1856년에 맺은 해협에 관한 협정을 파기하였다.

프랑스는 전쟁 후 공화국을 선포했고, 나폴레옹 3세는 퇴위했다. 그러나 이러한 전쟁을 기회로 삼듯이 부르주아들로 구성된 임시정부와 노동자, 사회주의자, 파리 빈민들이 주축이 된 파리 코뮌 간에 내전이 발발했다. 파리 코뮌은 근대 역사상 최초로 시민들이 세운 사회주의 정권으로, 정부군의 무차별 학살과 투옥으로 진압당했다. 그렇다고 하여 프랑스에서 사회주의 운동이 완전히 침묵한 것은 아니었다. 프랑스에서는 제3공화정이 수립되었지만 왕당파, 공화파, 사회주의자들 간의 갈등은 한동안 계속되기도 했다.

전쟁의 패배로 자존심이 상할 대로 상한 프랑스 국민들은 '프랑크푸르트 조약에 따라 프랑스가 배상금을 모두 갚기 전까지는 프로이센군이 프랑스에 주둔한다'는 내용을 듣고 전쟁 배상금을 갚고자 기부금을 비롯한 금, 은, 구리 등 돈이 되는 물건이란 물건을 모두 내놓았다. 그리하여 불과 석 달도 안 되어 50억 프랑을 모두 갚는 놀라운 일이 발생한다. 비스마르크는 프랑스가 배상금을 갚을 능력은 없다고 판단하여 프로이센군을 계속 주둔시켜 독일의 영토로 삼고자 했으나, 이 소식을 듣고 매우 놀랐다고 한다. 어쩔 수 없이 비스마르크는 석 달도 안 되어 군대를 철수시켰다.

● 프랑크푸르트 조약 (1871년)

스당 전투의 패배로 프랑스 제2제국은 멸망했다. 프랑스 제3공화국이 뒤를 이어 프로이센한테 항전했지만, 파리가 함락됨으로써 공식적으로 전쟁에서 패배하였고 프랑스 제3공화국 정부는 항복하였다. 그 후 베르사유 궁전에서 전후 협정이 맺어진 데 이어 프랑크푸르트 조약이 체결되었는데, 내용은 다음과 같다.

● 프랑스 제3공화국은 과거 30년 전쟁 때 차지한 알자스-로렌 지방을 독일 제국에게 되돌려 줄 것.

● 프랑스 제3공화국은 전쟁 배상금 50억 프랑을 독일 제국에게 지불할 것.

결국 프랑스 정부는 이처럼 치욕스러운 조약을 받아들임으로써 그 위신이 땅에 떨어졌고, 이 조약을 계기로 독일과 프랑스는 제2차 세계대전까지 서로 대립하는 관계가 된다.　　● 프랑크푸르트 조약 문서

제1차 세계대전

제1차 세계대전은 1914년 7월 28일부터 1918년 11월 11일까지 유럽을 중심으로 발생한 세계대전이다. 제1차 세계대전은 사망자가 가장 많았던 전쟁 중 하나이며, 참전국의 수많은 혁명 등을 포함하여 주요한 정치적 변화가 일어났다. 이 전쟁은 전 세계의 경제를 두 편으로 나누는 거대한 강대국 동맹끼리의 충돌이었다. 한쪽 편은 대영 제국, 프랑스, 러시아 제국의 삼국 협상을 기반으로 한 연합국이었으며, 다른 한편은 독일 제국과 오스트리아-헝가리 제국이 있는 동맹국이었다. 그러나 전체적으로 35개국이 관련됨으로써 이전의 그 어떤 전쟁보다도 대규모의 전쟁이었으며, 전장이 전 세계로 확대된 최초의 전쟁이었기 때문에 세계대전(世界大戰)이란 이름이 붙었다.

■ 식민지 경쟁과 발칸 반도의 분쟁

제1차 세계대전의 기원은 팽창된 유럽 때문이라고 보는 게 타당할 것이다. 산업혁명과 과학기술의 발전으로 유럽의 생산력은 이전과는 비교할 수 없이 급성장했다. 이런 상황에서 산업에 필요한 자원을 얻고 생산된 상품을 판매할 식민지가 필요하게 되어, 유럽 각국은 식민지 쟁탈전에 열을 올리게 되었다. 일찌감치 산업혁명을 성공시키고 국내 정치가 안정되어 있던 영국은 우월한 해군력 등을 바탕으로 세계 각지에 식민지를 보유했고, 프랑스도 여기에 가세했다.

그에 비해 프로이센-프랑스 전쟁을 통해 새로 떠오른 신흥 강국 독일 제국은 통일전쟁을 거치면서 영국 · 프랑스에 비해 산업과 공업의 발달 과정이 늦어졌고, 이 때문에 뒤늦게 식민지 쟁탈전에 뛰어들고 보니 이미 영국 · 프랑스 등이 웬만한 식민지는 독식한 상태였다. 결국 독일이 식민지를 획득할 방법은 영국 · 프랑스의 식민지를 빼앗는 것밖에는 방법이 없었다. 그래서 독일은 기존의 식민지 보유국인 영국 · 프랑스와 대립할 수밖에 없었고, 이는 제1차 세계대전의 원인으로 맨 먼저 지적되고 있다.

특히 빌헬름 2세는 이를 위해 영국 해군에 맞서 해군 증강 계획을 추진했는데, 이것은 영국의 자존심을 크게 건드렸다. 이미 제1차 세계대전 이전에도 독일과 영국·프랑스의 대립은 위험수위에 달해 있었다. 영국이 남아프리카에서 네덜란드계 보어인들과 싸운 보어 전쟁(1899년~1902년) 때에도 보어인들의 배후에 독일이 있었고, 프랑스와는 두 차례에 걸친 모로코 사건(1905년~1906년, 1911년)으로 대립하는 상황이었다.

한편, 식민지와는 인연이 없는 오스트리아-헝가리 제국의 '범게르만주의'와 러시아 제국의 '범슬라브주의'가 발칸 반도를 둘러싸고 부딪친 갈등도 전쟁의 주요한 원인으로 작용했다.

발칸 반도는 19세기까지 오스만 제국의 지배를 받다가 독립하게 되었는데, 독립 이후 발칸 반도의 각국은 발칸 전쟁(1912년~1913년) 등 영토를 놓고 치열하게 전쟁을 벌이게 되었다. 이런 가운데 발칸 반도의 슬라브족을 선동하여 지중해 진출을 노리던 러시아와 이를 견제하려는 범게르만주의의 오스트리아-헝가리 제국 사이에 갈등이 일어났다.

이 과정에서 가장 큰 불만을 품은 것은 세르비아로, 오스트리아-헝가리 제국이 보스니아를 합병하고 러시아가 독일의 압력으로 이에 굴복하자(1878년, 1908년) 세르비아는 오스트리아에 극렬한 적대감을 품게 되었다.

● 발칸 동맹군이 오스만 제국군을 무찌르는 포스터

● 발칸 동맹

발칸 동맹은 발칸 반도에 위치한 그리스 왕국, 불가리아 왕국, 세르비아 왕국, 몬테네그로 왕국이 오스만 제국에 대항하기 위해 1912년 결성한 방위 동맹이다. 1911년에 발발한 이탈리아-튀르크 전쟁은 오스만 제국의 쇠퇴, 발칸 반도 국가의 영향력 확대를 가져다주었다. 발칸 반도에서 세력을 확장하고 있던 오스트리아-헝가리 제국을 견제하기 위해서 러시아 제국의 주도로 결성되었다. 이 동맹은 발칸 반도에서의 슬라브족 세력의 결집, 범슬라브주의의 구체적인 출현으로 이어졌지만, 제1차 발칸 전쟁에서 승리한 이후 전후 처리 문제를 둘러싸고 발칸 동맹 국가들 간의 대립이 빚어져 제2차 발칸 전쟁이 발발하면서 붕괴되고 만다.

■ 사라예보 사건

사라예보 사건은 1914년 6월 28일, 오스트리아-헝가리 제국의 황위 계승자인 프란츠 페르디난트 대공과 그의 부인 조피가 '젊은 보스니아'라는 민족주의 조직에 속한 18세의 대학생이었던 가브릴로 프린치프에게 암살된 사건이다.

● 가브릴로 프린치프의 동상. 보스니아의 세르비아계 민족주의자로, 그가 쏜 총탄은 제1차 세계대전의 시발점이 되었다.

프린치프는 세르비아계 보스니아인으로서 전 남슬라브인들의 통일, 구체적으로는 보스니아가 오스트리아-헝가리 제국으로부터 독립하여 독립국인 세르비아와 합칠 것을 원하였다(남슬라브 운동). 그리고 오스트리아 황태자가 군대 사열을 보기 위해 보스니아-헤르체고비나의 수도 사라예보를 방문할 것이라는 소식을 듣자, 프린치프와 네디엘코 카브리노비치 및 4명의 혁명가 학생들이 음모를 준비했다.

프란츠 페르디난트는 제국 내에서 게르만인과 슬라브인이 평등하게 지내게 하려는 계획을 세우고 있었으나, 세르비아 민족주의 단체는 이러한 온건 정책이 오히려 세르비아인의 결집 의지를 약화시킨다고 여겼다. 또한 슬라브계 민족이 동맹에 동등하게 참여할 수 있는 제3의 왕국을 오스트리아-헝가리 제국 내에 수립하려는 프란츠 페르디난트의 구상은 통일된 단일민족 국가를 열망하는 세르비아인들에게 위협이 되었다.

황태자 부부가 탄 차는 일차적으로 카브리노비치가 던진 폭탄을 맞았으나, 뭔가가 날아오는 것을 발견한 운전사가 속도를 높이는 바람에 폭탄은 차 뒷바퀴에 맞고 뒤따라오던 차 밑에서 터져, 16명에게 중상을 입혔다. 한편 페르디난트는 자기 때문에 많은 사람이 다쳤을 거라고 생각했고, 다른 사람들이 말렸음에도 불구하고 모든 일정을 취소하고 병원으로 가기로 했다.

경로를 변경해 지름길로 가기로 했으나, 실수로 운전사에게 미리 말하지 않아 운전사가 길을 잃고 헤맬 때, 골목에 숨어 있던 프린치프가 달려나와 총 두 발로 황태자 부부를 암살했다. 이는 제1차 세계대전의 방아쇠를 당기는 데 결정적인 역할을 하게 된다. 하지만 이것만으로 대 전쟁이 벌어지지는 않는다. 애당초 오스트리아는 이 사건과 관련하여 세르비아 측에 검은 손의 해체 및 처벌, 내정간섭 허용만을 요구했기 때문이다.

진짜 원인은 러시아가 영국 · 프랑스와 연결

● 세르비아계 학생인 가브릴로 프린치프가 오스트리아-헝가리 제국의 황위 계승자인 프란츠 페르디난트 황태자 부부를 저격하는 장면이다.

되어 있었다는 것이었다. 그래서 명재상 비스마르크가 노련한 감각으로 유지하던 독일, 러시아, 오스트리아-헝가리 삼각동맹 체제를 빌헬름 2세가 폐기해 버린 것이야말로 독일의 결정적 실책으로 꼽힌다.

비스마르크는 프랑스 · 러시아가 동맹을 맺어 독일을 포위하는 것을 피하기 위해, 사이가 좋지 않던 오스트리아-헝가리와 러시아를 잘 구워삶아 삼각동맹을 유지하고 있었다. 그러나 빌헬름 2세가 즉위한 후 노 재상 비스마르크를 강제로 은퇴시키고 외교체제를 개편하면서, 러시아를 버리고 오스트리아-헝가리를 유일한 동맹 파트너로 선택하였다. 이에 러시아는 당연히 (서로 고립된) 프랑스와 연합하였으며(1894년), 독일은 전략적으로 불리한 위치에 서게 되었다. 영국 역시 러일 전쟁 이후 러시아가 충분히 약화되었다고 보고 1907년 동맹을 맺었다. 이에 따라 독일은 이러한 전략적 약점을 전술적으로 해결하기 위해, '먼저 프랑스를 치고 나중에 러시아를 손본다'는 슐리펜 계획을 구상하였다. 결국 슐리펜 계획 자체가 1차 대전 개전 원인의 일부가 됐으니, 1차 세계대전 개전의 가장 큰 책임은 독일의 빌헬름 2세에게 있다고 할 수 있다.

■ 7월 위기

사라예보 사건으로 오스트리아-헝가리 제국이 세르비아에 강경하게 나설 것이라는 것이 국제 외교가의 공통된 관측이었다. 그러나 정작 오스트리아 제국은 대(對) 세르비아 최후통첩에 1달 가까운 시간을 소모했다. 우선적으로 동맹국 독일의 절대적인 지지가 필요했으며, 두 번째로는 세르비아의 후견국인 러시아와 그 동맹국 프랑스의 태도를 주목해야 했다.

독일의 절대적 지지는 의외로 쉽게 떨어졌다. 빌헬름 2세는 '영국과 프랑스가 발칸 문제에 개입하지는 않을 것이며, 러시아도 최종적으로는 위기에 동참하지 않을 것'이라는 조언을 받고 전면적인 오스트리아 지원을 약속하였다. 다만 독일의 지지에는 조건이 하나 있었는데, 강경책을 쓰건 유화책을 쓰건 오스트리아가 확고한 결심을 해야 한다는 것이었다. 사태의 직접 당사자가 오스트리아였으니 이 요구는 당연했다.

그런데 오스트리아는 여러 가지 내부 문제로 인해 사라예보 사건 발발 후 10여 일이 지난 7월 7일에야 제국 내각이 소집되었고, 여기서 각료들의 출신별로 다른 정치적 입장 때문에 조율에 또 10여 일을 보내 7월 19일에야 통첩문이 완성되었으며, 실제로 이 통첩이 세르비아 및 유럽 열강에 통보된 것은 7월 23일이었다. 이처럼 오스트리아가 통첩 발송을 지연시킨 건, 그 시점에 프랑스 대통령이 러시아를 방문 중이었기 때문이다. 이들이 러시아 영토에 있는 도중에 통첩을 발송한다면 러시아-프랑스 간의 공동대응이 논의될 시간과 여지를 줄 수 있다는 우려 때문이었다.

● 빌헬름 2세의 초상

● 빌헬름 2세(Wilhelm II)

1876년 그의 나이 17세가 되던 해에, 당시 세계를 지배한다는 대영 제국의 여왕 빅토리아는 자신의 외손자인 빌헬름 2세에게 생일선물로 아프리카의 최고봉인 킬리만자로를 선물할 정도로 우의를 다졌다. 그러나 독일과 영국은 제1차 세계대전에서 서로 총부리를 겨누는 적대국이 되었다.

이렇게 세르비아에 전달된 최후통첩은 세르비아의 주권을 침해하는 수많은 조항이 담긴 내용이었다. 반(反)오스트리아 교육의 금지, 사라예보 사건에 연루된 세르비아 관리들의 체포 및 심문, 오스트리아 관리가 직접 세르비아 영토에 들어가 수사에 참여할 것 등이 그것이었다.

오스트리아는 48시간 내로 통첩에 대해 답해 줄 것을 요구했다. 여기에는 사실 오스트리아의 계략도 있었다. 오스트리아는 당시 세르비아 정부 수반들과 세르비아 주재 외교관들의 행적을 감시하고 있었으며, 세르비아 정부가 대답하기 곤란한 데다 다른 나라와 외교적 협의를 하기에도 어려운 타이밍에 최후통첩을 들이밀어 세르비아가 제대로 된 대처를 못하게 만들 작정이었다.

최후통첩이 세르비아에 도착했을 때 세르비아 수상은 지방 여행 중이어서 자리를 비운 상태였고, 수도 복귀도 늦어 이미 최후통첩 48시간 중 24시간이 지나갔다. 거기다 외교적 조언 역할을 해줄 강대국 외교관들도 우연의 일치로 자리를 지키지 못했다. 이 때문에 유럽 열강의 권고는 상당히 늦게 세르비아에 전달되었는데, 영국과 프랑스는 한결같이 오스트리아와의 원만한 관계를 요구하였다. 안 그래도 비관론이 지배적이던 세르비아 내각은 이와 같은 권고를 받아들여, 오스트리아의 통첩을 전면적으로 수용하려 했다.

그런데 통첩 시한을 몇 시간 남기고, 러시아 주재 세르비아 공사로부터 '러시아가 지원하겠다'는 희소식과 함께 '전쟁을 준비하고 있다'는 실질적인 낭보가 베오그라드에 도착했다. 만약 오스트리아가 조금만 더 빨리 행동했어도 러시아가 이런 신속한 결단을 내리긴 어려웠겠지만, 최종적으로는 사라예보 사건 이후 약 1달여를 허비하는 동안 러시아의 니콜라이 2세와 상트페테르부르크의 궁중관료들은 독일이 개입하지 않을 것이라 단정하고 오스트리아를 공격할 결심을 굳혀버린 상태였다.

이에 세르비아 내각은 순식간에 대 오스트리아 강경론으로 전환했으나, 최후 통첩 중 오스트리아 관리의 자국 영토 진입만 거부하고 나머지를 수용하기로 하는 결정을 내린 후 이를 오스트리아에 통보했다.

하지만 독일을 등에 업은 오스트리아-헝가리는 세르비아의 제안을 무시하고, 세르비아의 외교공문 접수를 거부하는 동시에 국교를 단절했다. 7월 28일에는 세르비아에 전쟁을 선포했다. 그러자 러시아는 세르비아의 독립을 보호할 것을 선언하고, 7월 31일 총동원령을 내렸다.

러시아는 애초에 부분 동원령만으로도 충분하다고 여겼다. 특히 총동원령을 내리면 독일을 자극할 것이 명백하다는 것은 러시아 역시 잘 인식하고 있었다. 그러나 러시아의 군 수뇌부들은 "우리가 부분 동원령을 내리면 오스트리아에서 총동원령을 내릴 텐데, 그러면 재빠르게 군사적인 대응을 할 수가 없다"는 생각을 하게 된다. 실제로 러시아가 참전할 경우 오스트리아는 세르비아 전선과 러시아 전선을 동시에 유지해야 하므로 병력 면에서 열세에 놓일 수밖에 없었으니, 러시아가 부분 동원령을 내리더라도 오스트리아로서는 총동원령 수준으로 대응해야 했던 게 사실이었다.

● 세르비아 왕국(Kingdom of Serbia)

세르비아 왕국은 오늘날의 세르비아와 마케도니아 공화국에 있었던 옛 나라이다. 1882년부터 1918년까지 존재하였고, 나중에 유고슬라비아 왕국이 되었다. 세르비아는 민족적으로는 슬라브족에 속하고, 오스트리아-헝가리 제국의 간섭에서 자유롭지 못하였으므로 범슬라브주의와 범게르만주의가 교착되는 등 국내 정세가 복잡하였다. 페타르 1세(재위 1903년~1918년)는 이를 해결하기 위하여 필사적으로 노력하였으나, 오스트리아-헝가리의 세력확장 정책과 유럽 열강들의 이해 대립이 발칸을 화약고와 같은 상태로 몰아넣었다. 1908년 보스니아-헤르체고비나가 오스트리아-헝가리에 병합되고, 1914년에는 세르비아의 대학생인 가브릴로 프린치프에 의해 황태자 프란츠 페르디난트가 피살되는 사건이 발생한다. 이후 오스트리아-헝가리가 세르비아에 전쟁을 선포하여 제1차 세계대전이 발발하였다.

● 세르비아 왕국의 국장과 국기

게다가 이 시기에는 산업의 발전과 철도의 등장으로 총력전이 가능해지면서, 전쟁은 더 빠른 시간에 더 많은 병력을 투입해야 하는 달리기 경쟁으로 바뀌어 갔고, 적들이 유리한 곳을 차지하기 전에 먼저 가야 한다는 생각이 당시 유럽의 군 수뇌부 모두를 지배했다. 결국 차르인 니콜라이 2세는 참모들의 설득을 받아들여 총동원령을 내렸다.

러시아의 총동원령에 위협을 느낀 독일 제국의 빌헬름 2세는 수많은 격론 끝에 강경파의 주장대로 (이런 때를 대비해서 만들어 두었던) 슐리펜 계획을 발동시켰고, 8월 1일 총동원령을 내렸다. 빌헬름 2세는 양면 전쟁의 위험성을 잘 인식하고 있었기에, 승리가 불확실한 슐리펜 계획 대신 영국이 보증하는 '프랑스의 중립 약속'을 받아낼 수 있는 쪽을 선택하였다. 그러자 참모총장 몰트케는 '지금 병력 동원이 시작되어 철도로 움직이는 중인데, 여기서 병력 이동을 취소하고 동부로 옮기면 재배치되다가 혼란에 빠져 자멸할 것'이라면서 맞섰다.

빌헬름 2세는 결국 대 프랑스 개전에 동의할 수밖에 없었다. 독일은 8월 1일에는 러시아에, 8월 3일에는 프랑스에 선전포고를 했다. 이에 8월 4일에는 프랑스가 의회 만장일치로 독일과의 전쟁을 결의하였다. 그리고 독일군은 슐리펜 계획대로 벨기에를 침략하였다. 사실 벨기에 침공 직전에도 빌헬름 2세는 다시 한 번 몰트케에게 '벨기에를 공격하면 영국이 참전한다. 벨기에를 피해서 공격하라.'라고 명령했으나, 몰트케가 '병력 집결부터 기동, 전투까지 이미 계획이 짜여 있어서 벨기에를 넘어가지 않는다면 계획이 다 무너진다'라며 반대하여, 어쩔 수 없이 벨기에를 지나가게 되었다.

● 슐리펜 계획(Schlieffen Plan)

당시 독일은 유럽 대륙 최고의 산업화를 달성하고 있었다. 독일이 러시아 · 프랑스와 동시에 전쟁을 할 경우, 산업화와 철도 부설이 빈약한 러시아를 내버려 두고 프랑스와 먼저 신속한 단기전을 벌여 승리를 거둔 후, 독일의 우수한 철도망을 이용하여 동부 전선으로 이동시켜 러시아와의 전쟁을 승리로 이끈다는 것이 이 계획의 내용이었다.

● '슐리펜 계획'을 고안한 알프레트 폰 슐리펜 육군 원수

당시 영국은 느닷없는 발칸 분쟁이 전 유럽을 휩쓰는 대규모 전쟁으로 커지려고 하자 직접적 참전을 꺼리는 중이었으나, 영국이 보증한 '벨기에의 국제적 중립'이 슐리펜 계획에 의한 독일의 침략으로 무시되면서 참전을 피할 수 없다고 판단하여 결국 독일에 맞서 참전하게 되었다.

또한 직접적인 이해 당사자가 아닐 것 같던 일본 제국도 영일 동맹을 핑계로 8월 28일 독일에 선전포고를 하고 참전했다. 이로써 당시 주요 열강국가 가운데 지리적으로 동떨어진 미국, 중립을 선언해 버린 이탈리아, 그리고 열강은 열강이지만 내부적인 문제가 많아서 참전은 무리라고 평가되던 오스만 제국을 제외하고 모조리 대전에 참가하게 되었다. 그 후 이 세 나라도 결국 시간 차이를 두고 모두 참전하게 된다.

● 일본 제국의 제1차 세계대전 참전

조선의 지배권을 놓고 벌어진 청일 전쟁에서 승리를 거둔 일본 제국은 1895년 4월 17일 청나라와의 사이에 강화 조약을 조인하여 비준하였다. 그런데 조약 내용 제2조 3항에 '청나라는 랴오둥 반도, 타이완 섬, 펑후 제도 등 부속 여러 섬의 주권 및 그 지방에 있는 성루, 병기제조소 등을 영원히 일본 제국에 할양한다.'라는 내용을 본 독일 · 프랑스 · 러시아 3국은 4월 23일 이 조약에서 일본에 할양하도록 되어 있는 랴오둥 반도를 청국에 반환하도록 일본 정부에 권고(압박)하였다. 당시의 일본은 3국 열강을 상대로 하여 싸울 만한 전력이 없었기 때문에, 결국 '시모노세키 조약'은 그대로 체결하고 랴오둥 반도 반환문제는 별개로 취급할 것을 결정하도록 하였다. 일본은 독일 · 프랑스 · 러시아의 간섭으로 랴오둥 반도를 청나라에 반환하였고, 그해 5월 5일 이 사실을 3국에 통고하였다.

3국간섭은 독일에게도 중국을 분할하는 단서를 열어주어, 1898년 3월에는 독일군이 칭다오(산둥 반도 동쪽의 도시)의 자오저우 만에 상륙하여 점령을 하였다. 제1차 세계대전이 발발하자 일본은 영일 동맹을 이유로 연합국 측에 가담하여 독일에 선전포고 하였고, 독일령이었던 칭다오를 점령하였다.

● 칭다오 전투

제1차 세계대전 당시 일본군이 연합군의 일원으로 참전하면서 영국군 · 이탈리아군과 연합으로, 중국 칭다오에 머물고 있던 독일 · 오스트리아군을 공략해 몰아낸 사건을 말한다. 이 전투로 일본은 제1차 세계대전에 참전한 공로를 인정받게 되었다. 후에 칭다오는 일본의 조차지(租借地)가 되었고, 이는 1919년에 5 · 4 운동이 일어나는 원인이 된다.

■ 전쟁의 시작

1914년 7월, 오스트리아-헝가리 제국이 세르비아 왕국에 선전포고 함에 따라 제1차 세계대전이 시작되었다. 그 뒤 세르비아 보호를 이유로 러시아가 선전포고와 총동원령을 선포했고, 독일은 이를 취소해 달라고 요청하고 그것이 거부되자 러시아에 선전포고를 하였다.

최초로 주변국을 침공한 것은 독일이었다. 독일은 서쪽의 프랑스를 최대한 빨리 굴복시킨 후 동쪽의 러시아 제국 방면으로 집중해 전쟁을 수행한다는 내용의 슐리펜 계획을 수행하기 위해 신속하게 움직였고, 1914년에 8월에 서쪽으로 진군을 시작하였다. 그 과정에서 8월 2일에 룩셈부르크를 점령하였고, 3일에는 프랑스에 선전포고 한 뒤 중립국 벨기에가 독일군의 통과를 거부하자 4일부터 벨기에를 침공해 점령하였다.

영국은 중립을 표방했었으나 자국이 보증했던 '벨기에의 중립'이 무시당한 것을 이유로 독일에 선전포고 한 뒤 지상병력을 프랑스로 투입하기 시작하였으며, 발칸 반도의 국가 등도 각국의 이해관계에 따라 선전포고를 교환하였다. 8월 7일부터는 독일군이 프랑스 영토 안에서 국경 전투를 벌여 승리해, 파리 50여 km 앞까지 진격할 정도로 선전하였다.

한편 러시아는 급하게 8월 중순부터 독일을 공격했지만 탄넨베르크 전투에서 독일군에게 반격당해 큰 피해를 입고 동부전선 우위를 내줬으며, 오스트리아군도 러시아와의 전투에서 전과를 올렸다. 하지만 9월의 마른 전투에서는 독일군이 프랑스 · 영국 연합군에게 저지당하며 진격의 힘을 잃고 주저앉게 되었다. 결국 독일은 프랑스를 조기에 굴복시키려던 계획에 차질을 빚어, 우려했던 대로 서부전선과 동부전선 양면에서 싸워야 하는 상황에 빠지게 되었다.

아프리카나 아시아 등지에서도 유럽의 식민지 지역을 중심으로 전투가 벌어지기 시작했으며, 특히 독일과 영국의 식민지에서는 종전까지 현지 병력들의 전투가 계속 일어났다. 8월 말에 일본 제국도 영국과 함께 독일령이었던 칭다오를 침공해 점령했다. 태평양 지역에 있던 독일 함대는 본국으로 귀환을 시도했지만, 영국 함대의 습격을 받다가 12월의 포클랜드 해전에서 괴멸되었다.

■ 참호전의 수렁

더 진격할 수 없게 된 서부전선의 독일군은 프랑스 방면의 점령지역 유지와 방어를 위해, 연합군도 독일의 진공을 저지하기 위해 서로 참호를 파기 시작하였다. 그리고 상대편 참호의 측면으로 계속 기동을 되풀이한 결과, 끝내 참호선이 북해에서 스위스 국경까지 늘어나게 되었다.

제1차 세계대전의 가장 끔찍한 이미지로 남아 있는 참호전은 이렇게 시작되었다. 어느 나라에도 참호전이란 교본이 없었으며, 의도된 전투 양상이 아니었다. 그러나 기관총, 야포, 철조망 등 방어에 유리한 무기가 발달했으나 참호 돌파에 효과적인 무기는 없었기에, 양측은 실질적인 전진을 하지 못하고 인명피해만 늘어가는 소모전을 치르며 대치하게 된다. 대전 기간 중 그 어느 쪽도 참호전 양상을 타개하는 데는 실패했다.

● 참호전은 미국 남북 전쟁 때부터 시작되었고, 제1차 세계대전 때에는 전형이 되었다.

● 참호전(trench warfare)

참호는 야전(野戰)에서 적(敵)의 공격에 대비하는 방어설비로, 적의 총포탄에 의한 피해를 최소한으로 막고 또한 전투를 자유롭게 수행할 수 있도록 땅을 파서 만든 도랑을 가리킨다. 참호에는 소총 · 기관총 · 무반동포 · 박격포 및 기타 화기의 사격용, 피해 감소용의 설비, 병사들을 진지의 일부로부터 다른 부분으로 이동하거나 자리를 바꿔가면서 사격할 수 있도록 하는 교통용 등이 포함된다.

다만 서부전선을 제외하면, 동부전선이나 발칸·캅카스·중동 전선에서는 참호전이라고 부를 만한 상황 자체가 없었다. 이쪽에서는 철도와 기병을 동원해 대규모 기동전을 펼치고 있었다. 서부전선과 동부전선의 양상이 판이하게 달라진 이유는 병력 밀도가 차이나는 것이 컸다.

오스만 제국은 이 시점까지 눈치만 보고 있었다. 그러나 1914년 7월에 영국에서 만들어지던 오스만 전함 두 척이 동맹국 병기라는 이유로 영국한테 부당하게 압류당하자, 영국에 대한 국내 여론이 나빠졌다. 8월에 독일은 비밀리에 오스만 제국과의 동맹을 추진하면서, 전함 두 척을 양도하고 군사적으로 지원해 줘 오스만의 환심을 샀다. 그리고 오스만 해군 소속이 되었음에도 독일 해군이 지휘하던 이 두 전함은 10월 말에 러시아의 세바스토폴 항구를 기습공격 해버렸고, 러시아는 11월에 오스만 제국에게 선전포고 하여 캅카스 방면을 공격하기 시작해, 오스만도 전쟁에 휘말리게 되었다. 영국과 프랑스는 곧 중동 지역에서 오스만 제국을 공격하기 시작하였고, 영국령 인도군도 자치권을 강화시켜 준다는 영국의 꼬임에 넘어가 영국군에 가세하였다.

1914년 12월, 대부분의 군인들이 집에서 보내리라 생각했던 크리스마스가 다가오자 서부전선에서 대치하던 연합군과 독일군은 암묵적으로 휴전한 채 각자의 참호에서 조촐한 축하행사를 가졌으며, 서로 총을 거두고는 기적적으로 적과 만나 이야기를 나누기도 했다. 그러나 이 해가 가자 다시는 이런 모습이 되풀이되지 않았다.

● 크리스마스 정전을 기념하기 위해 벨기에의 이프르에 세워진 십자가

● 크리스마스 정전

제1차 세계대전 중인 1914년 12월 24일 크리스마스 이브에 영국과 독일이 벨기에의 이프르에서 맺은 정전이다. 독일군의 한 병사가 〈고요한 밤 거룩한 밤〉을 불렀는데, 이를 들은 영국 군사들이 환호하자 그 노래가 다 끝난 후 독일군 장교가 나와 영국군 하사와 악수를 하여 맺은 정전이다.

■ 정체되는 전쟁 상황

1915년 1월에 오스만 제국과 독일은 영국과 영국령 인도의 연결을 끊어버리기 위해 수에즈 운하를 공격하였으나, 점령에 실패하였다. 2월부터 독일은 영국의 해상봉쇄를 뚫고자 무제한 잠수함 작전을 실행해, 연합국의 상선 등을 무차별적으로 격침시켰다. 하지만 5월에 영국의 여객선 루시타니아 호가 격침되며 미국인 100여 명이 죽자 미국의 참전여론이 거세졌고, 이를 두려워하던 독일은 미국에 사과하고 작전을 중단하였다. 영국은 꽉 막힌 서부전선의 교착을 풀어줄 돌파구를 찾을 겸, 독일에 고전하면서 오스만까지 상대하던 러시아의 부담을 덜어주기 위해, 프랑스와 연합한 함대를 보내 2월에 오스만 제국의 영토인 다르다넬스 해협을 돌파하려고 했으나 거센 저항 때문에 실패했다. 4월부터는 지상군을 동원한 갈리폴리 상륙작전을 실행했지만, 결과적으로 최악의 상륙작전이란 악평만 듣고서 이듬해 1월에 물러날 수밖에 없게 되었다.

한편 4월의 연합국 공세를 조용하게 지켜보던 이탈리아 왕국은 결국 3국 동맹을 공식적으로 배신하여 연합국에 가담한 뒤, 바로 5월에 전 동맹국이었던 오스트리아-헝가리 제국에 선전포고를 하였다. 이탈리아가 오스트리아와의 국경지대를 공격하자 오스트리아는 고전하게 되었다. 동부전선에서는 8월에 독일군이 러시아 제국령 폴란드의 중심 도시인 바르샤바를 점령할 정도로 독일이 우위를 점하였다. 그렇다고 독일이 러시아 제국의 수도 모스크바로 진격하기에는 여전히 러시아의 병력은 많았으며 거리도 너무 멀었고, 애초에 동부는 독일의 양면전쟁에서 우선순위가 아니었다.

● 갈리폴리 상륙작전을 묘사한 그림

● 갈리폴리 상륙작전

연합군은 1915년 2월 19일과 2월 25일, 3월 25일에 각각 다르다넬스 해협의 터키군 포대를 포격했으나 터키군의 반격과 기뢰 등으로 인해 3척의 함선이 격침되고, 3척이 대파되었다. 이로 인해 총책임자 윈스턴 처칠이 총관직에서 물러났고, 영국 해군의 피셔 제독도 사임했다.

10월에는 불가리아 왕국이 동맹국으로 참전하여, 오스트리아가 고전하던 세르비아 방면의 전투는 물론 발칸 반도 지역의 정세도 동맹국 측에 유리하게 넘어왔다.

1916년이 되자 서부전선의 전투는 격화되었지만, 상황은 점점 수렁 속으로 빠져들어갔다. 특히 베르됭 전투와 솜 전투에서만 200만 명이 살상되는 엄청난 인명피해가 발생했지만, 전황은 크게 변한 게 없었다. 다만 베르됭 전투 이후 독일은 전력이 약해져 서부전선에서 방어 입장으로 돌아서게 되었다. 독일 해군은 5월에 영국의 해상봉쇄를 뚫기 위해 영국 해군과 유틀란트 해전을 벌여 상대적으로 유리한 전과를 올렸지만, 애초에 체급이 다른 해군이었고 봉쇄는 그대로였다. 이후 독일은 드레드노트 함대전을 포기하고 잠수함만 바라보게 된다.

오스트리아는 2월에야 세르비아 왕국을 힘겹게 점령했다. 게다가 6월에는 동부전선에서 러시아가 오스트리아와 독일 동맹군을 상대로 브루실로프 공세를 펼쳐 오스트리아에게 막대한 피해를 주며, 오스트리아-헝가리 제국군이 약체라는 것을 명확히 드러냈다. 하지만 러시아 역시 엄청난 병력을 동원하고 있었지만 독일군에 비해 전력이 열세였으며, 피해는 꾸준히 누적되고 있어 1916년 말까지 500만의 병사가 사상당했고 경제적으로 피폐해져, 국내의 불만은 고조되어 가고 있었다. 오스만 제국의 경우에도 중동의 아랍 부족들이 영국의 지원을 받아 6월에 아랍 반란을 일으켜, 중동 지역에서 수세에 몰렸다.

전쟁기간 동안 서부전선의 참호전을 타개하기 위해 숱한 신병기와 전술이 개발되었다. 현재까지 사용되는 거의 모든 보병전술의 기초가 이 시기에 확립되었다. 전쟁이 시작되던 1914년에는 어느 국가의 병사도 철모를 쓰지 않았으나, 점차 너나 할 것 없이 철모를 채택해 나갔다.

독일은 1915년 4월부터 시작된 2차 이프르 전투에서 독가스를 사용해 효과를 봤고, 6월에 화염방사기를 처음 배치했다. 영국은 전차를 발명해, 솜 전투가 펼쳐지던 1916년 9월에 '마크 1'이 실전 투입되었다. 그러나 이러한 신병기들로도 참호전의 양상을 궁극적으로 타개하지는 못했다. 독가스는 사용조건에 제한이 있는 데다 화학전 방호장비가 보급되면서 효력이 감소했고, 전차는 가장 획기적인 발명이었으나 초기 전차는 성능이 부족한 데다 전차 운용에 대한 노하우가 없어서 주먹구구식으로 운영하는 바람에 참호전을 궁극적으로 타개하는 데는 실패했다. 실제로 제1차 세계대전 동안의 전차는 거의 움직이는 엄폐물 정도였다. 전쟁 말기인 1918년에는 MP18 등의 기관단총이 등장하기 시작했다.

항공기의 군사적 활용의 발전도 두드러진다. 전쟁 초에는 단순히 정찰, 그리고 상대 국민에 대한 테러 목적으로 미미한 폭격이 있었으며, 비행선을 이용한 폭격이 시도되기도 하였다. 그러다가 공냉식 기관총과 동조식 발사장치의 개발로 한두 정의 기관총을 가진 빠르고 민첩한 전투기가 상대의 기구, 비행선, 정찰기를 격추시켜 나갔으며, 이에 따라 폭격용 비행선이 빠르게 사라지고 대형 폭격기가 등장하여 상대국의 도시를 노리게 되었다. 이에 따라 효율적인 항공기 운용을 위해 1918년부터 영국 공군이 세계 최초로 결성되었으며, 다른 참전국들도 뒤따라갔다. 대전 말에는 전략폭격의 이론이 영국의 휴 트렌차드, 미국의 빌리 미첼, 이탈리아의 줄리오 두헤에 의해 서서히 탄생하기 시작했다.

● 최초의 전차, 마크 1

● 전차(탱크)의 출현

참호전의 교착상태를 해결하고자 영국군은 최초로 전차를 제조하면서, 진흙 지형을 쉽게 이동할 수 있도록 캐터필러 바퀴를 사용하였다. 또한 내연 기관, 방탄 몸체를 적용하였고 회전식 기관총을 탑재하였다. 1917년 11월, 400대 가량의 전차가 프랑스 캉브레 지역 7마일 전방까지 돌파하여 위력을 나타냈다.

■ 미국의 선전포고와 러시아 혁명

1917년에 들어서자 러시아 2월 혁명이 터져, 니콜라이 2세가 폐위되고 러시아의 체제가 전복되었다. 하지만 새 임시정부는 여전히 독일과의 전쟁을 수행하려 하였으며, 내부적 불만 요소가 그대로였기에 사회에는 혼란스러운 분위기가 감돌았다.

독일은 2월부터 다시 무제한 잠수함 작전을 재개하였다. 결국 이것과 독일의 테러들, 치머만 전보 사건 등을 견디다 못한 미국은 4월에 독일 등에 선전포고를 하게 되었다. 하지만 급하게 징집한 병사들의 훈련 등을 이유로 미국은 전쟁 참여에 조심스러웠고, 훈련이 끝난 소규모의 미군 부대가 6월부터 프랑스에 도착하기 시작했지만 1918년 5월까지도 큰 교전을 하지 않았다.

1917년 3월에 영국군은 오스만 제국의 도시였던 바그다드를 점령하였고, 곧 메소포타미아의 대부분을 손에 넣게 되었다.

4월에 독일은 망명 중이던 레닌을 기차에 태워 혼란한 러시아로 귀국시켰다. 레닌의 혁명이 성공하면 독일과의 전쟁을 그만둘 것이란 기대가 있었기 때문이다. 이렇게 러시아의 내부 상황이 혼란으로 치닫자 프랑스와 영국은 초조해졌다. 서부전선에서 4월부터 연합군의 대공세가 잇따라 펼쳐지며 7월의 치열한 파스샹달 전투까지 이어졌지만, 대량의 인명이 소모된 것에 비하면 작은 승리로서 전략적인 변화를 가져오진 못했다.

● 소비에트 연방 국기 앞의 레닌

● 블라디미르 레닌(Vladimir Lenin)

러시아 제국과 소비에트 연방의 혁명가, 정치경제학자, 정치인, 노동운동가로 볼셰비키의 지도자, 소련 최초의 국가원수. 러시아 10월 혁명의 중심인물로서 러시아파 마르크스주의를 발전시킨 혁명이론가이자 사상가이다. 무장봉기로 임시정부를 전복하고 이른바 프롤레타리아 독재를 표방하는 혁명정권을 수립한 다음, 코민테른(Comintern : 공산주의 인터내셔널)을 결성하였다.

한편, 이탈리아 왕국과의 연이은 전투에서 압박을 느끼던 오스트리아는 이탈리아 전선에만 집중하려고 동부전선에서 발을 뺐다. 이후로 동부전선은 사실상 독일 혼자 담당하며, 이탈리아 방면의 전선마저도 독일이 지원해 주는 상황이 펼쳐졌다. 그러나 10월에 펼쳐진 카포레토 전투에서 독일은 오스트리아와 함께 이탈리아를 상대로 대승을 거두었고, 이 전투로 이탈리아가 주춤하며 방어로 돌아서자 독일은 마무리하고 서부전선에 집중하였다. 하지만 1918년에 들어 오스트리아는 단독으로 이탈리아에게 공세를 펴다 수십만의 사상자를 연달아 내고 말았다.

1917년 10월 혁명의 여파로 러시아 체제가 전복되었고, 11월에 레닌은 자신을 지원했던 독일과의 전쟁을 멈추었다. 독일은 이제 서부전선에 집중할 수 있게 되었다. 프랑스나 영국은 큰 위기감을 느꼈지만, 사실 독일 역시 이미 인적·경제적 손실이 누적되어 국가적으로 피폐해져 있었다. 러시아에도 평화는 찾아오지 않았고, 적백 내전이 시작되었다.

1918년 1월에 미국의 대통령 우드로 윌슨은 평화 14개조를 발표하며 민족자결주의를 내세웠다. 이는 핍박받는 민족과 국가에게 큰 영향을 주었으나, 다민족으로 이루어진 오스트리아-헝가리 제국 등에게는 종전 후 분열을 가져오는 치명타가 된다.

● 마르크스-레닌주의의 기

● **10월 혁명**(October Revolution)

10월 혁명 혹은 볼셰비키 혁명은 1917년 2월 혁명에 이은, 러시아 혁명의 두 번째 단계이다. 10월 혁명은 블라디미르 레닌의 지도하에 볼셰비키들에 의해 이루어졌으며, 카를 마르크스의 사상에 기반한, 20세기 최초이자 세계 최초의 공산주의 혁명이었다. 당시 러시아는 율리우스력을 채택하고 있었으며, 현재의 태양력에 비해 13일이 늦었다. 따라서 양력으로 계산하면 11월이지만 당시의 역사적 사건에 대한 고유명사로 고착되어, 10월 혁명이라는 용어를 계속 사용하고 있다.

■ 동맹국의 항복

1918년 3월, 독일은 경제 상황이 한계에 다다르고 있었으므로 미국이 본격적으로 참전하기 전에 상황을 반전시켜야 한다고 생각했다. 그래서 동원할 수 있는 모든 자원을 쥐어짜 내어 서부전선에서 루덴도르프 공세를 펼쳤으나, 심각한 피해를 입고 얼마 못 가 주저앉게 되었다. 이 공세에서 결국 미군도 본격적으로 전투에 참여하여, 5월에는 미국이 독일을 상대로 한 첫 승리를 거두었다.

이윽고 1918년 8월부터 미군은 하루에 만 명씩 프랑스로 들어오게 되었다. 90만 명의 미군을 포함한 연합군은 독일을 상대로 백일 전투를 펼쳐 전례없던 속도로 전선을 밀어내며, 서부전선에서의 독일군 주요 방어선인 힌덴부르크 선을 붕괴시켰다.

결국 희망이 사라진 동맹국들은 내부적으로 패배에 대해 거론하기 시작하였다. 9월에는 불가리아가 연합국과 휴전했다. 10월에는 오스만 제국이, 11월에는 혁명이 일어난 오스트리아-헝가리 제국이 연합국에 항복하였고, 독일도 킬 군항의 반란을 시작으로 반정부 운동이 다발적으로 일어난 끝에 11월 혁명으로 정부가 무너져 같은 달에 연합국에 항복하였다. 다만 독일은 항복하는 순간에도 프랑스 영토 안에서 서부전선을 유지하고 있었다. 자국 영토에 적군을 한 발짝도 들이지 않은 상태에서 맞은 패전은 많은 독일 국민들에게 분노와 의심을 안겼으며, 이것은 후일 히틀러와 파시즘이 일어나는 원인 중 하나가 된다.

● 독일 11월 혁명(German Revolution of 1918-19)

제1차 세계대전 말에 일어난 독일의 혁명(1918년)이다. 대전 중 독일 국내의 반정부 운동은 1918년 가을 서부전선에서의 패배를 계기로 혁명으로 발전하였다. 이 혁명으로 독일 제국 제정이 붕괴하고, 의회민주주의적인 공화국이 탄생했다.

● 독일 11월 혁명 내전 때 바리케이드 전투 장면

■ 종전

1919년 6월에 우드로 윌슨의 민족자결주의를 반영한 베르사유 조약이 체결되었다. 그 후 트리아농 조약, 세브르 조약 등등이 뒤를 이어 패전국들은 많은 영토가 민족별 국가로 나누어져 독립해 버렸다.

패전국인 독일과 오스트리아는 연합국과 신생 독립국에 일부 영토를 할양했고, 가지고 있던 식민지도 토해 내야 했다. 독일 황실과 오스트리아 황실도 무너졌고, 오스만 제국도 사실상 멸망했다.

러시아 제국도 혁명으로 붕괴했고, 발트3국이나 핀란드, 폴란드의 독립도 이루어졌다. 승전국인 프랑스 · 영국은 식민지를 획득하거나 영토를 일부 할양받았고, 막대한 배상금을 얻게 되었다. 이탈리아는 오스트리아로부터 약간의 영토를 할양받고 지중해와 터키 쪽에 세력을 폈으나, 애당초 의도했던 트리에스테 · 이스트리아 · 달마티아(미수복 이탈리아) 등은 얻질 못하는 등 생각외로 이득이 적어 이에 불만을 품은 국민이 파시즘을 지지하게 되는 원인이 된다.

세르비아는 오스트리아에서 빼앗은 땅을 합쳐 유고슬라비아 왕국을 건국하였다. 일본은 1차 대전으로 독일의 아시아 · 오세아니아 식민지 및 중국의 이권들을 조금 획득하였지만, 그 후 대공황으로 불황을 겪자 군국주의가 대두한다.

● 베르사유 조약에 모인 연합국과 독일 수뇌부

● 베르사유 조약(Treaty of Versailles)

베르사유 조약은 1919년 6월에 독일 제국과 연합국 사이에 맺어진, 제1차 세계대전의 평화협정이다. 파리 강화 회의 중에 완료되었고, 협정은 1919년 6월 28일 11시 11분에 베르사유 궁전의 거울방에서 서명되어 1920년 1월 10일 공포되었다. 미국의 우드로 윌슨은 '평화 원칙'을 내세우며 베르사유 조약 1조에 국제연맹의 창설에 관한 조항을 넣었으며, 1920년 1월에 첫 국제연맹 회의가 런던에서 개최되었고, 이것이 제1차 세계대전의 공식적 종결이 되었다.

국제연맹

국제연맹(League of Nations)은 제1차 세계대전이 끝난 뒤인 1920년, 당시 미국의 대통령이었던 우드로 윌슨의 제안으로 만들어진 국제 기구였다. 그러나 정작 제안국이었던 미국은 상원의 베르사유 조약 비준 동의 거부로 참여하지 않았으며, 독일과 소련도 처음에는 가입을 거부당하는 등 출발부터 문제가 있었다. 국제연맹 상임이사국은 영국, 프랑스, 일본 제국, 이탈리아 왕국 4개국이었다. 그러나 국제연맹은 1930년대 이후부터 계속되는 국제적인 분쟁에 무기력한 모습을 보였으며, 제2차 세계대전을 방지하는 데 아무런 역할도 하지 못하였다. 제2차 세계대전 동안 지리멸렬하다가 결국 모든 업무, 위임통치령, 자산 등을 국제연합에 승계하면서 해체되었다.

■ 국제연맹의 설립 및 경위

1919년 당시 미국의 대통령이었던 우드로 윌슨의 '평화 원칙'에 의해 제창되어, 베르사유 조약 제1장에 따라 국제연맹 규약이 결정됨으로써 설립되었다. 원래 회원국 42개국에서 1934년 소련의 가입 등으로 회원국 수가 60개국에 달했으나, 그 이후에는 탈퇴·제명 등으로 회원국 수는 감소세로 돌아섰다.

미국은 윌슨 대통령이 주창한 원칙을 기반으로 출발한 기구임에도 불구하고 먼로주의에 맞지 않는다며, 당시 공화당이 다수였던 상원의 반대로 가입하지 않았다. 또한 러시아 혁명 직후의 소련(1934년 가입)과 패전국인 독일(1926년 가입)은 당초 참여가 인정되지 않았다. 따라서 주요국의 불참에 의해 그 기초가 처음부터 충분한 것은 아니었다.

● 우드로 윌슨(Thomas Woodrow Wilson)

미국의 제28대 대통령. 1918년 1월 비밀외교 폐지와 민족자결주의를 제창하여 '14개조 평화원칙'을 발표하였다. 그리고 파리 평화회의에서 지도적인 지위에 선 채 국제연맹 창설을 위하여 노력한 공로로 1919년 노벨평화상을 받았다. 윌슨이 제창한 민족자결주의의 영향으로 당시 일본 제국의 식민지였던 조선에서는 3·1 운동이 일어나게 되었다.

　1920년대에는 소규모 분쟁을 해결한 성공 사례도 있지만, 제2차 세계대전을 앞둔 1930년대에는 차츰 지리멸렬해져 갔다. 독일에서는 바이마르 공화국이 무너지고 나치 독일이 세워졌다. 그리고 국제연맹이 일본 제국의 만주 침략을 문제삼자 일본 제국이 탈퇴하였으며, 뒤를 이어 나치 독일이 탈퇴하였다. 1937년에는 이탈리아 왕국이 탈퇴하였다.

　이후에도 추축국 진영의 국가들의 탈퇴가 잇따라, 대규모 분쟁 해결에 대한 한계를 노출했다. 1925년 코스타리카가 지역 분쟁의 해결 실패를 이유로, 1926년 브라질이 상임이사국 진출 실패를 계기로 각각 연맹을 탈퇴했다. 1930년대 말부터 중남미 국가들의 탈퇴가 급증했다. 또한 제창국인 미국이 베르사유 조약에 대한 의회의 인준거부로 인하여 처음부터 불참하였고, 영국 · 프랑스 간의 이견이 많았으며, 신흥 군국주의 세력의 도발에 대하여 집단적인 제재능력을 갖지 못하였다. 국제연맹은 제2차 세계대전의 발발과 함께 스스로 붕괴되었다. 1946년 4월 18일 개최된 연맹총회에서 해체를 결의하였고, 국제연맹의 구조와 형식, 목적을 이어받은 국제연합을 발족시켰다.

● 국제연맹 회원국

국제연맹에 가입한 원래의 회원국은 제1차 세계대전 당시의 연합국과 국제연맹 가입을 권유받은 중립국을 합쳐 총 42개국으로 구성되었다(국제연맹 규약 제1조 제1항). 기타 국가나 완전한 자치를 하고 있는 영지(領地) · 식민지는 국제적 의무를 성실히 지킨다는 확약, 군비에 관하여 연맹이 결정한 준칙을 수락한다는 전제하에 총회의 3분의 2의 동의를 얻어 회원국이 될 수 있었다(동 1조 2항). 이렇게 하

● 스위스의 제네바에 위치한 옛 국제연맹 본부. 지금은 유엔 유럽 본부로 쓰인다.

여 가입한 회원국은 1920년에는 6개국, 1921년에는 3개국, 1923년에는 2개국이었다. 그래서 1934년에는 회원국이 가장 많은 63개국으로 늘어났다.

회원국은 2년에 걸친 예고(豫告)를 통해 연맹을 탈퇴할 수 있었다. 단 탈퇴할 때까지 모든 국제적 의무와 국제연맹 규약상의 의무를 이행한다는 것을 조건으로 했다(동 1조 3항). 이 규정에 따라 국제연맹을 탈퇴한 나라는 독일 · 이탈리아 · 일본 등 도합 17개국에 달하였고 다른 나라에 병합된 나라(오스트리아 · 알바니아), 제명된 나라(소련)를 제외하면 1939년 말에는 회원국이 45개국으로 감소되었다.

제2차 세계대전

제2차 세계대전(Second World War)은 1939년 9월 1일부터 1945년 9월 2일까지 치러져서 인류 역사상 가장 많은 인명 피해와 재산 피해를 남긴, 가장 파괴적인 전쟁이다. 제2차 세계대전의 전사자는 약 2,500만 명이었고, 민간인 희생자도 약 3천만 명에 달했다. 전쟁은 크게 서부 유럽 전선, 동부 유럽 전선과 중일 전쟁·태평양 전쟁으로 구분할 수 있다. 이외에도 아메리카, 오세아니아, 아프리카, 중동, 대서양 해역과 인도양 해역 등 기타 하위 전선도 제2차 세계대전의 전장에 포함된다.

■ 대공황

1929년 10월 24일, 이른바 '검은 목요일'에 뉴욕의 주식시장이 대폭락하게 되었다. 여기서부터 촉발된 1930년대의 대공황(Great Depression)은 전 세계의 자본주의 경제에 암울한 먹구름을 몰고 왔다. 미국의 경우 도시 지역의 실업률은 38퍼센트 이상이었고, 국민소득은 1929년 이래 30퍼센트 이상 감소했다. 독일에서는 33%의 실업률을 기록했다.

대공황이 오래 지속되자 미국의 몇몇 지식인들은 자본주의의 종말이 왔다고 주장하면서, 자본주의의 대안으로 공산주의를 생각하고 소련 여행기를 집필하기도 하였다. 또한 유럽에서는 파시즘의 열풍이 몰아치기 시작했다. 제1차 세계대전의 패전국인 독일에서는 바이마르 공화국이 설립되어 있었지만, 대공황이 쓰나미처럼 밀어닥치자 민주 국가의 존망이 풍전등화였고 이내 '국가사회주의 독일 노동자당'(나치스)이 집권하게 되었다.

● 국가사회주의 독일 노동자당의 당기

● 나치스(Nazis)

독일 노동자당이 1920년에 개칭한 이름으로, 지지 기반은 기존 정당·노조에 불만을 품은 중간층과 실업자였다. 하지만 사회주의 운동에 위협을 느낀 경영자 단체의 원조를 받아 풍부한 자금으로 선전 활동을 시작하면서, 선거를 통한 정권 쟁취를 꾀하였다. 1932년에 제1당이 되었고, 1933년에 재계와 군부의 지지 아래 히틀러 정권을 실현하였다.

■ 파시즘의 등장

정치 체제에서 파시즘(fascism)이란 1919년 이탈리아의 베니토 무솔리니가 처음 제창한 것으로서, 국수주의 · 권위주의 · 반공주의를 추구한다. 중앙 정부가 강력한 독재를 실시하여 사회적 · 경제적 억압을 하고, 종종 과격한 민족주의로 표현되기도 하는데, 대개 힘의 우위에 입각하여 대외 팽창을 추구함으로써 군국주의(militarism)를 지향한다. 제2차 세계대전 이전에 특히 이탈리아 · 독일 · 일본에서는 강력한 파시즘 체제가 성립하여, 나중에 세계대전을 일으키는 추축국(Axis Powers)을 구성하게 된다.

제1차 세계대전의 패전국인 독일의 상황은 실로 암울하기만 하였다. 베르사유 조약으로 인해 독일의 영토는 분리되어 수백만 명의 독일인들이 다른 나라 사람이 되었고, 막대한 배상금과 전쟁 부채를 부담해야만 했으며, 수조 달러의 외채를 미국 · 영국 · 프랑스로부터 빌려와야만 했다(이는 나중에 채무 불이행으로 찾아오게 된다). 게다가 허약한 바이마르 공화국에 대한 실망 위에 러시아의 공산주의 정권은 공산화에 대한 두려움을 안겨주었으며, 대공황 이후로 무너진 경제생활은 국민들에게 아비규환 그 자체로 다가왔다.

독일 국민들에게는 이처럼 절망적인 상황에서 떠오른 아돌프 히틀러와 나치즘(Nazism)이야말로 위기의 독일을 구해 낼 해결책으로 여겨졌던 것이다.

● 제2차 세계대전을 일으킨 히틀러

● 아돌프 히틀러(Adolf Hitler)

독일의 정치가이며 독재자로 불린다. 게르만 민족주의와 반 유대주의를 내세워 1933년 독일 총리가 되었고, 1934년 독일 국가원수가 되었으며 총통으로 불리었다. 제2차 세계대전을 일으켰다. 그의 작전지령이 처음에는 효과를 거두어, 폴란드에 이어 유럽의 대부분을 점령하고 프랑스도 수중에 넣으면서 크게 승리하였다.

■ 반공주의

블라디미르 레닌이 이끈 볼셰비키(러시아 사회민주노동당의 급진적 분파)는 1917년 러시아의 10월 혁명에 성공한 이후, 이러한 공산주의 혁명을 국제적으로 전파하고자 하여 한때 헝가리 소비에트 공화국과 바이에른 소비에트 공화국을 세우기도 하였다. 이로 인해 중앙·서부 유럽의 많은 국가들은 적색 공포에 시달려야 했고, 공산화 물결의 파급을 두려워했다. 그리하여 제1차 세계대전에서 승리한 협상국(연합국)들은 러시아 서부 국경에 공산주의의 파도를 막으려는 완충 국경 국가들을 설립하였다.

이러한 상황에서 독일과 이탈리아의 파시스트들은 공산주의와 사회주의의 국제화를 민감하게 받아들였고, 슬라브 제국의 민족주의를 우려하였다. 독일은 1919년 뮌헨의 바이에른 소비에트 공화국을 자유군단(제대 군인들이 모인 자발적 준군사조직)으로 분쇄시켰다. 이들 베테랑 병력은 훗날 나치 돌격대(SA)의 구성 요소가 되는데, 그 후 10여 년 동안 공산주의 민병대에 맞서 곳곳에서 거리 전투를 벌였다. 이러한 폭력적 행동들로 말미암아 독일 내에서는 반공산주의 목소리가 높아졌으며, 히틀러 같은 철권 통치자가 불안한 국내 정치를 안정시킬 것으로 기대하게 되었다.

● 반공주의 엠블럼

● 반공주의(Anti-communism)

반공주의는 공산주의를 반대하는 정치 이념이다. 반공주의자들 대다수는 종교적 성향을 띠는 정파이며, 이 때문에 공산주의의 변증법적 유물론과 유물사관을 비판한다. 자본주의자들은 공산주의의 공유재산 제도를 비판하며, 아나키스트(무정부주의자)들은 공산주의의 중앙집권적 권력화와 일당독재 체제에 반대한다. 그 외 공산주의를 비판하는 우익 정파는 민족주의, 파시즘, 인종주의 같은 민족주의 성향을 띠는 정파와 신자유주의 성향을 띠는 정파 등 실로 다양하다.

■ 팽창주의로의 회귀

팽창주의는 흔히 군사적 침략을 통해 국가의 영토(또는 경제적 영향권)를 확장하고자 하는 이념이다. 제2차 세계대전 당시, 유럽 세력(영국, 프랑스, 소비에트 연방 등)은 제국주의 아래 많은 지역을 식민지로 두었다. 그러나 후발 자본주의 국가인 독일과 이탈리아는 다른 열강들처럼 넓은 식민지가 없었다.

이탈리아 왕국의 베니토 무솔리니는 1935년 초에 에티오피아를 침공했다. 또한 1939년 초에는 지중해를 장악하기 위해 알바니아 침공을 시작으로 세계대전에 참여했고, 나중에는 그리스를 침공했다. 국제연맹과 전 연합국은 1930년대의 전쟁 피로 및 경제 침체로 인해 이런 제국주의적 행동을 저지하는 데 별다른 반응을 보이지 않은 반면, 독일은 몇 차례나 무솔리니를 지원했다. 이탈리아의 확장 욕망은 이탈리아가 제1차 세계대전의 승전국인데도 별 이득을 챙기지 못한 탓이 컸다. 런던 조약에 의해 오스트리아-헝가리 제국의 트렌티노-알토아디제 주는 할양을 받았지만, 오스만 제국의 알바니아와 소아시아를 넘겨받는다는 약속은 강대국의 지도자들에 의해 무시되었던 것이다.

독일은 제1차 세계대전의 패전으로 모든 식민지를 상실하였고 본토까지 축소되었다. 특히 폴란드에게 포젠 · 서프로이센 지역을 내준 데다 단치히(그단스크) 자유시의 독립을 허용함으로써 폴란드 회랑을 따라 독일 본토가 분리되었고, 경제적 가치가 높은 상부 슐레지엔 지방도 상실하였다.

● 베니토 무솔리니(Benito Mussolini)

유럽 최초의 파시스트 지도자로서, 이탈리아를 세계대전 속으로 끌어들여 엄청난 재앙을 초래한 인물이다. 1935년에 에티오피아를 침략했고, 나치스와 제휴하여 스페인 내전에서 프랑코를 원조했다. 1937년에는 독일 · 이탈리아 · 일본 방공 협정을 체결하고 국제연맹을 탈퇴하였다. 1940년 3국 협정으로 제2차 세계대전에 돌입하였다. 1943년 7월 연합군의 시칠리아 섬 상륙 뒤 실각되어 구금되었다. 하지만 독일군이 그를 구출하여 북이탈리아 공화국을 수립하고 항전하던 중, 1945년 4월 밀라노에서 유격대원에게 체포되어 총살되었다.

프랑스에게는 알자스-로렌 지방을 **빼앗겼고**, 자원이 풍부한 공업지대인 라인란트·루르 지방의 관할권도 넘겨주어야 했다. 이외에도 메멜 지역을 리투아니아에게, 라인란트의 일부를 벨기에에게, 북슐레스비히 지역을 덴마크에게 할양하였다.

이 영토 손실의 결과로 독일의 인구 변동이 발생하였고, 주변국과의 악화된 관계 속에서 보복주의(revanchism)와 민족통일주의가 성행하게 되었다. 나치 정권 아래 독일은 제1차 세계대전 전 독일 제국의 '정당한' 국경을 복원하고자 하는 확장 정책을 추진하여 라인란트를 재점령했고, 폴란드 회랑 점령을 추진했는데, 이는 폴란드와의 피할 수 없는 전쟁을 의미했다.

소비에트 연방은 제1차 세계대전과 적백 내전 동안 폴란드, 에스토니아, 라트비아, 리투아니아, 루마니아 등에게 상실한 러시아 제국의 영토 회복을 원했다. 또한 러일 전쟁 기간 동안 일본에게 잃은 영토에도 관심이 있었다.

제1차 세계대전 동안 독일의 동맹국이었던 헝가리는 오스트리아-헝가리 제국에서 떨어져 나간 이후 잃은 거대한 영토를 다시 회복하고자 했다. 그 당시 대헝가리주의는 인기 있는 토론 주제였다.

아시아에서 일본은 제1차 세계대전 이후로 확장 정책을 매우 가속화시켰다. 일본은 독일의 중국 식민지와 기타 태평양 섬들을 할양받았음에도 불구하고, 러시아의 적백 내전에 개입해 시베리아와 블라디보스토크 항구를 한때 점령했지만, 붉은 군대의 반격을 받아 내쫓기게 되었다.

각 국가에서의 이러한 팽창주의는 제1차 세계대전 이후 급격하게 변한 영토 및 민족통일주의자의 영토 회복 목표에 뿌리를 두고 있으며, 제2차 세계대전으로 이어지는 하나의 원인이 된다.

■ 스페인 내전과 게르니카 폭격 사건

독일과 이탈리아는 스페인 내전(1936년~1939년)에서 프란시스코 프랑코가 이끄는 민족주의 스페인을 지원했다. 소련 등의 사회주의 세력은 좌익 성향인 기존 정부 스페인 제2공화국을 지원했다. 영국과 프랑스는 공화국 정부에 군수 물자를 지원하였으나, 국제연맹의 불간섭 조약을 이유로 스페인 정부에 대한 지원에 미온적이었다. 미국은 공식적으로 중립을 표방했지만, 스페인 제2공화국과 지원국 소련 측에는 비행기를, 스페인 반군 측에는 가솔린을 팔았다. 독일과 소련은 이 대리전으로 각자의 무기와 기술을 시험해 볼 수 있었다.

나치 독일이 프랑코군을 지원하기 위해 파견한 콘도르 사단의 공격으로 게르니카는 전쟁의 상흔을 직격탄으로 겪어야 했다. 1937년 4월 26일 정오 즈음, 콘도르 사단의 융커 52기들이 신무기를 장착한 뒤 게르니카 지방을 폭격하였다. 폭격 공격으로 게르니카 일대는 엄청난 공황 사태에 빠졌으며, 전체 건물의 4분의 3 정도가 파괴되어 피해를 입었다. 주요 무기고였던 운세타 사와 타예레스 데 게르니카, 공화당의 주청사였던 카사 데 준타스 등도 파괴됐다.

● 게르니카 폭격 사건

게르니카 폭격 사건은 1937년 4월 26일, 스페인 내전 당시 인민전선(공화군)의 세력권에 있던 바스크 지방의 소도시 게르니카가 나치 독일의 콘도르 사단 폭격부대의 폭격을 받은 사건으로, 도시 인구의 ⅓에 달하는 1,654명의 사망자, 889명의 부상자가 발생했던 참사였다. 이 폭격 사건의 주된 목적은 독일의 폭탄과 전투기의 성능을 시험하려는 것이었다.

● 게르니카 폭격을 고발하는 피카소의 작품

■ 나치 독일의 폴란드 침공

아돌프 히틀러의 대외정책은 베르사유 조약의 불공정함을 바로잡고, 유럽의 독일어권 지역을 독일 제국에 흡수시키며, 중앙유럽의 슬라브족에까지 통제력을 확장하는 것에 초점이 맞추어져 있었다. 1939년 오스트리아와 체코슬로바키아에서 성공을 거둔 그가 주목한 곳은 폴란드였다. 히틀러는 특히 발트 해에 면한 항구 도시 단치히, 동프로이센과 독일 본토를 분리하고 있는 소위 "폴란드 회랑" 지역을 탈환하고자 했다. 지금까지 영국 및 프랑스와 협상해 본 결과 히틀러는 두 나라 모두 전쟁을 할 의향이 전혀 없다고 확신했다. 1939년 3월 영국과 프랑스가 폴란드 정부를 지지할 것을 보증했지만 여기에는 영토에 대한 보장이 포함되어 있지 않았기 때문에, 히틀러는 서쪽 국경에서 전쟁을 일으키지 않고도 자신의 목적을 달성할 수 있을 것이라고 믿었던 것이다.

긴장이 고조되면서 히틀러는 소련과 불가침 조약을 맺어, 소련이 끼어드는 사태를 미연에 방지했다. 폴란드 정부가 그의 요구를 거부하자 독일은 조작된 국경 분쟁을 일으킨 뒤, 바르샤바를 향해 세 방면에서 군대를 동원하여 전격전을 펼쳤다. 독일의 우월한 공군력, 기갑 부대, 포병대에 맞선 폴란드군은 남동부 국경지대로 후퇴했다. 9월 17일, 나치-소련 조약의 비밀 협정에 따라 소련군이 동쪽으로부터 폴란드를 침공했다. 그리하여 옛 폴란드 영토 내에 독일-소련 국경이 새로이 수립되었으며, 폴란드는 더 이상 독립국가가 아니었다.

● 전격전을 펼치는 독일군을 그린 일러스트

● 전격전

공군의 지원하에 전차가 주축이 된 기계화부대로 적의 제선을 급속히 돌파하여 후방 깊숙이 진격함으로써 적을 양단(兩斷)시키고, 양단된 적부대는 후속(後續)의 보병부대로 하여금 각개 격파하도록 하는 전법이다. 역사적으로는 독일군이 1939년의 폴란드 침공 시에 처음 실시하였다.

■ 영국과 프랑스의 선전포고

영국과 프랑스는 독일이 폴란드에 침공하기 전까지는 대체로 독일에게 양보해 왔다. 그 대표적인 예가 체코슬로바키아이다. 히틀러의 독일은 오스트리아를 합병한 뒤, 체코슬로바키아의 주데텐란트에 독일인이 많다는 이유로 주데텐란트를 합병하려 하였다. 이에 영국과 프랑스는 '체코슬로바키아 내에서 독일어 사용자가 50% 이상인 지역을 독일에게 할양하라'는 방침을 체코슬로바키아에 제안했으며, 체코슬로바키아가 거부를 하자 '이 제안을 받아들이지 않으면 더 이상 지원을 해줄 수 없다'는 최후통첩까지 보냈다. 결국 체코슬로바키아가 이를 수락하여 뮌헨 협정에서 모든 일이 처리되었다. 하지만 영국과 프랑스가 생각했던 것과는 달리 독일이 체코슬로바키아 전체를 병합하자, 두 나라는 그 동안의 유화정책이 틀렸음을 깨닫게 되었다.

또한 독일이 폴란드를 침공하기 불과 며칠 전인 1939년 8월 23일, 소련과 독일은 불가침 조약을 맺었다. 국경을 접하지도 않은 두 나라가 조약을 맺었다는 것은 독-소 중간에 끼인 폴란드를 점령하겠다는 의도를 노골적으로 드러내는 것이었다. 1939년 9월 1일, 독일은 150만여 병력으로 폴란드를 침공하였다. 그리하여 독일의 팽창을 더 이상 묵과할 수 없었던 영국과 프랑스는 9월 3일 독일에 선전포고 하게 되었다. 프랑스와 영국은 이미 폴란드와 협약을 맺어 '폴란드의 도발이 없음에도 독일이 폴란드를 침공할 경우 군사적 지원을 해주기'로 약속했기에, 전쟁 선포를 하였던 것이다.

● 뮌헨 협정(Munich Agreement)

제1차 세계대전 종전 이후 국제연맹은 오스트리아-헝가리 제국을 민족자결주의에 따라 다수의 국민국가로 분할하여 중유럽 문제를 해결하고자 하였으나, 히틀러는 이를 역이용하여 독일민족의 자결 및 독일인의 '생활공간(Lebensraum)' 확보를 요구하였다. 이에 따라 1938년 3월 독일계 국가인 오스트리아를 합병한 독일은 이어 체코슬로바키아에서 독일인 거주자 다수 지역인 주데텐란트 할양을 요구하였다. 이에 양국간 군사적 긴장이 커지자 또 다른 세계대전의 발발을 피하고자 했던 영국과 프랑스는 뮌헨 회담을 열어, 히틀러의 요구대로 독일이 주데텐란트를 합병하도록 승인하였다.

■ 독일의 프랑스 점령

폴란드를 분할 점령한 후 소련은 핀란드를, 독일은 덴마크와 네덜란드를 점령했다. 그 후 독일은 1940년 5월 10일 프랑스를 침략하여, 처음으로 약소국 아닌 강대국을 대상으로 전격전의 위력을 발휘하고자 했다.

이미 1939년 10월부터 히틀러의 지시로 프랑스 침공 계획을 수립한 독일군 수뇌부에게는 프랑스 국경에 길게 쌓아놓은 마지노 요새가 난관이었다. 고심 끝에 독일은 벨기에로 침입한 다음, 프랑스로서는 상상할 수 없는 지역인 아르덴 고원을 돌파하였다.

이후 독일군은 남쪽으로 방향을 돌려 프랑스군을 공격하기 시작했다. 플랑드르 전투에서 연합군이 패배한 이후 마지노 선은 마치 좌초된 전함처럼 버려졌다. 독일군은 6월 13일 파리를 점령하였고, 3일 후에는 84세의 백전노장 페탱이 이끈 프랑스 정부가 항복하고 말았다.

1차대전 때 '슐리펜 계획'이 6주 만에 프랑스를 함락시키려다 실패한 데 비해, 2차대전 초기의 독일군은 '낫질 계획'과 전격전으로 고작 5주 만에 프랑스를 점령하는 대승을 거두었다.

● 마지노 선(Maginot Line)

마지노 선 또는 마지노 요새는 1936년 프랑스가 독일과의 국경에 쌓은 긴 요새이다. 프랑스의 국방부장관 앙드레 마지노의 요청에 따라 1927년에 짓기 시작하여, 1936년에 알자스부터 로렌에 이르는 마지노 선이 완공되었다. 공사비는 160억 프랑(한화 약 20조 원)이 들었다. 마지노 요새에는 벙커 형태의 건물에 포와 총을 쏠 수 있는 자리가 마련되어, 독일군이 그 선을 넘지 못하도록 하였다. 하지만 1940년 독일이 벨기에로 침입한 다음 우회하여 프랑스에 침공하면서, 마지노 선은 쓸모없게 되었다. 현대에는 '최후의 방어선' '넘어서는 안 되는 선' '넘지 못하는 선' 등을 일컬을 때 마지노 선이라는 표현을 사용한다.

● 마지노 선의 벙커 요새

프랑스는 독일과의 국경에 난공불락의 마지노 요새를 구축했지만, 독일은 전격전(전차, 기계화 보병, 항공기, 공수부대를 이용하여 기동성을 최대한 추구한 전술)을 펼치며 벨기에를 침입한 후 마지노 선을 우회하여 무력화시켰다.

■ 영국 본토 항공전

　노르웨이로부터 프랑스까지 서부 유럽을 점령한 독일의 히틀러는 7월 2일 군
수뇌부에 영국침공 계획을 수립하라고 지시했다. 독일은 영국 해안에서 대규
모 상륙작전을 전개하기에 앞서 제해권과 제공권을 장악해야 했다. 그러지 않
으면 병력과 물자가 영국해협을 건널 수 없었기 때문이다. 바다에서 영국 해군
이 워낙 강하기 때문에, 독일은 먼저 우세한 공군에 의한 공중전으로 기선을 제
압하고자 했다.

　히틀러는 영국 공군의 베를린 공습에 보복하고자 '멸종작전'이란 말을 쓰면서
런던에 대한 맹폭을 지시했다. 그들은 엄청난 양의 폭탄을 밤낮없이 퍼부어 도
시를 크게 파괴시켰다. 그러나 공중전에서 독일은 영국보다 훨씬 많은 항공기를
상실하게 됨으로써, 이제 더 이상 손실을 견딜 수 없는 지경에 이르고 말았다.

　히틀러는 지상군의 영국 본토 투입을 10월로 미루었다가 다시 이듬해 봄으
로 연기한 후, 완전히 취소해 버렸다. 전쟁에서 처음으로 실패를 맛본 것이다.
그는 지상의 전격전처럼 수준 높은 전술을 공중전 분야에서 발전시키지 못했음
을 크게 후회했다. 독일의 공군력은 영국의 공군력에 비해 압도적으로 우세하
였지만, 영국 공군의 신무기인 레이더가 독일 항공기의 출현을 곧바로 탐지할
수 있었기 때문에, 독일은 많은 항공기를 상실한 끝에 결국 지상군 침공을 취소
하게 되었던 것이다.

● 로버트 왓슨 와트 등 영국 과학자들에 의해 개발된 최초의 레이더

● 레이더

1935년 영국 정부는 스코틀랜드의 물리학자인 로버트 왓슨 와
트(1892~1973)에게 적군에 피해를 입힐 수 있는 '데스 레이(death
ray)'를 개발할 것을 종용하였으나, 이것은 현실적으로 불가능하였
다. 대신 그는 움직이는 물체에 닿으면 반사되어 되돌아오는 전파
를 이론화했다. 이렇게 개발된 레이더는 히틀러의 영국상륙 계획
을 물거품으로 만들게 된다.

■ 일본의 팽창

대공황 이후 해외 진출에 대한 서구 열강들의 관심은 비교적 떨어졌다. 바로 이 틈을 이용해 일본 군국주의자들은 아시아 대륙을 향해 본격적으로 뻗어나가기 시작했다. 1931년 일본은 만주를 점령했다. 6년 후 일본은 노구교(蘆溝橋) 사건을 계기로 북경을 점령했고, 상하이와 수도 남경을 침략하면서 이른바 동아시아 전쟁을 개시했다.

중국 국민당 군은 곳곳에서 일본군에게 패퇴했으며, 국민당 정부는 겨우 명맥만을 유지한 채 양자강 상류의 중경으로 퇴각했다. 일본군은 해안 지역과 주요 도시를 장악하고 민간인 학살을 일삼았다. 국민당 정부의 무능 · 부패와 일본군의 만행이 겹치는 가운데 공산당은 점차 세력을 확대해 갔다.

중국과의 전쟁이 장기전으로 흐르자, 일본은 만주-소련 국경지역에서 일련의 사건을 일으켜 소련군을 시험해 보기도 했으나, 결코 쉬운 적수가 아님을 파악하고는 다른 돌파구를 찾아 나섰다. 그러던 중 1940년 6월 독일이 프랑스를 함락시킨 후, 9월에는 독일 · 이탈리아 · 일본 간에 삼국동맹 조약이 체결되었다. 삼국동맹 조약은 모든 추축국 국가들을 공격하지 않는다는 협정이다.

일본은 유럽에서의 전쟁을 기회로 삼아 동남아시아 방향으로 눈을 돌렸다.

● 삼국동맹 조약(Tripartite Pact)

1940년 9월 27일 나치 독일과 이탈리아 왕국, 일본 제국의 세 나라가 독일 베를린에서 체결한 군사동맹 조약으로서 제2차 세계대전의 추축국을 형성한 조약이다. 이 조약은 요아힘 폰 리벤트로프 독일 외무장관, 갈레아초 치아노 이탈리아 외무장관, 구루스 사부로 독일 주재 일본 대사가 서명했으며, 조약의 유효 기간을 체결된 날로부터 10년간으로 정했다. 그 후 헝가리, 루마니아, 슬로바키아, 불가리아, 유고슬라비아 왕국, 크로아티아 독립국이 차례대로 서명했지만, 유고슬라비아 왕국은 1941년 3월 27일에 일어난 군사 쿠데타로 인해 탈퇴하고 만다.

● 1938년에 일본에서 제작된, 삼국동맹의 선전 엽서
 〈사이가 좋은 세 나라〉

유럽인들이 2차대전에 빠져 있는 틈을 이용해 그들의 식민지를 공략하고자 한 것이다. 다만 필리핀에 주둔한 미군과의 충돌이 예상되었으나, 요령껏 잘 피해 나가거나 협상을 함으로써 충분히 해결할 수 있으리라고 판단했다.

1941년 4월에는 소련과 불가침 조약을 체결하여 일본 동북부의 안전을 보장 받는 대신에 동남아시아와 태평양 지역에서의 전쟁에 전념할 준비를 완전히 갖추기에 이르렀다.

유럽에서 독일이 성공을 거두자, 일본은 동남아시아에서 유럽 정부에 압력을 가했다. 네덜란드는 네덜란드령 동인도에서 석유를 공급하기로 합의했으나, 식민지의 통제를 넘기는 것에는 반대했다. 반면에, 비시 프랑스는 프랑스령 인도차이나를 넘기는 데 동의했다.

1941년 7월, 미국·영국과 기타 서양 국가들은 일본의 인도차이나 점령에 대응하여 일본 자산에 대한 동결, 일본 석유 공급의 80%를 차지하는 미국의 석유 금수 조치를 시행했다. 즉, 일본 제국의 아시아 정복 야망을 분쇄하려는 조치였다. 일본으로서는 미국의 요구를 들어준다는 것은 전쟁에서 패배하는 것보다 더 굴욕적이라고 생각했다.

일본 군부는 동남아시아를 정복한 다음 그 주위로 방어선을 설정하고, 그곳을 침범하려는 어떠한 적도 막아낸다는 구체적인 전쟁계획을 세웠다. 그들은 자원의 한계로 말미암아 미국에게 전면적인 승리를 거둘 수 없다는 것을 잘 알고 있었다. 그럼에도 불구하고 많은 희생이 따르는 전쟁을 기피하는 미국인들의 무른 성향을 계산하고, 초기에 승리를 거둔 후 적절한 단계에서 협상으로 전쟁을 종결시킬 수 있으리라고 기대하면서, 태평양 전쟁이라는 엄청난 불장난에 뛰어들게 된다.

● 일본 육군의 기

■ 일본의 진주만 기습

1941년 12월 7일(일본 시간 12월 8일) 일본은 선전포고 없이 진주만과 필리핀·말레이 반도를 동시에 공격했다. 진주만을 공격한 목적은 결코 그곳을 점령하기 위한 것은 아니었으며, 다만 미국의 태평양 함대를 무력화시킴으로써 제한된 시간 내에 동남아시아 일대를 쉽게 장악하기 위해서였다.

진주만의 미 태평양 함대는 전혀 예상치 못하고 있다가 완벽한 기습공격을 당했다. 총 450대의 항공기를 실은 6척의 일본 항공모함은 감쪽같이 하와이 가까이에 접근해 진주만을 공습했고, 한나절도 못 되어 태평양 함대를 박살냈다. 정박해 있던 7척의 미국 전함 가운데 5척이 격침되었고, 200여 대의 항공기가 지상에서 파괴되었다.

이러한 공격 후 미국·영국·오스트레일리아와 기타 연합군은 일본에게 선전포고 했다. 독일과 삼국동맹 조약의 회원국은 미국에게 선전포고 했다.

● 진주만 공격

1941년 12월 7일 아침, 일본 제국 해군이 진주만에 대한 공격을 가했다. 하와이 주 오아후 섬에 위치한 진주만에 대한 기습 공격은 미국 태평양 함대와 이를 지키는 공군과 해병대를 대상으로 감행되었다. 이 공격으로 12척의 미 해군 함선이 피해를 입거나 침몰했고, 188대의 비행기가 격추되거나 손상을 입었으며 2,403명의 군인 사상자와 68명의 민간인 사망자가 나왔다. 야마모토 이소로쿠 사령관이 태평양 전쟁의 시작으로 폭격을 계획하였고, 나구모 주이치 부사령관이 지휘를 맡았다. 일본군은 이 작전에서 64명의 희생자를 내었다. 항구에 있지 않았던 태평양 함대의 항공모함 3척과 유류 보관소와 병기창 등은 피해를 입지 않았다. 미국은 이와 같은 자원을 이용해서 6개월에서 1년 사이에 원상복구를 할 수 있었다. 미국 국민들은 진주만 공격을 배신행위로 보고, 일본 제국에 대항하기 위해 일치단결하여 복구에 전력을 기울였는데, 이는 훗날 일본 제국의 패망으로 이어진다.

● 진주만 폭격 장면
미국 전함 애리조나 호는 일본군의 폭탄에 피격당한 뒤 이틀 동안 불타올랐다. 함선의 일부는 나중에 인양되었으나, 나머지 부분은 지금까지도 해저에 남아 있다.

  1942년 1월에는 미국, 영국, 소련, 중국과 기타 22개 나라가 대서양 헌장에 이어 연합국 공동 선언을 발표했다. 소련은 연합국 공동 선언을 준수하지 않고 일본과의 중립 조약을 유지했으며, 자국의 이해관계에 따라 연합국과 보조를 맞추지 않았다.

  1942년, 스탈린은 처칠과 루스벨트에게 프랑스에 "제2전선"을 열라고 요청했다. 동부전선은 유럽 전장에서 가장 큰 작전지역이었으므로, 소련 측의 입장에서는 독일군이 서부전선으로 대폭 이동할 필요가 있었던 것이다. 처칠과 루스벨트는 원하는 전선을 열기 위해 준비 기간이 필요했다.

  한편, 1942년 4월에는 일본과 그 동맹국인 타이가 버마, 말레이시아, 네덜란드령 동인도, 싱가포르, 라바울을 점령하며 연합군에게 중대한 손실을 입혔다. 필리핀은 코레히도르 섬과 기타 섬에서의 저항에도 불구하고, 결국 1942년 5월 점령되었다. 일본은 해상에서도 승리를 거두어 남중국해, 자바 해, 인도양과 호주의 다윈에 공습했다.

  일본은 태평양 전쟁의 초기에 그들이 노린 목표를 차지하는 데 대성공을 거두었다. 이제 남은 문제는 점령지역을 계속 확보할 수 있는가, 과연 그들이 계산한 대로 협상으로 전쟁을 조기에 끝낼 수 있는가였다. 하지만 일으키는 것보다 끝내기가 훨씬 어려운 것이 전쟁의 속성이다. 미국이나 영국과 같이 잠재력이 강한 나라가 초기의 패배를 기정사실로 받아들이고 정치적 타협에 쉽게 응해 주리라고 계산한 것은 일본 정부의 중대한 오판이었다.
  연합군은 어떤 일이 있더라도 패배를 만회해야 한다는 방침을 결의하고 반격을 준비하기 시작했다. 그리하여 태평양 전쟁은 결코 조기에 끝날 수 없는 전쟁으로 확대되어 갔다.

■ 독일의 소련 침공

아돌프 히틀러는 독일인에겐 넓은 생활공간이 필요하니 이를 위해 동쪽의 영토가 필요하다는 것을 밝혔다. 히틀러는 슬라브인을 열등 인종으로 보았으며, 그들을 추방한 후 광대한 영토에 식민지를 건설할 계획이었다.

나치 독일과 소비에트 연방은 폴란드 침공 직전에 독소 불가침 조약을 체결하고 우호관계를 맺었다. 이것은 독일과 소련이 중앙유럽의 분할지배에 합의하고 상호 안전보장 조약을 맺은 것이었다. 독소 불가침 조약은 세계를 놀라게 했다. 절대 손을 잡지 않을 것처럼 보였던 양대 적대세력이 손을 잡은 것이었기 때문이다. 그러나 이것은 독일에게 일시적인 보험에 불과했다.

독일 육군 최고사령부는 영국을 후방에 둔 채 소련을 공격하여 2개의 전선을 만드는 것을 염려했지만, 히틀러는 측근들의 조언을 무시하고 작전 개시를 명령했다. 히틀러는 서방 전격전의 성공에 힘입어 소련군과의 전투에서도 승리를 확신하고 있었다. 그는 소련을 무너뜨리지 않는다면 나치 독일이 사라질 거라고 생각했다. 또한 소련군에 대한 신속한 승리가 영국과의 화평을 촉진시키길 기대하고 있었다. 독일은 소련침공 계획을 유명한 게르만족 황제의 별칭을 따서 '바르바로사(Barbarossa) 계획'이라고 불렀다.

● 프리드리히 1세

● 프리드리히 1세 '바르바로사'

붉은 수염을 의미하는 '바르바로사' 프리드리히 1세(1122~1190)는 신성로마제국의 혼란과 제후들 간의 오랜 분쟁을 종식시킨 인물로 평가된다. 그는 통합과 평화의 시대를 열 수 있는 조건을 갖춘 인물이었다. 그는 슈타우펜 왕조 출신으로, 외가 쪽으로 벨프 가의 피를 물려받았다. 또 1156년에 부르군트 출신의 베아트릭스와 재혼함으로써, 이탈리아 지역에도 혈연을 통한 지지 세력을 확보하였다. 그의 치세가 성공의 연속으로 점철된 것만은 아니었음에도, 그는 로마의 영광을 계승하고 서유럽 전체를 기독교 이념으로 결속시킨 정의로운 지배자로 여겨졌다.

1941년 6월 22일 독일군은 공격을 개시했다. 작전에는 독일군을 주축으로 한 추축군 총 300만여 명의 대병력이 동원되는 역사상 최대 육상작전이었다. 2개 기갑집단이 배치되었는데, 최강 전력을 지닌 중부집단군은 민스크·스몰렌스크 등에서 소련군을 포위 격파하고 모스크바를 목표로 진격을 계속했다.

그러나 히틀러는 남부집단군의 우크라이나 공격을 지원하기 위해 중부집단군에서 제2기갑집단을 차출한 후, 남부로 진격하여 키예프의 소련군 배후를 포위하라고 명령했다. 이 덕분에 개전 후 우마니 포위전 등에서 한정적인 성공을 거뒀지만 강력한 소련군에 막혀 고전을 면치 못하고 있던 남부집단군에게는 키예프에서 소련군 주력을 포위 격파할 수 있는 기회가 주어졌다.

독일군은 우크라이나에서 큰 성공을 거두었으나, 그사이에 1941년 9월이 지나갔다. 1812년 나폴레옹이 히틀러 군대보다 하루 늦게 니멘 강을 떠나 9월 중순쯤 모스크바에 입성했던 기록과 비교해 보면, 히틀러의 전격전 부대가 오히려 훨씬 느린 셈이었다. 독일군이 남쪽에서 다시 방향을 바꾸어 모스크바 문전에 다다랐을 때는 이미 전투력이 크게 약화된 데다 추운 겨울과 싸워야 하는 이중의 난관에 부딪히게 되었다. 4년에 걸친 독일-소련 전쟁(특히 스탈린그라드 전투)은 사상 최대 규모의 지상전으로서, 엄청난 사상자를 기록하게 된다.

● 스탈린그라드 전투

1942년 8월 21일부터 1943년 2월 2일까지 스탈린그라드(현재 이름은 볼고그라드) 시내와 근방에서 소련군과 추축군 간에 벌어진 전투를 말한다. 이 전투는 제2차 세계대전의 가장 중요한 전환점이었다. 이 전투에서 약 200만 명이 죽거나 다쳤으며, 인류사에서 가장 참혹한 전투로 기록되고 있다. 이 전투는 독일 제6군과 다른 추축국 군대의 스탈린그라드 포위, 이후의 소련군의 반격으로 이루어져 있다.

● 스탈린그라드 전투를 기점으로 소련군의 전투력은 대폭 향상되어, 독일군과 대등하게 싸울 수 있는 능력을 갖추게 되었다.

■ 미드웨이 해전

1942년 초, 연합국 정부는 워싱턴 DC에 본부를 둔 아시아 태평양 회의에 미국 중심의 조직을 설치할 것을 요구했다. 1942년 4월 1일, 워싱턴에서 프랭클린 루스벨트 대통령과 그의 고문관 해리 홉킨스의 주도로 '태평양 전쟁 회의'가 창설되었다. 여기에는 중화민국, 영국, 오스트레일리아, 네덜란드, 뉴질랜드, 캐나다의 대표가 참석했다. 후에 영국령 인도 제국과 필리핀의 대표도 추가되었다. 회의는 영미 연합 사령부의 결정에 직접적인 통제권이 없었다. 이 무렵 연합군의 저항은 초기에는 상당히 미약했으나, 이후에는 점진적으로 강화되었다. 대표적인 예가 오스트레일리아와 네덜란드 군이 티모르 전투에서 시민들을 안전히 대피시킨 것이었다.

1942년 4월 'USS 호넷' 항공모함에서 출격한 폭격기가 일본 수도에 가한 둘리틀 공습은 일본 제국에게 약간의 물질적 피해만 주었지만 미국 정부 및 군대에게 도덕적 사기를 올려주었으며, 일본 본토가 취약하다는 것을 드러냄으로써 심리적 영향을 주었다. 그러나 공습의 가장 큰 효과는 미드웨이에서 일본군에게 재앙적인 폭격을 개시했다는 것이었다. 미드웨이 해전에서 일본의 항공모함들은 미국의 급강하 폭격기들에 의해 격파되었고, 일본은 돌이킬 수 없는 패배의 수령으로 몰리게 되었다. 미드웨이 해전의 패배로 일본은 자신들의 본토 안위를 걱정하는 처지가 되었다.

● 미드웨이 해전

1942년 6월 5일(미국 시간 6월 4일) 태평양의 전략적 요충지인 미드웨이 섬을 공격하려던 일본 제국 항모기동부대가 벌떼처럼 기습해 온 미국 항공기의 공격을 받아 궤멸되고 만 전투이다. 흔히 미국이 태평양 전쟁의 주도권을 일본으로부터 뺏어와 전쟁의 판도를 바꾼 전환점으로 회자되는 해전이다.

● 미드웨이 해전에서 미국은 일본의 항공모함 4척을 격침시켜 태평양의 제해권을 장악했으며, 반격의 발판을 마련했다.

■ 무솔리니의 실각

소련 전장에서는, 독일과 소련 모두 1943년의 대형 공세에 대비해 준비를 하고 있었다. 1943년 7월 4일, 독일군은 쿠르스크 전투를 시작했다. 그러나 독일군은 소련의 강력한 방어선에 막혀 일주일 내에 공세를 중지했는데, 히틀러는 처음으로 작전 수행 중에 작전을 취소한 것이었다. 이 결정은 7월 9일 허스키 작전에서 이탈리아군의 실패로 인해 무솔리니가 실각했기 때문이었다.

7월 12일 소련군은 쿠트조프 작전으로 반격을 시작하면서, 동부전선에서의 교착 상태를 해결할 전망이 보였다. 쿠르스크의 소련군 승리는 동부전선에서 독일의 우세가 끝나고, 주도권이 소련으로 넘어간다는 것을 의미했다. 독일군은 전선을 안정화하기 위해 급히 판저-워튼 선을 만들었으나, 2차 스몰렌스크 전투와 드네프르 저지 작전으로 구멍이 뚫리게 되었다.

1943년 9월 초, 서부 연합군의 이탈리아 침공으로 이탈리아와 연합군의 정전 협정이 체결되었다. 독일은 이탈리아 지역의 점령과 무장 해제로 대응했으며, 방어선을 구축했다. 대서양에서도 독일의 작전이 있었다. 그러나 1943년 연합군의 반격 조치의 효과가 커지자 독일이 자랑하던 잠수함(유보트)이 상당한 손실을 입어, 독일 해군은 대서양에서의 작전을 중단했다.

● 유보트(U-boot)는 독일 해군이 운용한 잠수함으로, '해저의 암살자'라는 별칭을 얻었다.

■ 연합국 수뇌 회담

제2차 세계대전이 추축국 측에 불리하게 진행되면서, 연합군이 이탈리아에 상륙하여 1943년 9월 이탈리아가 항복하였다. 그리하여 세계 지도자들은 세계대전의 수행과 전후 처리 문제를 사전 협의하기 위해 두 차례의 회담을 하였다.

첫 회담은 1943년 11월 루스벨트와 윈스턴 처칠과 장개석이 카이로에서 만났고(카이로 회담), 두 번째 회담은 1943년 12월 2 ~ 7일에 열렸다. 이란의 수도 테헤란에서 가졌는데, 소련의 이오시프 스탈린이 참석하였다(테헤란 회담). 전자의 회담은 대일전(對日戰)에 서로 협력할 것을 협의하였고, 일본이 패전했을 경우를 가정하고 일본의 영토 처리에 대하여 연합국의 기본방침을 결정하였다. 후자의 회담은 연합군이 1944년에 유럽 대륙에 상륙하고, 독일 항복 3개월 내에 일본에게 선전포고 하는 약속이 포함되어 있었다.

● 카이로 회담

1943년 9월 이탈리아가 항복하였다. 그리하여 세계 지도자들은 세계대전의 수행과 전후 처리 문제를 사전 협의하기 위해 두 차례의 회담을 하였다. 첫 회담은 1943년 11월 22일에서 26일까지 이집트의 수도 카이로에서 세계전쟁에 대한 대응 문제로 모임을 가진 것이다. 당시 가장 중요한 핵심 사안으로는 일본이 패전했을 경우를 가정하고 일본의 영토 처리에 대하여 연합국의 기본방침을 결정하였다. 특히 이 회담에서 한국의 독립에 대한 논의를 하였다.

● 테헤란 회담

1943년 12월 이란의 수도인 테헤란에서 개최한 회담을 말한다. 그 이전의 10월에 미국 · 영국 · 소련의 회의가 모스크바에서 열렸고, 이어서 동년 12월에 3 거두의 테헤란 회담으로 진전하였다. 이 회담에서 연합국이 승리한다는 확신을 가지게 되자, 전쟁 처리와 전후 문제가 연합국 측의 과제로 떠올라 9회에 이르는 연합국 회의가 열렸다. 그 결과 3국의 협력과 전쟁수행 선언, 소련의 반격에 호응하여 서부전선에 제2전선을 결정할 것 등이 약속되었다.

● 카이로 회담의 장개석 · 루스벨트 · 처칠

● 테헤란 회담의 스탈린 · 루스벨트 · 처칠

■ 연합국의 대반격

1944년 1월 말, 3년간의 레닌그라드 포위전에서 소련이 승리함으로써 독일군은 레닌그라드 주에서 후퇴했는데, 이것은 가장 장기간의 포위전으로 남았다. 소련군은 뒤이어 전쟁 전의 에스토니아 국경까지 진군했으나 독일 북부 집단군에 막혀 멈추었고, 독일의 에스토니아 점령 기간 동안 에스토니아인들은 소련에게 에스토니아 망명정부와 민족 독립을 요구했지만 실패했다. 이 때문에 발트 해 지역의 수복이 둔화되게 되었다.

5월 말, 소련군의 크림 공세로 추축군은 우크라이나에서 크게 물러났고, 1차 이아시-키시네프 공세로 루마니아까지 후퇴했다. 이탈리아에서 연합군의 공격은 계속 성공하여, 독일 사단은 6월 4일 로마까지 후퇴했다.

연합군은 아시아 대륙에서 여러 운명을 겪었다. 1944년 3월, 일본은 유고 작전으로 인도의 아삼 지역에 대한 공세를 시작했고, 곧이어 임팔 전투와 코히마 전투로 영연방군을 포위했다.

1944년 5월, 영국군과 한국 광복군은 반격을 시작하여 일본군을 버마 국경까지 물러나게 했고, 1944년 말에는 중국군이 북부 버마로 침공하여 미치나에서 일본군을 포위했다. 중국에서 일본군은 1944년 4월부터 대륙타통작전을 펼쳐, 중국군의 주요 병력을 고립시키고 연합군 비행장을 점령했다. 6월에 일본군은 허난 성 지방을 점령했고, 창사 전투로 후난 성에 대한 반격을 시작했다.

● 한국 광복군

1940년 9월 17일 중국 충칭에서 조직된, 대한민국 임시정부의 정규군이다. 광복군은 1943년 영국군에 파견되어 인도·버마 전선에 투입되었으며, 그 뒤 임정 구미위원부 위원장 이승만을 통해 미국의 도노번 장군에게 OSS(전략정보국) 특별훈련을 받기도 하였다. 임정은 일제의 항복 전에 자력으로 국토를 수복하기로 하고, 1945년 8월 11일 국내정진군(國內挺進軍)을 편성했다. 8월 16일 그 선발대가 미군 비행기를 타고 한반도로 진출했으나 뜻을 이루지 못했고, 8월 18일 다시 국내 진입을 시도해 여의도 비행장에 착륙했지만 일본군의 저항으로 후퇴했다.

● 한국 광복군의 기
1936년에 장개석의 제안으로 임시정부는 중국 내의 전 조선인 무장세력을 규합하여 광복군 조직을 추진하였다.

■ 노르망디 상륙작전

1944년 6월 6일, 미국과 영국군이 주력이 되고 기타 캐나다, 자유 프랑스, 오스트레일리아, 폴란드, 노르웨이 등 8개국의 연합군은 독일이 점령하고 있던 프랑스령 노르망디 해안에 사상 최대의 상륙작전을 감행했다.

상륙작전은 두 단계로 시행되었다. 6월 6일 자정쯤에 공수부대의 야간 투입 작전이 있었고, 이어서 날이 밝자 상륙작전이 개시되었다.

한편, 영불 해협 방면보다도 더 험한 북부 프랑스(노르망디 지역)의 악천후는 독일군을 안심시키고 경계를 풀게 하였다. 이들은 그간 미영 연합군의 상륙작전이 임박했음을 줄곧 경고받아 온지라, 높은 경계심을 가지고 있었다. 그러나 끔찍한 악천후를 맞아 적어도 며칠간은 마음을 놓아도 좋으리라고 생각하였던 것이다. 일부 부대는 비상 경계령을 일시 해제하기도 하였고, 많은 고위 지휘관들은 주말을 맞아 위치를 떠나거나 했다.

연합군의 상륙작전은 성공적이었으며, 팔레즈 포위전으로 프랑스의 독일군 대부분은 포위되었다. 그리고 8월 25일에는 자유 프랑스군이 파리를 해방시켰고, 서방 연합군은 라인 강 공세를 시작했다.

● 노르망디 상륙작전

1944년 6월 6일, 연합군이 북 프랑스의 노르망디 해안에서 감행한 상륙작전이다. 아이젠하워 장군의 지휘 아래 함선 1,200척, 항공기 1만 대, 상륙 주정 4,126척과 수백 대의 장갑차로 편성된 대 부대가 노르망디에 상륙한 사상 최대의 규모였다. 상륙 초기의 3주간 연합군의 피해는 사망자 8,975명, 부상자 5만 1,796명이고, 독일군 포로는 약 4만 1천 명이나 되었다. 이 작전의 성공에 힘입어, 전쟁 초기 서부전선에서 패하여 유럽 대륙으로부터 퇴각한 연합군은 독일 본토로 진격하기 위한 발판을 마련하였다.

● 노르망디 상륙작전 중 가장 피해가 심했던 오마하 해변 전투를 묘사한 그림

■ 동부전선에서의 소련의 공세

1944년 6월 22일, 소련은 벨라루스 지역에서 독일 중부집단군에 대한 대규모 공세인 바그라티온 작전을 시작하여 적군을 거의 대부분 붕괴시켰다. 나아가 서부 우크라이나와 동부 폴란드에서도 공세를 퍼부어 독일군을 몰아냈다.

9월, 붉은 군대는 유고슬라비아로 진군해 갔으며 독일군은 급히 육군 E집단군과 육군 F집단군을 그리스, 알바니아, 유고슬라비아에서 후퇴시켰다. 이 시점에, 요시프 브로즈 티토가 인솔하는 유고슬라비아 유격대는 1941년부터 시작된 유고슬라비아 전선에서 게릴라 전투를 시작했고, 유고슬라비아의 많은 영토를 점령한 후 독일 남부에까지 진격하였다.

북부 세르비아의 소련군은 제한적으로 유격대를 지원하면서, 10월 20일 베오그라드 공세에 성공했다. 며칠 후, 소련군은 독일 점령하의 헝가리에서 부다페스트 공세를 개시한다.

헝가리는 추축국의 일국으로 독일 편에 가담하여 소련에 대항해 왔다. 헝가리군은 3년 동안 20만 명이 사망했고, 이제는 전선이 헝가리 수도인 부다페스트 바로 앞까지 펼쳐졌다. 1945년 2월, 소련은 부다페스트 포위전에서 승리하고 헝가리를 점령하였다.

● 부다페스트 공방전

부다페스트 공방전 또는 부다페스트 전투는 제2차 세계대전에서 독소 전쟁 후기에 헝가리의 수도 부다페스트에서 일어난, 추축국과 소련군 간의 전투이다. 부다페스트 공세의 일부인 이 포위전은 부다페스트를 방어하고 있던 헝가리군과 독일군이 1944년 12월 29일 붉은 군대와 루마니아 육군의 공격을 받으면서 시작했다. 이 포위전은 1945년 2월 13일 도시 방어군이 무조건 항복하면서 끝나게 되었다. 이 전투는 연합군의 베를린 공세를 수월하게 해줄 수 있는 전략적 의미가 컸다.

● 폐허가 된 부다페스트 시내에서 시가전을 펼치고 있는 헝가리군과 소련군

■ 일본의 패주

　1944년 7월, 동남아시아의 영연방군은 일본군을 친드윈 강까지 후퇴시켰으며, 중국군은 미치나를 점령했다. 그러나 중국 본토의 일본군은 큰 성공을 거두어 6월 중순에는 창사를 점령했고, 8월 초에는 헝양 방어전에서 승리했다. 그 후 일본군은 광시 지방을 침공하여 11월 말까지 구이린-류저우 전투에서 승리했고, 12월 중순까지 중국과 인도차이나 반도를 연계시킨 채 진격하고 있었다.

　반면에 태평양에서는 절대 우위에 있는 미군이 일본군의 점령지를 하나하나 빼앗기 시작했다. 1944년 6월 중반, 마리아나-팔라우 제도 공세가 개시되었으며, 일본군은 결정적으로 필리핀 해 해전에서 패배했다.

　이 패배로 인해 일본 총리인 도조 히데키는 해임되었고, 미군은 일본 본토를 폭격하기 위한 공군 기지를 점령하기 시작했다. 10월 말, 미군은 필리핀의 레이테 섬을 침공했으며, 그 후 연합군은 레이테 만 해전에서 큰 승리를 거두었다.

● 도조 히데키(東條英機)

도조 히데키(1884년~1948년)는 일본 제국의 군인이자 정치가이다. 1941년 10월 18일부터 1944년 7월 18일까지 일본의 제40대 총리를 지냈는데, 태평양 전쟁을 일으킨 A급 전범으로 손꼽힌다. 1941년 12월 7일 진주만 습격을 명령해 태평양 전쟁을 일으켰으며, 1942년 외무대신, 1943년 문부대신 · 상공대신 · 군수대신을 겸임하였고, 그해 대동아회의를 개최하여 일본 주도하의 아시아 국가들의 단결을 도모하였다. 전쟁 초반에는 동남아시아와 태평양 전선에서 많은 성과를 올렸으며, 1944년 국무와 통수의 일치 및 강화를 주장해 육해군 통수부 총장의 경질을 단행하고 스스로 참모총장이 되었다. 그러나 전쟁 후반에 이르러 점점 전황이 악화되어 일본군은 수세에 몰렸고, 1944년 마리아나 제도를 연합군에게 빼앗기자 그 책임을 지고 내각 총리대신 직에서 물러났다.

● 전범 재판정의 도조 히데키
도조는 1945년 8월 일본의 패전 후, 권총 자살을 시도하였으나 실패하였다. 1948년 11월 12일 극동국제군사재판에서 사형을 선고받아, 그해 12월 23일에 스가모 형무소에서 교수형에 처해졌다.

■ 추축국의 붕괴, 연합국의 승리

1944년 12월 16일, 독일은 서부전선에서 서방 연합군을 물리치기 위해 모든 예비 병력을 모아 '벌지 전투(Battle of the Bulge)'를 시작했으나, 서방 연합군의 주요 보급기지인 앤트워프 항구를 점령할 수는 없었다. 이듬해 1월, 독일군의 공세는 그 어떤 전략적 목표도 이루지 못한 채 실패했다. 이탈리아에서는 독일군과 연합군이 방어선 근처에서 교착 상태를 이루었다.

1945년 1월 중순, 소련군은 폴란드 지방에서 공세를 시작하여 독일 본토로 진격했으며, 동프로이센을 점령했다. 2월 4일, 미국·영국·소련의 지도자들은 얄타 회담에서 만났다. 그들은 전후 독일 점령에 동의했고, 소련은 일본에 대한 공격을 시작할 것이라고 약속했다.

2월, 소련군은 슐레지엔과 포메라니아 동부에 대한 공세를 시작했으며, 서방 연합군은 독일 본토로 진격하여 라인 강을 점령했다. 3월, 서방 연합군은 라인-루르의 북부와 남부를 점령한 후 루르 포위전으로 독일 B집단군을 포위했고, 소련은 비엔나 공세를 개시했다.

4월 초, 서방 연합군은 마침내 이탈리아 점령에 성공한 후 독일 서부로 진격했다. 소련군은 4월 말에 베를린 공방전을 시작하여, 4월 25일에는 엘베 강에서 연합군과 만났다. 드디어 4월 30일, 히틀러가 지하 벙커에서 애인 에바 브라운과 동반자살 했고, 5월 7일 독일 국회의사당을 방어하던 독일군이 항복함으로써 독일 제3제국은 멸망했다.

● 히틀러의 부인 에바 브라운

● 히틀러의 자살

히틀러는 독일 해군 사령관 되니츠 제독을 자신의 후계자이자 차기 총통으로 임명하는 최후의 문서를 구술한 뒤, 에바 브라운과 결혼식을 올리고 죽음을 준비하였다. 이튿날 총통의 개를 안락사시켰다. 영양사와 비서들과 함께 점심을 먹은 히틀러와 그의 신부는 응접실로 들어갔다. 에바 브라운은 청산가리를 마셨고, 히틀러는 권총을 입에 물고 방아쇠를 당겼다. 경호원들은 히틀러와 에바의 시체를 벙커에서 끌어내 가솔린을 뿌려 태운 뒤, 소련군의 포격이 빗발치고 도시가 불타는 와중에 포탄으로 패인 구덩이에 묻었다. 히틀러와 에바의 시신은 이후 끝내 발견되지 않았다.

한편 1945년 4월 12일, 미국의 대통령 프랭클린 루스벨트가 사망하여 해리 S. 트루먼이 대통령직을 승계했다. 베니토 무솔리니는 4월 28일에 이탈리아 유격대원에 의해 처형되었다. 그 이틀 후, 히틀러가 자살하여 대제독 카를 되니츠가 총통직을 넘겨받았다.

독일군은 이탈리아에서 4월 29일에 항복했다. 독일의 항복문서는 5월 7일 랭스에서 서명되었고, 5월 8일(모스크바 시간으로 5월 9일) 베를린에서 비준되었다. 하지만 독일 중앙집단군은 5월 11일 프라하 공세 때까지 저항했다.

필리핀에서는 1945년 1월에 루손 상륙작전이, 3월에는 마닐라 전투가 시작되었다. 전투는 루손에서 계속되었으며, 민다나오 섬을 비롯한 필리핀의 다른 섬들은 전쟁이 끝날 때까지 저항한다. 미군은 4월 말까지 필리핀 전투와 레이테 만 해전에서 승리했다.

중국 본토에서 중국군은 4월 6일부터 6월 7일까지 서후난 전투로 반격을 시작했다. 5월, 오스트레일리아군은 보르네오 전투를 개시하여 섬을 점령했다. 영국·미국·중국 군은 북부 버마에서 일본군을 몰아냈고, 5월 23일에는 영국군이 양곤을 점령했다.

미군은 일본 본토를 향해 진격하기 시작하여 3월에는 이오 섬을 점령했고, 6월 말에는 오키나와를 점령했다. 미군 폭격기는 일본 본토 공습을 개시했으며, 미군 잠수함은 봉쇄 조치를 시작했다.

● 일본 본토를 폭격하는 B-25 폭격기

● 일본 본토 공습

제2차 세계대전 당시 일본에 대한 영국과 미국의 대규모 도시 폭격을 뜻한다. 이 공습은 일본을 주저앉히는 데 제 몫을 다했다. 1942년 둘리틀 공습을 시작으로 1945년 8월 히로시마 원폭 투하까지 연합군은 일본의 주요 도시를 폭격했다. 초기에는 진주만 공격에 대한 보복성이 짙었으나, 후기에는 태평양 전쟁의 주요 전선을 보충하는 역할로 전환되었다. 대표적인 공습에는 둘리틀 공습, 도쿄 대공습, 고베 공습 등이 있다. 전쟁 말기에는 소련도 사할린과 슘슈 섬 일대에 폭격을 가했다.

7월 11일에는 미국·영국·소련의 수뇌들이 포츠담 회담을 했다. 그들은 이전의 회담 협정을 확인했고, 특히 일본의 무조건 항복을 강조하면서 "일본에 대한 대안은 신속하고 완전한 파괴"라고 발표했다.

이 회담 중에 영국에서는 선거가 실시되어 처칠이 실각했고, 노동당의 클레멘트 애틀리 내각이 구성되었다. 일본이 포츠담 협정을 무시하자 8월, 미국은 마침내 히로시마와 나가사키에 원자폭탄을 투하했다.

두 원자폭탄이 터진 사이, 소련군은 얄타 회담의 조건에 따라 만주로 진격하여 관동군을 항복시켰다. 나아가 청진 등 한반도 북부로 진군했으며, 사할린 섬과 쿠릴 열도를 점령했다.

1945년 8월 15일, 일본이 항복하였다. 일본의 항복문서가 9월 2일 미군 전함 USS 미주리(BB-63) 호에서 서명됨으로써, 제2차 세계대전은 막을 내렸다.

● 히로시마 · 나가사키 원자폭탄 투하

제2차 세계대전이 다 끝나 갈 무렵 미국은 일본에 두 개의 원자폭탄을 투하했는데, 1945년 8월 6일 히로시마 시에 한 개의 원자폭탄을 떨어뜨렸고 8월 9일 나가사키 시에 나머지 한 개의 원자폭탄을 떨어뜨렸다.

이 원자폭탄 두 개는 인류사 최초로 전쟁에서 일반 시민 학살에 쓰인 원자폭탄이었다. 원자폭탄 투하가 결정된 히로시마는 당시 일본군 제2사령부이면서 통신 센터이자 병참 기지였으므로, 일본의 군사상으로 중요한 근거지였다. 원자폭탄을 떨어뜨리고 초기 2개월에서 4개월 동안, 히로시마에서는 9만 명에서 16만 6천 명, 나가사키에서는 6만 명에서 8만 명 정도가 사망했으며, 그중 각 도시 사망자 절반은 원자폭탄을 떨어뜨린 당일에 집계되었다.

● 히로시마(좌), 나가사키(우)에 투하된 원폭에서 피어오르고 있는 버섯구름

● 원자폭탄 투하 후의 히로시마

● 미주리 전함에서 항복 서명을 하는 일본군

나가사키 원폭투하 6일 후인 8월 15일 일본은 연합군에 무조건 항복을 선언했으며, 9월 2일 항복문서에 사인하면서 공식적으로 태평양 전쟁과 제2차 세계대전의 종전을 알렸다. 이 원자폭탄 투하 사건은 윤리적 문제와 "당시 미국이 정말로 그렇게까지 할 필요가 있었을까?"리는 주제로 아직까지 논쟁이 벌어지고 있다.

■ 세계대전의 참상

제2차 세계대전은 인류 역사상 가장 많은 사상자를 낸 전쟁이다. 전체 사상자의 비율은 연합국이 85%, 추축국이 15%를 차지했다. 이러한 사상자들은 독일과 일본의 점령 지역에서 대부분 발생했는데, 특히 소련인과 중국인이 많이 희생되었다.

히틀러의 나치스가 자행한 홀로코스트(Holocaust)는 독일 제국과 독일군 점령지 전반에 걸쳐 계획적으로 유대인과 슬라브족, 집시, 동성애자, 장애인, 정치범 등 약 1천1백만 명의 민간인과 전쟁포로를 학살하였다. 사망자 중 유대인은 약 6백만여 명으로, 그 당시 유럽에 거주하던 9백만 유대인 중 약 2/3에 해당한다. 유대인 어린이가 약 백만 명, 여자 약 2백만 명, 남자 약 3백만 명 정도 죽은 것으로 파악된다. 유대인과 기타 피해자들은 독일 전역과 독일 점령지의 약 4만여 개 시설에 집단 수용된 후 학살되었다.

특히 나치스가 사람들을 집단적으로 말살시키려는 목적 아래 가스실을 구비한 수용소를 지은 것은 역사적으로 유례가 없는 일이었다. 이러한 강제 수용소는 아우슈비츠-비르케나우를 비롯해 트레블링카, 벨제크, 헤움노, 야세노바츠, 마이다네크, 말리 트로스테네츠, 소비보르 등에 세워졌다. 아우슈비츠-비르케나우 수용소에서 150만 명, 트레블링카 수용소에서 90만 명, 벨제크 수용소에서 60만 명 등이 희생되었다.

● 홀로코스트(Holocaust)

나치 독일의 유대인 학살은 히틀러 한 사람만의 범죄가 아닌, 독일사회가 인종차별주의에 동조하는 구조악에 따른 범죄였다. 먼저, 1935년 제정된 뉘른베르크 법을 비롯하여 유대인을 사회에서 배척하는 각종 법령들이 세계대전 발발 전에 제정되었다. 독일군은 유대인과 집시들을 게토에 수용한 후 화물 열차에 실어서 집단 학살 수용소로 이송했다. 화물 열차에서도 많은 사람들이 죽었는데, 살아남은 이들은 차례대로 가스실에서 죽음을 맞이하였다. 이 학살에는 독일 관료제 전체가 관여했다고 알려져 있고, 한 홀로코스트 학자는 이 때문에 독일의 제3제국을 '학살국가'라고 칭하기도 하였다.

● 아우슈비츠 수용소
● 시체 소각로

일본 제국도 나치 독일에 못지않게 잔혹했는데, 특히 난징 대학살은 일본군의 만행을 잘 드러내고 있다. 난징 대학살은 중일 전쟁 때 중화민국의 수도인 난징을 점령한 일본이 군대를 동원해 중국인을 무차별 학살한 사건이다.

난징이 일본군의 수중에 떨어지자, 미처 피하지 못했던 시민들과 병사들에게 재앙이 닥쳤다. 일본군은 백기를 들며 항복한 중국군 포로뿐만 아니라 젊은 남자들도 색출하여 닥치는 대로 끌고 가 성외곽 밖이나 양쯔 강 하구에서 기관총 세례를 퍼부어, 무차별 학살을 자행했다. 적게는 수십 명에서 많게는 만여 명이나 되는 단위로, 중국군 포로와 민간인 남자들은 일본군의 총검술 훈련용으로 이용되거나 목 베기 시합의 희생물이 되었다. 게다가 적지 않은 중국인들은 총알을 아끼려는 일본군에 의해 산 채로 파묻혀 생매장당하거나 칼로 난도질당했다.

난징의 한 광장에서는 천여 명의 사람들이 몇 개의 열로 구분되어 세워졌는데, 이들 가운데는 여자와 어린아이 등 수많은 민간인들도 포함되어 있었다. 일본군은 이들에게 석유를 붓자마자 곧바로 기관총을 난사했다. 총탄이 사람들의 몸을 꿰뚫을 때 석유에 불이 붙었고, 시체 더미가 산을 이루었다. 이렇듯 잔인한 '인간 사냥'이 극에 달하면서, 일본군은 여자들에게로 눈을 돌렸다. 일본군은 여성들을 성노리개로 삼는 것에 그치지 않고 강간 후 참혹하게 살해했다.

● 난징 학살의 만행을 그린 기록화

● 난징 대학살

중일 전쟁 때 중화민국의 수도인 난징을 점령한 일본이 군대를 동원해 중국인을 무차별 학살한 사건이다. 이로 인해 약 30만 명의 중국인들이 학살되었다. 학살은 1937년 12월 13일부터 1938년 2월까지 6주간에 걸쳐 이뤄졌으며, 1939년 4월에는 1644 부대가 신설되어 생체실험 등이 자행되었다. 오늘날 중국에서는 이를 난징 대도살이라고도 부르며, 일본에서는 난징 사건으로 불리고 있다. 서구권에서는 아시아 홀로코스트라고도 한다.

연합군 포로들에 대한 일본군의 대우는 매우 잔인했다. 특히 인도차이나 전선에서는 대다수의 포로들이 교량 건설, 기지 건설 등의 노동에 동원되었다. 이 과정에서 일본군은 단순한 재미로 포로들을 처형하기도 하였다. 이런 탓에 일본군에게 사로잡힌 포로들의 생존 확률은 유럽에서의 생존 확률과 비교해 매우 낮은 수치였다.

특히 731 부대의 만행은 전쟁사에서 가장 비난받아야 할 대목이다. 731 부대의 이른바 '마루타' 생체실험에는 남녀노소를 불문하고, 심지어 임산부까지 동원되었다. 수많은 실험과 해부는 피험자가 살아 있는 상태에서 마취 없이 진행되었다. 민간인과 군인 모두 1만 명의 중국인과 조선인, 몽골인, 러시아인이 이 부대의 실험 대상이었다. 일부 미국인과 유럽인 등 연합군 전쟁 포로도 731 부대의 손에 희생되었다. 게다가 이 부대의 생물학 무기 프로그램에 의해 개발된 생물학 무기가 사용됨으로써 수만 명의 중국인이 죽었다.

일본 제국은 일본군의 성적 욕구를 해소시키기 위해 이른바 '일본군 위안부'를 징발했다. 한국인과 중국인을 비롯하여 그 밖에 필리핀, 태국, 베트남, 말레이시아, 인도네시아 등 점령지 출신의 여성들도 일본군에게 끌려왔다.

생존한 사람들은 하루에 30번 이상 성행위를 강요당했다고 증언하였다.

● 일본군 위안부(日本軍慰安婦)

이들은 1930년대부터 1945년 일본이 패망하기까지 강제로 전선으로 끌려가 일본 군인들의 성노예로 인권을 유린당하였으며, 전후에도 육체적·정신적 고통으로 힘겨운 생활을 하고 있다. 한국, 일본, 중국, 필리핀, 인도네시아 등 여러 나라 여성들이 강제로 동원되었으며, 당시 일본의 식민지였던 한국 여성들이 가장 많았다. 사진은 일본군 위안부를 기리기 위해 제작된 소녀상이다.

국제연합

국제연합(유엔)은 제2차 세계대전 이후인 1945년에 발족되었다. 원칙적으로는 각국의 전쟁을 막고 대화 교섭을 찾자는 명분으로 국제연맹의 역할을 사실상 대체하게 되었는데, 기존과는 달리 군사력을 동원할 수 있는 등 세계적으로 행사할 수 있는 힘을 갖추었다. 현재 주권국으로 인정되는 거의 대부분의 국가가 유엔 회원국이다. 뉴욕에 있는 본부에서는 매년 총회를 열어 주요 안건을 논의하며, 네덜란드 헤이그에 국제 사법 재판소를 두고 있다. 사무국은 케냐 나이로비(유엔 나이로비 사무국), 오스트리아 비엔나(유엔 비엔나 사무국), 스위스 제네바(유엔 제네바 사무국)에 위치하고 있다.

■ 유엔의 창설

기존에 국제 질서를 조정하는 역할을 수행하던 국제연맹은 국제 사회 내의 영향력을 서서히 잃어가고 있었다. 결국 세계대전이 다시 일어나는 것을 막지 못했고, 이에 유엔은 국제연맹을 이은 일종의 계승체가 되었다. 유엔 창설에 관한 구상은 1943년 10월 미국 · 영국 · 소련 3개국 대표가 참석한 모스크바 회담과 그 뒤의 테헤란 회담에서 드러나기 시작했다. 그 후 1944년 8월부터 10월까지 미국 워싱턴에서 열린 덤버턴오크스 회의에서 미국 · 영국 · 소련 · 프랑스 · 중화민국 5개국 대표는 유엔 창설 계획을 논의했다.

1945년 4월 25일 샌프란시스코에서 국제 기구에 관한 연합국 회의가 열렸다. 회의에 참석한 연합국 50개국 대표들은 6월 25일 111개 조항으로 구성된 유엔 헌장에 합의했으며, 6월 26일 헌장에 서명했다. 1945년 10월 24일 유엔 창설과 함께 유엔 안전보장이사회 상임이사국 5개국인 미국 · 영국 · 소련 · 프랑스 · 중화민국을 비롯한 51개 회원국이 헌장을 비준했다.

● 유엔(United Nations)이라는 명칭은 제2차 세계대전 중이던 1941년 프랭클린 D. 루스벨트 미국 대통령이 처음 제안했다.　　　　　　　● 유엔기

유엔은 1950년부터 1953년까지 벌어졌던 한국 전쟁에 개입했다. 1950년 조선민주주의인민공화국이 대한민국을 침략한 직후에 안보리는 이를 침략 행위로 규정하고 즉각 철수를 요구했다. 이어서 7월, 처음으로 유엔군을 결성하여 참전했는데, 6·25 전쟁 당시 참전국은 1951년 초까지 총 16개국이었다.

유엔은 창설 때부터, 국가 간 분쟁 상황이 일어나면 산발적인 전쟁으로 번지지 않도록 예방하자는 데 동의했다. 그러나 냉전이 지속됨에 따라 여러 국가들의 이해 충돌로 병력 파병 및 결의가 이루어지기 어려웠으나, 탈냉전에 이르면서 유엔 본연의 결의가 이뤄졌다.

2015년 기준으로 현재 16곳에 유엔군이 파견되어 있다. 대개는 민족 간 분쟁, 정치적 상황으로 인한 치안 붕괴에 해당한다. 파견 결정을 내릴 수 있는 곳은 유엔 안전보장이사회이다.

안보리는 15개국이며, 5개의 상임이사국(미국·영국·프랑스·중화인민공화국·러시아)과 10개의 비상임 이사국으로 구성된다. 상임이사국은 거부권을 행사할 수 있다. 논의되고 있는 사안에 대해 거부권을 행사할 수 있기는 하지만, 결의안 자체에 관한 논의를 거부하는 것은 불가능하다. 10개의 비상임 이사국은 2년마다 바뀌며, 대륙 안배를 고려해 선거로 결정된다.

● 현임 유엔 사무총장 구테흐스

● 유엔 사무총장(Secretary-General of the United Nations)

유엔 사무총장은 유엔 사무국의 지도자로서 사실상 유엔을 대표한다. 현재의 사무총장은 반기문 전 사무총장에 이어 2017년도에 취임한 안토니우 구테흐스이다. 유엔 헌장 상 사무총장은 5년 기한을 10년까지 연임할 수 있다. 프랭클린 D. 루스벨트가 말했듯이 유엔 사무총장은 '국제 사회의 조정자'이며, 헌장에서는 유엔의 최고 행정관으로 규정하고 있다. 사무총장이라는 직위는 세계 최고의 외교관이자 중재자로서, 기본적인 업무에서 국제 사회의 분쟁 조율을 추진함과 동시에 회원국 간의 국제적 합의를 이루도록 협조하는 데 있다.

냉전 시대

냉전(Cold War)은 제2차 세계대전 이후부터 1991년까지 미국과 소비에트 연방을 비롯한 양측 동맹국 사이에서 갈등·긴장·경쟁 상태가 이어진 대립 시기를 말한다. '냉전'이라는 표현은 버나드 바루크가 1947년에 트루먼 독트린에 관한 논쟁 중 이 말을 써서 유명해졌는데, 이것은 무기를 들고 싸운다는 의미의 전쟁(hot war, 열전)과 다르다. 당시에 냉전 주축 국가의 군대끼리 직접 서로 충돌한 적은 없었으나, 두 세력은 군사 동맹, 재래식 군대의 전략적 배치, 핵무기, 군비 경쟁, 첩보전, 대리전(proxy war), 선전, 그리고 우주 진출과 같은 기술 개발 경쟁의 양상을 보이며 서로 대립하였다.

■ 소비에트 위성 국가

제2차 세계대전이 끝나고 소련이 점령한 여러 동유럽 나라들이 소비에트 사회주의 공화국으로 편입된 뒤 동독, 폴란드 인민 공화국, 헝가리 인민 공화국, 체코슬로바키아 사회주의 공화국, 루마니아 인민 공화국, 알바니아 인민 공화국 등 다른 피점령국도 소련의 위성국이 되어 동구권에 들어갔다.

아시아에서는 붉은 군대가 종전 몇 달 전에 만주를 장악했으며, 북위 38도선 이북의 북한 지역을 점령했다.

1947년 9월, 소련은 코민포름(Cominform)을 결성하였다. 그 목적은 국제 공산주의 운동 세력 내의 정통성을 강화하고, 동구권 내 각 공산당의 협력을 통해 소련의 위성국들을 정치적으로 더욱 통제하기 위해서였다. 그러나 이듬해 6월 티토가 스탈린과 결별하고 유고슬라비아가 코민포름을 탈퇴하여 공산주의를 유지하되 비동맹 노선을 취하면서, 코민포름은 큰 난관에 빠졌다.

● 티토의 독자 노선

스탈린은 자신에 반대하는 유고슬라비아를 코민포름에서 영구 제명했다. 유고슬라비아의 티토는 소련의 모든 경제적·정치적·군사적 원조가 중단되었으므로 엄청난 재정적 위기를 겪었다. 하지만 1949년 중화인민공화국이 선포되면서 유고슬라비아는 중국 쪽으로 다가서기 시작하였으며, 비동맹국의 일원이 되었다.

● 요시프 브로즈 티토

■ 봉쇄 정책과 트루먼 독트린

1947년 미국 대통령 트루먼의 보좌관들은 '스탈린이 (전후의 혼란과 파괴 상황에서) 자본가들의 대립을 부추겨 다시 전쟁을 일으키게끔 미국을 음해하고 있다'며 소비에트 연방에 대해 대통령이 즉시 조치를 취해야 한다고 주장했다.

1947년 2월, 영국 정부는 공산 반군과 내전을 벌이고 있는 그리스의 왕당파 군사 정권에 더 이상 자금을 지원할 여력이 없다고 발표했다. 이에 미국 정부는 소련과 공산주의에 대해 봉쇄 정책을 선언했다. 봉쇄의 목표는 공산주의 확산을 막는 것이었다. 트루먼은 연설에서 '그리스 내전에 개입하는 데 4억 달러가 필요하다'고 주장하며 트루먼 독트린을 발표했는데, 이 독트린의 기본 틀은 자유 국민과 전체주의 정권이 대립하는 형태였다. 그리스 반군을 지원한 세력은 티토의 유고슬라비아였지만, 미국의 정책 입안자들은 소련이 자기네 세력권을 넓히려고 그리스 왕당파에게 음모를 꾸미고 있다고 비난했다.

트루먼 독트린의 발표를 놓고 미국의 민주당과 공화당은 봉쇄와 억제에 초점을 맞춘 미국의 국방 및 외교 정책을 초당적으로 합의했으며, 이러한 흐름은 베트남 전쟁으로 약화되긴 했으나 꾸준하게 이어졌다. 유럽에서는 사민주의자를 비롯한 중도, 보수 정당이 서방의 동맹을 절대적으로 지지하다시피 했다. 한편 유럽과 미국의 공산주의자는 소련 국가보안위원회(KGB)의 지원을 받아 첩보 작전에 관여하고 소련의 노선을 지지했으나, 1956년 이후부터 소련과 이들 간에 의견차가 생겨났다. 베트남 전쟁의 반전 활동가와 핵 군축 운동(CND), 핵 동결 운동 등은 미국 양당의 합의 정치를 비판하였다.

● 해리 S. 트루먼 미국 대통령

● 트루먼 독트린(Truman Doctrine)

1947년 3월 미국 대통령 트루먼이 의회에서 선언한, 미국 외교정책에 관한 원칙이다. 그 내용은 공산주의 확대를 저지하기 위하여 자유와 독립의 유지에 노력하며, 소수의 정부 지배를 거부하는 의사를 가진 세계 여러 나라에 대하여 군사적·경제적 원조를 제공한다는 것이다.

■ 유럽 부흥 계획과 체코슬로바키아 쿠데타

1947년 초, 영국과 프랑스, 미국은 독일의 경제 자립 구상 계획을 놓고 소련과 합의를 보는 데 실패했는데, 이미 소련은 독일의 공장, 재화, 기반 시설을 가져가 버렸던 것이다. 1947년 6월, 트루먼 독트린에 따라 미국은 소련을 비롯하여 참가를 원하는 모든 유럽 국가에 대해 경제 원조를 약속한 마셜 플랜(유럽 부흥 계획)을 실행했다. 이 계획의 목적은 유럽의 자유민주주의와 자본주의 경제 체제를 재건하고, 혁명이나 선거로 공산당이 집권하는 등 유럽에서 힘의 균형이 위협받는 일을 방지하는 것이었다.

스탈린은 동구권 국가들이 서방과 경제적으로 통합하면 소련의 영향력에서 벗어나게 될 것이라 여겨, 동구권 국가들이 마셜 플랜의 지원을 받지 못하게 막았다. 소련은 마셜 플랜의 대안으로, 중앙유럽에 지원금을 주고 교역도 하기로 한 몰로토프 플랜을 세웠다.

1948년 초, '반동적 요소'가 강해졌다는 보고가 나오자, 소련은 동구권에서 유일하게 민주주의 체제를 허용한 체코슬로바키아에서 쿠데타를 일으켰다. 체코슬로바키아 쿠데타로 공공연한 참상이 벌어지자 서방 국가는 어느 때보다 큰 충격을 받았고, 전쟁이 일어나리라는 공포가 잠시 조성되기도 했다. 미국 의회 내에서는 마셜 플랜에 반대해 왔던 사람들도 찬성으로 돌아섰다.

● 1948년 체코슬로바키아 쿠데타

붉은 군대가 점령한 나라들과 달리, 체코슬로바키아에는 공산당이 이미 주도적인 역할을 주장할 수 있어서 소련의 군정 당국이 주둔하지 않았다. 그런데 체코슬로바키아가 마셜 계획의 자금을 얻을 것을 고려하고 있다는 '반동적 요소'가 나타나자, 소련은 공산주의자 '행동 위원회'와 노동조합 민병대를 이내 조직시켜 반공주의자를 숙청할 준비를 갖추었다. 베네시 대통령은 내전이 일어나고 소련이 간섭할 것을 두려워하여, 1948년 2월 25일에 항복하고 정권을 스탈린주의자들에게 이양했다.

● 체코슬로바키아 국기
1935년부터 1939년까지, 1945년부터 1955년까지 쓰였다.

■ 베를린 봉쇄와 공수 작전

미국과 영국은 자신들의 서독 점령지를 "양자 구역(Bizonia)"으로 통합했다. 독일 경제 재건의 일환으로 1948년 초에 미국과 여러 서유럽 정부의 대표단은 서방 연합국의 독일 점령지를 연방정부 체제로 통합하는 협정을 발표했다. 게다가 마셜 플랜에 따라 서방 국가는 독일 경제를 재건하고 재산업화하는 데 착수했는데, 그 일환으로 소련이 평가절하했던 라이히스마르크화를 대체할 새 독일 마르크화가 도입되었다.

1948년 6월부터 스탈린은 냉전 초기에 벌어진 일 가운데 큰 위기로 손꼽히는 베를린 봉쇄를 감행하여, 서베를린에 대한 식량과 물자 공급을 막았다. 미국, 영국, 프랑스, 캐나다, 오스트레일리아, 뉴질랜드 등은 대규모 '베를린 공수 작전'으로 서베를린에 식량과 물자를 공수했다.

소련은 이러한 정책 변화에 반대하는 선전 공세를 폈고, 이전 서베를린 선거에서 대패했던 공산주의자들은 1948년 선거를 망치려 들었다. 그러나 3십만여 명의 베를린 시민은 국제 공수 작전을 계속 실시하라고 시위를 벌였다. 미국은 공수 작전 중 우연히 독일 어린이들에게 사탕을 공수하기도 했다. 1949년 5월, 스탈린은 한 발 물러나 베를린 봉쇄를 해제했다.

● 1948년, 베를린 시민들이 템펠호프 공항에서 날아가는 C-54를 지켜보고 있다.

● 베를린 봉쇄

1948년과 1949년 사이에 소련이 미국, 영국, 프랑스가 제2차 세계대전 이후에 장악했던 서베를린의 관할권을 포기하도록 하기 위해 취한 봉쇄를 말한다. 전쟁으로 먹을 것이 부족해진 상태에서 베를린 봉쇄로 서베를린 사람들의 생활고가 더욱 심각해졌으며, 연합국은 비행기로 식량과 연료를 제공하였다. 스탈린의 당초 의도와는 반대로 서방 세력은 단결해서 베를린 봉쇄에 맞섰으며, 서방 세력의 대규모 공수 작전으로 서베를린 시민들은 서방 세력에 더욱 의지하게 되었고, 서베를린 내 공산당에 대한 지지는 떨어지게 되었다. 또한 이 사건은 북대서양 조약기구의 창설 계기가 되었다.

■ 북대서양 조약기구와 선전 활동

영국, 프랑스, 미국, 캐나다, 그리고 여타 서유럽 8개국은 1949년 4월 북대서양 조약을 체결하여 북대서양 조약기구(NATO)를 창설하였다. 그해 8월 스탈린은 처음으로 자국이 개발한 핵무기의 폭발 실험을 명령하였다.

1948년 서유럽 국가들이 추진한 독일재건 계획에 소련이 참여하기를 거부하자 미국, 영국, 프랑스는 1949년 5월 서독을 창설하는 데 앞장섰다. 소련은 그해 10월에 자국의 독일 점령지에 독일민주공화국(동독)을 세웠다.

동구권 내의 언론 매체는 국가 기관으로서 공산당에 완전히 종속되어 있었으며, 인쇄 매체는 보통 지역 공산당 같은 정치 기관이 소유했지만 라디오와 텔레비전 방송은 국가 소유였다. 소련의 선전 매체는 공산주의를 내걸어, 자본주의가 제도적으로 노동을 착취하고 전쟁을 부추기는 제국주의 체제라며 비난하였다.

중앙유럽에 방송되던 영국방송회사 · 미국의 소리 · 자유 유럽 방송은 1949년에 선전 활동을 개시하였다.

1950년대 초, 미국은 서독의 재무장을 추진했고, 1955년에는 서독을 북대서양 조약기구의 정식 회원국으로 받아들였다. 1953년 5월, 소련의 부총리 베리야는 서독이 북대서양 조약기구에 가입하는 것을 막기 위해 독일의 중립화 통일을 제안했으나 실패했다.

● 북대서양 조약기구의 기

● 북대서양 조약기구(NATO)

서유럽과 미국 사이에 체결된 북대서양 조약에 바탕을 둔 지역적 집단안전보장 기구로, 북대서양 조약기구라고 부른다. 제2차 세계대전 뒤 미국 · 소련의 냉전이 격화되는 가운데 바르샤바 조약기구 등 소련 및 동유럽의 사회주의 진영에 대항하며 자본주의 옹호를 위한 군사 동맹망의 중요한 일부를 형성하여, 가맹국 군대로 조직된 나토 군이 배치되었다.

■ 국공 내전과 동남아시아 조약기구(SEATO)

1949년 마오쩌둥의 인민해방군이 미국의 지원을 받던 중화민국의 국민당을 물리쳤으며, 소련은 즉각 신생 중화인민공화국과 동맹을 맺었다. 국공 내전에서 패배한 국민당은 중화민국 정부를 타이완 섬으로 옮겼다.

1949년에 중화인민공화국이 수립되고 미국의 핵무기 독점이 종식되면서, 이에 트루먼 정부는 재빨리 봉쇄 정책을 강화하였다. 1950년의 비밀 문서인 NSC 68호에서, 미국 국가안보회의(NSC)는 친(親)서방 연합국 동맹 체제를 강화하고 국방 예산을 4배로 늘리도록 했다.

그리하여 미국 정부는 봉쇄 조치를 아시아, 아프리카, 라틴아메리카로 확대하였는데, 동남아시아 등지에서 유럽의 식민 지배가 복구되는 것을 막고자 투쟁하던 혁명적 민족주의 운동 세력들이 소련의 자금 지원을 받는 경우가 잦았기 때문이었다.

1950년 초, 미국은 일본, 오스트레일리아, 뉴질랜드, 타이, 필리핀과 맺은 일련의 동맹(태평양 안전보장 조약과 SEATO 등)을 공식화하여 장기 군사기지 여러 곳을 확보하였다.

● 중화인민공화국 초대 주석, 마오쩌둥

● 국공 내전(國共內戰)

1927년 이후 중국 국민당과 중국 공산당 사이에 일어난 두 차례의 내전을 말한다. 중화인민공화국에서는 해방전쟁이라고도 부른다. 내전의 결과로 본토에는 마오쩌둥이 이끄는 중국 공산당의 중화인민공화국이 수립되었으며, 장제스가 이끄는 중국 국민당은 난징에 있던 중화민국 정부를 타이베이로 이전하였다. 이후에도 1958년 진먼 포격전까지 하이난 섬 등 중국 대륙 부속 도서에서 양측 간의 크고 작은 전투가 계속되었다. 양안(兩岸) 사이에 정전(停戰)에 관한 공식 합의는 없었으나, 1979년 1월 1일 미·중 국교 정상화로 중국인민해방군이 진먼 섬에 대한 포격을 멈춘 이후 사실상 정전 중이다.

■ 한국 전쟁

한국 전쟁은 봉쇄 정책의 중대한 결과물이었다. 1950년 6월 25일, 조선인민군은 대한민국을 기습 침공했다. 소련은 중화인민공화국이 아닌 중화민국이 여전히 유엔 상임이사국이자 중국 대표인 데 이의를 제기하며 유엔 안보리 참석을 거부했지만, 스탈린의 예상과 달리 유엔 안전보장이사회는 대한민국을 방어하는 데 지원하기로 결정하였다. 미국, 영국, 터키, 캐나다, 오스트레일리아, 프랑스, 필리핀, 네덜란드, 벨기에, 뉴질랜드 등이 국제연합군으로 침략을 막는 데 동참하였다.

한국 전쟁은 북대서양 조약기구가 군사 기구로 발전하는 데 영향을 끼쳤다. 영국 등 관련국의 여론은 참전 여부를 놓고 찬반으로 양분되었지만, 공산화 물결의 도미노 현상을 막고자 찬성 쪽을 선택하였다.

1952년 말, 중화인민공화국과 조선민주주의인민공화국이 전쟁에 지쳐 종전을 준비했지만, 스탈린은 이들이 계속 싸울 것을 고집했으며, 휴전은 스탈린이 죽은 뒤 1953년 7월에야 승인되었다. 조선민주주의인민공화국에서 김일성은 신격화를 실시하고 권력을 무제한으로 휘둘러, 극단적으로 집중화된 폭압적 독재 정권을 수립하였다.

● 어린아이를 업은 소녀와 전차

● 한국 전쟁(Korean War)

1945년, 일본으로부터 해방을 맞은 한반도는 해방 직후 타의에 의해 남과 북으로 분단되었다. 미국과 소련의 군정이 끝나고 한반도에는 대한민국과 조선민주주의인민공화국 정부가 수립되었다. 북한은 소련과 중화인민공화국을 설득하여 한반도를 적화 통일하려는 계획을 수립하고, 준비를 해나갔다. 1950년 6월 25일 새벽에 북한은 남한을 침공했다. 유엔군과 중국인민지원군 등이 참전하여 제3차 세계대전으로 비화될 뻔하였으나, 1953년 7월 27일에 체결된 한국휴전협정에 따라 일단락되었다. 이 전쟁은 국제연합군과 의료진을 비롯해 중화인민공화국과 소련까지 관여한, 제2차 세계대전 이후 최대의 국제전이다.

● 서울 수복 시가전을 벌이는 한국군

■ 바르샤바 조약과 헝가리 혁명

1953년, 미소 양측의 지도자가 바뀌면서 냉전의 양상도 바뀌었다. 그해 1월에 드와이트 아이젠하워가 미국 대통령으로 취임하였다. 트루먼 행정부의 마지막 18개월 동안 미국의 국방 예산이 네 배로 뛰었는데, 아이젠하워는 냉전 대립을 이어갔지만 국방 예산은 1/3로 삭감했다.

한편 소련에서는 스탈린이 죽자, 흐루쇼프가 소련 최고 지도자에 올랐다. 1956년 2월 25일, 흐루쇼프는 제20차 소련 공산당 대회에서 스탈린의 범죄를 열거하며 성토하여 대표들을 놀라게 하였다. 탈스탈린화 운동의 일환으로 그는 스탈린의 정책을 버리고 개혁을 추진하기 위해서는 과거의 오류를 인정해야 한다고 선언했다. 스탈린이 죽으면서 긴장이 약간 완화되었으나, 유럽 상황은 여전히 불안한 정전 상태였다. 1949년에 이미 동구권 내 상호 원조 조약망을 구축한 소련은 1955년에 소비에트 세력의 공식 동맹인 바르샤바 조약을 맺었다.

헝가리의 스탈린주의자 지도자 라코시 마티아시가 실각하자, 1956년 헝가리 혁명이 일어났다. 대중 봉기에 새 정권은 공식적으로 비밀경찰을 해산하였고, 바르샤바 조약에서 탈퇴할 뜻이 있음을 발표하였으며, 자유선거 복원을 약속하였다. 그러자 소련의 붉은 군대가 헝가리를 침공하였다. 헝가리 사람 수천 명이 투옥되고 소련으로 강제 이송되었으며, 혼란 중에 약 20만여 명의 헝가리 사람들이 나라를 등졌다.

● 바르샤바 조약기구의 엠블럼

● 바르샤바 조약기구(Warsaw Pact)

바르샤바 조약기구는 1955년 5월 14일 폴란드 바르샤바에 모인 동구권 국가 8개국이 니키타 흐루쇼프의 제안을 통해 결성한 군사동맹 조약기구로, 정식 명칭은 '우호, 협력, 상호 원조 조약'이다. 바르샤바 조약기구 창설 이전, 서유럽 국가와 미국, 캐나다가 NATO(북대서양 조약기구)를 창설하였다. 이에 소련이 대응하여 동구권 국가들의 집단군사동맹 기구를 창설한 것이다.

■ 전 세계에 걸친 분쟁

　과테말라, 이란, 필리핀, 인도차이나 등 몇몇 지역의 민족주의 운동 세력은 종종 공산주의자 집단과 동맹을 맺기도 하였다. 이런 가운데 미국과 소련은 1950년대와 1960년대 초에 탈식민지화가 급속히 이루어지던 제3세계에서 점차 이들을 내세워 서로 다투었다. 또 과거의 제국주의 열강이 계속 영토를 잃자 소련은 이를 두고 공산주의가 결국 이기게 될 전조라고 여겼다.

　미국 정부는 자국을 적대하는 여러 제3세계 정부를 제거하고 동맹국을 지원하기 위해 중앙정보국(CIA)을 이용하였다. 미국은 중앙정보국을 통해 친(親)소련파로 의심받는 정부를 전복하였는데, 이란에서 최초로 민주 선거로 들어선 모하마드 모사데그 총리의 이란 정부(1953년 이란 쿠데타)나 과테말라의 민선 대통령 하코보 아르벤스 구스만(1954년 과테말라 쿠데타)이 그 예이다.

　베트남국은 제1차 인도차이나 전쟁 중인 1949년 6월 14일, 반공주의 베트남인과 프랑스 정부에 의해 세워져 국가 원수로 전 응우옌 왕조의 마지막 황제였던 바오다이가 취임했다. 프랑스는 베트남국에 부분적인 자치권을 주었다. 그러나 호찌민이 이끄는 베트민(베트남독립동맹. 월맹)은 이를 거부하고 베트남의 완전한 독립을 얻을 때까지 투쟁하여 분쟁 중이었다. 1954년에서 1961년까지 미국은 친(親)서방 정권인 남베트남의 몰락을 막기 위하여 경제 원조와 군사 고문을 제공하였다.

● 베트남 분단

베트남은 제1차 인도차이나 전쟁이 종결되면서 프랑스와 베트민의 휴전으로 1954년 체결된 제네바 협정에 따라 분단되었는데, 베트남 공화국의 전신인 베트남국(1949년 ~1955년)을 남베트남의 역사에 포함하기도 한다. 자본주의 진영에선 정치이념에 따라 북베트남과의 구분을 위해 자유 월남, 자유 베트남 등으로도 불렸다.

● 북베트남 국기

● 남베트남 국기

■ 중국-소련 분쟁과 우주 경쟁

1956년 이후 소련은 심각한 좌절을 겪었는데, 특히 중국-소련 분쟁으로 중화인민공화국과 소비에트 연방의 동맹이 사실상 깨졌다. 스탈린이 죽은 1956년 이후 흐루쇼프가 스탈린을 비난할 때, 마오쩌둥은 스탈린을 옹호하였으며, 흐루쇼프를 껍데기 어정뱅이에 불과한 지도자로 여기고 그가 혁명성을 잃었다고 비난하였다. 이후 흐루쇼프는 중소 동맹을 복원하고자 애썼지만, 마오쩌둥은 이를 쓸모없다고 보고 모든 제안을 거부하였다. 게다가 소련은 국제 공산주의 운동의 주도권을 놓고 중화인민공화국과 극렬하게 갈등하였으며, 1969년에 두 번이나 군사 충돌을 빚었다.

한편 미국과 소련은 핵무기로 대립하면서 핵 재무장을 추구하였고, 상대 영토를 타격할 수 있는 장거리 무기를 개발하였다. 1957년 8월, 소련은 세계 최초로 대륙간 탄도미사일(ICBM)을 발사하는 데 성공하였으며, 10월에는 최초의 인공위성 스푸트니크 1호를 발사하였다. 스푸트니크 1호 발사로 미소 양국의 우주 경쟁이 시작되었다. 우주 경쟁은 아폴로 11호의 달 착륙에서 정점에 이르렀다.

● 스푸트니크 1호(Sputnik 1)

소련이 1957년 10월 4일에 타원형의 지구 저궤도로 발사한, 최초의 인공위성이다. 스푸트니크 1호의 성공은 미국의 스푸트니크 쇼크를 촉발시켰고, 우주 경쟁의 방아쇠를 당겼으며, 냉전기의 정치 상황에도 영향을 주었다. 스푸트니크 1호의 발사는 새로운 정치, 군사, 기술 및 과학 발전을 이끌었다.

● 아폴로 11호(Apollo 11)

처음으로 달에 착륙한 유인 우주선이다. 1969년 7월 16일에 발사되었으며 선장 닐 암스트롱, 사령선 조종사 마이클 콜린스, 달 착륙선 조종사 버즈 올드린이 탔다. 7월 20일 암스트롱과 올드린은 달에 최초로 발을 딛은 인류가 되었다. 당시 콜린스는 달 궤도를 돌고 있었다.

● 스푸트니크 1호

● 달에 착륙한 암스트롱

■ 베를린 위기와 쿠바 미사일 위기

1961년의 베를린 위기는 냉전 중 전후 독일과 베를린의 지위를 놓고 벌인 마지막 대사건이었다. 1950년대 초, 소련의 이주 제한 정책은 대부분의 동구권 국가 내에서도 똑같이 적용되었다. 그러나 해마다 동독 사람 수십만여 명이 동서 베를린 사이에 있던 조직을 이용해 '작은 구멍(loophole)'을 통하여 서독으로 이주하였다. 그리하여 동독의 교육받은 젊은 전문인들이 서독으로 이동하는 대규모 '두뇌 유출'이 벌어졌으며, 1961년까지 동독 인구의 약 20%가 서독으로 이주하였다. 그해 6월, 소련은 서방 연합군이 서베를린에서 철수하라는 새로운 최후 통첩을 보냈다. 요구는 거부되었고, 8월에 동독은 가시 철사로 된 벽을 세웠는데, 이것이 베를린 장벽이다.

소련은 1959년 쿠바 혁명 이후 피델 카스트로가 이끄는 쿠바와 동맹을 맺었다. 1962년, 미국의 존 F. 케네디 대통령은 소련이 쿠바에 핵 미사일 기지를 설치하려 하자 이에 해상 봉쇄로 대응하였다. 이렇게 벌어진 쿠바 미사일 위기로 세계는 전례없는 핵전쟁의 위협에 가까워졌다. 이 사건은 핵무기 보유국 어느 쪽도 섣불리 핵무기를 쓰려 하다가는 보복 공격으로 양쪽 모두 완전히 파괴될 우려가 있으므로 핵무기를 함부로 쓸 수 없다는, 상호 확실 파괴의 개념을 드러냈다. 앞서 1961년에 남극 조약으로 냉전 최초의 군비 협정이 발효하였으나, 쿠바 위기 직후에는 핵 군축과 관계 개선을 처음으로 도모하게 되었다.

● 쿠바 미사일 위기

1961년의 베를린 위기로 인해 인기가 떨어진 흐루쇼프는 군사적 우위를 확보하고, 서방 세계와의 협상 카드로 쓰기 위해 쿠바에 장거리 미사일 기지를 설치하는 계획을 비밀리에 추진하게 된다. 미국 정부는 소비에트 연방이 쿠바에서 미사일 기지를 건설하려는 것은 무력시위라고 주장하면서, 미사일 기지의 완공을 강행한다면 이를 선전포고로 받아들일 것이고, 제3차 세계대전도 불사하겠다는 공식 성명을 발표하였다.

● 쿠바 미사일 위기를 희화한 삽화

■ 중국 문화혁명

 냉전 시대에 '철의 장막' 소련에 빗대어 '죽(竹)의 장막'이라고 불리던 중국에서 1950년대 말, 마오쩌둥(毛澤東)은 대약진운동(1958년~1960년 초)의 실패로 정치적 위기에 몰리게 되었다. 당시 농업국가인 중국에서 과도한 중공업 정책을 펼쳐 수천만 명이 굶주리고 국민경제가 무너지다시피 하여, 마오쩌둥은 국가 주석을 사임하였다. 이렇게 무너진 민생경제를 회복하기 위해 일부 자본주의적 요소를 절충한 '실용주의' 정책이 실효를 거두면서, 류사오치(劉少奇)와 덩샤오핑(鄧小平) 등이 새로운 실세로 떠오르기 시작했다.

 이에 권력의 위기를 느낀 마오쩌둥은 부르주아 세력의 타파와 '수정주의' 노선을 비판하면서, 반대파들을 공격하기 시작하였다. 이렇게 마오쩌둥이 개시한 문화대혁명(文化大革命, 1966년~1976년)은 중국의 전통적인 유교문화를 붕괴시켰고, 계급투쟁을 강조하는 대중운동으로 확산되었다. 전국 각지마다 청소년으로 구성된 홍위병(紅衛兵)들이 《마오쩌둥 어록》을 흔들며 무차별 테러를 자행함으로써, 중국은 일시에 경직된 사회로 전락하게 되었다. 수백만 명의 지식인·기술자·혁명가들이 숙청되었고, 학교와 사당은 파괴되었으며, 건전한 토론과 비판은 자취를 감추었고, 국민경제는 무너지고 말았다.

 이 같은 광기(狂氣)가 태풍처럼 휩쓸고 지나간 후, 중국 공산당은 1981년에 "문화대혁명은 당·국가·인민에게 가장 심한 좌절과 손실을 가져다준 마오쩌둥의 극좌적 오류"라고 공식적으로 평가하였다.

● 문화혁명 때의 선전 포스터

● 문화대혁명

1966년부터 1976년까지 10년간 최고지도자 마오쩌둥(毛澤東)에 의해 주도된 극좌 사회주의운동. 사회주의에서 계급투쟁을 강조하는 대중운동을 일으키고, 그 힘을 빌려 중국 공산당 내부의 반대파들을 제거한 일종의 권력투쟁이었다. 마오쩌둥 사망 후 중국 공산당은 문화대혁명에 대해 '극좌적 오류'였다는 공식적 평가를 내렸다.

데탕트 시대의 대립

1960년대와 1970년대에 각국은 기존의 두 세력으로 양분된 냉전 대립 구도에서 변화하여 더욱 복잡해진 새 국제 질서에 적응해야 하였다. 전후 초부터 서유럽과 일본의 경제는 급속히 회복하였으며 1950년대와 1960년대에 일인당 국내총생산이 미국 수준에 근접하게 되었으나, 그러는 사이 동구권의 경제는 정체를 면치 못하였다. 1973년 석유 파동이 일어나고 석유수출국 기구(OPEC)나 비동맹 운동 같은 제3세계 연대의 영향력이 커지면서, 국력이 열세인 나라들이 자신의 독립을 주장할 여지가 커졌으며 두 초강대국의 압력에 저항을 보이기도 하였다. 이 시기 알렉세이 코시긴이나 레오니트 브레즈네프 같은 소련 지도자들은 데탕트(긴장 완화)의 개념을 받아들였다.

■ 미국의 도미니카 공화국 침공과 프랑스의 나토 탈퇴

미국의 린든 존슨 대통령은 라틴아메리카에서 쿠바식 혁명이 재발할 위험이 있다면서, 1965년 4월 중앙아메리카 카리브 제도의 나라인 도미니카 공화국에 병력 2만 2천 명을 보내어 침공하였다.

북대서양 조약기구 회원국은 소련의 침공 위험에 대한 자국 국방을 주로 미국의 군사력에 의존하였으나, 프랑스의 샤를 드 골은 1966년에 북대서양 조약기구에서 탈퇴하고, 북대서양 조약군을 자국 영내 밖으로 내보냈다.

● 샤를 드 골(Charles de Gaulle)

샤를 드 골(1890년~1970년)은 제2차 세계대전 중 아라스 전투(1940년 5월)에서 기갑부대를 지휘하여 롬멜의 유령사단에 유일하게 성공적으로 반격하였다. 국방부 육군차관을 지냈으나, 후에 망명 프랑스 자유민족회의와 프랑스 임시정부를 결성했다. 종전 이후 총리를 2번 지냈고, 대통령을 10년간 역임했다(1959년~1969년). 집권 후 나치 부역자들에 대한 대대적인 숙청으로 유명하였으나 프랑스의 베트남, 아프리카 식민지에 대해서는 사과나 청산을 하지는 않았다.

● 샤를 드 골 프랑스 대통령

■ 소련의 체코슬로바키아 침공

1968년, 체코슬로바키아에서는 '프라하의 봄'이라는 자유화 시기를 맞아 알렉산데르 둡체크와 체코슬로바키아 공산당의 '자유화 행동 계획'이 나타났다. 이에 따르면 출판·언론·이동의 자유를 보장하고, 경제 면에서는 소비재 생산에 중점을 두며, 다당제를 인정하고, 비밀경찰의 권력을 억제하며, 장래에 바르샤바 조약에서 탈퇴할 수도 있다는 내용이었다.

소련의 붉은 군대는 여타 바르샤바 조약의 동맹군 대부분과 함께 체코슬로바키아를 침공하였다. 이 침공으로 대규모 이주가 발생하였으며, 당초 7만여 명의 체코인이 탈주하는 것으로 추산되었으나 나중에는 그 수가 3십만여 명에 이르렀다. 체코슬로바키아 침공은 유고슬라비아, 루마니아, 중화인민공화국과 더불어 서유럽 공산당들의 격렬한 비판을 받았다.

1968년 9월, 체코슬로바키아 침공 한 달 뒤에 열린 폴란드 통일노동자당의 제5차 회의 중 연설에서 브레즈네프는 '브레즈네프 독트린'의 윤곽을 제시하였다. 여기서 그는 마르크스-레닌주의를 자본주의로 대체하려는 나라에 대해서는 주권을 침해할 수 있다고 주장하였다. 동독, 헝가리, 폴란드 같은 나라에서는 서독 등 서유럽의 경제적 번영과 대비되며 생활 수준이 떨어지고 있었는데, 이렇듯 마르크스-레닌주의가 실패한 것에서 브레즈네프 독트린의 기원을 찾을 수 있다.

● 프라하에 진주하는 소련군 전차

● 프라하의 봄(Prague Spring)

1968년 체코슬로바키아 공산당 제1서기 둡체크가 제창한 자유화 운동으로, 체코 사태라고도 한다. 둡체크의 개혁 정치는 '인간의 얼굴을 한 사회주의'로 언급되는바, 언론·집회·출판 등이 자유화되면서 '프라하의 봄'이 잠시 동안 유지되었다. 그러나 체코슬로바키아 사태가 동유럽으로 파급될 것을 우려한 소련군은 1968년 8월 20일에 체코슬로바키아를 침공해, 둡체크를 비롯한 개혁파 지도자들을 소련으로 연행하였다.

■ 베트남 전쟁

베트남 전쟁(Vietnam War)은 제1차 인도차이나 전쟁(1946년~1954년) 이후 분단되었던 베트남에서 1955년부터 1975년까지 벌어진 전쟁이다. 이 전쟁은 분단된 남북 베트남 사이의 내전임과 동시에, 냉전 시대에 자본주의 진영과 공산주의 진영이 대립한 대리전쟁 양상을 띠었다.

1955년 남베트남에는 응오딘지엠을 대통령으로 하는 베트남 공화국이 수립되었다. 응오딘지엠 정권은 토지개혁으로 농지를 분배받은 농민들에게서 다시 토지를 회수하고, 제네바 협정에서 합의된 총선거의 실시를 거부하는 등의 조치로 국민들로부터 반발을 샀다. 또한 미국의 지원을 받아 1958년 반공법을 시행했고, 남베트남 내의 노동당 조직을 대대적으로 탄압하며 반발을 억누르려 했다. 이러한 응오딘지엠 정권의 압제에 맞서 각지에서 봉기가 일어났으며, 1960년 12월 남베트남 민족해방전선(NLF. 베트콩)이 결성되어 정부군에 대한 게릴라 활동을 시작하였다.

정국의 혼란이 계속되자 1963년 응오딘지엠 정권은 즈엉반민의 쿠데타로 붕괴되었다. 하지만 1964년 응우옌구엔 칸이 다시 쿠데타를 일으켜 집권하는 등 남베트남 정권은 쿠데타의 악순환에 빠졌다. 남베트남의 정세가 불안정해지자 미국은 북베트남군이 남베트남 게릴라에 대한 지원로로 활용했던 '호찌민 트레일'을 공격하는 한편, 1964년 8월에 일어난 통킹 만 사건을 계기로 1965년 2월부터는 북베트남에 대한 폭격에 나서 전쟁은 본격적으로 시작되었다.

● 통킹 만 사건(Gulf of Tonkin Incident)

1964년 베트남 동쪽 통킹 만에서 일어난, 북베트남 경비정과 미군 구축함의 해상 전투 사건이다. 당시 미국은 통킹 만 전투 이전에도 베트남전에 개입하고 있었다. 8월 7일 미국 하원은 만장일치로 '통킹 만 결의안'을 채택하여, 베트남전 개입을 본격화하였다.

1967년 11월까지 미국은 약 50만 명에 이르는 지상군을 베트남에 파병하였다. 대한민국도 의료진 부대를 선두로 맹호부대와 청룡부대, 백마부대 등 30만 명의 전투병력을 파견하며 참전하였다. 하지만 1968년 1월 31일 남베트남 민족해방전선(베트콩) 소속 게릴라들이 구정을 맞아 사이공 등 전국의 주요 도시에서 대규모 공세를 개시한 이후, 미국 국내에서는 반전 여론이 높아졌다. 그 결과 미국에서는 베트남 전쟁에 대한 군사적 개입 중단을 내세운 닉슨이 대통령으로 당선되었고, 1969년 '닉슨 독트린(Nixon Doctrine)'을 새로운 안보 · 외교 전략으로 제시하며 '베트남 전쟁의 베트남화'를 주장하였다. 1968년부터 미국과 북베트남 사이에 평화교섭이 시작되어 전쟁이 일시적으로 소강상태에 빠졌으나, 1970년 초에 다시 전쟁이 재개되었다. 하지만 베트남에 주둔하고 있던 미군의 감축은 꾸준히 진행되어, 한때 54만 명에 이르던 미군은 33만 명으로 줄었다.

1972년 미국과 북베트남의 평화교섭이 다시 재개되었고, 1973년 1월 파리에서 휴전협정에 대한 합의가 이루어졌다. 그러나 남베트남 정부와 남베트남 민족해방전선이 민족화해위원회를 구성하기로 한 휴전협정의 합의는 또 다른 정치적 불안정을 가져왔다. 결국 1975년 북베트남의 대규모 공세로 사이공이 함락됨으로써 전쟁은 끝이 났다.

● 베트남의 국부로 추앙받는 호찌민의 동상

● 호찌민(胡志明)

베트남의 공산주의 혁명가이자 독립운동가, 정치인이다. 1930년에는 중국에서 베트남 공산당을 창건하여 이끌었고, 1945년 프랑스의 괴뢰로 전락한 응우옌 왕조의 황제 바오다이를 폐위시키고 독립을 선언하였다. 1946년 프랑스와 독립 협상을 추진하였으나, 협상 전에 프랑스가 베트남 남부에 임시 정부를 설치한 뒤 이를 코친차이나 공화국으로 발전시키자 이에 반발하여 반프랑스 전쟁을 감행하였다. 1954년 디엔비엔푸 전투에서 최종 승리하여 프랑스군을 몰아냈다. 그러나 미국 · 소련 등이 가담하고 베트남 전쟁이 벌어지면서 북베트남의 최고 군사 지휘관으로서 전쟁을 지속하다가, 전쟁이 한창이던 1969년 9월 2일 심장질환으로 사망하였다.

■ 끝없는 중동 전쟁

중동은 분쟁의 온상이다. 중동 지역 전쟁은 1948년 이스라엘 건국 이후, 팔레스타인 문제, 석유 자원을 둘러싼 강대국의 개입, 쿠르드족 문제, 이슬람교 안의 시아파와 수니파의 갈등 등으로 말미암아 아주 복잡하고 대단히 풀기 어려운 양상을 띠고 있다.

우선 지금까지 벌어졌던 중동 전쟁은 1948년 제1차 중동 전쟁, 1956년 제2차 중동 전쟁, 1967년 제3차 중동 전쟁, 1973년 제4차 중동 전쟁이다. 그 가운데 첫 번째 중동 전쟁은 이스라엘 건국이 원인이었다.

이스라엘 건국을 막으려고 일으켰던 제1차 중동 전쟁은 실패로 끝나고 말았다. 제1차 중동 전쟁부터 시작하여 모두 4차례의 큰 전쟁이 일어났으나, 번번이 이스라엘의 승리로 끝나곤 했다.

이스라엘은 건국 이후 처음보다 더 영토를 확장해 나아갔다. 중동 전쟁의 여파로 1970년대부터 세계는 이슬람 계통의 테러 집단의 위험에 계속 직면해 왔다. 전쟁이 끝났어도 평화는 정착되지 않고, 또 언제 터질지 모르는 불안한 정세 속에 놓여 있는 실정이다.

● 6월 전쟁 일러스트

● 제3차 중동 전쟁

아랍 연맹과 이스라엘 사이의 전쟁으로 이스라엘 측에서는 6일 전쟁, 아랍 세계 측에서는 6월 전쟁이라고 부르기도 한다. 1967년 6월 5일 이스라엘은 PLO의 테러에 대한 응징 및 아랍 국가의 공격 기도에 대한 자위를 명분으로, 항공기에 의한 공중 기습공격과 시나이 반도에 대한 대공세를 전개했다. 전쟁은 시리아 · 요르단으로 확대되었으며, 이스라엘은 예정된 계획대로 승승장구하여 개전 4일 만에 시나이 반도, 요르단 강 서안 지구, 골란 고원 등을 점령하였다. 국제연합 안전보장이사회의 정전 결의안을 양측이 수락함으로써, 6월 10일 정전이 성립되었다.

■ 제3세계

제2차 세계대전 직후 미소 냉전이 시작되자, 세계는 미국과 서유럽을 중심으로 한 '제1세계'와 소련과 동구권을 중심으로 한 '제2세계'로 나뉘게 되었다. 또한 1960년대에 미소 냉전에 가담하지 않고 중립을 표명한 개발도상국들을 통틀어서 '제3세계'라고 불렀다. 그 후 1991년에 소련이 해체되고 제2세계가 몰락하자, '제3세계'는 정치적인 의미를 넘어 경제적인 의미로 확대되어, 현재는 개발도상국과 동일한 뜻으로 사용된다. 지역적으로는 라틴아메리카, 아시아, 아프리카 등에 편재되어 있다.

제3세계는 제2차 세계대전 이후부터 1960년대까지는 비동맹운동, 상호연대를 통해 미·소 지배의 세계질서에 대항하였고, 1970년대에는 선진국들에 대한 경제적 종속에서 탈피하기 위해 남남(南南) 협력을 추구하고 서로의 유대를 강화하였다.

1955년, 인도네시아의 반둥 회의에서 제3세계 국가가 냉전 대립에서 벗어나기로 결의하였다. 이 합의는 반둥에서 1961년 비동맹 운동의 창설로 정점에 이르렀다. 그러는 사이 흐루쇼프는 인도와 여타 중요한 중립국과 관계를 넓혔다. 제3세계의 독자 노선 덕분에 전후 질서는 아프리카와 중동, 아시아와 라틴아메리카의 더욱 다원적인 세계로 바뀌었다.

● 비동맹 운동(Non-Aligned Movement)

비동맹운동 회의는 비동맹주의를 외교의 기조로 삼는 나라들의 회의이다. 1955년 4월 인도네시아 반둥에서 열린 제1회 아시아·아프리카 회의에서 제창된 이념인 반둥 정신을 계승하여 1961년 9월 유고슬라비아의 티토, 인도의 네루, 인도네시아의 스카르노, 아랍연합의 나세르 등의 주도로 유고슬라비아 베오그라드에서 총 25개의 회원국으로 출범하였다.

■ 미 · 중 관계의 개선

중소 국경 분쟁으로 1969년 공산권은 중국이 주도하는 '친중파'와 소련이 주도하는 '친소파'의 2계파로 분열되기에 이르렀으며, 미국의 닉슨 대통령은 둘의 분쟁을 이용하여 힘의 균형을 서방 쪽으로 움직이고자 하였다. 중국도 소련의 주도로 공산권에서 철저히 고립당하게 되자, 이를 타개하기 위해 미국에 도움을 요청하였다. 1979년 미 · 중 양국은 미중 수교로 이러한 이해관계를 충족시켰다.

한편, 1969년 당시 미국이 베트남 전쟁으로 제3세계에 대한 영향력이 약화되고, 서유럽과의 관계도 소원해진 가운데 1960년대 후반에서 1970년대 초에도 미 · 소 두 초강대국 간의 간접적인 충돌은 이어졌지만, 긴장은 점차 완화하기 시작하였다.

닉슨은 베이징 방문에 이어, 모스크바에서 브레즈네프를 비롯한 소련 지도자와 만났다. 전략무기 제한 협상으로 두 가지 중요한 무기 제한 조약이 나왔다. 첫 번째는 초강대국 두 정상이 체결한 최초의 포괄적인 군축 조약인 '제1단계 전략무기 제한협정(SALT I)'이었고, 두 번째는 요격 미사일 개발을 금지한 '탄도탄 요격 미사일 제한협정'이었다. 닉슨과 브레즈네프는 '평화적 공존'의 새로운 시대가 펼쳐졌으며 두 나라의 데탕트(détente, 긴장 완화)라는 새로운 정책의 바탕이 확립되었음을 선언하였다. 그러는 사이 서독의 빌리 브란트 총리는 동방 정책을 추진하였다.

● 리처드 닉슨(Richard Nixon)

리처드 닉슨(1913년~1994년)은 미국의 정치가로, 제37대 미국 대통령을 역임하였다. 워터게이트 사건으로 인해 미국 대통령 중 유일하게 사임한 대통령이다. 대통령 재직 중에 닉슨은 베트남 전쟁을 종결짓고, 미국인 포로들을 석방하도록 하였다. 1972년에는 중국을 방문해 긴장 완화에 노력했는데, 이는 1970년대에 데탕트 움직임을 가져온 것으로 평가받는다.

● 악수를 나누는 닉슨과 마오쩌둥

제2의 냉전

제2의 냉전이란 1970년대 말에서 1980년대 초 사이에 냉전 대립이 다시 극심해진 시기를 가리킨다. 양자의 대립이 심해지면서 군사 개입도 커졌다. 1970년대에 유리 안드로포프가 이끄는 국가보안위원회(KGB)는 알렉산드르 솔제니친이나 안드레이 사하로프 등 체제 비판적인 유명 지식인들을 계속 박해하였다. 또 데탕트 시기에도 중동, 칠레, 에티오피아, 앙골라 등 제3세계에서도 미국과 소련 간의 간접적인 분쟁이 계속되었다. 미국의 지미 카터 대통령은 1979년에 '제2단계 전략무기 제한협정(SALT II)'에서 군비 경쟁을 더욱 제한하고자 노력하였다. 그러나 그해 이란 혁명과 니카라과 혁명으로 두 나라의 친미 정권이 무너지고, 12월엔 소련이 아프가니스탄을 침공하자 이에 미국이 보복하면서 이러한 노력은 빛을 잃어, 제2의 냉전이 시작되었다.

■ 소련의 아프가니스탄 침공

1979년 12월 소비에트 연방은 7만 5천여 병력으로 공산주의 정부를 지원하기 위해 아프가니스탄을 침공하였는데, 이 정권을 세운 전 수상 누르 무함마드 타라키가 12월에 당내 정적에게 암살당하였던 것이다. 그 결과 지미 카터는 상원에서 제2단계 전략무기 제한협정안을 철회하였으며, 소련으로 가는 곡물과 기술 이전에 대해 이전 금지(embargo)를 선언하고 군비 지출 인상을 요구하였으며, 미국이 1980년 하계 올림픽에 불참하겠다고 발표하였다. 그는 소련의 아프가니스탄 개입을 일컬어 "2차 세계대전 이래 평화에 대한 가장 심각한 위협"이라고 하였다.

● 1980년 모스크바 하계 올림픽 포스터

● 1980년 하계 올림픽(1980 Summer Olympics)

소련의 아프가니스탄 침공 이후에 치러진 1980년 모스크바 대회는 미국을 비롯하여 서방진영 66개국이 불참하였고, 대회는 공산권만의 잔치가 되어버렸다. 4년 후에는 동구권 14개국과 소련이 1984년 로스앤젤레스 올림픽을 보이콧하는 반쪽짜리 대회가 재연된다. 그리고 1988년 서울 올림픽은 동서 양 진영과 제3세계 국가들이 다 참가하는, 뜻 깊은 대회가 된다.

■ 레이건의 등장과 폴란드 자유노조 운동

1980년 미국 대통령 선거에서, 군비 지출을 늘리고 어디에서든 소련과 대항하겠다고 공약한 로널드 레이건은 지미 카터를 누르고 승리하였다. 레이건과 새 영국 총리 마거릿 대처는 소련과 그 이념을 비난하였다. 레이건은 소련을 "악의 제국"이라 불렀으며, 공산주의는 결국 "역사의 잿더미(ash heap of history)"로 남으리라 예언하였다.

폴란드 출신의 교황 요한 바오로 2세는 1979년 조국을 방문하여 반공주의의 정신적 지주가 되었으며, 연대 운동을 중심으로 종교 · 민족 감정을 자극하여 반대 세력을 일으켰는데, 이는 소련 측이 2년 뒤 교황 암살을 시도하게 되는 원인이었다. 레이건은 폴란드가 연대 운동을 탄압하자 경제 제재를 부과하였다. 이에 대해 크렘린의 지도자 미하일 수슬로프는 소련 경제에 재앙이 될 강력한 경제 제재를 우려하여, 만약 폴란드가 연대 운동으로 무너지더라도 간섭하지 않도록 소련 지도자들에게 조언하였다.

● 요한 바오로 2세(Johannes Paulus Ⅱ)

폴란드의 바도비체에서 출생하여, 크라쿠프 대학을 고학으로 졸업하였다. 1946년 사제(司祭)가 되었고, 크라쿠프 대학 신학 교수 등을 거쳐 1964년 크라쿠프 대주교, 1967년 추기경에 임명되었다. 1978년 요한 바오로 1세가 재위 34일 만에 죽자, 그 후계 교황으로 선출되었다. 최초의 폴란드 출신 교황이다. 1981년 5월 교황청 앞뜰에서 교인들을 접견 중 터키인의 저격으로 중상을 입고 입원했으나 건강을 회복한 일이 있다.

● 레흐 바웬사(Lech Wałęsa)

폴란드의 노조 지도자이자 정치가이다. 노조 파업 위원회 의장이 되어 정부와 노사 합의를 체결하는 데 성공하여 동유럽에서 처음으로 공인된 자유 노조를 설립시켰으며, 동유럽에 퍼진 민주화 물결을 타고 사회주의에서 탈피하는 폴란드에 자유화 물결을 일으켜 1983년에 노벨 평화상을 수상하였다. 그는 폴란드 정치 체제의 변화 뒤 자유주의 기수로서 큰 비중을 차지하고 있으며, 1990년 12월 총선거에서 대통령으로 당선되었다.

■ 소련과 미국의 군비 증강 경쟁

소련은 소비재와 민간 부문 투자에 국내총생산(GDP)의 약 25%만 지출하면서 군사력을 유지하였다. 소련의 군비 경쟁과 기타 냉전 관련 지출은 브레즈네프 시대의 경제 침체의 원인이 되었다. 소련의 국방 부문 투자는 군사적 필요성보다는 자신의 권력과 특권을 지키는 데 급급한 거대한 당과 국가 조직에 좌우되었다. 소비에트 연방 육군은 부대 수, 병력, 무기, 표면상의 군수 산업 면에서 세계 최대 규모였다.

1980년대 초, 소련은 미국을 능가하는 수준으로 군대와 군수품 비축을 늘렸다. 로널드 레이건은 취임한 지 얼마 되지 않아 미국 군대를 대규모로 증강하였다. 이로써 미국 역사상 평시 최대 규모의 군대를 이루게 되었다.

1980년대에 레이건이 카터 행정부에서 취소하였던 B-1기 계획을 재개하고 LGM-118A 피스키퍼를 생산하며 미국의 순항 미사일을 유럽에 설치하고, 날아가는 중에 미사일을 격추하는 방어 계획인 실험적인 전략방위구상[언론에서는 '별들의 전쟁(Star Wars)'이라고 불렀다]을 발표하면서, 긴장 상태는 여전히 심해졌다. 미국-소련이 서로 대립하고, 소련이 서유럽을 겨냥하여 RSD-10 파이어니어 탄도 미사일을 배치하자, 북대서양 조약기구는 카터 정부의 영향으로 MGM-31 퍼싱 미사일과 순항 미사일을 유럽에, 특히 서독에 배치하게 되었다. 이로써 배치된 미사일은 단 10분 만에 모스크바까지 타격할 수 있었다.

● 전략방위구상(SDI)

전략방위구상은 적국의 핵 미사일을 요격하고자 하는 구상이다. 미국의 레이건 대통령에 의해 1983년에 계획이 수립되었다. 스타워즈(Star Wars) 계획이라고도 불린다. 1983년 3월 23일 레이건 미국 대통령은 TV 연설을 통해 소련의 핵 미사일의 위협에 대해, 핵무기를 보유하여 보복으로 대처하는 것이 아니라, 우주 공간에서 레이저나 입자 빔 인공위성과 같은 첨단 우주 장비를 배치하여 소련의 미사일을 우주 공간에서 격파할 수 있다는 계획을 발표했다.

● 전략방위구상 상상도
미사일을 레이저 광선 무기로 격파하는 장면이다.

레이건의 군비 증강에 소련도 군비 증강으로 대응했는데, 비효율적인 계획 경제와 집단 농업에다가 막대한 군비 지출은 소비에트 경제를 침체에 빠뜨렸다. 이때 여타 비 OPEC 국가들도 석유를 증산하고 있었으나, 레이건은 사우디아라비아를 설득하여 석유 생산을 늘리도록 하였다. 그리하여 이는 1980년대에 석유 과잉 현상의 원인이 되었는데, 석유가 수출액의 주요 부문이던 소련도 영향을 받게 되었다. 계획 경제에 따라 유가는 떨어졌고, 막대한 군비 지출은 소련 경제를 목조르게 되었다.

1983년 9월 1일 소련은 미국 하원의원 래리 맥도널드를 비롯한 승객 269명이 타고 있던 보잉 747 여객기가 사할린 서쪽의 소련 영공을 침범하자 이를 격추하였다. 레이건은 이를 '학살'로 표현하였다. 이 사건으로 레이건의 군사 배치에 대한 지지가 늘어나, 나중에 레이건과 미하일 고르바초프가 군축 합의에 이르기까지 배치가 계속되었다.

1983년 11월 '에이블 아처 83(Able Archer 83)' 훈련이 실시되었는데, 이는 북대서양 조약군의 가상 핵 투하 훈련이었다. 소비에트의 지도자들은 이를 핵전쟁이 임박한 것으로 여겨, 쿠바 미사일 위기 이래 가장 위험한 순간으로 회자되기도 하였다.

● 대한항공 007편 격추 사건

1983년 9월 1일, 뉴욕의 존 F. 케네디 국제공항을 출발한 후 앵커리지를 경유해서 김포국제공항으로 오던 대한항공 007편 여객기가 비행 중 소련 상공에서 소련 공군 소속의 수호이 15의 공격을 받아 사할린 서쪽에 추락하여 탑승자 전원이 숨진 사건이다. 이 사건으로 래리 맥도널드 미국 민주당 하원의원을 포함한 16개국 269명에 달하는 탑승자 전원이 사망하였다. 사고 후 소련은 그것이 민간 여객기인지 몰랐으며, 미국이 소련의 반응을 알아보기 위한 고의적인 도발로 오해했다고 발표했다. 그러나 이 사건 탓에 자본주의 진영과 공산주의 진영의 관계는 다시 악화되었으며, 미국의 로널드 레이건 대통령은 소련을 악의 제국이라고 비난하였다.

● 대한항공 보잉 747 여객기 모델

● 소야 곶에 세워진 위령탑

1983년 레이건 행정부는 여러 세력으로 갈라져 싸운 레바논 내전에 개입하고 그레나다를 침공하며 리비아를 폭격하고, 니카라과의 친(親)소련파 산디니스타 정권을 전복하려는 반공 준군사 조직인 콘트라 반군을 지원하였다. 그레나다와 리비아에 대한 레이건의 개입은 미국에서 지지를 받았지만, 콘트라 반군 지원은 논란이 되었다.

　　그러는 사이 소련은 해외 개입으로 비싼 대가를 치렀다. 1979년 브레즈네프는 아프가니스탄 전쟁이 짧으리라고 확신하였으나, 무슬림 게릴라는 미국과 다른 나라의 지원을 받아 격렬하게 저항하였다. 크렘린은 아프가니스탄의 괴뢰 정권을 지원하기 위해 거의 10만 병력을 파병하였지만, 해외의 관측통은 이를 두고 '소련의 베트남'으로 부르게 되었다. 그러나 소련의 아프가니스탄 교착 상태는 베트남 전쟁보다 훨씬 더 치명적이었는데, 아프가니스탄 전쟁 중에 소비에트 체제의 국내 문제와 위기가 동시에 일어났기 때문이었다.

　　당시 소련의 늙은 지도자들은 제 역할을 하지 못하였는데, 브레즈네프는 죽기 전 몇 년 동안 사실상 통치할 수 없는 상태나 마찬가지였고, 후계자인 안드로포프와 체르넨코는 일찍 죽었다. 체르넨코가 죽자, 소련 지도자와 왜 협상하지 않느냐는 질문을 받은 레이건은 "그들이 내 앞에서 계속 죽기 때문"이라고 빈정거렸다.

● 레오니트 브레즈네프 소비에트 연방 공산당의 서기장

● 레오니트 브레즈네프(Leonid Brezhnev)

레오니트 일리치 브레즈네프(1906년 ~1982년)는 소비에트 연방의 군인, 금속 노동자, 정치가이다. 그는 1964년부터 1982년까지 소비에트 연방 공산당의 서기장이었다. 그는 아프가니스탄을 침공하는 등 여러 가지 일을 했지만, 1970년대 초부터 시작된 소련의 경제 침체를 해결하지 못했다.

■ 중국의 개혁 개방

　중국 공산당의 지도자 중 실용주의 노선의 대표자로 류사오치(劉少奇)와 덩샤오핑(鄧小平)을 들 수 있다. 이들은 마오쩌둥과는 정반대의 대척점에 서서 중국 사회를 이끌었다. 이들의 실용주의 노선은 문화대혁명으로 큰 타격을 받았다가, 1976년 마오쩌둥의 사망 이후 덩샤오핑이 집권하면서부터 중국의 개방시대를 이끌어 왔다.

　덩샤오핑은 중국의 실권자가 되자 주요 인재들을 서유럽 5개국 시찰단으로 보냈을 뿐만 아니라, 스스로도 자본주의 강국들을 직접 방문하여 주요 산업시설들을 시찰하였다. 중국에 시장경제를 도입하기 전에 자본주의 경제를 철저히 연구하고, 이를 중국에 어떻게 적용할지를 준비한 것이다.

　그는 '삼보주(三步走)' 목표를 세워, 경제 강국으로 도약할 것을 꾀했다. 우선 제1보인 '온포(溫飽)'는 인민이 먹고 입는 문제를 해결하는 초보적인 단계이고, 제2보인 '소강(小康)'은 생활수준을 중류 이상으로 끌어올리는 것이며, 제3보인 '대동사회의 실현'은 중국의 현대화를 실현하는 일이다. 중국은 지금 제3보의 길을 걷고 있는 셈이다.

　중국은 비록 시장경제를 도입했지만 사회주의의 이상을 포기하진 않았다. 자본주의 경제체제에서 신자유주의 정책으로 금융위기가 터지고 문제점이 표출될 때에도 중국은 국가의 개입과 주도, 장기적 계획 등으로 다른 자본주의 국가와는 차별성 있는 대안을 제시하고 있다.

● 중국의 개혁 개방을 이끈 덩샤오핑

● 덩샤오핑(鄧小平)

마오쩌둥과 화궈펑(華國鋒) 이후, 중국 공산당의 실권을 장악하고 중국 최고 지도자가 되었다. 문화혁명으로 피폐해진 중국을 다시 재건하기 위해 시장경제를 도입하고 개방정책을 추진하였다. 그는 자본주의 국가에도 계획경제가 존재하듯이, 사회주의 국가에도 시장경제가 존재할 수 있다고 확신했다. 그리하여 인민들이 배불리 먹을 수 있다면 자본주의건 공산주의건 중요하지 않다는 '흑묘백묘(黑猫白猫: 검은 고양이든 흰 고양이든 쥐만 잘 잡으면 된다)' 주장을 펼쳤다.

냉전의 종식

1985년 미하일 고르바초프가 공산당 서기장에 오를 당시 소련 경제는 유가 하락으로 외화 수입이 감소하여 침체 상태였다. 이에 고르바초프는 병든 나라를 되살릴 방법을 찾고자 하였다. 고르바초프는 더욱 근본적인 구조 변화가 필요하다는 결론에 이르렀으며, 1987년 6월 페레스트로이카(재편)라는 경제 개혁 의제를 발표하였다. 페레스트로이카는 생산 할당제를 완화하여 기업의 사적 소유를 허용하고, 해외 투자의 물꼬를 텄다. 이러한 수단으로 국가의 자원을 냉전과 관련한 값비싼 군사 지출 대신 민간 부문의 더 유익한 분야에 투입하고자 하였다. 처음에는 서방의 비판을 받았지만, 고르바초프는 서방과 군비 경쟁을 계속하는 대신 소련의 악화된 경제 상황을 회복할 능력이 있음을 입증하였다. 이와 동시에 고르바초프는 글라스노스트(개방)를 추진하여, 출판의 자유와 국가 기관의 투명성을 높이고 지도층의 부패와 중앙위원회의 권력 남용을 조절하고자 하였다. 특히 글라스노스트는 소련 시민이 미국 등 서방 세계에 더 많이 접촉을 할 수 있게 하여 양자 간의 데탕트 가속화에 기여하였고, 냉전의 종식을 가져오게 되었다.

■ 군비 감축 협상

소련의 군사적·정치적 양보로 레이건은 경제 현안과 군비 경쟁 축소에 관한 회담 재개에 동의하였다. 첫 회담은 1985년 11월 스위스 제네바에서 열렸다. 회담 석상에서 통역자 한 사람만 동석한 두 지도자는 양국의 핵 비축량을 50%로 줄이는 원칙에 합의하였다. 두 번째 레이캬비크 정상회담이 아이슬란드에서 열렸다. 회담은 잘 진행되다가 주제가 레이건의 전략방위구상에 이르자, 고르바초프는 철회를 주장했지만 레이건은 거부하였다. 협상은 실패하였으나, 1987년의 세 번째 정상회담에서 중거리 핵전력 협정이 타결되었다.

● 로널드 레이건(Ronald Wilson Reagan)

로널드 윌슨 레이건(1911년 ~ 2004년)은 미국의 33대 캘리포니아 주지사와 40대 대통령을 지낸 정치인이다. 1987년 12월에는 소련의 고르바초프 서기장과 '중거리 핵전력 폐기조약'(INF Treaty)을 맺어 냉전을 종식시켰고, 1989년에 퇴임하였다.

● 제40대 미국 대통령 로널드 레이건

1980년대 중반과 말에 동서 갈등은 급속히 가라앉았으며, 그 정점에 이른 1989년 모스크바 정상회담에서 고르바초프와 조지 H. W. 부시는 제1차 전략무기 감축협상을 체결하였다.

이듬해 소련의 석유 및 가스 보조금은 막대한 군사 유지 비용과 더불어 실질적인 경제 발전에 쓰인 것이 분명해졌다. 게다가 동서간 완충지대의 안보상 이점은 불필요해졌으며, 소련은 공식적으로 중앙유럽 동맹국 내정에 더 이상 간섭하지 않겠다고 선언하였다.

1989년 소련군은 아프가니스탄에서 철수하였으며, 1990년에 고르바초프는 톈안먼 사태의 전철을 밟기 않기 위해 독일 통일에 동의하였다. 베를린 장벽이 무너지자 고르바초프의 "유럽 공동의 집(Common European Home)" 개념이 구체화되기 시작하였다.

1989년 12월 3일, 고르바초프와 조지 H. W. 부시는 몰타 회담에서 냉전의 종식을 선언하였으며, 이듬해 두 지도자는 걸프 전쟁에서 서로 협력하였다.

● 독일의 통일

독일의 통일에 가장 영향을 미친 것은 고르바초프에 의해 추진된, 소련의 개방과 개혁 정책이다. 이를 틈타 서독이 막강한 경제력을 내세워 소련에 경제협력을 약속하고 주변 국가에 외교 공세를 펴면서, 1990년 초부터 독일 통일의 외부 문제를 규정하기 위한 동서 양 당사국과 미국 · 영국 · 프랑스 · 소련의 이른바 2+4 회담이 열렸다. 8월 말 통일조약이 체결되고, 9월에는 2+4 회담의 승인을 얻어 10월 3일 마침내 독일 통일이 완성되었다.

● 톈안먼 사건

톈안먼 사건(1989년 6월 3~4일)은 민주화 시위에 대한 중국군의 무력 진압으로 빚어진 유혈 참사 사건이지만, 중국의 개혁 개방 정책이 시행된 뒤 누적된 문제점이 폭발한 것이라고 할 수 있다. 1978년 이후 10년 동안 개혁 개방 정책으로 생활은 나아졌지만, 대신 특권층의 부패가 만연하여 인민들의 불만 대상이 되어왔다. 더욱이 경제 과열로 인한 인플레와 소득 격차에서 오는 불만감 등이 상승 효과를 내어, 급기야 정치 개혁을 요구하는 민주화 시위로 발전하였다.

● 통일을 환호하는 독일 시민들

● 전차 앞을 맨몸으로 막아선 시민

■ 동유럽 혁명과 소련 해체

1989년 동구권의 동맹 체제는 붕괴 직전에 내몰렸고, 소련의 군사 지원을 받지 못한 바르샤바 조약 국가의 공산당 지도자들은 권력을 잃었다. 소련 내부에서도 글라스노스트(개방)로 소비에트 공화국 간의 유대가 약화되었으며, 1991년 12월 소련이 해체되면서 소비에트 연방 공산당은 74년간 독점했던 국가 권력을 내놓아야 했다. 이 시기에는 글라스노스트에 따라 출판과 사상의 자유가 주어졌다.

또한 '국적 문제'가 불거지면서 연방 내 공화국들은 중앙 정부에 대해 자치를 요구하게 되었으며, 발트 3국은 소련에서 완전히 독립하고자 하였다. 1989년에 중앙·동부 유럽을 휩쓴 혁명의 파도로 폴란드, 헝가리, 체코슬로바키아, 불가리아 등 중앙유럽의 소련식 공산 국가들이 무너졌으며, 소비에트 블록에 남은 루마니아의 경우 가장 늦게 공산당 정부가 폭력을 통해 전복되었고, 국가 지도자인 차우세스쿠는 처형당하였다.

고르바초프는 중앙유럽에 대해 관대한 입장을 보였지만, 소련 영토에 대해서는 그렇지 않았다. 1991년 라트비아와 리투아니아에서 유혈 사태가 일어나자, 친선 관계를 유지하고자 노력하던 부시조차도 그에게 '다시 폭력 사태가 발생하면 경제 관계가 동결될 것'이라며 개인적으로 경고하였다. 변화의 흐름을 받아들여야만 했던 고르바초프는 결국 서기장에서 사임하고 국가보안위원회와 소련군을 해산하면서도 소련의 붕괴만은 막으려 했으나, 막지 못했다. 소련은 1991년 12월 25일 고르바초프 서기장이 사임하면서 공식적으로 해체되었다.

● 미하일 고르바초프(Mikhail Gorbachyev)

구 소련 공산당 서기장과 최초의 대통령을 지냈다. 페레스트로이카(개혁)를 추진하여 소련 국내의 개혁과 개방뿐 아니라, 동유럽의 민주화 개혁 등 세계 질서에도 큰 변혁을 가져왔다. 1991년 공산당을 해체하였다.　　● 2013년의 고르바초프

■ 남아프리카 공화국의 인종차별 폐지

남아프리카 공화국의 백인 정권은 1948년부터 법률로 공식화된 인종분리, 즉 유색 인종에 대한 차별정책(아파르트헤이트Apartheid)을 펼쳐왔다. 아파르트헤이트는 모든 사람을 인종등급에 따라 백인, 흑인, 유색인, 인도인 등으로 분류한 후, 인종별로 거주지 분리, 통혼 금지, 출입구역 분리 등을 하였다. 그야말로 '차별이 아니라 분리에 의한 발전'이라는 미명하에, 사상 유례가 없는 백인지상주의 국가를 노골적으로 지향하였던 것이다.

법률은 흑인들의 백인구역 출입을 제한했을 뿐만 아니라, 인증된 통행증이 없으면 한 구역에서 다른 구역으로 이동하지도 못하도록 했다. 또한 흑인 등 토착민에 대한 직업 제한, 노동조합 결성 금지, 도시 외곽 지역의 토지 소유 금지, 백인과의 결혼 금지, 백인과 흑인이 같은 버스를 타지 못하도록 승차 분리, 공공시설 사용 제한, 선거인명부의 차별적 작성 등을 실시하였다.

이렇게 차별을 당하던 흑인들을 대표하여 흑인 지도자 넬슨 만델라가 인종차별 철폐에 앞장섰다. 이 때문에 그는 27년여 간이나 감옥에 갇힌 채 세계 인권운동의 상징적 존재가 되었다.

1990년부터 1993년까지 벌인 남아공 백인정부와 흑인대표인 아프리카 민족회의(ANC) 간의 협상 끝에 아파르트헤이트는 급속히 해체되기 시작했으며, 민주적 선거에 의해 남아프리카 공화국 대통령으로 당선된 넬슨 만델라가 1994년 4월에 완전 폐지를 선언했다.

● 남아프리카 흑인들의 지도자 넬슨 만델라

● 넬슨 만델라(Nelson Mandela)

남아프리카 공화국의 흑인 민권 운동가, 아프리카 민족회의(ANC) 회장, 최초의 흑인 대통령이다. 1962년부터 1990년 2월까지 약 27년간 감옥 생활을 하면서, 남아프리카 인구의 다수를 차지하는 흑인의 희망이 되었다. 백인 정부와 협상 끝에 흑백 차별이 없는 총선거 실시에 합의하여, 인종 차별의 종식을 고하였다. 1993년에 데 클레르크와 함께 노벨 평화상을 받았다. 1994년 4월 첫 다인종 자유 총선거 때 대통령으로 선출되어, 5월 10일 대통령에 취임하였다.

탈냉전과 신냉전 시대

탈냉전 시대(post-Cold War era)는 세계사에서 소련이 붕괴한 1991년부터 오늘날까지를 말한다. 탈냉전 시대를 규정짓는 특징은 세계화이며, 일견 역설적이지만 민족주의 역시 발호하고 있다. 이런 거대한 흐름은 인터넷과 휴대전화라는 신문물에 의해 가능해졌다. 탈냉전 시대를 주름잡는 패권국은 미국이다. 한편 중화인민공화국이 제3세계 진영에서 새로운 초강대국으로 부상하고 있다. 유럽 대륙의 경제적 통합 역시 가시적인 변화이다. 신냉전은 이러한 탈냉전의 시대를 역행하여, 다시 옛날의 냉전과 같이 군사적 대립으로 치닫는 현상을 말한다.

■ 탈냉전의 국제 사회

1991년 소련이 붕괴한 이후 국제 정치에서 힘의 균형이 붕괴되었고, 미국이 사실상 가장 강력한 초강대국이 되었다. 1990년대 이후 21세기 초에 이르기까지 미국은 걸프 전쟁, 이라크 전쟁 등을 통해 유엔과는 별도로 독자적인 군사 개입을 진행하였다. 이러한 미국 주도의 세계질서 개편은 신 세계질서(New world order)라 일컬어진다.

반면 경제적 측면에서는 국제 사회의 다양한 주권국가들의 영향력이 증가하였다. 독일, 일본은 물론이고 경제 블록을 형성한 유럽연합(EU)이나, 자본주의 경제체제를 도입한 이후 고도 성장한 중국의 국제사회 영향력의 증가는 이를 단편적으로 보여준다.

● 유럽기

● 유럽연합(EU)

유럽의 28개 회원국으로 이뤄진 연합이다. 1993년 11월 1일 마스트리흐트 조약에 의해 설립되었으며, 전신은 유럽경제공동체(EEC)이다. 총 인구는 약 5억 명 정도 되며, 전 세계 국내총생산의 23% 정도를 차지한다. 공용어는 24개이며 필요에 따라서는 러시아어, 아랍어도 일부 사용된다. 2012년에는 노벨 평화상을 수상하였다. 2016년, 영국이 국민투표를 거쳐 탈퇴 신청을 하였다.

이 밖에도 국제 사회의 상호 의존성이 증대함으로써, 경제·환경 문제에 대한 공동 모색을 통해 지구 공동체 의식이 증가하였다. 또한 주권국가 중심의 국제 관계에서 국제 기구 등 다양한 국제사회 행위주체의 등장으로 인하여 복잡 다변한 국제 사회가 형성되었다. 그리고 전 세계적 분쟁보다는 종교적·민족적·인종적 원인으로 발생하는 국지적 분쟁이 증가하였는데, 이는 유동적이고 불명확한 국제 관계를 보여주는 한 단면이기도 하다.

경제적 측면에서는 경제적 실리주의에 따라 자유무역주의가 발달하여 전 세계의 단일 시장을 구축하려는 노력을 전개하였고, 다자간의 협상을 원활히 하기 위해 세계무역기구(World Trade Organization, WTO)를 발족하였다.

다른 범국제 기구와 달리, 세계무역기구는 어떤 회원국이 다른 회원국에 대해 불만을 표시할 때 이를 중재하기 위해 내린 결정을 강제할 힘을 가지고 있다. 만약 WTO 분쟁해결기구가 내린 결정을 이행하지 않는다면, 이는 '보복 수단'을 허가할 근거는 되지만, 다른 강제 수단은 존재하지 않는다. 즉, 경제적으로 강력한 미국과 같은 국가는 경제가 상대적으로 취약한 국가, 다시 말해 보복 수단을 통해 미국 무역에 손해를 입힐 힘이 없는 국가가 불만을 표시할 때, 이를 실질적으로 무시할 수 있다는 것을 의미한다.

● 스위스 제네바의 WTO 본부

● 세계무역기구(WTO) 출범

1986년에 시작된 우루과이라운드(UR) 협상은 1947년에 설립되어 세계 무역질서를 이끌어온 가트(GATT) 체제의 문제점을 해결하고, 이 체제를 다자간 무역기구로 발전시키는 작업을 추진하게 되었다. 그 후 7년 반에 걸친 논의 끝에 1994년 4월 모로코의 마라케시에서 개최한 UR 각료회의에서 마라케시 선언을 채택하였고 UR 최종의정서, WTO 설립협정, 정부조달협정 등에 서명하였다. 다음해인 1995년 1월 1일 WTO가 공식 출범하였다.

■ 브릭스 국가들의 고도 성장

BRICs란 방대한 인구와 자원을 배경으로 고속 성장을 하고 있는 브라질, 러시아, 인도, 중국 등 4개국을 일컫는 말이다. 국가에 따라 차이가 있기는 하지만, 이들 4개국은 1990년대 말부터 빠른 성장을 거듭하면서 신흥경제국으로 주목받기 시작하였다. 경제 전문가들은 2030년 무렵이면 이들이 세계 최대의 경제권으로 도약할 것으로 보고 있다. 브릭스는 현재의 경제성장 속도와 앞으로의 발전 가능성을 미루어 볼 때, 4개국의 성장 가능성이 가장 크다는 뜻에서 하나의 경제권으로 묶은 개념이다.

이들은 2002년 '상호 무역과 협력 조약'을 맺었다. 2010년 12월 24일 남아프리카 공화국(South Africa)이 브릭스의 5번째 정규 회원이 됨으로써, 브릭스(BRICS)로 통칭하게 되었다. 현재 이들은 세계 인구의 40% 이상을 차지하고 있으며, GDP는 12조 달러가 넘는다.

브릭스 국가 중 중화인민공화국은 이미 미국에 이어 두 번째로 초강대국이 되었다. 2000년대에 들어 엄청난 속도와 팽창력으로 경제 대국으로 떠오르며 국제 사회에서 위상이 높아진 중국은 기존의 초강대국인 미국과 함께 글로벌 리더로서 경제위기·중동사태·기후변화·핵확산 등 각종 국제 문제를 협의하고 있다.

● 브릭스

골드만삭스가 브릭스(BRICs)라는 용어를 처음 사용한 이래로, 브릭스는 장차 큰 성장이 기대되는 신흥 국가들을 지칭하는 용어로서 널리 통용되게 되었다. 2010년에는 남아프리카 공화국이 합류하여, 요즘에는 BRICS로 불리고 있다. BRICS 국가들은 동서 냉전이 끝나고 탈냉전 시대로 접어든 오늘날, 국제 사회에서 날로 발언권을 높여나가고 있다.

● 브릭스 정상들 (왼쪽에서부터 차례로 러시아의 블라디미르 푸틴, 인도의 나렌드라 모디, 브라질의 지우마 호세프, 중국의 시진핑, 남아공의 제이컵 주마)

■ 9 · 11 테러

● 비행기 충돌의 테러 장면

21세기가 시작된 2001년에 미국은 전례를 찾아볼 수 없는 비극을 맞았다. 2001년 9월 11일, 4대의 민간 항공기를 납치한 이슬람 테러단체의 테러로 뉴욕의 110층짜리 세계무역센터(WTC) 쌍둥이 빌딩이 무너졌고, 버지니아 주 알링턴 군의 미국 국방부 펜타곤이 공격받았다. 미국은 순식간에 아수라장으로 바뀌었고, 세계 경제의 중심부이자 미국 경제의 상징인 뉴욕은 하루아침에 공포의 도가니로 변하고 말았다. 미국의 자존심이 일거에 무너진 것은 뒷전으로 하고, 이 세기의 대폭발 테러로 인해 90여 개국 2,800~3,500여 명의 무고한 사람이 생명을 잃었다.

미국은 '테러와의 전쟁'을 선포하였다. 2001년 10월 7일, 아프가니스탄 주변에 350여 기의 항공 전력을 배치하고, 전투기 · 폭격기를 이용한 공습과 아프가니스탄 북부동맹군을 앞세워 아프가니스탄 전쟁을 일으켰으며, 같은 해 11월 20일에는 아프가니스탄 전역을 함락하였다. 이어 다음달 22일 연합군은 반 탈레반 정권인 과도정부를 수립함으로써 탈레반과의 전쟁을 종결하였다.

이후 미국은 '테러와의 전쟁'을 끝내지 않고 중동으로 눈을 돌려, 2003년 3월 20일에는 이라크 전쟁을 일으켜 20일 만에 완전 함락시키고 새로운 과도정부를 출범시키는 등 대 테러 전쟁을 계속하고 있다. 훗날 2011년 5월 제로니모 작전의 일환으로 오사마 빈 라덴을 사살 후 수장하였다.

● 오사마 빈 라덴

● 오사마 빈 라덴(Osama bin Laden)

사우디아라비아 출신의 국제 테러리스트. 막대한 부를 바탕으로 자신이 조직한 테러조직 알 카에다를 통해 국제적인 테러를 지원하기 시작하여, 미국 대사관 폭탄 테러와 9·11 미국 대폭발 테러 등의 배후자로 지목되었다. 수년 간 은신생활을 해온 오사마 빈 라덴은 2011년 5월 파키스탄의 수도인 이슬라마바드 외곽에 있는 한 가옥에서 미군 특수부대의 공격을 받고 사망하였다.

■ 신냉전의 조짐

 2012년 5월, 미국 시카고에서 개막한 NATO 정상회의에서 동유럽 MD(미사일 방어체계)의 작전통제권을 미국이 나토에게 이전하기로 합의했다. 28개 나토 정상들은 선언문에서 "MD 계획이 러시아에 대항하거나, 러시아의 전략적 억지력을 저해하는 것이 아니다"고 강조했다. 그러나 아나톨리 안토노프 러시아 국방차관은 "전략적 균형관계를 무너뜨리는 조치"라고 경고했다. 러시아는 그동안 동유럽 MD 계획이 강행될 경우 역외 영토인 칼리닌그라드 등에 유럽을 겨냥한 전술미사일 이스칸데르를 배치해 대응하겠다고 위협해 왔다. 러시아의 블라디미르 푸틴 대통령이 맞대응할 경우 유럽에 신냉전이 형성될 수도 있다.

 동유럽 MD에서 러시아의 전략적 요충지는 칼리닌그라드인데, 유럽 최대 강대국 독일의 수도 베를린에서 불과 500 km 떨어져 있다. 미국과 러시아는 시리아에 대한 패권을 놓고도 싸우는데, 시리아는 '중동의 칼리닌그라드'라고 불리는 러시아의 전략적 요충지이다. 동북아시아에서는 북한이 러시아의 전략적 요충지이다.

● 도시의 민간인 거주지역에도 공습이 끊이지 않고 있다.

● 시리아 내전

2011년 4월부터 시리아의 바샤르 알아사드 정부를 축출하려는 반군과 정부군 사이에 현재 진행 중인 내전으로, 중동에서 일어난 '아랍의 봄'의 연장선에 있다. 시리아는 1963년 쿠데타로 집권한 바트당을 기반으로 1970년에 정권을 잡은 하페즈 알아사드와 그의 아들 바샤르 알아사드가 40년 넘게 부자 세습의 독재정치를 이어왔는데, 독재 체제 타파를 원하는 시민들이 2011년 3월 15일부터 대통령 바샤르 알아사드와 바트당 정권의 퇴진을 요구하는 시위를 벌이자, 알아사드가 군대를 동원해 유혈 진압함으로써 내전으로 번졌다. 러시아와 시아파 종주국인 이란이 정부군을 지원하고, 알아사드 정부에 적대적인 미국 등 서방 국가와 수니파 종주국인 사우디아라비아가 반군을 지원하는 대리전쟁의 성격까지 띠고 있으며, 이라크에서 등장한 수니파 무장단체인 IS(이슬람 국가)가 내전의 와중에 시리아 동부를 점령하면서, 전쟁의 양상은 매우 복잡하게 전개되고 있다.

● 공습으로 많은 사상자가 발생했다.

■ 대한민국의 사드 배치 문제

2016년 한국은 전국을 커버하는 광대역 미사일 방어망인 사드(THAAD) 배치를 놓고, 대한민국의 사드 배치 논란이 진행 중이다. 커티스 스캐퍼로티 주한 미군 사령관은 2014년 6월 3일 대한민국에 사드를 배치할 필요가 있다고 하면서, 대한민국 정부와 이에 대해 협의를 시작하겠다고 말했다.

사드 배치에 대해 중국, 러시아 등이 반대 의사를 표시한 바 있다. 사드 배치는 핵을 탑재할 가능성이 있는 북한 미사일에 대응하기 위해 불가피한 조치라는 측면과 함께, 미국 · 중국과의 외교와 관련하여 대한민국 정부에 딜레마를 안겨주는 사안이다.

사드 배치 문제를 둘러싼 한 · 중 간 마찰이 점점 심해지고 있는 가운데, 중국 외교부는 "소국(小國)이 대국(大國)에 대항해서 되겠냐, 너희 정부가 사드 배치를 강행하면 단교 수준으로 엄청난 고통을 주겠다"고 중국의 입장을 표명했다. 중국은 정작 자신들은 러시아판 사드 S-400을 도입하면서도 한국의 사드 도입에 대하여는 강하게 반발하며, 경제적으로 보복하고 있다.

● 북핵 문제

북한은 핵 확산 금지 조약에 1985년 가입했으나, 완전한 사찰을 막아 핵개발 의혹을 불러일으켰다. 1993년 북한은 핵 확산 금지 조약을 탈퇴할 것이라 공언했는데, 이를 1차 북핵 위기라고 부른다. 이후 북한은 국제 사회의 비난과 제재에도 독자적으로 핵 개발 프로그램을 진행하여, 2006년 10월 9일 풍계리 핵 실험장에서의 핵 실험이 성공했다고 공식 발표했다. 이후 북한은 여러 차례 핵 실험을 진행하였다. 또한 북한은 탄도미사일 개발 프로그램에 핵탄두를 탑재할 가능성을 내비쳐, 긴장을 고조시키고 있다. 2015년부터는 북한 잠수함에서 발사하는 탄도미사일(SLBM)에 핵탄두가 탑재될 가능성이 높아졌다. 북한이 핵무기를 개발하는 이유에 관해서는 경제 지원을 획득하기 위한 목적, 대미 수교 협상용으로 보는 시각, 또는 미국을 위협하여 한미 동맹을 폐기하게 만들고 주한 미군을 철수시킴으로써 한반도 적화통일을 달성하기 위함이라는 시각 등이 있다.

● 북한 열병식에 등장한 대륙간 탄도 미사일. 북한은 미사일에 핵을 탑재하여 미국을 압박하려고 한다.

● 적의 미사일을 타격하는 사드(THAAD)

■ 남중국해와 우크라이나

2016년 9월 12일부터 8일 동안 중국과 러시아 해군은 남중국해에서 전례 없이 큰 규모의 합동 군사훈련을 실시했다. 미-중이 맞섰던 남중국해 대립구도가 점차 미-일 대 중-러의 진영 싸움으로 확대되면서, 유럽에 이어 아시아에서도 신냉전 전선이 형성될 가능성이 높아졌다.

2016년 10월 12일, 지난 8월 일본 정부가 필리핀에 제공하기로 약속한 배수량 180톤 바이잔급 순시선 10척 가운데 제1호가 정식으로 인도됐다. 순시선 인계와 취역식 행사가 마닐라 항에서 로드리고 두테르테 필리핀 대통령이 참석한 가운데 열렸다.

한편 1991년 소련이 멸망하면서 분리 독립한 우크라이나는 최근 친미를 선언했으며, 이에 러시아는 2014년 2월에 크림 반도를 침략하여 점령하였다. 2016년 현재 러시아어를 사용하는 러시아계가 많이 사는 우크라이나 동부에도 2014년 4월 7일 친러파가 도네츠크 인민공화국으로 독립국가를 선포했으며, 러시아군이 주둔해 있다. 러시아는 군대 주둔을 부인하며, 침략전쟁을 한 적이 없다고 발뺌하고 있다.

● 중국이 건설하고 있는 남중국해 인공섬

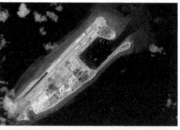

● 남중국해의 영토 분쟁

남중국해의 영토 분쟁은 남중국해를 둘러싼 여러 나라의 섬과 해안의 영유권 분쟁을 지칭한다. 각 나라들의 관심사는 남중국해의 스프래틀리 군도와 파라셀 제도의 어업권에 관한 것이다. 또한 남중국해에는 천연가스나 석유가 매장되어 있을 가능성이 높기 때문에, 자원 분쟁의 성격도 띠고 있다. 중국은 이 지역에 대한 영유권을 주장하면서, 동남아시아에 전략적 기지를 건설하고 항로를 확보하고자 한다. 필리핀이 중국을 상설중재재판소에 제소하여, 인공섬 건설은 불법이라고 규정했다. 이에 따라 구단선(九段線)을 비롯한 중국의 영유권 주장이 무력화되었다. 한편, 중국과 일본은 동중국해 남서부에 위치한 센카쿠 열도(댜오위다오)를 놓고 분쟁이 심화되고 있다.

● 중·일 분쟁의 센카쿠 열도(댜오위다오)